本书是中国社会科学院重大课题的研究成果
是中国历史研究院重大学术项目研究成果

耿云志 主编

中国近代思想通史

第三卷 郑匡民 著

社会科学文献出版社
SOCIAL SCIENCES ACADEMIC PRESS (CHINA)

目　　录

第 一 章

马关条约与清廷朝野的心态

一 海陆军的战况与清廷体制内人士的反应

1895 年（清光绪二十一年乙未）对清廷来说，是一个不吉利的年头。去年甲午中日之战，清廷水陆俱败，迫不得已，决定与日本讲和。大年初一，议和大臣户部左侍郎张荫桓、署湖南巡抚邵友濂便在清廷"克日出洋"的严旨催促下，自上海东渡，前往日本。

初七日，张荫桓、邵友濂与日本总理大臣伊藤博文和外务大臣陆奥宗光会于广岛，日方以中方权限不完备，无和谈诚意，表示不能继续谈判，令张、邵二人早日离境。张等无奈，即电北京美使田贝（Charles Denby，时为美国驻华公使），请其将此情转达总署，并到长崎候旨。

和谈不成，战斗依然进行。正月初八日（2 月 2 日）日军修复威海卫南岸炮台。（威海卫已于初五日陷落），并于北岸架炮，与日舰水陆夹攻北洋海军。正月十一日（2 月 5 日）"定远"铁甲舰在威海卫被日军鱼雷艇炸沉。正月十二日（2 月 6 日）日军攻陷山东文登。"来远""威远""宝筏"三舰在威海卫为日鱼雷艇炸沉。正月十三日（2 月 7 日）清廷命李鸿章电知烟台刘含芳送信丁汝昌，相机冲击，结队出险，使水师不至尽毁。然威海卫日舰及炮台日军夹攻刘公岛及北洋舰队，"利顺"轮沉，鱼雷艇十艘图逃被掳，勇弁鼓躁哗变。时清廷以近畿危急，令刘坤一自天津赴山海关防守，并从宋庆、吴大澂请，改调徐邦道部十一营回驻芦台，聂士成仍驻大高岭。在日军凌厉的攻势下，北洋水师军心动摇，"威海卫海军洋员泰乐尔（Tyler）、瑞奈尔（Schnell）、kirk 以勇弁不愿再战，劝丁汝昌降，丁不允，声言将自尽"。正月十五日（2 月 9 日）"日军入山东宁海州（烟台商民逃徙一空）。'靖远'舰被击沉"。①正月十六日（2 月 10 日）帝召见翁同龢等，光绪帝"以唐景崧电有巡幸语，问诸臣时事如此，战和皆无可恃，言及宗社，声泪并发"。翁同龢则"流汗战栗罔知所措矣"。②

在这种情况下，主和的意见开始占据上风。正月十八日（2 月 12 日）皇太后召见枢臣、庆亲王等于养性殿，慈禧决意派李鸿章为全权大臣，赴日讲和，恭亲王以"上意不令来京，如此恐与早间所奉谕旨不符"对。慈禧云"我自面商，既请旨，我可作一半主张也"。于是，与日议和一事已定。

其实，帝、后党争由来已久。帝党主战，而后党主和。此中情形，由李鸿章任免一事，便可见出端倪。先是，甲午年慈禧六旬整寿，自元旦起连日懿旨，对亲贵大小臣工均晋秩加俸，颁空前之赏，以隆庆典。初三日曾赏李鸿章三眼花翎，以示荣宠。然而，没隔多久，同年八月十八日（9 月 17 日）光绪帝以李鸿章贻误戎机，遂命拔去其三眼花翎，褫去黄褂，并交部严加议处。③此次，在主战派束手无策的情况下，慈禧又做主，派李鸿章为全权大臣，赴日议和，将李鸿章"一切开复，即令来京请训"。④而恰恰就在当天，清廷更大的灾难

---

① 郭廷以编著：《近代中国史事日志》下册，中华书局 1987 年版，第 900—907 页。

② 翁万戈编，翁以钧校订：《翁同龢日记》第六卷，中西书局 2012 年版，第 2822 页。

③ 郭廷以编著：《近代中国史事日志》下册，中华书局 1987 年版，第 884 页。

④ 翁万戈编，翁以钧校订：《翁同龢日记》第六卷，中西书局 2012 年版，第 2775、2823 页。又见王芸生编著：《六十年来中国与日本》第二卷，生活·读书·新知三联书店 2005 年版，第 86、119—120 页。郭廷以编著：《近代中国史事日志》下册，中华书局 1987 年版，第 884、903 页。

降临，北洋水师提督丁汝昌与总兵张文远自尽，"威海卫海军及刘公岛守军降，北洋舰队覆灭"。① 战况对主战派愈加不利。

海军既已降敌，陆军战况又如何呢？在甲午战争初期阶段，清廷因驻朝陆军败绩于平壤，二十年九月初二日（1894 年 9 月 30 日）光绪帝夺叶志超职，派宋庆总领北洋诸军，"除依克唐阿一军外，所有北洋派赴朝鲜各军及奉省派往东边防剿各营，均着归宋庆节制。如有不遵调遣者，即以军法从事"。② 宋庆者，山东蓬莱人也，字祝三。早年入袁甲三部，参与镇压捻军。同治元年（1862 年），统临淮军三营，称毅军。七年升湖南提督，次年随左宗棠入陕、甘，镇压回民起义，十三年调四川提督。甲午时，光绪帝夺叶志超职，以宋庆总统诸军，九月十二日（10 月 10 日）抵九连城。时清廷上下，均以为朝廷得人，纷纷额手称庆。然宋庆武人，能战，无调度，非大将才，且诸将骤禀节制，多不悦，故诸军毕集，仍散漫无纪。③ 时，我军驻鸭绿江北者为黑龙江将军依克唐阿所部镇边等军十二营，总统宋庆所部毅军九营，聂世成所部芦榆防军四营，吕本元、孙显寅所部盛军十八营（此即卫汝贵旧部，汝贵逮问，以吕本元、孙显寅会统）。刘盛休所部铭军十二营，江自康所部准军（虎勇）五营，耿凤鸣等所部奉军各营，丰伸阿、聂桂林等所部盛军（此奉天之盛军）、练军十二营，新旧七十余营，兵力甚厚。④

然是时，我军皆敛屯江北，倭人遂半行全义州，去我军渡江时已一月。我将帅仍蹈平壤覆辙，罔及时布置，遂纵倭人飞渡，边围

<hr>

① 郭廷以编著：《近代中国史事日志》下册，中华书局 1987 年版，第 903 页。

② 《上谕》，光绪二十年九月初二日洋务档，载《清光绪朝中日交涉史料》卷二十一，文海出版社 1970 年版，第 5 页。

③ 姚锡光：《东方兵事纪略》卷二《奉东篇第三》，中华书局 2010 年版，第 34 页。

④ 姚锡光：《东方兵事纪略》卷二《奉东篇第三》，中华书局 2010 年版，第 34 页。

虔刘，敌焰遂不可遏矣！①

　　九月二十二日（10月20日）日军毕集于义州，作欲渡状，我军则严防中路九连城江面，"而倭人乃潜袭上下游，将以全力萃中路，为批吭捣虚计；我诸将竟不察"。二十六日（10月24日）"倭人枝队（其将乃大佐佐藤弥太郎——原注），出东路鸭绿江上游，从安平河口对岸（朝鲜水口镇——原注），徒涉而渡。……倭人枝队既渡东路上游，其义州大队又从中路义州稍东与虎山相直对岸，乘夜凫水测量"，"架浮桥三座，终夜而成，而我军竟不觉"。九月二十七日（10月25日）"侵晓，倭人先列炮队南岸，隔江击我，护其军渡桥"。"我守岸及守炮台之铭军先溃，诸军从之。""宋庆遣军来争，倭已毕渡遇我，乃还军渡叆河，多挤溺，其蹄于虎山侧者相枕藉，于是我叆河东各垒皆为倭据。宋庆恇惧北走，退保凤凰城。二十八日，倭人遂入居九连城。"② 十月初一日（一作十月初三）日军陷凤凰城。十月初六日（11月3日）日第一军陷奉天宽甸。黑龙江将军伊克唐阿败走。十月初九日（11月6日）日军第二军陷金州，副都统连顺走旅顺，总兵赵怀业援军不战而溃，日军即陷大连湾。③ 消息传来，清廷大惊，遂命丁汝昌、刘步蟾率海军援旅顺、大连，李鸿章亦电宋庆往援。④ 军情如此紧急，然宫廷内依然歌舞升平，一幅盛世佳节的景象。十月初十日（11月7日）慈禧六十大寿，在宫中接受朝贺。⑤ 十月十五日（11月12日）宋庆到盖平，援旅顺。十月十七日（11月14日）日第二军逼攻旅顺。十月廿一日（11月18日）日第一军陷奉天岫岩州，副都统丰伸

①　姚锡光：《东方兵事纪略》卷二《奉东篇第三》，中华书局2010年版，第34页。

②　姚锡光：《东方兵事纪略》卷二《奉东篇第三》，中华书局2010年版，第35—36页。

③　郭廷以编著：《近代中国史事日志》下册，中华书局1987年版，第890—891页。

④　郭廷以编著：《近代中国史事日志》下册，中华书局1987年版，第891页。

⑤　郭廷以编著：《近代中国史事日志》下册，中华书局1987年版，第891页。

阿，提督聂桂林败走析木城。此日，日第二军攻旅顺，总兵姜桂题、程允和、徐邦道、黄仕林、卫汝成迎战。十月廿二日（11月19日）日军炮轰旅顺，宋庆督马玉昆、刘盛林、刘世俊等部到金州北之长兴店（距金州七十里）。十月廿四日（11月21日）日军陷旅顺，大肆杀掠。① 船坞总办道员龚照玙走烟台。是时，日军仅有三日给养，弹药殆尽。此时，清军若能并力反击，战况应有转机。然宋庆进攻金州，谋援旅顺，不利，铭军副将刘锦发等战没。旅顺失守，光绪帝大为震怒，再惩李鸿章，以"该大臣调度乖方，救援不力，深堪痛恨"，故"着革职留任，并摘去顶戴，以示薄惩，而观后效"。并因京师乃宗社攸关，"刻下逆氛益炽，各海口处处吃紧，着李鸿章迅即亲赴大沽、北塘等处周历巡阅，严密布置"。且因辽沈乃陵寝重地，又命宋庆"回顾海盖、辽阳等处，杜其纷窜西北之路"。② 清廷内部本来矛盾重重，翁、李不和，已尽人皆知，而宫中帝、后矛盾更是暗潮汹涌。甲午战时，帝后因为和战意见不一，其矛盾愈演愈烈，这年慈禧欲庆六旬大寿，提取海军经费，大修颐和园。及朝鲜事起，慈禧即主和解了事，以免耽误她大举庆寿，广受贡献。而此时光绪帝业已亲政，倾向主战，慈禧不悦，更形矛盾。③ 就在光绪帝摘去李鸿章顶戴、革职留任的第三天，慈禧便降懿旨，将光绪帝的瑾妃和珍妃降为贵人，并随后杀珍妃位下太监高万枝。其理由谓"瑾、珍二妃有祈请干预种种劣迹"，"种种骄纵，肆无忌惮"。④ 其意无非是嫌二妃鼓励光绪帝主战，故示惩戒。而光绪帝虽然主战，无奈清军不争气，其所倚之宋

① 郭廷以编著：《近代中国史事日志》下册，中华书局1987年版，第892—893页。

② 《军机处寄李鸿章谕旨》，光绪二十年十月二十六日电寄档，载《清光绪朝中日交涉史料》卷二十四，文海出版社1970年版，第31页。

③ 王芸生编著：《六十年来中国与日本》第二卷，生活·读书·新知三联书店2005年版，第195页。

④ 翁万戈编，翁以钧校订：《翁同龢日记》第六卷，中西书局2012年版，第2799—2800页。

庆乃一介武夫，本不知兵，始则不知扼鸭绿江之山险，失九连、凤凰两城，致使日军能长驱直入，益狡焉思逞。日军陷九连、凤凰、安东等城邑，遂分兵西陷岫岩。十一月入海城。"是时海城驻倭以孤军入重地，兵械粮糒不继，宋庆不能乘其负嵎未固，以全力进攻，除心腹患，而以全军二十余营，屯缸瓦塞（寨）（去海城约二十余里——原注）。逍遥容与，有似养痈，海城之倭转得伺利先发。……方倭人之陷海城也，时我盖平尚未失守，惟析木城一线为其后路。入海城之倭仅六千人，大小炮才二十尊，城外险要尚未缮守；而宋庆所部倍倭兵，苟能以全力分布，奇正互用，固可聚而歼也。乃缸瓦塞（寨）败后，倭人得乘势将城西之晾甲山（距城约三里——原注），城西南之唐王山（距城约七里——原注），城北之欢喜山（距城约三里——原注），城东北之双龙山（距城约三里——原注），建筑炮台，为死守计。于是，海城既不可拔，十二月十四日，其第二群兵在旅顺者复北牧，陷盖平，与海城倭相倚，而辽东兵事愈棘矣。"[1] 随后，日军又陷复州。陷析木城，陷海城。十一月初八日（12月4日）慈禧太后召见恭亲王等，商遣使请和事。[2] 十一月廿三日（12月19日）宋庆、马玉昆等反攻海城，与日军战于耿家寨、冈瓜寨，互有死伤。战事至此，清廷主和派渐占据上风。十一月廿四日（12月20日）总署通知田贝，决以户部侍郎张荫桓、署湖南巡抚邵友濂往日本讲和，以美国前国务卿福士德（科士达，John W. Foster）为顾问。[3] 廿六日（12月22日）清廷严谕宋庆不得再退。[4] 当时，清廷内部无论主战或主和，他们都存在

---

① 姚锡光：《东方兵事纪略》卷三《辽东篇第五》，中华书局2010年版，第59—60、66页。

② 翁万戈编，翁以钧校订：《翁同龢日记》第六卷，中西书局2012年版，第2801页。郭廷以编著：《近代中国史事日志》下册，中华书局1987年版，第895页。

③ 郭廷以编著：《近代中国史事日志》下册，中华书局1987年版，第896—897页。

④ 郭廷以编著：《近代中国史事日志》下册，中华书局1987年版，第897页。

着投机和侥幸的心理，故光绪帝虽派张荫桓等赴日讲和，但其于和战两者仍举棋不定，张荫桓被召见时，光绪帝令其"随时电报请旨"，慈禧也有"款议不谐即返，仍备战"之语。① 由于清廷首鼠两端，故张荫桓等奉命后，也在徘徊观望，行动极为缓慢，以至到光绪二十一年正月初一日才由上海乘船赴日本。② 清廷在派使讲和的同时，也着力于京畿和辽沈方面的军事部署。

十一月二十八日（12 月 24 日）黑龙江将军依克唐阿到辽阳，会同吉林将军长顺防堵日军北犯。

十二月二日（12 月 28 日），清廷命刘坤一为钦差大臣，山海关内外防剿各军均归节制。③

是时，清廷北洋海军尚存，关内外大军云集，刘坤一所部马步兵约二十一万。自防大高岭陈湜一军以外，其山海关内外湘军、楚军、皖军共八十余营，其隶吴大澂部下者为李光久统湘军五营，魏光焘统武威六营，署永州镇刘树元统亲兵六营，吴元凯统楚军炮队四营，谭表忠统护军、郭长云统卫队各一营，均从大澂出关；其余湘、皖诸军尚五十余营（淮军、豫军各营非坤一部者不在内），仍从坤一分驻山海关内外。④ 其武器不可谓不精，其兵力不可谓不厚。1895 年（清光绪乙未）正月初二，吴大澂出山海关，正月十七日抵田庄台，准备再度反攻海城。

自海城之陷，倭人深入腹地，倭军不过六千人，而我全局为之牵制，依克唐阿、长顺屯海城北，宋庆屯营口东，几四万人，益以驻奉天之提督唐仁廉并奉天练军不下万六千人，我军凡五攻海城，一攻于宋庆（缸瓦寨之退），四攻于依克唐阿、长顺，皆

---

① 任青、马忠文整理：《张荫桓日记》，上海书店出版社 2004 年版，第 498 页。

② 茅海建：《从甲午到戊戌：康有为〈我史〉鉴注》，生活·读书·新知三联书店 2009 年版，第 63 页。

③ 郭廷以编著：《近代中国史事日志》下册，中华书局 1987 年版，第 897 页。

④ 姚锡光：《东方兵事纪略》卷三《辽东篇第五》，中华书局 2010 年版，第 66 页。

不能拔。至乙未春，倭人驻海城者历七旬有五日，皆作守局，盖以缀我兵力，待其第二群兵之至。方盖平之陷，其声援已壮，犄角已成，而仍迟回不遽进者，则谋分兵扰我山东也。故盖平、海城诸倭坚持以待，而我奉天诸将拥重兵，据要害，徘徊观望，乍却乍前，不能出死力以决一胜。①而此时，正是丁汝昌自杀、北洋海军降敌之时。其时"倭锐益张，其胜兵复北渡，由旅顺进，增军海城、盖平；且见诸将攻海城屡无功也，益易我。正月三十日，宋庆复有太平山之败，失营口屏障，于是海城、岫岩、盖平诸倭遂群焉思逞矣"。②

然是时我山海关内外，仅刘坤一所部便有马步二十余万大军，而时清军围海城者，"两将军（依克唐阿、长顺——原注），一巡抚（吴大澂——原注），一提督（宋庆——原注），一藩司（魏光焘——原注），共百余营，六万余人（宋毅军时已增至三十营——原注）。朝廷方日盼捷音，乃海城不可拔，而牛庄、营口、田庄台不旬日且相继失守矣"。③

清军自此役之后，自田庄台沿辽河而东，自鞍山站而西，皆为倭踞。辽阳、锦州声援梗阻，必出石山站绕奉天会城，崎岖始达。于是辽阳斗绝，根本动摇，海陆交乘，畿疆危逼，而议款益亟已。④

正月三十日（2月24日），海城日军反攻太平山，大败宋庆、马玉昆等部。⑤翁同龢、奕劻、李鸿章及枢廷七人议事。李鸿章曾赴各国使馆，意在联结，而未得要领，计无所出；而孙毓汶则力主

①　姚锡光：《东方兵事纪略》卷三《辽东篇第五》，中华书局 2010 年版，第65 页。

②　姚锡光：《东方兵事纪略》卷三《辽东篇第五》，中华书局 2010 年版，第66 页。

③　姚锡光：《东方兵事纪略》卷三《辽东篇第五》，中华书局 2010 年版，第66—67 页。

④　姚锡光：《东方兵事纪略》卷三《辽东篇第五》，中华书局 2010 年版，第70 页。

⑤　郭廷以编著：《近代中国史事日志》下册，中华书局 1987 年版，第 905 页。

割地了局，翁同龢持不可。①

此时的清廷，水陆尽失，根本动摇，京畿危急，若战，实无必胜之把握。若和，日人持其屡胜，无理要挟，又定受凌辱，就清廷决策层而言，连先前的主战派在内，也皆均倾向于和了，但在割地与偿款两种选择上，庆亲王奕劻、李鸿章、孙毓汶、徐用仪等人则认为此约乃城下之盟，"不应割地便不能开办"。而翁同龢则主张宁多偿款，不能割地。李鸿章难翁同龢曰："割地之说不敢担承，假如占地索银，亦殊难措，户部恐无此款。"翁同龢曰："但得办到不割地，则多偿当努力。"光绪帝问李鸿章海防如何，李则对以"实无把握，不敢粉饰"。李鸿章见翁坚持"偿胜于割"，遂将了翁同龢一军，要翁同龢一同前往日本议和。翁同龢曰："若余曾办过洋务，此行必不辞，今以生手办重事，胡可哉？"李鸿章则云："割地不可行，议不成则归耳。"语甚坚决，而孙毓汶、徐用仪则"怵以危语，意在撮合"。而其他大臣则只有"默默"了。②

总署会议后，奕劻等更主割地，二月初七日奕劻上折。其折谓：

> 总理各国事务庆亲王奕劻等奏：为敌情叵测，时势阽危，皇上特遣重臣，再申和议，而日本屡次延宕，大学士李鸿章尚未成行，诚恐日人俟河冻一开，分兵冲突，畿辅则可忧者大矣！臣等伏思日奴乘胜骄纵，其奢望不可亿计，现在勉就和局，所最注意者，惟在让地一节，若驳斥不允，则都城之危，即在指顾，以今日情势而论，宗社为重，边徼为轻，利害相悬，无烦数计。臣等前日恳请召见，旋奉传谕，命臣等恭请谕旨，皇上深维至计，洞烛时宜，令臣等谕知李鸿章，予以商让

---

① 郭廷以编著：《近代中国史事日志》下册，中华书局1987年版，第905页。又翁万戈编，翁以钧校订：《翁同龢日记》第六卷，中西书局2012年版，第2826页。

② 翁万戈编，翁以钧校订：《翁同龢日记》第六卷，中西书局2012年版，第2825—2826页。

土地之权，令其斟酌重轻，与日磋磨定议，昨据田贝送到日本覆电，定于长门会议。李鸿章自应迅速起程，免致另生枝节。谨奏。①

李鸿章更于议和之前，将预筹之大略上奏光绪帝，以便让清廷对其日后割辽台赔巨款之举先有一个思想准备。李鸿章说："连日据美使田贝函称，日本来电，中国另派大臣议和，除先允偿兵费并朝鲜由其自主外，若无商让地土及办理条约画押之全权，即无庸前往等语。叠与王大臣等会议，均以敌欲甚奢，注意尤在割地。现在事机紧迫，非此不能开议。当经总理衙门函覆田贝，以日本电内欲商各节，均有此全权重任，尚未接准复电。顷军机大臣传奉皇上面谕，予臣以商让土地之权，闻命之余，曷胜悚惧。窃以中国壤地固难轻以予人，至于戎狄窥边，古所恒有。唐弃河湟之地而无损于灵武之中兴；宋有辽夏之侵，而不失为仁英之全盛。征以西国近事，普法之战，迭为胜负，即互有割让疆场之事，一彼一此，但能力图自强之计，原不嫌暂屈以求伸，此次日本乘屡胜之势，逞无厌之求，若竟不与通融，势难解纷纾急。详阅日致田贝两电，于兵费及朝鲜自主两节，均认为已得之权利，而断断争执尤在让地一层，惟论形势则有要散；论方域则有广狭，有暂可商让者。即有碍难允许者，臣必当斟酌轻重，力与辨争。所虑者会议之初，先议停战，西例只有议停数日，或一两旬之案。设磋磨未定，而停战限期已满，彼仍照旧进兵，直犯近畿，又当如何处置？至兵费如允偿还，多寡悬殊，亦须从容酌定数目。其所云日本想有别事应行整办，包藏非止一端，并当相机迎拒，但能争回一分即少一分之害。伏念此行系万不得已之举，皇上轸念生灵不恤，俯从群议，臣受恩深重，

---

① 《总署奏敌情叵测时势阽危李鸿章应赴长门会议折》，光绪二十一年正月初七日，载王彦威纂辑，王亮编，王敬立校：《清季外交史料》第二册第一〇七卷，书目文献出版社 1987 年版，第 8—9 页。

具有天良，苟有利于国家，何暇更避怨谤，惟是事机之迫，关系之重，转圜之难，均在朝廷洞鉴之中，臣自应竭心力以图之。倘彼要挟过甚，固不敢曲为迁就，以贻后日之忧，亦不敢稍有游移以速目前之祸。敌情最为凶悍，觇于臣将行之时，既往之后，遽以大股北扰，应如何密为筹备之处，圣明自有权衡。此则区区之愚，尤不敢不预为顾虑者也。臣俟日本覆电，定在何处会议，即行出都，取道天津乘轮东渡，再求面聆训诲，俾有遵循。"①

十分明显，李鸿章之奏折已为其此行议和的结果定下了基调，因日方"于兵费及朝鲜自主两节，均认为已得之权利"，故其此行主要是与日本议让地一事，他只是在土地的方域之广狭、形势之要散等方面"斟酌轻重，力与辨争"而已。他明告清廷，此次定约"事机之迫，关系之重，转圜之难，均在朝廷洞鉴之中"，而同时又怵以危语，"要挟过甚，固不敢曲为迁就，以贻后日之忧，亦不敢稍有游移以速目前之祸"。其言外之意此次谈判乃是城下之盟，割地赔款已是板上钉钉之事，他只能是尽力做到少割少赔一些而已。

然而，此时并非没有反对议和的声音。此部分人以文廷式、丁立钧、沈曾植、沈曾桐等为代表，他们虽官职不太高，然属于帝党或与翁同龢有一定的关系，他们中很大一部分人，后来都参加了强学会，或成为该会的支持者或关系者，在清朝官场中，具有一定的影响力。

二月初七日（3月3日），与王大臣等会奏"宗社为重，边徼为轻"的同一日，翰林院编修黄绍箕、丁立钧、陈遹声、沈曾桐、徐世昌、王安澜、检讨阎志廉等即上书反对议和，他们提出了六条理由：

---

① 《全权大臣李鸿章奏遵旨赴日本议约预筹大略折》，光绪二十一年二月初七日，载王彦威纂辑，王亮编，王敬立校：《清季外交史料》第二册第一〇七卷，书目文献出版社 1987 年版，第 9—10 页。

　　台湾自康熙年间开始隶版图。……非第为东南之藩镇，实乃据中外之喉襟……光绪十年建设巡抚，专治其地，每遇兵荒，捐赈捐防，数逾百万，论形势则我先朝所经营，以屏南服，论规制则我皇上所增廓，以控重瀛；论物产则赋税有逾于边省；论民情则输将几埒于常供，何罪何辜而沦为异域？此必不可行者一也。

　　奉天为国家根本，陆则九连城，其门户也。海则旅顺、大连湾，其门户也。兴京沈阳，壤地相接，列圣陵寝在焉，傥使倭人据有尺寸之地，牧马樵苏，举足即至，我祖宗在天之灵，岂能安然无恫乎？此必不可者二也。

　　自构兵以来，望风逃溃者，李鸿章二十余年所培养之淮军也。竖旗就缚者，李鸿章十年来所整理之海军也。至于百姓忠义之心，则固自在矣。海城以拒倭而被害者二万余人。柳庄以杀寇而被屠者二千余人，夫百姓亦岂真恶生而乐死哉？彼诚自以为我乃大清之赤子，与倭贼不共戴天者也。今若割地，则并其民而割之，是遇难之民因李鸿章之淮军、海军而死，而未死之民又使李鸿章而委而弃之也。交地之后，倭人勒以易服截发，而不从势必使数万生灵尽遭惨戮。我皇太后皇上如天之仁，岂忍出此？此必不可行者三也。

　　近年民穷俗敝，伏莽潜滋，自各路募兵以来，凡无业之穷民，大半束身归伍，化暴为良，非徒便于谋食之私情，亦实激于同仇之公愤。盖敌王所忾，率土同情。虽败警叠闻，而接踵不绝，设使朝廷不惜沿海之版图，亦何惜于腹地？二十三省之人民，谁无身家，谁无志气，其能忍辱吞声，坐视男为人臣，女为人妾乎？义愤之气，激极变生，寇乱内讧，翘足可待。倭人越在东瀛，异服异言，断难浃洽，即彼亦自知之。特以此约一定，彼得土地而我失民心，大变必因之以起，而彼乃蓄锐养精而乘其敝耳。此必不可行者四也。

　　东事初起，西洋各国，无不曲倭之肇衅，而恶倭之骤强。

其使臣屡劝我国大臣以制胜之谋为讲和之地，即至我军屡挫，而我苟执国敝不从之志，示众怒难犯之形，使各国自出而居间，则据理解纷，彼倭奴亦岂敢贪求无艺，今乃不计攻陷城邑之雠，不恤拒绝国书之耻，无不能忍之辱，无不可受之亏，则彼各国者，复何所顾望，不灰心而变计，争利而分肥乎？割东三省之地，而俄必随之；割海口之地，则英必随之；割南省之地，则法必随之；昔土耳其与俄割地议和定约之时，凡阴助土之国，亦各割土之属地以去。然俄土之役，曲本在土，而土之强大，亦本远不如俄，徒以人性坚悍，虽削弱而不亡。若中国因朝鲜之事，割地与倭，他国效尤，尚复何令不从，何求不得。窃恐虆集蠡聚，瓜剖豆分，虽欲求为土耳其而不可得也。此必不可行者五也。

倭人贪狡无厌较西洋为尤甚，去年传闻拟款五条，虽普鲁士之胜法兰西，智利之胜秘鲁，亦未闻出此狂悖诞妄之言，稍有人心，闻之无不发指，傥使水陆得有驻足之地，必且造铁路、聚兵轮，朝发则夕至，夕发则朝至，不知此后复有何兵之可御，何地之可割？恐不旋踵将以待朝鲜者待我也，此必不可行者六也。

现在李鸿章语及和局，辄以不愿割地之说遍告于众人，窥其用意，必欲使此议出自宸断，然后定约之后，天下士论民心，怨愤不平之气，尽归于朝廷，而于己无与，此岂妄为逆亿故为深文哉？光绪十一年朝鲜之约，李鸿章所亲定也，撤驻防之兵，杜教练之路。没属国之名，事事曲徇倭意，使彼得从容布置，一举而覆我东藩。夫李鸿章何德于倭，何仇于国，其本意不过苟且无事，希图贻祸于后人，及身而败坏决裂一至于此，则固彼所不及料也。今日事机愈棘，神智愈昏，恐仍袭故技，以欺朝廷，冀幸目前之缓兵息事，而不知割地之议所关尤大，为祸至速，上则九庙神灵所降鉴而怨恫也；下则百万苍赤所环吁而呼号也。愿我皇上仰以达之深宫，俯以谕之政府，申饬李鸿章举割地之议悬为厉禁，庶可达祖眷而系民心。夫安居乐业，人有同情，诚可偷一日之安，亦谁乐阻挠和议？然所以议和者，美其说而文言之则曰徐谋自强，究其极而质言之则曰暂图苟安。若就今日情势而论，割地之约果定，非惟永远无自强之日；抑且旦夕无苟安之时。用是旁皇焦灼，不得不披肝沥胆，剀切上陈。①

除此之外，许多朝臣也纷纷上折，三月十四日江南道监察御史张仲炘上折请饬李鸿章勿以台湾许倭。其折称，台湾"大利所关，何容轻弃"，"设更界以财富之区，岂不如虎傅翼，而且既夺朝鲜，复得台湾，南北皆可驻兵，据有全海，守吾门户，持我短长，势将贪得无厌，得步进步，不惟江、浙、闽、广各省岁无安居，即辽、沈、顺、直各属虽欲长保，其可得耶？"②

三月二十一日翰林院编修丁立钧、华辉、沈曾桐、黄绍第、检讨阎志廉等上书反对和约，他们从现在与将来两方面来阐述其反对和约的理由，谓：

目前之害在于蹈不测而速祸变，所谓剜肉以补疮，饮鸩以止渴，名曰自救，其实适以自贼也。京畿如人之头目，威旅如人之咽喉，二十一省如人之股肱手足。割威旅，则咽喉为敌之所扼，一朝有警，股肱手足虽欲自捍其头目有所不能。其害一。

辽河大凌河挈奉直形要之冲，割此二河，则山海无藩篱，奉锦无唇齿，两京孤露，无复屏蔽，与新疆之伊犁大城无异，朝窥夕伺，防不胜防。其害二。

---

① 《翰林院代奏编修黄绍箕等条陈折》，光绪二十一年二月初七日，载《清光绪朝中日交涉史料》卷三十四，文海出版社1970年版，第18—20页。
② 《江南道监察御史张仲炘请饬全权大臣勿以台湾许倭折》，光绪二十一年三月十四日，载《清光绪朝中日交涉史料》卷三十七，文海出版社1970年版，第26页。

台湾沃野千里,当倭全国三分之一,割以与敌,俾彼富强异日,南洋衅端百出。其害三。

割地必弃民,民不臣倭,即朝旨亦无能相强,彼无如民之不服,必仍于我责言,求息事而终不能息事。北宋之割河北三郡,而不免汴京之困,固明鉴也。其害四。

西洋见我之轻于割地也,各国将援以为例,法固已视滇黔两广如掌中,俄且割吉江,英且觊川藏,任发一难,即可借词以要数省,割肉饲虎,不尽不止。其害五。

赔费多,而一时不给,不能不听其择地驻兵,我民之骇恨方深,彼军之骄凌日甚,跬步相接,枝节丛生,设有龃龉,和局终仍不保。其害六。

赔款惟视洋债,洋债视国势为难易,我甘心自弃国之权利,彼且虑国债之将不能偿,近日以来,洋商屡次食言,未必不由于是。其害七。

民易动而难静,同仇敌忾,薄海一心,不尽其用而以款敌撤之,将恐忠愤之情化为乖戾,兵士仇其将领;将领且疾视大臣,江宁约定,而金田匪起,前事非远,可为寒心。其害八。

至于将来之害,丁立钧等指出:"将来之害极于失人心,亡利权,民怨财穷,坐以待困。"在他们看来,"夫国家当积弱之秋,人心尚固者,以祖宗休养保护之德不忍妄也。一旦开割弃之端,举数十万户委之敌人,国既弃民,民将谁恃?从此人人自危,将恐势成瓦解"。

随后,丁立钧等又进一步分析了和约对将来的影响:

倭得我荣城、海、盖之地,极意抚绥,有缓征至四年之久,振饥至逾万之多者,今我更有弃民之事,是直为敌驱除,以彼新政宽大,形我内地凋残,一以传百,近以传远,不及数年,恐内地百姓,争愿越境相从,不可禁止。其害二。

赔偿巨款,目前虽借资洋债,终必敲骨取髓,岁取盈于二十一省之商民，轻许在矢口之间，贻累至数十年之久。其害三。

且自朝廷以至士庶，无不知中国积弱，当图自强，自强需财力，今赔款已竭国家之全力，则此二三十年中，岁赢之款，尽以偿洋债之本利而尚恐不敷。至于修复海军，经营台炮，一切制造转运，万不容已之急务，竟以何款当之？其害四。

法越事无赔款。庚申城下之师，亦仅二千万。今偿倭十倍于旧，英法阴悔前事，固将徐肆狡谋。其害五。

法越事战胜而议和，军情已极愤懑，此次万里征兵，人思自效，俄然款敌，遣撤无遗，恐此后海内灰心，无复激昂之士，骊山烽火，与此何异？其害六。

洋人蚕食中国，本极无厌，然卒相顾而不动者，以中国民心，军心未易屈服也。若见我一战失利，即强军民以服他人，何乐而不兴一旅之师，叩境上以恣其要挟，今法求云、广开矿，势在必成可见。其害七。

海关为我岁入巨款，军国大命所寄，若以资敌，国将不支。其害八。

各口通商，向严改造土货之禁，今腹地尽设马头，势必尽改土货为洋货，华商利益概属洋商，富民化为贫民，贫民且化为盗贼。其害九。

厘金岁会大宗，腹地悉变通商口岸，势必至抽厘一项，归于乌有。外输巨款，内失利源，国计益亏，民生滋瘁。其害十。①

丁立钧等在列举了议和将给中国目前与将来带来的弊病后，又提出了六条办法供清廷采纳。略谓：

夫所以议和者，以战之不可恃也。事经半载覆败，固云相

---

① 《翰林院代编修丁立钧等条陈时事折》，光绪二十一年三月二十一日，载《清光绪朝中日交涉史料》卷三十八，文海出版社1970年版，第4—6页。

踬，然战而亡者，不过数城之地，今议和之所弃者，且数倍于兹矣，筹兵筹饷征调半天下，战而费者，不道数千万之款，今议和之所捐（损）者，又数倍于兹矣。亏国体、失人心、堕军实、长寇仇，其究乃并乖其本，计何所取而必出此哉？倭负海以为窟，距辽沈而不进，薄登莱而不取，望台湾而又不遂攻，惮于深入，情事显然。大军云集津榆，传闻贼党筹商，颇亦慑为强敌，彼日以直犯神京为恫喝，正所谓内不足而外示有余，若我以数千万之款，转而备战，纵使再亡数城，再覆数军，庙算益坚，人心益奋，再经三月，倭必不支，尔时西人再出调停，必不至亏捐（损）如今之甚，贻害如今之远。兹谨陈补救管见，六条开列于后：

一，议撤使臣，倭之坚持不让，以我之一意求和，欲合且离。不若诏李鸿章，以不成即归，播此说于各国，以眩倭之视听，彼急于和，必思改计。若冥顽不顾，则我即明诏天下，以倭欲难厌，朝廷始终不得已而用兵之意，以释薄海臣民疑虑之心，以励边关将士忠勇之气。

一，请即现集之军，速筹粮饷器械，足支一军之用，以示朝廷毋速求蒇事之意。

一，请严谕前敌诸军将帅，自奋军威，不得倚援他部，并令切实具陈方略，各自任其力所能至，朝廷专心委任，不复遥为节度，听其择便伸缩自如。

一，请前敌受攻之地，破格简用强明敏锐之员为地方官，俾之招合民练，助为捍御，则城守愈固，攻掠为难。

一，请博采洋员条陈以资战守方略。

一，请鉴庚申前事，早为筹备，以伐敌人行险侥幸之谋，且坚我以战为和终始不易之志。[1]

---

[1]　《翰林院代编修丁立钧等条陈时事折》，光绪二十一年三月二十一日，载《清光绪朝中日交涉史料》卷三十八，文海出版社1970年版，第6页。

　　此折虽然详说签订和约所带来的弊害，但其列举的六条办法，根本解决不了清廷决策层最担心的日军"北则竟逼辽沈，南则直犯京畿"①的实际问题，故此折无疑被视为纸上谈兵，当然不会被采纳。

　　三月十二日，侍读学士文廷式上折请"饬使臣据理争论，以固民心而维国脉"。其折略谓：

　　　　臣于和战大局，言之再三，明知天听不回，而不惮冒渎者，诚以服膺经训，荷载殊恩，陈善责难是其职事，不敢有所隐，以负神明也。今日台湾之事，尤为存亡所关。李鸿章之行也，其秘计在割台湾，曾与孙毓汶、徐用仪密议于美国使署。虽大臣秘之，而举国皆知之。其言谓以散地易要地。夫奉天固要地矣，台湾关系江浙闽广之得失，可谓之散地乎？乃近日有停战二十一日之说，曰停北不停南，同隶皇上之土宇，同为皇上之人民，何爱于北而恶于南？五洲万国有此停战之法否？且恐倭之有所牵制，则停海城之攻以利之，虑倭兵饷之不足，则每日偿兵费以资之，此李鸿章父子恐台民之不受割而劝倭人专力攻之也。其心路人所知，其事天下所骇。夫战而失地，出于势之无可如何，百姓虽死，亦无所怨。若朝廷隐弃之而不言，奸臣巧割之而不恤，四方之人，谁不解体？不独各国环起之可虑，当日金田粤匪岂不由和议苟且召之乎？天下者，列祖列宗所留贻，尺寸之土皆关神灵缔造。皇上不得误信一二人而轻易弃掷者也。应请旨饬李鸿章与倭辩论，若不能一律停战，则毋庸虚受此名，堕其术中。倭之欲离间民心久矣，安可复授以隙？此事径行，臣知不能苟安而益增危乱，断断然也。伏

① 《朱谕》，光绪二十一年四月十七日洋务档，载《清光绪朝中日交涉史料》卷四十四，文海出版社1970年版，第19—20页。

望皇上念大业之艰难，鉴民心之不可失，天下幸甚！①

文廷式同此折还附有一片。其片略谓：

> 再臣近闻倭人条款已到，索地索费颇骇听闻，大致欲仿照德法故事办理，臣案法之于德。败挫已极，至献其都城为质而后论和，今我国家全盛无异昔时，所失者，八九州县之地而已。其再三议款者，盖圣人好生之仁，其万死不愿和者，实天下从公之义。倭人何恃而敢猖狂至此？然力阻和而必于战，臣非将帅，所不敢言，惟望议和大臣既推皇上爱民之心而曲意以和，尤当体皇上裕远之谟，而毋徇于敌，若割敌兵力未到之地，及偿款至万万以上，皆足使中国一蹶不振，不可许也。②

文廷式属于翁同龢一派，此折主要是攻李鸿章巧割台湾，并涉及其每日偿兵费以资敌之事，其实，日本欲得台湾，其心久矣，这种觊觎之心并非李鸿章靠谈判所能打消。至于停战时认给军费一事，清廷本已应允。李鸿章在给清廷的电报中有"至认给军费一节，系停战常例所有，似不足动之"之语。③ 显然对于此事，清廷之决策层全都清楚，而且文廷式虽力阻和议，然提起战事，竟拿不出一良策，而只能说"臣非将帅，所不敢言"，故他的言论，自然不能引起清廷的重视。

三月二十一日吏科掌印给事中余联沅上折力阻和议，"请旨速定大计以力筹远谋"。其论及战事则谓：

---

① 《翰林院侍读学士文廷式奏倭攻台湾请饬使臣据理争论折》，光绪二十一年三月十二日，载《清光绪朝中日交涉史料》卷三十七，文海出版社1970年版，第22页。

② 《文廷式请勿轻许倭人条款片》，光绪二十一年三月十二日，载《清光绪朝中日交涉史料》卷三十七，文海出版社1970年版，第22页。

③ 桐城吴汝纶编录：《李文忠公全书》电稿卷二十，光绪乙巳四月金陵付梓戊申五月印行，第25页。

　　李鸿章能与力争，就我范围，固属甚善。如其不然，饬台
湾严守备，未必遽如旅顺。奉天有宋庆、依克唐阿等军，尚能
力战，亦不至毫无把握。且以三万万款缮甲厉兵，选将制械，
添海口守御，联各国邦交，即以一月用三百万计，可支八年，
倭奴纵狡，再与坚忍相持，不过半年，情见势屈，彼自求款之
不暇，又何必低首下心，仳仳俔俔，以侥幸于不可必得之数，
为四夷所窃笑，且密伺其旁，又从而生心也哉。总之，倭方据屡
胜之势，已先有轻我之心，况值此请成而来，更难满无厌之欲。
急之则彼焰益张，而要求愈肆，缓之则敌谋必沮，而伎俩亦穷。
指日停战期满，不可再有游移，致误大局，拟请旨饬下刘坤一、
王文韶严饬津榆驻扎各军，认真堵御，竭力防守，贼到即击，为
先发制人之计，毋得稍有疏懈，并饬下沿江沿海各督抚激励将卒
一律严防，务令该倭无隙可乘，而后胜由我操，和自彼请，方足
以永远守太平之局，不然即勉强图成，终恐无安枕之一日也。①

　　此折中所谓"请旨饬下刘坤一、王文韶严饬津榆驻扎各军，认真
堵御，竭力防守，贼到即击，为先发制人之计"等语，在清廷决策层
眼中，不过是一些外行的空话和套话。此等折子，如何会被采纳呢？
　　三月二十二日（4 月 16 日）吏部给事中褚成博以"割地议和，后
患甚巨"上奏清廷，请"严辞拒斥以保疆土而系民心"。其折称：

　　中国自与外洋立约以来，意在永好绥边，遇事过于退让，
致彼族恃强恫喝，竞肆欺凌，然光绪七年逮治一崇厚，俄人卒
降心改约。十年谅山一捷，法人即敛手受盟。以彼最强之国，
且犹如此，则是可以威服，不可以德怀，固已彰明较著矣。倭

---

① 《吏科掌印给事中余联沅请勿允许倭奴奢款并速定大计力筹远谋折》，光绪二
十一年三月二十一日，载《清光绪朝中日交涉史料》卷三十八，文海出版社 1970 年
版，第 7—8 页。

性贪狡，甚于西人，非斩馘犁庭，痛加惩创，断难折其很鸷之气，现在倭以屡胜而愈骄，我以屡败而愈怯，初遣使则被逐，再遣使则被伤。所开条款，无一不制我要害，绝我生机，倘竟隐忍许之，则割地议和之局，自此而开，西洋诸强国见我之可以兵力胁制，而倭之独享厚利也，必皆视劫夺为奇谋，耻息兵为懦怯，乘机奋起，各逞雄心。日前传闻法人谓日本小国，尚能如此坚强，彼从前一败即和，未免失之太弱云云。悍很之语咄咄逼人。一国如此，他国可知。是我欲弭衅而适启无穷之衅；欲偷安而并无一日之安。薄海内外，凡有血气者皆知为万不可行，而谋国者仍与委蛇商办，不即毅然拒绝，得无谓胜算难操而敌氛可畏乎？不知军威虽屡挫，而所失之地，尚未有如台省之广也；所糜之饷，尚未有如偿费之多也，与其举数千里之封疆，累万万之膏血，拱手授人，以助敌焰而速他寇，何如留之以养我兵民，固我封围，誓灭此狂戾骄盈之虏哉？……皇上仰思祖宗诒谋，俯鉴边氓忠节，急宜选厉良将，大发援师系海表烝黎之望。若置诸度外，不予保全，窃恐四海生灵，从兹解体，民心一去，国谁与守？强敌凭陵，必更毫无顾忌，所失不仅一隅而已也。总之，失机纵敌，误在事先，来者可追，非竟无策。目前为急则治标之计，仅偿款而不割地，尚可迁就行成，徐图自强之实效。若戎心无厌，坚索土疆，惟有请一面电谕李鸿章，克日回华，并将倭人伤我大臣、背理要求之罪，宣示天下，一面激厉各统帅，整饬戎行，相机剿守，以赔贼之费，购船械、峙糇粮，募团丁，养间谍，绰有余裕。圣心既已坚定，众志自克成城。贼知无懈可击，必渐就我范围，譬如入市购物，迫求之则彼愈抬价，居奇恧置之，则彼自踵门求售，此显而易见之理，亦一定不易之理也。①

①《吏部给事中褚成博请严拒割地议和折》，光绪二十一年三月二十二日，载《清光绪朝中日交涉史料》卷三十八，文海出版社 1970 年版，第 10—11 页。

　　此折与王文韶之折有一个共同的特点，都是空话连篇，在军事上拿不出具体的办法。这种折子，自然是不能说服清廷决策层的。

　　同日，山西道监察御史王鹏运上折，以"和议要挟已甚，流弊太深"，"请回宸断，而安危局"。其折略谓：

　　　今日如割台湾与倭人，则滇粤边境必入于法。雷琼、西藏必入于英，黑龙江、珲春必入于俄。日朘月削，披枝伤心，不出十余年，恐欲为小朝廷而不可得！更闻往年越南用兵之法国兵官现为该国总统，耽耽虎视，久存窥伺之心。并传说粤西边越之地，时有小轮船来往。倭事处置稍一失宜，势将接踵而起，此割地之不可不慎者也。且自今以往，朝廷其遂安于萎荼，一任邻国之欺陵耶？抑尚欲奋发有为，冀雪此耻也。若云目前姑与议和再徐图自强之策，此则庸臣误国之谭。自中外交涉以来，皆为此说所误，以至于今日当兵刃既交之际，尚不能力图振作，以奋国威，而欲于罢兵之后，为我皇上卧薪尝胆，臣敢决其无是事，亦断无是人。即皇上一旦力振乾纲，不为盈廷苟且偷安之说所误，而不瞀巨款已付他人，如练兵、筑台、制器、造船诸费更从何出？此尤即邦交安谧时言之，而邻国之借端要挟，用出不虞者，尚不在此数。记曰，无三年之蓄，则国非其国。得无深念之耶？此又兵费不可不慎者也，至于台湾既割之后，设绅民义不受割，抗不奉诏，该省孤悬海上，地广人强，使激厉众心，闭关自守，势必内之有负百姓，外之失信夷狄，进退失据，和战两难。又将何策以善其后？是亦不可不深长思之者也。凡此流弊所及，愚昧如臣者，尚能知之，而一二谋国之大臣，竟悍然行之而不顾，岂知虑反出臣下哉？特以当垂暮之年，处崇高之位，但得数年无事，便可荣宠毕生，故国势之安危强弱，皆非其所恤，伏乞皇上，念缔造之艰难，求挽回之至计，严饬李鸿章，如兵费在万万两以内，又不致于割地，则姑与之行成。否则舍力战之外，更无他策，下哀痛责躬之明诏，罢偷安债事之态臣，以亿万和戎之帑为收召豪杰之资，中国虽云积弱，以人以地，皆百十倍于倭，此而谓不堪一战者，臣虽死有所不受。若竟如倭所请，委曲与和，后患方殷，不堪设想！①

然而，这部分人所上的折子并不能打动清廷的决策层，因为在清廷决策层眼中尽管他们慷慨激昂"发于忠愤"，但并不能真正解决日军"竟逼辽沈""直犯京畿"的实际问题。而对清廷最高决策层来说，陪都陵寝与京师宗社的安全，才是他们首先要考虑的问题。因此，这部分人的意见，根本不会为清廷决策层所采纳。

二月十八日（3月14日），李鸿章离天津赴日本，美人福世德、子经方及罗丰禄、伍廷芳、马建忠、徐寿朋、于式枚等随行。② 经过数轮会谈，清廷在万般无奈的情况下电谕李鸿章，如条件无可商议，即可定约。③

清光绪二十一年乙未三月二十三日（1895年4月17日），李鸿章在中日《马关条约》上签字。"中国承认朝鲜独立，割辽东、台湾、澎湖，赔款二万万两，日人得在中国口岸从事工艺制造。"④

消息传来，京城大哗。群臣出于忠愤，交章论奏，无虑百数，然甲午败因，非止一端，且其发端甚早，列强对中国之争夺与扩张，固主要之原因，但清廷之失政也是促成此结果的原因之一，眼前之屈辱，不过曩日之果也，故尽管举国汹汹，议论纷纷，其于大局无补，此乃当然之事。纵观当时之议论，几乎是清一色的反对议和的声音，然细绎起来，又分为三种不同的情况。这些人虽同样反

① 《江西道监察御史王鹏运请勿割地和倭折》，光绪二十一年三月二十二日，载《清光绪朝中日交涉史料》卷三十八，文海出版社1970年版，第11—12页。

② 郭廷以编著：《近代中国史事日志》下册，中华书局1987年版，第908页。

③ 郭廷以编著：《近代中国史事日志》下册，中华书局1987年版，第912页。

④ 郭廷以编著：《近代中国史事日志》下册，中华书局1987年版，第912页。

对议和，但其表现又有所不同。一种是仅慷慨激昂，陈述议和之利害，但拿不出具体解决办法的。另一种是能拿出具体办法，但其办法又不切合实际的。最后一种情况较特殊，在举国反对议和的声浪中，他们虽然表示与日军"敌忾之誓，不与共戴"，要"舍身报国"，但实际上却委婉地表达了同意与日本签约的意思。

我们先来看第一种人，这些人主要还是以文廷式等人为首的反对议和的中下层官吏，只不过范围更加扩大。

就在《马关条约》签约的当日，给事中洪良品首奏，因日人要挟太甚，"请速召李鸿章回京，专筹战备"。①

三月二十五日（4月19日）文廷式联合翰林院侍读学士秦绶章，詹事府左春坊左庶子戴鸿慈、右春坊右庶子陈兆文等上奏，"为倭人要挟过甚"，若"一切应允，无以自存"，所以，"请特饬使臣展缓商议，以防巨患"。他们对付日本的策略是"广求朋助，而抑悍敌之凶锋"，即借助其他列强的力量来遏制日本，而使其就我范围，求光绪帝"饬总署速请各国斟酌条款，务在可行，以免事后之悔"。②

三月二十九日（4月23日），翰林院编修李桂林、丁立钧、潘炳年等八十三人组织了更大规模的群体，一起上奏，请暂缓批准和约。他们认为清廷"原以寇患渐深，民生可念"，万不得已欲借和约以"暂缓目前"，"为日后自强之计"的想法只能事与愿违，所定条约不仅会使"目前之患愈深"，而且将会"日后之忧更大"，且"既不能苟安于旦夕，且无从补救于将来"。他们认为，为今之计，"非暂缓批准，审议详筹"，则"不足以纾切患而存国脉"。他

---

① 《户科掌印给事中洪良品请召李鸿章回京专筹战备折》，光绪二十一年三月二十三日，载《清光绪朝中日交涉史料》卷二十八，文海出版社1970年版，第13—14页。

② 《翰林院侍读学士文廷式等奏倭人要挟过甚请饬使臣展缓商议折》，光绪二十一年三月二十五日，载《清光绪朝中日交涉史料》卷三十八，文海出版社1970年版，第14—15页。

们在列举了五条定约的弊病后，认为如根据公法，"条约若于某国有碍，致令不得兴旺。或与内政有阻，某国即行宣示而后退之可也"，"条约有力所不能行者，则遵守之责自卸"。他们指出，"今所议草约，虽经使臣画押，而其中实多窒碍难行之处"，故"不得不详加指驳，更予筹商"。他们希望光绪帝"断之宸衷，参之群议，因各国之争持，徐观事变，计将来之利害，豫作图维"。在他们看来，只要光绪帝坚持"缓与批定，半月之间，必有可以斡旋者"。①

京畿道监察御史刘心源也于三月二十九日（4月23日）上奏清廷，提出了五条不能允和之理由：

> 自倭奴入寇，我军失利，陷没者盖平等州县耳，以二十千万之费之多，尚不能赎吾所失之数州县，而反索及他重款，是我不与之和尤有收复之一日，且不必糜费至二十千万之多。今一议和而地乃不可复，二十千万虚掷而尚有他重款之累。……此必不可允者一。
>
> 台湾者，南洋之扃，而闽广屏藩也。……其险隘足以自守，其钱粮足以自给，本未与倭奴兵交势屈，失尺寸之地也，今无故弃与倭奴，使衣冠之族、忠义之民，沦于非类，在朝廷于义有所不可，在该地亦必有所不甘。则战端又开，重烦圣虑矣。……此必不可允者二。
>
> 自来外夷驻兵中华，即自备军饷，拒之唯恐不力。今倭奴驻兵威海，据中国东北之脊，以控津海制山东逼京师窥中原，我乃岁偿五十万两以养之，是虎狼入室喂之使饱，欲不搏噬其何可得？……此必不可允者三。
>
> ……今倭奴通商腹地，改土货为洋货。土货者，中国所

---

① 《编修李桂林等条陈时务呈文》，载《清光绪朝中日交涉史料》卷三十八，文海出版社1970年版，第20—21页。

出，中国税之，若改为洋货，则中国为无货无税矣。夫以洋货入腹地，税归中国，中国尚恐益少害多，而乃以中国之货之税尽归倭奴，是蹶我于万不能起。……此必不可允者四。

赏罚者，人主之大权，以中国之律治中国臣民，外国本不与谋。此番东省败军，获咎之员如叶志超等，本为咎有应得，圣恩宽大，未即斩徇，已为大幸，此亦何与倭奴事？乃其条款，竟欲释放？在倭奴固为轻中国而攘大权。臣窃以为此正汉奸之迹之暴露者也。……此必不可允者五。

要而言之，刘心源认为，"倭奴虽横，不过扰海疆耳，于各省无恙也；中国虽挫，不过失数县耳，于大局无亏也。今和议条款如此难堪，若概允之，是我之命制于倭奴之手，即欲善后而不能"。刘心源进一步指出，条约定后，西洋各国"势必挟利益均沾之说，乘我之敝，假如俄索吉林、伊犁；英索西藏、四川；法索滇粤；以至德美诸国各请开金矿，修铁路，主税务，厘盐政，驻兵内地，托名弹压，若不允之，将援例于倭奴，若概允之，又势不及给"。如此一来，中国必为列强所瓜分。①

同日，编修张鸿翙也上奏清廷，主张"宜绝和议，以留人心"。张鸿翙认为，倭夷肇衅以来，中方因"统帅未得其人"，至有挫败，不得不割地赔款，然"此必不可割之地，皆中国之民也"，"必不可偿之资，亦必渐取诸民也"，并且"贼得中国之资，以致富；得中国之地，以致强"。"不德则鱼肉民，中国不能庇之而人心去；德则招致民，中国不能禁之而人心去。至人心一去之后，患不在外夷，而在中国之民！"②

在他们中间，也有一部分人则主张与日本打持久战，如监察御

---

① 《京畿道监察御史刘心源请勿遽允和议折》，光绪二十一年三月二十九日，载《清光绪朝中日交涉史料》卷三十八，文海出版社1970年版，第27—28页。

② 《编修张鸿翙条陈时务呈文》，载《清光绪朝中日交涉史料》卷三十八，文海出版社1970年版，第22页。

史裴维俟认为，"今即不战而言守，但使相持数月，倭必不支"。
其理由是，"自古未有劳师远出而能久而不敝者也。况倭地不过数
岛，户口可计，抽丁赴镝。屡多伤亡，质地贷饷，势将不继。其兵
必不能再增，其饷必不能持久"。"兵法有曰：'致人而不致于人。'
坚守待敌，此致人也；倭人穷兵图远，此致于人也。又曰'战不
足而守有余'。我军扼守要隘，相度地势，设为犄角。倭虑截其后
路，必不敢深入。"闻朝鲜之民不愿附倭者甚众，倭民苦役，怨
望尤多，一旦中变，倭之危可跂足俟矣"。①

　　除此之外，当时清廷内部还有一些官僚也与上述裴维俟意见大
致相同，主张与日本打持久战。但是自战争以来，清廷"水陆交
绥，战无一胜"，② 北洋水师降敌，陆军对战胜已无把握，对清廷
最高决策层而言，"日人俟河冻一开，分兵冲突"，而那时畿辅京
师的安危，才是他们最优先考虑的事情，在清廷决策层的眼中，这
些廷臣的奏章，尽管"持论颇正"，但"于沈阳、京师两地重大所
关，皆未计及"。③ 换句话说，这部分人的意见，虽不无可取之处，
但丝毫未顾及大清的切身利益。当时，清廷决策层心中最重要的是
沈阳、京师的安危，而首要工作是展期缓约，使俄、德、法与日本
周旋，以便在和约中减少损失。所以，上述朝臣所谓持久战等言
论，在清廷决策层眼里，都是一些缓不济急的书生之见，因此，他
们的意见并不在清廷最高决策层讨论的范围之内。

　　第二派以张之洞为代表，他主张乞助俄、英，分别略以新疆、
南路回疆、后藏等地，并予以两国商务实利，令其助清攻倭。时署
两江总督张之洞"闻和议各条，不胜焦灼痛愤"，于是致电总署，

----

　　① 《福建道监察御史裴维俟请勿轻议割地折》，光绪二十一年三月二十九日，载
《清光绪朝中日交涉史料》卷三十八，文海出版社1970年版，第30页。

　　② 《朱谕》，光绪二十一年四月十七日洋务档，载《清光绪朝中日交涉史料》卷
四十四，文海出版社1970年版，第19页。

　　③ 《军机处电寄刘坤一、王文韶谕旨》，光绪二十一年四月初一日电寄档，载
《清光绪朝中日交涉史料》卷三十九，文海出版社1970年版，第8页。

请代奏阻止和议。张之洞认为，"倭约贪苛太甚"，"若照倭索诸条"，"中华何以立国"。他主张："惟有速向英、俄、德诸国力恳切商，优予利益，订立密约，恳其实力相助。问其所欲，许以重谢，绝不吝惜。"在他看来，"无论英、俄、德酬谢若何，其去中国较远，（其实英、德虽距中国较远，然俄与中国接壤，即近在肘腋也。——引者注）总较倭为患为轻。此时先恳各国公同告倭，令其停战议约，以便从容筹办，尤为紧要"。①

四月初二（4月26日）张之洞复致电总署，声称"此时废倭约，保京城，安中国，惟有乞援强国一策"。"俄国已邀法、德阻倭占地，正可乘机恳之"，然"乞援非可空言，必须予以界务、商务实利"。"惟有恳请敕总署及出使大臣急与俄国商订立密约，如肯助我攻倭，胁倭尽废全约，即酌量划分新疆之地，或南路回疆数城，或北路数城以酬之，并许以推广商务。"如果英国肯助我，"则酌量划分西藏之后藏一带地，让与若干以酬之，亦许以推广商务"。②

显而易见，张之洞的主张只不过是企图利用一些国家的力量来打击另一个国家，无论是利用哪个国家，其都以牺牲中国利益为手段，即使成功，也只是前门赶走了狼，后面引来了虎，日后的胶州湾事件恰恰证明了这点。后人评张之洞此主张时云："之洞此电，除陈说利害外，可视作主张者，为乞外援，以制强日。其所谓'优与利益，订立密约……问其所欲，许以重酬，绝不吝惜'云云，此后几酿瓜分之祸者，均此外交路线所造成。媾和固丧权，结援尤肇祸，谋国者可不慎哉！"③ 张氏乃清廷封疆大吏，他的意见

---

① 张之洞：《倭约贪苛太甚宣结英俄德相助 致总署》，光绪二十一年三月二十六日午刻发，载赵德馨主编：《张之洞全集》第四册，武汉出版社2008年版，第434—435页。

② 张之洞：《俄约意在吞噬中国宁割边壤以联英俄敌日 致总署》，光绪二十一年四月初二日辰刻发，载赵德馨主编：《张之洞全集》第四册，武汉出版社2008年版，第436页。

③ 王芸生编著：《六十年来中国与日本》第二卷，生活·读书·新知三联书店2005年版，第323页。

又是针对三国干涉还辽事件而提出的，故他的奏折应是清廷决策层重要的参考依据。

原来，三月二十九日（4月23日），俄、德、法三国驻日公使一齐到日本外务省，面晤外务省次官林董，他们分别代表本国政府，要求日本放弃辽东半岛，清廷获悉此一消息后，就像溺水者碰到了一棵救命的稻草，紧抓不放。为了更准确地了解俄国的态度，光绪帝"又诘问昨日徐用仪见喀使语如何。用仪奏：喀希尼云得本国电码多误，不能读，今电回国，但云辽东地不允倭占，请缓批准约章，又云俄廷不食言。至问以如何办法，则无的实语"。① 徐用仪回答虽不得要领，但对清廷而言，三国干涉还辽，毕竟是好事。且"缓批准约章"，无疑是扭转局势的缓兵之计。于是，在战与和的问题上，清廷又开始左右瞻顾，三月二十九日（4月23日），光绪帝"命总署商俄、德、法三国，转商日本，展期换约"，② 又"命奕劻、孙毓汶、荣禄今日往见喀使，传感谢之意，并告以批不能过缓，即电俄要的音。又命发电旨询许景澄，亦以此节详告"。③ 三国干涉还辽，使这个年轻皇帝的精神也有所振作，当群臣论及台民死守时，"上曰：'台割则天下人心皆去，朕何以为天下主！'孙毓汶以前敌屡败对。上诘责以赏罚不严，故至于此。诸臣唯唯，引咎而已"。④ 翁同龢目睹这一场景，极为感慨，他在日记中写道："伏睹皇上乾刚一振，气象聿新，窃喜又私自憾也。"⑤

---

① 翁万戈编，翁以钧校订：《翁同龢日记》第六卷，中西书局 2012 年版，第 2841 页。

② 郭廷以编著：《近代中国史事日志》下册，中华书局 1987 年版，第 913 页。

③ 翁万戈编，翁以钧校订：《翁同龢日记》第六卷，中西书局 2012 年版，第 2841 页。

④ 翁万戈编，翁以钧校订：《翁同龢日记》第六卷，中西书局 2012 年版，第 2841—2842 页。

⑤ 翁万戈编，翁以钧校订：《翁同龢日记》第六卷，中西书局 2012 年版，第 2842 页。

　　恰在此时，曾为清廷所倚重、总领北洋诸军的大将宋庆又于四月初一日（4 月 25 日）上书清廷，提出了其对战与和一事的意见。略谓：

　　　窃闻倭人逞其狡悍，无理要挟，既索巨款，复思侵地，为天下所切齿。内而廷臣言路，外而疆吏，纷纷力争，莫不出于忠愤。况身在行间，敌忾之誓，不与共戴。唯御侮必在机先，尤当揣其根本。当日启衅之初，未尝准备，着着落后，致有今日之事。兵轮尽失，全洋无阻，津沽一带，迫近畿辅，尤为可虑，庆等统率重兵，不能迅灭悍寇，为宵旰忧，虽膺显戮不足尽其罪，不敢不将兵情贼势，冒死直陈，伏念自牙山平壤失事以后，始调各军宿将，募兵入卫，至今尚未到齐，或调于任所，或来自原籍，皆赋闲既久，所募之勇，兵将不相习，未经战阵，枪不知用，无异乌合，岂能得力？庆夙练之军，仅止八营，虽平壤之役，所丧已多，而虎耳山、感王寨、大平山数大战，犹能樱将搴旗，毙贼过倍，虽非全胜，亦足以丧其胆，为倭忌惮。田台之役，重用汉奸，探诱我前后军东剿，乃以枪炮全力攻我新军。前后军赶援不及，新军虽战斗亦力，而伤亡实多。牛庄之败，亦因新集之楚师挫溃，兵非久练，不足深恃。今日之急，尤在料简军实，去腐留精，尝胆卧薪，实事求是。庆一介武夫，愿与天下精兵，舍身报国，成败利钝，非下愚所敢计。伏乞钧衡秉断，酌办陈奏。宋庆叩。卅。①

　　宋庆之奏章共有四层意思，其一，他表达了对《马关条约》事件的愤慨之情，表示"敌忾之誓，不与共戴"。其二，他指出了甲午之战失败之原因，其中也不乏对牛庄及田台庄大战失败的辩解。其三，他表示对继续抗战的态度，在"兵非久练，不足深恃"

---

　　① 《帮办军务四川提督宋庆来电》，光绪二十一年四月初一日到电报档，载《清光绪朝中日交涉史料》卷三十九，文海出版社 1970 年版，第 7 页。

的情况下，"今日之急，尤在料简军实，去腐留精，尝胆卧薪，实事求是"，显然，宋庆言外之意乃是根据现实情况，实事求是，一和了事。其四，宋庆又向清廷表示决心，"庆一介武夫，愿与天下精兵，舍身报国，成败利钝，非下愚所敢计"。毫无疑问，宋庆的这种决心是根本靠不住的。茅海建在评论宋庆该奏章时说："宋作为前敌主将，经历多次败仗，尤其是田台庄大战之败后，对战争前景并不看好。他虽无一语同意签约，但基本意思却又十分明确，即主和。"①

宋庆之懦弱无能，我们已见其大概，清廷若真将"天下精兵"交给他，恐怕也同样会一败涂地，到那时无论其说多少"舍身报国"恐怕都将无济于事了。

宋庆虽非大将才，但他是真正和日军打过仗的人，他对敌情的了解，远非那帮主战的下层官吏可比，所以在清廷决策层眼中，他的意见应具有一定的参考价值。

然而战与和，对清廷而言，毕竟利害攸关，必须当机立断。若和，必须接受日本苛刻的条件；若战，首先要看自己是否能战，在这种形势下，清廷做出了以下决策。首先光绪帝找了两位与宋庆同样在前敌担任指挥的人来征求意见。四月初一日（4 月 25 日）光绪帝谕令军机处电寄钦差大臣刘坤一、直隶总督王文韶谕旨，重询和战大计。② 其谕旨云：

> 新定和约条款，刘坤一、王文韶谅皆知悉。让地两处，赔款二万万，本皆万难允行之事。而倭人恃其屡胜，坚执非此不能罢兵。设竟决裂，则北犯辽沈，西犯京畿，皆在意中。连日廷臣章奏甚多，皆以和约为必不可准，持论颇正，而于沈阳、京师两地重大所关，皆未计及。如果悔约，即将决战，如战不

---

① 茅海建：《从甲午到戊戌：康有为〈我史〉鉴注》，生活·读书·新知三联书店 2009 年版，第 74 页。

② 郭廷以编著：《近代中国史事日志》下册，中华书局 1987 年版，第 914 页。

可恃，其患立见，更将不可收拾。刘坤一电奏有云，战而不胜，尚可设法撑持。王文韶亦有聂士成等军，颇有把握，必可一战之语。惟目前事几至迫，和战两事，利害攸关，即应立断。着刘坤一、王文韶体察现在大局安危所系，及各路军情战事究竟是否可靠，各抒所见，据实直陈，不得以游移两可之词，敷衍塞责。钦此。①

清廷之意见非常明了，如弃约决战，则日人"北犯辽沈，西犯京畿，皆在意中"。而群臣虽空言"和约为必不可准"，"而于沈阳、京师两地重大所关，皆未计及"，"如果悔约，即将决战，如战不可恃，其患立见，更将不可收拾"。清廷统治者又深知其手下大臣平常均慷慨激昂，空言主战，而事到临头，又以"游移两可之词，敷衍塞责"。故光绪帝于此危急关头，想起刘、王二人的"战而不胜，尚可设法撑持"，"聂士成等军，颇有把握，必可一战"等语，故定要二人不要模棱两可，一定拿出个准确意见来。其实，当时清廷众臣，虽表面上看起来忠愤满腔，而真能拿出切实可行办法之人，又有几人？既然回天乏术，也只能用模棱两可的空话和套话搪塞皇帝了。

清廷正式向三国政府发电表示谢意，与此同时，还希望三国政府能令日本展缓换约期限，以便赢得时间，做进一步的考虑和准备。其电文曰：

现承大俄国大皇帝、大德国大皇帝、大法国大伯理玺天德厚意，以中国与日本新定和约，画押后嘱暂缓批准。由贵国力劝日本再加减让，甚为可感，专此致谢，惟换约日期已迫，所商情形如何，能否展缓互换之期，务希在中历四月初七日以前

---

① 《军机处电寄刘坤一、王文韶谕旨》，光绪二十一年四月初一日电寄档，载《清光绪朝中日交涉史料》卷三十九，文海出版社1970年版，第8页。

示覆，以免迟误，实深殷盼！四月初二日。①

最后，清廷还派大臣去三国使馆活动，希图使事情有更大的转机。当时，总署大臣庆亲王奕劻、孙毓汶、荣禄等，在六天之内访问三国公使五次，声称台湾人民拒绝日本管辖，已在准备抵抗，希望三国支持中国，一并收回台湾。

四月初二日（4 月 26 日）清廷命驻俄德大使许景澄与俄外部商暂缓批准和约事，不得要领。（4 月 30 日许电到京）②

四月初三日（4 月 27 日）清廷采用张之洞意见，再命许景澄切与俄商，能否以兵舰为助，倘真用兵，愿定密约。然是日得许景澄电，称俄不能用力。③

四月初四日（4 月 28 日）署台湾巡抚唐景崧亦电总署，力请废约，请诸国公议，派兵船相助。其电略谓：

> 台民汹汹，屡请代奏，未便渎陈，兹闻各国阻缓换约，谓有机会可乘，劫以不得不奏之势。兹据绅民血书呈称，万民誓不从倭。割亦死，拒亦死，宁先死于乱民手，不愿死于倭人手。现闻各国阻缓换约。皇太后、皇上及众廷臣傥不趁此时将割地一条删除，则是安心弃我台民，台民已矣，朝廷失人心，何以治天下？查公法会通第二百八十六章有云，割地须商居民能顺从与否。又云，民必顺从方得视为易主等语。务求废约，请诸国公议，派兵轮相助，并求皇上一言以慰众志，而遏乱萌，迫切万分，哀号待命，乞代奏等因。请代奏。景崧。江。④

————————

①　《致俄德法三国国电》，光绪二十一年四月初二日电寄档，载《清光绪朝中日交涉史料》卷三十九，文海出版社 1970 年版，第 14 页。

②　郭廷以编著：《近代中国史事日志》下册，中华书局 1987 年版，第 914 页。

③　郭廷以编著：《近代中国史事日志》下册，中华书局 1987 年版，第 915 页。

④　《署台湾巡抚唐景崧来电三》，光绪二十一年四月初四到电报档，载《清光绪朝中日交涉史料》卷三十九，文海出版社 1970 年版，第 38 页。

时三国干涉之端已启，台湾之民哀号反对割台湾。唐景崧电奏有"皇太后、皇上及众廷臣傥不趁此时将割地一条删除，则是安心弃我台民，台民已矣，朝廷失人心，何以治天下"等语，与光绪帝前之"台割则天下人心皆去，朕何以为天下主"之想法暗合，亦足以打动皇帝。而《马关条约》换约日期已迫，皇帝"以和约事徘徊不能决，天颜憔悴"。①

光绪帝无奈，只得于四月初五日（4月29日）再命军机处电寄李鸿章谕旨，命其设法与伊藤博文相商，详筹挽回万一之法。略谓：

> 奉旨，连日纷纷章奏，谓台不可弃，几于万口交腾，本日又据唐景崧电称，绅民呈递血书，内云公法会通第二百八十六章有云，割地须商居民能顺从与否，又云民必乐从方得视为易主等语。台民誓不从倭，百方呼吁。将来交接，万难措手。着李鸿章再行熟察情形，能否于三国阻缓之时，与伊藤通此一信，或豫为交接地步，务须体朕苦衷，详筹挽回万一之法。迅速电覆，钦此。四月初五日。②

而几乎与此上谕同时，四月初六日（4月30日）刘坤一、王文韶二人之回奏电文到京。③

王文韶之上奏文开头先是一套空话，略谓："奉东电谕旨，以和战两事饬臣与刘坤一各抒所见，据实直陈等因。臣维此次议约，倭人要挟很骜，实为中外臣民所共愤，不独言事者忠义愤发也。旨

---

① 翁万戈编，翁以钧校订：《翁同龢日记》第六卷，中西书局 2012 年版，第2843 页。

② 《军机处电寄李鸿章谕旨》，光绪二十一年四月初五日电寄档，载《清光绪朝中日交涉史料》卷三十九，文海出版社 1970 年版，第 40 页。

③ 郭廷以认为刘坤一电四月初四日到。见郭廷以编著：《近代中国史事日志》下册，中华书局 1987 年版，第 915 页。而翁同龢四月初五日（4月29日）日记有云："许电杳然，刘、王之奏未至，极徘徊也。"故疑郭书有误。见翁万戈编，翁以钧校订：《翁同龢日记》第六卷，中西书局 2012 年版，第 2843 页。

意以不合即战，计及沈阳、京师两地重大所关，务筹万全之策。仰见圣虑深远，急其所急。"随后他就其所辖直隶之军情略敷衍了几句，似乎倾向于主战，为其以前所说聂士成等军必可一战之语收场："臣在津言津，如提督聂士成，总兵吴宏洛、章高元、陈凤楼等军，声气联络，必可一战，其榆关以迄辽沈各路军营亦各有可用之将。"但是，他随即笔锋一转，又不敢对其所提名的将士负责，他们"究竟是否可靠，臣实不敢臆断"。最后，他又将和战的决定权推给了皇帝："现在事可胜不可败，势成孤注，与未经议约以前情形又自不同。传闻俄、法、德三国颇肯助我，外间未审确实。事关全局安危，应请饬下军机大臣、督办军务处、总理衙门，通盘筹议，请旨定夺。再，臣与刘坤一在唐山晤商一切，意见大略相同。文韶谨奏。豪未。"①

甲午战争时，清廷谕令王文韶署直隶，实乃委以拱卫京畿之大任。但观其行，则事事推诿塞责，如此官吏，委以大任，其不偾事可乎？

刘坤一之电奏也与王文韶不相上下。略谓：

> 密晓初一戌刻奉电旨，新定和约条款，让地多处，赔款二万万，皆万难允行之事。设竟决裂，则北犯辽沈，西犯京畿，必在意中，着体察现在大局所系，及各路军情战事是否可靠，据实直陈。等因钦此。坤于新定条约虽未尽悉，要之，让地赔款多节，目前固难允行。后患更不堪设想，宜战不宜和，利害重轻，事理显然，此固天下所共知，亦在圣明洞鉴。惟一经决裂，倭必分拥猛攻，自以保京畿固辽沈为第一要义，查辽沈等军，依克唐阿、长顺、陈湜等，皆与贼累战，甚为得力。唐仁廉亦系凤将，所部枪械已齐，当足以资抵御。更有宋庆、魏光

① 《署直隶总督王文韶来电》，光绪二十一年四月初六日到电报档，载《清光绪朝中日交涉史料》卷四十，文海出版社 1970 年版，第 27 页。

焘、李光久诸军，驻扎宁锦一带，该将领等忠勇过人，屡经大敌，相机战守，似辽沈后路可无他虑。倭如图犯京畿，则自关至津，沿海要口，处处设防，又有各大枝游击之师，合计不下十余万人，倭寇岂易深入？纵或登岸，究属孤军，既有程文炳、董福祥两军堵御于前，而津关各军可以多面夹击，即不得手，自可再战三战，以期必胜，未必彼即长驱直入，我即一蹶不振。万一京畿吃紧，坤必抽调劲旅，迅速入卫，以保无虞。前电所陈，尚可设法撑持者，此也。夫利钝本难逆睹，但倭奴远道来寇，主客之形，彼劳我逸。近得探报，倭新卒多以老弱充数。饷亦不继，在我只须坚忍苦战，否则高垒深沟，严为守御，倭奴悬师远斗，何能久留？力尽势穷，彼将自为转圜之计，况用兵两年，需饷不过数千万，较赔款尚不及半，而彼之所费愈多，持久二字，实为现在制倭要着。诸将一闻和约，义愤填胸，必欲一决死战。坤职在兵戎，宗社所关，惟有弹竭血诚，力任战事，此外非所敢知。昨于初三日驰抵津关适中之唐山与王文韶、聂士成、丁槐等面商，意见相同，谨据实直陈，请代奏。坤一。支酉。①

刘坤一虽主持久之战，但其"纵或登岸，究属孤军"，"即不得手，自可再战三战，以期必胜"，"万一京畿吃紧"，"坤职在兵戎……此外非所敢知"等，语意游移，亦在模棱两可之列，故亦不可能打动皇帝。

翁同龢日记记清廷决策层讨论刘坤一奏章一事云："刘虽电复可战，而同列颇摘其一二活字，谓非真把握也。"②

显然，在清廷决策层心中，刘坤一虽表面上主战，然对战争之

---

①　《钦差大臣刘坤一来电》，光绪二十一年四月初六日到电报档，载《清光绪朝中日交涉史料》卷四十，文海出版社1970年版，第27—28页。

②　翁万戈编，翁以钧校订：《翁同龢日记》第六卷，中西书局2012年版，第2844页。

前景，并不看好。刘、王、宋三位前敌主帅之意见，愈发使清廷决策层觉得前途暗淡。

而恰在此日，李鸿章之回电亦到。其回复如次：

> 密红歌电谕旨敬悉。初四、五狂风骤雨连日夜不止，南北电线俱断，顷京线始接通，而自津南去电杆刮倒太多，难遽修齐。各国信息皆阻。互换期近，深为焦急。鸿到津后，尚未与伊藤覆电，因原议只批准可电知也。若令鸿为改约电议，适速其决裂兴兵，为大局计，不敢孟浪。且除电报外，亦无通信之法。只可俟另派大员，换约时详切与商，或三国商阻定局另有办法。请代奏。鸿。鱼申。①

至此，对清廷而言，其恰到了"无可奈何花落去"的境地，所剩下的恐怕也只有"君臣相抱持以哭"了。清廷经反复考虑，于万般无奈之下，已偏于和，据翁同龢四月初六日（4 月 30 日）日记载：

> 见起二刻，亦无所可否，命往恭亲王邸会商，令定和战之议，已初退。……同李公诣恭王府，同人先后集，邸疾渐起。孙君以所拟宣示稿就正，邸以为是。宣示者，俟批准后告群臣之词也，大意已偏在和字。②

四月初八日（5 月 2 日）光绪帝虽与翁同龢挥泪用宝批准和约，然继续在换约问题上做文章，希望能借三国的力量，延缓换约，以便寻找挽回万一之法。徐用仪、孙毓汶力主换约，而翁同龢

---

① 《大学士李鸿章来电一》，光绪二十一年四月初六日到电报档，载《清光绪朝中日交涉史料》卷四十，文海出版社 1970 年版，第 29 页。

② 翁万戈编，翁以钧校订：《翁同龢日记》第六卷，中西书局 2012 年版，第 2844 页。

则主张展期换约，双方争执不下。翁同龢日记对当时之情形颇有记述，兹节录如下：

> 初九日（5月3日）……闻昨日喀使（俄使喀希尼——引者注）致书小云（徐用仪字小云——引者注）阻用宝批准，今日午庆、孙、徐三人往见，施使（法使施阿兰——引者注）问之，而仍请今日用宝发下，意恐误事也。见起二刻，请旨添派联芳偕伍廷芳送约，盖喀谓伍习于倭而特举联以请也……

> 初十日（5月4日）……晨入，知孙、徐晤施，施无言。傍晚施邀两公再往，则云接本国电：倭允让辽地，但未知所让多少及让后须添费耳。许（景澄——引者注）电信无甚要紧，但云俄主亦劝中国先批准，候再换。唐抚电云法有欲保护台澎意，其外部告庆常（庆常时为薛福成参赞，驻巴黎——引者注），须先立一约，庶法护为有据。余乃创议今日务请电旨，一致许使问辽地，一致王使（之春——原注）问台澎，机不可失也。邸不了了，两君者不谓然，遂以语侵之，卒如余议而罢……

> 十一日（5月5日）……见起三刻，书房一刻余。许（景澄——引者注）电仍无确信，闷极急极。南洋张公（之洞——引者注）多奇策，而未尽可用，如何如何？……

> 十二日（5月6日）……晨入，见许电，倭复俄以辽地分六段，五段暂押，一段旅顺不还，俄仍驳复也。余创议乘此与日本照会，将换约展期，孙、徐坚不可，至于攘诀。……见起三刻余，书房一刻，颇有所陈说。退而定随约照会两件（一朱批，一暗言辽事，明告台难交——原注），已正散……

> 十三日（5月7日）……余力言发电告日本展期换约，与同列争论，声彻户外。又争于上前，乃定议。退与莱山（孙毓汶字——引者注）定政府致彼信，词甚卑柔，同列尚多方诘难也……

十四日（5 月 8 日）是日徐君（用仪——引者注）持德使绅珂函来，谓不换约德国即不能帮，余笑置之。已而许景澄电至，谓旅顺亦肯还，至换约一节，俄外部云已经明告，则中国换约大臣自能办理，固未尝催令换约也。而同人轰然，谓各国均劝换，若不换则兵祸立至，而敬子斋（敬信——引者注）特见恭邸，絮语刻余，恭邸亦为之动，余力争不回。见起则（庆邸同见——原注）。上亦催令即刻电伍廷芳如期换约，因令庆王、孙、徐三人先退。余奏昨日俄使已正见总署大臣，此当听其回信。三人者谓即赴俄馆，若俄使语与许电同，当即将电旨译发，若有违异，则再请旨，匆匆而去。退后忽思，允让全辽三国虽电告中国，中国未尝与日本言明，设换帖后各国瓜分此地（所谓别有办法也——原注），奈何？告恭邸，当以此节饬伍廷芳等备照会声明，邸不肯。退，又致书莱山，不答。在督办处见邸，又力言之，乃肯作札，令总办回堂速办，亦未知总署肯发此电否也。覆水难收，聚铁铸错。穷天地不塞此恨矣……①

其实，以当时之形势，《马关条约》既已批准，大势已去，虽欲展期换约，亦乃难收覆水之举。

四月十七日（5 月 11 日）清廷朱谕宣示中日定约前后办理缘由，及批准之苦衷，其语颇沉痛。朱谕曰：

近自和约定议以后，廷臣交章论奏，谓地不可割，费不可偿，仍应废约决战，以期维系人心，支撑危局。其言固皆发于忠愤，而于朕办理此事兼权审处，万不获已之苦衷，有未能深悉者。自去岁仓猝开衅，征兵调饷，不遗余力，而将少宿选，兵非素练，纷纭召集，不殊乌合，以致水陆交绥，战无一胜。

① 翁万戈编，翁以钧校订：《翁同龢日记》第六卷，中西书局 2012 年版，第 2845—2847 页。

至今日而关内外情势更迫，北则竟逼辽沈，南则直犯京畿，皆现前意中之事。陪都为陵寝重地，京师则宗社攸关，况廿年来慈闱颐养，备极尊崇，设一朝徒御有惊，则藐躬何堪自问？加以天心示警，海啸成灾。沿海防营，多被冲没。战守更难措手。用是宵旰彷徨，临朝痛哭，将一和一战，两害熟权，而后幡然定计，此中万分为难情事，乃言者章奏所未详，而天下臣民皆应共谅者也。兹当批准定约，特将前后办理缘由，明白宣示。嗣后我君臣上下，惟当坚苦一心，痛除积弊，于练兵、筹饷两大端，尽力研求，详筹兴革，勿存懈志，勿骛空名，勿忽远图，勿沿故习，务期事事核实，以收自强之效。朕于中外臣工有厚望焉！四月十七日。①

朱谕是皇帝亲自用朱笔写成，为谕旨中最高形式。观其内容，多少体现了清廷决策层万不获已之苦衷。康有为曾谓："是时降朱谕，告廷臣，皆哀痛不得已之言。皇上之苦衷，迫逼之故，有难言之隐矣。"②谕旨中晓谕天下臣民，"嗣后我君臣上下，惟当坚苦一心，痛除积弊，于练兵、筹饷两大端，尽力研求，详筹兴革，勿存懈志，勿骛空名，勿忽远图，勿沿故习，务期事事核实，以收自强之效"。显而易见，清廷在经此沉重的打击后，痛定思痛，多少萌生了一些改革的愿望了。

二　革命思想的兴起

对中日甲午战争做出激烈反应的第二类人，乃体制外的一部分

---

① 《朱谕》，光绪二十一年四月十七日洋务档，载《清光绪朝中日交涉史料》卷四十四，文海出版社1970年版，第19—20页。

② 康有为：《我史》，载《康有为全集》第五集，中国人民大学出版社2007年版，第85页。

知识分子和下层民众。这部分人以孙中山等革命党人为代表。他们早不满清廷秕政，而对其心怀异志，欲倾覆而再造之。时适清兵屡败，高丽既失，旅、威继陷，京津亦岌岌可危，清廷之腐败尽露，故胸中更添激愤。在他们看来，清廷已腐朽不可救，这种政权必须推翻，而应该建立一个新的政权。据孙中山本人回忆，甲午之际，孙中山"乃与陆皓东北游京津，以窥清廷之虚实；深入武汉，以观长江之形势。至甲午中东战起，以为时机可乘，乃赴檀岛、美洲，创立兴中会，欲纠合海外华侨以收臂助"。① 在此期间，孙中山曾上书李鸿章，主张学习西方"富强之本"，指出"人能尽其才，地能尽其利，物能尽其用，货能畅其流——此四事者，富强之大经，治国之大本也"，并进一步对清廷"徒惟坚船利炮之是务"的做法，予以批评。② 当时孙中山认为，所谓革命有两条途径："一为中央革命，一为地方革命，如此项条陈得鸿章采纳，则借此进身，可以实行中央革命，较地方革命为事半功倍。"③ 他"之所以偏重于请愿上书等方法"实乃"冀九重之或一垂听，政府之或一奋起也"。④ 然而，当时"鸿章借辞军务匆忙，拒绝延见，仅由罗丰禄代领得农桑会出国筹款护照一纸，总理由是深知清廷腐败无可救药"。⑤ 于是孙中山决意以武力颠覆清廷，其自述云："吾党于

① 孙中山：《建国方略》，载中山大学历史系孙中山研究室、广东省社会科学院历史研究所、中国社会科学院近代史研究所中华民国史研究室合编：《孙中山全集》第六卷，中华书局 1986 年版，第 229 页。

② 孙中山：《上李鸿章书》，载中山大学历史系孙中山研究室、广东省社会科学院历史研究所、中国社会科学院近代史研究所中华民国史研究室合编：《孙中山全集》第一卷，中华书局 1986 年版，第 8—18 页。

③ 《中国革命运动二十六年组织史》，引自陈锡祺主编：《孙中山年谱长编》上册，中华书局 1991 年版，第 69 页。

④ 孙中山：《伦敦被难记》，载中山大学历史系孙中山研究室、广东省社会科学院历史研究所、中国社会科学院近代史研究所中华民国史研究室合编：《孙中山全集》第一卷，中华书局 1986 年版，第 52 页。

⑤ 《中国革命运动二十六年组织史》，引自陈锡祺主编：《孙中山年谱长编》上册，中华书局 1991 年版，第 73 页。

是怃然长叹，知和平之法无可复施。然望治之心愈坚，要求之念愈切，积渐而知和平之手段不得不稍易以强迫。"①

于是，1894 年 11 月 24 日孙中山先生创立革命团体兴中会于檀香山，开始征收会银，密谋武装起义。其组织以"驱除鞑虏，恢复中国，创立合众政府。倘有贰心，神明鉴察"为秘密誓词。②

1895 年初，正值清廷派张荫桓、邵友濂赴日讲和之际，"上海同志宋跃如乃函促归国"，于是孙中山先生"美洲之行因而中止。遂与邓荫南及三五同志返国，以策进行，欲袭取广州以为根据"。③

乙未正月（1895 年）孙中山扩建兴中会组织，并修订兴中会章程。其文曰：

中国积弱，至今极矣！上则因循苟且，粉饰虚张；下则蒙昧无知，鲜能远虑。堂堂华国，不齿于列邦；济济衣冠，被轻于异族。有志之士，能不痛心！夫以四百兆人民之众，数万里土地之饶，本可发奋为雄，无敌于天下，乃以政治不修，纲维败坏，朝廷则鬻爵卖官，公行贿赂；官府则剥民刮地，暴过虎狼。盗贼横行，饥馑交集，哀鸿遍野，民不聊生。呜呼惨哉！方今强邻环列，虎视鹰瞵，久垂涎我中华五金之富、物产之繁。蚕食鲸吞，已效〈尤〉于踵接；瓜分豆剖，实堪虑于目前。呜呼危哉！有心人不禁大声疾呼，亟拯斯民于水火，切扶大厦之将倾，庶我子子孙孙，或免奴隶〈于〉他族。用特集

① 孙中山：《伦敦被难记》，载中山大学历史系孙中山研究室、广东省社会科学院历史研究所、中国社会科学院近代史研究所中华民国史研究室合编：《孙中山全集》第一卷，中华书局 1986 年版，第 52 页。

② 孙中山：《檀香山兴中会盟书》，载中山大学历史系孙中山研究室、广东省社会科学院历史研究所、中国社会科学院近代史研究所中华民国史研究室合编：《孙中山全集》第一卷，中华书局 1986 年版，第 20 页。

③ 孙中山：《建国方略》，载中山大学历史系孙中山研究室、广东省社会科学院历史研究所、中国社会科学院近代史研究所中华民国史研究室合编：《孙中山全集》第一卷，中华书局 1986 年版，第 230 页。

志士以兴中，协贤豪而共济。仰诸同志，盍自勉旃！①

显而易见，孙中山组建兴中会的目的十分清楚，由于清廷
"政治不修，纲维败坏"，故使"堂堂华国，不齿于列邦；济济衣
冠，被轻于异族"，而"朝廷则鬻爵卖官，公行贿赂；官府则剥民
刮地，暴过虎狼"，这样下去中国将面临被列强瓜分的局面，所以
为了使子孙后代"免奴隶〈于〉他族"，必须用武力推翻清廷这样
腐败的政府。

既然要用武力推翻清廷，那就必须建立革命武装。孙中山先生
返抵香港后，一方面扩大兴中会组织，一方面又派人到内地联络郑
金部下安勇、北江、香山、顺德的绿林，三元里的乡团等，组建为
起义的基干。② 为了使起义获得更多的支持，孙中山派陈少白到上
海召集人员，回广东起事。在上海时，他恰巧遇到了进京会试的康
有为和梁启超。康有为是孙中山久欲延揽共举大事的人。此次陈少
白恰与康、梁同住一客栈，真是天赐良机，陈少白自然要去拜见，
陈氏之《兴中会革命史要》曾记其事，语颇生动，此乃孙、康两
派早期合作颇为详细的记录，特征引如下：

> 当时我在上海住在洋泾滨全安栈内。其时适康有为、梁启
> 超师徒二人进京会试，路过上海，也住在全安栈内。住在全安
> 栈的，多半是同去会试的广东举人，也有做过康有为的学生
> 的。当时有人对我说："康圣人到了！"康有为系志大言大的
> 人，我们久欲延揽他同办大事，我想到在那年的春天，我和孙
> 先生特地到广州去找他，到他那广府学宫里面教学的万木草
> 堂，刚巧他还没有开学，没有见着。这一次我到上海，竟能同

---

① 孙中山：《香港兴中会章程》，载中山大学历史系孙中山研究室、广东省社会
科学院历史研究所、中国社会科学院近代史研究所中华民国史研究室合编：《孙中山全
集》第一卷，中华书局 1986 年版，第 21 页。

② 陈锡祺主编：《孙中山年谱长编》上册，中华书局 1991 年版，第 79 页。

他同住一个栈房，我当然要去见见他了。康有为的学生，听见我要去见他，总不以为然说："还是不去见他的好。"我很奇怪，问他们的缘故。他们说："康圣人的脾气是很古怪的，见了人，如果说得有些不合他意思的，就随便骂人，所以我们都叫他做康怪。"我说："无论他是怎样一个人，我一定去见见他，我是不怕的。"

当时，我住在全安栈的十九号房，康有为就住在二十一号，相隔只有几步，所以我就跑过去。他的房门闭着，敲了许久，才见房门轻轻打开，一个人探头出来，问道："你找谁？"我说："我要见康先生。"他说："我就是康某，请你进来谈罢。"我就走进去，他又马上把房门重新关起来了。

在三四十年前，旅馆的设备装置是很简陋的。全安栈的客房，也很狭仄，所谓光线空气，当然都不讲究，房间内也肮脏得很，把门关起来，更是闷气。而康有为在房间内，还是长袍马褂，谈话的时候，总是正襟危坐，一话一拱手，我也为之肃然起来。

不过我同他谈话，倒也并没有什么令人不快。寒暄之后，他问我来意，因何至此？我就同他谈革命。我说："现在中国的情况，已很危急，满清政府，实在太不行，非改革一下不可！"他也说："很对的。"然后他就问我长江一带的情形如何？人才多少？我就大概的把局面说了一下，他也点头称是。

我们正畅谈之间，外边又有人来敲门，康有为就去开了门，让那人进来，康有为说是他的学生梁卓如，当时亦是很有名的，我就说了几句仰慕的话，当下三人对话，谈了几个钟头，我才告辞而退。

当时康有为的几个学生，以为康有为是没有人敢无事去见他的，几个人在门外，走来走去，打听消息，等到我出来了，他们就围拢上来，问康圣人说甚么话？神气如何？我说康先生是很可以谈天的，他们倒弄得奇怪起来。我认识康梁二人，就从那日起。①

陈少白与康、梁第一次相会的记述，颇为具体，双方一谈就是几个小时，可见意见比较一致，气氛也十分融洽。当时清廷政俗之污坏，官方之紊乱，至是岁为极，且"四夷逼于外，乱民起于内"，其腐朽本质已暴露无遗，清廷存在之合法性也大打折扣。当时，曾有某贵人问康有为，"国朝可百年乎"？康氏答道，"祸在眉睫，何言百年"？② 显而易见，当时康有为根本不对清廷抱有任何希望，用他自己的话来说乃是"望在上者而一无可望"，"故当时鄙见专以救中国四万万人为主"。③ 很明显，当时孙、康两派对清廷的看法，应没有太大的差距，康有为当时也只是"迫于母命"而"屈折就试"④ 而已。

此次会面，梁启超似乎对孙中山一派不甚重视，孙中山本人在梁的眼里只不过是一个"愤嫉时变"的"愤青"而已。他在其后致汪康年的信中云："孙某非哥中人，度略通西学，愤嫉时变之流，其徒皆粤人之商于南洋、亚美及前之出洋学生，他省甚少。闻香帅幕中有一梁姓者，亦其徒也，盍访之，然弟度其人之无能为也。"⑤

然而，孙中山并非如梁启超所云，只是"愤嫉时变之流"，他

---

① 陈少白：《兴中会革命史要》，载中国史学会主编：《中国近代史料丛刊》，柴德赓等编：《辛亥革命》（一），上海人民出版社1957年版，第44—46页。

② 康有为：《我史》，载《康有为全集》第五集，中国人民大学出版社2007年版，第84页。

③ 康有为：《与赵曰生书》，载《康有为全集》第五集，中国人民大学出版社2007年版，第400页。

④ 康有为：《我史》，载《康有为全集》第五集，中国人民大学出版社2007年版，第85页。

⑤ 上海图书馆编：《汪康年师友书札》（二），上海古籍出版社1986年版，第1831页。

不仅有颠覆清廷的思想，并还将其思想付诸行动。中山先生一方面组建革命的队伍，另一方面还想得到各国的支持。据车田让治《孙中山与梅屋庄吉》记述，1895年1月，孙中山由康德黎①介绍而识梅屋庄吉。在那次相识的宴会上，孙中山向梅屋表示了中日两国团结起来反对西欧列强的愿望，以及推翻清廷统治、"建立一个真正汉民族国家"的决心。② 此时，孙中山先生将中国与清廷做了区分，他要打击的是清朝政府，而要建立的是一个真正的汉民族的国家，故他寄希望于清廷的敌人——日本政府。为了获得起义军的武器和装备，自3月1日（二月五日）起，孙中山先生数次去日本领事馆寻求帮助。据日本的档案资料，日本驻香港中川领事曾于3月4日和4月17日，两次致函外务省通商局长原敬，向其报告孙中山来访之事。该函称，孙中山对中川说起义领袖为康祖治、吴汉涛、曾纪泽之子及某等四人，其目的是推翻清政府，于两广成立共和国，并要求日本政府提供两万五千支步枪、一千支短枪。当时，日本并没有答应孙中山的要求。中川在4月17日致原敬之函中称："其后，孙文仍时时来馆，提出务欲我国予以声援。"当时，中川对孙中山存有戒心，他并不相信孙中山的话，认为孙中山"从来与我方并无关系，且不说内部事宜，亦不谈党员人数，又无起事之准备"，而只说"已制定由码头附近运入武器的计划，只要我国给予一些声援，即可充分举事"。③ 总而言之，在中川看来，孙中山当时的"统领的才干、经历和人望等，皆很不够，而且各派间的联络也不通畅，因此即使举事的步骤和手段已经定下，其举事能否成功，尚有怀疑"。他"考虑到像孙文这样年轻人，毫无经历，

---

① 康德黎，英国医生，乃孙中山于香港学医时雅丽氏医学校之教务长。1896年孙中山伦敦蒙难时，曾经康德黎等多方营救而获自由。

② 〔日〕车田让治：《孙中山与梅屋庄吉》，载陈锡祺主编：《孙中山年谱长编》上册，中华书局1991年版，第79—80页。

③ 原敬文书研究会编：《原敬关系文书》卷二《书翰篇二》，日本放送出版协会1984年版，第395—397页。

难以放心"，所以在中川看来，"孙文等所说的要在两广独立成立共和国，只不过是空中楼阁而已"。并且，中川认为，清国之兵力虽多聚于北方，以抵抗日本，孙中山等在南方举事，可使清廷有后顾之忧，是为削弱其势力之一策，但就当时战场上形势而言，中日之间胜负已成定局，今日之势，日本还没有到处扩张势力之能力，如果该人举事使内地开放，日本人也不能充分扩大通商，享其权益，反使别国获渔人之利。基于以上之考虑，日本政府并没有答应孙中山的请求。

孙中山领导的兴中会广州起义不久即被清廷镇压下去。陆浩东、邱四、朱贵铨等死难。孙中山与陈少白由香港乘日本货轮"广岛丸"号逃到日本神户。然而，这次起义对清廷来说，乃是一个不祥的开始，从此以后，革命愈演愈烈，"革命党"就像一个挥之不去的恶魔，一直伴随着清廷最后十多年的统治，直至走向坟墓。

此次起义，也引起了日本政府对中国会党和秘密结社的重视，日本政府将其视为一支能从背后牵制和削弱清廷的重要力量，这种考虑反映到其甲午战后的对华政策之中。1896年，松隈内阁成立后，日本政府决定调查中国南方会党和秘密结社的情况，但又担心由政府直接出面会影响与清廷刚恢复的关系，于是犬养毅告诉大隈，从内阁预算中，留出机要费用，用以调查中国问题，计划决定后，乃由可儿长一、平山周、宫崎寅藏三人，以外务省咨议名义，前往华南，调查革命党的实际情况。由于革命党活动隐秘，在广漠的中国大地上寻找其踪迹犹如海里捞针，故调查工作进展甚微，正在宫崎等一筹莫展之际，宫崎获悉孙中山从英国回到横滨的消息，于是他立刻赶回横滨拜访孙中山。

日本政府和日本浪人与孙中山的关系始于日本这种调查活动，自此以后，宫崎等人与孙中山建立了深厚的友谊关系，并一直追随孙中山进行革命活动，对推翻清朝的统治，起了一定的作用。

三　保种保教，专以救中国四万万人为主

对乙未和议做出激烈反应的第三类人乃当时之士人与下层官吏，这部分人以康有为、谭嗣同、梁启超等为代表。此部分人见中国瓜分在即，而清廷犹腐败颟顸不足有为，故逐渐对清廷心萌二志，他们将清廷与中国分开，不认其为中国之合法代表，而开始从事"保种保教""保中国不保大清"的政治活动。我们在上文曾根据陈少白之《兴中会革命史要》讨论了康有为对孙中山推翻清廷的活动表示赞同的问题。①对此，冯自由在其《革命逸史》中亦有相同的记载。冯云：

> 是年春（指光绪二十一年乙未——引者注），陈少白以事至上海，居洋泾浜全安栈，闻康与其徒梁启超晋京会试，亦寓同栈，乃赴邻室访之。康庄重接见，正襟危坐，仪容肃然。少白向之痛言清朝政治日坏，非推翻改造，决不足以挽救危局。康首肯者再，且介绍梁启超相见，谈论颇欢。②

显而易见，当时的康有为和梁启超等人也都和革命派一样，认为清廷已腐败透顶，不足以治四万万之中国民众，为挽救被瓜分的危局，只有将其推翻改造，故其保中国不保大清之思想油然而生。③

---

① 陈锡祺主编：《孙中山年谱长编》上册，中华书局1991年版，第79页。又，先是，孙中山和陈少白久欲延康有为共举大事，曾去万木草堂找过康有为，刚巧未遇。陈少白《兴中会革命史要》述此事颇详。

② 冯自由：《革命逸史》初集，中华书局1981年版，第47页。

③ 甲午之后，康有为对清廷心存异志，进行"保中国不保大清"的政治活动已为许多学者所论及。黄彰健：《论康有为"保中国不保大清"的政治活动》，载《戊戌变法研究》，上海书店出版社2007年版，第1—67页；孔祥吉：《孙中山康有为早期关系探微》，载孔祥吉：《戊戌维新运动新探》，湖南人民出版社1988年版，第219—239页；等等。

不仅康梁如此，当时许多有识之士，均以救中国为号召，而对清廷心存反志。冯自由称："革命先进如孙中山、杨衢云、陈少白、章太炎等于保皇会成立前，与康梁徒侣往还不绝。中山、衢云、少白在香港、澳门间，尝与康广仁、何易一、陈千秋商略革命。"① 可见，此两派人士对当时形势的看法，以及所要采用的手段，都不乏相同之处。② 然而，两派的社会地位不同，又导致了彼此政治宗旨的差异。日人宫崎滔天所著之《孙逸仙》一书，曾对两派之素养性格、政治宗旨之同异，做过分析。

　　岭南之士林，与孙逸仙雁行，而世俗同称之一人物，曰康有为。彼等之思想，亦有出于同一之一点，则皆借民权共和之说，以号召天下者也。但孙素取泰西之学，康发明汉土之学，孙有得于耶教，康笃信于儒教，孙为质家，康为文家，质则尊实行，文则喜谈论。二人之见地，虽或有同，而素养性格之差别，有如此者。此所以孙为革命之急先锋，而康则以教育家自居也。革命之急先锋，一起而蹶，遂乃逋逃于海外，逡巡而俟时。以其时人目光之暗薄，或熟视而无所睹，或睹之亦料其再举之无成，而教育家之康，则依然在其村塾，振谔谔之辩，以说自由共和等主义，且驰滔滔之笔，痛论时弊，一纸之出，传诵遍天下，其前途实不可测。乙丙数年之间，康为举国之所倾倒，而孙不获占土（按当作士）论之一部分，其情状实如以上之所云。③

---

① 冯自由：《中华民国开国前革命史》第一册，世界书局1983年版，第40页。

② 有关这点，学界很多学者都论及，例如孔祥吉先生认为，康有为虽主张改良，但并不放弃武装斗争，比如自立军事件及在北京暗中进行刺杀慈禧活动和在清军中物色可以利用的人选等，均属武装斗争范围。见孔祥吉：《孙中山康有为早期关系探微》，载孔祥吉：《戊戌维新运动新探》，湖南人民出版社1988年版，第237页。

③ 黄中黄译录：《孙逸仙》，载中国史学会主编：《中国近代史料丛刊》，柴德赓等编：《辛亥革命》（一），上海人民出版社1957年版，第100—101页。

　　宫崎寅藏一直追随孙中山先生革命，戊戌政变期间，又曾营救过康有为脱险。他与孙、康二人过从颇密，他的评价应当具有一定的参考价值。

　　此外，另一位对两派人士都十分了解的日人柏原文太郎，也对于两派人士因社会地位而导致的差异有过细致的分析：

> 当时横滨的孙派人士几乎多属破落户。康派的人则多学者绅士，双方甚难凑合。提到孙，康说孙虽不坏，但无学，讲了也听不懂；但孙对康则批评说，那种腐儒为无用之辈。①

　　孙、康二人对对方的评价存在争雄斗长意气用事之情。康有为以南海圣人自居，其看不起孙中山由来已久。《革命逸史》载："康有为原名祖诒，号长素，少有创立新教、取孔子而代之志，其自号长素，即取凌驾素王之义。其门人陈千秋号超回，梁启超号轶赐，麦孟华号驾孟，曹泰号越伋，韩文举号乘参，均取此义。""康初讲学于长兴里，号长兴学舍，好浏览西学译本，凡上海广学会出版之书报，莫不尽量购取。长兴学舍旋移于广府学宫，改名万木草堂，与双门底圣教书楼相距甚迩。时总理初假圣教书楼悬牌行医。因康常在该书楼购书，知其有志西学，欲与结交，爰托友人转达。康谓孙某如欲订交，宜先具门生帖拜师乃可。总理以康妄自尊大，卒不往见。"② 如此看来，两派人士由于学识、经历以及社会地位的不同，在所采取的政治策略上产生了一定的差异。冯自由《中华民国开国前革命史》称：

> 丙申正月初九日，谢赞泰应陈锦涛、梁澜芬之宴，初识康

---

　　① 〔日〕小野川秀美著，林明德、黄福庆译：《晚清政治思想研究》，转引自孔祥吉：《戊戌维新运动新探》，湖南人民出版社1988年版，第236—237页。

　　② 冯自由：《革命逸史》初集，中华书局1981年版，第47页。

有为之弟广仁于香港品芳酒楼。席间，谢痛言两党联合救国之必要，广仁极首肯。是年九月，谢与康有为会晤于惠升茶行，所谈不得要领。丁酉八月，谢约广仁会于公园。广仁谓其兄非忠心扶满，不过欲以和平革命方法救国，现时大臣如张之洞等咸赞成其主张，故不便与革命党公然往还，致招疑忌，孙文躁妄无谋，最易偾事，杨衢云老成持重，大可合作。彼当力劝其兄与杨联合救国等语。①

"非真心扶满"云者，则表示康有为对清廷心存异志，只不过其采取的手段与孙中山不同，康有为不主张武装起义，主张以和平方法救国，用梁启超的话来说就是开通风气，联络人才。而《马关条约》之签订，正给了康有为一派人"开通风气，联络人才"的大好机会。于是，他乘着时势，发起了轰动一时的公车上书。

康有为《我史》称：

> （清廷）再命大学士李鸿章求和，议定割辽、台，并偿款二万万两。

> 三月二十一日电到北京，吾先知消息，即令卓如鼓动各省，并先鼓动粤中公车，上折拒和议。湖南人和之，于二十八日粤、楚同递，粤士八十余人，楚则全省矣。与卓如分拓朝士鼓动，各直省莫不发愤。连日并递章都察院，衣冠塞途，围其长官之车。台湾举人，垂涕而请命，莫不哀之。时以士气可用，乃合十八省举人于松筠庵会议，与名者千二百余人。以一昼二夜草万言书，请拒和、迁都、变法三者，卓如、孺博书之，并日缮写（京师无点石者，无自传观，否则尚不止一千二百人也——原注），遍传都下，士气愤涌，联轨察院前里

---

① 冯自由：《中华民国开国前革命史》第一册，世界书局 1984 年版，第 43 页。

许。至四月八日投递，则察院以既已用宝，无法挽回，却不收。①

康有为在其《上清帝第二书》（史称《公车上书》）中慷慨激昂，语意峻拔，表达了对清廷决策层的强烈不满。他反对清廷与日本讲和，要求光绪帝"赫然峻拒日夷之求，严正议臣之罪"。他认为清廷之所以与日讲和，全在于总署大臣那些错误的想法与决策，"以为京师为重，边省为轻，割地则都畿能保，不割则都畿震动，故苟从权宜，忍于割弃也"。而这些大臣"又以群义纷纭，虽力排和议，而保全大局，终无把握，不若隐忍求和，犹苟延旦夕也"。他们复认为"和议成后，可十数年无事，如庚申以后也"。清廷的"左右贵近，论率如此"。所以盈廷之言，虽正确但也不能使清廷改变主意。康有为认为："议臣之说，虽辱而易行，所以甘于割地、弃民而不顾也。"② 康有为此段文字将清廷决策层与日本议和的动机和盘托出。面对如此政府，康有为痛心疾首。他说："窃以为弃台民之事小，散天下民之事大；割地之事小，亡国之事大；社稷安危，在此一举……何以谓弃台民即散天下也？天下以为吾戴朝廷，而朝廷可弃台民，即可弃我，一旦有事，次第割弃，终难保为大清国之民矣。民心先离，将有见土崩瓦解之患。《春秋》书'梁亡'者，梁未亡也，谓自弃其民，同于亡也。故谓弃台民之事小，散天下之民之事大。"③

---

① 康有为：《我史》，载《康有为全集》第五集，中国人民大学出版社 2007 年版，第 84—85 页。康有为此节所言，即史称"公车上书"之事。其所言的"以一昼二夜草万言书"即俗称的《上清帝第二书》。有关上引康有为《我史》的具体考证，请参阅茅海建：《从甲午到戊戌：康有为〈我史〉鉴注》，生活·读书·新知三联书店 2009 年版，第 63—76 页。

② 康有为：《上清帝第二书》，载《康有为全集》第二集，中国人民大学出版社 2007 年版，第 32 页。

③ 康有为：《上清帝第二书》，载《康有为全集》第二集，中国人民大学出版社 2007 年版，第 32 页。

康有为这里表面上是在警告清廷，实际上，面对马关议和时清廷的一系列举措，他和当时许多知识分子一样，对清廷已心怀二志，从而开始了他此后一系列"保种保教，专以救中国四万万人为主"的政治活动。①

清廷割地求和，其亡乃咎由自取，然中国何辜，受其拖累？所以，康有为所担心的是清廷割地所开的恶例，而导致中国将被瓜分。他说："日本之于台湾，未加一矢，大言恫喝，全岛已割。诸夷以中国之易欺也，法人将问滇、桂，英人将问藏、粤，俄人将问新疆，德、奥、意、日、葡、荷皆狡焉思启。有一不与，皆日本也，都畿必惊；若皆应所求，则自啖其肉，手足腹心，应时尽矣，仅存元首，岂能生存？且行省已尽，何以为都畿也？故谓割地之事小，亡国之事大。此理至浅，童愚可知，而以议臣老成，乃谓割地以保都畿，此敢于欺皇上、愚天下也，此中国所痛哭，日本所阴喜，而诸夷所窃笑者也。"② 康有为指出："诸国知吾专以保都畿为事，皆将阳为恐吓都畿，而阴窥边省，其来必速。日本所为日日扬言攻都城，而卒无一炮震于大沽者，盖深得吾情也。恐诸国之速以日本为师也，是我以割地而鼓舞其来也。皇上试召主割地议和之臣，以此诘之，度诸臣必不敢保他夷之不来，而都畿之不震也。则今之议割地，弃民何为乎？"③ 显而易见，当时在康有为眼里，清廷马关议和之举，完全是一种倒行逆施的举措，其对内，将使民心离散，有土崩瓦解之患，而对外，将使西洋各国纷纷效尤，瓜分中国。那时，"举人等栋折榱坏，同受倾压"。易言之，则是清廷灭

---

①　黄彰健先生认为，康有为、谭嗣同等人对清廷存有异志都与清廷割弃台湾有关。见黄彰健：《论康有为"保中国不保大清"的政治活动》，载《戊戌变法史研究》上册，上海书店出版社 2007 年版，第 35 页。

②　康有为：《上清帝第二书》，载《康有为全集》第二集，中国人民大学出版社 2007 年版，第 32 页。

③　康有为：《上清帝第二书》，载《康有为全集》第二集，中国人民大学出版社 2007 年版，第 33 页。

亡了事小，我等中国人跟着当亡国奴事大。当然，康有为在上书中不能说得那样直截，但其中的意思已是相当明了了。康有为在1901年致赵必振的信中对他当时的真实思想有过一番表白。其书略谓：

> 览书骇甚。与弟义至笃，不能不告。
>
> 当戊戌以前，激于国势之陵夷。当时那拉揽政，圣上无权，故人人不知圣上之英明。望在上者而一无可望，度大势必骎骎割鬻至尽而后止，故当时鄙见专以救中国四万万人为主。用是奔走南北，大开强学、圣学、保国之会，欲开议院、得民权以救之。因陈右铭之有志，故令卓如入湘。当时复生见我于上海，相与议大局，而令复生弃官返湘。以湘人材武尚气，为中国第一，图此机会，若各国割地相迫，湘中可图自主。以地在中腹，无外人之干涉，而南连百粤，即有海疆，此固因胶、旅大变而生者。诚虑中国割尽，尚留湘南一片，以为黄种之苗，此固当时惕心痛极，斟酌此仁至义尽之法也。卓如与复生入湘，大倡民权，陈、黄、徐诸公听之，故南学会、《湘报》大行。湘中志士，于是靡然发奋，人人种此根于心中，如弟所云是也。[①]

此乃康有为与其挚友推心置腹的一段表白。此一番话和盘托出了他在戊戌光绪帝召前心中的一段隐秘，自《马关条约》割台湾以后，激于国势之陵夷，康有为"望在上者而一无可望"，已对清廷失去了信心，而"专以救中国四万万人为主"，"大开强学、圣学、保国之会，欲开议院、得民权以救之"。由此可见，自《马关条约》后，中国士大夫层很大一部分人开始与清廷离心离德，然

① 康有为：《与赵曰生书》，载《康有为全集》第五集，中国人民大学出版社2007年版，第400页。

而，这仅仅是表面的，就其思想层面而言，这部分人虽受过传统的教育，但面对帝国主义的侵略，强烈的对中国存亡危局的关怀，使得他们的目光转向了西方的富强及其背后的立宪制度，从而对传统的儒家思想进行了新的诠释或扬弃。康有为谓"尽弃旧习，再立堂构"，"绤绤宜于夏日，雨雪忽至，不能不易重裘；车马宜于陆行，大河前横，不能不觅舟楫。外之感触既异，内之备御因之"，"设议院以通下情"，① "为今之为治，当以开创之势治天下，不当以守成之势治天下；当以列国并立之势治天下，不当以一统垂裳之势治天下"，"开创则更新百度，守成则率由旧章。列国并立则争雄角智，一统垂裳则拱手无为"，"言率由则外变相迫，必至不守不成；言无为而诸国交争，必至四分五裂"② 等话，均是他们欲对传统儒学和制度进行变革的思想反映，这种变化使这部分出身于传统儒学的士人，在道德价值取向上，与传统的儒家产生了疏离，从而发展成为一种新的知识阶层。有关这些，我们将在下面的章节中加以讨论。

总而言之，在甲午战败的刺激下，一部分中下层的知识分子从传统的士绅阶层中分化而来。他们不像传统士绅阶层那样，与朝廷在利益与意识形态上有众多的共生关系，而是与朝廷存在着更多的疏离感。在对"国"的理解上，他们将"国"与"朝廷"分离开来，在他们看来，"国"是指包含中国广漠地理区域中全部民众的一个实体，而不是清廷所宣扬的大清这个特定的王朝。他们认为，甲午战败是由清廷既缺乏政治上的效益性，又缺乏道德上的正当性所造成的，所以为了有效地抵抗列强的侵略，摆脱被瓜分的局面，必须"摆脱满人之羁绊"，"保种保教"，"保中国不保大清"。"保种"指保中国，"四万万人二万万方里土地"，而不是指将自己绑

---

① 康有为：《上清帝第四书》，载《康有为全集》第二集，中国人民大学出版社2007年版，第82、83页。

② 康有为：《上清帝第二书》，载《康有为全集》第二集，中国人民大学出版社2007年版，第37页。

定在中国概念上的大清。"保教"则指保用来对抗西方耶教之中国儒教信仰。在对清廷的认识上，此派人士与孙中山等人的革命派有很多共同之处，此是一定时期和范围内两派合作的基础，然而，双方的社会地位悬殊，以及天时人事种种因素，又导致两派联合失败，使得两派人士未能"握手共入中原"，而最终成为势同水火的两派。

"保种"和"保教"是该派人政治纲领最主要的目标，而这一切乃是植根于他们对于儒家思想激进的解释之上，用康有为的话来说，即"尽弃旧习，再立堂构"。其结果，造成了这些出身于传统文化的人士与自身传统产生疏离，从而逐渐形成了现代的知识阶层。

梁启超是康有为的学生。他在其《三十自述》中言："甲午年二十二，客京师。于京国所谓名士者多有往还。六月，日本战事起。惋愤时局，时有所吐露，人微言轻，莫之闻也。""明年乙未，和议成。代表广东公车百九十人，上书陈时局。既而南海先生联公车三千人，上书请变法，余亦从其后奔走焉。其年七月，京师强学会开，发起之者，为南海先生，赞之者为郎中陈炽、郎中沈曾植、编修张孝谦、浙江温处道袁世凯等。余被委为会中书记员。不三月，为言官所劾，会封禁。而余居会所数月，会中于译出西书购置颇备，得以余日尽浏览之，而后益斐然有述作之志。"①

从梁启超之自述来看，他也是从甲午战后，因"惋愤时局"，而从康有为登上政治舞台的。二十几岁的梁启超正值血气方刚的年龄，他见国势日蹙，早已愤愤不平，即追随康有为走上了政治道路，则康有为"自立，行民权""保中国不保大清"等政治主张，自然不能不对梁启超发生重大影响。就梁启超的学问来说，他当时

---

① 梁启超：《三十自述》，载《饮冰室合集》文集之十一，中华书局1989年版，第17页。

还未能脱出康有为范围，无论是其公羊三世理论，还是其变法主张，基本上还是在康有为的学问体系之内，用他当时的话来说，便是"启超之学，实无一字不出于南海"。他在致汪康年的信中曾对使其声名鹊起的《变法通议》有过如下的说明："前者变法之议（此虽天下人之公言，然弟之所以得闻此者，实由南海——原注），未能征引（去年之不引者，以报之未销耳），已极不安。日以掠美之事，弟其何以为人?"①

按常理来说，甲午之后，每一个热血青年，面对国土将被列强割鬻殆尽的危局，都会对清廷产生切齿腐心之恨，更何况是受到康有为言传与身教的康门弟子，所以梁启超当时有"保中国不保大清"的思想是不言而喻的。只不过在清廷的淫威之下，其私下的交谈和信中的表述要激烈一些，而公开发表的言论则要相对温和一点罢了。比如，戊戌之前，1897年（光绪二十三年）俄国以德国占胶州湾为由，命西伯利亚舰队进入旅顺口，要求强租旅顺、大连，当时康、梁等维新派有"联英、日以拒强俄"的主张，而一些日本人士，也纷纷来华，与中国士绅商议东亚大计。1897年2月，日本半官方性质的同文会发起人宗方小太郎来到上海，与李盛铎、罗诚伯、梁启超、汪康年等往来，共商兴亚之策。梁启超在与日本人的交谈中，就明确地表露过推翻清廷的愿望。宗方小太郎日记载：

> 二月廿八日至广东路之新和洋行，与名士李盛铎、罗诚伯议兴亚之策。李乃江西名门之后，出身榜眼而为翰林名流，容貌颇伟，品学兼优，有经营天下之志。夜与《时务报》主笔梁启超、麦某等会饮于四马路一品香，畅论东方时事，梁时年二十四岁，弱冠中举，学术文章冠于一世。李、罗诸人谓，清

---

① 梁启超：《与汪康年书》，载上海图书馆编：《汪康年师友书札》（二），上海古籍出版社1986年版，第1862页。

政府依赖俄国，非符国民舆望者也。乃出于庙堂一二权臣之妄
为，即奉承皇太后之意者。皇上与皇太后之不合，确实无疑。
如今之清国，在上者全部腐败，居下者皆无识愚蠢而不足与
言，惟中间之士君子足与共事。他日动天下者，必此辈也。故
日中联合之事，皆为在野志士所热望，无论两国政府之方针如
何，志士间互相提携，实为当前之急务。梁谓，中国之天下为
满人所破坏，若要挽回国运，非脱满人之羁绊不可。①

此乃梁启超、李盛铎、麦孟华、罗诚伯等私下里与日本人士谈
话的记录，故很放得开，梁启超将国势衰弱之责任，归结于"满
人所破坏"，而要"挽回国运，非脱满人之羁绊不可"，在这里，
他明确地否定清廷存在的政治合法性，表示了与清廷势不两立的决
心，其"保中国不保大清"之意向已十分明显。②
梁启超等康门弟子"保中国不保大清"的激烈言辞还可以在

---

① 东亚同文会编：《对支回顾录》下卷，明治百年史丛书之七十，原书房1981
年版，第375页。

② 梁启超这种反满意识主要来自其祖父对其进行的教育，据梁启超自己回忆：
"四五岁就王父及母膝下授'四子书'、《诗经》。夜则就睡王父榻，日与言古豪杰哲人
嘉言懿行。而尤喜举亡宋、亡明国难之事，津津道之。"（梁启超：《三十自述》，载
《饮冰室合集》文集之十一，中华书局1989年版，第15—16页）又梁仲策之《曼殊室
戊辰笔记》："高祖毅轩之墓在崖门，每年祭扫必以舟往，所经过皆南宋失国时舟师覆
灭之古战场，途次一岩石突出于海中，土人名之曰奇石，高数丈，上刻'元张宏范灭
宋于此'八大字。……舟行往返，祖父每与儿孙说南宋故事，更朗诵陈独麓《山木萧
萧》一首，至'海水有门分上下，关山无界限华夷'，辄提高其音节，作悲壮之声调，
此受庭训时之户外教育也。"（引自丁文江、赵丰田编：《梁启超年谱长编》，上海人民
出版社1983年版，第6—7页）梁启超除自幼受其祖父亡宋、亡明国难及华夷之分等
教育外，还受到康有为等爱国思想的教育，康有为在授课时"每语及国事杌陧，民生
憔悴，外侮凭陵，辄慷慨欷歔，或至流涕，吾侪受其教，则振荡怵惕，懔然于匹夫之
责而不敢自放弃，自暇逸。每出则举所闻以语亲戚朋旧，强聒而不舍，流俗骇怪指目
之，谥曰康党，吾侪亦居之不疑也"。（梁启超：《南海先生七十寿言》，载《饮冰室合
集》文集之四十四（上），中华书局1989年版，第28页）在这种教育下，梁启超面对
列强之入侵，激于国势之陵夷，其"保中国不保大清"之思想便会油然而生。

他们当时往来的信中看到，戊戌政变后，粤督谭钟麟于康有为家中查获不少信件，其中有一封梁启超写给康有为之信，其信已残缺不全，略谓：

（前脱）甫之子谭服生，才识明达，魄力绝伦，所见未有其比，惜佞西学太甚，伯里玺之选也。因铁樵相称来拜，公子之中，此为最矣。有陕西书院山长刘光蒉自刻强学会两序（旁注：京师、上海）于陕倡行，推重甚至，此人想亦有魄力，闻已在陕纠资设织布局矣。辄以书奖导开谕之，并馈以《伪经考》。视其他日如何，或收为偏安帝都之用也。骏事入报辨诬，最无谓，当以无事治之。彼岂能持莫须有三字屈人耶？此后宜置之。①

谭服生即谭嗣同。嗣同字复生，又号壮飞、华相众生、东海褰冥氏，湖南浏阳人。父继洵，字子实，号敬甫，官湖北巡抚。梁启超初识谭嗣同，乃在《马关条约》签订之年，是年发生上引信中提到的谭嗣同因吴铁樵称赞梁，遂来拜访梁之事。② 黄彰健先生因这封信中提到梁致刘光蒉书，确定梁此信写于光绪丁酉，只是梁启超在此以前尚未向康有为谈及谭嗣同。黄氏认为，梁启超在此信中说谭嗣同是伯里玺之选，"伯里玺"乃伯里玺天德的省略，即英文President的意译。在英国、美国，社长、会长、议长、校长均可称President，但在清朝，仅对共和国元首称President，始音译为"伯里玺天德"。中山先生在光绪二十年成立兴中会，拟推翻清朝，建立共和政体，故其时兴中会的会长即自称伯里玺。谭嗣同乃湖南

---

① 梁启超：《梁启超等与康有为书》（粤督谭钟麟从康有为家查抄得之，原书咨送军机处），载叶德辉辑著：《觉迷要录》卷四，台联国风出版社1970年版，第18页。

② 梁启超称："乙未，和议成。……其年始交谭复生、杨叔峤、吴季清、铁樵子发父子。"（梁启超：《三十自述》，载《饮冰室合集》文集之十一，中华书局1989年版，第17页）

人，梁启超在这封信中说谭嗣同是伯里玺之选，则梁启超显然拟成立与兴中会类似的秘密组织，拟利用谭嗣同在湖南的人事关系，以谭嗣同为首，在湖南从事反政府的自立民权活动。[①] 笔者认为，黄先生的意见应是有道理的，然该组织并不一定像兴中会那样立即采取武装起义的形式，有关这点，我们从梁启超、谭嗣同等人日后在湖南进行的一系列自立民权的活动中可以得到证明。此外，关于康有为一派反对清廷的激烈言辞，我们还可以从在康有为家中查获何树龄致康有为的书中看到。该书称：

> 注意于大同国，勿注意于大浊国，以大浊国为开笔、衬笔可耳（旁注：知其不可尚为之耶？）。先生平日得罪于人而不自知者多，安知人不思复报也。口蜜腹剑，切须隄防。有言逊于我志，必求诸非道而已。先生为公卿所忌必甚。南归后，恐复有参奏者。有肝胆之人，当结以为援。李鉴堂、张香涛等不妨顺道见之也。……大浊国必将大乱，为人所瓜分，正如村夫斗龙船争标，彼行急者，此更行急，有唯恐落后失机之心。独夫之家产何足惜，所难堪者，我之亲戚兄弟友生耳。神山之新属，岛乱后当治，狡兔谋窟。宜在于东，我有志焉，但行事殊不易耳。[②]

何树龄乃广东三水人，是康有为第一个学生，他曾十年馆于康南海家，与康有为堂弟康广仁为兄弟之交，故于信中毫无顾忌。何树龄在信中写大清国为大浊国，骂光绪帝为独夫。他认为在列强如斗龙舟般的瓜分狂潮面前，中国必将大乱，清廷灭亡不足惜，"所难堪者，我之亲戚兄弟友生耳"。他知《大同书》乃康有为学术宗

---

① 黄彰健：《戊戌变法史研究》上册，上海书店出版社 2007 年版，第 13 页。

② 何树龄：《右何树龄二函》，载叶德辉辑著：《觉迷要录》卷四，台联国风出版社 1970 年版，第 25—26 页。

旨，故在信中何树龄让康有为要"注意于大同国，勿注意于大浊国"，而以"大浊国为开笔、衬笔可耳"。换言之，保大清只是幌子，而建设大同国才是真意。①

宗方小太郎日记中所载的他与李盛铎、梁启超等人的谈话，以及粤督谭钟麟从康有为家中抄出的梁启超、何树龄等人致康有为书，极为宝贵，它们均能较真实地反映康、梁等人当时的思想，颇为可信。笔者认为，以此为基础，再来审视康、梁等公开发表的文章，才能较准确地把握他们当时的思想。

从康有为《致赵曰生书》来看，在列强的侵逼面前，他当时"专以救中国四万万人为主"，大开"强学、圣学、保国之会"的目的，实"欲开议院、得民权以救之"。也就是说，他主张自立、民权，而反对君主独裁政体。这种思想，实出现颇早，1891 年他曾指出："泰西则不然，政事皆出于议院，选民之秀者与议，以为不可则变之，一切与民共之，任官无二人，不称职则去，故粉饰者少，无宗族之累，无姬妾之靡，无仪节之文，精考而厚禄之，故中饱者少。泰西非无贪伪之士，而势有所不行；中国非无圣君贤臣精核之政，然而一非其人，丛弊百出，盖所由异也。幸先圣之学，深入于人心，故时清议能维持之。不然，由今之法，不能一朝居矣。"② 在此书中，康有为大力推崇西方议会制度而反对中国之君主政体，在他看来，中国之君主政体之所以能延续到今日，乃是由于有"先圣之学，深入于人心"，故时能清议维持之，若不然，早

---

① 黄彰健与孔祥吉均认为康有为在戊戌四月二十八日见光绪帝之前，"望在上者而一无可望"，故"专以救中国四万万人为主"，而曾对清廷产生过二心，主张"保中国不保大清"。参阅黄彰健：《论康有为"保中国不保大清"的政治活动》，载黄彰健：《戊戌变法史研究》上册，上海书店出版社 2007 年版，第 1—67 页。孔祥吉：《孙中山康有为早期关系探微》，载孔祥吉：《戊戌维新运动新探》，湖南人民出版社 1988 年版，第 235—236 页。如上所述，康有为有"保中国不保大清"这样的政治主张，故他的弟子们，即所谓的"康党"则受其影响，或多或少地持有相同的见解。

② 康有为：《与洪右臣给谏论中西异学书》，载《康有为全集》第一集，中国人民大学出版社 2007 年版，第 337 页。

就"不能一朝居矣"。康有为的这种想法，一直表现在他戊戌四月二十八日晋见光绪帝以前的政治主张中，《马关条约》签订后，他于《公车上书》中，要求光绪帝开武英殿，"令士民公举博古今，通中外，明政体，方正直言之士，略分府，县约十万户，而举一人，不论已仕未仕，皆得充选"。名曰议郎，这些人可以"上驳诏书，下达民词。凡内外兴革大政，筹饷事宜，皆令会议于太和门，三占从二，下施部行"。① 除此之外，康有为在《上清帝第三书》②《上清帝第四书》中均提出类似主张。③ 胶州湾事件后，康有为因中国内忧外患，更深于昔日，故"万里浮海，再诣厥廷"。他在《上清帝第五书》中则更明确地提出了"自兹国事付国会议行"，"尽革旧俗，一意维新"，"采择万国律例，定宪法公私之分"。④

十分明显，康有为在晋见光绪帝之前，其变法的主旨一直偏重于"设议院以通下情"方面，而他所提倡的"民权""国会""议院""宪法"等西方的政治理念，乃是与传统的政治理念格格不入的，他所有的这些主张，势必对中国现存的君主专制的政治秩序产生强烈的冲击。

当然，自《马关条约》后，"天下皆知朝廷之不可恃"。⑤ 康、梁等维新派人士虽主张自立、民权、议院制度，但是在公开的场合，他们的言辞还不像私下里议论得那样激烈。例如梁启超在

---

① 康有为：《上清帝第二书》，载《康有为全集》第二集，中国人民大学出版社2007年版，第44页。

② 康有为：《上清帝第三书》，载《康有为全集》第二集，中国人民大学出版社2007年版，第79—80页。

③ 康有为：《上清帝第四书》，载《康有为全集》第二集，中国人民大学出版社2007年版，第82、86页。

④ 康有为：《上清帝第五书》，载《康有为全集》第四集，中国人民大学出版社2007年版，第5页。

⑤ 康有为：《上清帝第五书》，载《康有为全集》第四集，中国人民大学出版社2007年版，第4页。

《时务报》中强调泰西各国之强在于设有议院，他认为"君权与民权合，则情易通，议法与行法分，则事易就"。议院能具备上述功能，故"斯强矣"。但是，梁启超在报中，尚不敢公开地倡导民权和议院，而是只能曲折地说明《周礼》等中国典籍与西方议院相合，且说如按中国之国情，现在还不适于设立议院。梁启超说："今日欲强中国，宜莫亟于复议院。曰：未也，凡国必风气已开，文学已盛，民智已成，乃可设议院，今日而开议院，取乱之道也，故强国以议院为本，议院以学校为本。"①

康、梁等主张自立民权，梁启超在上引致康有为信中曾有设想将陕西"收为偏安帝都之用"的计划。其在公开发表的《复陕西刘古愚山长书》中，则说得颇为含蓄委婉。其言略谓：

> 今日东南诸省，盖不救矣，沿海膏腴，群虎竞噬，一有兵事，则江、浙、闽、粤，首当其冲，不及五载，悉为台湾。割弃仓卒，呼号莫闻。虽有坚锐，只增盗粮；虽有智勇，束手坐毙。然则居东南而谭富强，其犹过屠大嚼，虽少快意，终不得肉。惟西北腹地，远距海岸，彝迹尚罕，地利未辟，涎割稍迟，而矿脉之盛，物产之饶，随举一省，皆可以自立。秦中自古帝都，万一上京有变，则六飞行在，犹将赖之。故秦地若立，东连晋豫，西通巴蜀，他日中国一旅之兴，必在是矣！……今之中国，既如累卵，而东南沿海各省，益复朝不保夕，虽自竭其股肱之力，诚恐所志未就十一，而桑田沧海，倏忽已沦，故窃用愤懑，欲于腹地得二三豪杰以共揸之，尊省振兴之事，幸时相告，苟力所能及，靡不竭其拳拳，共矢血诚，力扶危局，亦未见天下事之必无可为也。②

---

① 梁启超：《古议院考》，《时务报》第十册，光绪二十二年十月初一日，第3、4页。

② 梁启超：《复陕西刘古愚山长书》，《知新报》第二十二册，光绪二十三年五月二十一日，第3—5页。

　　梁启超这封信虽然语气十分温和，但其意思则十分明确，他准备在列强瓜分中国之后，将陕西作为"他日中国一旅之兴"之地。至于他所说的"六飞行在，犹将赖之"，那只不过是门面语而已。即使是这样一封语气温和的信，梁启超也未敢在《时务报》上发表，而是将其放在远离清廷的澳门《知新报》上发表。

　　由此可见，如果我们只看他们公开发表的文章，而不注意他们私下里的谈话以及往来的信件等资料，是不可能了解他们当时真正的思想的。除康梁以外，我们再讨论一下谭嗣同。

　　《马关条约》对谭嗣同的刺激也颇大，甲午战争时，谭嗣同尚不认识康、梁，但他对清廷腐败的认识也与康、梁有很多共同之处，在谭氏看来，中国之所以失败，乃在于未变法图强。但清廷"不计此、不为此，及见倭之变法而盛，犹不思效法，反诋之、议之、笑之、咒之。初通商之不变，尚曰不习夷情也。庚申可变矣，乙酉可变矣，而决不变"。不变法犹可，"至乎今日，奄奄一息，忽不度德、不量力，而与能变法之倭战，如泰山压鸡子，如腐肉齿利剑，岂有一幸乎？"① 可见，在谭嗣同看来，变法与不变法，乃是战争胜负之关键，变法则国势昌盛，不变则腐败软弱，所以，他当初即不主张与日本开战，在他看来，清廷乃是打了一场毫无准备之战。他写道：

　　　　战必有所以，曹刿犹能言之，今则民从耶？神福耶？忠之属耶？去年主战之翁同龢辈，不揆所以可战之人心风俗，与能战之饷与械，又不筹战胜何以善后，战败何以结局，瞢然侥幸于一胜。偶有一二深识之士出而阻之，即嗤为怯懦，甚则诋为汉奸。虽然，此无势之能审，犹有义之可执也，则亘日穷天，孤行其志，胜败存亡或可不计。及至形见势绌，有百败无一

────────────

　　① 谭嗣同：《兴算学议·上欧阳中鹄书》，载《谭嗣同全集》（增订本）上册，中华书局1981年版，第157页。

胜，所失膏壤方数千里，沿海八九省海岸曲折逶迤不下三四万里，处处皆可登岸，顾此失彼，日不暇给，守则无此恒河沙数之兵，弃又资敌，而海军煨烬，漭漭大洋悉为敌有，彼进而我不能拒，彼退而我不能追，彼他攻而我不能救，彼寄椗而我不能蹙。彼有优游自得以逸待劳之势，方且意于东而东宜，意于西而西宜，择肥而噬，伺瑕而蹈，顾盼自雄，意气横出；我则望洋而叹，束手无策。当海军之未亡也，言者欲直捣长崎、横滨，为围魏救赵之计，不知我之海军且失事于海口，其能得志于外洋乎？训讨操练既属虚文，风涛沙线尤非素习，一泛沧溟，即晕眩呕哕，不能行立。窃恐东西南北之莫辨，不识长崎、横滨之何在，将举踵而却行，适幽燕而南其趾，其能与履险如夷习惯自然之悍敌争旦夕之命于洪涛骇浪中乎？虽海军率雇西人驾驶，其竭诚忠事与否已不可信，而战之一事又岂可责之一二驾驶之人乎？故我之海军，仅能依违近港，虚张声势，初不意真有战事，迨迫以军法，使当大敌，将士环向而泣，至有宵遁者，其不战而溃，不待智者知之矣。①

清廷的北洋海军如此腐败，不堪一击，那么，令清廷自豪的陆军又如何呢？谭嗣同说：

　　然海军之不可用，犹曰中国所短也；中国所长吴如陆军，而奉天败，高丽败，山东败，澎湖又败；旗军败，淮军败，豫军、东军、各省杂募就地召募之军无不败，即威名赫耀之湘军亦败，且较诸军尤为大败。将领相顾推诿而莫前，乡农至以从军为戒，闻与倭战即缩朒不应募，或已募而中道逃亡。虽将领不得其入，然亦有善调度能苦战者矣；亡死数万人，亦不为少

---

① 谭嗣同：《兴算学议·上欧阳中鹄书》，载《谭嗣同全集》（增订本）上册，中华书局 1981 年版，第 157 页。

义勇之士矣；而卒至此者，则陆军之于海军又未必相悬殊也。①

在谭嗣同看来，清廷的陆军与海军相差无几，同样腐败，那么饷械方面的情况又如何呢？他指出："至若饷与械之亡失，大小炮以千计，炮弹以万计，枪以十万计，枪弹以百万计，其他刀矛帐棚锅碗衣服之属，尤琐细不足计。亡失之银钱与工料以千万计，统中国之战守填防月饷加饷储峙一切，又以千万计。司农告匮，外库搜括无遗，下面劝捐勒捐，房捐商捐，加税加厘，息借洋款，息借民财，名目杂出，剥脂钻髓。且陕、甘、云、贵之协饷以及廉若俸与应支之款，概支吾而不发。卷天下所有，曾不能供前敌之一败，而添购军械之款尚无所从出。去年总署即密向智国订购船械，外洋见中国之危，早即不肯借债，即购物无现钱亦竟不肯售。又虑倭人要截枪炮，偶有至者，亦常被搜查夺去。福建船政局有名无实，从不能造战舰。上海、金陵、天津各机器局工惰器窳，造枪炮甚迟，且非新式快利之器。湖北枪炮厂建造又未毕工，而各局之通患则曰缺费，于是赤手空拳，坐以待毙。"他尖锐地指出："向之主战者，乃始目瞠舌挢，神丧胆落，不敢出一语，偶蒙顾问，惟顿首流涕，君臣相持嚎哭而已。而和之势遂不至摇尾乞怜哀鸣缓死不止。愚以为孟浪主战之臣，以人家国为侥幸，事败则置之不理，而逍遥事外，其罪尤加全权一等矣。"② 在谭嗣同看来中日甲午战争之失败，尚有一重要原因，那就是清军腐败，将帅虐待士卒，克扣军饷，以致军心大变，将士解体，他说：

---

① 谭嗣同：《兴算学议·上欧阳中鹄书》，载《谭嗣同全集》（增订本）上册，中华书局 1981 年版，第 157—158 页。

② 谭嗣同：《兴算学议·上欧阳中鹄书》，载《谭嗣同全集》（增订本）上册，中华书局 1981 年版，第 158 页。此段引文，有欧阳中鹄一段批跋，录之如下："国家自中外交涉，以识夷情者少，举天下而畀之一人者三十余年。内外诸公，遂甘于不知，且恃为诿过之地。惟一人之命是听，即不至倒行逆施，要其权势所归，久必挟以自重。向令力加讲求，虽未必运筹帷幄，决胜千里，何至仰其鼻息，贻误不可收拾耶？"

诸将待士卒，无不刻溪者。自宋祝帅、魏午庄、李健斋外，虽宿将皆侵扣军饷。去冬蒙朝廷赏颁军士羊皮袄一件，及诸将发交，至扣抵饷银五六两之多。军士赴钦差处诉冤，刘岘帅（坤一——引者注）置之不理。营务处冯莘垞之流转复助纣为虐，百端抑勒。余虎恩至不令勇丁出营买柴菜，防其控告也。丁槐夙有威名，此次刻扣尤甚。纵兵焚掠其营务处，至为叛兵所杀。李鉴帅初则盼之不来，终则推之不去，大为所苦。甚至自货其精枪快炮供京僚帅府之应酬。董福祥手定新疆，人人称为名将者，且有"总办军务处及军机处需索太多，亏累无从填补"之语，此外更无论矣。①

显而易见，清廷军队之腐败堕落，当时已达极点，以此之兵而从事战争，岂有不败之理？谭嗣同的老师评论当时清军腐败时悲愤地说："时为何时，用之为何事，而皆以利相接，是迫将卒以解体，不败何待！虽有二三忠义奋发之士，奚益哉！"②

谭嗣同认为，不仅清廷军队腐败，政府部门也腐败，"又凡中国购买外洋军械，出使大臣从而分成，及兑价时，经手人又要分成。故吴清帅军有西人已运到枪炮，因扣价太多，不肯发药弹之事。此时西人视中国官吏比于禽兽：故有'文官三只手，武官四只脚'之谑。又以'秽、贿、讳'三字批评中国，一切吏治军政无不识破。署中偶延洋医治病，及间至汉口洋行晤西人之晓华语者，辄故作哀怜慰勉之词来相戏嬲。令人愧怍，无地自容"。③ 依谭嗣同之见，清廷吏治军政败坏如此，以致"军士遂仰倭兵如神

---

① 谭嗣同：《兴算学议·上欧阳中鹄书》，载《谭嗣同全集》（增订本）上册，中华书局1981年版，第154页。

② 欧阳中鹄批跋，载《谭嗣同全集》（增订本）上册，中华书局1981年版，第169页。

③ 谭嗣同：《兴算学议·上欧阳中鹄书》，载《谭嗣同全集》（增订本）上册，中华书局1981年版，第154页。

仙中人，恨不为所用，以免此冻饿困苦。倭人召募闽广健卒几九万人，故战死者率皆中国人，真倭人阵亡者，自去年至停战，才六百余人而已，无怪胜无不胜，攻无不取也"。① 谭嗣同之父为清廷大员，谭嗣同所结交的大多数是清廷官员，故其可深知官场内幕，他的记述应当可信。

和康有为、梁启超等许多有识之士一样，谭嗣同认为甲午战争给中国带来的最大后果是，清廷已丧失了民心。他说："惟去年（甲午——引者注）风信紧时，颇存以一个字塞责之意。复妄意天下之人，无不当如此者。及睹和议条款，竟忍以四百兆人民之身家性命，一举而弃之。"他认为："满、汉之见，至今未化，故视为侥来之物，图自全而已，他非所恤，岂二百五十年之竭力供上，遂无一点好处耶？宜乎台湾之民，闻见弃之信，腐心切齿，以为恩断义绝，开辟以来，无忍心如此者。"在谭嗣同看来，清廷能做出此大失民心之举，"在已仕者自不当公言怨怼，若乃蚩蚩之氓，方求河西、吴越而不得，即朝秦暮楚，南越北胡"。所以，对普通百姓来说，与清廷离心，迁居海外，那是太正常的事情了。他说："中国之民，从前占籍西洋各国者，几及千万之数，此后当日增矣。近日大官富商之家属，多流寓上海租界请保护。"② 甚至更有甚者，他们"流离颠沛"，不满于清廷之暴政，"反面事仇"，"奉天七州县，倭允还我。而民间有号泣留倭者，且言倭一去，则官又来虐我矣，从而迁者数百户。无告之民，其惨痛乃尔乎！"在谭嗣同看来，此种结果，全由清廷苛政所致，而对生活于苛政之下，哀哀无告之民，"亦将何词以责之"？他愤愤地指

① 谭嗣同：《兴算学议·上欧阳中鹄书》，载《谭嗣同全集》（增订本）上册，中华书局1981年版，第154页。

② 谭嗣同：《兴算学议·上欧阳中鹄书》，载《谭嗣同全集》（增订本）上册，中华书局1981年版，第153—154页。

出，"鱼趋渊，雀趋丛，是岂鱼与雀之罪也哉"？① 在谭嗣同看来，
"君以民为天，民心之涣萃，天心之去留也"。清廷无道，鱼肉生
民，连老天也不保佑它。谭嗣同写道："往年威海冰胶，不能进
船。去冬严寒胜往年，而倭进攻时，独不合冻。倭固万无蒙天佑之
理，而以我之所为，又岂能望有偏佑哉！"在谭嗣同眼里，清廷自
《马关条约》签订后民心已涣，故天心亦去，其亡已指日可待也。

在这种形势下，谭嗣同面对危阽之局，力主变法，提出"变
科举""开议院""改官制"等主张。

> 此间拟上变法之奏，尚未决定，若不变科举，直不如不
> 变。然揆之当道，亦必不能听。且倭有中国举措必先商之
> 于彼，然后准行之说。若使的确，变法无利于倭而大有害，
> 必不见许，而时势又迫不及待，聊上言以尽心耳。夫变科
> 举以育人材，开议院以达下情，改官制而少其层累，终身
> 不迁以专其业，及财务、训农、通商、惠工、练兵、制器诸
> 大政，既难行矣。且习气太深，行之转以滋弊，而其行之利
> 病及算学格致可以试之而有效者，断不可不一心讲求，以
> 供窦融、钱镠之用。故与唐绂丞（才常——引者注）、刘淞
> 芙（善涵——引者注）有于本县设立算学格致馆之议，诚
> 不忍数千年之圣教，四百兆之黄种，一旦斩焉俱尽，而无
> 术以卫之耳。②

显而易见，谭嗣同面对危局的办法即变法，而变法并非为了挽
救清廷，而是不忍"数千年之圣教""四百兆之黄种"，"一旦斩焉
俱尽"。而其"行之利病及算学格致可以试之而有效者"都是供窦

---

① 谭嗣同：《兴算学议·上欧阳中鹄书》，载《谭嗣同全集》（增订本）上册，
中华书局1981年版，第154页。
② 谭嗣同：《兴算学议·上欧阳中鹄书》，载《谭嗣同全集》（增订本）上册，
中华书局1981年版，第160页。

融、钱镠之用，换句话说，是为中国被瓜分后湖南等省自立而用，而不是为清廷所用，其"保种保教""保中国不保大清"之政治主张已相当明确。

欧阳中鹄曾对谭嗣同此信加批加跋，命名为《兴算学议》，以活字版刊行。该书为湖南巡抚陈宝箴所见，大为赞许，命加印一千本，湖南新学系以谭嗣同此信为起点，谭嗣同也以《兴算学议》一书而在湖南声名鹊起。[①]

当时，谭嗣同尚未认识康有为与梁启超，然《马关条约》签订后的形势，使他的"保种保教""保中国不保大清"的政治主张与康、梁的政治主张不谋而合，并且他的《兴算学议》中那些反对清廷的言论，得到了陈宝箴、欧阳中鹄等一大批知识分子的理解和同情，对日后的湖南维新运动，产生了深刻的影响。

康梁集团的政治改革，一直是随着政治形势的变化而变动着，大体而言，他们基本上循着两种途径而进行改革活动。一种是自上而下的途径，那就是希望通过向皇帝上书，以改变清廷的政治立场，然后以政府的力量来推动改革；另一种是自下而上的途径，那就是从教育士绅阶层和民众入手，来获取大众对改革的理解和支持。《马关条约》签订后，康、梁等人激于国势之陵夷，在"望在上者而一无可望，度大势必骎骎割鬻至尽而后止"的形势下，当时康梁集团的政治主张乃"专以救中国四万万人为主"，其手段是"奔走南北，大开强学、圣学、保国之会"，以达到"开议院、得民权以救之"的目的。"因陈右铭（宝箴——引者注）之有志，故令卓如入湘"，如此看来，梁启超等人在湖南的政治活动应属第二种，即由下而上的途径。康有为被光绪帝召见之后，认为光绪帝"圣明英勇，能扫除旧国而新之，又能决开议院、授民以权"，于是改变策略，决心凭借光绪帝的权威，进行自上而下的政治改革，用康有为的话来说叫"以君权雷厉风行"，以致谭嗣同应召北上过

---

① 黄彰健：《戊戌变法史研究》，上海书店出版社 2007 年版，第 14 页。

鄂时，张之洞曾语之曰："君非倡自立民权乎？今何赴征？"谭嗣同曰："民权以救国耳。若上有权，能变法，岂不更胜？"①

显而易见，康梁集团的策略，是随着当时政治斗争的形势而随时变化的，不能因表面现象而忽略了他们真正的政治主张。

---

① 康有为：《与赵曰生书》，载《康有为全集》第五集，中国人民大学出版社2007年版，第400页。

第 二 章
儒教之马丁·路德*

一 晚清思想流派的特点

梁启超在论人物时说："必其生平言论行事，皆影响于全社会，一举一动，一笔一舌，而全国之人皆注目焉，甚者全世界之人皆注目焉，其人未出现以前，与既出现以后，而社会之面目为之一变，若是者，庶可谓之人物也已。"① 梁氏又认为虽同为人物，却有"应时之人物"与"先时之人物"之分。所谓应时而生者，"则其所志就，其所事成，而其及身亦复尊荣安富，名誉洋溢，先时而生者，其所志无一不拂戾，其所事无一不挫折，而其及身亦复穷愁潦倒，奇险殊辱，举国欲杀，千夫唾骂，甚乃身死绝域，血溅市朝"。② 同是豪杰之士，为何他们的处境有如此之大的差别呢？在梁氏看来，先时之人物，乃是社会的动力，造成了产生应时人物的时势，质而言之，"则应时人物者，时势所造之英雄，先时人物者，造时势之英雄也"。所以有了先时人物所造之时势，应时人物

---

* 梁启超语，姑用之，见梁氏之《南海康先生传》。

① 梁启超：《南海康先生传》，载《饮冰室合集》文集之六，中华书局1989年版，第58页。

② 梁启超：《南海康先生传》，载《饮冰室合集》文集之六，中华书局1989年版，第58页。

必然会出世，"然若无先此之英雄，则恐所谓时势者渺不可睹也，应时者，有待者也，先时者，无待者也"。① 正是因为如此，同为人物，他们的区别是显而易见的。

在 19 世纪末期的中华大地上，确实出现过一位梁氏所谓的"先时"人物，姑且不论后人对他如何评价，就历史而论，他对中国近代产生了巨大的影响，清末民初的一系列重大历史事件，无一不与他关联，而从思想史来看，他承前启后，既是一位从传统文化里走出的士人，又是第一批向西方寻求真理的知识分子中的一位。在他的思想中，既可以看到晚清传统思想内在演变对他产生的影响，又可以找到近代中国激进主义思想的最初源头。这位人物的名字叫康有为。

要想比较准确地把握康有为的思想，仅仅了解他的言论和行动是不够的，我们还必须了解他所处的时代，清人顾镇在《虞东学诗》中说："夫不论其世，欲知其人，不得也；不知其人，欲逆其志，亦不得也。"② 这就是说，我们在研究一位思想家的思想的时候，必须要对他所生活的时代环境，先做一番彻底的考察，这样才有助于我们对该人思想的把握。孟子说："颂其诗，读其书，不知其人可乎？是以论其世也。"依孟子之言，我们先来看康有为所处的时代。

康有为所生之世，中国正处于一个大动荡的时期，其外部是西方列强对中国的侵略和渗透逐渐深化，其内部是太平天国等农民起义风起云涌，内忧外患使得清廷疲于奔命，忙于应付，而其往日积威日弛，人心已开始涣散，稍有识者，都知大乱之将至。这些不祥的预感，使得学界的一些英拔之士对其所从事学问的目的和意义开始进行反思，反思的结果使得两股思潮应运而生，这便是反汉学运

① 梁启超：《南海康先生传》，载《饮冰室合集》文集之六，中华书局 1989 年版，第 58 页。
② 顾镇：《虞东学诗》，引自黄保真、蔡钟翔、成复旺：《中国文学理论史》第一册，北京出版社 1987 年版，第 36 页。

动和经世致用思想的兴起。① 这两种动向虽都因受外部刺激而起，但也与明末清初之儒学的发展一脉相承，应被视为儒学内部道德力量的发展。要谈儒家的道德力量，先必须对儒家哲学做一个简要介绍。

儒家的哲学，说到根本，可以"修己安人"一语来概括。儒家认为，学问的最高目的就是"内圣外王"。修己的功夫，做到极致，称作"内圣"，而安人的功夫，做到极致，则称为"外王"。至于其条理次第，以《大学》中说得最简明，即所谓"格物、致知、诚意、正心"，就是修己及内圣的功夫；所谓"齐家、治国、平天下"就是安人及外王的功夫。② 在这两种功夫里，儒家又强调"一是皆以修身为本"。在儒家看来，格、致、诚、正，只是各人完成修身功夫的几个阶段，而齐家、治国、平天下也只是以各人的修己之身放射到家庭和社会。《论语》中说的"修己以安人"加上一个"以"字，正是将外王的学问纳入内圣之中，一切以各人自己为出发点，用现在的话来说，即注重养成自己健全的人格，将其锻炼到精绝，这便是内圣，而将人格扩展到家庭与社会，便是外王。儒家学说千言万语，各种法门，都不外乎归结到这一点。所以，对儒家学者而言，作为其个人理想，便是成贤成圣，而作为其社会理想，便是天下国家。这两个理想互相依赖，联系得十分紧密，它们像鸟之双翼，又如车之两轮，互相依存，不可互缺。所以儒家强调政治乃人格的扩大。

因此，儒家思想认为学习的主要目的和动机，就是要在其个人生活和社会生活中实现道德理想。故学习在儒家学者的眼里，只具有工具的价值，这和西方的"为学问而学问"有很大区别。

① 〔美〕张灏：《梁启超与中国思想的过渡（1890—1907）》，崔志海、葛夫平译，江苏人民出版社1993年版，第6页。

② 梁启超：《儒家哲学》，载《饮冰室合集》专集之一百三，中华书局1989年版，第2—3页。

显而易见，儒家思想中道德理想主义和实用主义动机都是十分明显的。

这正像张灏所说的那样："儒家思想在它的实践者眼里，从来（就不——引者）只是一种哲学体系，或一种知识研究。尽管学术研究在其中不可避免地起了重要作用，但是把儒家思想等同于一种哲学体系或学术研究的倾向是危险的，因为它掩盖了儒家思想的实用主义动机和作为一种人生信仰的本质。从这一角度来讲，学术研究从内部对儒家的威胁和佛教、道家思想从外部对它的威胁同样大。"①

清初的学问虽因明亡之后，士大夫力矫晚明王学末流之弊而起，出现了经世致用的所谓"实学"。然到了乾嘉以后，"经典考据蔚成风尚，学者但知有'道问学'，而不知有'尊德性'，他们笔下虽仍不时出现'尊德性'字样，但在绝大多数情形下，都是一种空泛的门面语，实际已无所指涉了"。②清初诸大儒尚抱"通经致用"之观念，而讲求成败得失等有关社会政治方面的问题，但到了道咸之后，此派的学术研究和其学习的目的逐渐发生了分离，其分科愈细，离"救世"的目的愈远，其弊病愈显。

此种现象，若在承平之际，尚无大碍，然道咸之后，学者经鸦片战争及太平天国等农民起义之后，稍有识者，都知大乱之将至。思图有所振作，经世致用之欲望，遂炎炎不可抑。而当时海禁既开，所谓"西学"由各通商口岸逐渐输入，始则工艺，次则政制，这对于中国学者来说，无异于漆室之人，忽然打开一窗，使其得睹外部之世界，灿然风景皆为其从所未见，回顾室中，皆沉黑积秽，这种强烈的反差，使他们对内厌弃、对外求索之情日炽，从而逐渐

---

① 〔美〕张灏：《梁启超与中国思想的过渡（1890—1907）》，崔志海、葛夫平译，江苏人民出版社1993年版，第8页。

② 余英时：《清代学术思想史重要观念通释》，载《中国思想传统的现代诠释》，联经出版事业公司1992年版，第409页。

对原有政治制度的组织原则产生了怀疑。①

　　"风雨如晦，鸣鸣不已。"在这大风雨到来之前，在儒学自身发展和外部环境刺激的交相激荡下，清初经世致用思想逐渐复苏，而反汉学运动也应运而生。经世致用思想和反汉学运动都与儒家的"内圣外王"思想有关。它们都反对汉学无视社会道德的倾向，而主张将学问与"治国平天下"联系起来，但是它们的侧重点又有所不同。

　　反汉学运动主要由几股势力组成，其一是宋学派，宋学派之理论基础乃程朱理学，程朱理学在清朝属正统学派。在清初，孙奇逢、李中孚等人还能尚名节厉实行，但到了汤斌、李光地等人时，他们虽治宋学，但不免曲学阿世，投时主所好，而其为学之目的，完全成了弋取富贵的工具。② 所以，对实现儒家的"内圣外王"理想的目的来说，当时的"宋学"与"汉学"实相差无几。

　　当时由于内忧外患的刺激，一部分宋学家的社会政治意识开始增强，此前，这一派的学者倾向于将注意力集中在修身（义理），即所谓"尊德性"的道德哲学上，忽视儒学的政治实践，而在 19 世纪初，一群宋学家力图纠正这种偏向，重新将社会的政治内容作为儒家信仰的一个组成部分。19 世纪初宋学派中一位重要人物唐鉴，他的学说的一个重要部分仍以宋学的独特的修身问题为中心，但另一部分则集中在"守道救世"的政治内容上。③ 而宋学派的另一位人物方苞，则与其同里的姚范、刘大櫆等共学文，诵法曾巩、归有光，造所谓"古文义法"。时人称之为桐城派。他们一方面"尊宋学，笃谨能躬行"，注重修身的道德哲学，而另一方面，也同时学习古文，提倡欧阳修的"因文见道"，以孔、孟、韩、欧、

---

　　① 梁启超：《清代学术概论》，载《饮冰室合集》专集之三十四，中华书局 1989年版，第 52 页。

　　② 梁启超：《清代学术概论》，载《饮冰室合集》专集之三十四，中华书局 1989年版，第 49 页。

　　③ 〔美〕张灏：《梁启超与中国思想的过渡（1890—1907）》，崔志海、葛夫平译，江苏人民出版社 1993 年版，第 12 页。

程朱以来之道统自任，而与当时汉学家为难。①

姚范从子姚鼐屡为文诋汉学破碎，而桐城派之方东树则著《汉学商兑》一书，遍诋阎、胡、惠、戴所学，不遗余力。② 咸同之际，曾国藩也善为文，特别推崇桐城派，于桐城派中，曾氏又极力推崇方苞与姚鼐。他甚至在其所写的《圣哲画像记》中，将姚鼐与周公、孔子并列，曾氏当时功业焜耀一世，桐城派之名声也缘以增重。

曾氏的这种态度使他能主张兼融汉宋，他曾宣称："国藩一宗宋儒，不废汉学。"③ 其实，就当时而言，主张汉宋兼采态度的人并不只有曾氏。

比曾氏更早的阮元即一例，阮元本以经师致位通显，所至提倡后学，主持风气，不遗余力。④ 他督学浙江时，修诂经精舍，总督两广时立学海堂，阮元论学"颇主求义理，故渐成汉宋兼采之风"。⑤ 阮元的这种汉宋兼采的学风对广东的学者影响深远，学海堂的两位学者陈澧和后来成为康有为老师的朱次琦，都主张兼融汉宋，陈澧极力反对汉学家只重学术研究，忽视寻求书中的道德含义，因而背离了儒学"修己以治人"的方法。他说："今人只讲训诂考据，而不求其义理，遂至于终年读许多书，而做人办事全无长进，此真与不读书者等耳。此风气急宜挽回。"⑥ 陈澧的意思，正是希望学者们用汉宋兼采的方法来达到经世致用的目的。

---

① 梁启超：《清代学术概论》，载《饮冰室合集》专集之三十四，中华书局 1989 年版，第 49 页。

② 梁启超：《清代学术概论》，载《饮冰室合集》专集之三十四，中华书局 1989 年版，第 49 页。

③ 曾国藩：《复颍州府夏教授书》，转引自钱穆：《中国近三百年学术史》下册，中华书局 1986 年版，第 585 页。

④ 钱穆：《中国近三百年学术史》下册，中华书局 1986 年版，第 478 页。

⑤ 钱穆：《中国近三百年学术史》下册，中华书局 1986 年版，第 489 页。

⑥ 钱穆：《中国近三百年学术史》下册，中华书局 1986 年版，第 602 页。

朱次琦也是这种折中方法的倡导者，在他看来，"孔子之学无汉学，无宋学"，他在礼山讲学时诏示学者以"四行五学"的方法来做学问。他说：

> 修身之实四，曰惇行孝弟、崇尚名节、变化气质、检摄威仪。读书之实五，曰经学、史学、掌故之学、性理之学、辞章之学。①

有关朱次琦的学问，有的学者与陈澧做了一个比较，认为"就陈澧来说，重点几乎全放在儒家学术的道德含义上，而更广泛的国家和社会问题依然不明确。朱向前迈进了一步，他将道德修养与更重大的社会政治目标联系起来"，并指出："读书者何也？读书以明理，明理以处事。先以自治其身心，随而应天下国家之用。"②

宋学派反对汉学派的主要理由是，汉学派过分地重视学术研究，以至于忘记了儒学"内圣外王"的目的。他们主张通过修身来提高自己的人格修养，从而影响社会，转移习俗，而陶铸一世之人。

综合学派虽主张汉宋兼采，但是此派也是主张以儒家之"修身"为前提来达到"经世致用"的目的。与宋学家相比，他们只是认为不能完全抛弃汉学家考据的方法，而是在其之上，要通过训诂来求其义理。

无论是宋学派，还是汉宋兼采的综合派，都是来自汉学外部，而下面所说的却是从汉学内部产生，是汉学内在逻辑演化的结果。

汉学乃是针对明末宋明理学空疏的反动而发，而此派之特点，

---

① 钱穆：《中国近三百年学术史》下册，中华书局 1986 年版，第 640 页。
② 〔美〕张灏：《梁启超与中国思想的过渡（1890—1907）》，崔志海、葛夫平译，江苏人民出版社 1993 年版，第 15 页。

正如梁启超所说，是以复古为其职志的。① 学者希望以在时间上离圣人更近的典籍来解释经典的含义。这种倾向，使两种思潮由汉学中衍生出来，其一是古典非正统哲学的复兴，其二是汉代古文经学和今文经学的复苏运动。②

古典非正统哲学复兴最初的动力，来源于考据学的研究，经书笺释工作的发展，使学者研究的范围不断扩大，许多古书被列入了研究的范围，其中最重要的，应为先秦诸子之书了。

荀子与孟子同为儒家两大师，在唐以前两人并称，而至宋朝，宋儒将《孟子》提升为经，而荀子则以"异端"见斥，其书遂黯昧了七八百年，而到了乾隆年间，汪中著《荀卿子通论》及所附《荀子年表》，于是荀子书复活，渐成清代显学。③

又如战国时期，儒墨同称显学，汉后墨学湮没二千余年，乾隆年间，汪中首治此学，而后，卢文弨、毕沅、孙诒让同时治之，毕沅集其成为《墨子注》十六卷，其后使墨学大昌。④

除此以外，这种非正统经典哲学的研究还涉及管子、韩非子、老子、庄子、列子等先秦诸子，这种研究活跃了人们的思想，使得当时被视为异端的思想开始复活，以往的那种定儒家为一尊的局面逐渐瓦解，这正像一位学者所说的那样："当这种对非正统的古代典籍的兴趣蔓延时，这种兴趣倾向于从理论化变为更加现实化，因为一些知识分子转向这些典籍更多地是出于对人生和社会问题的关怀，而不是思想的猎奇。在这方面，古代典籍诸如《荀子》、《墨

---

① 梁启超：《清代学术概论》，载《饮冰室合集》专集之三十四，中华书局 1989 年版，第 3 页。

② 〔美〕张灏：《危机中的中国知识分子：寻求秩序与意义》，高力克、王跃译，新星出版社 2006 年版，第 13 页。

③ 梁启超：《中国近三百年学术史》，载《饮冰室合集》专集之七十五，中华书局 1989 年版，第 228 页。

④ 梁启超：《中国近三百年学术史》，载《饮冰室合集》专集之七十五，中华书局 1989 年版，第 229—230 页；又梁启超：《清代学术概论》，载《饮冰室合集》专集之三十四，中华书局 1989 年版，第 43 页。

子》和法家那些经典，变成了 19 世纪近几十年来发展的道德和政治行动的思想源泉。"①

晚清今文经学派也是从考据学派衍生而出的，上文谈到清代学术乃是对宋明理学的一大反动，在汉学家看来，明代儒家专尚"明心见性"的空谈，而将经典的原意弄得含混不清，为了扭转这种局面，必须追寻圣人经典中的原始意义。入清以后，学术则节节复古，顾炎武、惠士奇等人，专提倡注疏学，则复于六朝唐，自阎若璩攻古文尚书后，则复于东汉，"乾嘉以来，家家许郑，人人贾马，东汉学烂然如日中天矣"。②

然当时寻找经典原始意义的动力，推动着学者不得不将其目光移向在时间上离圣人更近的西汉，于是几成绝学的今文经学，又重新引起了人们的注意。今古文之争便开始了。

清代今文经学派的创始者，应首推常州武进的庄存与。庄氏与戴震同时③，但他与戴震、段玉裁一派所取治学途径全然不同，他所著《春秋正辞》，"刊落训诂，名物之末，专求其所谓'微言大义'者"，而标榜经世致用，可称为清代今文经学的开山之作。④

今文经学到了庄氏的弟子刘逢禄和宋翔凤时才真正兴盛起来。⑤ 庄存与、刘逢禄、宋翔凤都是常州人，故被时人称为"常

---

① 〔美〕张灏：《危机中的中国知识分子：寻求秩序与意义》，高力克、王跃译，新星出版社 2006 年版，第 14 页。

② 梁启超：《清代学术概论》，载《饮冰室合集》专集之三十四，中华书局 1989 年版，第 53 页；又〔日〕滨久雄：《公羊学の成立とその展开》，国书刊行会平成四年版，第 177 页。

③ 孔广森虽也著《公羊通义》，然不明家法，治今文经学者，不宗之。见梁启超：《清代学术概论》，载《饮冰室合集》专集之三十四，中华书局 1989 年版，第 54 页。

④ 梁启超：《清代学术概论》，载《饮冰室合集》专集之三十四，中华书局 1989 年版，第 54 页。又〔日〕滨久雄：《公羊学の成立とその展开》，国书刊行会平成四年版，第 175 页。

⑤ 〔日〕滨久雄：《公羊学の成立とその展开》，国书刊行会平成四年版，第 227—286 页。

州派"。

常州之学，有几个发展阶段。钱穆曾说："常州之学，起于庄氏，立于刘、宋，而变于龚、魏。"①

乾隆后期，中国的社会发生了急剧的变化，内忧外患逐渐加剧，社会矛盾更加激化，龚、魏感于时变，思图有所振作，于是他们基于公羊义例，引其"微言大义"，讥评时政，提倡经世致用。②魏源又与贺长龄编《皇朝经世文编》，120卷，分学术、治体、吏政、户政、礼政、兵政、刑政、工政八纲六十三目，这样的巨帙，成为有清一代具有实用价值的经世致用之作。③

清代今古文经学的争论从表面看，虽大部分是考证学和语言学的，但是这也反映了两派的思想意识。其一，争论涉及对孔子的看法不同，古文经学派坚持认为孔子是一个伟大的教育家，他继承了古代文化传统并加以整理，忠实地将它们传给子孙后代。

今文经学派将孔子设想成为一个可以预知人类未来并将预言者的神示告诉后代的先知。与这种将孔子设想为先知的观点相关，今文经学派认为孔子著六经，主要是把他的社会道德理想运用到现实世界中，因而在研究六经，特别是被今文经学派视为儒家道德和政治理想的重要宝库《春秋》时，更要领会其中的微言大义，而不只是拘泥于历史的理解。

今文经学派还认为，孔子的教义没有全部包含在这些经典中，因为孔子的教学大量是口授的。所有这些特征都表明今文经学说的一个主要信念是：儒家思想的核心是它的社会道德的实用主义，以及与这种实用主义精神相一致，相信对儒学思想上的自由解释胜于

---

① 钱穆：《中国近三百年学术史》下册，中华书局1986年版，第532页。

② 〔日〕滨久雄：《公羊学の成立とその展开》，国书刊行会平成四年版，第288—293，340—344页。

③ 〔日〕滨久雄：《公羊学の成立とその展开》，国书刊行会平成四年版，第288—293，341页。

字面上死板的理解。①

今文经学派另一个显著的特征是，它的历史观与众不同，尽管在把历史看成循环变化或进步发展上存在着某些矛盾，但今文经学者相信历史是阶段性发展的，并由于宇宙论的原因，每一历史时期都要有一种与之相应的制度，这一信念产生了一种观点，即制度随着不同时期而变化，制度改革（改制）为儒家思想所认可。固然，在今文经学派对儒家思想的解释中，所有这些思想都混杂了许多不可思议的成分或不少的"奇谈怪论"，但不容否认的是，明确的社会政治取向和对制度改革思想的模糊态度是今文经学中固有的。②

今文经学派的复兴，主要是考据学派内部固有复古倾向的结果，然而由于嘉道时期的危机形势的刺激，它与清初的经世致用的思想合流，对后来康有为及清末的思想界均产生了深远的影响。③

除今文经学复兴运动之外，清中叶以后，还发生了一场世俗知识分子的大乘佛教的复兴运动。清前期佛学极衰微，高僧已不多，即有亦与思想界无关。清初王夫之颇治相宗，然非其专好，至乾隆时，则有彭绍升、罗有高笃志信仰。④ 清朝佛教至常州派诸人

---

① 〔美〕张灏：《梁启超与中国思想的过渡（1890—1907）》，崔志海、葛夫平译，江苏人民出版社1993年版，第16—17页。

② 〔美〕张灏：《梁启超与中国思想的过渡（1890—1907）》，崔志海、葛夫平译，江苏人民出版社1993年版，第17页。

③ 〔日〕滨久雄：《公羊学の成立とその展开》，国书刊行会平成四年版，第468—514页。梁启超在《清代学术概论》中也说："新学家者，大率人人皆经过崇拜龚氏之一时期，初读《定庵文集》，若受电然，稍进乃厌其浅薄。然今文学派之开拓，实自龚氏。夏曾佑赠梁启超诗云：'琠人（乐）申受（刘）出方耕（庄），孤绪微茫接董生（仲舒）。'此言'今文学'之渊源最分明。拟诸'正统派'，庄可比顾，龚、刘则阎胡也。"（梁启超：《清代学术概论》，载《饮冰室合集》专集之三十四，中华书局1989年版，第54页）

④ 梁启超：《清代学术概论》，载《饮冰室合集》专集之三十四，中华书局1989年版，第73页。

时，才在世俗知识分子中兴盛起来。

常州学派与佛教的关系密切者应推龚自珍、魏源。据说，龚自珍是因服膺彭绍升的儒佛混合论而私淑绍升的。① 自佛教入中国以后，虽儒佛之争甚烈，然宋学的勃兴，实与佛教有很大关系，金代王哲倡三教归一之说，其流风及于明代，赵贞吉（大洲）公然以儒证佛，李贽（卓吾）则包括三教，别出新意。李氏与利玛窦往来并加入天主教，赵贞吉与李贽同属阳明学派之人，此学派一转而为彭绍升之儒佛混合说。②

彭绍升称际清居士，为清代佛教界一重要人物，乾隆以后，信奉佛教者，悉闻其遗风而起。③ 绍升为清乾隆二十六年进士，初慕贾谊之为人，中以程明道为标的，致力理学，既而沉潜佛法，知所谓大我者，在舍己为人为世，以成救济之业，于是作《一乘决疑论》以撤儒佛之障壁，作《华严念佛三昧论》以解禅净之诤论，作《净土三教论》以发挥净土教中未明之奥旨，欲以念佛之一法，统一全佛教。④

他的这种折中的方法，对常州的学者影响甚大，当时常州派学者龚自珍即好绍升之融合思想，时绍升自称知归子，而自珍自称怀归子，著有《龙藏考证》等书。

与自珍并称之魏源，也信奉佛教，自称为菩萨戒弟子魏承贯，魏源编集有《净土四经》。⑤ 有的学者认为，公羊学者多信佛教，

---

① 〔日〕滨久雄：《公羊学の成立とその展开》，国书刊行会平成四年版，第546 页。

② 参见〔日〕稻叶君山：《清朝全史》第 61 章，（台湾）中华书局 1950 年版，第 64 页。

③ 〔日〕稻叶君山：《清朝全史》第 61 章，（台湾）中华书局 1950 年版，第 64 页。

④ 〔日〕稻叶君山：《清朝全史》第 61 章，（台湾）中华书局 1950 年版，第 64 页。

⑤ 〔日〕滨久雄：《公羊学の成立とその展开》，国书刊行会平成四年版，第536 页。

这乃是因为尊信公羊，势不得不尊孔子为教主，且公羊中之微言大义，必借谶纬以神其说，然谶纬之学，不足以服人心，公羊家采佛说，是为了增加自说的说服力。其实这种说法十分片面。龚、魏等人生于嘉道之际，清廷衰败之象已显，稍有识者，咸知乱世将不远，面对西洋列强的侵逼，公羊学中"通三统""张三世"等体制变革思想的金科玉律，则成为其经世致用的理论基础，为了达到经世致用的目的，佛教中菩萨普度众生的精神，自然成为其达到目的的精神源泉。①

至晚清佛学界又出现一位重要的人物杨文会。杨文会深通"法相""华严"两宗，而以净土宗教导学者，谭嗣同曾从之游，本其所得以著仁学，梁启超受谭之影响，也深好佛学。此外康有为、章炳麟也喜欢佛学。梁启超曾说："晚清所谓新学家者，殆无一不与佛学有关系，而凡有真信仰者，率皈依文会。"②

有的学者认为，杨文会对佛学的研究"体现了一种现实的救世倾向。……在他看来，由于佛教教义的黯然失色，世界正在堕入一个精神衰朽的时代，即'末世'。因而，他的使命就在于重振佛教真理以把世界从衰朽之中拯救出来"。③杨文会的这种现实的救世思想倾向，如果要探究其思想源头，还要寻到常州学派经世致用的佛学思想。

经世致用，本是儒学之根本观念，历代学者多有倡导，清初学者鉴于明亡之惨痛教训，抛弃"明心见性"等空谈，抱通经致用之观念，故喜言成败得失经世之务。后因学风渐趋于考据，此种思想渐失踪迹，随着内忧外患的逐渐深入和反汉学运动的兴起，

---

① 〔日〕滨久雄：《公羊学の成立とその展开》，国书刊行会平成四年版，第546页。

② 梁启超：《清代学术概论》，载《饮冰室合集》专集之三十四，中华书局1989年版，第73页。

③ 〔美〕张灏：《危机中的中国知识分子：寻求秩序与意义》，高力克、王跃译，新星出版社2006年版，第16页。

嘉道之际，儒家传统中的经世致用思想开始复苏，于是一个与今文经学极为相近的知识分子群体开始出现，这便是所谓的经世学派。①

常州派言学，既主微言大义，而通于天道人事，则其归必转而趋于论政，故经世学派中有不少人与常州派渊源甚深，有的人本身就是常州派之人。如龚自珍和魏源，一面讲今文经学，一面讲经世致用。龚氏著有《定盦文集》，关于政治上的论调极多，有不少反抗专制政体的话，而魏氏则重视税收、盐政、军制、海防等问题，著有《皇朝经世文编》《海国图志》，颇努力于经世致用之学。②梁启超在其《清代学术概论》中说：

> 段玉裁外孙龚自珍，既受训诂学于段，而好今文，说经宗庄刘，自珍性跌宕，不检细行，颇似法之卢骚。喜为要眇之思，其文辞俶诡连犿，当时之人弗善也。而自珍益以此自憙，往往引公羊义讥切时政，诋排专制……晚清思想之解放，自珍确与有功焉，光绪间所谓新学家者，大率人人皆经过崇拜龚氏之一时期，初读《定庵文集》，若受电然，稍进乃厌其浅薄，

---

①　经世乃是儒家人文思想的中心观念。它的内涵相当丰富，绝不是一个单纯的观念，若仅就宋明以来儒学之经世思想而论，按张灏的说法，它至少应该包含三个层面，首先经世观念是指儒家入世的基本价值取向，表现了儒家的一种淑世精神，若从比较文化和比较宗教的角度去看，它既不同于基督教的"天职观念"，也不同于印度教中的"入世修行"，儒家的经世观念不仅代表一种入世精神，也代表一种淑世精神，它是两者的结合。儒家经世观念第二个层面的含义最广，相当于宋明儒所谓的"治体"或"治道"。儒家经世观念的第三层意义才是晚清所谓的"经世之学"。其所彰显的意思，包含了西方学者所了解的"官僚制度的治术"（bureaucratic statecraft）。这一层意义相当于宋明儒学所谓的"治法"，而"治法"绝非"官僚制度的治术"所能涵盖。〔美〕张灏：《宋明以来儒家经世思想试释》，载《张灏自选集》，上海教育出版社 2002 年版，第 58—81 页。

②　梁启超：《儒家哲学》，载《饮冰室合集》专集之一百三，中华书局 1989 年版，第 70 页。

然今文学派之开拓，实自龚氏。①

又谓：

> （龚自珍、魏源——引者注）对于新学家，刺激力极大，我们年轻时，读他二人的著作，往往发烧，南海康先生的学风，纯是从这一派衍出，我们一方面赞成今文家的政治论，一方面反对旧有的传统思想，就是受常州派的影响。②

这是当时学者对经世学派对新学影响的评价，没有别的判断比它更恰当、更准确了。

与龚自珍齐名的另一个经世学派的人物是魏源，魏源字默深，湖南邵阳人。他和龚自珍一样，也是经世学派的一位重要人物。魏源有三部重要的著作值得在这里提一下，其一是他 1826 年与贺长龄所编《皇朝经世文编》，其二是他 1842 年所著的《海国图志》，其三是他在 1842 年所著的《圣武记》。

这三部著作的内容若从表面上看，不存在任何背离儒家道德传统的地方，然而若仔细推敲起来，与新儒家的道德传统发生龃龉。限于篇幅，我们这里只能略作提示。

我们先来看《皇朝经世文编》。《皇朝经世文编》共 120 卷，分学术、治体、吏政、户政、礼政、兵政、刑政、工政等八纲。魏源为编这部书，几乎搜集了一切可以利用的思想资源以抨击当时存在的种种问题。

在上文中我们已经指出，儒家思想中具有强烈的道德理想主义的精神，这种道德理想主义集中表现在儒家"内圣外王"的架构

---

① 梁启超：《清代学术概论》，载《饮冰室合集》专集之三十四，中华书局 1989 年版，第 54 页。

② 梁启超：《儒家哲学》，载《饮冰室合集》专集之一百三，中华书局 1989 年版，第 70 页。

之中，这种"视社会为人格的放大，视道德秩序为个体人格完善的机能"的思想，使传统的儒家学者认为只要有了个人的表率和示范作用，便可以转移风气，建立起良好的道德秩序。然而《皇朝经世文编》里所提出的一系列有关"官僚国家行政管理和组织方面的专业看法"却偏离了这种思想，该书对传统的儒家理论进行了修正，这"意味着除承认一般的儒家经典外，有关经世的专业知识也是有用的"。①

《圣武记》主要记述清廷开边的武功，以及平定国内异民族反抗的史事。魏源试图用盛清的辉煌业绩来激励人心，然而他没有想到，他的这种描写与他所受的传统儒家教育有多么不和谐。正统儒家主德化的治道，故孔子曰："为政以德，譬如北辰，居其所而众星拱之。"② 朱子注引程子话曰："为政以德，然后无为。" 又引范氏曰："为政以德，则不动而化，不言而信，无为而成。所守者至简，而能御烦；所处者至静，而能制动；所务者至寡，而能服众，此言以德为本，至简至易也。"③ 基于此种思想，正统儒家历来就重义而轻利。在他们看来，"领会了儒家的道德教义便足以使国家和社会稳定"。④

故儒家历来就有"王霸义利之辩"。正统儒家认为"君子喻于义，小人喻于利"，孟子则说"先立乎其大者，则其小者不能夺也"。对于"利"，董仲舒有"正其谊不谋其利，明其道不计其功"的话。而对于事功，明儒则有过"尧舜事业不过空中半点浮云"的看法。按儒家的说法，国家的首要目标是维护儒家的道德教义，而非政治扩张或经济发展意义上的集体成就，有关这一

① 〔美〕张灏：《梁启超与中国思想的过渡（1890—1907）》，崔志海、葛夫平译，江苏人民出版社1993年版，第21页。
② 这里言"政"即指"治国安民"之事。
③ 牟宗三：《政道与治道》，广文书局1974年版，第28—29页。
④ 〔美〕张灏：《梁启超与中国思想的过渡（1890—1907）》，崔志海、葛夫平译，江苏人民出版社1993年版，第21页。

观点，我们从新儒家对"王道"和"霸道"的强调中就可以看得十分清楚。新儒家对法家把国家富强思想作为国家正统目标的攻击，以及对汉唐两朝集体成就的否定，正是对儒家正统思想的坚持和维护。[①] 然而在《圣武记》中，魏源对清初帝国向外扩张的歌颂，以及他试图模糊"圣人"和"英雄"界限的种种努力，使得这部得到清廷认可而植根于儒家传统的著作，渗入了新的思想成分，这些成分在思想界中发酵，它们对中国近代的思想转型，产生了深远的影响。

魏源的第三部著作应推其著名的《海国图志》，这部书对晚清学者影响非常大，书中提出的"师夷长技以制夷"思想，实倡日后洋务运动之先声，而书中对英美议会、民主制度的介绍与赞颂，对日后维新思想的产生，不无启发意义。[②] 康有为曾说，他对西方的了解和对世界的认识，与《海国图志》的影响很有关系。[③]

魏源的"师夷长技以制夷"思想，不仅让晚清的中国知识分子注意到了西方"船坚炮利"方面的"长技"，而且还让他们注意到了潜藏在"船坚炮利"和国家富强背后的政治制度。这种影响的意义是深远的，它使中国以礼为核心的规范伦理逐渐受到侵蚀，于是"根据不同方式组织中国政治制度以及根据不同原则使中国政治制度合法化的可能性的大门便被打开了"。[④]

随着清末中国与西方接触的逐渐频繁，西学的不断涌入，西方科学宇宙论也向儒家传统宇宙论发起了冲击，中国传统的宇宙论王权思想已开始动摇，传统儒家天下大一统的思想逐渐瓦解。这将最

---

① 〔美〕张灏：《梁启超与中国思想的过渡（1890—1907）》，崔志海、葛夫平译，江苏人民出版社1993年版，第20—21页。

② 熊月之：《西学东渐与晚清社会》，上海人民出版社1994年版，第263页。

③ 熊月之：《西学东渐与晚清社会》，上海人民出版社1994年版，第263页。

④ 〔美〕张灏：《梁启超与中国思想的过渡（1890—1907）》，崔志海、葛夫平译，江苏人民出版社1993年版，第24页。

终导致中国人思想中政治共同体形式的转变，康有为的"当以列国并立之势治天下，不当以一统垂裳之势治天下"的话，正是这种变化的写照，中西方文明接触的结果，是晚清"'经世'传统逐渐从道德和行政上的改良主义思想转变为一场有关传统中国政治的一些根本原则的'政治变革'"。①

有清一代虽学派众多，争论激烈，然而他们的那些争论，全都是围绕着儒家思想的中心范畴"内圣外王"而展开的。居正统地位的汉学派从儒家的"经世致用"观点出发，反对宋明理学空谈心性之空疏，主张"通经致用"，他们用考据，即"道问学"方法来"通经"。其结果，导致了对社会道德关怀的冷漠。

宋学派起而矫汉学之弊，主张用"尊德性"，即修身和道德示范的方法来"经世"，以实现"外王"。

由汉学派复古倾向衍出的今文经学派，又将今文经学中的改制思想奉为真正的汉学，而将制度改革作为实现其经世致用的手段，以达到其否定汉学派中心地位的目的。

晚清经世致用学派的思想更与传统儒家经世思想不同。其一，他们特别强调行政改革，即将"官僚政体之治术"纳入儒家思想之中，并将其作为经世致用的一个必要手段。其二，他们把儒家思想中不居正统地位的富强思想奉为国家主要政治原则，而将集体能力和对外扩张等思想纳入他们的著作中，以作为其经世思想之源泉。其三，他们对西方政治制度的介绍和赞颂，使中国知识分子不仅开始怀疑中国统治秩序的效益性，更进一步怀疑它的道德合法性。中国传统的宇宙论王权思想的统治秩序开始动摇。

上述几种思想加上佛学与西学的交互作用，形成了康有为时代

---

① 〔美〕张灏：《梁启超与中国思想的过渡（1890—1907）》，崔志海、葛夫平译，江苏人民出版社1993年版，第24页。

的思想风气，这种思想风气将对康有为思想的形成产生深刻的影响。

二　年轻康有为面对的"历史情境"与"生存情境"①
——康有为思想形成的背景

康有为（1858—1927），字广厦，号长素，原名祖诒，戊戌后号更生。广东南海人，他出生在一个典型的学者官僚家庭，据康有为自传言，康的家庭"南宋时，自南雄珠玑里始迁于南海县西樵山北之银塘乡"，"自九世祖惟卿公为士人"，到康有为时已二十一

---

① 历史情境与生存情境是张灏先生在其《危机中的中国知识分子：寻求秩序与意义》一书中提出的概念。张灏先生认为，谈到思想环境，在一定程度上是指在一个特殊环境中流行的思想和价值，也即生活于特定环境中的人们所身处的所谓的思想风气，它通过正式或非正式的教育渠道而形成。它在其间并通过它的思想和价值可以转换成人们的动机、目标和关怀，尤其是在人们思想形成过程中被灌输入人们的头脑中。但是张灏先生又认为，通常人们根据其考虑的情境来确定其意义。在他看来，"情境"所意谓的与其说是一个人的客观环境，毋宁说是他所理解的周围的生活世界。人的意识是处于经常建构之中的，所以就有各种方式和不同的选择或取向。按张灏先生的意思，情境可以被理解为一个人对其周围生活世界的感性认识的核心。从这种意义上理解，只有当人周围流行的思想和价值被感知时，情境所提供的东西才会对他或她的思想转变产生影响。张灏先生强调指出："我们不必把这两种因素想象成一种简单和绝对的两极。必须记住，在这两种因素之间存在着一种特定的循环论证或辩证的关系。因为往往正是凭借由思想风气的影响而产生的思想和价值，这些知识分子才能以他们自己的方式去理解和确定'情境'。同时，也正是通过情境的媒介作用，这种影响才得以在他们的思想上产生作用。"张灏先生认为，要想了解这些知识分子对什么产生反应，至少必须区别两种情境。首先是在这一转变时代中的历史情境。除了历史情境之外，还令一些知识分子产生回应的，我们可以称之为"生存情境"——世界上任何地方人生的特有情境，诸如死亡、苦难和爱。中国知识分子考虑生存情境只能根据他们不同的人生经历来理解。而他们所遇到的历史情境，则使我们能够勾画出他们的某些共同特征。详情请参阅〔美〕张灏：《危机中的中国知识分子：寻求秩序与意义》，高力克、王跃译，新星出版社 2006 年版，第 5—6 页。

世，其家"凡为士人已十三世矣"。① 康的祖父赞修是道光举人，连州训导。"专以程朱之学，提倡后进，粤之士林，咸宗仰焉。"②

康有为的从祖康懿修，"雄才大略，以诸葛自命"，"博群书，尤深史学及兵，能诗文，所著《六太居士稿》，其才气天授"。咸丰红巾乱，以"布衣夜屠牛，募壮士，创'同人团练局'，平南海、三水、高明、高要四县城"。当时，清廷曾派遣达官三人充当全粤团练大臣，三大臣假公济私，气焰熏灼，威胁恐吓，思将懿修所办团练置彼范围之下，然而懿修不畏强暴，奋力抗争，终于使其家乡成一自治团体。③懿修"晚耕治乡局严，赌盗绝迹，劝学讲文，崇礼让，风化肃然，三十六乡思遗爱，祀于竹径墟景贤祠"。

他的另一位从祖康国器"由桂源巡检，募兵拒贼；咸、同间转战江、浙、闽、粤，以粤勇万人，百战克名城十余，射杀其名王汪海洋于嘉应。兵事终焉，公让功于邻军及将士"。当时左宗棠极称其谦让。"官至广西巡抚。"④

康国器归隐后，"筑大宗祠、瑞圃公家庙、七桧园、澹如楼、红蝠台"等。康有为说："吾宗光大，自公为之。"⑤

---

① 康有为：《我史》，载《康有为全集》第五集，中国人民大学出版社 2007 年版，第 58 页。对康有为的说法，学界尚有不同的看法。萧公权先生即不赞成康有为自传中的说法，他认为，"这一说法并不很实在，从他家世看，19 世纪前并未出过著名的学者，而且有些族人绝不是士人"。见萧公权：《康有为思想研究》，汪荣祖译，新星出版社 2005 年版，第 3 页。

② 梁启超：《南海康先生传》，载《饮冰室合集》文集之六，中华书局 1989 年版，第 59 页。

③ 梁启超：《南海康先生传》，载《饮冰室合集》文集之六，中华书局 1989 年版，第 60 页。

④ 康有为：《康氏家庙碑》，载《康有为全集》第十集，中国人民大学出版社 2007 年版，第 438 页。

⑤ 康有为：《康氏家庙碑》，载《康有为全集》第十集，中国人民大学出版社 2007 年版，第 438 页。

　　康有为生活在这样一个具有深厚儒家传统的官僚大家庭中，其品格和志趣自然要受到这种家庭的深刻影响。康有为的父亲达初早逝，他受教育于祖父康赞修，康有为五岁已能诵唐人诗百首，七岁已能属文，有神童之称，据其弟子梁启超称，康有为"家学既正，秉性尤厚，故常严重，不苟言笑，成童之时，便有志于圣贤之学，乡里俗子笑之，戏号之曰'圣人为'，盖以其开口辄曰圣人圣人也，'为'也者，先生之名有为也"。① 仅此一端，便知他少年时的志气了。

　　自六岁始，康有为开始从番禺的简凤仪（侣琴）先生读《大学》《中庸》《论语》，并朱注《孝经》，这些儒家经典奠定了康有为儒家知识体系的基础。众所周知，清廷是以程朱理学作为其体制的思想基础的，所以这些著作中，儒家的道德哲学，尤其是朱子的道德哲学，无疑在康有为幼小的心灵上打上了深深的印记。读书之余，诸父为试其才气，常课以属对，出"柳成絮"，康应声答以"鱼化龙"。康有为的回答使得父辈们不得不另眼相看，欣喜之余，奖赏给康有为纸笔，谓此子终非池中物也。②

　　然而，少年时代的康有为第一次经受了丧失亲人的悲痛。清同治七年（1868）正月，康有为之父达初病笃，康有为侍疾于侧，在其父弥留之际，"跪聆遗训"，知县公"谕以立志勉学，教以孝亲，友爱姊弟"。后年康有为追思其父音容，仍然"泪下若縻"。③ 显而易见，父亲的去世，使幼年的康有为第一次感到人生的无常与无奈。

　　当时，知识分子一般都要经过科举考试，方能进入官场，康有

---

　　① 梁启超：《南海康先生传》，载《饮冰室合集》文集之六，中华书局 1989 年版，第 60 页。

　　② 康有为：《我史》，载《康有为全集》第五集，中国人民大学出版社 2007 年版，第 59 页。

　　③ 康有为：《我史》，载《康有为全集》第五集，中国人民大学出版社 2007 年版，第 59 页。

为也不例外，他年轻时也走过这样的一条道路，那时他曾以"两年费日力于试事及八股"①，但他的努力均未见成效。光绪二年（1876）康有为十九岁，此年他应乡试不售，愤学业之不成，遂拜广东著名学者朱次琦为师，此次的从师，对康有为的影响极大，它使康有为走上了一条新的思想道路。

朱次琦（1807—1881），广东南海人，道光进士，世称"九江先生"。朱次琦乃粤中大儒，"以早慧受知于阮元，为学海堂都讲"。② 朱次琦"其学根柢于宋明，而以经世致用为主，研究中国史学，历代政治沿革得失，最有心得"。③ 他尝谓："彼考据者，不宋学而汉学矣，而猎琐文、蠹大谊，丛脞无用。汉学之长，有如是哉？"④ 他主张融通汉学与宋学，尝谓："学孔子之学，无汉学无宋学也。"⑤ 他教育学者时，则提出四行五学："四行者：敦行孝悌、崇尚名节、变化气质、检摄威仪。五学则经学、文学、掌故之学、性理之学、词章之学也。"⑥ 我们只要仔细研究这份教学大纲，就可以看出朱次琦的宗旨所在。朱氏既注意所谓"尊德性"，也注意"道问学"，而其为学目的，则全在于"经世致用"。康有为曾对他老师的教育宗旨做过阐述。略谓："九江朱先生于海滨菑僚之中，无哲师友之传，独反复千儒百士之说，较而于先圣之义，视其合否而去取之，尽得其痏瘝之所在，举而复之。于孔氏圣之□，独睇其意，不从其迹，期足以善身而致旧。其治身之条目，敦行孝弟，崇尚气节，变化气质，检树风仪。其治用之章，曰经，曰史，曰掌故，曰义理，曰文词。其说平实敦大，皆出于□□心得之余，绝浮

① 康有为：《我史》，载《康有为全集》第五集，中国人民大学出版社 2007 年版，第 60 页。

② 钱穆：《中国近三百年学术史》下册，中华书局 1986 年版，第 639 页。

③ 梁启超：《南海康先生传》，载《饮冰室合集》文集之六，第 60—61 页。

④ 钱穆：《中国近三百年学术史》下册，中华书局 1986 年版，第 640 页。

⑤ 钱穆：《中国近三百年学术史》下册，中华书局 1986 年版，第 639—640 页。

⑥ 康有为：《我史》，载《康有为全集》第五集，中国人民大学出版社 2007 年版，第 61 页。

器，屏窈奥，学者由而行之，始于为士，终于为圣人。"① 康有为对他老师的评价是准确的。对朱氏来说，"儒学的推动力是'实学'，这种实学旨在消除在新儒学课程中划定的'经义'和'治事'之间由来已久的区别。而且，实学的宗旨，在于把儒家规范研究和道德—政治关怀结合起来，以便使儒学符合于自我和社会道德实现的目的"。②

朱次琦的这种教育方法，绝对会令康有为耳目一新，在康有为看来，朱次琦"动止有法，进退有度，强记博闻。每议一事、论一学，贯串今古，能举其词，发先圣大道之本，举修己爱人之义，扫去汉、宋之门户，而归宗于孔子"。③

康有为未遇到朱次琦之前，虽"窥书甚多，见闻杂博"，但"无师承门径，惟凭好学而妄行，东拉西扯，苦无向导也"。④ 朱次琦"四学五行"对道德实践以及经世致用方面的强调，使康有为第一次领会到了儒家哲学在修身和淑世上的双重意义，同时也发现了一条通往成为圣贤的为学之路，这种发现使他欣喜异常。他写道：

> 于时捧手受教，乃如旅人之得宿、盲者之睹明，乃洗心绝欲，一意归依，以圣贤为必可期，以群书为三十岁前必可尽读，以一身为必能有立，以天下为必可为。从此谢绝科举之文、土

① 康有为：《南海朱先生墓表》，载《康有为全集》第一集，中国人民大学出版社 2007 年版，第 1 页。

② 〔美〕张灏：《危机中的中国知识分子：寻求秩序与意义》，高力克、王跃译，新星出版社 2006 年版，第 19 页。

③ 康有为：《我史》，载《康有为全集》第五集，中国人民大学出版社 2007 年版，第 61 页。

④ 陆乃翔、陆敦骙等：《南海先生传》，载《康有为全集》第十二集，中国人民大学出版社 2007 年版，第 442 页。

芥富贵之事，超然立于群伦之表，与古贤豪君子为群。①

　　成贤成圣、天下国家的远大理想对一个年轻人来说是多么令人神往的事情啊，这与"科举之文、土芥富贵之事"如何能同日而语呢？康有为自幼聪明好学，而且家里也有很多藏书，终日涉猎，故读书甚多，但终无门径。"及一闻先生（朱次琦）之说，与同学简君竹居（名朝亮）、胡君少恺（名景棠）日上下其议论，即涣然融释贯串，而畴昔杂博之学，皆为有用，于是偶然自负于众以不朽之业。"② 康有为庆幸自己能得到朱次琦的真传，于是，他分外努力，每日未明而起，夜分方寝，"日读宋儒书及经说、小学、史学、掌故词章，兼综而并骛，日读书以寸记"。③ 读书使康有为逐渐懂得了圣贤制"礼"的深远用心，故对一切有违圣贤之教的风俗极力反对。

　　这一年冬十二月，康有为与张云珠（妙华）结婚，当地有人室戏新妇的风俗，然康有为"守礼拒之，颇失诸亲友欢"。④

　　次年，康有为的祖父连州公在水灾中丧生。康有为自幼丧父，自八岁起就依靠祖父生活，"饮食教诲，耳提面命，皆大父为之，亲侍十余年"，⑤ 故这次打击对康来说是沉重的。在他年轻的心灵里，祖父的死，不仅使他感受到了人的生离死别，也体会到了水灾给人民带来的痛苦，这种"生存情境"无疑对他的人生观产生了

---

① 康有为：《我史》，载《康有为全集》第五集，中国人民大学出版社 2007 年版，第 61 页。

② 康有为：《我史》，载《康有为全集》第五集，中国人民大学出版社 2007 年版，第 61 页。

③ 康有为：《我史》，载《康有为全集》第五集，中国人民大学出版社 2007 年版，第 61 页。

④ 康有为：《我史》，载《康有为全集》第五集，中国人民大学出版社 2007 年版，第 61 页。

⑤ 康有为：《我史》，载《康有为全集》第五集，中国人民大学出版社 2007 年版，第 61 页。

影响。他回忆起这些事时，尤心有余痛。他写道："夏潦时至，山水奔迸，交集于河，下流壅阻，放泄不及，坌溢泛滥，决裂堤防，浸灌庐舍，滔漫田园。人民奔避，携幼扶老，升于冈陵，缘木登颠，岌岌坠倾。牛马鸡豕，什器床几，驱转于滔天白浪中，杂沓浮沉，随流而麏。……幸而获救者，盖千百而不一二也。其或山水坌出，地水骤涌，顷刻寻尺，旦夕数丈，冲崖崩岸，沉城淹郭，庐宅园馆，所过倾漂。……所在人民无有能免者。其死伤惨绝，尤为可惊。吾先祖述之府君，训导于连州，适遭山水之涌，遂没于是，今祀于昭忠祠焉。呜呼，惨怛哉！予小子道之犹有余痛也。"① 康有为听到祖父的死讯后，"三日水浆不入口，百日内食盐菜"②，"与诸父结苫庐棺前，缞绖白衣不去身，不肉食，终是岁"。③ 当时康有为正读丧礼，"因考三礼之学，造次皆守礼法古，严肃俨恪，一步不逾"。④ 当时人不理解康氏之心胸，反皆笑他迂腐，但康有为全然不顾。久而久之，宗族乡党莫不对其敬惮有加，由此可见其少年刚毅之性格了。

康有为在礼山草堂从九江先生学了三年，其学力已经大长，但他仍终日肆力于群书，攻《周礼》《仪礼》《尔雅》《说文》《水经》之学，《楚辞》、《汉书》、《文选》、杜诗、徐庾文，皆能背诵，于四库要书大义，略知其概。⑤ 然而，此时康有为做了一件离经叛道的事情，此事导致他离开了礼山草堂。

---

① 康有为：《大同书》，载《康有为全集》第七集，中国人民大学出版社 2007 年版，第 15—16 页。

② 康有为：《我史》，载《康有为全集》第五集，中国人民大学出版社 2007 年版，第 61 页。

③ 康有为：《我史》，载《康有为全集》第五集，中国人民大学出版社 2007 年版，第 62 页。

④ 康有为：《我史》，载《康有为全集》第五集，中国人民大学出版社 2007 年版，第 62 页。

⑤ 康有为：《我史》，载《康有为全集》第五集，中国人民大学出版社 2007 年版，第 62 页。

前面已经说过，清末中国传统的一个重要发展是古典非正统哲学的复兴。朱次琦生活在这种思想风气中，颇受其影响，故他除了研究正统的儒家经典外，也精于先秦诸子。康有为"因从（朱次琦）学文而及周、秦诸子"。[①] 先秦诸子中的那些思想，自然会在康有为对人生和社会抱着强烈关怀的心灵中发酵。"鱼相忘于江湖，人相忘于道术。"这些非经典哲学中的营养，使康有为自信心大增，偶然自负于众，以致连老师朱九江的意见也时常不以为然。朱九江平时甚称韩愈之文章，而康有为则认为韩愈只会写文章，但于道无补。他说："昌黎道术浅薄"，即使有名的"《原道》亦极肤浅，而浪有大名。千年来文家颉颃作势自负，实无有知道者"[②]。他更进一步批评宋明以来学问不切实用，谓"宋、明国朝文学大家巨名，探其实际，皆空疏无有"。在他看来，"言道当如庄、荀，言治当如管、韩，即《素问》言医，亦成一体"，而"若如昌黎不过为工于抑扬演灏，但能言耳，于道无与"[③]，显而易见，尽管年轻的康有为还在努力学道，但他的思想已融入很多非正统经典哲学思想，这种用道家和法家思想来批评正统儒家的做法，自然与奉朱子为百代之师[④]的朱次琦的主张产生了很大的分歧，故朱氏听到康有为的话后，乃"笑责其狂"，而同学也"渐骇其不逊"，开始与其疏远。在这种情况下，康有为也开始反思他在礼山草堂求学的意义。在他看来，"日埋故纸堆中，汩其灵明"，"思考据家著书满家，如戴东原，究复何用？"[⑤]此时的康有为，求道心切已达

---

① 康有为：《我史》，载《康有为全集》第五集，中国人民大学出版社 2007 年版，第 62 页。

② 康有为：《我史》，载《康有为全集》第五集，中国人民大学出版社 2007 年版，第 62 页。

③ 康有为：《我史》，载《康有为全集》第五集，中国人民大学出版社 2007 年版，第 62 页。

④ 钱穆：《中国近三百年学术史》下册，中华书局 1986 年版，第 639 页。

⑤ 康有为：《我史》，载《康有为全集》第五集，中国人民大学出版社 2007 年版，第 62 页。

到了《楞严经》所谓的飞魔入心的状态。他焦虑异常，急切地想寻找所谓的安身立命之所。显而易见，康有为已不满他在礼山草堂中所受的传统儒学的教育。他"认为宋学'拘且隘'，而汉学是'碎且乱'"。他"已感悟到真理并不存在于过去他所遵奉的大儒先哲的教诲之中，而在于神秘经验的顿悟"。①于是，他开始绝学捐书，闭门谢客，静坐养心。在静坐中，他领悟到了一种神秘的境界："忽见天地万物皆我一体，大放光明。"这种感受令他有时"自以为圣人则欣喜而笑"，有时"忽思苍生困苦，则闷然而哭"。同学们见康有为歌哭无常，皆以为他有心疾，而在康有为看来，礼山草堂的学习，对他已不具有意义，到了这年的冬天，他辞别了他的老师九江先生，决心归家静坐养心了。

康有为辞别朱九江后，遂于次年正月入西樵山白云洞，决心静坐了。西樵山位于南海西南面，以风景秀丽而著称，康有为曾有诗描写西樵山的风景：

> 瀑流千尺射龙炎，岩壑幽深隐绿茸。
> 日踏披云台上路，满山开遍杜鹃红。

自云洞位于景色幽绝、杜鹃满山的层峦叠嶂之中。又相传明代学者何白云曾在此处读书，其洞"倚山壁立，百磴宛曲，上通妙高台"。②而云洞岩径曲深，"上有飞瀑，瀑前为龙炎阁。春时瀑上山巅开遍杜鹃花。壁岩道广丈许，曰'披云台'，可通高士祠，上妙高台，屈折幽深"，确实是一个理想的读书场所。③康有为"日

---

①　刘广京：《十九世纪末叶知识分子的变法思想》，载余英时等：《中国历史转型时期的知识分子》，联经出版事业公司1996年版，第47页。

②　康有为：《读书西樵山白云洞》，载《康有为全集》第十二集，中国人民大学出版社2007年版，第142页。

③　康有为：《读书西樵山白云洞》，载《康有为全集》第十二集，中国人民大学出版社2007年版，第142页。

一登台，呼吸云霞"，住进了先贤高士曾读书的地方，他抑制不住心中的兴奋，挥笔写下了一首记述当时心境的诗篇：

> 高士祠中曾小住，扪萝日上妙高台。
> 白云无尽先生去，洞口云飞我又来。①

在西樵山这种大自然的环境中，康有为绝弃传统儒学之书，而经历了他确立信仰前的近似神话一般的精神探索，在此期间，佛、道思想给了他极深的影响，康有为居白云洞，"专讲道、佛之书，养神明，弃渣滓。时或啸歌为诗文，徘徊散发，枕卧石窟、瀑泉之间，席芳草，临清流，修柯遮云，清泉满听。常夜坐弥月不睡，恣意游思，天上人间，极苦极乐，皆现身试之"。②

在这段时间里，康有为曾经历了两种阶段的体验。在开始的阶段，他感到心中"诸魔杂沓"，而后来心中"则诸梦皆息。神明超胜，欣然自得"。③ 在此期间，康有为还学习"五胜道"仙术，企图得到一种人生的精神解脱，道教虽使他"见身外有我，又令我入身中，视身如骸，视人如豕"④，但这种体验并没有令康有为满意，不久即"以事出城，遂断此学"⑤。康有为也曾在云泉仙馆晒书台下之室读了数月佛教和道教之书，佛、道书中的慈悲思想，对他影响极大，他于"馆前引泉为放生池中，念众生皆有血气知觉，

---

① 康有为：《读书西樵山白云洞》，载《康有为全集》第十二集，中国人民大学出版社 2007 年版，第 142 页。

② 康有为：《我史》，载《康有为全集》第五集，中国人民大学出版社 2007 年版，第 62 页。

③ 康有为：《我史》，载《康有为全集》第五集，中国人民大学出版社 2007 年版，第 62 页。

④ 康有为：《我史》，载《康有为全集》第五集，中国人民大学出版社 2007 年版，第 62 页。

⑤ 康有为：《我史》，载《康有为全集》第五集，中国人民大学出版社 2007 年版，第 62 页。

同苦痛刻，乃放鱼而戒杀焉"。但康有为这种戒杀的行为并没有持续多久，因为在他看来，当时世界乃是竞争世界，而戒杀之行为要"待太平世乃行也"。①

康有为在西樵山读书时，一个偶然的机遇，使他认识了一位学者，此人对他产生了重要的影响，就是翰林院编修张鼎华（延秋）。当时，张鼎华与朝士四五人来游西樵山，恰与康有为相遇，见康有为时或啸歌，散发徘徊，大异之，遂相与议论，康有为盛气凌人，因与张氏言论不合，"则大声呵诋，拂衣而去"。然而张鼎华不以为怪，反而对康有为大加称赞。他回到城里，对别人说："来西樵但见一土山，惟见一异人。"② 经张鼎华的宣传，康有为之名逐渐为广东士林所知。

康有为感激张鼎华的雅量，遂写了一封骈体文的信，与张鼎华订交。张鼎华见康有为的信后，十分佩服，谓"粤人无此文"③。于是，康有为来到广州拜访张鼎华。据康有为称，张鼎华，字延秋，又号窨子，番禺人，神识绝人，学问极博，少以神童名，十三岁登科，曾直军机，三十二乃入翰林，词馆不娶妻子者，惟先生一人。④ 康有为来到广州后，遂与张氏彻夜长谈。张鼎华属于经世学派，"聪明绝世，强记过人，神锋朗照，谈词如云"。康有为从张鼎华那里"尽知京朝风气。近时人才及各种新书，道、咸、同三朝掌故，皆得咨访焉"。⑤ 与张鼎华的谈话使求道心切的康有为眼

---

① 康有为：《读书西樵山白云洞》，载《康有为全集》第十二集，中国人民大学出版社 2007 年版，第 142 页。

② 康有为：《我史》，载《康有为全集》第五集，中国人民大学出版社 2007 年版，第 62 页。

③ 康有为：《我史》，载《康有为全集》第五集，中国人民大学出版社 2007 年版，第 62 页。

④ 康有为：《送张十六翰林延秋先生还京》，载《康有为全集》第十二集，中国人民大学出版社 2007 年版，第 144 页。

⑤ 康有为：《我史》，载《康有为全集》第五集，中国人民大学出版社 2007 年版，第 62 页。

界大开，自此之后，康有为经常去拜访张鼎华，从他那里得到新的知识营养。康有为说，他与张鼎华"过从累年，谈学最多，博闻妙解，相得至深也"。① 康有为在他的自传中更进一步肯定张鼎华在他学问成长上的作用，写道："吾自师九江先生而得闻圣贤大道之绪，自友延秋先生而得博中原文献之传。"② 后来，康有为写过《苏村卧病写怀》四首，诗中也流露出他对这位良师益友的怀念。其诗云：

> 纵横宙合一微尘，偶到人间阅廿春。
> 世界开新逢进化，贤师受道愧传薪。
> 名山渺莽千秋业，大地苍茫七尺身。
> 南望九江北京国，拊心辜负总酸辛。③

张鼎华所介绍的风气对康有为的影响是深远的。各种文献与新的书籍，对生活在故纸堆中、汩其灵明的康有为来说，更是令人神往。于是他毅然地舍去了考据帖括之学，而专意钻研。

当时的清廷已是内忧外患，风雨飘摇。下层百姓则是生计艰难，哀哀无告。在康有为看来，天既予我聪明才力，我何不尽力拯救之。于是康有为乃哀物悼世，以经营天下为志。他开始注意儒家经典中有关经世致用方面的著作，"时时取《周礼》、《王制》、《太平经国书》、《文献通考》、《经世文编》、《天下郡国利病全书》

① 康有为：《送张十六翰林延秋先生还京》，载《康有为全集》第十二集，中国人民大学出版社 2007 年版，第 144 页。

② 康有为：《我史》，载《康有为全集》第五集，中国人民大学出版社 2007 年版，第 62 页。

③ 康有为：《苏村卧病写怀》第三首，载《康有为全集》第十二集，中国人民大学出版社 2007 年版，第 145 页。"世界开新逢进化"一句颇值得玩味，康有为接触进化论思想是否应在此时。

《读史方舆纪要》纬划之"。① 他俯读仰思，做了大量的笔记。"至于回堂鱼静，长桥落月，徘徊还家，犹复篝灯点书不已。"② 在此期间，他也开始接触《西国近事汇编》、李圭的《环游地球新录》等介绍西方文化的书。西学也开始对他产生影响，他开始涉猎一些译本西籍，西方的文物制度逐渐引起了他的兴趣。③ 此年（1879，光绪五年），他"薄游香港，览西人宫室之瑰丽、道路之整洁、巡捕之严密，乃始知西人治国有法度，不得以古旧之夷狄视之"。④

　　康有为在访问香港时，还拜访过他的同乡陈焕鸣，陈氏通英文，甚有才干，曾为中国驻日使馆翻译，弃官后隐居于香港。⑤ 康有为在陈焕鸣的家中见到了大量的日本书和日译西籍，这使他十分震惊，于是他托陈焕鸣购买了大批日本书，开始萌生假途日本以求西学的想法。日后，康有为在陈焕鸣书扇的稿本上补写下了当时的想法，其言称"于陈君所见日本书目，乃惊日本之治学而托买群书。自开译局后，请译日书、派游学，因缘实自陈君

---

　　① 康有为：《我史》，载《康有为全集》第五集，中国人民大学出版社 2007 年版，第 63 页。

　　② 康有为：《我史》，载《康有为全集》第五集，中国人民大学出版社 2007 年版，第 63 页。

　　③ 陆乃翔、陆敦骙等著《南海先生传》载："十七岁得《海国图志》《瀛环志略》，见地球图及利玛窦、艾儒略、徐光启所译诸书，于是异境顿开。当是时，窥书甚多，见闻杂博，而无师承门径……乃出游至于香港。骤睹宫室之壮丽，道路之整洁，巡捕之严肃，而知欧人之治术有自来。又北往京师，过上海，入长江，见闻一变。乃尽披总署、制造局、天津、闽、粤之新译书而读之，故见尽释，思想一新。"（陆乃翔、陆敦骙等：《南海先生传》，载《康有为全集》第十二集，中国人民大学出版社 2007 年版，第 442 页）此说与康年谱同，可知康有为最初接触西籍应在其十七岁左右。

　　④ 康有为：《我史》，载《康有为全集》，第五集，中国人民大学出版社 2007 年版，第 63 页。

　　⑤ 康有为《为乡人陈焕鸣书扇》稿本题作"乡人陈焕鸣乞书扇。君通英文，甚才，曾为日本使馆翻译，弃官隐于港。吾读日本书□假途焉。赠之"。

来也"。①

自香港归来后，康有为乃"复阅《海国图志》《瀛环志略》等书，购地球图，渐收西学之书"。② 魏源和徐继畬著作以及西书，让康有为大开了眼界，西方有关政治制度的组织原则，以及政治共同体的形式等也在此时进入了康有为的视野。

除香港之外，康有为又借应顺天试的机会去游京师。在北京，康有为"谒太学，叩石鼓，瞻宫阙，购碑刻，讲金石之学"③，并结交京内士大夫。考试的归途中，康有为"还游扬州、镇江，登平山堂，泛舟金、焦而归"。④

康有为路过上海时，见"上海之繁盛，益知西人治术之有本"。"舟车行路，大购西书以归讲求焉。十一月还家，自是大讲西学，始尽释故见。"⑤ 他归家后，"购《万国公报》，大攻西学书。……是时绝意试事，专精问学"。⑥ 康有为"声、光、化、电、重学及各国史志，诸人游记，皆涉焉"，此外，他的兴趣也"并及乐律、韵学、地图学"等学科。⑦ 西学使他"新识深思，妙悟精理，俯读仰思，日新大进"。⑧

---

① 康有为：《为乡人陈焕鸣书扇》，载《康有为全集》第十二集，中国人民大学出版社 2007 年版，146 页。

② 康有为：《我史》，载《康有为全集》第五集，中国人民大学出版社 2007 年版，第 63 页。

③ 康有为：《我史》，载《康有为全集》第五集，中国人民大学出版社 2007 年版，第 63 页。

④ 康有为：《我史》，载《康有为全集》第五集，中国人民大学出版社 2007 年版，第 63 页。

⑤ 康有为：《我史》，载《康有为全集》第五集，中国人民大学出版社 2007 年版，第 63 页。

⑥ 康有为：《我史》，载《康有为全集》第五集，中国人民大学出版社 2007 年版，第 63 页。

⑦ 康有为：《我史》，载《康有为全集》第五集，中国人民大学出版社 2007 年版，第 63 页。

⑧ 康有为：《我史》，载《康有为全集》第五集，中国人民大学出版社 2007 年版，第 63 页。

　　光绪十年（1884）中法战争爆发，广州戒严。当时，康有为正住在广州，为了避难，回故乡澹如楼读书。① 是时他除了西学外，还钻研儒学和佛学，"早岁读宋元明学案、《朱子语类》，于海幢华林读佛典颇多。上自婆罗门，旁收四教，兼为算学，涉猎西学书"。② 秋冬之际，康有为独居一楼，万缘澄绝，俯读仰思，所悟日深。他"因显微镜之万数千倍者，视虱如轮，见蚁如象，而悟大小齐同之理，因电机光线一秒数十万里，而悟久速齐同之理"。他认识到"至大之外，尚有大者，至小之内，尚包小者，剖一而无尽，吹万而不同"。他"根元气之混仑，推太平之世，既知无来去，则专以现在为总持。既知无无，则专以生有为存存。既知气精神无生死，则专以示现为解脱。既知无精粗、无净秽，则专以悟觉为受用"。③ "其道以元为体，以阴阳为用，理皆有阴阳，则气之有冷热，力之有拒吸，质之有凝流，形之有方圆，光之有白黑，声之有清浊，体之有雌雄，神之有魂魄。以此八统物理焉，以诸天界、诸星界、地界、身界、魂界、血轮界统世界焉。以勇、礼、义、智、仁五运论世宙，以三统论诸圣，以三世推将来，而务以仁为主，故奉天合地，以合国、合种、合教一统地球。又推一统之后，人类语言、文字、饮食、衣服、宫室之变制，男女平等之法，人民通同公之法，务致诸生于极乐世界。及五百年后如何，千年后如何，世界如何，人魂、人体迁变如何，月与诸星交通如

---

　　① 康有为曾对其避兵燹的经历有过描述。他写道："强国有法者吞据安南，中国救之，船沉于马江，血蹀于谅山；风鹤之警误流羊城，一夕大惊，将军登陴，城民走迁，空巷无人。康子避兵，归于其乡。延香老屋，吾祖是传，隔塘有七松园，楼曰澹如，俯临三塘。吾朝夕拥书于是，俯读仰思，澄神离形，归对妻儿，憗然若非人。"参阅康有为：《大同书》，载《康有为全集》第七集，中国人民大学出版社 2007 年版，第3 页。十分明显康有为的这种因西洋入侵而产生的经历，自然会对他的世界观产生深刻的影响。

　　② 康有为：《我史》，载《康有为全集》第五集，中国人民大学出版社 2007 年版，第 64 页。

　　③ 康有为：《我史》，载《康有为全集》第五集，中国人民大学出版社 2007 年版，第 64 页。

何，诸星、诸天、气质、物类、人民、政教、礼乐、文章、宫室、饮食如何，诸天顺轨变度、出入生死如何？奥远窅冥，不可思议，想入非无，不得而穷也。"① 康有为在中法战争的刺激下，在澹如楼的书斋中进行了哲学的深思，对世界之本质和生命之意义，做了认真的思考，他的思想构造十分驳杂，既有中国传统的儒学和佛教思想，也有他从传教士和江南制造总局翻译的西书中得到的一些西学知识。经过多年的努力，他的思想体系逐渐形成。他写道：

> 合经、子之奥言，探儒、佛之微旨，参中、西之新理，穷天、地之赜变，搜合诸教，披析大地，剖析今故，穷察后来。自生物之源、人群之合、诸天之界、众星之世、生生色色之故、大小长短之度、有定无定之理、形魂现示之变，安身立命，六通四辟，浩然自得。然后莫往莫来，因于所遇，无毁无誉，无丧无得，无始无终，汗漫无为，谓而悠然以游于世。又以万百亿千世，生死示现，来去无数，富贵贫贱，安乐患难，帝王将相，乞丐饿莩，牛马鸡豕，皆所己作，故无所希望，无所逃避。其来现也，专为救众生而已。故不居天堂而故入地狱，不投净土而故来浊世，不为帝王而故为士人，不肯自洁，不肯独乐，不愿自尊，而以与众生亲，为易于援救。故日日以救世为心，刻刻以救世为事，舍身命而为之。以诸天不能尽也，无小无大，就其所生之地、所遇之人、所亲之众而悲哀振救之，日号于众，望众从之，以是为道术，以是为行己。②

① 康有为：《我史》，载《康有为全集》第五集，中国人民大学出版社 2007 年版，第 64 页。
② 康有为：《我史》，载《康有为全集》第五集，中国人民大学出版社 2007 年版，第 64 页。

正如康有为自己所说的那样，"吾学三十岁已成，此后不复有进，亦不必求进"。[①] 康有为在三十岁左右，社会道德思想观基本形成。幼年时他接受的是程朱礼学的正统教育，儒家成贤成圣的愿望成为他的理想，而自从他成为朱次琦的弟子之后，朱的兼融汉宋的学习方法又使他明白了学习的目的乃在于修身和淑世。清末诸子学复兴思想风气的熏染使得先秦诸子的思想又融入了他的思想体系，成为他诠释儒学的思想资源并成为他淑世思想的一个组成部分。清代佛学的复兴运动也使得康氏对佛学产生了兴趣。佛教中的救世思想对康氏极具吸引力，康有为将菩萨形象与圣人形象结合起来，作为自己的人生理想，将儒学和佛教的华严宗相结合，以作为其经世致用思想与行动的指南。

经世致用思想的复兴对康有为思想的形成也起了重要的作用。由这种思潮所引发的今文经运动，和由经世思潮而产生对官僚国家行政管理等实践倾向的研究，也都引起了康有为的重视，而成为康氏思想的一个组成部分。

需要指出的是，西学和日本的学问对康有为的影响也是巨大的。西方和日本的富强曾引起了康有为的倾慕之情，而对隐藏在西学及日本明治维新背后的文化与制度的憧憬，更成为康有为日后主张制度变革的动力。

三　康有为对王道与霸道的诠释

康有为二十岁以前，所读之书主要为儒学、佛学和道家之书，并以儒家的圣人和大乘佛教中的菩萨形象自命。他的思想探索，必然主要受到以儒佛理念为核心的普遍主义关怀。然而，康有为二十

---

① 转引自梁启超：《清代学术概论》，载《饮冰室合集》专集之三十四，中华书局 1989 年版，第 66 页。

至三十岁之间与西方文明有所接触，他的思想探索被另一种更为特定的世俗关怀所感染，他在其精神躁动的几年中对西学的发现，不可避免地将自己的注意力转向隐藏在西学涌进背后的民族危机。[①]由于这两种关怀的相互驱动，康有为摸索于两个世界之中，一方面，他关心着现实世界中民族的危亡，而另一方面，他又追求着未来世界的大同理想，他试图将这两种关怀熔铸于一个完整的哲学体系中，他早期的几部作品即反映出这两种关怀和探索融合这两种关怀的努力。

　　光绪十二年（1886），康有为作《康子内外篇》，内篇言天地、人物之理，外篇言政教、艺乐之事。其又作《公理书》，依几何为之者；又著《教学通议》。[②]

　　19 世纪中叶以后，国运如江河日下，内忧外患日益紧张。1860 年，英法联军进攻北京，焚掠圆明园等地，9 月始订中英、中法《北京条约》，12 月命置总理各国事务衙门。其对于西洋各国之事务以后均废除"夷狄"之称，而改用"洋务"。[③] 英、法联军撤走后，俄使借口调停有功，又逼迫清廷签订中俄《北京条约》，割去了乌苏里江以东大片的土地。清廷饱尝了西方"船坚炮利"的苦果，感到再也不能像以往那样"莅中国而抚四夷"了。自此以后，清廷内外交困，其统治地位摇摇欲坠。一些知识精英开始认识到中华帝国并不是世界文明的唯一代表，而只是国际社会的一员。1884 年，中法战争爆发，康有为避兵，回到了他的乡下老家。在他看来，"方今外夷交迫"，乃"自古立国"以来，未有之奇变，所以"治平世与治敌国并立之世固异矣"。在民族危机的

---

　　① 〔美〕张灏：《危机中的中国知识分子：寻求秩序与意义》，高力克、王跃译，新星出版社 2006 年版，第 30 页。

　　② 康有为：《我史》，载《康有为全集》第五集，中国人民大学出版社 2007 年版，第 65 页。

　　③ 郑匡民：《西学的中介：清末民初的中日文化交流》，四川人民出版社 2008 年版，第 28—29 页。

刺激下，变革的想法在他的思想中油然而生，上述康有为早期的几部著作，都与他的变革思想有关，在《康子内外篇》中，康有为面对当时的时势，为中国制订了一个以富强为目的的改革方案。

关于改革的目的，康有为回答得很明确，那就是"雪祖宗之愤耻，恢华夏之声教"，令欧洲大国敬畏，① 换句话说，就是使中国富强，得到列国的尊重并使他们畏惧。康有为这种改革的目标，是否符合传统的儒家观点呢？为了搞清这个问题，我们不得不对传统儒家的观点做一个简单的介绍。根据正统的新儒家的观点，儒家国家的首要目标，是维护儒家的道德教义，而非政治扩张或经济发展意义上的集体成就。② 这种观点在新儒家对"王道"和"霸道"的诠释中表现得十分清楚。儒家认为，王道是儒家德政思想的核心观念，是儒家最高的政治理想。在儒家看来，君子获得天下的理由是"德"，只有具有道德的人才有获得天下的资格，《尚书》所云"皇天无亲，惟德是辅"就是这个意思。正统的儒家将"德"与天命的转移结合起来以证明周获得了治理天下的正当性。后世的中国德政思想与西周的敬德观念具有内在的联系，而儒家学派尤其强调德政的意义，并将"德"作为其政治哲学的基础。③ 先秦儒家，无论是孔子，还是孟子、荀子，都对"德政"有过明确的表述。

孔子说：

> 道之以政，齐之以刑，民免而无耻。道之以德，齐之以

---

① 康有为：《康子内外篇》，载《康有为全集》第一集，中国人民大学出版社2007年版，第99页。

② 〔美〕张灏：《梁启超与中国思想的过渡（1890—1907）》，崔志海、葛夫平译，江苏人民出版社1993年版，第17页。

③ 干春松：《重回王道——儒家与世界秩序》，华东师范大学出版社2012年版，第8—9页。

礼，有耻且格。①

孟子关于德政说过"行一不义，杀一不辜，而得天下，皆不为也"的话，荀子也有类似表述。②孟子在王道、霸道的问题上，态度似乎更坚决。他坚持王道而反对霸道。"五霸者，三王之罪人也。""今之事君者，皆曰我能为君辟土地、充府库。今之所谓良臣，古之所谓民贼也。君不乡道，不志于仁，而求富之，是富桀也。③ 我能为君约与国，战必克。今之所谓良臣，古之所谓民贼也。君不乡道，不志于仁，而求为之强战，是辅桀也。由今之道，无变今之俗，虽与之天下，不能一朝居也。"④ 显而易见，在孟子看来，这些人虽然能使国家辟土地、充府库、联诸侯以攻别国，战无不胜，但是由于他们"不志于仁"，违背了儒家的为政以德的王道原则，换句话说，违背了三王的王道政治原则，所以这些"今之所谓良臣"在孟子眼中，自然是"古之所谓民贼"了。

到了宋朝，宋儒继承孔孟德化的政治传统，提出了"天理"观念。"天理"观念的提出，意味着道学群体开始建构儒家的形上体系。朱子借用"理一分殊"这一来自佛教的义理证明万物对于天理的分有，并以此证明儒家的天地万物一体之仁。而作为儒家政治理念核心的"王道"问题，也再度成为重要议题。⑤ 在正统儒家看来，王道的政治理想体现天理，而现实的政治只是代表了统治者的人欲，所以，用正统儒家的德政思想来衡量汉唐盛世，也只是做

---

① 《论语·为政》。
② 《孟子·公孙丑上》。荀子的原话是："行一不义、杀一无罪，而得天下，仁者不为也。"见《荀子·王霸》。
③ 赵岐注：为恶君聚敛以富之，为富桀也。谓若夏桀也。
④ （清）焦循撰，沈文倬点校：《孟子正义》卷二十五《告子章句下》，中华书局 1987 年版，第 839、854—855 页。
⑤ 干春松：《重回王道——儒家与世界秩序》，华东师范大学出版社 2012 年版，第 25—26 页。

到了霸道，而远远没有达到王道，因为"三代专以天理行，而汉唐专以人欲行"。对"王道"和"霸道"的不同看法，引起了朱子和功利主义代表陈亮的辩论。①

有的学者指出，程朱提出天理，固然是要为王道政治确立起确定无疑的合法性，但是天理与人心势必有一定的紧张关系，为了解决人心善与天理之善的一致性，王阳明进一步向孟子的传统回归，即要将社会秩序的合法性建立在人心之上。因为良知自足，所以天理并非在外，而是在人心之内的自然禀赋。良知的呈现过程，就是体认与万物同体之境界。将这样的境界发用到天下国家，就会视天下为一家，中国犹一人。②

总而言之，无论是程朱从性上透天理（性即理也），还是阳明的从人心说天理，都是将天命、天道说成一个超越的、形而上的实体。儒家将天理与王道的思想结合起来，产生了权威二元化的趋势，这种趋势形成了一种独立于政治权力之外的道统。它孕育出对专制王权强烈的批判意识。

由此看来，康有为这种单纯追求国家富强的改革方案，显然与上述儒家的王道政治格格不入。十分明显，受清代诸子学复兴的影响，以及民族危机的刺激，康有为明显是在提倡管仲、商鞅等法家的霸道，而有悖于传统儒家维护道德教义的治国路线。然而，对于这个问题，康有为并不这样认为，在他看来，管子的"衣食足而知礼节，仓廪实而知荣辱"就是儒家的厚生正德之经、富教之策。他辩解道："王、霸之辨，辨于其心而已。其心肫肫于为民，而导之以富强者，王道也；其心规规于为私，而导之以富强者，霸术也。"③

---

① 有关此次辩论的内容及分析请参阅牟宗三：《政道与治道》，广文书局1973年版，第203—269页。

② 干春松：《重回王道——儒家与世界秩序》，华东师范大学出版社2012年版，第51页。

③ 康有为：《康子内外篇》，载《康有为全集》第一集，中国人民大学出版社2007年版，第97页。

依康有为之见，"王道"和"霸道"的区别并不在于其具体的政治行为，而在于其背后的思想动机，统治者只要认为自己的目的正确，便可以不顾及自己的手段，只要统治者自认为其有了"为民"的心，即可用任何手段来达到他所需要的目的。如此一来，传统儒学中来自超越天道、天命的道德心性，便被康有为所认为的统治者"肫肫于为民，而导之以富强者"的心给替换掉了。在康有为的诠释下，"超越的，定然的善"被换上了世俗的、不定的统治者的心。于是，就在儒家思想的框架中，康有为巧妙地将"富强"的目标纳入了他的改革方案之内，并与儒家国家的政治原则混同起来。

那么，这个方案具体由谁来推动实施呢？康有为认为，应当由中央的统治者君主来推动实施。在康有为看来，中国的皇权是长时间的历史产物，它乃"积于二帝、三王之仁，汉、唐、宋、明之义，先圣群贤百千万人、百千万年讲求崇奖激励而成"，"故民怀旧俗，而无外思；臣慕忠义，而无异论"，[1] 所以，只要君主登高一呼，全体臣民会积极响应，改革推行起来十分方便。但是，旧的习惯积之既久，民众不能自舍，若要反其道而易之，非数百年不可，所以君主要想移风易俗，还不得不"依于势"。在康有为看来，所谓的"势"就是君主的绝对权威，也就是君主的"天子之尊，独任之权"。[2] 不仅如此，这个君主还应当懂得思想统治的重要和开塞之术，对于思想导向的重要性，康有为认识得十分深刻。他说：

> 天下移人最巨者何哉？莫大于言议、党议矣。父子之亲，天性也，而佛氏能夺之而立师徒；身命之私，至切也，而圣人能夺之而徇君父。夫以其自有之身，及其生身之亲，说一法立一义而

---

① 康有为：《康子内外篇》，载《康有为全集》第一集，中国人民大学出版社2007年版，第97页。

② 康有为：《康子内外篇》，载《康有为全集》第一集，中国人民大学出版社2007年版，第97页。

能夺之，则天下无有不能夺者矣。故明此术者，何移而不得！①

　　思想统治虽然重要，然世间习俗甚深，言论甚多，故只依靠思想导向还是不够的，这就"不能无轻重开塞以倾耸而利导之"。康有为认为只有这样，君主才能"卷舒开合，抚天下于股掌之上"。②

　　对于开塞之术，康有为做了具体的解释，他举例说："殛四凶，塞之术也；举十六相，开之术也。式商容闾，表比干墓，开之术也；诛飞廉，杀华士，塞之术也。圣人妙于开塞之术，塞淫邪之径，杜枉奸之门，而为礼以束之，为乐以乐之，开人于为善之途，使天下之民，鼓舞轩鬟而不自知。"③ 如此看来，康有为所谓的开塞之术，大致是指统治者在政治上的兴革、取舍，以及权术和策略。对于统治者在政治上的兴革和取舍方面，他尤其强调君主的政治倾向在变革中的作用。他认为，"魏之奋击，齐之铁骑，秦之武士，能负六钧之甲、百石之重以趋，其君尚武开之也。梁之时举国事佛，晋之时举国谈玄，其君尚谈开之也"④，所以"楚灵王好细腰，宫人多饿死；齐桓公好紫，一国之人皆紫"。⑤ 他还特意举了日本明治维新成功的例子来说明国君的政治取舍对改革所起的作用。他说："日本明治皇之变西法也，并其无关政事之衣冠、正朔而亦变之，所以示民有所重也，所以示泰西有所亲也，以开塞之术行之也。"⑥ 康有

---

① 康有为：《康子内外篇》，载《康有为全集》第一集，中国人民大学出版社2007 年版，第 97 页。
② 康有为：《康子内外篇》，载《康有为全集》第一集，中国人民大学出版社2007 年版，第 97 页。
③ 康有为：《康子内外篇》，载《康有为全集》第一集，中国人民大学出版社2007 年版，第 97 页。
④ 康有为：《康子内外篇》，载《康有为全集》第一集，中国人民大学出版社2007 年版，第 98 页。
⑤ 康有为：《康子内外篇》，载《康有为全集》第一集，中国人民大学出版社2007 年版，第 98 页。
⑥ 康有为：《康子内外篇》，载《康有为全集》第一集，中国人民大学出版社2007 年版，第 98 页。

为认为，君主一旦明确了自己的政治目标，就要用强权的手段推行之，施行起来"必有大忍人之心而后可也"。他指出："明太祖之爱民也，则剥赃吏之皮；诸葛武侯之爱其师，则杀败军之将。要于为治，则朝超进而暮戮之。"① 他举例说："洪武三十年，戮六卿之长部数十人，而天下蒸蒸，百事修举矣。"② 所以，在康有为看来，今将为治，必须"刑乱国，用重典，非大加生杀黜戮"不可。并且，他认为，对那些坚决反对改革者如果不自亲贵开始惩处，则"无以耸耳目而整污风，励精神而贞百度也"。③

在改革的具体措施上，康有为一反传统儒家言必称尧、舜、文武"法先王"的政治主张，而侧重于法家的"法后王"的政治主张，主张效法后王的言行和制度，因时制宜地进行改革。他说："凡言治者，非徒法先王、法后王可以为治也，当酌古今之宜，会通其沿革，损益其得失，而后能治也。"④ 在康有为看来，仅仅知道了"法后王"，能损益其沿革得失，而不知改革的具体方法和步骤，那还是纸上谈兵，不足为治。按他的想法，所谓的施行改革的具体方法，在思想上，要"审时势，通民心"，要明于开塞之术；在具体步骤上要"有先有后，有轻有重，有宜先而后，有宜轻而重，有忽先忽后，忽轻忽重"。根据不同形势的需要，有时挈而抑之，有时又顿而制之；对臣下更要用法家的"术"来加以控制；对那些支持君主政治主张的人，要"举之九天之上"，"润之以雨泽"，而对那些反对君主政治主张之人，则要

---

① 康有为：《康子内外篇》，载《康有为全集》第一集，中国人民大学出版社2007 年版，第 98 页。

② 康有为：《康子内外篇》，载《康有为全集》第一集，中国人民大学出版社2007 年版，第 98 页。

③ 康有为：《康子内外篇》，载《康有为全集》第一集，中国人民大学出版社2007 年版，第 98 页。

④ 康有为：《康子内外篇》，载《康有为全集》第一集，中国人民大学出版社2007 年版，第 98 页。

"沉之九渊之下，震之以雷霆"。①康有为认为："天下之能立功立事者，惟其热气为之也。凡挟才智艺能之人，其下者，利禄富贵之欲必深，其高者，功名之心必厚，寡有淡泊者，盖其热盛也。"②对于那些淡于爵禄和功名的士人，康有为认为他们虽有德行和气节，但他们于"趋事赴功也必迟且钝"。而且，当帝王要有所为时，那些士人除了遁世无闷者，也必将俯首而从，而帝王自可"视其德器之大小而礼貌之"。③ 对其他才智艺能之士，则为统治者操纵所欲为了。在康有为看来，对这些人，要实施所谓的开塞之术。"其树之标也高，其求之途也广，登而进之也骤，弃而罚之也重"，不仅如此，还要"导以不测之恩，临以不测之威"，只有这样，那些"不肖颓懦无才之人，畏惧而不敢来；聪明峻特之人，屡踬而仍思进"，对他们要"毋冷其热，毋散其气，广开功名之路"，因招而抚之。这样下去，君主"妙其控纵，而天下之治，惟我所欲求"，"一二年而风化成，事功立矣"。④十分明显，在康有为那里，传统儒学中超越的"天理""天道"几乎全被掏空，而被统治者个人的政治取向所代替了。应当指出，儒家所谓的王道，就是先王之道，是儒家为政以德观念的体现。但是从上述康有为的改革方案来看，我们根本看不到一点儒家德政思想的影子，反而满纸都是功利、富强的语言，以及法家法、术、势阴冷残酷的权谋。康有为当时改革的思想探索，既不是在儒家德化的吹拂中，也不是在道家道化的相忘中，而是在法家物化的刍狗中。

---

① 康有为：《康子内外篇》，载《康有为全集》第一集，中国人民大学出版社2007年版，第98页。

② 康有为：《康子内外篇》，载《康有为全集》第一集，中国人民大学出版社2007年版，第99页。

③ 康有为：《康子内外篇》，载《康有为全集》第一集，中国人民大学出版社2007年版，第99页。

④ 康有为：《康子内外篇》，载《康有为全集》第一集，中国人民大学出版社2007年版，第98、99页。

康有为乐观地预测，君主有了改革的目标，明了开塞之道，而对其臣下能妙于驾驭之后，即使天下没有人才也可以激而励之，养而成之，而这些人才，君主便可以将他们当成自己的政治顾问，其聪明辩智，足以开拓君主之见闻，让他们具体办事，则其干局才敏，足以应君主之指拨。① 到那时，"百务百司，翘首企足，洗涤濯被以赴事。人主欲垦地，则地无不垦矣；欲兴水利，则水利无不开矣；欲富农，则农足矣；欲阜商，则商兴矣；欲精百工、利器械，则百工、器械无不精矣；欲开一切之学校、明一切之礼乐，则学校、礼乐无不修明矣；欲练水陆之兵师，则无不练矣"。② 康有为所设想的那位行使权力的统治者也就能"运百里于指掌，抚小民如子孙"了，而中国也能达到"靡有饥寒乞丐僵仆愚蒙者"的富裕水平。在康有为看来，中国的百姓富足了，下一步，"风俗可厚"。风俗淳厚之后，内治才可修，"而后外交可恃"。③ 中国才能真正地达到"富强"，而这一切也正是"欧洲大国之所畏"的事情。康有为十分乐观地认为，只要按他的说法去做，中国的改革事业就会"三年而规模成，十年而本末举，二十年而为政于地球，三十年而道化成矣"。④

康有为的改革方案，可以说是他最初经世致用思想的具体体现。尽管他声称改革计划是要"存圣伦于将泯，维王教于渐坠"⑤，并且对"王道"与"霸道"做了细致的区分，从表面上

① 康有为：《康子内外篇》，载《康有为全集》第一集，中国人民大学出版社2007年版，第99页。
② 康有为：《康子内外篇》，载《康有为全集》第一集，中国人民大学出版社2007年版，第99页。
③ 康有为：《康子内外篇》，载《康有为全集》第一集，中国人民大学出版社2007年版，第99页。
④ 康有为：《康子内外篇》，载《康有为全集》第一集，中国人民大学出版社2007年版，第99页。
⑤ 康有为：《康子内外篇》，载《康有为全集》第一集，中国人民大学出版社2007年版，第99页。

看，他是在儒家思想的框架下，进行经世的实践的操演，然而我们一旦深入研究他的改革方案，就不难发现掩藏在儒家经世语言下面的法家思想的内涵。在康有为的改革方案中，维护儒家道德教义的核心政治原则，被康有为追求国家富强的原则暗中置换掉了。为了追求国家富强这个目标，康有为提出了斟酌古今之宜、损益其沿革得失和"法后王"等改革主张，使他的改革方案从精神上开始脱离儒家德政和"法先王"的政治传统。

康有为改革方案中对中国某些强权君主的赞颂以及对君主"赏罚不测"权术及其权威的描述，无一不使康有为的改革方案染上了法家的色彩。

康有为方案中对日本明治维新的叙述，也说明了日本的知识逐渐进入了康有为的视野，而成为其改革思想的组成部分。

总而言之，尽管康有为的改革方案是在儒家的旗号下进行的，然而，儒家核心的普遍主义关怀已不占据主导地位，西学和法家思想渗透进了他的改革计划。这种现象显然是晚清诸子学复兴和西学涌入的影响所致。故可以说，《康子内外篇》中的改革计划是康有为经世致用思想在晚清诸子学和西学交汇影响下的产物。从康有为改革的思想探索中，我们还可以清楚地发现，隐藏在改革思想背后强烈的国家主义关怀。这种关怀，无疑是受到儒家的经世致用思想以及当时民族危机的驱动所形成的。

四　康有为的"器可变道说"

谈到康有为的思想时，便不能不涉及他的哲学观点，这些观点是他整个思想的基础和出发点。而具体到康有为对宇宙和世界的基本看法时，我们除了考虑儒家及佛道等思想对他的影响之外，还要重视西学在他的世界观形成中巨大的作用。一位外国学者曾指出，产业革命浪潮推动下欧洲的近代科学，对中国学者而言，还是一片未经开垦的处女地。无论其中任何一项成果，都足以引发中国人世界观的转变。① 康有为正是这众多中国知识分子中的一员。

康有为最初接触西学是在他十七岁的时候。那时他虽接触到不少翻译的西籍，但对西方科学的知识还是零星和表面的，只是"渐收西学之书"为讲西学之基而已。然而他进步得很快，通过不懈的努力，几年后他已"是大讲西学"，"尽释故见"了。是什么原因使康有为有如此快的进步呢？聪明好学等自身条件固然重要，而外部条件也是重要的原因。康有为接触西学主要有两条途径。第一条是通过西方基督教传教士的著作、刊物以及江南制造总局等译印的西籍得到的。鸦片战争以后，大批外国人进入香港，使香港很快成为与内地城市迥然不同、相当欧化的城市。香港原是英美传教士来华集散之地，租给英国后，原设在马六甲的伦敦教会将基地移至香港，各种各样的传教团体竞相成立。他们除传教外，还兴办学校、出版书籍。这些书籍，除了有宗教内容之外，还有很大一部分是科学和知识性读物。

广州与香港一样，也是西方传教士活动的据点之一，1843年开埠以后至1860年，传教士在广州共出版中文书籍、刊物42种，其中29种为宗教宣传品，另外13种为天文、地理、历史、医学等科学读物，约占出版总数的31%。香港和广州等地出版的刊物和书籍，除了介绍西方近代天文学、地理学、地质学、生物学、医学等自然科学方面的知识外，还介绍英国和美国的政治制度，对美国的总统选举制、立法、司法、行政、联邦及各州组织做了介绍后，

---

① 〔日〕伊藤秀一：《进化论と中国の近代思想》（一），载日本《历史评论》123号，1960年11月号，第34页。

还对英、美政治制度进行了比较。①

康有为的家乡离香港和广州都不远。他非常有条件接近这些书籍。基督教传教士所介绍的西方自由主义观念、进化论、哥白尼的日心说、伽利略学说等西方政治和科学方面的知识通过这些刊物和书籍进入了康有为的视野。此外，"据张伯桢《万木草堂始末记》记载：上海江南制造总局译印西学新书，30 年间售出不逾 1.2 万册，而康有为'购以赠友及自读者，达三千余册，为该局售书总数四分之一强'"。② 除此之外，康有为还通过林乐知主编的《万国公报》获取了不少西学知识。

康有为另一条获取西学的渠道是通过日本间接得来的。康有为1879 年第一次访问香港时，在同乡陈焕鸣处见到大量的日本藏书，乃"惊日本之治学而托买群书"，以后他又陆续收集。几年之后，他通过日籍对西方及日本有了进一步的了解。③

---

① 熊月之：《西学东渐与晚清社会》（修订版），中国人民大学出版社 2011 年版，第 119—130 页。

② 张伯桢：《万木草堂始末记》，转引自马洪林：《康有为大传》，辽宁人民出版社 1988 年版，第 40 页。

③ 康有为接触东学的时间很早，据其《进呈〈日本变政考〉序》载："昔在圣明御极之时，琉球被灭之际，臣有乡人，商于日本，携示书目，臣托购求，且读且骇，知其变政之勇猛，而成效之已著也。臣在民间，募开书局以译之，人皆不信，事不克成。及马江败后，臣告长吏，开局译日本书，亦不见信。及东事将兴，举国上下，咸昧日事，若视他星。臣曾上书言日本变法已强，将窥辽东，先谋高丽，大臣不信。猥以疏贱，九门深远，格不上达。及东事之兴，举国人皆轻日本之小国，贸然兴戎，遂致败辱，则太不察邻国，误轻小邦之所由也。向使二十年前，臣译局书成；或十年前，长吏听臣言而译之；或六年前，大臣信臣言而上奏，皇帝亟变法而预防。有一于此，其在前乎，则国民必瞭而不朦；其在后乎，则中国已强而无患。乃皆不获，遂至丧师辱国，割地赔款，以至乎此也。臣不能不叹息痛恨也。"［见康有为：《日本变政考（外二种）》，姜义华、张荣华编校，中国人民大学出版社 2011 年版，第 6—7 页］由此可见，康有为托人去日购买日籍应在其第一次游香港之时（1879 年）。其所托之人，可能是陈焕鸣。过了十多年，1888 年康有为向光绪帝上《为国势危蹙祖陵奇变请下罪己诏及时图治折》（即《上清帝第一书》）时，他对日本已经有了相当的了（转下页注）

经过了十年的积累，到了二十七八岁时，他草成《诸天讲》。① 在这部著作中，他用刚从西方译著里学来的有限的自然科学知识，表达了对于宇宙的看法。他认为，中国古代天文学之所以不发达，其主要的原因在于当时"制器不精"，"只凭肉眼，欲以测天，宜其难也"。② 在康有为看来，"昔之人未有汽船也，未有远镜也，无以测知地球之域也，无以测知日星之故也"，故只能用肉眼观之，"仰观苍苍者则为天，俯视搏搏者则为地也。不知地之至小，天之大而无穷也，故谬谬然以地配天也，又谬谬然以日与星皆绕吾地也。开口即曰天地，其谬惑甚矣！曰父天而母地也，乾父而坤母也，郊天而坛地也，虽大地诸圣，未能无蔽焉！"③ 从传统儒家的角度看来，"形而上者谓之道，形而下者谓之器"（《易·系辞上》），朱熹则说："天地之间，有理有气。理也者，形而上之道也，生物之本也；气也者，形而下之器也，生物之具也。"（《朱文公文集·答黄道夫》）受过程朱理学教育的康有为虽然也承认"道

（接上页注③）解，这一年前后，他写了不少读日本书的读书笔记。这些笔记后被录入1898年春天所刊刻的《日本书目志》一书。收入时内容虽有增删，但是可证明1888年前后，康有为通过其托人购买的日籍，已对日本有相当的了解。详细参阅《康有为全集》第一集，中国人民大学出版社2007年版，第193—219页。

① 《诸天讲》又名《诸天书》，完稿于1926年夏，1930年由中华书局出版。据康有为门人伍庄言："南海先生《诸天书》起草于二十八岁时，作《大同书》之后，四十年来秘之未刊，晚岁讲学歇浦之游存庐，时及诸天。门弟子请刊之，始出旧稿整理校雠，将付剞劂焉，未出版而先生逝世。"（见伍庄：《诸天讲·序》，载《康有为全集》第十二集，中国人民大学出版社2007年版，第11页）康有为自己也说他"二十八岁时，居吾粤西樵山北银河之澹如楼，因读《历象考成》，而昔昔观天文焉。因得远镜，见火星之火山冰海，而悟他星之有人物焉。因推诸天之无量，即亦有无量之人物、政教、风俗、礼乐、文章焉。乃作《诸天书》，于今四十二年矣"。（康有为：《诸天讲·自序》，载《康有为全集》第十二集，中国人民大学出版社2007年版，第12页）可见康有为之《诸天讲》写得很早，但有关康有为《诸天讲》中的观点，在他的早、中、晚期的思想中均有体现，故不能以其成书年代限之。

② 康有为：《诸天讲·通论篇第一》，载《康有为全集》第十二集，中国人民大学出版社2007年版，第17页。

③ 康有为：《诸天讲·地篇第二》，载《康有为全集》第十二集，中国人民大学出版社2007年版，第19页。

尊于器"，但在西学的影响下，他逐渐改变了以往的想法，开始认为器可以变道了。于是，传统儒学中道与器的关系，在康有为那里，发生了颠覆性的变化。他写道：

> 器之为用大矣！显微、千里之镜，皆粗器矣，而远窥土木之月，知诸星之别为地，近窥细微之物，见身中微丝之管，见肺中植物之生，见水中小虫若龙，而大道出焉！道尊于器，然器亦是以变道矣。①

在康有为看来，古代制器未精，只凭肉眼来观察世界，根本不能洞悉世界的本质，故他们所谓的道也"半明半昧，有若童子之言，不值一哂"。② 他开始用进化的观点来解释这种现象。

他指出，自商代巫咸言天，已主占验，"其后君主权大，先圣不得已以天统君，故借天象以警戒之，亦不得已之事。故历代《天官》《五行》之志，皆主占卜。今以地球大通，百国平立，君主繁多，渐改民主，或只立议长。进而知吾地蕞尔，仅为日游星之一，岂能以诸恒星应一国百官之占卜乎？可笑事也"。③在康有为看来，古代以分野言天更是荒谬。他认为，中国仅在地球上占很小的一部分，地球又仅是围绕太阳旋转的众多行星之一，而太阳又是"二万万恒星之一。岂能以恒星为州郡分野？实堪骇笑"。④

康有为嘲笑古人荒谬、愚蠢，那么他又是如何来看待宇宙呢？

---

① 康有为：《笔记·农具》，载《康有为全集》第一集，中国人民大学出版社2007年版，第196页。又《日本书目志》中文字与上引文略同。

② 康有为：《诸天讲·通论篇第一》，载《康有为全集》第十二集，中国人民大学出版社2007年版，第17页。

③ 康有为：《诸天讲·通论篇第一》，载《康有为全集》第十二集，中国人民大学出版社2007年版，第18页。

④ 康有为：《诸天讲·通论篇第一》，载《康有为全集》第十二集，中国人民大学出版社2007年版，第18页。

在他看来，地球是"绕日之游星"，而最先"发明地绕日为哥白尼"。"后有伽呼厘路者，修正哥白尼说，益发明焉。至康熙时，西 1686 年，英人奈端发明重力相引，游星公转互引，皆由吸拒力，自是天文益明而有所入焉。"康有为感叹道："微哥白尼乎，安能知地之绕日乎？则吾茫昧于父日祖天所自来，吾又安能通微合漠，尽破藩篱，而悟彻诸天乎？"[①] 在康有为看来，哥白尼、伽利略、牛顿等科学家的发明才将他从愚昧谬误中解救出来，所以他"最敬哥、奈二子"，[②] 对他们顶礼膜拜，"尸祝而馨香之，鼓歌而侑享之"。[③]

对于各天体的形成，康有为取康德、拉普拉斯等人的星云说。他解释道："德之韩图、法之立拉士发星云之说，谓各天体创成以前，是朦胧之瓦斯体，浮游于宇宙之间，其分子互相引集，是谓星云，实则瓦斯之一大块也。始如土星然，成中心体，其外有环状体，互相旋转，后为分离，各成其部，为无数之小球体，今之恒星是也。"[④] 康有为认为，太阳系的形成，也与上述原理一样，"当初星云之瓦斯块自西回转于东，其星云渐至冷却，诸球分离自转，遂为游星。在中者为太阳，其周围有数多之环，因远心力而分离旋转，其环则成卫星。故凡诸星之成，始属瓦斯块"。[⑤] 至于地球的形成，康有为解释道，太阳最初为高度之热瓦斯体，地球是"自日分形气而来也"。在他看来，"日体纯火也，火热至盛，则爆裂

---

① 康有为：《诸天讲·地篇第二》，载《康有为全集》第十二集，中国人民大学出版社 2007 年版，第 19 页。

② 康有为：《诸天讲·地篇第二》，载《康有为全集》第十二集，中国人民大学出版社 2007 年版，第 19 页。

③ 康有为：《诸天讲·地篇第二》，载《康有为全集》第十二集，中国人民大学出版社 2007 年版，第 19 页。

④ 康有为：《诸天讲·地篇第二》，载《康有为全集》第十二集，中国人民大学出版社 2007 年版，第 20 页。

⑤ 康有为：《诸天讲·地篇第二》，载《康有为全集》第十二集，中国人民大学出版社 2007 年版，第 20 页。

而分离焉。离心之拒力既大，故地能出日之外而自为星；而日热之吸力极大，故地星仍绕日而不能去也，故为绕日之游星"。① 对于太阳系中其他行星的形成，在康有为看来，都是同一个道理，"凡海王、天王、土、木、火、金、水诸游星皆然，各循其先后离日之轨道，而为外内环绕之次第焉"。②

除此之外，康有为在《诸天讲》中还根据其有限的西学知识对太阳、月亮、水星、金星、火星、木星、土星、天王星、海王星等太阳系中的各种天体做了介绍，对银河系和宇宙中恒星的形成也进行了阐述。他极力描绘了宇宙的无限广大与无始无终。他认为，银河系之外尚有霞云天，"亦名涡云天，覆盖如涡，大星白如云如雾，亦名星云星雾，故名涡云"。"霞云天中各个星，非特肉眼所不见，即积星之团亦非肉眼所能见，必强力之望远镜乃能见之于极远天"，③ 但是，"欧人测天，至霞云天而极矣"。④ 在康有为看来，古人不知霞云天，但由于科学之进步，现代人通过望远镜能观测到了。所以他推测，"霞云天之上必有天，又必有无量天"。⑤ 他写道："佛只言二十五天，道之十八天，皆极少数，吾今推之二百四十二天，亦岂能尽哉？"⑥ 在康有为那里，宇宙是广远无垠的，其宏大奇诡，不可思议，非笔墨心思所能尽。毋庸置疑，西方与日本的科学书籍对康有为宇宙观的影响是深远的。它使得康有为站在进

---

① 康有为：《诸天讲·地篇第二》，载《康有为全集》第十二集，中国人民大学出版社 2007 年版，第 20 页。

② 康有为：《诸天讲·地篇第二》，载《康有为全集》第十二集，中国人民大学出版社 2007 年版，第 20 页。

③ 康有为：《诸天讲·霞云天篇第九》，载《康有为全集》第十二集，中国人民大学出版社 2007 年版，第 78 页。

④ 康有为：《诸天讲·霞云天篇第九》，载《康有为全集》第十二集，中国人民大学出版社 2007 年版，第 83 页。

⑤ 康有为：《诸天讲·霞云天篇第九》，载《康有为全集》第十二集，中国人民大学出版社 2007 年版，第 83 页。

⑥ 康有为：《诸天讲·霞云天篇第九》，载《康有为全集》第十二集，中国人民大学出版社 2007 年版，第 83 页。

化的观点上来看待宇宙。① 在他看来，人类历史是发展的，古时之人制器不精，而随着社会的发展，生产力的提高，人类才发明了汽船、显微镜和望远镜等仪器。而随着科学的进步、仪器的精良，人类才能认识宇宙，哥白尼、康德和拉普拉斯等人才能提出他们的"日心说""天体力学""星云说"等，才能创立他们所谓的"道"。所以，在康有为看来，"器"的发展，才引起了"道"的变化，先圣先贤虽认为道尊于器，但随着时代的进化，"器亦是以变道矣"。② 毋庸置疑，西方的科学思想，对康有为的宇宙观产生了极大的影响，这些有限的科学知识，成了康有为认识宇宙的基本出发点，从而形成了他的"唯物主义"宇宙观。③

应该特别指出，康有为《诸天讲》是西方自然科学影响下的产物。这正像前述伊藤秀一所指出的那样，西方近代科学的任何一项成果，"都足以引发中国人世界观的转变"。西方自然科学对康有为的冲击不应小觑，它所产生的影响使康有为对于人生、宇宙的基本意义的看法发生了转变，从而使他的很多思想观点，都与正统儒家发生了分离，甚至产生了反传统的倾向。这种现象，在中国近代思想史上应当是相当普遍的，张灏先生曾将这种现象概括为"意义危机"（the crisis of meaning）。张灏指出："'意义危机'的源头如同人类历史那般久远，而在中国一切如其他的地方，对敏锐的心灵来说，生命与世界的根本意义经常是吸引人的问题。当新的世界观和新的价值系统涌入中国，并且打破了一向借以安身立命的传统世界观和人生观（Weltanschauung and lebensanschauung）—或

---

① 一些学者认为，康有为在自然观点上坚持进化的观点。《自编年谱》中载其信证"人自猿猴变出"，这显然是受了19世纪达尔文进化论的影响。李泽厚：《中国近代思想史论》，生活·读书·新知三联书店2008年版，第100页。

② 康有为：《日本书目志卷七目录·农业门》，载《康有为全集》第三集，中国人民大学出版社2007年版，第366页。

③ 〔美〕张灏：《危机中的中国知识分子：寻求秩序与意义》，高力克、王跃译，新星出版社2006年版，第38页。

如 Susanne Langer 所称之'一般取向的象征'（the symbols of general orientation）—之时，问题变得更加困扰。各种争持不下的新说使得传统价值取向的象征日益衰落，于是中国人陷入严重的'精神迷失'境地，这是自中古时代佛教传入中土后所未有的。"①

在张灏看来，在西学强烈的冲击下，精神迷失分为三个层面，除了"道德迷失"和"存在迷失"之外，"精神危机另有深沉的层面，这层面颇难为名"，且谓之"形上迷失"。张灏先生认为，在传统社会中，中国知识层"由于全然采用宗教和哲学的形上世界观，过去的中国知识分子生活于睿智的世界中。到了现代，科学的输入成了传统世界观的强力溶剂。对许多受过教育的中国人来说，科学的冲击并非全然的困扰，因为使外在世界更加合理这一点上，科学的确开出了一条新途。但是科学提供的睿智有其限制的。因为科学虽然能回答许多'什么'（what）和'如何'（how）的问题，可是对于'究竟因'（ultimate why）却无法不缄默。因此，科学因其本质之故，无法取代传统中广涵一切的世界观"。②

十分明显，康有为正是此时代知识分子中的一员，他想用他从西方得来的有限的科学知识，来批判传统的哲学和宗教的形而上的世界观，以便重新构建一个具有唯物主义倾向的宇宙观。于是，康有为便开始用西方科学中的天体、地球等概念来否定和批判中国传统宗教和哲学形而上的建构范畴。当然，这种否定在学理上是讲不通的。因为首先，中国文化生命的最初表现，便与西方文化生命的源泉之一的希腊有不同的地方，中国表现在首先把握"生命"，而

---

① 〔美〕张灏：《新儒家与当代中国的思想危机》，林镇国译，载傅乐诗等著，周阳山、杨肃献编：《近代中国思想人物论：保守主义》，时报文化出版事业有限公司1980年版，第373页。

② 〔美〕张灏：《新儒家与当代中国的思想危机》，林镇国译，载傅乐诗等著，周阳山、杨肃献编：《近代中国思想人物论：保守主义》，时报文化出版事业有限公司1980年版，第374—375页。

希腊则首先把握"自然"。① 与上述特点紧密相联，中国的哲学特重"主体性"（subjectivity）与"内在道德性"（inner-morality）。中国思想的三大主流，把主体性复加以特殊的规定，而成为"内在道德性"，即成为道德的主体性。西方哲学刚好相反，不重主体性，而重客体性，它大体是以"知识"为中心而展开的。②

根据以上的观点，中国哲学的进路或出发点并不是希腊那一套，它不是从知识上的定义入手，所以它没有知识论与逻辑，它的重点是生命与德性。它的出发点或进路是敬天爱民的道德实践，是践人成圣的道德实践。这种实践是注意到"性命天道相贯通"而开出的。③

所以，对中国哲学而言，"维天之命，于穆不已"的天道，以及天道等哲学建构范畴具有"仁"的属性，具有强烈的道德意识，如此，天命、天道可以说是"创造性的本身"（Creativity itself）或"形而上的实体"（Metaphysical reality）。④

中国的天、天命、天道等概念与西洋自然科学中自然的天有着本质的区别。自然的天是物质的，属于形而下的范畴，而中国哲学里的天则是道德的，属于形而上的范畴。康有为用自然的天来否定中国哲学宗教中的"天"可谓完全没搔到痒处，这种方法使他在解释中国哲学时遇到了极大的困难，故他在讨论世界本质时，又不

---

① 牟宗三：《历史哲学》，载《牟宗三文集》第七集《宇宙本质》，吉林出版社集团有限责任公司 2010 年版，第 159 页。

② 牟宗三：《中国哲学的特质》，上海古籍出版社 1997 年版，第 5 页。牟宗三先生曾指出："中国哲学以'生命'为中心。儒道两家是中国所固有的。后来加上佛教，亦还是如此，儒释道三教是讲中国哲学所以必须首先注意与了解的。二千多年来的发展，中国文化生命的最高层心灵，都是集中在这里表现。对于这方面没有兴趣，便不必讲中国哲学。对于以'生命'为中心的学问没有相应的心灵，当然亦不会了解中国哲学。以西方哲学为标准，来在中国哲学里选择合乎西方哲学的题材与问题，那将是很失望的，亦是莫大的愚蠢与最大的不敬。"（牟宗三：《中国哲学的特质》，上海古籍出版社 1997 年版，第 6—7 页）

③ 牟宗三：《中国哲学的特质》，上海古籍出版社 1997 年版，第 10 页。

④ 牟宗三：《中国哲学的特质》，上海古籍出版社 1997 年版，第 22、25 页。

得不回到传统的中国哲学中来，以致与其《诸天讲》中的观点发生矛盾和冲突。[①]

康有为在叙述其哲学体系涉及世界本质等问题时，曾表示"其道以元为体，以阴阳为用"。[②]康有为"元"的概念，主要取自《易经》和董仲舒哲学。[③]《周易》中的"大哉乾元，万物资始，乃统天"之句也屡为康有为所引。而董仲舒的《春秋繁露》也是康有为经常引用之书，故董仲舒的元、天、阴阳、五行等哲学范畴早为康有为所熟悉。康有为在他的著作中，有很多地方都谈到了"元"。问题的关键是，康有为的"元"究竟是指什么？

康有为在讨论礼时说："《仪礼》定三年之丧制。夫者，天也；父者，天也。君以天为天，天以元为天。"[④]他又说："《易》：大哉乾元。乃统天。《春秋》以元统天。元即气也，有气自有运转，自有力。"[⑤]如此看来，康有为认为世界的本质或本源是由"气"这种物质组成的。根据这一点，有的学者认为，康有为是继承了中国古代气一元论的哲学传统，尤其是用阴阳五行来理解自然界产生变化的朴素观点，加上他当时所了解到的西方自然科学知识来建立其含有唯物主义因素自然观体系的。[⑥]这大体上是不错的，然而问

---

①　康有为《诸天讲》中的思想通过他的学生以及后来所办的报刊，在社会上产生了巨大的影响。其对传统意义架构倒塌所产生的影响是深远的，所有这些，我们在后面的章节中还要讨论到。

②　康有为：《我史》，载《康有为全集》第五集，中国人民大学出版社 2007 年版，第 64 页。

③　萧公权：《康有为思想研究》，汪荣祖译，新星出版社 2005 年版，第 96 页。又见李泽厚：《中国近代思想史论》，生活·读书·新知三联书店 2008 年版，第 96 页。

④　康有为：《万木草堂口说·孔子改制》，载《康有为全集》第二集，中国人民大学出版社 2007 年版，第 148 页。

⑤　康有为：《万木草堂口说·孔子改制》，载《康有为全集》第二集，中国人民大学出版社 2007 年版，第 149 页。

⑥　李泽厚：《中国近代思想史论》，生活·读书·新知三联书店 2008 年版，第 97 页。

题在于，恰恰是康有为从董仲舒那里继承的某些气的特定观念，将他的世界观与唯物主义宇宙进化论区别开来。我们只要仔细读康有为的著作，就会发现，在康有为那里，"气"不是一种无活力的物质，而是一种具有创造力和生长机能的活力物质，他继承了董仲舒"气"的理论，将"气"视为一种有感情和理智的东西，康有为"气"概念的这些特点，使康有为心目中的宇宙，并不是19世纪科学世界观所构想的自然秩序，①而是出自儒家"仁"的信仰。

在康有为看来，"气"不仅是具有活力的物质，并且它还以阴、阳两种形式充满于天地之间。他说："天地之间，若虚而实。气之渐人，若鱼之渐水，气之于水，如水之于泥，故无往而不实也。"② 康有为根据董仲舒"五行相生"的说法，认为天地之气"合而为一，分为阴阳，判为四时，列为五行"，③ 处于终而复始的不断运动之中。

康有为与董仲舒一样，认为"元"就是"气"，就是宇宙万有，就是"天"。康有为指出："盖天者，万物之大父。己由是生，父由是生，祖亦由是生。故又曰：先祖之所出，人之曾祖父也。"④如此一来，他所说的天，又与其在《诸天讲》中所说的天产生了区别。在这里，康有为所谓的天，并不是唯物主义宇宙进化论所说的自然之天，而应该是和董仲舒所谓的天一样，即日本学者沟口雄三所说的"理法的天"。这种天既是给自然赋予秩序的，具有自然法则属性的天，又是能将天命降给有德者，具有道义的天，且是能

---

① 〔美〕张灏：《危机中的中国知识分子：寻求秩序与意义》，高力克、王跃译，新星出版社2006年版，第43页。

② 康有为：《春秋董氏学》卷六上，载《康有为全集》第二集，中国人民大学出版社2007年版，第374页。

③ 康有为：《春秋董氏学》卷六上，载《康有为全集》第二集，中国人民大学出版社2007年版，第373页。

④ 康有为：《春秋董氏学》卷六上，载《康有为全集》第二集，中国人民大学出版社2007年版，第375页。

调和万物，并促其生育成长，具有公正性的天。①

康有为指出，天与人类一样也具有喜怒哀乐等情感。"春，喜气也，故生。秋，怒气也，故杀。夏，乐气也，故养。冬，哀气也，故藏。"② 在他看来，这四种情感，对天与人来说都是一样的。天不但有情感、意志，还有仁爱之心。康有为说："董子述孔子微言曰：治其道而以出法，治其志而归之于仁。天，仁也。天覆育万物，既化而生之，又养而成之。"③ 而由于"天"是"万物之大父"，宇宙之间充满了"气"，所以"夫天地者生之本，万物分天地之气而生。人处万物之中，得天地之一分焉，故天地万物皆同气也"。④

因而，"人取仁于天而仁也，故有父兄子弟之亲，有忠信慈惠之心，文理灿然而厚，智广大而博。故霸王之道，皆本于仁也"。⑤他写道：

> 物我一体，无彼此之界。天人同气，无内外之分。水之周于全地，电之遍于长空。无外则大而无尽，无内则小而无穷。贯澈圆融，不能离断，物即己而己即物，天即人而人即天。凡我知之所及，即我仁之所及，即我性道之所及。其知无界，其仁无界，其性亦无界。故诚者知此，以元元为己，以天天为身，以万物为体。故自群生之伦，无有痛养之不知，无有痿痹

---

① 〔日〕沟口雄三、伊东贵之、村田雄二郎：《中国という视坐——これからの世界史》，平凡社1995年版，第43—44页。

② 康有为：《春秋董氏学》卷六上，载《康有为全集》第二集，中国人民大学出版社2007年版，第376页。

③ 康有为：《中庸注》，载《康有为全集》第五集，中国人民大学出版社2007年版，第379页。

④ 康有为：《中庸注》，载《康有为全集》第五集，中国人民大学出版社2007年版，第370—371页。

⑤ 康有为：《中庸注》，载《康有为全集》第五集，中国人民大学出版社2007年版，第379页。

之不仁。山河大地，皆吾遍现。翠竹黄花，皆我英华，遍满虚空，浑沦宙合。故轸匹夫之不被泽，念饥溺之在己，泽及草木，信孚豚鱼，皆以为成己故也。[1]

显而易见，在康有为那里，万物都源于"气"，故人与万物无彼此之界限，"物即己而己即物，天即人而人即天"。而天又是一个"覆育万物，既化而生之，又养而成之"、具有仁爱之情感的宇宙本体，而"万物分天地之气而生。人处万物之中，得天地之一分焉"，所以人也应该具备仁爱的品质。

显然，康有为在他的著作中，不仅向我们揭示了人和宇宙的本质，同时也向我们揭示了人在世界中应该做什么。康有为的宇宙观虽然受到了近代科学的影响，这使得他的文章中充满了"电""以太"等自然科学的词语，他也曾用自然的天来否定中国哲学中形而上的、道德的天，从而在宇宙观上倾向于朴素的唯物主义。然而正是康有为从传统儒家继承的某些"气"的特定概念，将他的世界观与唯物主义宇宙进化论区分开来，因此，康有为所谓的"天"，并不是科学所描述的那种自然的宇宙秩序，而是具有道德色彩与创生能力、生生不息的巨大的有机体。它是包括人在内的宇宙中森罗万象的本体和本源。康有为以仁为核心的宇宙秩序继承了中国儒家天人合一的信仰，与19世纪科学世界观所构想的宇宙秩序有一道明显的鸿沟。

五　以仁为核心的人生观

康有为的宇宙观与其人生观紧密相连。康有为的弟子梁启超曾

---

[1]　康有为：《中庸注》，载《康有为全集》第五集，中国人民大学出版社2007年版，第384页。

对其师仁学宇宙观有过一番概括性的解释。其文略谓：

> 先生之哲学，博爱派哲学也。先生之论理，以"仁"字为唯一之宗旨，以为世界之所以立，众生之所以生，家国之所以存，礼义之所以起，无一不本于仁；苟无爱力，则乾坤应时而灭矣。是故果之核谓之仁，无仁则根干不能苗，枝叶不能萌。手足麻木者谓之不仁，众生之在法界，犹四肢之在一身也，人而不相知不相爱，则谓之不仁，与一体之麻木者等。苟仁矣，则由一体可以为团体，由团体可以为大团体，由大团体可以为更大团体，如是遍于法界，不难矣。故悬仁以为鹄，以衡量天下之宗教、之伦理、之政治、之学术，乃至一人之言论行事，凡合于此者谓之善良，不合于此者谓之恶劣。以故三教可以合一，孔子也，佛也，耶稣也，其立教之条目不同，而其以仁为主则一也。以故当博爱，当平等，人类皆同胞，而一国更不必论，而所亲更不必论。故先生之论政论学，皆发于不忍人之心。人人有不忍人之心，则其救国救天下也。欲已而不能自已，如左手有痛痒，右手从而煦之也；不然者，则麻木而已矣。①

梁启超对他老师哲学思想的评述，可谓把握了康有为哲学的要点。"'仁'对于康有为来说不仅象征着一种宗教玄学世界观，而且代表了一种追求自我和社会道德实现的理想。"② 对于自我来说，求仁乃是自我道德实现的手段和目标。康有为说：

---

① 梁启超：《南海康先生传》，《清议报》第一百册，光绪二十七年十一月十一日，第11—12页。同样的说法又见于陆乃翔、陆敦骙等：《南海先生传》，载《康有为全集》第十二集，中国人民大学出版社2007年版，第442页。

② 〔美〕张灏：《危机中的中国知识分子：寻求秩序与意义》，高力克、王跃译，新星出版社2006年版，第54页。

夫所以能学者，人也；人之所以为人者，仁也。孟子曰：人者，仁也。荀子曰：人主仁，心设焉，知其役也。董子曰：仁者，人也；义者，我也。自黄帝、尧、舜开物成务，以厚生民，周公、孔子垂学立教，以迪来士，皆以为仁也。旁及异教，佛氏之普度，皆为仁也。故天下未有去仁而能为人者也。①

在康有为看来，仅做到自我的道德实现是不够的，还要将个体完善的人格扩大到社会，即追求社会道德秩序的实现。康有为认为："人莫不爱其身，则知爱父母，其本也，推之天下，其流也，有远近之别耳，其为仁一也。是故其仁小者，则为小人；其仁大者，则为大人。"② 所以，康有为认为，学者不仅应当追求自我的道德实现，还应将这种仁爱之心扩展到家族、国家，乃至全人类。他说："孝弟于家者，仁之本也；睦姻于族者，仁之充也；任恤于乡者，仁之广也。若能流惠于邑，则仁大矣；能推恩于国，则仁益远矣；能锡类于天下，仁已至矣。《记》曰：凡有血气之物，莫不有知；有知之物，莫不知爱其类。圣人至仁，亦仅能自爱其类，不能及物。为人，亦为我也，所谓仁至义尽也。夫即能仁及天下，亦仅能自爱其类，尽乎人道耳。"③

那么，儒学中的"仁"究竟代表什么呢？在经典儒家学说中，"仁"自然是一个非常重要的观念，但是到宋明学阶段，它才获得了无可争议的核心地位。至此，"'仁'在儒家体系中普遍地被认为是事物的终极，即存在的固有目标"。④ 程明道曾云："学者须先

---

① 康有为：《长兴学记》，载《康有为全集》第一集，中国人民大学出版社 2007 年版，第 342 页。

② 康有为：《长兴学记》，载《康有为全集》第一集，中国人民大学出版社 2007 年版，第 342 页。

③ 康有为：《长兴学记》，载《康有为全集》第一集，中国人民大学出版社 2007 年版，第 342 页。

④〔美〕张灏：《梁启超与中国思想的过渡（1890—1907）》，崔志海、葛夫平译，江苏人民出版社 1993 年版，第 1 页。

识仁，仁者浑然与物同体，义礼智信皆仁也。识得此理，以诚敬存之而已；不须防检，不须穷索。"又说："医书言手足痿痹为不仁；此言最善名状。仁者以天地万物为一体，莫非己也。认得为己，何所不至。若不有诸己，自不与己相干。如手足不仁，气已不贯，皆不属己。故博施济众，乃圣人之功用。"① 按宋儒的说法，吾人实本与天地万物为一体，不过吾人多执个体以为我，遂将我与世界分开。吾人修养之目的，即在于破除此界限而回复于万物一体之境界。② 康有为师从朱九江，在礼山草堂时，"日读宋儒书及经说"，"读书乡园，跬步不出……读宋儒之书，若《正谊堂集》《朱子全集》尤多"。③ 所以，他十分熟悉宋儒的自我和社会的道德实现哲学。他尤其佩服朱子，曾称赞其"学识阂博，独能穷极其力，遍蹍山麓，虽未遽造其极，亦庶几登峰而见天地之全，气力富健又足以佐之，盖孔子之后一人而已"。④ 他认为朱熹"其学原始要终，外之天地鬼神之奥，内之身心性命之微，大之经国长民之略，小之度数名物之精，以及词章、训诂，百凡工技之业，莫不遍探而精求，以一身兼备之。讲求义理，尽其精微而致其广大，撮其精粹而辨其次序"。⑤ 康有为尤其赞扬朱子在发展儒家道德哲学上所做的贡献，认为朱熹教学者，"以《论》《孟》为本，《大学》《中庸》于《戴记》中为之精注而提倡之，使学者人人皆有希圣希贤之路"。⑥ 毋庸置疑，根据康氏的自述可以看出，康有为以仁为核心

①　程颢：《遗书》卷二上，转引自冯友兰《三松堂全集》第三卷，河南人民出版社 2000 年版，第 509 页。

②　冯友兰：《三松堂全集》第三卷，河南人民出版社 2000 年版，第 509 页。

③　康有为：《我史》，载《康有为全集》第五集，中国人民大学出版社 2007 年版，第 61、63 页。

④　康有为：《教学通义·尊朱十四》，载《康有为全集》第一集，中国人民大学出版社 2007 年版，第 45 页。

⑤　康有为：《教学通义·尊朱十四》，载《康有为全集》第一集，中国人民大学出版社 2007 年版，第 45—46 页。

⑥　康有为：《教学通义·尊朱十四》，载《康有为全集》第一集，中国人民大学出版社 2007 年版，第 46 页。

的人生观是继承了传统儒家"仁"的观念的产物，并且在儒家道德哲学的自我实现方面，受到宋明新儒学的极深影响。

康有为对"仁"的提倡，反映在他的早期著作之中。在《康子内外篇》中，他对儒家五种基本的德性做了介绍，认为世间万物，都具有"仁"的属性，"仁"是万物普遍的德性。他说："物皆有仁、义、礼，非独人也。乌之反哺，羊之跪乳，仁也；即牛、马之大，未尝噬人，亦仁也。"① 而对于"仁"与"智"的关系，他则认为，"就一人之本然而论之，则智其体，仁其用也；就人人之当然而论之，则仁其体，智其用也"。② 所以，康有为认为，"人道以智为导，以仁为归。故人宜以仁为主，智以辅之。主辅既立，百官自举，义、理（礼）与信，自相随而未能已。故义、礼、信不能与仁、智比也。荀子曰：人主仁心设焉，智其役也"。③ 显而易见，在儒家基本的五种德性中，康有为将"仁"放在了首位。

康有为对"仁"的重视与偏爱，当然与他受新儒学的影响有关，然而，在康有为对儒家经典的解释中，有时超出了儒家经典的原意，扬高凿深，以己意进退古人；有时"徒凿空武断，使古人衔冤地下"④。康有为这种态度，使他的解释在很多地方背离传统儒家经典，从而使他著作中蕴含着一种激进主义的倾向。

汉代著名的今文学家董仲舒在讨论"仁"与"义"的关系时说："《春秋》之所治人与我也。所以治人与我者，仁与义也。以仁安人，以义正我。故仁之为言人也，义之为言我也，言名以别矣。仁之于人，义之于我者，不可不察也。众人不察，乃反以仁自

---

① 康有为：《康子内外篇·仁智篇》，载《康有为全集》第一集，中国人民大学出版社 2007 年版，第 108 页。

② 康有为：《康子内外篇·仁智篇》，载《康有为全集》第一集，中国人民大学出版社 2007 年版，第 109 页。

③ 康有为：《康子内外篇·仁智篇》，载《康有为全集》第一集，中国人民大学出版社 2007 年版，第 109 页。

④ 朱一新：《朱侍御复康长孺第四书》，载《康有为全集》第一集，中国人民大学出版社 2007 年版，第 326 页。

裕，而以义设人，诡其处而逆其理，鲜不乱矣。"① 按董仲舒的说法，"仁"是对于他人的责任，而"义"则是对于自身的义务，两者相辅相成，方能达到安人和正我。然而，在康有为的解释中，"仁"和"义"在传统儒学中相辅相成的含义消失了，它们变成了互相对立的两极。康有为说："学不外二端，为我、兼爱而已。《易》曰：立人之道，曰仁与义。董子曰：仁者，人也。义者，我也。是则兼爱者，仁之极也；为我者，义之极也。"② 在康有为那里，"仁"代表着一种兼爱的精神，而义则含有一种自私的意味。他举了许多例子，强调指出："然理财、正辞、禁民为非，皆有敛制之意。如先王之制，尊君卑臣，重男轻女，《春秋》书公为'薨'，而诸侯曰'卒'，尊中国而外四夷，凡此皆义也，然皆为我也。故仁主敷施，就人而言；义主裁制，为我而言。"③ 他甚至用西方自然科学的概念附会中国儒家的"仁""义"概念，以说明"仁"与"义"的对立。他说："仁有放之意，义有敛之意。放者，阳也；敛者，阴也。仁者，热力也；义者，重力也。天下不能出此二者。"④ 康有为对儒家"仁"与"义"概念的曲解正像有的研究者指出的那样："作为一种关于自我的价值，'义'不仅有时意味着自私的精神，而且象征着一种政治统治和社会分化的专制主义精神；而'仁'则体现了一种爱、公正和开放的积极精神，这种开放精神与'义'的专制和禁忌精神恰恰是背道而驰的。"⑤ 在康有

---

① （汉）董仲舒：《春秋繁露》卷八之《仁义法第二十九》，《钦定四库全书荟要》本，第 9—10 页。

② 康有为：《康子内外篇·人我篇》，载《康有为全集》第一集，中国人民大学出版社 2007 年版，第 107 页。

③ 康有为：《康子内外篇·人我篇》，载《康有为全集》第一集，中国人民大学出版社 2007 年版，第 107 页。

④ 康有为：《康子内外篇·人我篇》，载《康有为全集》第一集，中国人民大学出版社 2007 年版，第 107 页。

⑤ 〔美〕张灏：《危机中的中国知识分子：寻求秩序与意义》，高力克、王跃译，新星出版社 2006 年版，第 35—36 页。

为看来，中国的传统社会由于重视"义"，造成了"中国之俗，尊君卑臣，重男轻女，崇良抑贱"。基于这种认识，他开始用充满愤怒的笔触对传统大张挞伐，写道："男子得有数十之姬妾，而妇人不得有二夫。及其久也，相与耻之。守寡不已，则有守清，守清不已，则有代清者，余乡比比皆然。余周旋于乡党中，目几未见再嫁妇人者，虽三代之盛无此已，习俗既定以为义理。至于今日，臣下跪服畏威而不敢言，妇人卑抑不学而无所识，臣妇之道，抑之极矣。"① 在康有为看来，中国传统提倡这种具有自私和专制主义精神的"义"，是造成中国传统社会不合理现象的原因。而外国的情况则恰恰与中国的相反，"中国之圣人以义率仁，外国之圣人以仁率义"②。外国的圣人既然比中国圣人高明，所以义无反顾地师法西方，以西方为师，自然也就成了康有为思想逻辑的归宿。康有为十分乐观地描绘了中国百年后的远景，断言："物理抑之甚者必伸，吾谓百年之后必变三者，君不专，臣不卑，男女轻重同，良贱齐一。呜呼！是佛氏平等之学矣!"③ 显而易见，康有为在所描绘的未来图景中，已掺入了佛家的平等主义观念。

康有为不但将儒家之仁混同于佛家平等主义观念，并且还将儒家之"仁"等同于墨家之兼爱。他认为"学不外二端，为我，兼爱而已。……兼爱者，仁之极也"④。显而易见，在这里，康有为又将儒家的"仁"与墨氏的兼爱混同在一起了。

正统儒家对墨家思想是极为排斥的。早在先秦，孟子即伤于"圣王不作，诸侯放恣，处士横议，杨朱、墨翟之言盈天下"所造

---

① 康有为：《康子内外篇·人我篇》，载《康有为全集》第一集，中国人民大学出版社 2007 年版，第 108 页。

② 康有为：《康子内外篇·人我篇》，载《康有为全集》第一集，中国人民大学出版社 2007 年版，第 107 页。

③ 康有为：《康子内外篇·人我篇》，载《康有为全集》第一集，中国人民大学出版社 2007 年版，第 108 页。

④ 康有为：《康子内外篇·人我篇》，载《康有为全集》第一集，中国人民大学出版社 2007 年版，第 107 页。

成的人君“庖有肥肉，厩有肥马，民有饥色，野有饿莩”的“率兽而食人”的局面，起而拒杨墨之淫辞邪说。孟子称：“杨氏为我是无君也，墨氏兼爱是无父也。无父无君是禽兽也。”① 而到了宋代，理学家们更对孟子的这一思想有了进一步的发挥。朱熹在解释孟子的“墨氏兼爱会导致无父”时说：“人也只孝得一个父母，那有七手八脚，爱得许多！能养其父无阙，则已难矣。想得他之所以养父母者，粗衣粝食，必不能堪。盖他既欲兼爱，则其爱父母也必疏，其孝也不周至，非无父而何。墨子尚俭恶乐，所以说‘里号朝歌，墨子回车’。想得是个淡泊枯槁底人，其事父母也可想见。”② 在朱熹看来，“杨氏自是个退步爱身，不理会事底人。墨氏兼爱，又弄得没合杀。使天下伥伥然，必至于大乱而后已，非‘率兽食人’而何？”③

毋庸置疑，依正统儒家之见，墨氏之兼爱，只是一种响亮的口号，而于实际中是根本做不到的。儒家“仁”的基本精神，是与墨氏的兼爱主义格格不入的，所以正统的儒家一直将其视为播乱世界的淫僻邪说。

十分明显，康有为对“仁”的解释，不仅掺进了佛家的平等主义，而且又将其等同于墨家的兼爱主义，这种凿空武断的做法，已使他的解释远远地超出儒学中“仁”的本意了。

康有为所处的时代除佛学与诸子学复兴之外，西学也大量涌入，这使他除受佛学和诸子学的影响外，也深受西学的影响。加之他材剧志大，以圣人和菩萨自命，在世风的影响下，他闻见杂博，对儒教的解释又融入了西方政治观念。西学掺入康有为以“仁”

---

① （汉）赵岐注，（宋）孙奭音义并疏：《孟子注疏》卷六下，《钦定四库全书荟要》本，第7页。

② （宋）黎靖德编：《朱子语类》第四册卷第五十五，王星贤点校，中华书局1986年版，第1320页。

③ （宋）黎靖德编：《朱子语类》第四册卷第五十五，王星贤点校，中华书局1986年版，第1320页。

为主的道德世界观，他的早期著作从而对传统社会乃至儒家的家族制度，进行了尖锐的批判。①

康有为认为："凡天下之大，不外义理、制度两端。义理者何？曰实理，曰公理，曰私理是也。制度者何？曰公法，曰比例之公法、私法是也。实理明则公法定，间有不能定者，则以有益于人道者为断。"② 康有为强调，上述二者无论是根据公法，还是根据人道，都要依照众人的意见来定。在他看来，"元为万物之本，人与天同本，于元犹波涛与沤同起于海"，③ 又 "人各分天地原质以为人"，所以 "人有自主之权"。又因为 "人类平等是几何公理"，所以 "惟以平等之意，用之可矣"。④ 康有为对正统儒家的家庭和婚姻制度也持有不同的看法，饶有兴味的是，他对传统儒家家庭和婚姻制度批判所依据的武器，是现代的医学发明。康有为指出："今医药家已考明，凡终身一夫一妇，与一夫屡易数妇，一妇屡易

---

① 康有为对传统社会秩序的批判自然可以归结为佛家的平等主义和墨氏的兼爱主义，但是也应与西学对他的影响有关。根据萧公权的研究，康有为二十岁左右开始与西方文明有所接触。在 1879 年前，他的思想领域未超过儒学、佛学和道家之书，但自这一年以后，他开始阅读西书。一本西书中说到纽约、华盛顿、伦敦和巴黎的政治、社会及物质情况，必然引起他的好奇心。不久他访问了香港，给他印象十分深刻，证实了他在西书中所读到的。至此他乃热心搜读西书。此外，康氏含蓄地附和西方思想并非要西化，而是认为中西有共通之处。儒家本身也可赞成此说。天下观念即有普及的意思。其他如圣王不分内外，以及天下大同等观念，都为此说提供了实例。此种古典看法实是理学家所说的与天理相同的捷径。康氏熟悉儒家经典和宋儒之学，自易获致真理不分内外的结论。其作为社会思想家，也就只讲究制度和价值是否符合共同标准，而不必论本国或外国了。从这些立场出发，他自然拒斥某些不可接受的中国制度和价值，而把西方思想纳入他普及的思想架构。参阅萧公权：《康有为思想研究》，汪荣祖译，新星出版社 2005 年版，第 282—283 页。

② 康有为：《实理公法全书》，载《康有为全集》第一集，中国人民大学出版社 2007 年版，第 147 页。

③ 康有为：《春秋董氏学》卷六上，载《康有为全集》第二集，中国人民大学出版社 2007 年版，第 373 页。

④ 康有为：《实理公法全书》，载《康有为全集》第一集，中国人民大学出版社 2007 年版，第 148 页。

数夫，实无所分别。"① 根据自然科学所发明的实理，康有为主张恋爱自由，传统的家庭和婚姻制度应当改变。他指出："盖天既生一男一女，则人道便当有男女之事。既两相爱悦，理宜任其有自主之权。"② 于是，传统的白头偕老的一夫一妻制，自然也在康有为的非难之例。他认为，一夫一妇结婚后，终生相守，非有大故不许离婚者，乃是"人立之法，其不合实理，无益于人道"。康有为更是用法国的统计资料来证明一夫一妻制使男女多相怨恨，不符合人道，而隐然地表达他对自由恋爱的支持。③

除此之外，康有为反对禁欲，认为禁欲"不惟无益人道，是灭绝人道矣"。④ 在他看来，中国传统中不由男女自由恋爱，而由父母之命、媒妁之言所定的婚姻，以及"男为女纲，妇受制于其夫。又一夫可娶数妇，一妇不能配数夫"⑤ 更与几何公理不合，无

① 康有为：《实理公法全书》，载《康有为全集》第一集，中国人民大学出版社2007年版，第149页。

② 康有为：《实理公法全书》，载《康有为全集》第一集，中国人民大学出版社2007年版，第149页。

③ 康有为：《实理公法全书》，载《康有为全集》第一集，中国人民大学出版社2007年版，第149—150页。又，萧公权曾对康有为反对传统一夫一妻制有过详细的分析，他指出，康氏主张自由恋爱。此观点大致保留到《大同书》中。他自然会非难传统的一夫一妻制。因此一制度牵涉到一个永久性的束缚，除非"有故"，不容离婚，康氏乃称：其不合实理，无益于人道，再者一夫一妻制常因夫妇不能获致结合之道，而成为假婚姻，康氏引用1891年巴黎的统计资料，说明那年法国共有5752件离婚案，而且在同年新生的866377名儿童中，有73936名是非婚姻所生。他认为这些数字显示，在一夫一妻制下有很多是怨偶。进而言之，这73936名私生子女证实法国至少有147872名男女实行自由交配，暗中符合了支配性关系的"公法"。参阅萧公权：《康有为思想研究》，汪荣祖译，新星出版社2005年版，第291页。根据当代研究成果，《实理公法全书》很可能是康年谱中所说的《公理书》（1886年）的修订稿；但书中又曾引用法国1891年夫妇离异、婴儿出生等统计数字，可知《实理公法全书》当改定于19世纪90年代初。详情请参阅萧公权：《康有为思想研究》，汪荣祖译，新星出版社2005年版，第285—296页。

④ 康有为：《实理公法全书》，载《康有为全集》第一集，中国人民大学出版社2007年版，第150页。

⑤ 康有为：《实理公法全书》，载《康有为全集》第一集，中国人民大学出版社2007年版，第150页。

益人道。

康有为除了反对夫为妇纲之外，还对父为子纲的传统伦理进行了非难。他认为，父母对子女并无传统所说的养育之恩。因为"原质是天地所有，非父母之所生"，所以父母的作用只是"取天地之原质以造成子女而已"。① 康有为认为："盖人各分天地之原质以为人，则父母与子女宜各有自主之权者，几何公理也。"但是，"子女既借父母一造之功，则必当报之"，所报之法，康有为认为："凡生子女者，官为设婴堂以养育之，照其父母所费之原质及其母怀妊辛苦之功，随时议成定章，先代其子女报给该父母。（若不知其父，则母尽得之。）及其子在堂抚养成立，则收其税以补经费。（非必人税也，货税更能损富益贫。）"父母之债既还，则两不相欠，故无所谓传统的孝道，更谈不上父为子纲，所以"公法于父母不得责子女以孝，子女不得责父母以慈，人有自主之权焉"。② 康有为指出，因为"人各分天地原质以为灵魂，然后有知识，有知识然后能学"，所以应该有"圣不秉权，权归于众。古今言论以理为衡，不以圣贤为主，但视其言论何如，不得计其为何人之言论"。③ 康有为认为，"民之立君者，以为己之保卫者也"，"故凡民皆臣，而一命之士以上，皆可统称为君"，"立一议院以行政，并民主亦不立"。④ 在他看来，"长幼特生于天地间者，一先一后而已"，所以长尊于幼，"未能有益人道"，故应"长幼平等，不以人

① 康有为：《实理公法全书》，载《康有为全集》第一集，中国人民大学出版社2007年版，第150页。
② 康有为：《实理公法全书》，载《康有为全集》第一集，中国人民大学出版社2007年版，第151页。
③ 康有为：《实理公法全书》，载《康有为全集》第一集，中国人民大学出版社2007年版，第152页。
④ 康有为：《实理公法全书》，载《康有为全集》第一集，中国人民大学出版社2007年版，第152页。

立之法施之"。① 康有为指出，"天地生人，本来平等"，所以"朋友平等"，"最有益人道"。②

总而言之，康有为以"仁"为主的道德世界观容纳了佛家的平等主义，墨氏的兼爱以及西方的"人皆有自主之权"等观念，在东海西海之圣人心同此心、理同此理观念的驱使下，他自然地展开了对传统制度的批判。

按张灏的说法，董仲舒的道德思想是两种伦理的融合。一方面是一种承自古典儒学的环绕道德实现理想的精神超越性伦理。这种伦理的核心，自然是被认为植根于更高宇宙实在"天"的"仁"的理念。董氏认为，这种天赋的德行在爱的感情和怜悯以及其他同情之中体现自己。另一方面与关于他人的"仁"的理念相并提的，是董氏也强调的关于自我的"义"的理念，它意味着正义感。在他看来，正义是滋养心灵之物，正如物利滋养肉体一样。因为心灵被认为是自我的高尚的部分，所以他把"义"视为区别于内在高上的自我与外在低下的自我的标尺。于是"仁"和"义"一起代表着一种伦理，这种伦理被认为不仅植根于更高的宇宙实在之中，而且植根于深深的自我之中。

与这种精神超越性伦理紧密结合在一起的还有一种社会约束性伦理——"礼"。如同精神超越性伦理被视为导源于更高的实在一样，后者也被认为是植根于宇宙秩序的。因为宇宙秩序是由两种基本宇宙之力"阴""阳"的主从关系所组织，所以人类社会也被安排在同样的模式之中。因而，这种社会约束性伦理体现了一种等级秩序。在董氏看来，这种等级是"礼"的伦理观的本质所在。③

这种等级秩序体现在所谓的"三纲"学说中。对于"三纲"，

---

① 康有为：《实理公法全书》，载《康有为全集》第一集，中国人民大学出版社2007年版，第153页。

② 康有为：《实理公法全书》，载《康有为全集》第一集，中国人民大学出版社2007年版，第153页。

③ 〔美〕张灏：《危机中的中国知识分子：寻求秩序与意义》，高力克、王跃译，新星出版社2006年版，第55页。

董仲舒有如下说法：

> 凡物必有合。合必有上，必有下，必有左，必有右，必有前，必有后，必有表，必有里。有美必有恶，有顺必有逆，有喜必有怒，有寒必有暑，有昼必有夜。此皆其合也。阴者，阳之合。妻者，夫之合。子者，父之合。臣者，君之合。物莫无合，而合各有阴阳。……君臣父子夫妇之义，皆取诸阴阳之道。君为阳，臣为阴。父为阳，子为阴。夫为阳，妻为阴。……仁义制度之数，尽取之天。天为君而覆露之，地为臣而持载之。阳为夫而生之，阴为妇而助之。春为父而生之，夏为子而养之。秋为死而棺之，冬为痛而丧之。①

显而易见，在董仲舒那里，君臣、父子、夫妇等关系，为宇宙中阴阳之道而统一在宇宙的秩序之中。因而，以董仲舒三纲学说为核心所构成的社会约束性伦理，也像"仁""义"等精神超越性伦理一样，深深地植根于宇宙的秩序之中。于是，作为社会约束性伦理的"礼"也像"仁"与"义"等观念一样，获得了一种来自宇宙的超越的意涵，从而奠定了它在传统中不可动摇的地位。而作为"礼"的具体体现的"三纲"学说，在传统中的地位，便像董仲舒所说的那样，"道之大原出于天，天不变，道亦不变"了。②

然而，正如我们在上文所分析的那样，康有为的宇宙观虽然在某种程度上继承了董仲舒哲学和宋明理学的一些特定的观念，但是西方自然科学也对他的宇宙观发生过强烈的影响。哥白尼的"日心说"、牛顿的"天体力学"，曾左右过他的思想，使他产生了"地为绕日之游星""古言天地相配大谬"等结论。从进化的宇宙

---

① （汉）董仲舒：《春秋繁露》卷十二之《基义第五十三》，《钦定四库全书荟要》本，第8—9页。

② （汉）班固著，（唐）颜师古注：《汉书》卷五十六《董仲舒传》，中华书局1962年版，第2518—2519页。

观来看，中国传统中具有超越意义的"父天而母地""乾父而坤母""郊天而坛地"自然"实堪骇笑"了①，中国哲学中的"天""天命"等观念，均是由"古人制器未精"造成的。到了近代，随着科学技术的进步，"器"有了进一步的发展，所以"天不变，道亦不变"的理论行不通了。在康有为看来，虽然"道尊于器，然器亦是以变道矣"②。

西方科学知识对康有为宇宙观的影响是深远的，使他有时能用一种自然主义的态度来审视周围的事物，于是，在康有为那里，社会约束性伦理——"礼"所导源的宇宙秩序便失去了往日的庄严和神圣，而"礼"也被康有为漠视了。张灏先生曾指出康有为著作中那种精神超越性伦理与社会约束性伦理脱节的现象，发现康有为在写《春秋董氏学》列举《春秋繁露》中所讨论的主要道德时，首先列举了属于精神超越性伦理的那些价值，如仁、义和智，紧随这些价值之后的是那些将人凝聚起来包括"三纲"在内的社会约束性伦理的价值。这种顺序清楚地反映了康氏学说的重心所在。张灏先生指出，康有为在前一组价值中为许多条目写了评注，以强调他对精神超越性伦理的赞同，而对后一组价值，他只写了一些表示不赞成的评注。③

造成康有为背离经典儒家教义的原因，除了上文所分析的西方科学知识对他的影响之外，其对于中国传统制度本身阴暗面的厌恶，以及他对普通民众的不忍之心，也是造成这一现象的原因之一。康有为生长在中国南方农村，目睹民众之困穷，心中非常不忍，在他看来，"先儒之开义至广，各有流弊"，当今"世变大，

---

① 康有为：《诸天讲·地篇第二》，载《康有为全集》第十二集，中国人民大学出版社 2007 年版，第 18—19 页。

② 康有为：《笔记·农具》，载《康有为全集》第一集，中国人民大学出版社 2007 年版，第 196 页。

③ 〔美〕张灏：《危机中的中国知识分子：寻求秩序与意义》，高力克、王跃译，新星出版社 2006 年版，第 55—56 页。

则教亦异，不复能拘常守旧"。① 也就是说，现在的世道变了，不能按以前的老规矩办了，他要做儒教的马丁·路德，对儒学加以改造，以便找出一个救世良方。在这种心理的驱动下，他开始对传统的儒家经典进行注释。他在给其朋友的书信中表达过这种感情：

> 仆生于穷乡，坐睹族人、乡人困苦，年丰而无米麦，暖岁而无襦袴，心焉哀之。且受质近厚，仁心太盛，自弱少已好任侠之举，虽失己为之不恤。加十年讲求经世救民之学，而日日睹小民之难，无以济之，则不得不假有国者之力。盖不忍人之心，凝聚弥满，融于血气，染于性情，不可复抑矣。马端临曰：古者户口少，而才智之民多；今户口多，而才智之民少。所经之地，所阅之民，穷困颛愚，几若牛马，慨然遂有召师之责，以为四海困穷，不能复洁己拱手而谈性命矣。②

十分明显，康有为所处的"历史情境"和"生存情境"（张灏语）使他不愿"洁己拱手而谈性命"，而是"讲求经世救民之学"，注释儒家经典。这些注释，是他在不忍之心驱动下，对两种情境的一种回应，然而，与他的初衷相反，这些带有激进主义的注释，不但未成为济世救民的良药，反而开了中国反传统主义的先河。

六　人欲与天理之间

康有为"气"一元论的宇宙观与他的人性论紧密相关。这种具有朴素唯物主义倾向的宇宙观使他的见解与正统的程朱理学大相

① 康有为：《与沈刑部子培书》，载《康有为全集》第一集，中国人民大学出版社 2007 年版，第 238 页。

② 康有为：《与沈刑部子培书》，载《康有为全集》第一集，中国人民大学出版社 2007 年版，第 237 页。

径庭。因为，从总体来说，程朱理学的世界观是一种玄学的二元论，这种世界观认为世界是由"理"和"气"两种基本实体组成的，并且强调"理"的本体论的首要性。[1]《朱子语类·理气上》载："或问：'必有是理，然后有是气。如何？'曰：'此本无先后之可言。然必欲推其所从来，则须说先有是理。'"[2] 康有为虽饱读宋儒之书，然而，受到西方自然科学影响的他，从其朴素的唯物主义倾向的宇宙观出发，在此问题上很自然会从其知识主义的立场立论，从而背离程朱理学的立场。他在给学生讲课时曾明确表示："向来言理虚测，今实测。"[3] 这句话背后的意思十分清楚，传统中所说的"理"是虚无缥缈形而上的东西。其是否能成为真理，尚无定论。而他所说之理，或是根据"格致家所考明之实理"，或是根据事实"实论"之理，或是"出自几何公理之法"，这些理"称为必然之实，亦称为永远之实"。[4] 十分明显，在此问题上，康有为强调的是现象界的真实，其唯物主义的倾向是非常明显的。他曾明确指出："凡物皆始于气，既有气，然后有理。生人生物者，气也。所以能生人生物者，理也。人日在气中而不自知，犹鱼日在水中而不知也。"他断然地说："朱子以为理在气之前，其说非。"[5] 这些看来并不起眼的哲学讨论，实际上在透露一个信息，在西学的影响下，一股新的力量已从传统中分化出来。并且，它将对传统产生巨大的冲击，从而使传统儒家的道德价值发生动摇。

---

① 〔美〕张灏：《危机中的中国知识分子：寻求秩序与意义》，高力克、王跃译，新星出版社 2006 年版，第 37 页。

② （宋）黎靖德编：《朱子语类》卷第一，王星贤点校，中华书局 1986 年版，第 3 页。

③ 康有为：《万木草堂口说·学术源流》，载《康有为全集》第二集，中国人民大学出版社 2007 年版，第 142 页。

④ 康有为：《实理公法全书》，载《康有为全集》第一集，中国人民大学出版社 2007 年版，第 147 页。

⑤ 康有为：《万木草堂口说·学术源流》，载《康有为全集》第二集，中国人民大学出版社 2007 年版，第 133 页。

中国学术史上之性论，一般可分三路，其一乃是来自老传统天命天道的观念，至《中庸》"天命之谓性"一语为结集的一路。其二是孟子本孔子仁智的观念以言即心见性之性善说一路。第三路乃是从自然生命言性，即自"生之谓性"言性。此路始自告子，经荀子、董仲舒、王充，而发展至刘劭《人物志》之言才性。① 以上三路以前两路为儒家心性之学之正宗，而第三路为旁支，第三路虽为旁支，但对心性之学正统起着补足和辅翼的作用，故亦有不可忽视的价值。到了宋朝，宋儒始将孟子与《易传》《中庸》所论的性综言之为"天地之性"或"义理之性"，而以告子、荀子、董仲舒、王充、刘劭等从自然生命言性者融合转化而为"气质之性"。至此，中国心性之学，已获得最具概括性的总结。② 十分明显，康有为的性说，是与上述儒学正宗的心性之学扞格不入的。他的人性论显然是受了西学侵入和晚清诸子学复兴的影响。有关这点，我们将在后面详论。现在，为了厘清康有为"性说"与传统儒学的区别，我们先来讨论宋儒是如何论"性"的。

那么，宋儒认为"性"是什么呢？朱子说："性即理也。当然之理，无有不善者。"③ 可见，在朱子那里，"性"即理，乃属于形而上的范畴，它来自"于穆不已"的"天理""天道"。在朱子看来，于穆不已的天道永远在生化创造，它的这种生化创造的性格就是"善"，所以朱子说，性"无有不善者"。如此看来，朱子是从宇宙论方面来说"性"的，他从外部的宇宙给"性"赋予了"善"的道德含义。

然而，朱子并不满足他这种形而上的抽象说法，在他看来，还应就"性"本身来证明道德的善就在性中，或者说性就是道德善的本身。于是，朱子便采用了孟子的说法，直接从人的内在道德说

---

① 牟宗三：《中国哲学的特质》，上海古籍出版社1997年版，第71页。

② 牟宗三：《中国哲学的特质》，上海古籍出版社1997年版，第69—71页。

③ （宋）黎靖德编：《朱子语类》卷第四，王星贤点校，中华书局1986年版，第67页。

"性"。按朱子的逻辑，吾人之性，即是天理，故作为天理的吾人之"性"中自然也包含着道德的原理。朱子说："仁义礼智，性也。性无形影可以摸索，只是有这理耳。惟情乃可得而见，恻隐、羞恶、辞逊、是非是也。故孟子言性曰：'乃若其情，则可以为善矣。'盖性无形影，惟情可见。观其发处既善，则知其性之本善必矣。"① 朱子的意思是，性是抽象的，无形迹可寻，只有通过吾人具有的恻隐、羞恶、辞让、是非等具体的感情来证明，知由性所生的感情是善的，故知性必然是善的。朱子又说："心之所以会做许多，盖具得许多道理。"又说："何以见得有此四者？因其恻隐，知其有仁；因其羞恶，知其有义。"② 依朱子之见，因为人有恻隐之情，所以可推知人在性中也有恻隐之理，此即所谓仁。知人有羞恶之情，故可推知人之性中有羞恶之理，此即所谓义。知人感情中有辞让之情，故可知人之性中有辞让之理。此即谓之礼。知人之感情中有是非之情，故知人之性中有是非之理，此即所谓智。十分明显，朱子继承了孟子的性善说，从吾人类所具有的恻隐、羞恶、辞让、是非等具体善的道德意识出发，推导出吾人抽象的性中必有仁、义、礼、智之理。按照这个逻辑推演下去，其发处之道德意识是善的，故知人性之本必善无疑。

然而，在朱子看来，这种理论还不够完善，它还没有解决为什么世界上的人还存在着善、恶的问题，所以还需要补充。依朱子之见，孟子说性善，只是说了性的本原，但没有说到人还有气质之性，所以还得分疏。朱子认为，张、程等人分"性"为"天地之性""气质之性"的说法，则"极有功于圣门，有补于后学"。③

① （宋）黎靖德编：《朱子语类》卷第六，王星贤点校，中华书局1986年版，第108页。

② （宋）黎靖德编：《朱子语类》卷第六，王星贤点校，中华书局1986年版，第109页。

③ （宋）黎靖德编：《朱子语类》卷第四，王星贤点校，中华书局1986年版，第70页。

依朱子之见，"论天地之性，则专指理言；论气质之性，则以理与气杂而言之"。① 朱子强调说："天地间只是一个道理。性便是理。人之所以有善有不善，只缘气质之禀各有清浊。"② 如按朱子的解释，"天地之性"与"气质之性"好像只是一性，既然如此，那又为何分为"天地"与"气质"两种性呢？易言之，朱子所谓的"气质之性"究竟是指什么呢？牟宗三先生对朱子"气质之性"的诠释似乎可以帮助我们了解"气质之性"的含义。在牟先生看来，所谓"气质之性"，依朱子的解析，即天地之性落于气质中，天地之性是性之本然，是就性之自身说；气质之性则是就有生以后，性之落于气质中说，故气质之性即气质里面的性。③ 按牟先生的说法，"天地之性"与"气质之性"，只是一性，不过是从抽象和具体两种角度立论而已。在牟先生看来，朱子"就性之自身说，是抽象地说。就性之落于气质说，是具体地说"。④ 牟先生认为，"天地之性"与"气质之性"为两种性，本来未尝不可，如果那样，"则'气质之性'是就人所禀受之气质之或刚或柔、或清或浊、或厚或薄、或特别聪明（上智）、或特别愚笨（下愚）、或宜于此而不宜于彼，等等，而说一种性，此即普通所谓脾性。而董仲舒、王充所说之'气性'，以及《人物志》所说之'才性'，亦都是这种性"。⑤ 依牟先生的见解，"朱子所说的'气质之性'，则不是就此气质本身而说一种性——气性或才性。清浊厚薄只是气质，而'气质之性'则是说的这清浊厚薄之气质里的性。故性只是一而两面说。"⑥ 牟先生认为，两种性与一性之两面说，本来亦可相融而

① （宋）黎靖德编：《朱子语类》卷第四，王星贤点校，中华书局1986年版，第67页。

② （宋）黎靖德编：《朱子语类》卷第四，王星贤点校，中华书局1986年版，第68页。

③ 牟宗三：《中国哲学的特质》，上海古籍出版社1997年版，第72页。

④ 牟宗三：《中国哲学的特质》，上海古籍出版社1997年版，第72页。

⑤ 牟宗三：《中国哲学的特质》，上海古籍出版社1997年版，第72页。

⑥ 牟宗三：《中国哲学的特质》，上海古籍出版社1997年版，第72页。

不必有冲突，但实际上"朱子却并未就这气质本身而建立一种性。他只正视这气质对于'义理之性'之限制。天地之性或义理之性是同而一，但因气质之限制而有了差别。性在气质里边有一点表现，也在气质里面受了限制，此即是朱子所说的'气质之性'，不就是'汉儒所说的气性、才性，但可以说是从那里转化来'"。[①] 搞清了这一点，我们再来看朱子的解释。朱子说："有是理而后有是气，有是气则必有是理。但禀气之清者，为圣为贤，如宝珠在清冷水中；禀气之浊者，为愚为不肖，如珠在浊水中。所谓'明明德'者，是就浊水中揩拭此珠也。物亦有是理，又如宝珠落在至污浊处，然其所禀亦间有些明处，就上面便自不昧。如虎狼之父子，蜂蚁之君臣，豺獭之报本，雎鸠之有别，曰'仁兽'，曰'义兽'是也。"[②] 在这段话中，朱子用宝珠来比喻人来自上天的"天地之性"或"义理之性"，它与天道相贯通，光明透彻，毫无瑕疵。然而，当宝珠落于浊水之中时，"天地之性"受到了限制，而有了差别，但宝珠还是宝珠，只是被浊水所掩、光明不现而已。所以，朱子所谓的"气质之性"，正如牟先生所解释的那样，是"一而两面说"。

天理与人性既然是同而一，人之善恶只是因气质之限制而有了差别，则可见差别处即气质处。用朱子的比喻来说气质处即浊水处，那么，如何于浊水中揩拭此珠，即克服或变化气质中不合道德性的地方，使之回归人性之本然的善呢？朱子指出："圣贤千言万语，只要人不失其本心。"[③] 又说："学者须是求放心，然后识得此性之善。人性无不善，只缘自放其心，遂流于恶。'天命之谓性'，即天命在人，便无不善处。发而中节，亦是善；不中节，便是恶。

---

① 牟宗三：《中国哲学的特质》，上海古籍出版社 1997 年版，第 72 页。

② （宋）黎靖德编：《朱子语类》卷第四，王星贤点校，中华书局 1986 年版，第 73 页。

③ （宋）黎靖德编：《朱子语类》卷第十二，王星贤点校，中华书局 1986 年版，第 199 页。

人之一性，完然具足，二气五行之所禀赋，何尝有不善。人自不向善上去，兹其所以为恶尔。"① 依朱子之见，圣学至孟子之后不得其传，"只为后世学者不去心上理会。尧舜相传，不过论人心道心，精一执中而已。天下只是善恶两端。譬如阴阳在天地间，风和日暖，万物发生，此是善底意思；及群阴用事，则万物凋悴。恶之在人亦然。天地之理固是抑遏阴气，勿使常胜。学者之于善恶，亦要于两夹界处拦截分晓，勿使纤恶间绝善端。动静日用，时加体察，持养久之，自然成熟"。② 又说："求放心，乃是求这物；克己，则是漾着这一物也。"③

显而易见，朱子要求学者不失其本心者，即要求其认识到性即天理，从而变换气质，抑恶扬善，回归天理。这种依照天理，变化或克服气质的道德实践过程，用儒家的说法，即复性的功夫。所谓复性，就是恢复人本体的性。而欲恢复作为本体的性，即须克服转化个人之气质之不善不正者。儒家认为，性是真正主体或真正本体，此一主体或本体是普遍适用于任何人的。"非独贤者有是心也"，人人皆有之。"贤者能勿丧耳"（孟子语），此主体亦系我们之真正的我（ego）。④ 儒家这种复性功夫，用宋儒的话说，就是"存天理，灭人欲"。

朱子说："孔子所谓'克己复礼'，《中庸》所谓'致中和'，'尊德性'，'道问学'，《大学》所谓'明明德'，《书》曰'人心惟危，道心惟微，惟精惟一，允执厥中'：圣贤千言万语，只是教人明天理，灭人欲。天理明，自不消讲学。人性本明，如宝珠沉混

① （宋）黎靖德编：《朱子语类》卷第十二，王星贤点校，中华书局1986年版，第203页。

② （宋）黎靖德编：《朱子语类》卷第十二，王星贤点校，中华书局1986年版，第203页。

③ （宋）黎靖德编：《朱子语类》卷第十二，王星贤点校，中华书局1986年版，第203页。

④ 牟宗三：《中国哲学的特质》，上海古籍出版社1997年版，第73页。

水中，明不可见；去了混水，则宝珠依旧自明。自家若得知是人欲蔽了，便是明处。只是这上便紧紧着力主定，一面格物。今日格一物，明日格一物，正如游兵攻围拔守，人欲自消铄去。所以程先生说'敬'字，只是谓我自有一个明底物事在这里。把个'敬'字抵敌，常常存个敬在这里，则人欲自然来不得。夫子曰：'为仁由己，而由人乎哉！'紧要处正在这里！"① 在朱子看来，"人之所以生，理与气合而已"。② 人性本是天理，即所谓道心，但因为气禀所蔽，便成"人心"，即人欲，天理为人欲所蔽，便如宝珠沉于混水中，其光辉不现。倘若拭去混水，宝珠光辉依旧。人知此理便是天理未为人欲所全蔽，"便是明处"。只要在"这上便紧紧着力主定"，用程伊川所说的"敬"字，和致知的功夫，"只是谓我自有一个明底物事在这里。把个'敬'字抵敌"，则人欲自然来不得。

所谓致知者，朱子解释道："所谓致知在格物者，言欲致吾之知，在即物而穷其理也。盖人心之灵，莫不有知，而天下之物，莫不有理。惟于理有未穷，故其知有不尽也。是以《大学》始教，必使学者即凡天下之物，莫不因其已知之理而益穷之，以求至乎其极。至于用力之久，而一旦豁然贯通焉，则众物之表里精粗无不到，而吾心之全体大用无不明矣。"③ 朱子认为，只要用上述的方法，今日格一物，明日格一物，用力既久，人欲自然消铄去。应当指出，朱子所说的格物，实际上指的是一种道德实践的方法，是指穷吾人性中之理也。用他的比喻来说，"人性本明，如宝珠沉溷水中，明不可见；去了溷水，则宝珠依旧自明"，所以朱子所谓的格物，简单来说，就是要去掉人性中的蔽锢，要"存天理，灭人欲"，变化个人之气质，"使合道德性者更顺适调畅而得其正，使

---

① （宋）黎靖德编：《朱子语类》卷第十二，中华书局1986年版，第207页。
② （宋）黎靖德编：《朱子语类》卷四，中华书局1986年版，第65页。
③ （宋）朱熹：《四书集注章句》之《大学章句》，《四库全书荟要》本，第5—6页。

不合道德性者渐转化之使之合"，①从而回归到宇宙天理的"天地之性"，②也就是说，回归到至善。显而易见，朱子所谓的"性"属于形而上范畴，它乃是道德良知之源，或如牟宗三所说的"人类心灵的道德创造实体"。③朱子这种通过个体的不断修养以达到至善的格物的道德实践背后，实际上是在表达一种儒家的将人生视为追求个人和社会道德至善过程的主张。不论此主张能否实现以及在后来所起的作用如何，从其追求个人和社会至善的目的角度来说，是应当加以肯定的。

冯友兰先生指出："就朱子之哲学系统整个观之，则此格物之修养方法，自与其全系统相协和。……穷天下事物之理，即穷吾性中之理也。今日穷一性中之理，明日穷一性中之理。多穷一理，即使吾气中之性多明一点。穷之既多，则有豁然顿悟之一时。至此时则见万物之理，皆在吾性中。所谓'天下无性外之物'。至此境界，'则众物之表里精粗无不到，而吾心之全体大用无不明矣'。用此修养方法，果否能达到此目的，乃另一问题。不过就朱子之哲学系统言，朱子固可持此说也。"④

不过，在儒家的心性之学中，尚存有更深的一层意义。依照儒家的理论，作为道德创造实体之源，"性"被肯定认为人之所以为人的内在主体，用牟宗三先生的话来说，是"道德的自我"。在他看来，一般人普遍泛说的"我"可分为三个方面：生理的我；心

① 牟宗三：《中国哲学的特质》，上海古籍出版社1997年版，第73页。

② 冯友兰曾指出："朱子所说格物，实为修养方法，其目的在于明吾心之全体大用。即陆王一派之道学家批评朱子此说，亦视之为一修养方法而批评之。若以此为朱子之科学精神，以为此乃专为求知识者，则诬朱子矣。"参阅冯友兰：《中国哲学史》（下），载《三松堂全集》第三卷，河南人民出版社2001年版，第342页。

③ 转引自〔美〕张灏：《新儒家与当代中国的思想危机》，林镇国译，载傅乐诗等著，周阳山、杨肃献编：《近代中国思想人物论——保守主义》，时报文化出版事业有限公司1982年版，第383页。

④ 冯友兰：《中国哲学史》（下），载《三松堂全集》第三卷，河南人民出版社2001年版，第341页。笔者上面的分析，基本采用冯先生观点。

理的我；思考的我（Thought = logical self）。牟宗三先生认为，"此第三项的我，是抽象的我。所谓抽象的即除去心理的具体情态所剩下的纯理智的思考"，即"法哲笛卡儿（Descartes）'我思故我在'一名言中所指的我，即是指抽象的逻辑的我"。依牟宗三先生之见，上述的一、二、三项所称的我，都不是真实的我。在他看来，"具体而真实的我，是透过实践以完成人格所显现之'道德的自我'。此我是真正的我即我之真正的主体"。① 由此可见，牟宗三先生所谓的真正的我，即朱子所谓变换气质、回到天地之性的我，是通过道德实践而达到与性和天道相遥契的我。

张灏先生对新儒家心性之学做过一个简洁的阐释。在他看来，依儒家心性之学，任何人都具有二体。一是内在真实的自我，即孟子所谓的"大体"；另一个是经验的形躯我，即孟子所谓的小体。当在每个人心中体现道德的本我时，在本质上与经验我（the empirical self）完全不同，这一点是重要的。并且，唯有透过形躯我的转化功夫，始能成就以潜势存在的"道德我"。这是说，内在道德我是超越的存在，不同于经验我。简言之，儒家"性"的观念含有一内在超越的信仰。②

依张灏先生之见，在儒家哲学架构中，"性"之内在超越理念与"天"或"天道"之外在超越理念完全地连接在一起。作为超越道德我的"性"，乃是天之所赋，这是儒家的中心信仰。在儒家传统里，"天"意指为"存有物的形上基础"（the metaphysical ground of being）与"意义之源"（the source of meaning）。即此，天表示为"超越本体"（the numinous beyond），超越自然界和人事界的现实存在。随着"性"由"天"赋的信念，"天"的概念构

---

① 牟宗三：《中国哲学的特质》，上海古籍出版社 1997 年版，第 73 页。

② 〔美〕张灏：《新儒家与当代中国的思想危机》，林镇国译，载傅乐诗等著，周阳山、杨肃献编：《近代中国思想人物论——保守主义》，时报文化出版事业有限公司 1982 年版，第 383—384 页。

成了基本的儒家世界观的核心——天人合一。①

张灏先生认为，在"天人合一"理论里，儒家哲学的"宗教性"和"超越的象征"（the transcendental symbolism）才能合一，于是，"儒家宗教性的开展就在天道落实于生命的方向中"。因为在他看来，依天人合一之论，"性"直接地参与"天道"，那么如何实现"天道"的问题也就是如何实现"性"的问题，或者就是如何使内在的道德我成为生命的主宰的问题。张灏先生认为，于儒家的理据里，这个解决之道在于"修身"的理念，修身乃克就实现"性"的唯一途径的信念，生命里天道之实现，也是要透过从事无穷的严格的道德精神修养之过程。在这意思下，"修身"——儒家道德传统的重点——不再只具有道德的意义而已，本质上，修身还具有宗教的意义，因为从事德性功夫，同时就是充实内在的真我，因而也就是敬顺"天命"。张灏先生指出，这是何以牟宗三及其友人论称儒学不只是道德的秩序或伦理规范系统而已。如牟氏所言，儒家具现了高度的宗教性。依他们的观点，"天人合一"是儒家"高度宗教性"的关键处。②

显而易见，康有为的人性论与上述儒家理据存在着根本的分歧。康有为从他的"气"一元论宇宙观出发，认为世界的本质或本原是由"气"这种物质组成的，所以，世界的本原只有一个，根本不能像宋儒那样一分为二，他明确指出"性即理也，是程子之说，朱子采之，非是"。③"古人多言道，宋人多言理，但以理为性不可。"④ 在他看

---

① 〔美〕张灏：《新儒家与当代中国的思想危机》，林镇国译，载傅乐诗等著，周阳山、杨肃献编：《近代中国思想人物论——保守主义》，时报文化出版事业有限公司1982 年版，第 384 页。

② 〔美〕张灏：《新儒家与当代中国的思想危机》，林镇国译，载傅乐诗等著，周阳山、杨肃献编：《近代中国思想人物论——保守主义》，时报文化出版事业有限公司1982 年版，第 385 页。

③ 康有为：《万木草堂口说·中庸》，载《康有为全集》第二集，中国人民大学出版社 2007 年版，第 169 页。

④ 康有为：《万木草堂口说·中庸》，载《康有为全集》第二集，中国人民大学出版社 2007 年版，第 174 页。

来，"孟子言性善，特为当时说法，宋儒不过拘守之耳"。[①] 他认为："程子、张子、朱子分性为二，有气质，有义理，研辨较精。仍分为二者，盖附会孟子。实则性全是气质，所谓义理，自气质出，不得强分也。"[②] 在他看来，"夫性者，受天命之自然，至顺者也。不独人有之，禽兽有之，草木亦有之，附子性热，大黄性凉是也"。[③] 那么"性"究竟是什么呢？康有为斩截明确地说："性者，生之质也。"[④] 又说："受天者谓之性。"[⑤] 如此一来，在康有为那里，"性"是人或物来自自然的性质，并不是传统儒学中所说的"天理"。在康有为的诠释下，"性"并不具有传统儒家所宣称的具有正义和善的意涵，而只具有自然的属性。

与康有为的宇宙观一样，康有为的人性论也受到中国诸子学的影响。其影响康有为较深者为告子、荀子与董仲舒。他曾说："性者，生之质也，未有善恶。"[⑥] 康有为否定孟子的性善论："凡论性之说，皆告子是而孟子非。"[⑦] 又说："告子生之谓性，自是确论，与孔子说合，但发之未透。使告子书存，当有可观。"[⑧]

对董仲舒的性论，康有为也十分推崇。他在给学生上课时常宣

① 康有为：《万木草堂口说·中庸》，载《康有为全集》第二集，中国人民大学出版社 2007 年版，第 169 页。

② 康有为：《长兴学记》，载《康有为全集》第一集，中国人民大学出版社 2007 年版，第 341 页。

③ 康有为：《长兴学记》，载《康有为全集》第一集，中国人民大学出版社 2007 年版，第 341 页。

④ 康有为：《万木草堂口说·中庸》，载《康有为全集》第二集，中国人民大学出版社 2007 年版，第 173 页。

⑤ 康有为：《万木草堂口说·中庸》，载《康有为全集》第二集，中国人民大学出版社 2007 年版，第 173 页。

⑥ 康有为：《万木草堂口说·中庸》，载《康有为全集》第二集，中国人民大学出版社 2007 年版，第 166 页。

⑦ 康有为：《万木草堂口说·荀子》，载《康有为全集》第二集，中国人民大学出版社 2007 年版，第 186 页。

⑧ 康有为：《长兴学记》，载《康有为全集》第一集，中国人民大学出版社 2007 年版，第 341 页。

讲他的见解："《孝经纬》、《繁露》皆言'性者，生之质也'，言性以董子为至。"① 他曾指出："董子'性之名非生焉'，与告子同义。又谓'性者，质也'，又与《孝经纬》'性者，生之质也'同，多是孔门嫡传口说。"② 其实，就像我们上面所分析的那样，康有为所讲的性论，根本不是"孔门嫡传口说"，而属于中国儒学之旁支，他的性论和孔、孟的性论相比，已有明显的偏离。康有为既认性乃生之质，则必重视后天学习的必要，③ 因此，他对孟子的性善论不以为然，而十分重视荀子的性恶论。他指出："孟子言性善，扩充不须学问。荀子言性恶，专教人变化气质，勉强学问。论说多勉强学问功夫，天下惟中人多，可知荀学可重。"④ 又说："荀言穷理，多奥析。孟养气，故学问少。"⑤ 又说："荀子言性恶，以恶为粗恶之恶。董子言生之谓性，是铁板注脚。总之，'性是天生，善是人为'，二句最的。其善伪也，伪字从人，为声，非诈伪之伪，谓善是人为之也。"⑥

依康有为的逻辑，性不具有善的性质，它只是人和物自然的性质，宋儒所说的"性即理"的说法，自然失去了理论的依据。于是，孟子和宋儒所说的形而上的理中所具有的仁、义、礼、智等意

---

① 康有为：《万木草堂口说·中庸》，载《康有为全集》第二集，中国人民大学出版社 2007 年版，第 173 页。

② 康有为：《万木草堂口说·春秋繁露》，载《康有为全集》第二集，中国人民大学出版社 2007 年版，第 203 页。

③ 康有为曾指出："故孔子曰：性相近也。……夫相近，则平等之谓，故有性无学，人人相等，同是食味、别声、被色，无所谓小人，无所谓大人也。有性无学，则人与禽兽相等，同是视听动物，无人禽之别也。"故说康有为有重视后天学习的认识论倾向。参阅康有为：《长兴学记》，载《康有为全集》第一集，中国人民大学出版社 2007 年版，第 341 页。

④ 康有为：《万木草堂口说·孟、荀》，载《康有为全集》第二集，中国人民大学出版社 2007 年版，第 182 页。

⑤ 康有为：《万木草堂口说·孟、荀》，载《康有为全集》第二集，中国人民大学出版社 2007 年版，第 182 页。

⑥ 康有为：《万木草堂口说·孟、荀》，载《康有为全集》第二集，中国人民大学出版社 2007 年版，第 184 页。

涵便被康有为抽掉了。传统心性之学中"性"是道德良知之源，"人类心灵的道德创造实体"等"超越"的意义也被康有为否定掉了。如此一来，宋儒所提倡的"存天理，灭人欲"的理论便成了无源之水、无本之木，甚至后来成了被批判的靶子。

康有为的这种看法使他认为人欲乃人之自然本性，从而得出提倡人欲而反对天理的结论。康有为从自然主义的立场出发，说："故理者，人理也。若耳目百体，血气心知，天所先与。婴儿无知，已有欲焉，无与人事也。故欲者，天也。程子谓'天理是体认出'，此不知道之言也，盖天欲而人理也。"① 他又说："凡为血气之伦必有欲，有欲则莫不纵之，若无欲则惟死耳。最无欲者佛，纵其保守灵魂之欲；最无欲者圣人，纵其仁义之欲。"② 所以，康有为断言："人生而有欲，天之性哉！"③ 那么，在康有为那里，这些欲望指的是什么呢？他说："生人之乐趣、人情所愿欲者何？口之欲美饮食也，居之欲美宫室也，身之欲美衣服也，目之欲美色也，鼻之欲美香泽也，耳之欲美音声也，行之欲灵捷舟车也，用之欲便美机器也，知识之欲学问图书也，游观者之欲美园林山泽也，体之欲无疾病也，养生送死之欲无缺也，身之欲游戏登临、从容暇豫、啸傲自由也，公事大政之欲预闻预议也，身世之欲无牵累压制而超脱也，名誉之欲彰彻大行也，精义妙道之欲入于心耳也，名书、妙画、古器、异物之欲罗于眼底也，美男妙女之欲得我意者而交之也，登山临水、泛海升天之获大观也。"④ 依康有为之见，圣人之道并不拒斥声色，上述这些来自人本身的自然欲望，并不与圣

---

① 康有为：《康子内外篇·理气篇》，载《康有为全集》第一集，中国人民大学出版社 2007 年版，第 111 页。

② 康有为：《康子内外篇·不忍篇》，载《康有为全集》第一集，中国人民大学出版社 2007 年版，第 103—104 页。

③ 康有为：《大同书·愿欲》，载《康有为全集》第七集，中国人民大学出版社 2007 年版，第 32 页。

④ 康有为：《大同书·愿欲》，载《康有为全集》第七集，中国人民大学出版社 2007 年版，第 32 页。

人学说相抵触。他说："圣人之为道，亦但因民性之所利而利导之。因孔窍尤精，圣人所以不废声色，可谓以人治人也。"圣人"引其天性所好，而压其情之所憎"，所以"凡道民者，因人情所必趋，物性所不能遁者，其道必行"。① 康有为强调："故孔子之道，因于人性有男女、饮食、伦常、日用而修治品节之。"而如婆罗门九十六道者，因为远离了人道，人性不堪，不能为人人共行者，"即不可以为人人共行之道，孔子不以为教也"。② 康有为指出："故普天之下，有生之徒，皆以求乐免苦而已，无它道矣。"在他看来，即使有"迂其途，假其道，曲折以赴，行苦而不厌者"，其最终之目的，也还是为了求乐，而绝对没有求苦去乐的。所以，康有为用是否能满足人的肉体和精神等快乐为标准，将世界上的立法创教者分三类。他说："立法创教，能令人有乐而无苦，善之善者也；能令人乐多苦少，善而未尽善者也；令人苦多乐少，不善者也。"③ 于是，康有为得出其结论：

> 夫生物之有知者，脑筋含灵，其与外物之触遇也，即有宜有不宜焉，有适有不适焉。其于脑筋适且宜者，则神魂为之乐；其于脑筋不适不宜者，则神魂为之苦。况于人乎，脑筋尤灵，神魂尤清，明其外物之感入于身者尤繁赜、精微、急捷，而适不适尤著明焉。适宜者受之，不适宜者拒之。故夫人道只有宜不宜，不宜者苦也，宜之又宜者乐也，故夫人道者依人以为道。依人之道，苦乐而已，为人谋者，去苦以求乐而已。④

---

① 康有为：《春秋董氏学》卷六上，载《康有为全集》第二集，中国人民大学出版社 2007 年版，第 387 页。

② 康有为：《中庸注》，载《康有为全集》第五集，中国人民大学出版社 2007 年版，第 373 页。

③ 康有为：《大同书》，载《康有为全集》第七集，中国人民大学出版社 2007 年版，第 7 页。

④ 康有为：《大同书》，载《康有为全集》第七集，中国人民大学出版社 2007 年版，第 6 页。

　　显而易见，依康有为的见解，人道只有宜与不宜。所以，"人欲"并不是恶，而天理也并非善，而去苦求乐，"令人有乐无苦"，"依人以为道者"才是"善之善者也"。康有为反复论证人生去苦求乐的正义和合理的结论是十分清楚的，那就是要反对束缚人的传统的道德伦理，争取个性的自由与个人的权利，提倡情欲和快乐等大众的精神和肉体的需求，发展物质文明，使人们从现实的苦难中解脱出来，在人间建立幸福美满的大同世界。

　　康有为的这些观点，为其后戊戌变法之张本，故也受到当时一部分士大夫的激烈反对，有关这些问题，我们放在下面的章节中进行讨论。

☆　　☆　　☆　　☆

　　在中国近代思想史的研究中，承续性与断裂性的讨论，一直是该领域的热门话题。一般的观点是，迄今为止，学术界关于这个问题的观点还是被断裂性的命题所支配，约瑟夫·列文森的《儒教中国及其现代命运》一书可作为此一观点的代表。基于对文化同一性的精微分析，列文森描绘了一幅现代中国思想变迁的图景。除了感情上的依恋之外，这个变迁很少与传统有继承性。[1] 然而，在此后的研究中却出现了另一种倾向，此倾向显然反对列文森的看法，强调现代是由传统发展而来的，故传统与现代存在着一种明显的继承性。张灏认为，墨子刻《摆脱困境》一书，也许是目前流行的强调继承性最有名的著作。因为根据墨子刻的观点，近现代的中国知识分子，大体上都继承了基本的道德和儒学传统的抱负，他们从"'西学'所接受的东西，仅仅是给实现这些道德目标和传统

---

[1] 〔美〕张灏：《危机中的中国知识分子：寻求秩序与意义》，高力克、王跃译，新星出版社 2006 年版，第 4 页。

抱负提供了新的技术和体制上的方法而已"。① 张灏不同意上述结论，他通过对康有为、谭嗣同等人的研究认为，他所研究的对象"都深深地植根于中国传统；但同时，他们又都打破传统。这种承续性与断裂性的混合，使得我们更加有必要对'传统与西学'这两股力量在塑造现代中国思维与意识中所扮演的角色进行重新评估"。②

笔者对康有为的研究，似乎能为上述张灏的结论提供一个有力的支持。不过应该强调的是，康有为所摄取西学，有很大一部分是通过日本得来的，他戊戌时的改革也是以日本明治维新为榜样的。尤其是其徒梁启超后来向中国介绍的西学，几乎全部都是通过日本引进的。这种所谓的西学，已掺进了日本的很多成分，从而使他们所谓的西学与西方原来的学问，有了不小的差距。所有这些，使我们在厘清中国的近代"传统与西学"纠葛的同时，还要考虑到日本这个中介地在塑造现在中国知识分子思想意识中的因素。

于是，中国近代思想史的研究，便变得更加错综复杂。

---

① 〔美〕张灏：《危机中的中国知识分子：寻求秩序与意义》，高力克、王跃译，新星出版社 2006 年版，第 4 页。

② 〔美〕张灏：《危机中的中国知识分子：寻求秩序与意义》，高力克、王跃译，新星出版社 2006 年版，第 4 页。

第 三 章

戊戌时期的改革思潮

——一组观念与思想的光谱

一　康有为的变法动机与其《新学伪经考》

梁启超在其《清代学术概论》中，将康有为的《新学伪经考》和《孔子改制考》比作晚清思想界的"大飓风"和"火山大喷火"，① 可见此二书在当时的重要地位。为什么要这样比喻呢？原来，当时大部分的中国人较重视君臣之义，尊重祖宗家法，而康有为却反其道而行之，在其著作中倡言托古改制，并打出孔子的旗号，宣扬当时的制度并非一成不变，不可更改，此举在当时可谓惊世骇俗，然推其根本之用意，乃因见西力骎骎东渐，中国已有亡国亡教之虞，故产生了发明孔子之学，改革政治制度，以儒教来对抗西方基督教的想法，用他的话来说则是"不敢以二帝三王之裔，四万万人坐为奴虏，而徇诸君子之虚论"。他的此番用意，在《答朱蓉生书》中，曾有过详尽的披露。此书对了解康有为变法思想极为重要，特征引如下：

　　以仆言之，少受朱子，学于先师九江先生，姁姁笃谨。然

---

① 梁启超：《清代学术概论》，载《饮冰室合集》专集之三十四，中华书局 1989 年版，第 56—57 页。

受质颇热，受情多爱，久居乡曲，日日睹亲族之困，饥寒无以为衣食，心焉哀之；又性好史学。尤好《通考》、《经世文编》之言制度，颇慕王景略、张太岳之为人，倜傥日足。然伏处里间，未知有西学也。及北试京兆，道出香港、上海、天津，入京师，见彼族宫室、桥梁、道路之整，巡役、狱囚之肃，舟车、器艺之精，而我首善之区，一切乃与相反，□然惊，归乃购制造局所译之书读之，乃始知西人之政教风俗，而得其根本节目之由。昔与延秋、星海未尝不极论之。及在都，与伯熙、仲弢、子培诸公皆昌言焉，且以告屠梅君侍御，屠君嘱开书目而购之，并代上《请开铁路》一折（此折似曾呈阅于左右——原注）。即与足下相见虽希，而广雅末席，亦尝妄言，此足下所闻也。故仆之言学及应改制度，盖日日公言之，非待掩饰闭藏，阳儒阴释者也。

吾今且以质足下，以为今之西夷与魏、辽、金、元、匈奴、吐蕃同乎？否乎？足下必知其不同也。今之中国与古之中国同乎？异乎？足下必知其地球中六十余国中之一大国，非古者仅有小蛮夷环绕之一大中国也。今以不同于匈奴、吐蕃、辽、金、蒙古之西夷数十国，其地之大，人之多，兵之众，器之奇，格致之精，农商之密，道路邮传之速，卒械之精炼，数十年来，皆已尽变旧法（如轮舟始于嘉庆二十五年，铁路始于道光二十二年，铁甲船始于咸丰九年，以民为兵始于光绪二年，电线始于道光二十九年，凡百新法，皆出数十年来，并非西人旧法——原注），日益求精，无日不变，而我中国尚谨守千年之旧敝法。即以骑射之无用，人人皆知，而礼官尚动称守祖宗之旧，未肯少变。自沈幼丹言之，至于今盖三十八年矣。衣重裘而行烈日，披葛縠而履重冰，其有不死者乎？使彼不来，吾固可不变。其如数十国环而相迫，日新其法以相制，则旧法自无以御之。是故香港割，诸行开，御园焚，热河幸，安南失，缅甸亡，俄不费一矢而割混同库页六十里之地与之

（自古割地所未有——原注），乃至蕞尔之日本，亦灭我琉球，窥我台湾，而补二十万焉，今高丽又将版矣。是时才臣名将，布满中外，然犹如此。甲申一役，法人仅以轻师游弋海疆，而我天下震动，废饷数千万，至今疮痍未弭。方今幸俄有内乱，法为民主，议论未定，日本极强耳，故我可安旦夕。数年后俄人铁路既成，我中人服□于外者，咸为人逐归，内讧外患，其何可知？且狡焉思启，何国蔑有，不能日强，则蜂虿有毒，亦可腐烂。土耳其陆师，为天下第一，铁甲船亦三十矣，丁亥之役，以教事开衅，六大国环泊兵船，迫其变政，一切大政，归六国使臣主之，失其自主，东割科托于波，北割黑海于俄，南割白海于希，西割赤次戈二部于奥，门约内哥罗马亚三藩土自立为国，一战之间，割疆失政，为人保护之属国，可为前鉴。试问异日若有教衅，诸夷环泊兵船以相挟制，吾何以御之？彼使臣执吾之政，以其教易吾教，且以试士，试问吾今日之作八股，托于孔子，为任孔子之道者，抑为举人进士来乎？杜工部曰：勿令鞭血地，重湿汉臣衣。国亡教微，事可立睹。诸君子乃不察天人之变，名实之间，犹持虚说，坐视君民同灭而为奴虏，仆虽愚，不敢以二帝三王之裔，四万万人坐为奴虏，而徇诸君子之虚论也。周子亦言天下势而已矣，若吾力强，可使吾孔子之学，中国之声灵，运一地球，吾不自立，则并其国与其教而并亡之。足下岂未之思乎？昔在京师，每游万寿山，睹瓦砾之场，未尝不发愤；过香港，经虎门，念关天培之全军覆没，未尝不叹恨。今之游香港者，不知□□已履异国否耳。愿足下及天下之士，日思庚申八月十六之事，则当必有转移之用，而必不肯坐守旧法之虚名，而待受亡国之实祸者，此仆所以取彼长技而欲用之也。

（中略）

仆昔者以治国救民为志，今知其必不见用，而热力未能销沮，又不佞佛，以为木石必有以置吾心，故杜门来，专以发明孔子之学，俾传之四洲，行之万世为事。极知绵薄不逮，然见弃于世，终日醉饱，无补时艰，聊遣岁月，或有补益。且精思妙悟，自视不后于恒人，故谬以自任，如揭鼓而招亡子，然此则仆近岁之志也。或者孔子道至大至中，不患不行，是亦不然。仆以为行不行，专问力而已，力者何？一在发挥光大焉；一在宣扬布护焉。凡物美斯爱，爱斯传，此一义也。然名誉不闻，则美弗著；政俗已定，则美难行。今地球四洲，除亚洲有孔子与佛、回外，余皆为耶所灭矣。使吾国器艺早精，舟车能驰于域外，则使欧、墨、非、奥早从孔学可也。耶氏浅妄，岂能诱之哉？吾既不能早精器艺，坐令彼诱之而坐大，此不宣扬之失策也。夫吾孔子之教，不入印度，而佛能入中国，岂孔学不及佛哉？传与不传异耳。此其明征也。若教既交互，则必争长，争之胜败，各视其力。先入为主，则国俗已成。尊奉既定，则难于改革。耶稣之教，所至皆灭，至于入土耳其、波斯及吾中国，则数百年犹格格不少行焉，所谓先入为主，难于改革也。然彼奉教之国未灭亚洲耳，若国步稍移，则彼非金、元无教者比也，必将以其教易吾教耳。犹吾孔教本起中国，散入新疆、云南、贵州、高丽、安南也。以国力行其教，必将毁吾学宫而为拜堂，取吾制义而发挥《新约》，从者诱以科第，不从者绝以戮辱，此又非秦始坑儒比也。①

显而易见，在康有为看来，当今之世，早已发生了巨大的变化，今世纪不同于古代，如今之中国也不同于古代之中国，今日之中国只不过是"地球中六十余国中之一大国，非古者仅有小蛮夷环绕之一大中国也"。而今之西夷也不同于古之辽、金、匈奴、吐蕃，"西夷数十国，其地之大，人之多，兵之众，器之奇，格致之

精，农商之密，道路邮传之速，卒械之精炼"，早不同于古之蛮夷，并且数十年来，皆已尽变旧法，"而我中国尚谨守千年之旧敝法"。面对此种变局，康有为宣称，"不肯坐守旧法之虚名，而待受亡国之实祸"，所以他要"取彼长技而欲用之"，① 尽变中国之敝法。十分明显，康有为的《新学伪经考》与《孔子改制考》正是在这种思想状态下写成的，可以说其乃是在西力东渐刺激之下的产物，因而也是戊戌变法的重要理论著作。但应当注意的是，康有为虽羡慕西方之强盛，主张"取彼长技而欲用之"，进行变法，但他还是要为其变法理论披上合法的外衣。于是，他打起孔子的旗号，利用传统公羊学的思想资源来作为其变法的理论依据。他说"无征不信，不信民不从"，"圣人但求有济于天下，则言不必信，惟义所在"。"布衣改制，事大骇人，故不如与之先王，既不惊人，自可避祸"。② 依康有为的想法，既然圣人可以行权救患，托古改制，那么读书人效法圣贤，布衣改制，自然也是堂堂正正的事情，于是他顺理成章地对朱一新"用夷变夏"的指责进行了反驳，强调"仆之言学及应改制度，盖日日公言之，非待掩饰闭藏，阳儒阴释者也"。关于这方面，梁启超最了解他老师的心思，他为其师辩解道：

> 孔子改制说，本无可疑，其见于周秦诸子两汉传记者极多，不必遍举，即如论语麻冕礼也一章，颜渊问为邦一章，改制之精义，犹可考见。使孔子而仅从周云尔，则何不云行周之时，乘周之辂，乐则武舞，而必兼采三代耶？可见当时孔子苟获为邦，其制度必有所因革损益明矣。既已不见用，则垂空文以待来者，亦本其平日之所怀者而著之，又何足异乎？黄梨洲有《明夷待访录》，黄氏之改制也；王船山有《黄书》，有

---

① 康有为：《答朱蓉生书》，载《康有为全集》第一集，中国人民大学出版社2007年版，第323—325页。

② 康有为：《孔子改制考卷十一·孔子改制托古考》，载《康有为全集》第三集，中国人民大学出版社2007年版，第141页。

《噩梦》，王氏之改制也；冯林一有《校邠庐抗议》，冯氏之改制也。凡士大夫之读书有心得者，每觉当时之制度有未善处，而思有以变通之，此最寻常事。孔子之作《春秋》亦犹是耳。夫以梨洲、船山、林一之所能为者，而必不许我孔子为之，此何理也？西人果鲁士西亚，虎哥，皆以布衣而著万国公法，天下遵之。今孔子之作《春秋》，乃万世公法也。今必谓孔子之智，曾果氏、虎氏之不若，此又何理也？①

按梁启超的说法，自孔子起，"凡士大夫之读书有心得者，每觉当时之制度有未善处"，均可以"思有以变通之"，古今中外，无不皆然，此乃最为平常之事，根本不值得惊异。此一番辩解，以古今中外学者著书立说为先例，自然为他老师托古改制的行为披上了一层合法的外衣。

康有为既要托古改制、进行政治体制改革，那么他具体的步骤又是什么呢？在《答朱蓉生书》中，康有为对此也有一番解释：

今天下日诵孔氏之书，而□□□然不过借以邀利禄耳。足下阅遍天下士矣，笃信好学，守死善道，可信者有几人哉？夫当风俗共尊，世主欣尚，守道者有□□特豚之荣，万世瞻仰，然人士犹慕一日之富贵，舍之而逃，况新国主之荣辱相形而□见，间有一二遗老鸡鸣不已者，抱书空山，阅百年后，亦已渐尽。后生见闻不接，父以诲子，兄以诲弟，惟利是务。即有好事，搜罗古教，或借以仅传一二，再阅岁年，当不可闻。仆每念及此，中夜揽衣，未尝不流涕也。故仆之急急以强国为事者，亦以卫教也。沮格而归，屏绝杂书，日夜穷孔子之学，乃得非常异义，而后知孔子为创教之圣，立人伦，创井田，发三

① 梁启超：《读春秋界说上》，《清议报》第六册，光绪二十五年一月十一日，第1页。

统，明文质，道尧舜，演阴阳，精微深博，无所不包。仆今发明之，使孔子之道有不藉国力而可传者，但能发敷教之义，宣扬布护，可使混一地球（非宣扬则亦不能，故今最要是敷教之义——原注）。仆窃不自逊让，于孔子之道，似有一日之明，二千年来无人见及此者，其它略有成说。先辟伪经，以著孔子之真面目；次明孔子之改制，以见生民未有（仆言改制自是一端，于今日之宜改法亦无预，足下亦误会——原注）；以礼学、字学附之，以成一统；以七十子后学记续之，以见大宗。辑西汉以前之说为"五经"之注，以存旧说，而为之经；然后发孔子微言大义，以为之纬。体裁洪博，义例渊微，虽汗青无日，而□□穷年，意实在此，若成不成则天也。若有所借，则以此数书者，宣孔子之教于域外，吾知其必行也。仆生平志愿举动，似出于常纬，故人皆谤笑。天下滔滔，谁可语此？扬□之□奉，今亦不敢强聒也。足下闻之，想亦嗤其狂愚而已。若墨氏之学，"非命"、"明鬼"，皆不可通，"尚俭"亦不可行，若其"非攻"，则孔子有之，《穀梁》谓□渊之会，中国夷狄不侵者八年，美□建□成之力，无骇入极则贬而不氏，孟子发之尤切。至于"兼爱"一义，亦出《大戴》，所谓孔子兼而无私，此二字无可议者。孟子之攻之者，当时自有所在，二千年实无议之者。昌黎等辈，安能解此？墨子在战国，与孔子争者也，故自行改制，短丧薄葬，非儒非命，皆力与孔子为难。孟、荀为孔子后学，自当力拒之。孔子最尊父子，特传《孝经》，墨子则无差等，故以为无父，此实不可行者也。今仆所养者，仰事俯畜，仅及一家耳，安有与路人平等者？即以为养，亦人道所不能行，仆安能从之？此亦所谓不待辨者也。故谓足下亦不知仆，亦不知西人，且不知孔子之道之大也。①

---

① 康有为：《答朱蓉生书》，载《康有为全集》第一集，中国人民大学出版社2007年版，第325—326页。

依康有为之见，若想以孔教来对抗"耶教"，使孔教传之四洲，行万世之事，只有根据他所得到孔学中的"微言大义"，"但能发敷教之义，宣扬布护"，便"使混一地球"，"使孔子之道有不借国力而可传者"。康有为的具体做法是，"先辟伪经，以著孔子之真面目"，然后"发孔子微言大义"，"明孔子之改制"之义。易言之，阐释孔子之微言大义，明孔子改制义是目的，而辟伪经，还孔子本来之目的则是达此目的的一个手段。这样一来，康有为在撰写《孔子改制考》之前，便不得不先撰写一部专书来为其宣扬孔子改制主张铺平道路了。所以，《新学伪经考》刊行于1891年，而《孔子改制考》则要等到1898年春，方能正式刊行。

"是书体裁博大，自丙戌年（1886）与陈庆笙议修改《五礼通考》，始属稿。及己丑（1889）在京师，既谢国事，又为之。是年编次甚多，选同学诸子分茸焉。"① 而到了光绪十八年（1892），他又继续编写，"是时所编辑之书甚多，而《孔子改制考》体裁博大，选同学高才助编纂焉。以孔子所制之礼，与三代旧制不同，更与刘歆伪礼相反，古今淆乱，莫得折衷，考者甚难。乃刺取古今礼说，立例以括之"。其所立之例，为"孔子定说""三统说""存旧""辟伪""传谬"等。② 依康有为所述，其《孔子改制考》自酝酿至刊行，竟花费了十余年的时间。

按康有为的说法，既宣扬孔子改制，便不得不"先辟伪经，以著孔子之真面目"，这样一来，他的理论便不得不与当时高踞庙堂的正统学派——"汉学"和"宋学"发生冲突，对康有为而言，为荡涤污泽，扫清变法之障碍，则不得不对"汉学"与"宋学"进行打击。康氏此番用意已隐约见其《长兴学记》之中。康有为大弟子陈千秋为《长兴学记》写跋，申明《长兴学记》之宗旨，其言略谓：

---

① 康有为：《我史》，载《康有为全集》第五集，中国人民大学出版社 2007 年版，第 82 页。

② 康有为：《我史》，载《康有为全集》第五集，中国人民大学出版社 2007 年版，第 82 页。

　　孔子创造"六经"，改制圣法，传于七十，以法后王。虽然，大义昧没，心知其意者，盖已寡矣。汉之学发得《春秋》，宋、明之学发得《四书》，二千年之治赖是矣。国朝诸儒，刿心绌性，而宋学亡；经师碎义逃难，而"汉学"亦亡。陵夷至道、咸之季，大盗猖狓，国命危阽，民生日顿，莫之振救，儒效既睹，而世变亦日新矣。吾师康先生，思圣道之衰，悯王制之缺，慨然发愤，思易天下……爰述斯记以为规言，其词虽约，而治道经术之大，隐隐乎拨樾而光晶之，孔子之道庶几焕炳不蔽。……庶缀学之士知所趋向，推行渐广，风气渐移，生民之托命，或有赖焉。①

康有为在讲学中，亦对"汉学"与"宋学"进行了抨击：

　　后世学术日繁，总其要归，相与聚讼者，曰"汉学"，曰"宋学"而已。若"宋学"变为"心学"，而"汉学"变为名物训诂，又歧中之歧也。至于今日，则朱、陆并废，舒、向俱亡，而新歆之伪书为经学，荆舒之经义为理学。于是，"汉学"、"宋学"皆亡。盖晦盲否塞极矣。②

　　显而易见，对康有为而言，当时的所谓正统学派汉学的训诂考据，只是"碎义逃难"，而宋学家所谓的义理文章也只不过是刿心绌性，空疏无用。他曾说："以至宋、明、国朝文章大家巨名，探其实际，皆空疏无有"，"思考据家著书满家，如戴东原，究复何用？"③

---

　　①　陈千秋：《陈千秋跋》，载《康有为全集》第一集，中国人民大学出版社 2007 版，第 351 页。

　　②　康有为：《长兴学记》，载《康有为全集》第一集，中国人民大学出版社 2007 年版，第 347 页。

　　③　康有为：《我史》，载《康有为全集》第五集，中国人民大学出版社 2007 年版，第 62 页。

他明确指出：

> 说经。《诗》、《书》、《礼》、《乐》、《易》、《春秋》，是为"六经"，见于《经解》、《庄子》、《韩非子》、《史记·儒林传》，又名"六艺"。史迁曰：言"六艺"者，皆折衷于孔子。盖"六经"皆孔子作也。《诗》、《书》、《礼》、《乐》，孔子借先王之书而删定之；至《易》与《春秋》，则全出孔子之笔。故孔子教人，以《诗》、《书》、《礼》、《乐》，而《易》、《春秋》，身后始大盛也。孔子之为万世师，在于制作"六经"，其改制之意，著于《春秋》。孔子早而从周，晚莫道不行，思告后王，于是改制，与颜子论四代，子张言十世是也。盖周衰礼废，诸子皆有改作之心（棘子成之恶文，老、庄之弃礼，墨子之尚俭，皆是——原注）。犹黄梨洲有《明夷待访录》，顾亭林之有《日知录》，事至平常，不足震讶。必知孔子改制"六经"，而后知孔子之道所以集列圣之大成，贤于尧、舜，法于后王也。《淮南子》：夫殷变夏，周变殷，春秋变周，三代之礼不同。以春秋为继周之一代。先秦、西汉之说皆如此（余有《孔子改制考》——原注）。二千年来，行三年丧，夏时选举，同姓不婚之制，皆孔子之法。则春秋实统二千年为一代也。必知《春秋》为改制，而后可通"六经"也。汉兴，《诗》三百五篇传齐、鲁、韩三家；《书》二十八篇，在伏生；《礼经》十七篇，在高堂生；其《记》八十五篇，皆经之记也；《乐》散见于《诗》、《礼》，无经；《易》未经焚烧，传于田何，为全书，无异论；《春秋》传公羊、榖梁，皆立博士，去圣不远，人无异说。洙泗之学，虽不光大，未有失也。至刘歆挟校书之权，伪撰古文，杂乱诸经，于是有《毛诗》、《周官》、《左氏春秋》，伪经增多，杜林、卫宏传之，二郑、马融扇之，郑康成兼揉今古，尽乱家法，深入歆室，甘效死力，加以硕学高行，徒众最盛。三国、六朝、隋、唐，尽主

郑学，于是伪古文盛行，皆在刘歆笼中。宋儒时多异论，而不得其故，亦为歆所丰蔀。国朝经学最盛，顾、阎、惠、戴、段、王盛言"汉学"，天下风靡。然日盘旋许、郑肘下而不自知。于是，二千年皆为歆学，孔子之经虽存而实亡矣。诸儒用力虽勤，入蔀愈深，悖圣愈甚，犹之楚而北辙，缘木而求鱼，可谓之"新学"，不可谓之"汉学"，况足与论夫子之学哉！既无学识，思以求胜，则大其言曰：欲知圣人之道，在通圣人之经；欲通圣人之经，在识诸经之字。于是古音、古义之学，争出竞奏，欲代圣统矣。以此求道，何异磨砖而欲作镜，蒸沙而欲成饭哉！西汉之学，以《禹贡》行河，以三百五篇谏，以《洪范》说灾异，皆实可施行。自歆始尚训诂，以变异博士之学，段、王辈扇之，乃标树"汉学"，耸动后生，沉溺天下，相率于无用，可为太息也。①

为什么会有这样的现象呢？依康有为之见，这是因为，无论是当时的汉学派还是宋学派，他们均未能得到孔子的真传，简言之，他们所读的经书，并不是真经，而是"伪经"。他解释道：

客问主人曰："伪经"何以名之"新学"也？《汉·艺文志》号为"古经"，《五经异义》称为"古说"，诸书所述"古文"尤繁，降及隋、唐，斯名未改，宜仍旧贯，俾人易昭。主人听然曰：若客所云，是犹为刘歆所绐也。夫"古学"所以得名者，以诸经之出于孔壁，写以古文也。夫孔壁既虚，古文亦赝，伪而已矣，何"古"之云？后汉之时，学分今、古，既托于孔壁，自以古为尊，此新歆所以售其欺伪者也。今罪人斯得，旧案肃清，必也正名，无使乱实。歆既饰经佐篡，

---

① 康有为：《长兴学记》，载《康有为全集》第一集，中国人民大学出版社 2007 年版，第 349 页。

身为"新"臣，则经为"新学"，名义之正，复何辞焉！后世汉、宋互争，门户水火，自此视之，凡后世所指目为"汉学"者，皆贾、马、许、郑之学，乃"新学"，非"汉学"也；即宋人所尊述之经，乃多伪经，非孔子之经也。"新学"之名立，学者皆可进而求之孔子，汉、宋二家退而自讼，当自咎其夙昔之眯妄，无为谬讼者矣。①

依康有为之说，高踞庙堂之上的"汉学"与"宋学"既然都不是真经，那么辟伪经，恢复孔子学说之本来面目自然是顺理成章的事了，故他于《新学伪经考》篇首，开宗明义，即叙述其辟伪经，起亡经，翼圣制之目的。其言略谓：

始作伪乱圣制者自刘歆，布行伪经篡孔统者成于郑玄。阅二千年岁、月、日、时之绵暖，聚百、千、万、亿衿缨之问学，统二十朝王者礼乐制度之崇严，咸奉伪经为圣法，诵读尊信，奉持施行，违者以非圣无法论，亦无一人敢违者，亦无一人敢疑者。于是夺孔子之经以与周公，而抑孔子为传；于是扫孔子改制之圣法，而目为断烂朝报。"六经"颠倒，乱于非种；圣制埋瘗，沦于雾雾；天地反常，日月变色。以孔子天命大圣，岁载四百，地犹中夏，蒙难遘闵，乃至此极，岂不异哉！且后世之大祸，曰任奄寺，广女色，人主奢纵，权臣篡盗，是尝累毒生民、覆宗社者矣，古无有是，而皆自刘歆开之。是上为圣经之篡贼，下为国家之鸩毒者也。

夫始于盗篡者，终于即真；始称伪朝者，后为正统。司马盗魏稀绍忠，曹节矫制张奂卖，习非成是之后，丹黄乱色，甘辛变味。孤鸣而正易之，吾亦知其难也。然提圣法于既坠，明

---

①　康有为：《新学伪经考》，载《康有为全集》第一集，中国人民大学出版社2007年版，第356页。

"六经"于暗智，刘歆之伪不黜，孔子之道不著，吾虽孤微，乌可以已！窃怪二千年来，通人大儒，肩背相望，而咸为瞽惑，无一人焉，发奸露覆，雪先圣之沉冤，出诸儒于云雾者，岂圣制赫暗有所待邪？不量绵薄，摧廓伪说，犁庭扫穴，魑魅奔逸，雾散阴豁，日魔星呀，冀以起亡经，翼圣制，其于孔氏之道，庶几御侮云尔。①

康有为此种"起亡经，翼圣制"的观点如大海潮音，极具魅力，故对年轻人极具吸引力，所以他的周围聚集了一大批跨踔之士，陈千秋和梁启超就是其中代表性的人物。康有为撰写《新学伪经考》时，其弟子陈千秋和梁启超曾多有参与，梁启超曾对该书的内容加以概括：

> 一，西汉经学，并无所谓古文者，凡古文皆刘歆伪作。二，秦焚书，并未厄及六经，汉十四博士所传，皆孔门足本，并无残缺。三，孔子时所用字，即秦汉间篆书，即以"文"论，亦绝无今古之目。四，刘歆欲弥缝其作伪之迹，故校中秘书时，于一切古书多所羼乱，五，刘歆所以作伪经之故，因欲佐莽篡汉，先谋湮乱孔子之微言大义。②

年轻人虽佩服康有为的学问，但康氏《新学伪经考》中的武断之处也使他们产生怀疑，如梁启超虽然参与了《新学伪经考》的编纂，但对此书之内容并不完全赞同，"亦时时病其师之武断，然卒莫能夺也"。在梁启超看来，"此书大体皆精当，其可议处乃在小节目，乃至谓《史记》、《楚辞》经刘歆羼入者数十条，出土

---

① 康有为：《新学伪经考》，载《康有为全集》第一集，中国人民大学出版社2007年版，第355页。

② 梁启超：《清代学术概论》，载《饮冰室合集》专集之三十四，中华书局1989年版，第56页。

之钟鼎彝器，皆刘歆私铸埋藏以欺后世，此实为事理之万不可通者，而有为必力持之，实则其主张之要点，并不必借重于此等枝词强辩，而始成立，而有为以好博好异之故，往往不惜抹杀证据或曲解证据，以犯科学家之大忌。此其所短也"。在梁启超眼中，"有为之为人也，万事纯任主观，自信力极强，而持之极毅，其对于客观的事实，或竟蔑视，或必欲强之以从我，其在事业上也有然，其在学问上也亦有然。其所以自成家数崛起一时者以此，其所以不能立健实之基础者亦以此。读《新学伪经考》而可见也"。①

如此看来，康有为撰写《新学伪经考》之目的，无非是坐刘歆伪圣经之罪，而证明"凡后世所指目为'汉学'者，皆贾、马、许、郑之学，乃'新学'，非'汉学'也；即宋人所尊述之经，乃多伪经，非孔子之经也"。加之，康氏论学本之"行权救患"，故其著书之方式乃"六经皆我注脚"。他用此鲁莽疏阔之手段撰写此书，其根本用意乃是要对当时高踞庙堂之上的"汉学"和"宋学"进行根本性的打击，为其素王改制的变革理论扫清障碍。在这种观念的指导下，武断是在所难免的，然公羊学亦源于考据，故其书中某些考辨，至今仍有参考价值。②

二　三科九旨与康有为的《孔子改制考》

据康有为《我史》言，《孔子改制考》虽属稿于光绪十二年丙戌（1886），然写作时间颇长，光绪二十四年（1898）才问世。光绪十八年（1892）康有为在万木草堂讲学期间，开始系统地编纂此书，并"选同学高才助编纂焉"。时陈千秋和梁启超曾多所

---

① 梁启超：《清代学术概论》，载《饮冰室合集》专集之三十四，中华书局1989年版，第56—57页。

② 汤志钧先生对此曾有研究，在此不再赘述。汤先生研究见氏之《戊戌变法史》，人民出版社1984年版，第75—85页。

参与。梁启超对其师治公羊学之特点，所评颇中肯綮，今征引如下：

> 　　有为之治公羊也，不斤斤于其书法、义例之小节，专求其微言大义，即何休所谓非常异义可怪之论者。定《春秋》为孔子改制创作之书，谓文字不过其符号，如电报之密码，如乐谱之音符，非口授不能明。又不惟《春秋》而已，凡六经皆孔子所作。昔人言孔子删述者，误也。孔子盖自立一宗旨而凭之以进退古人，去取古籍。孔子改制，恒托于古。尧、舜者，孔子所托也。其人有无不可知，即有，亦至寻常。经典中尧、舜之盛德大业，皆孔子理想上所构成也。又不惟孔子而已，周秦诸子，罔不改制，罔不托古，老子之托黄帝；墨子之托大禹；许行之托神农，是也。近人祖述何休以治公羊者，若刘逢禄、龚自珍、陈立辈，皆言改制。而有为之说，实与彼异，有为所谓改制者，则一种政治革命，社会改造的意味也。①

由此可见，康有为写此书的目的，并非意在辨伪，而是为其变法改制寻找理论根据。有关这一点，他在其《孔子改制考》一书中已有所表露。

> 　　孟子曰：大人者，言不必信，惟义所在。斯言也，何为而发哉？大人莫若孔子，其为孔子改制"六经"言耶？慈母之养子也，托之鬼神，古昔以耸善戒恶。圣人爱民如子，其智岂不若慈母乎？子思曰：无征不信，不信民弗从。欲征信莫如先王。传曰：可与立，未可与权。《易》曰：巽以行权。权者，知轻重之谓。拨乱救民，硁硁必信，义孰重轻？巽辞托先王，

---

　　① 梁启超：《清代学术概论》，载《饮冰室合集》专集之三十四，中华书局1989年版，第57页。

俾民信从，以行权救患。孔子乎，将为硁硁必信之小人乎？抑
为唯义所在之大人乎？况寓言尤诸子之俗哉！①

　　显而易见，康有为写此书之意图，全在推行新法，他只求有济
于天下，故托辞于孔子改制，以为圣人尚如此，自己行权救患，当
然也可"言不必信，惟义所在"，而不必"为硁硁必信之小人"
了。当时，康有为这种"六经皆我注脚"的做法，已为很多人所
看穿。他刊行《新学伪经考》时，义乌朱一新时教广州广雅书院，
他曾致书康有为，与其讨论孔子改制之问题。其略谓："从古无不
敝之法。有王者作，小敝则小修之，大敝则大改之。法可改，而立
法之意不可改，故曰：其人存，则其政举；其人亡，则其政息。政
之敝坏，乃行法者之失，非立法者之失也。今托于素王改制之文，
以便其推行新法之实。无论改制出于纬书，未可尽信；即圣人果有
是言，亦欲质文递嬗，复三代圣王之旧制耳，而岂用夷变夏之谓
哉？"② 可见时人已知康有为之《新学伪经考》等书之用意并非在辨
伪，而在于推行新法，用夷变夏。当然，康有为也深知其猝言变革，
用夷变夏之举会引起震动，所以他打起了素王改制的旗号，利用人
们对孔子的崇拜和信仰，来宣传他变革制度的政治主张。他曾说：
"布衣改制，事大骇人，故不如与之先王，既不惊人，自可避祸。"③
　　那么，康有为如何将其变革理论与《春秋公羊传》联系起来
呢？原来，公羊学者们认为，《春秋公羊传》中"多非常异义可怪
之论"，"讲诵师言，至于百万，犹有不解"。④ 有关此问题，梁启

---

　　① 康有为：《孔子改制考卷十一·孔子改制托古考》，载《康有为全集》第三集，
中国人民大学出版社 2007 年版，第 141 页。
　　② 朱一新致康有为信见《朱侍御复康长孺第四书》，载《康有为全集》第一集，
中国人民大学出版社 2007 年版，第 327 页。
　　③ 康有为：《孔子改制考卷十一·孔子改制托古考》，载《康有为全集》第三集，
中国人民大学出版社 2007 年版，第 141 页。
　　④ （汉）何休注，（唐）陆德明音义，（唐）徐彦疏：《春秋公羊传注疏》之《春
秋公羊传序》，《钦定四库全书荟要》本，第 2—4 页。

超解释道：

> 《春秋》为孔子改定制度以教万世之书。
>
> 《史记·太史公自序》曰：周道衰废，孔子知言之不用，道之不行也。是非二百四十二年之中，以为天下仪表，文成数万，其指数千，万物之散聚皆在《春秋》。孟子曰：《春秋》天子之事也。夫《春秋》一儒者之笔耳，何以谓为天子之事？盖以《春秋》者，损益百王，斟酌三代，垂制立法，以教万世，此其事皆天子所当有事者也。独惜周道衰废，王者不能自举其职。而天地之公理，终不可无人以发明之也。故孔子发愤而作《春秋》，以行天子之事。故《说苑》曰：周德不亡，《春秋》不作。孟子曰：王者之迹熄，然后《春秋》作。又曰：知我者其惟《春秋》乎？罪我者其惟《春秋》乎！夫作《春秋》何以见罪孔子？盖逆知后世必有执布衣不当改制之说，而疑孔子之僭妄者。故先自言之也。后之儒者不明此义，而甘为罪孔子之人，则何益矣。①

他又说：

> 孟子曰：晋之乘、楚之梼杌、鲁之《春秋》，一也。其事则齐桓、晋文，其文则史。孔子曰：其义则丘窃取之矣。盖以明《春秋》之所重者在义，而不在事与文也。其意若曰，若仅论其事，则不过桓文之陈迹而已；若仅论其文，则不过一史官之职而已。是二者乃晋乘、楚梼杌之所同也。孔子未修之《春秋》，亦犹是也。及孔子修之，则其中皆有义焉。太史公所谓万物散聚，皆在《春秋》，其指数千者，即今之《春秋》

---

① 梁启超：《读春秋界说上》，《清议报》第六册，光绪二十五年一月十一日，第1页。

是也。《春秋》所以为万世之书者，曰惟义之故。孔子所以为圣者，曰惟义之故。孟子所以言道统述及孔子即举《春秋》者，曰惟义之故。若夫事也者，则不过假之以明义。义之既明，兼记其事可也。义之既明，而其事皆作筌蹄之弃，亦无不可也。若徇其事而忘其义，则大不可也。痛哉《左传》家之说也，乃谓《春秋》书不书之例，不过据列国赴告之策以为文。然则孔子直一识字之史官而已。乘与梼杌皆优为之，而何必惟孔子之《春秋》是尊也；自公、穀之大义不明，后儒之以史目《春秋》久矣。夫使孔子而果为史官也，则亦当搜罗明备，记载详博，然后为史之良。我朝二百余年，而东华之录，已汗牛充栋矣，而《春秋》二百四十年，乃仅得一万九千字，犹复漏略芜杂，毫无体例，何其陋欤。故使《春秋》而果为记事之史也，则吾谓左邱明贤于孔子远矣！呜呼，此义也。孔子自言之，孟子又言之，董子、太史公又言之，而竟数千年沉霾晦昒，无一发明。则无怪王荆公谓《春秋》为断烂朝报。而虽以朱子之贤，亦自言于春秋无所解也。故苟不辨明义与事之界，则《春秋》不可得而读也。①

这里梁启超所断断强调的是，孔子之《春秋》与晋之乘、楚之梼杌不同，它并非记事的史书，其所重在义，即其中有孔子的"大意微言"，寓寄着孔子的道德精神和政治理想。梁启超认为，《春秋》虽然以义为主，但"必托事以明义"。因为只有这样，其义才会"愈切著"。他解释道，有关这点，"孔子自言之矣。孔子曰：我欲载之空言，不如见之行事之博深切明也。故因其行事而加吾王心焉。假其位号以正人伦，因其成败以明顺逆。（见《春秋繁露·俞序篇》，又见《史记·太史公自序》——原注）此盖圣人警时忧世

---

① 梁启超：《读春秋界说上》，《清议报》第六册，光绪二十五年一月十一日，第1—2页。

之苦心也"。梁氏举例说："如《春秋》有大居正之义，但言大居正本已足矣，而必借宋宣之事言之，所以使人知不居正之害，可以召争乱也。《春秋》有讥世卿之义，但言讥世卿本已足矣，而必借尹氏之事言之，所以使人知世卿之害，可以篡逆也。盖《春秋》所重者在大居正，讥世卿，而不在葬宋缪与尹氏卒也。不然，一巡抚之出殡，一京官之死，何足以劳圣人之笔哉。"所以，梁启超指出，"读《春秋》当如读《楚辞》，其辞则美人芳草，其心则灵修也；其辞则齐桓晋文，其义则素王制也。知此则于春秋无所阂焉矣"。①

由此可见，在梁启超眼里，《春秋》乃孔子改定制度、为万世立法之书，其中寓寄了孔子的政治和道德理想，孔子托事以明义，只不过是希望书中之大义微言更加博深切明罢了。与梁启超同时代的皮锡瑞也说："《春秋》有大义，有微言，大义在诛乱臣贼子，微言在为后王立法。"②

日本学者滨久雄曾指出，《春秋公羊传》中蕴含之思想类型极为丰富，大体而言，应包含革命思想、尊王思想、非战思想、任侠与复仇思想、亲亲思想、善恶思想、正名思想、经与权思想、文与实思想、夷狄思想、灾异思想等。③ 显而易见，康有为是利用《春秋公羊传》中丰富的思想资源，借助于书中所谓的"非常异义可怪之论"和"微言大义"来发挥他的政治变革理论的。依康有为之见，《春秋》一经共有四本，其中两本为文字写就，两本为孔子口说。他说：

《春秋》有四本。

一、鲁史原文，"不修之《春秋》"。（孟子所见"鲁之

---

① 梁启超：《读春秋界说上》，《清议报》第六册，光绪二十五年一月十一日，第2页。

② 皮锡瑞：《经学通论》，中华书局1954年版，第19页。

③ 〔日〕滨久雄：《公羊学の成立とその展开》，国书刊行会平成四年版，第77—116页。

《春秋》"、公羊所见"不修《春秋》"是也，今佚。可于《公》、《穀》"书不书"推得之——原注）

一、孔子笔削，"已修之《春秋》"。（世所传《春秋》一万六千四百四十六字者是也——原注）

以上二本皆文。

一、孔子口说之《春秋》义。（《公》、《穀》传之——原注）

一、孔子口说之《春秋》微言。（公羊家之董仲舒、何休传之——原注）

以上二本皆无文，而口说传授者。[①]

如此看来，康有为治公羊，就其内容而言，是以现存之《春秋》《穀梁》中之"大义"，与董仲舒、何休所传的"微言"为根据的。于是，又引出了下一个问题，康有为所谓的"大义""微言"又是什么呢？

梁启超认为，清代公羊学者虽都言改制，但康有为与他们不同，康有为的改制带有"一种政治革命、社会改造的意味也。故喜言'通三统'。'三统'者，谓夏、商、周三代不同，当随时因革也。喜言'张三世'。'三世'者，谓据乱世、升平世、太平世，愈改而愈进也。有为政治上'变法维新'之主张，实本于此。有为谓孔子之改制，上掩百世，下掩百世，故尊之为教主，误认欧洲之尊景教为治强之本，故恒欲侪孔子于基督，乃杂引谶纬之言以实之。于是有为心目中之孔子，又带有'神秘性'矣。《孔子改制考》之内容，大略如此，其所及于思想界之影响，可得言焉"。[②]

这里梁启超所说的康有为喜言"通三统"与"张三世"等，

---

① 康有为：《春秋笔削大义微言考》，载《康有为全集》第六集，中国人民大学出版社 2007 年版，第 9 页。

② 梁启超：《清代学术概论》，载《饮冰室合集》专集之三十四，中华书局 1989 年版，第 57—58 页。

显然系指康氏所说的"微言大义"。它乃属于公羊学的"三科九旨"，而公羊学中所谓"三科九旨"者，实乃统摄《春秋》一经之基本观念，乃《春秋》之筦钥也。所以，要了解康有为的变法思想，就不得不先对其进行一个简单的叙述。据徐颜疏所引，所谓"三科九旨"，应有何、宋两说。何氏谓：

> 新周、故宋、以春秋当新王，此一科三旨也。又云所见异辞、所闻异辞、所传闻异辞，二科六旨也。又内其国而外诸夏，内诸夏而外夷狄，是三科九旨也。①

徐彦说："何氏之意以为三科九旨，正是一物。若总言之，谓之三科，科者，段也。若析而言之，谓之九旨，旨者，意也。言三个科段之内，有此九种之意。"② 也就是说，《春秋》之三科九旨，总而言之，应分为三个科段，此三个科段若细而分之，又蕴含着九种意旨。三科与九旨，本为一物也，但对于其具体的解释，宋氏则谓：

> 三科者：一曰张三世，二曰存三统，三曰异外内，是三科也。九旨者：一曰时，二曰月，三曰日，四曰王，五曰天王，六曰天子，七曰讥，八曰贬，九曰绝。时与日月，详略之旨也，王与天王、天子是录远近亲疏之旨也。讥与贬、绝，则轻重之旨也。③

---

① （汉）何休注，（唐）陆德明音义，（唐）徐彦疏：《春秋公羊传注疏》之《春秋公羊传原目》，《钦定四库全书荟要》本，第6页。
② （汉）何休注，（唐）陆德明音义，（唐）徐彦疏：《春秋公羊传注疏》之《春秋公羊传原目》，《钦定四库全书荟要》本，第6页。
③ （汉）何休注，（唐）陆德明音义，（唐）徐彦疏：《春秋公羊传注疏》之《春秋公羊传原目》，《钦定四库全书荟要》本，第6页。

　　此二说若从表面观之，似互不相干，然按公羊家言，《春秋》之内，实"具斯二种理，故宋氏又有此说"惟"贤者择之"的说法。① 然而，问题至此还没有结束，那就是何氏之说中最后一科中只有"内其国而外诸夏，内诸夏而外夷狄"这两旨，尚缺一旨，这又是怎么回事呢？一般学者对此均未加措意。关于这个问题，日本学界有两种解释，一种说法是小岛祐马的观点，他认为最后一科中，还应加上何休注《春秋公羊解诂》隐公元年的"夷狄进至于爵"这一旨，这样一来，便成了九旨。②

　　另一种说法乃是宇野哲人的观点，他认为最后一科中，还应加上《春秋公羊传》成公十五年之"王者欲一乎天下"之一旨。③如按此解释，便也成了九旨。

　　如果上述说法成立，何休所说的"新周、故宋、以春秋当新王"则相当于宋氏所说之"存三统"；其"所见异辞、所闻异辞、所传闻异辞"，则相当于宋氏所说之"张三世"；而其"内其国而外诸夏，内诸夏而外夷狄"，夷狄进至于爵（或王者欲一乎天下），则相当于宋氏所说的"异内外"。④ 而宋氏所谓之九旨，乃指春秋书法技术而言，按何休之解释，"三科九旨，正是一物。若总言之，谓之三科……若析而言之，谓之九旨"，故宋氏所说之九旨，应涵含于其三科之内也。

　　如此看来，"新周、故宋、以春秋当新王"即所谓"通三统"，看上去虽然语言不多，但其中蕴含着极为丰富的内容，其乃是公羊

---

　　① （汉）何休注，（唐）陆德明音义，（唐）徐彦疏：《春秋公羊传注疏》之《春秋公羊传原目》，《钦定四库全书荟要》本，第6页。

　　② 〔日〕小岛祐马：《中国社会思想》，筑摩书房昭和四十二年版，第114页。

　　③ 〔日〕宇野哲人：《中国哲学史——近世儒学》，宝文馆昭和二十九年版，第399页。

　　④ 〔日〕滨久雄：《公羊学の成立とその展开》，国书刊行会平成四年版，第12页。

学者最为重视的观念。①

那么，所谓的三统说是指什么呢？何休对"统"的解释谓：

> 统者，始也，总系之辞。天王者，始受命改制，布政施教
> 于天下，自公侯至于庶人，自山川至于草木昆虫，莫不一一系
> 于正月，故云政教之始。②

可见，按何休的解释，"统"就是"始"，即事物的初始与开端，当一个王者始受命改制时，其政权开始之标志，"莫不一一系于正月"，即用正月来表示此政权之始。因为此政权乃天所授，故要效法天地。"夏以斗建寅之月为正，平旦为朔，法物见，色尚黑；殷以斗建丑之月为正，鸡鸣为朔，法物牙，色尚白；周以斗建子之月为正，夜半为朔，法物萌，色尚赤。"③也就是说，夏、商、周每个朝代，当其政权更始时都要改奉不同的正朔、易不同的服色、改换不同的制度。董仲舒说：

> 三正以黑统初。正日月朔于营室，斗建寅。天统气始通化物，物见萌达，其色黑。故朝正服黑，首服藻黑。正路舆质黑，马黑，大节缓（绥）帻尚黑，旗黑，大宝玉黑，郊牲黑，牺牲角卵。冠于阼，昏礼逆于庭。丧礼殡于东阶之上。祭黑牲，荐尚肝。乐器黑质。法不刑有怀任新产，是月不杀。听朔废刑发德，具存二王之后也。亲赤统，故日分平明，平明朝正。……
> 正白统者，历正日月朔于虚。斗建丑。天统气始蜕化物，

---

① 〔日〕滨久雄：《公羊学の成立とその展开》，国书刊行会平成四年版，第12页。

② （汉）何休注，（唐）陆德明音义，（唐）徐彦疏：《春秋公羊传注疏》卷一，《钦定四库全书荟要》本，第7页。

③ （汉）何休注，（唐）陆德明音义，（唐）徐彦疏：《春秋公羊传注疏》卷一，《钦定四库全书荟要》本，第5页。

物始芽，其色白，故朝正服白，首服藻白，正路舆质白，马白，大节缓（绶）帻尚白，旗白，大宝玉白，郊牲白，牺牷角茧，冠于堂，昏礼逆于堂，丧事殡于楹柱之间。祭牲白牲，荐尚肺。乐器白质。法不刑有身怀任，是月不杀。听朔废刑发德，具存二王之后也。亲黑统，故日分鸣晨，晨鸣朝正。……

正赤统者，大节缓（绶）帻尚赤，旗赤，大宝玉赤，郊牲骍，牺牷角栗。冠于房，昏礼逆于户，丧礼殡于西阶之上。祭牲骍牡，荐尚心。乐器赤质。法不刑有身，重怀藏以养微，是月不杀。听朔废刑发德，具存二王之后也。亲白统，故日分夜半，夜半朝正。①

按上述说法，夏、商、周三代，每代虽都有不同的统，奉不同的正朔，夏、商、周以三个不同的正月开始，即"三统"，但是其所谓的改制，并非像康有为所说的"政治革命，社会改造"②，而只是"徙居处、更称号、改正朔、易服色"③，以示区别于前朝，从而表明其政权"非继前王"，而是顺天应人，"受命于天"。因为在公羊家看来，"政莫大于正始"④，也就是说，在汉儒心目中，政治合法性最重要的标志乃是其最初的本源和依据。董仲舒说："《春秋》何贵乎元而言之？元者，始也，言本正也。道，王道也。王者，人之始也。"⑤ 依董仲舒之见，《春秋》之所以贵乎"元"

---

①　（汉）董仲舒：《春秋繁露》卷七之《三代改制质文第二十三》，《钦定四库全书荟要》本，第5—6页。

②　梁启超：《清代学术概论》，载《饮冰室合集》专集之三十四，中华书局1989年版，第57页。

③　（汉）董仲舒：《春秋繁露》卷一之《楚庄王第一》，《钦定四库全书荟要》本，第5页。

④　（汉）何休注，（唐）陆德明音义，（唐）徐彦疏：《春秋公羊传注疏》卷一，《钦定四库全书荟要》本，第7页。

⑤　（汉）董仲舒：《春秋繁露》卷四之《王道第六》，《钦定四库全书荟要》本，第1页。

（元者，始也），就是要尊重政治的本源和根据。只有其根本正，政治才是合法的。《春秋公羊传》开篇即开宗明义："元年，春，王正月。"《传》对其的解释是："元年者何？君之始年也。春者何？岁之始也。王者孰谓？谓文王也。曷为先言王而后言正月？王正月也。何言乎王正月？大一统也。公何以不言即位？成公意也。"①

在这里，汉儒所谓"大一统"的"大"是重视和推崇的意思，是动词，而不是近代以来一些人所理解的形容词。这正像有的学者已经指出的那样，"'大一统'的要旨不是权力的集中统一，而是强调政教创制要有一根本的原则出发点，即所谓'始'。一切事物只有系于此'始'，方为正道"。② 有关这点，董仲舒与何休都已有清楚阐释。董仲舒说：

> 三统五端，化四方之本也。……其谓统三正者，曰：正者，正也，统致其气，万物皆应，而正统正，其余皆正，凡岁之要，在正月也。法正之道，正本而末应，正内而外应，动作举错，靡不变化随从，可谓法正也。③

他又说：

> 是故《春秋》之道，以无（案"无"他本作"元"——原注）之深，正天之端，以天之端，正王之政，以王之政，正诸侯之位，五者俱正，而化大行。④

---

① （汉）何休注，（唐）陆德明音义，（唐）徐彦疏：《春秋公羊传注疏》卷一，《钦定四库全书荟要》本，第1—8页。

② 张汝伦：《以阐释为创造：中国传统释义学的一个特点——以何休为例》，《复旦学报》（社会科学版）2013年第4期，第59页。

③ （汉）董仲舒：《春秋繁露》卷七之《三代改制质文第二十三》，《钦定四库全书荟要》本，第6页。

④ （汉）董仲舒：《春秋繁露》卷六之《二端第十五》，《钦定四库全书荟要》本，第2页。

在此基础上，何休解释道：

> 政莫大于正始。故《春秋》以元之气正天之端；以天之端，正王之政；以王之政，正诸侯之即位；以诸侯之即位，正竟内之治。诸侯不上奉王之政，则不得即位，故先言正月，而后言即位。政不由王出，则不得为政，故先言王，而后言正月也。王者不承天以制号令，则无法，故先言春，而后言王。天不深正其元，则不能成其化，故先言元，而后言春。五者同日并见，相须成体，乃天人之大本，万物之所系，不可不察也。①

显而易见，汉儒所谓的"统"即"始"，他们之所以要"大一统"，是因为要尊重和追求此"始"，追求其政教的本源和根据。在他们看来，其"政教之始"只有落实在超越的天道的根据上，其政治才会被认为是合法的。

汉儒认为，政权的合法性虽来源于超越的天道，然而此上天的意志却由民意而显现和具体化，易言之，统治者要看民众的态度，民众拥戴你，那就表示天认可你；民众讨厌你，那即表示天将抛弃你。董仲舒指出，"天之无常予，无常夺也"，"天之生民，非为王也，而天立王以为民也。故其德足以安乐民者，天予之；其恶足以贼害民者，天夺之"。② 当王者之政不符民意时，其政治之合法性即失去依据，那时，天将夺去其由天所授的权力。"王者，天之所予也，其所伐皆天之所夺也。……故夏无道而殷伐之，殷无道而周伐之，周无道而秦伐之，秦无道而汉伐之，有道伐无道，此天理也，所从来久矣。"③

---

①　（汉）何休注，（唐）陆德明音义，（唐）徐彦疏：《春秋公羊传注疏》卷一，《钦定四库全书荟要》本，第7—8页。

②　（汉）董仲舒：《春秋繁露》卷七之《尧舜不擅移汤武不专杀第二十五》，《钦定四库全书荟要》本，第16页。

③　（汉）董仲舒：《春秋繁露》卷七之《尧舜不擅移汤武不专杀第二十五》，《钦定四库全书荟要》本，第16—17页。

并且，天虽无视听言动，但上天会根据天子政治的好坏来做出反应，对那些笃行仁义的国君会降祥瑞，而对那些治败失道之国君则出灾异以示变。"王正则元气和顺，风雨时，景星见，黄龙下。王不正，则上变天，贼气并见。"① "王者与臣无礼，貌不肃敬，则木不曲直，而夏多暴风。……王者言不从，则金不从革，而秋多霹雳。……王者视不明，则火不炎上，而秋多电。……王者听不聪，则水不润下，而春夏多暴雨。……王者心不能容，则稼穑不成，而秋多雷。"②

可见，天道是通过民意显现的。只有符合民意的政治，才是有德的政治，才是合法的政治，所以儒家强调"天视自我民视，天听自我民听"，"皇天无亲，惟德是辅"，而董仲舒也说"天子命无常，唯命是德庆"。

从事实上来看，夏、商、周之历代递嬗，也证明政权不可能永远在一王手中，所以，当政权交替时，王者要受命改制。董仲舒说："王者必受命而后王。王者必改正朔，易服色，制礼乐，一统于天下，所以明易姓非继仁，通以已受之于天也。"③

何休也说："王者受命，必徙居处，改正朔，易服色，殊徽号，变牺牲，异器械。明受之于天，不受之于人。"④

这也就是说，新王朝的建立，其政治的合法性并非来源于人事，而是来自超越的天道，执政之王根据本身之"德"，从上天那里接受政权，"咸作国号，迁宫邑，易官名，制礼作乐"⑤，而进行

---

① （汉）董仲舒：《春秋繁露》卷四之《王道第六》，《钦定四库全书荟要》本，第 1 页。

② （汉）董仲舒：《春秋繁露》卷十四之《五行五事第六十四》，《钦定四库全书荟要》本，第 2—3 页。

③ （汉）董仲舒：《春秋繁露》卷七之《三代改制质文第二十三》，《钦定四库全书荟要》本，第 4 页。

④ （汉）何休注，（唐）陆德明音义，（唐）徐彦疏：《春秋公羊传注疏》卷一，《钦定四库全书荟要》本，第 5 页。

⑤ （汉）董仲舒：《春秋繁露》卷七之《三代改制质文第二十三》，《钦定四库全书荟要》本，第 4 页。

改制，以证明其政权顺天应人。"故汤受命而正，应天变'夏'作'殷'号，时正曰统。故亲'夏''虞'，绌'唐'谓之帝尧，以神农为赤帝。作宫邑于下洛之阳，名相宫曰尹，爵谓之帝舜，轩辕曰黄帝，推神农以为九皇。作宫邑于丰。名相宫曰宰。作《武》乐，制文礼以奉天。武王受命，作宫邑于鄗，制爵五等，作《象》乐，继'文'以奉天。周公辅成王受命，作宫邑于洛阳，成文武之制，作《汋》乐以奉天。"① 所以至于"周衰，天子微弱，诸侯力政，大夫专国，士专邑，不能行度制法文之礼"，王者不能自举其职，以致世积乱离，风衰俗怨。"孔子明得失，差贵贱，反王道之本，讥天王以致太平。"② "《春秋》作新王之事，变周之制，当正黑统。而殷、周为王者之后，绌'夏'改号'禹'。谓之帝，录其后以小国，故曰绌'夏'存'周'以春秋当新王，不以侯（杞侯——引者注），弗同王者之后也。"③ 如此看来，政权是随着天命（由民意体现）而转移的，故可以说，三统说中蕴含着易姓改制的正当性观念。

由于《春秋》中存在着素王改制的观念，所以到了清朝中晚期，当社会出现动荡时，那些要求变革的公羊学者们，便利用《春秋》中"新周、故宋、以春秋当新王"等观念，作为他们改革社会主张的思想资源。日本学者认为，"新周、故宋、以春秋当新王"中蕴含着易姓革命正当性的观念，此判断乃基于董仲舒《春秋繁露》中的三代改制质文篇中的三王五帝九皇说。董仲舒认为："王者之法，必正号，绌王谓之帝，封其后以小国，使奉祀之。下，存二王之后以大国，使服其服，行其礼乐，称客其朝。故同时

---

① （汉）董仲舒：《春秋繁露》卷七之《三代改制质文第二十三》，《钦定四库全书荟要》本，第 4 页。

② （汉）董仲舒：《春秋繁露》卷四之《王道第六》，《钦定四库全书荟要》本，第 3 页。

③ （汉）董仲舒：《春秋繁露》卷七之《三代改制质文第二十三》，《钦定四库全书荟要》本，第 7 页。

称帝者五，称王者三，所以昭五瑞（案‘瑞’他本作‘端’——原注），通三统也。是故人之王，尚推神农为九皇，而改号轩辕谓之黄帝，因存帝颛顼、帝喾、帝尧之帝号，绌虞而号舜曰帝舜，录五帝以小国。下，存禹之后于杞，存汤之后于宋，以方百里，爵号公。皆使服其服，行其礼乐，称先王客而朝。"① 此即意味着，当政治权力交替、新王登基之时，对离其最近的前两王朝之子孙，必予其公爵之称号且封以大国，使其保留原有之制度与文物，此两朝之子孙，与当代之新王合称三王，此外，更进一步推其前五代王朝之子孙合称为五帝，封其后以小国，在此之上，更溯前一代与前者共称为九皇。于是，因应天变革而发生政权交替时，三王五帝九皇的地位则依次一代提前。因此，常州学派的公羊学者们认为，"新周、故宋、以春秋当新王"乃孔子寄托于《春秋》中变革必然性之微言大义，而被视为金科玉律。②

原来，西汉公羊学者们认为，每一个新王朝兴起，该保留以前两王朝之后，为之封土建国，让他们依然遵守前王朝之旧传统与旧制度，与此新王朝并存，此之谓"存三统"。周代前两个王朝传统是夏与商，故保留在周代的两个王朝之后的侯国有杞与宋。杞，夏后；宋，商后。他们可以遵守或保持自己以前夏、商两代的制度与文物。但孔子作《春秋》时，他认为周道衰微，已失去王天下的资格了，因此孔子《春秋》里所有的褒贬，并不是当时对周天子的褒贬了，而是孔子心中一个理想的新王朝出现以后所应有的褒贬。

然而，孔子虽把《春秋》作"新王"，但事实上孔子并没有真正地当个新王，《春秋》之褒贬，并非真有一个新王朝，真定了那样的法律来进行褒贬，而只是孔子用其寄托于《春秋》中的道德

---

① （汉）董仲舒：《春秋繁露》卷七之《三代改制质文第二十三》，《钦定四库全书荟要》本，第7页。

② 〔日〕滨久雄：《公羊学の成立とその展开》，国书刊行会平成四年版，第13—14页。

理想来进行褒贬罢了，于是孔子《春秋》只是素王了。但孔子既然把《春秋》作新王，则周王朝在孔子《春秋》里的地位，便该退居前王朝的地位了。孔子《春秋》也保留以前两个王朝的传统，便是殷与周。殷旧有，故说"故宋"；周新入，故说"新周"，而杞的传统，便在孔子《春秋》里黜退了，故又说"春秋黜杞"。周虽王者之后，但对于《春秋》之新王来说，便应退居前王之地位，而"夏"则该依次退居于五帝末一帝，于是夏禹转变成为五帝之末，即"绌夏"改号为"禹"，而"谓之帝"了。①

　　清代公羊学者，利用《春秋》中"通三统"的理论来作为其政治变革的思想资源，此自是当时时势使然，但是根据我们的分析，《春秋》中虽有改制的观念，但是其制度无论如何改，还是强调遵循先王之道。董仲舒说："《春秋》之道，奉天而法古。是故虽有巧手，弗修规矩，不能正方圆，虽有察耳，不吹六律，不能定五音。虽有知心，不览先王，不能平天下。然则先王之遗道，亦天下之规矩六律已。"他认为："圣者法天，贤者法圣，此其大数也，得大数而治，失大数而乱，此治乱之分也。"他指出："所闻天下无二道，故圣人异治同理也。古今通达，故先贤传其法于后世也。《春秋》之于世事也，善复古，讥易常，欲其法先王也。"②他认为："今所谓新王必改制者，非改其道，非变其理，受命于天，易姓更王，非继前王而王也。若一因前制，修故业，而无有所改，是与继前王而王者无以别。受命之君，天之所大显也。事父者承意，事君者仪志。事天亦然。今天大显已，物袭所代而率与同，则不显不明，非天志。故必徙居处、更称号、改正朔、易服色者，无他焉，不敢不顺天志而明自显也。若其大纲、人伦、道理、政治、教化、习俗、文义尽如故，亦何改哉？故王者有改制之名，无易道之

---

　　①　钱穆：《两汉经学今古文平议》，联经出版事业公司1998年版，第271—272页。

　　②　（汉）董仲舒：《春秋繁露》卷一之《楚庄王第一》，《钦定四库全书荟要》本，第4页。

实。孔子曰：'无为而治者，其舜乎！'言其主尧之道而已，此非不易之效与？"① 他进一步强调指出："臣闻夫乐而不乱复而不厌者谓之道，道者万世亡弊，弊者道之失也。先王之道必有偏而不起之处，故政有眊而不行，举其偏者以补其弊而已矣。三王之道所祖不同，非其相反，将以救溢扶衰，所遭之变然也。故孔子曰：'亡为而治者，其舜乎！'改正朔，易服色，以顺天命而已；其余尽循尧道，何更为哉！故王者有改制之名，亡变道之实。然夏上忠，殷上敬，周上文者，所继之救，当用此也。孔子曰：'殷因于夏礼，所损益可知也；周因于殷礼，所损益可知也；其或继周者，虽百世可知也。'此言百王之用，以此三者矣。夏因于虞，而独不言所损益者，其道如一而所上同也。道之大原出于天，天不变，道亦不变，是以禹继舜，舜继尧，三圣相受而守一道，亡救弊之政也，故不言其所损益也。"② 在董仲舒看来，"道者万世亡弊，弊者道之失也"，所以对他而言，"天不变，道亦不变"，如果"政有眊而不行"，那只是王者偏离了"道"，只需"举其偏者以补其弊而已矣"。因此，改制在董仲舒那里，只是"救溢扶衰"，对前代之政有所损益，只是孔子所说的"殷因于夏礼，所损益可知也；周因于殷礼，所损益可知也；其或继周者，虽百世可知也"。在董仲舒看来，历史虽有变化，也只是夏、商、周三代制度互相继承和损益，治理百代，以三王之道足矣。因为在汉儒心目中，三王之道并非来自统治者之独创，而是来源于超越的天道和天理，此天道或天理，遵循着德性的最高原则，而由民意体现。至于其"改正朔、易服色、制礼乐"等改制措施，也仅是要表明其"非继仁，通以已受之于天也"。所以，在西汉公羊学者那里，其"存二王"的目的，也是为了"通三统"而表示一种"师法之意"和"恭让之礼"。关于这个问题，

---

① （汉）董仲舒：《春秋繁露》卷一之《楚庄王第一》，《钦定四库全书荟要》本，第5页。

② （汉）班固著，（唐）颜师古注：《汉书》卷五十六《董仲舒传》，中华书局1962年版，第2518—2519页。

汉儒都有相同的看法。何休曾言：

> 二月三月皆有王者。二月，殷之正月也；三月，夏之正月也。王者存二王之后，使统其正朔，服其服色，行其礼乐。所以尊先圣，通三统，师法之义，恭让之礼，于是可得而观之。①

《白虎通义》也谓：

> 王者所以存二王之后何也？所以尊先王，通天下之三统也。明天下非一家之有，谨敬谦让之至也。故封之百里，使得服其正色，用其礼乐，永事先祖。②

可见，"存二王"完全是为了"尊先王，通天下之三统"，"明天下非一家所有"。汉儒认为，"正朔三而改，文质再而复"，"三正之相承若顺连环"。③何休说：

> 王者起，所以必改质文者，为承衰乱救人之失也。天道本下，亲亲而质省，地道敬上，尊尊而文烦，故王者始起，先本天道以治天下，质而亲亲；及其衰敝，其失也亲亲而不尊。故后王起，法地道以治天下，文而尊尊，及其衰敝，其失也尊尊而不亲，故复反之于质也。④

---

① （汉）何休注，（唐）陆德明音义，（唐）徐彦疏：《春秋公羊传注疏》卷二，《钦定四库全书荟要》本，第 10 页。徐彦疏谓："统者，始也。谓各使以其当代之正朔为始也。""《春秋》黜杞而言通三统者，黜杞为鲁也。通三王之正者，为师法之义。"

② （汉）班固：《白虎通义》卷下之《三正》，《钦定四库全书荟要》本，第 26 页。

③ （汉）班固：《白虎通义》卷下之《三正》，《钦定四库全书荟要》本，第 25 页。

④ （汉）何休：《春秋公羊经传解诂·桓公第二》，《四部丛刊》本，第 12 页。

刘逢禄颇得汉儒"通三统"之精义。他说：

> 昔颜子问为邦，子曰"行夏之时，乘殷之辂，服周之冕"，终之曰"乐则《韶》舞"，盖以王者必通三统，而治道乃无偏而不举之处。自后儒言之，则曰"法后王"；自圣人言之，则曰"三王之道若循环，终则复始，穷则反本"，非仅明天命所授者博，不独一姓也。夫正朔必三而改，故《春秋》损文而用忠；文质必再而复，故《春秋》变文而从质。受命以奉天地，故首建五始。至于治定功成，凤皇来仪，百兽率舞，而《韶》乐作焉，则始元终麟之道，举而措之万世无难矣。①

显而易见，汉儒所谓的改制，与康有为所谓的改制差别极大，这正像朱一新所理解的那样，改制只不过是"欲质文递嬗，复三代圣王之旧制耳"。有关这个问题，我们后面还将论及。

以下我们接着讨论汉儒所谓的"张三世"。牟宗三说："（中国的政治乃是一种道德的政治，——引者注）顺道德政治的观念模型而来的发展，就是周公的制礼，因而成为'周文'。而周公的制礼，最基本的就是确定人伦。人伦的最大的两个纲领则是亲亲之杀，尊尊之等。由此演生出五伦，亲亲尊尊的文制，人道由此确定。故前人有云：'人统之正，托始文王。'即因周公制体故也。至孔子出，他能充分欣赏了解这一套礼制，故曰：'郁郁乎文哉，吾从周。'进而他又点出它的彻上彻下的'意义'，此即是：由亲亲以言仁、由尊尊以言义。这是言仁义的文制根源。及至把仁义点出来了，则其涵义即不为亲亲尊尊之文制所限，而广大无边，遂从这里开辟出中国文化生命的全幅精神领域。"②

---

① （清）刘逢禄：《春秋公羊经何氏释例　春秋公羊释例后录》，曾亦点校，上海古籍出版社 2013 年版，第 14 页。

② 牟宗三撰，罗义俊编：《中国哲学的特质》，上海古籍出版社 2008 年版，第 141 页。

《春秋》一书，寄托了孔子政治与道德的理想，书中对中国这一套礼制有极其完美的发挥与阐释。其中"张三世"之说即体现"亲亲之杀，尊尊之等"礼制一个极好的例子。清代公羊学者对此看得十分清楚。刘逢禄谓：

> 传曰："亲亲之杀，尊贤之等，礼所生也。"《春秋》缘礼义以致太平，用《坤乾》之义以述殷道，用《夏时》之等以观夏道。等之不著，义将安放？故分十二世以为三等，有见三世，有闻四世，有传闻五世。于所见微其词，于所闻痛其祸，于所传闻杀其恩。由是辨内外之治，明王化之渐，施详略之文。①

据夏曾佑言，刘逢禄之公羊学乃本董仲舒②，故我们先来看董仲舒对"张三世"之解释。董仲舒《春秋繁露·奉本》篇云：

> 春秋缘鲁以言王义，杀隐、桓以为远祖，宗定、哀以为考妣。③

此乃假托鲁国之历史来阐释王道，以孔子所生之世为标准，将鲁十二君按时代远近，比喻成不同的亲属关系。董仲舒在其《楚庄王第一》中又具体地说：

> 春秋分十二世以为三等，有见、有闻、有传闻。有见三

---

① （清）刘逢禄：《春秋公羊经何氏释例　春秋公羊释例后录》，曾亦点校，上海古籍出版社 2013 年版，第 8 页。

② 夏曾佑赠梁启超诗云："瑗人（乐）申受（刘）出方耕（庄），孤绪微茫接董生（仲舒）。"此言"今文学"之渊源最分明。见梁启超：《清代学术概论》，载《饮冰室合集》专集之三十四，中华书局 1989 年版，第 54 页。

③ （汉）董仲舒：《春秋繁露》卷九之《奉本第三十四》，《钦定四库全书荟要》本，第 8 页。

世，有闻四世，有传闻五世。故哀、定、昭，君子之所见也；襄、成、文、宣，君子之所闻也；僖、闵、庄、桓、隐，君子之所传闻也。所见六十一年，所闻八十五年，所传闻九十六年。①

可见按董仲舒的说法，三世的分张乃是以孔子生活的年代为标准的，按"亲亲之杀"的原则，将鲁国十二君、二百四十二年的历史分为"所见世""所闻世""所传闻世"三个不同的历史阶段。董仲舒认为：

于所见，微其辞；于所闻，痛其祸；于传闻，杀其恩与情俱也。是故逐季氏而言又雩，微其辞也；子赤杀弗忍言日，痛其祸也；子般杀而书乙未，杀其恩也。屈伸之志，详略之文皆应之。吾以其近近而远远，亲亲而疏疏也。亦知其贵贵而贱贱，重重而轻轻也；有知其厚厚而薄薄，善善而恶恶也；有知其阳阳而阴阴，白白而黑黑也。百物皆有合偶，偶之合之，仇之匹之。善矣。②

按董仲舒的说法，因所见、所闻、所传闻之三世与孔子的远近亲疏之关系不同，故孔子所用的书法也不同，此即谓恩有厚薄、义有浅深，也就是说，孔子褒贬，完全是依照"亲亲之杀，尊尊之等"的礼义而进行的。此即所谓孔子的"微言大义"也。如前所述，宋氏所说的"张三世"相当于何休所说的"所见异辞，所闻异辞，所传闻异辞"。《春秋公羊传注疏》卷一何休注云：

① （汉）董仲舒：《春秋繁露》卷一之《楚庄王第一》，《钦定四库全书荟要》本，第3页。
② （汉）董仲舒：《春秋繁露》卷一之《楚庄王第一》，《钦定四库全书荟要》本，第3页。

所见者谓昭、定、哀己与父时事也；所闻者谓文、宣、成、襄王父时事也；所传闻者谓隐、桓、庄、闵、僖高祖、曾祖时事也。异辞者，见恩有厚薄，义有深浅，时恩衰义缺，将以理人伦，序人类，因制治乱之法。故于所见之世，恩己与父之臣尤深，大夫卒，有罪无罪皆日录之。丙申季孙隐如卒是也。于所闻之世，王父之臣，恩少杀，大夫卒，无罪者日录，有罪者不日，略之，叔孙得臣卒是也。于所传闻之世，高祖、曾祖之臣恩浅，大夫卒，有罪无罪皆不日，略之也。公子益师无骇卒，是也。……所以三世者，礼为父母三年，为祖父母期，为曾祖父母齐衰三月，立爱自亲始。故春秋据哀录隐，上治祖祢，所以二百四十二年者，取法十二公，天数备足，著治法式。又因周道始坏绝于惠、隐之际，主所以卒大夫者，明君当隐痛之也。君敬臣则臣自重，君爱臣则臣自尽。①

此处何休所述与董仲舒合，盖何氏亦本董氏所说。他们都认为《春秋》是按"亲亲之杀、尊尊之等"的礼义来确定其与鲁十二君之亲疏远近之关系，从而对其进行褒贬，即所谓"立爱自亲始"，故其精神与下文将要讨论的"异内外"完全是一脉相承的。何休反复强调："所见之世，臣子恩其君父尤厚，故多微辞是也。所闻之世，恩王父少杀，故立炀宫不日、武宫日是也。所传闻之世，恩高祖、曾祖父又少杀，故子赤卒不日，子般卒日是也。"② 显而易见，所谓的"张三世"充分体现了《春秋》之要义，是儒家道德政治的绝好说明，乃是儒家政治哲学的代表范畴。

何休有过治起于衰乱、治升平、治太平等说法，但其重点并非在三世上，他仅用三世来表示恩之厚薄、义之深浅，以说明"立

---

① （汉）何休注，（唐）陆德明音义，（唐）徐彦疏：《春秋公羊传注疏》卷一，《钦定四库全书荟要》本，第31—32页。

② （汉）何休：《春秋公羊经传解诂·桓公第二》，《四部丛刊》本，第3页。

爱自亲始"。他要强调的是"亲亲之杀，尊贤之等，礼之所生"，只是孔子理想中从衰乱到太平应有的制度与步骤，但其与鲁国实际的历史正好相反。为什么会这样呢？刘逢禄说："鲁愈微，而《春秋》之化益广，内诸夏、不言鄙疆是也。世愈乱，而《春秋》之文益治，讥二名、西狩获麟是也。"[①] 董仲舒也对这一矛盾现象做了解释：

> 周衰，天子微弱，诸侯力政，大夫专国，士专邑，不能行度制法文之礼。诸侯背叛，莫修贡聘，奉献天子。臣弑其君，子弑其父，孽杀其宗，不能统理，更相伐锉以广地，以强相胁，不能制属，强奄弱，众暴寡，富使贫，并兼无已，臣下上僭，不能禁止。日为之食，星霣如雨，雨螽，沙鹿崩。夏大雨水，冬大雨雪，霣石于宋五，六鹢退飞。霣霜不杀草，李梅实。正月不雨，至于秋七月。地震，梁山崩，壅河三日不流。昼晦。彗星见于东方，孛于大辰。鸜鹆来巢。《春秋》异之，以此见悖乱之征。孔子明得失，差贵贱，反王道之本；讥天王以致太平；刺恶讥微，不遗小大，善无细而不举，恶无细而不去，进善诛恶，绝诸本而已矣。[②]

他又说：

> 仲尼之作《春秋》也，上探正天端王公之位，万民之所欲，下明得失，起贤才，以待后圣。故引史记，理往事，正是非，见王公。史记十二公之间，皆衰世之事，故门人惑。孔子曰：吾因其行事而加乎王心焉。以为见之空言，不如行事博深

① （清）刘逢禄：《春秋公羊经何氏释例　春秋公羊释例后录》，曾亦点校，上海古籍出版社 2013 年版，第 8—9 页。
② （汉）董仲舒：《春秋繁露》卷四之《王道第六》，《钦定四库全书荟要》本，第 2—3 页。

切明。故子贡、闵子、公肩子，言其切而为国家贤也。其为切
而至于杀君亡国，奔走不得保社稷，其所以然，是皆不明于
道，不览于《春秋》也。故卫子夏言，有国家者，不可不学
《春秋》。不学《春秋》，则无以见前后旁侧之危，则不知国之
大柄，君之重任也。①

按董氏的说法，那就是孔子见周道衰微，乱象纷呈，于是作
《春秋》来抒发自己的道德理想与政治主张，达到拨乱反正的目
的，也就是说，"《春秋》之所重者在义，而不在事与文也"②，用
现在的话来说，即《春秋》乃是儒家的政治哲学，而不是历史哲
学，其"三世说"所要表述的只是"亲亲之杀，尊尊之等"的伦
理思想。它要表述的不是历史事实，而是要彰显儒家的道德与政治
的价值。

"异内外"同"张三世"一样，也是建立在儒家道德政治
上的。

刘逢禄曾言："昔文王系《易》，著君德于《乾》，二辞与五
同，言以下而升上，以内而及外也。夫子赞之曰：'庸言之信，庸
行之谨，闲邪存其诚，善世而不伐，德博而化。'有旨哉！慎言
行，辨邪正，著诚去伪，皆所以自治也。由是以善世，则合内外之
道也。至于德博而化，而君道成，《春秋》所谓'大一统'也。"③

《传》云："《春秋》内其国而外诸夏，内诸夏而外夷狄。王者
欲一乎天下，曷为以外内之辞言之？言自近者始也。"④

---

① （汉）董仲舒：《春秋繁露》卷六之《俞序第十七》，《钦定四库全书荟要》
本，第3—4页。

② 梁启超：《读春秋界说上》，《清议报》第六册，光绪二十五年一月十一日，第
1页。

③ （清）刘逢禄：《春秋公羊经何氏释例 春秋公羊释例后录》，曾亦点校，上海
古籍出版社2013年版，第18页。

④ （汉）何休注，（唐）陆德明音义，（唐）徐彦疏：《春秋公羊传注疏》卷十
八，《钦定四库全书荟要》本，第11—12页。

何休对此文的解释是："内其国者，假鲁以为京师也。诸夏，外土诸侯也。谓之夏者，大总下土言之辞也。"① 又谓："明当先正京师，乃正诸夏，诸夏正，乃正夷狄，以渐治之。"② 也就是说，王者欲王化之广被，首先要"自近者始"。他在《春秋公羊传注疏》中进一步解释道：

> 于所传闻之世，见治起于衰乱之中。用心尚粗觕，故内其国而外诸夏，先详内而后治外，录大略小，内小恶书，外小恶不书。大国有大夫，小国略称人；内离会书，外离会不书，见（是）也。于所闻之世，见治升平，内诸夏而外夷狄，书外离会，小国有大夫，宣十一年秋，晋侯会狄于攒函，襄二十三年，邾娄劓我来奔，是也。至所见之世，著治太平，夷狄进至于爵，天下远近大小若一，用心尤深而详，故崇仁义，讥二名，晋魏曼多、仲孙何忌是也。③

此即是说，《春秋》为新王立法，于"衰乱世"以鲁国为"内"，而视诸夏为"外"，缘治"自近者始"义，所以"先详内而后治外"。至"升平世"，则视鲁国与诸夏均为"内"，而仅以夷狄为"外"了，而至太平世，"夷狄进至于爵，天下远近大小若一"，则无分"内""外"，"用心尤深而详，故崇仁义，讥二名"了。

董仲舒对此也做过解释："亲迎以来远，故未有不先近而致远者也。故内其国而外诸夏，内诸夏而外夷狄，言自近者始也。"④

---

① （汉）何休注，（唐）陆德明音义，（唐）徐彦疏：《春秋公羊传注疏》卷十八，《钦定四库全书荟要》本，第 11 页。

② （汉）何休注，（唐）陆德明音义，（唐）徐彦疏：《春秋公羊传注疏》卷十八，《钦定四库全书荟要》本，第 12 页。

③ （汉）何休：《春秋公羊经传解诂》卷一，《四部丛刊》本，第 5—6 页。

④ （汉）董仲舒：《春秋繁露》卷四之《王道第六》，《钦定四库全书荟要》本，第 4 页。

又说："若春秋之于偏战也，犹其于诸夏也。引之鲁则谓之外，引之夷狄则谓之内。"董仲舒认为："圣王之德，莫美于恕，故予先言春秋，详己而略人。因其国而容天下。春秋之道，大得之则以王，小得之则以霸。"①

显而易见，在汉儒们看来，《春秋》虽然区分"华夏"与"夷狄"，但区分华夷并不是目的，而只是手段。《春秋》真正要实现的是王道的"远近遍及，海内如一"而"一乎天下"，所以"王者欲一乎天下"则必须本着"自近者始"的原则，按"华夏""夷狄"远近亲疏顺序，将王道逐步扩张，以达到"化被草木，赖及万方"之目的。此即孔子所说的"政者，正也。子帅以正，孰敢不正"。② 可见，《春秋》之精神，乃是要求王者有"明先自正然后正人"的原则。何休对孔子所云有深刻的了解，《注疏》云："明王者起，当先自正，内无大恶，然后乃可治诸夏大恶。"③ 董仲舒认为："《春秋》之文，求王道之端，得之于正。正次王，王次春。春者，天之所为也；正者，王之所为也。其意曰，上承天之所为，而下以正其所为，正王道之端云耳。"④ 也就是说，王道之所以为王道，乃是由于它来源于超越之天道（由民意体现），所以王者必须"承天意以从事"，"而下以正其所为"，这才是王道的开始。

按董仲舒的说法，"《春秋》谓一元之意，一者万物之所从始也，元者辞之所谓大也。谓一为元者，视大始而欲正本也。《春秋》深探其本，而反自贵者始。故为人君者，正心以正朝廷，正朝廷以

---

① （汉）董仲舒：《春秋繁露》卷六之《俞序第十七》，《钦定四库全书荟要》本，第 4 页。

② 《论语·颜渊第十二》。

③ （汉）何休注，（唐）陆德明音义，（唐）徐彦疏：《春秋公羊传注疏》卷三，《钦定四库全书荟要》本，第 27 页。

④ （汉）董仲舒：《天人三策》（元光元年举贤良对策），载《董仲舒集》，学苑出版社 2003 年版，第 8 页。

正百官，正百官以正万民，正万民以正四方。四方正，远近莫敢不一于正，而亡有邪气奸其间者。是以阴阳调而风雨时，群生和而万民殖，五谷孰而草木茂，天地之间被润泽而大丰美，四海之内闻盛德而皆徕臣，诸福之物，可致之祥，莫不毕至，而王道终矣"。[①]依董仲舒之见，政治最重要的是根本。只有权力来源合法，才是王道之端，而权力者必须要"正心"，心正方能正朝廷、百官、万民、四方。至"四方正"则"远近莫敢不一于正"。只有如此，王道才能长久。对儒家而言，自正，属于修身；正人，则属于淑世。前者属于"内圣"，而后者则属于"外王"。董仲舒说："《春秋》之所治，人与我也。所以治人与我者，仁与义也。以仁安人，以义正我。……是故《春秋》为仁义法。仁之法在爱人，不在爱我，义之法在正我，不在正人，我不自正，虽能正人，弗予为义，人不被其爱，虽厚自爱，不予为仁。……君子求仁义之别，以纪人我之间，然后辨乎内外之分，而著于顺逆之处也。是故内治反理以正身，据祉（原注作'礼'——原注）以劝福，外治推恩以广施，宽治以容众。"[②] 他又说：

> 王者爱及四夷，霸者爱及诸侯，安者爱及封内，危者爱及旁侧，亡者爱及独身。独身者，虽立天子诸侯之位，一夫之人耳，无臣民之用矣。如此者，莫之亡而自亡也。[③]

可见，在汉儒那里，所谓的"异内外"只是推行王道的手段与步骤，其最终之目的是要德教被之四海，"夷狄进至于爵"而

---

① （汉）董仲舒：《天人三策》（元光元年举贤良对策），载《董仲舒集》，学苑出版社 2003 年版，第 8—9 页。

② （汉）董仲舒：《春秋繁露》卷八之《仁义法第二十九》，《钦定四库全书荟要》本，第 9—12 页。

③ （汉）董仲舒：《春秋繁露》卷八之《仁义法第二十九》，《钦定四库全书荟要》本，第 11 页。

"一乎天下"。职是之故，"华""夷"的地位要根据其接受"王道"的程度而发生变化。故儒家有"孔子之作《春秋》也，诸侯用夷礼则夷之，夷而进于中国则中国之"的说法。^① 这正像有的学者已指出的那样，"三世说"的意义，"在于他明确把'立爱自亲始'的道德理论变成政治哲学的基本原则，彰显了伦理与政治的连续性。更重要的是，他把政治理论变成了普遍的教化扩张的理论。'何氏之言三世，则多自内外之异观之'。这'内'与'外'表面上看是指鲁国与诸夏即夷狄，或者夷与夏，实质是喻王法与无法、教化与未化。所以太平世之远近大小若一，绝非南海讲的大同世界，而不过是连夷狄也接受了王化罢了。太平世不是事实的必然，而是价值的应然"。^②

以上，我们用了不少的篇幅讨论了汉儒的三科九旨说，下面我们再用它来对照一下康有为这方面的观点。

康有为自称他是通过董仲舒和何休等的著作才了解到孔子的微言大义的。他宣称："公羊家多非常异义可怪之说，辄疑异之，吾昔亦疑怪之。及读《繁露》，则孔子改制变周，以《春秋》当新王，王鲁绌杞，以夏、殷、周为三统，如探家人筐箧，日道不休。……吾以董子学推之今学家说而莫不同。以董子说推之周、秦之书而无不同。……信乎明于《春秋》为群儒宗也。……董生道不高于孟、荀，何以得此？然则是皆孔子口说之所传，而非董子之为之也。善乎王仲任之言曰：文王之文，传于孔子。孔子之文，传于仲舒。故所发言轶荀超孟，实为儒学群书之所无。若微董生，安从复窥孔子之大道哉！……又自古学变后，今为宋儒之学，视董生旧说如游异国，语言不解，风俗、服食、宫室皆殊绝，或不求其本而妄议之。故二千年来遂如泛太平洋而无轮舰，适瀚海而无向导，

---

① （唐）韩愈撰，（宋）魏仲举编：《五百家注昌黎集》卷十一，《钦定四库全书荟要》本，第 6 页。

② 张汝伦：《以阐释为创造：中国传统释义学的一个特点——以何休为例》，《复旦学报》（社会科学版）2013 年第 4 期，第 61—62 页。

徒尔尔向若而惊，望流沙而叹，人踪几绝。近惟得江都凌氏曙为空谷足音，似人而喜，然缘文疏义，如野人之入册府，聋者之听钧天，徒骇玮丽，不能赞一辞也，况于条举以告人哉！不量蠡启，数宗庙百官之美，因董子以通《公羊》，因《公羊》以通《春秋》，因《春秋》以通'六经'，而窥孔子之道本。昧昧思之，如图建章之宫，写《霓裳》之曲，岂有涯哉？"①

　　康有为虽自称"因董子以通《公羊》，因《公羊》以通《春秋》，因《春秋》以通'六经'，而窥孔子之道本"，但是通过我们上文对董仲舒、何休等人对三科九旨阐释的考察，而反观康有为的三世说，就会发现，董、何等人的说法与康有为的观点存在着很大距离。上文已说过，一科三旨中的"新周、故宋、以春秋当新王"即讲的是"通三统"的问题，而"通三统"的实质乃是要解决权力来源合法性之根据的问题，即要重视权力最初的来源与根据。董仲舒谓："《春秋》何贵乎元而言之？元者，始也。言本正也。"何休亦谓："统者，始也。"按汉儒的解释，"唯天子受命于天"，即权力是上天授予的，但上天为什么会授权于天子呢？那是根据天子之德。"皇天无亲，惟德是辅。""天子命无常，唯命是德庆。"天无视听言动，如何证天子有德与否呢？儒家认为："天视自我民视，天听自我民听。"也就是说，天意是由民意来体现和具体化的。海内颂声起，证明天认可你；海内怨声扬，表示天将抛弃你。并且，天还会通过灾异来示警，"国家将有失道之败，而天乃先出灾害以谴告之，不知自省，又出怪异以警惧之，尚不知变，而伤败乃至"。② 由此可见，汉儒认为，政治的合法性是建立在超越的天道上的。易言之，其合法性有其宇宙论之根据。在汉儒看来，符合民意的政治，才是有德的政治，而有德之政治，才具有合法

---

① 康有为：《春秋董氏学自序》，载《康有为全集》第二集，中国人民大学出版社 2007 年版，第 307 页。

② （汉）董仲舒：《天人三策》（元光元年举贤良对策），载《董仲舒集》，学苑出版社 2003 年版，第 6 页。

性。董仲舒说："《春秋》大一统者，天地之常经，古今之通谊也。"① 此乃汉儒"三统说"之根本所在。

由于"三统说"有其坚实的宇宙论基础，故"存二王"只是为了"尊先圣，通三统，师法之义，恭让之礼"。"明天下非一家之有。"而所谓的改制，也只是"改正朔，易服色，以顺天命而已；其余尽循尧道"罢了。故对汉儒而言，"王者有改制之名，亡变道之实"。改制只是质文递嬗、增损补益而已，因为"道之大原出于天，天不变，道亦不变"。

然而，康有为写《孔子改制考》时，西学早已进入中国，西方科学技术对他的影响是深远的。他在《日本书目志》中有言：

> 器之为用，大矣！显微、千里之镜，皆粗器耳。而远窥土、木之月，知诸星之别为地；近窥精微之物，见身中微丝之管，见肺中植物之生，见水中小虫若龙象，而大道出焉。道尊于器，然器亦足以变道矣。②

可见，康有为通过西方的科技手段，"知诸星之别为地"，在有意无意之间，已将自然界之天、地，混同于中国哲学中超越意义的天、地，用自然界的天、地，取代了中国哲学中天地之地位，所以他得出了"道尊于器，然器亦足以变道矣"的结论。哲学根据的不同，必然导致他的改制理论与传统的理论产生极大的偏离。从表面上看，康有为也用"王鲁""亲周""故宋"等来阐述其变法之理论，但与汉儒原意已大相径庭。

> 缘鲁以言王义。孔子之意，专明王者之义，不过言托于

---

① （汉）董仲舒：《天人三策》（元光元年举贤良对策），载《董仲舒集》，学苑出版社 2003 年版，第 28 页。

② 康有为：《日本书目志》，载《康有为全集》第三集，中国人民大学出版社 2007 年版，第 366 页。

鲁，以立文字。即如隐、桓，不过托为王者之远祖，定、哀为王者之考妣，齐、宋但为大国之譬，邾娄、滕侯亦不过为小国先朝之影，所谓"其义则丘取之"也。自伪《左》出，后人乃以事说经，于是周、鲁、隐、桓、定、哀、邾、滕，皆用考据求之，痴人说梦，转增疑惑，知有事而不知有义。于是，孔子之微言没，而《春秋》不可通矣。尚赖有董子之说，得以明之。不然，诸侯来曰朝，内出言如，鲁无鄙疆，董子何愚若此？所谓辞之重，意之复，必有美者存焉。

故《春秋》应天作新王之事，时正黑统。王鲁，尚黑，绌夏，亲周，故宋。（《三代改制》）

《诗》有"三颂"：《周颂》、《鲁颂》、《商颂》。孔子寓亲周、故宋、王鲁之义。不然，鲁非王者，何得有颂哉？自伪《毛》出，而古义湮，于是此义不复知。惟太史公《孔子世家》有焉。公羊传《春秋》，托王于鲁，何注频发此义，人或疑之，不知董子亦大发之。盖《春秋》之作在义不在事，故一切皆托，不独鲁为托，即夏、商、周之三统亦皆托也。①

失去超越意义骨干的"三统说"，在康有为那里，变成"一切皆托，不独鲁为托，即夏、商、周之三统亦皆托也"了。其所剩下的，只有对古文经学的攻击和孔子改制的内容了。

按康有为的逻辑，《春秋》既缘鲁以言王义，那么孔子就是新王，其"尚黑""绌夏""亲周""故宋"等一切举措，皆乃改制之举，所以孔子实际上就是改制的教主。他在其《孔子改制考》中，反复申明此意。

孔子为素王，乃出于子夏等尊师之名。素王，空王也。佛

---

① 康有为：《春秋董氏学》，载《康有为全集》第二集，中国人民大学出版社2007年版，第324页。

亦号空王，又号法王。凡教主尊称，皆取譬于人主，何异焉？①

百王尊，志士法，是所谓众所归往也。尊之为王，又何疑焉？②

《论语》：文王既没，文不在兹？孔子已自任之。王愆期谓文王者，孔子也，最得其本。人只知孔子为素王，不知孔子为文王也。或文或质，孔子兼之。王者，天下归往之谓，圣人天下所归往，非王而何？犹佛称为法王云尔。③

董生更以孔子作新王，变周制，以殷、周为王者之后。大言炎炎，直著宗旨。孔门微言口说，于是大著。孔子为改制教主，赖董生大明。④

那么，康有为为什么要将孔子说成改制的教主呢？原来，在民族危机日益深重的情况下，康有为目睹国事日非，欲实行自立民权，改革制度，由于他少年即以圣人自许，有拯救中国之志，公羊学中，孔子受命改制等思想，非常符合康有为的想法。于是，他将改制、自立民权等观念全部附会到孔子身上，"侪孔子于基督"，以与西方对抗。康有为在《上清帝第一书》未上达后，刊行了他的《新学伪经考》，倡其制度改革之意。略谓：

孔子改制之说，自今学废没，古学盛行后，迷惑人心，人多疑之。吾今不与言孔子，请考诸子。诸子何一不改制哉？后

---

① 康有为：《孔子改制考卷八·孔子为制法之王考》，载《康有为全集》第三集，中国人民大学出版社 2007 年版，第 104 页。
② 康有为：《孔子改制考卷八·孔子为制法之王考》，载《康有为全集》第三集，中国人民大学出版社 2007 年版，第 104 页。
③ 康有为：《孔子改制考卷八·孔子为制法之王考》，载《康有为全集》第三集，中国人民大学出版社 2007 年版，第 105 页。
④ 康有为：《孔子改制考卷八·孔子为制法之王考》，载《康有为全集》第三集，中国人民大学出版社 2007 年版，第 103 页。

世风俗，法密如网，天下皆俯首奉法，无敢妄作者。……其他悬为虚论，待之后王，则有若黄梨州（洲）之《明夷待访录》，顾亭林之《日知录》，更何足言乎？今揭诸子改制之说。诸子之改制明，况大圣制作之孔子，坐睹乱世，忍不损益，拨而反之正乎？知我罪我，惟义所在，固非曲士、夏虫所能知矣。①

他又说：

> 凡大地教主，无不改制立法也。诸子已然矣。中国义理、制度，皆立于孔子，弟子受其道而传其教，以行之天下，移易其旧俗。若冠服、三年丧、亲迎、井田、学校、选举，尤其大而著者。②

既然"凡大地教主，无不改制立法"，那么"弟子受其道而传其教，以行之天下，移易其旧俗"便是天经地义之事。而若冠服、学校、选举等制度的改革尤为荦荦大者。如此一来，其变法就理论上而言，已具备了足够的合法性。

康有为言素王改制，其用意在反专制兴民权。有关这一点，他在书中也已微露其意。

> 乃上古昔，尚勇竞力，乱萌惨黩。天闵振救，不救一世而救百世，乃生神明圣王，不为人主，而为制法主。天下从之，民萌归之。自战国至后汉八百年间，天下学者无不以孔子为王者，靡有异论也。自刘歆以《左氏》破《公羊》，以古文伪传记攻今学之口说，以周公易孔子，以述易作，于是，

① 康有为：《孔子改制考卷三·诸子创教改制考》，载《康有为全集》第三集，中国人民大学出版社 2007 年版，第 21 页。
② 康有为：《孔子改制考卷九·孔子创儒教改制考》，载《康有为全集》第三集，中国人民大学出版社 2007 年版，第 111—112 页。

孔子遂仅为后世博学高行之人，而非复为改制立法之教主圣王，只有师统而不为君统。诋素王为怪谬，或且以为僭窃。尽以其权归之人主，于是，天下议事者引律而不引经，尊势而不尊道。其道不尊，其威不重，而教主微；教主既微，生民不严不化，益顽益愚。皆去孔子素王之故。异哉！王义之误惑不明数千载也！夫王者之正名出于孔氏。何谓之王？一画贯三才谓之"王"，天下归往谓之"王"。天下不归往，民皆散而去之，谓之"匹夫"。以势力把持其民谓之"霸"，残贼民者谓之"民贼"。夫王不王，专视民之聚散向背名之，非谓其黄屋左纛，威权无上也。后世有天下者称帝，以王封其臣子，则有亲王、郡王等名。六朝则滥及善书，渎及奴隶，皆为王。若将就世俗通达之论识言之，则王者人臣之一爵，更何足以重孔子？亦何足以为僭异哉？然今中国圆颅方趾者四万万，其执民权者二十余朝，问人归往孔子乎？抑归往嬴政、杨广乎？既天下义理、制度皆从孔子，天下执经、释菜、俎豆、莘莘皆不归往嬴政、杨广，而归往大成之殿、阙里之堂，共尊孔子。孔子有归往之实，即有王之实，有王之实而有王之名，乃其固然。然大圣不得已而行权，犹谦逊曰假其位号，托之先王，托之鲁君，为寓王为素王云尔。故夫孔子以元统天，天犹在孔子所统之内，于无量数天中而有一地，于地上无量国中而有一王，其于孔子曾何足数！但考其当时，则事实同称，征以后世，则文岂有号，察其实义，则天下归往，审其通名，则人臣之爵，而上昧神圣行权偶托之文法，下忘天下归往同上之徽称，于素王则攻以僭悖之义，于民贼私其牙爪，则许以贯三才之名，何其舛哉！①

① 康有为：《孔子改制考卷八·孔子为制法之王考》，载《康有为全集》第三集，中国人民大学出版社 2007 年版，第 101 页。

康有为认为，若想了解孔子上述反专制、兴民权之大义，则莫如通过孟子。康有为曰：

> 考孔子道至可信据，莫如孟子。时周命未尽，王名未去，而孟子一生不至周，未尝一劝诸侯尊周，但劝诸侯行王政，云：以齐王，犹反手。故李泰伯攻之，虽以孟子为不臣可矣。然此实后世一端之义也。孟子大义云：民为贵。但以民义为主，其能养民、教民者，则为王；其残民、贼民者，则为民贼。周自幽、厉后，威灵不能及天下，已失天子之义。孔子因其实而降为风，夷为列国。《史记·儒林传》谓：周道亡于幽、厉。孟子谓：三代之失天下也以不仁。盖自周至幽、厉，孔子以为周亡。《春秋》，天子之事作，刘向、淮南、董生所谓《春秋》继周也。孟子传孔子之微言，李觏安足以知之？宋人仅知尊王攘夷之义，宜其反却视不信也。①

康有为主张反专制、兴民权，自然要主张开设议院，于是他又将西方议院制度说成孔子之微言、素王之巨制。他说：

> 《春秋》、《诗》皆言君主，惟《尧典》特发民主义。自"钦若昊天"后，即舍嗣而巽位，或四岳共和，或师锡在下，格文祖而集明堂，辟四门以开议院，六宗以祀，变生万物，象刑以期刑措，若斯之类，皆非常异义托焉。故《尧典》为孔子之微言。素王之巨制，莫过于此。②

---

① 康有为：《孔子改制考卷八·孔子为制法之王考》，载《康有为全集》第三集，中国人民大学出版社 2007 年版，第 102 页。
② 康有为：《孔子改制考卷十二·孔子改制法尧舜文王考》，载《康有为全集》第三集，中国人民大学出版社 2007 年版，第 152 页。

他又说：

> 世官为诸子之制，可见选举实为孔子创制。①

从以上讨论我们可以清楚地看出，康有为所谓的改制已和《春秋》中的改制观念有天壤之别了。

我们在前面已经讨论过，中国的政治是一种道德的政治。顺道德政治观念模型的发展，就是周公的制礼，即所谓的"周文"。"周文"最基本的即确定人伦。人伦最大的原则是"亲亲之杀"和"尊贤之等"，进而由此衍生出五伦。至孔子出，又进一步由亲亲而言仁，由尊贤而言义，从而为中国的道德政治开辟了广阔的精神领域。《中庸》有云："仁者，人也，亲亲为大；义者，宜也，尊贤为大。亲亲之杀，尊贤之等，礼所生也，在下位不获乎上，民不可得而治矣。②故君子不可以不修身；思修身，不可以不事亲；思事亲，不可以不知人；思知人，不可以不知天。"③

在汉儒那里，"三世说"本来是要阐释圣人之微言大义的。董仲舒在《春秋繁露·楚庄王第一》中曾将鲁国十二世分三等，即"所见""所闻""所传闻"三世。他认为，孔子是根据其与鲁君亲疏远近之关系，而异其辞，从孔子的褒贬中使人"有知其厚厚而薄薄，善善而恶恶也；有知其阳阳而阴阴，白白而黑黑也"，④即使人明了"《春秋》义之大者也，得一端而博达之，观其是非，可以得其正法。视其温辞，可以知其塞怨……此其别内外，差贤不

---

① 康有为：《孔子改制考卷三·诸子创教改制考》，载《康有为全集》第三集，中国人民大学出版社 2007 年版，第 25 页。

② 朱子认为此二句应在下面，这里误重。见（宋）朱熹：《四书集注章句》之《中庸章句》右第十九章，《钦定四库全书荟要》本，第 14 页。

③ （宋）朱熹：《四书集注章句》之《中庸章句》右第十九章，《钦定四库全书荟要》本，第 14 页。

④ （汉）董仲舒：《春秋繁露》卷一之《楚庄王第一》，《钦定四库全书荟要》本，第 3 页。

肖而等尊卑也"。①

何休在董仲舒的基础上，更进一步提出了"治起于衰乱""治升平""治太平"之说法。但是，何休所说的衰乱、升平、太平不是历史进化的过程，也并不是历史的真实情况，历史的真实情况恰与此相反，"鲁愈微，而《春秋》之化益广……世愈乱，而《春秋》之文益治"。皮锡瑞曾明确指出："《春秋》借事明义，且非独祭仲数事而已也。存三统、张三世，亦当以借事明义解之，然后可通。隐公非受命王，而《春秋》于隐公托始，即借之以为受命王。哀公非太平世，而春秋于哀公告终，即借之以为太平世，故论春秋时世之渐衰。春秋初年，王迹犹存，及其中叶，已不逮春秋之初，至于定、哀，骎骎乎流入战国矣。而论《春秋》三世之大义，《春秋》始于拨乱，即借隐、桓、庄、闵、僖为拨乱世；中于升平，即借文、宣、成、襄为升平世；终于太平，即借昭、定、哀为太平世。世愈乱，而《春秋》之文愈治，其义与时事正相反。盖《春秋》本据乱而作，孔子欲明驯致太平之义，故借十二公之行事，为进化之程度，以示后人治拨乱之世应如何，治升平之世如何，治太平之世应如何。义本假借，与事不相比附。《公羊》疏于注，至所见之世著治太平，云当尔之时，实非升平，但《春秋》之义，若治之太平于昭、定、哀也，犹如文、宣、成、襄之世，实非升平，但《春秋》之义，而见治之升平。然疏之解此，亦甚明矣。昧者乃引当时之事，讥其不合，不知孔子生于昭、定、哀世，岂不知其为治为乱？公羊家明云世愈乱，而《春秋》之文愈治，亦非不知其为治为乱也。"②"三世说""是根据亲亲之杀、尊贤之等作出的推演。推演的不是历史发展或'历史进步'的轨迹，而是王化由内及外的过程。与进化论根本不同的是，它讲的是一个文明扩

---

①　（汉）董仲舒：《春秋繁露》卷一之《楚庄王第一》，《钦定四库全书荟要》本，第4页。

②　皮锡瑞：《经学通论》卷四之《春秋》，中华书局1954年版，第23页。

展的横向过程，而不是一个历史发展的纵向过程"。①

然而，到了清末，在西学骎骎东渐的形势下，知识分子为了挽救危亡，于传统学说中寻求救时的思想资源，康有为为推行其变法主张，将礼运中之大同、小康配以《春秋》中公羊三世，而将其改造成一种进化主义的历史哲学。

"三世"为孔子非常大义，托之《春秋》以明之。所传闻世为据乱，所闻世托升平，所见世托太平。乱世者，文教未明也。升平者，渐有文教，小康也。太平者，大同之世，远近大小如一，文教全备也。大义多属小康，微言多属太平。为孔子学，当分二类，乃可得之。此为《春秋》第一大义。自伪《左》灭《公羊》而《春秋》亡，孔子之道遂亡矣。②

于此之上，康有为又将君主、民主配以公羊之三世。其言谓：

尧、舜为民主，为太平世，为人道之至，儒者举以为极者也。……孔子拨乱升平，托文王以行君主之仁政，尤注意太平，托尧、舜以行民主之太平。然其恶争夺而重仁让，昭有德，发文明，《易》曰："言不尽意"，其义一也。特施行有序，始于粗粝而后致精华。《诗》托始文王，《书》托始尧、舜，《春秋》始文王，终尧、舜。《易》曰：言不尽意。圣人之意，其犹可推见乎？后儒一孔之见，限于乱世之识。大鹏翔于廖廓，而罗者犹守其薮泽，悲夫！③

---

① 张汝伦：《以阐释为创造：中国传统释义学的一个特点——以何休为例》，《复旦学报》（社会科学版）2013 年第 4 期，第 61 页。
② 康有为：《春秋董氏学》，载《康有为全集》第二集，中国人民大学出版社2007 年版，第 324 页。
③ 康有为：《孔子改制考卷十二·孔子改制法尧舜文王考》，载《康有为全集》第三集，中国人民大学出版社 2007 年版，第 149—150 页。

在康有为那里，历史既然为进化的，那么，自《春秋》百世之后，穷则变通，又有三统，此乃孔子改制之微言。康有为说：

> 《淮南子》：殷变夏，春秋变周，三代之礼不同，以春秋为一代。《说苑》：夏道不亡，殷德不作；殷道不亡，周德不作；周道不亡，《春秋》不作。以此证之，继周者春秋也。百世以俟圣人，由百世之后，等百世之王，以《春秋》治百世也。百世之后，穷则变通，又有三统也。此改制之微言也。①

孔子既预言百世之后，穷则变通，又有三统，又当改制，康有为既以受孔子之教而传孔子之教自居，那么，其改制之举无非是效法先圣，而对移风易俗的变革之举自然要当仁不让了。这就是康有为改制变法的逻辑，也是其"据乱世、升平世、太平世，愈改而愈进"的进化构想。然而，他的改制逻辑与进化构想与汉儒的本意已经相差甚远了。

下面，我们再讨论一下三科九旨中的异内外。按前述滨久雄等日本学者的说法，三科九旨中的"异内外"应包含两项内容：其一是"内其国而外诸夏，内诸夏而外夷狄"；其二是"夷狄进至于爵"，"王者欲一乎天下"。如此说法成立，那么前者就是实现王道的手段和步骤，后者则是最终要实现的理想。孔子作《春秋》，欲反王道之本，为万世立法。他所欲达到的目的就是王化的广被，就其步骤来说，首先要有华夷之辨，即区分何者为"华"，何者为"夷"。辨别华夷的标准并不在于其地理上离鲁国的远近及其种族，而在于其离孔子所定的王法之远近。鲁宣公十二年"夏六月乙卯，晋荀林父帅师及楚子战于邲，晋师败绩"。从地理上说，晋属于中国，而楚则属于夷狄，但《公羊传》说："大夫不敌君，此其称名

---

① 康有为：《孔子改制考卷九·孔子创儒教改制考》，载《康有为全集》第三集，中国人民大学出版社 2007 年版，第 116 页。

氏以敌楚子何？不与晋而与楚子为礼也。"何休注云："不与晋而
反与楚子为君臣之礼以恶晋。"徐彦疏云："内诸夏以外夷狄，《春
秋》之常，今叙晋于楚子之上，正是其例。而知其恶晋者，但楚
庄德进行修，同于诸夏，讨陈之贼，不利其土，入郑皇门，而不取
其地。既卓然有君子之信，宁得殊之？既不合殊，即是晋侯之匹，
林父人臣，何得序于其上？既序人君之上，无臣子之礼明矣。臣而
不臣，故知恶晋也。"①

　　显而易见，依中国传统儒家见解，区分夷夏之标准，并不在于民
族与地理，而在于其行为是否符合孔子所定之王法，所以董仲舒说：

　　　　《春秋》之常辞也，不予夷狄而予中国为礼，至邲之战，
　　偏然反之，何也？曰："《春秋》无通辞，从变而移。今晋变
　　而为夷狄，楚变而为君子，故移其辞以从其事。"②

　　具体而言，《春秋》还根据当时人们的行事定立了"七等"进
退之义。《春秋》庄公十年传云："州不若国，国不若氏，氏不若
人，人不若名，名不若字，字不若子。"徐彦疏云："州不若国，
解云：言荆不如言楚。国不若氏，解云：言楚不如言潞氏、甲氏。
氏不若人，解云：言潞氏不如言楚人。人不若名，解云：言楚人不
如言介葛卢。名不若字，解云：言介葛卢不如言邾娄仪父。字不若
子，解云：言邾娄仪父不如言楚子、吴子。"③ 由此可见，从《春
秋》对该人的称谓上，我们便可以看出孔子对其的进退褒贬了。

　　《春秋》不仅有七等进退之义，还借当时之事以行褒贬之意，即孔

---

①　（汉）何休注，（唐）陆德明音义，（唐）徐彦疏：《春秋公羊传注疏》卷十
六，《钦定四库全书荟要》本，第9页。

②　（汉）董仲舒：《春秋繁露》卷二之《竹林第三》，《钦定四库全书荟要》本，
第1页。

③　（汉）何休注，（唐）陆德明音义，（唐）徐彦疏：《春秋公羊传注疏》卷七，
《钦定四库全书荟要》本，第16—17页。

子所说"我欲载之空言，不如见之于行事之深切著明也"。此种褒贬之意，既是孔子为后世立法，也是区分华夷的标准，故董仲舒说：

> 《春秋》明此，存亡道可观也。观乎亳社，知骄溢之罚。观乎许田，知诸侯不得专封。观乎齐桓、晋文、宋襄、楚庄，知任贤奉上之功。观乎鲁隐、祭仲、叔武、孔父、荀息、仇牧、吴季子、公子目夷，知忠臣之效。观乎楚公子比，知臣子之道，效死之义。观乎潞子，知无辅自诅之败。观乎公在楚，知臣子之恩。观乎漏言，知忠道之绝。观乎献六羽，知上下之差。观乎宋伯姬，知贞妇之信。观乎吴王夫差，知强凌弱。观乎晋献公，知逆理近色之过。观乎楚昭王之伐蔡，知无义之反。观乎晋厉之妄杀无罪，知行暴之报。观乎陈佗、宋闵，知妒淫之祸。观乎虞公、梁亡，知贪财枉法之穷。观乎楚灵，知苦民之壤。观乎鲁庄之起台，知骄奢淫泆之失。观乎卫侯朔，知不即召之罪。观乎执凡伯，知犯上之法。观乎晋郤缺之伐邾娄，知臣下作福之诛。观乎公子翚，知臣窥君之意。观乎世卿，知移权之败。故明王视于冥冥，听于无声，天覆地载，天下万国，莫敢不悉靖共职受命者，不示臣下以知之至也。故道同则不能相先，情同则不能相使，此其教也。[1]

由此可见，《春秋》是用当时之事，以明其褒贬之意。其褒贬之意，即为后世立法。所谓的"华夷之辨"，即蕴含于《春秋》之褒贬中。

《春秋》区分"中国"与"夷狄"的目的是要人确立道德意识，辨清善、恶，以达到"王者欲一乎天下"，"夷狄进至于爵"，即王道之广被之目的。

---

[1] （汉）董仲舒：《春秋繁露》卷四之《王道第六》，《钦定四库全书荟要》本，第10—11页。

王道之广被自有其步骤，其步骤自然本着"亲亲之杀，尊贤之等"之原则，即王化自近者始，也即《注疏》所说的"明当先正京师，乃正诸夏，诸夏正乃正夷狄，以渐治之"。此正如儒家所谓的修身、齐家、治国以渐至于平天下的过程一样，乃是一个由近及远、逐步扩展的过程。刘逢禄说："《春秋》推见至隐，举内包外，以治纤芥之慝，亦归于元始正本以理万事。故平天下在诚意，未闻枉己而能正人者也。《春秋》之化，极于凡有血气之伦，神灵应而嘉祥见，深探其本，皆穷理尽性之所致。为治平者，反身以存诚，强恕以求仁而已矣。"①

康有为言"异内外"不多。其《春秋董氏学》有关"异内外"项只引董仲舒《王道》《竹林》《楚庄王》"内其国而外诸夏，内诸夏而外夷狄"等话，并未加任何按语，所以梁启超在写《清代学术概论》时，只提到康有为喜言"通三统"与"张三世"，而未说"异内外"。这或许是因"异内外"之问题对清廷而言颇为敏感，康有为怕触时忌，故隐而不言的缘故吧。

然而康有为的弟子却不像他们的老师，他们发挥了老师的意思，康氏最忠实的学生徐勤曾著《春秋中国夷狄辨》三卷，借古代之经义，缘饰其政术，暗中将矛头指向清政府。梁启超为该书作序，更进一步申明此意。梁启超认为，攘夷并非《春秋》之义。在他看来，"自宋以后，儒者持攘彝之论日益盛，而彝患亦日益烈，情见势绌，极于今日。而彼嚣然自大者，且日哓哓而未有止也。叩其所自出，则曰：是实《春秋》之义。乌乎！吾三复《春秋》，而未尝见有此言也。吾遍读先秦两汉先师之口说，而未尝见有此言也。孔子之作《春秋》，治天下也，非治一国也；治万世也，非治一时也。故首张三世之义。所传闻世，治尚粗粝，则内其国而外诸夏；所闻世，治进升平，则内诸夏而外彝狄；所见世，治致太平，则天下远近大小若一，彝狄进至于爵。故曰有教无类，又

———————

①　（清）刘逢禄：《春秋公羊经何氏释例　春秋公羊释例后录》，曾亦点校，上海古籍出版社 2003 年版，第 18 页。

曰洋溢乎中国，施及蛮貊。凡有血气，莫不尊亲。其治之也，有先后之殊；其视之也，无爱憎之异。故闻有用夏以变彝者矣，未闻其攘绝而弃之也"。① 他指出："今论者持升平世之义，而谓《春秋》为攘彝狄也，则亦何不持据乱世之义而谓《春秋》为攘诸夏也？"在梁启超看来，"且《春秋》之号彝狄也，与后世特异。后世之号彝狄，谓其地与其种族；《春秋》之号彝狄，谓其政俗与其行事。"依梁启超之见，"不明此义，则江汉之南，文王旧治之地，汧雍之间，西京宅都之所，以云中国，孰中于是？而楚秦之为彝狄，何以称焉？"② 梁启超指出："然则《春秋》之中国、彝狄，本无定名，其有彝狄之行者，虽中国也，靦然而彝狄矣；其无彝狄之行者，虽彝狄也，彬然而君子矣。然则借曰攘彝焉云尔，其必攘其有彝狄之行者，而不得以其号为中国而恕之，号为彝狄而弃之，昭昭然矣。"③ 那么，什么行为属于狄之行呢？在梁启超看来，"《春秋》之治天下也，天下为公，选贤与能，讲信修睦，禁攻寝兵，勤政爱民，劝商惠工，土地辟，田野治，学校昌，人伦明，道路修，游民少，废疾养，盗贼息。由乎此者，谓之中国；反乎此者，谓之彝狄"。用这样的标准来反观清政府，清政府自然属于夷狄，故梁启超说："痛乎哉！《传》之言也！曰：然则曷为不使中国主之？中国亦新彝狄也。然则吾方日兢兢焉求免于《春秋》所谓彝狄者之不暇，而安能彝人，而安能攘人哉？是故以治天下治万世之义言之，则其不必攘也如彼；以治一国治一时之义言之，则其不能攘也如此。吾卒不知攘彝之言，果何取也。"④ 梁启超既通过诠释《春

---

① 梁启超：《春秋中国夷狄辨序》，载《饮冰室合集》文集之二，中华书局1989年版，第48页。

② 梁启超：《春秋中国夷狄辨序》，载《饮冰室合集》文集之二，中华书局1989年版，第48—49页。

③ 梁启超：《春秋中国夷狄辨序》，载《饮冰室合集》文集之二，中华书局1989年版，第49页。

④ 梁启超：《春秋中国夷狄辨序》，载《饮冰室合集》文集之二，中华书局1989年版，第49页。

秋》而得出"中国亦新彝狄"之结论，那么他和其老师康有为接受西方理论而进行变法的主张自然也能得到传统理论之支持。他顺理成章地说："今吾中国聚四万万不明公理、不讲权限之人，以与西国相处，即使高城深池，坚革多粟，亦不过如猛虎之遇猎人，犹无幸焉矣。乃以如此之国势，如此之政体，如此之人心风俗，犹嚣嚣然自居于中国而夷狄人，无怪乎西人以我为三等野番之国，谓天地间不容有此等人也。"①然而，这里值得注意的是康有为和梁启超虽援引《春秋》作为其变法之依据，他所判断中国与夷狄的标准从表面上看也似乎在依据着儒家的经典，但是由于他们对儒家经典的诠释，已背离了经典的原意，故在内容上已发生了深刻的变化。有关这一点，我们可以从他们所依据的哲学基础看得十分清楚。正像我们上文已经讨论过的一样，董仲舒等人所谓的道德伦理是建立在超越的天道之上的，它乃深深植根于宇宙秩序之中，他们在其"三世说"中所要阐述的是"道之大原出于天，天不变，道亦不变"，其所谓的改制只是"改正朔，易服色，以顺天命而已；其余尽循尧道，何更为哉！"这正如孔子所说的那样，"殷因于夏礼，所损益可知也；周因于殷礼，所损益可知也；其或继周者，虽百世可知也"。故他们所区分"华""夷"的标准是固定不变的。

而康有为等人所处的时代，西方列强对中国的侵逼日甚一日。在他看来，"方今当数十国之觊觎，值四千年之变局，盛暑已至，而不释重裘，病症已变，而犹用旧方，未有不喝死而重危者也"。他认为"今之为治，当以开创之势治天下，不当以守成之势治天下。当以列国并立之势治天下，不当以一统垂裳之势治天下"。②在此观念的基础上，他所谓的改制则要"尽弃旧习，再立堂构"，

——————

① 梁启超：《论中国宜讲求法律之学》，载《饮冰室合集》文集之一，中华书局1989年版，第93—94页。

② 康有为：《上清帝第三书》，载《康有为全集》第二集，中国人民大学出版社2007年版，第69页。

"更新百度"而与列国"争雄角智"。由于西学的影响，康有为已对"天不变，道亦不变"等中国传统的一些基本观念产生了疑问。康有为曾明确表示"道尊于器，然器亦足以变道矣"。在此基础上，他曾用进化的观点改造了传统的公羊三世说。由于三世是进化的，所以，他所区分的"华""夷"的标准必然是变动和不确定的。有关这一点，我们从梁启超的解释中可以看得十分清楚，梁启超等人曾用文明与野蛮这一现代概念作为区分"华""夷"的标准。[①] 梁启超说：

> 世界之进无穷极也。以今日之中国视泰西，中国固为野蛮矣；以今日之中国视苗、黎、瑶、壮及非洲之黑奴，墨洲之红人，巫来由之棕色人，则中国固文明也；以苗、黎诸种人视禽兽，则彼诸种人固亦文明也，然则文明野番之界无定者也，以比较而成耳。今泰西诸国之自命为文明者，庸讵知数百年后，不见为野蛮之尤哉？[②]

彼时梁启超的这些观点，都是来自其师康有为，因为正是康有为将传统的公羊三世说配以《礼运》中的大同小康之说，使其从一种儒家政治哲学变成一种进化的历史哲学。而其《孔子改制考》一书也成为戊戌变法时期一部重要的变法理论著作。

康有为"通三统""张三世""王鲁""改制"等说，不仅成为清季百日维新之理论根据，并且对后来的政治产生了深远的影响，学者的研究表明，康有为之"大同观念为革命志士所采用，

---

① 皮鹿门认为："《春秋》立义之精，皆以今之所谓文明野蛮为褒贬予夺之义，后人不明此旨，徒严种族之辨，于是同异竞争之祸烈矣，盖托于《春秋》义，而实与《春秋》义不甚合也。"（皮锡瑞：《经学通论》卷四之《春秋》，中华书局1954年版，第9—10页）

② 梁启超：《论中国宜讲求法律之学》，载《饮冰室合集》文集之一，中华书局1989年版，第94页。

张三世之说恐亦即其后军政、训政、宪政三期划分之所本，则知言公羊者，固亦大有造于革命者也"。①

☆　☆　☆

康有为的《新学伪经考》和《孔子改制考》在清季震撼一时，并对后来之政治产生了深远的影响，然而一部分学者认为，此书并非其独创，"而特剽窃之于川人廖平"。② 对于这样的指责，康氏弟子梁启超也并不为其师讳。他说：

> 今文学运动之中心，曰南海康有为，然有为盖斯学之集成者，非其创作者也。有为早年，酷好周礼，尝贯穴之著《政学通议》。后见廖平所著书，乃尽弃其旧说。平，王闿运弟子……平受其学，著四益馆经学丛书十数种，知守今文家法，晚年以张之洞故，复著书自驳。其人固不足法，然有为之思想受其影响，不可诬也。③

这里，梁启超所说的康有为早年所著的《政学通议》应为《教学通议》。这部书与《康子内外篇》《实理公法全书》均为康有为 1888 年前所著，其内容反映了康有为年轻时力图将其各种经历、观念融合为一种统一世界观的努力。张灏通过对康有为这三部

---

① 陆宝千：《清代思想史》，华东师范大学出版社 2009 年版，第 269 页。

② 钱穆：《中国近三百年学术史》下册，中华书局 1986 年版，第 642 页。又钱穆指出："长素书继《新学伪经考》而成者，有《孔子改制考》，亦季平之绪论，季平所谓《伪经考》本之《辟刘》，《改制考》本之《知圣》也。"（同上引书第652 页）

③ 梁启超：《清代学术概论》，载《饮冰室合集》专集之三十四，中华书局 1989年版，第 56 页。

著作的研究指出，在康有为那里，"孔子虽无周公那样的圣王地位，但孔子具有保持古代圣王的道德学说，并在晚周动乱时期初周理想秩序崩溃后将其留传给后世的卓越成就。所有这些都表明，康氏在写作《教学通议》时，今文经学学说在其思想中也可能具有一定影响"。① 张灏这种说法是有道理的。今检其《教学通议》中《大学》《亡学》《六经》《亡经》《春秋》等篇观之，则能发现很多受今文经学影响的痕迹，如康有为说："《春秋》者，孔子感乱贼，酌周礼，据策书，明制作，立王道，笔则笔，削则削，所谓微言大义于是乎在。"② 又说："孟子述舜、禹、汤、文、周公而及孔子，则曰：王者之迹熄而《诗》亡，《经》亡而后《春秋》作。其辟许行，亦以孔子作《春秋》，继尧、禹、周公之事业，以为天子之事，孔子亦曰，'知我'以之，'罪我'以之。良以匹夫改制，无征不信，故托之行事，而后深切著明。庄子曰：《春秋》经世先王之志，且尊孔子为先王。《淮南子》：殷继夏，周继殷，《春秋》继周，三代之礼不同。直以孔子为一代矣。故自周、汉之间，无不以《春秋》为孔子改制之书。（《王制》者，素王之制也。其说与《孟子》、《公》、《穀》及汉前传记皆合，吾有《王制集证》）尊孔子者，不类后人尊孔子之道德，而尊孔子能制作《春秋》，亦可异矣。"③ "《左氏》但为鲁史，不传经义。今欲见孔子之新作，非《公》、《穀》不可得也。"④ 在康有为看来，"'六经'出于孔子。孔子时，礼、乐虽间不具，然经孔子搜辑订正之后，其大节细目灿然复明，此孔子宪章祖述，缵承先王，光明天业之大功也。七十弟

---

① 〔美〕张灏：《危机中的中国知识分子：寻求秩序与意义》，高力克、王跃译，新星出版社 2006 年版，第 33 页。

② 康有为：《教学通议·春秋第十一》，载《康有为全集》第一集，中国人民大学出版社 2007 年版，第 39 页。

③ 康有为：《教学通议·春秋第十一》，载《康有为全集》第一集，中国人民大学出版社 2007 年版，第 39 页。

④ 康有为：《教学通议·春秋第十一》，载《康有为全集》第一集，中国人民大学出版社 2007 年版，第 39 页。

子分传其业，而子孙又能世其家学，当一再传而道大明，虽世乱弥甚，而儒风弥畅"。①

康有为认为，汉初至武帝时，今文经极盛。"武帝既立'五经'博士，嗣是经学浸盛，世有增置。《易》有施、孟、梁邱、京、费；《书》有大小欧阳、夏侯；《诗》有齐、鲁、毛、韩；《礼》有庆氏、大小戴；《春秋》有公羊、榖梁、左氏。并置博士，增弟子员，设科射策，劝以官禄，公卿庶吏皆自此出。成、平之时，增员千人，筑舍万区，经业蕃盛，一经说至百余万言，大师众至千万人。"然而到了西汉，"贡禹、匡衡定庙制，刘歆立三雍，增置诸古文博士。明帝临学，大射养老，执经自讲，为四姓小侯立'五经'师，自期门羽林之士，悉领通《孝经章句》；廷臣自大将军以下，外夷若匈奴，皆遣子入学；又征拜年十二通经者为童子郎，郡国学明经者，五十至七十皆太学。四方学士云集京师，至三万余生，古今设学，号称极盛。然实浮华相扇，空说经文"。依康有为之见，此种情况，实由"贡禹、匡衡定庙制，刘歆立三雍，增置诸古文博士"所致，所以"偏郡下邑，虽设校官，不常置，民不识学，况于国之法典'六艺'之用乎？视周时百官各有专业，小民皆知'六艺'相去何远也？"在康有为看来，"经学行义莫有如东汉之盛"，那乃是由于汉武帝立五经博士，教授今文，而至西汉时，"刘歆立三雍，增置诸古文博士"则"浮华相扇，空说经文"，故"自是江河日下，盖不可复"了。②质而言之，刘歆应对此学术之变、后世民治之坏，负有不可推卸的责任。

十分明显，以上所述都表明康有为在接触廖平以前，其思想中已有了很多的今文经学思想的因素。尽管这些因素还不十分明确，但其思想趋向已十分明了。这正像张灏所说的那样，

---

① 康有为：《教学通议·亡经第十》，载《康有为全集》第一集，中国人民大学出版社 2007 年版，第 38 页。

② 康有为：《教学通议·立学第十二》，载《康有为全集》第一集，中国人民大学出版社 2007 年版，第 41 页。

康氏的三部著作（《教学通议》《康子内外篇》《实理公法全书》）尽管表现了其思想不成系统的融合，但充分反映了其中发展着的主要关怀。一方面，经世传统语言蕴含着对政权和秩序问题的政治关怀，另一方面，所有关于价值观和世界观的讨论，都潜藏着压倒一切的道德关怀。他的道德关怀表现在某些显著的激进主义倾向中，而保守主义的观点也在其道德思想中占有重要的位置。这些自相矛盾的关怀和思想倾向虽然暂时只是产生了一种观念和价值的大杂烩，但是某些成为通向未来路标的倾向已凸显出来。一是隐含在儒学综合诠释中的理想秩序的乌托邦空想。二是"仁"作为一种卓越理想而出现，与此相伴随的是某种激进的道德玄想和价值。三是道德价值植根于阴、阳两种形式的物质力相互作用而形成并主宰的宇宙之中的观点。这一观点伴随着一种在价值、理想与生命、宇宙的"自然"力之间保持和谐而不是冲突的"自然主义"倾向。此外，由于这种观点本身具有把宇宙看作由"气"的物质力独立生成的一元论倾向，因而它更为接近的是西汉儒学而不是新儒学的主流。这种倾向，加之《康子内外篇》中对董仲舒学说的相对显著的关联，以及康有为在《教学通议》中容纳了今文儒学某些基本观念的重要事实，清楚地表明康氏可能已处于当时今文经学学说的影响之下，尽管他还没有完全接受它们。显然，康氏接受今文经学学说为自己确定的观念，与其说是1889年廖平突然使其转变的结果，毋宁说是一个可能始于其二十五岁前后的延续过程的产物。从他1885—1887年所写的著作可以看出，这些倾向至多只是体现了一幅矛盾倾向画面中的某些显著方面。然而，它们将在一个即将出现的完整和融合的世界观中，发展成为主题。①

---

① 〔美〕张灏：《危机中的中国知识分子：寻求秩序与意义》，高力克、王跃译，新星出版社2006年版，第39—40页。

三　改朔为合群之道

梁启超曾言："吾国四千余年大梦之唤醒，实自甲午战败，割台湾，偿二百兆以后始也。"① 甲午一战，中国败给邻国日本，割地赔款的奇耻大辱，使中国朝野都受到极大的震动，光绪皇帝及大部分士人均感到中国若再不进行改革，恐怕要遭受灭顶之灾了。在光绪帝及一部分大臣的推动下，清廷上下一时似乎有了一些改革的意愿。康、梁等维新人士本不信清廷能有根本性的改革，而只是希望能借清廷的力量，做一些对民族稍有益处的工作而已，故他们都在静观清廷的举措，以决定自己的行止。梁启超在致夏曾佑的信中披露了当时的情景。

> 本欲于月之初间出都，惟日来此间颇有新政，上每言及国耻，辄顿足流涕，常熟亦日言变法，故欲在此一观其举措。以中国学术之芜塞，君相之孱弱，岂能望其大有所为，但能借国力推行一二事，则于教、族两端少有补耳。②

终于，清廷在改革上似乎有了一些动作。光绪二十一年闰五月二十七日丁卯（1895 年 7 月 19 日）光绪帝下达了改革谕旨。

> 自来求治之道，必当因时制宜，况当国势艰难，尤应上下一心，图自强而弥隐患。朕宵旰忧勤，惩前毖后，惟以蠲除痼习，力行实政为先。叠据中外臣工条陈时务，详加披览，采择

---

① 梁启超：《戊戌政变记》，载《饮冰室合集》专集之一，中华书局 1989 年版，第 1 页。

② 梁启超：《与穗卿足下书》（五月二十九日），载丁文江、赵丰田编：《梁启超年谱长编》，上海人民出版社 1983 年版，第 39 页。

施行。如修铁路、铸钞币、造机器、开矿产、折南漕、减兵额、创邮政、练陆军、整海军、立学堂，大抵以筹饷练兵为急务，以恤商惠工为本源，皆应及时举办。至整顿厘金、严核关税、稽查荒田、汰除冗员各节，但能破除情面，实力讲求，必于国计民生两有裨益。着各直省将军督抚，将以上诸条，各就本省情形，与藩、臬两司暨各地方官悉心筹画，酌度办法，限文到一月内，分晰覆奏。当此创巨痛深之日，正我君臣卧薪尝胆之时，各将军督抚受恩深重，具有天良，谅不至畏难苟安，空言塞责。原折片均着钞给阅看。将此由四百里各谕令知之。①

与光绪帝上谕同时下发给各直省将军督抚的，还有九件条陈折片。据学界研究，此九件条陈是：

一、光绪二十一年五月初六日，军机章京、户部员外郎陈炽："请一意变法自强呈。"

二、五月十一日，广东进士康有为："为安危大计乞及时变法呈"（"上清帝第三书"，都察院代递——原注）。

三、五月十七日，广西按察使胡燏棻："因时变法力图自强条陈善后事宜折。"②

四、闰五月初七日，南书房翰林张百熙："和议虽成应急图自强并陈管见折。"

五、闰五月初七日，委散秩大臣、一等侯恪悋："时事艰难请开办矿务以裕利源而图经久折。"

---

① 《德宗实录》（五）卷三六九，载《清实录》第56册，中华书局1987年版，第837—838页。

② 孔祥吉先生认为，此折并非由胡氏本人撰写，有一种说法是出自钟天纬之手。见孔祥吉：《〈上清帝第三书〉进呈本的发现及意义》，载孔祥吉：《戊戌维新运动新探》，湖南人民出版社1988年版，第46页。

六、闰五月初九日，御史易俊："厘金积弊太深请饬妥定章程以杜中饱折。"

七、闰五月十六日，翰林院侍读学士准良："富强之策铁路为先请饬廷臣会议举办折。"

八、闰五月十九日，协办大学士、吏部尚书徐桐："奏为遵筹偿款兴利裁费补抽洋货加税等敬陈管见折。"

九、同日（闰五月十九日——引者注），徐桐附片："枪炮宜制造一律片。"①

这些上折的人员，其成分十分复杂，在他们中间既有维新派的人士，也有守旧派的王公大臣。所上之折内容也十分广泛，既包括修铁路、开矿产、练陆军、整海军等经济军事方面的改革，也包括设"议郎"等政治体制方面的改革。

有关政治体制改革方面，康有为于上书中称：

令士民公举博古今、通中外、明政体、方正直言之士，略分府、县，约十万户而举一人，不论已仕未仕，皆得充选，因用汉制，名曰议郎。皇上开武英殿，广悬图书，俾轮班入直，以备顾问。并准其随时请对，上驳诏书，下达民辞。凡内外兴革大政，筹饷事宜，皆令会议，三占从二，下部施行。所有人员，岁一更换。若民心推服，留者领班，著为定例，宣示天下。上广皇上之圣聪，可坐一室而知四海。下合天下之民志，可同忧乐而忘公私。皇上乃举此经义，行此旷典，天下奔走鼓舞，能者竭力，富者纾财，共赞富强，君民同体，情谊交孚，中国一家，休戚与共。以之筹饷，何饷不筹？以之练兵，何兵

① 茅海健：《从甲午到戊戌：康有为〈我史〉鉴注》，生活·读书·新知三联书店2009年版，第101—104页。又孔祥吉：《〈上清帝第三书〉进呈本的发现及意义》，载孔祥吉：《戊戌维新运动新探》，湖南人民出版社1988年版，第41—51页。

不练哉？四万万人之心，合以为心，天下莫强焉！所谓通下而合其力者，此也。①

不言而喻，康有为的上书中，政治改革的意图已十分明显。康有为在此书中，向光绪帝提出"经义""旷典"乃是一种能"上驳诏书，下达民辞"，凡内外兴革大政，皆能参与的"议郎"制度。这反映了在内忧外患、国事抢攘的情况下，士绅阶层中的一部分维新人士，希冀用君民共主办法实现国家富强的愿望。当然，这种"议郎"制度，虽与西方议会制度尚有一定的距离，但其中已具有了君主立宪政体的意涵。重要的是，君主立宪制度与中国传统的皇权制度存在着根本性的差异，从这种意义上来说，康有为所提出的改制，势必会对传统的皇权体制造成冲击和震荡。

光绪帝虽下发了康有为的奏折，但对康有为所提出的对传统皇权的政治体制改革设"议郎"的建议，并没有足够的重视。他既没有表示赞成，也没有表示反对。在各地督抚将军以及在京的王公大臣为数众多的议复奏折中，他们竟没有一个人提到"议郎"问题。②

显然，这些人对政治体制改革，并未措意，其所热衷的乃是经济与军事改革，即所谓的"以筹饷练兵为急务"。这种结果，使得维新人士大失所望。在他们看来，清廷的所谓改革，仅是"补苴罅漏，弥缝缺失"，其结果只会改得"千疮百孔，顾此失彼，连类并败"，其最后之结果"必至无功"。在他们看来，如今时势大异，而中国积习太深，要治中国，"今当以开创治天下，不当以守成治天下，当以列国并争治天下，不当以一统无为治天下"，要救中

---

① 康有为：《上清帝第三书》，载《康有为全集》第二集，中国人民大学出版社2007年版，第79—80页。

② 孔祥吉先生据此"怀疑光绪帝发交内外臣工讨论的康氏《第三书》很有可能将这段精彩的论述删去了"。见氏之《〈上清帝第三书〉进呈本的发现及意义》，载孔祥吉：《戊戌维新运动新探》，湖南人民出版社1988年版，第51页。

国，"非尽弃旧习，再立堂构"，进行一番彻底的改造，不然则
"无以涤除旧弊，维新气象"。① 因此，他们对清廷的所谓改革，深
感失望，梁启超在致友人的信中愤愤不平地说："此间大人先生两
月以前尚颇有兴亡之志，今又束阁矣。此自国运，虽有大力，无如
之何，似此戋戋，本不足劳我辈之经画，特未离其类，栋折将压，
奈何奈何！"② 道不同不相为谋，康、梁等一派维新人士在其所谓
的"改制"建议未被清廷采纳的情况下，依然做了最后的努力。
光绪二十一年闰五月，康有为"迁出南海馆。再草一书，言变法
次弟曲折之故，凡万余言"。③ 所谓的《再草一书》，即康有为的
《变通善后讲求体要以图自强呈》，也称《上清帝第四书》。在此书
中，康有为再次提出了"设议院以通下情"的问题。④ 然而，此上
书为清廷官吏所阻，并未递到光绪帝手中，康有为失望之余，在
"望在上者而一无可望"的情况下，遂决意南归。然而，一些维新
人士均以为"时有可为，非仅讲学著书之时，力为挽留"。⑤ 于是，
康有为又留了下来。在他看来，"大势必骎骎割鬻至尽而后止"。
为了防止栋折将压同受其累局面的出现，他改变了以往自上而下的
政治改革的做法，而"专以救中国四万万人为主。用是奔走南北，
大开强学、圣学、保国之会，欲开议院、得民权以救之"。⑥

　　康有为认为，他不断上书，以争取自上而下的政治改革的愿望

---

　　① 康有为：《上清帝第四书》，载《康有为全集》第二集，中国人民大学出版社
2007 年版，第 82—83 页。
　　② 梁启超：《与穗卿足下书》（八月二十七日），载丁文江、赵丰田编：《梁启超
年谱长编》，上海人民出版社 1983 年版，第 39—40 页。
　　③ 康有为：《我史》，载《康有为全集》第五集，中国人民大学出版社 2007 年
版，第 86 页。
　　④ 康有为：《上清帝第四书》，载《康有为全集》第二集，中国人民大学出版社
2007 年版，第 82、86 页。
　　⑤ 康有为：《我史》，载《康有为全集》第五集，中国人民大学出版社 2007 年
版，第 86 页。
　　⑥ 康有为：《与赵曰生书》，载《康有为全集》第五集，中国人民大学出版社
2007 年版，第 400 页。

之所以未能实现，全在于士大夫知识闭塞，"不通外国政事风俗"。而要改变这些人的旧有观念，则需要大力宣扬自己的主张，这种方法用梁启超的话来说，就是"广联人才，创开风气"。① 用理论的宣传，来取得大众的支持，具体来说，就是组织学会和创办报刊。

在组织学会和创办报刊两项工作中，梁启超认为创办报刊应优先于组织学会。他在给汪康年的信中说："此间亦欲开学会，颇有应者，然其数甚微。度欲开会，非有报馆不可，报馆之议论，既浸渍于人心，则风气之成不远矣。"② 陈炽也有"办事有先后，当以报先通其耳目，而后可举会"的主张。③ 于是，康、梁一派决定先于京城设一报馆，以开倡风气。康有为说："变法本原，非自京师始、非自王公大臣始不可，乃与送京报人商，每日刊送千份于朝士大夫。纸墨银二两，自捐此款。领卓如、孺博日属文，分学校、军政各类，日腾于朝，多送朝士，不收报费。朝士乃日闻所不闻，识议一变焉。"④ 康有为所说的乃是康、梁派维新人士最初所办的报刊，名《万国公报》。其创刊于光绪二十一年六月二十七日（1895年8月17日），双日刊，每册有编号，无出版年月，刊式与《京报》相似，报名与英、美传教士所办之报相同，因为上海广学会编的《万国公报》在政府官僚中行销有年，故袭用其名，以利推广。⑤

《万国公报》除转录广学会和其他报刊的文章外，每册有论文一篇，撰文不署名，实际出于梁启超、麦孟华之手。这些文章，基

---

① 梁启超：《与穗卿足下书》（光绪二十一年二月十八日），载丁文江、赵丰田编：《梁启超年谱长编》，上海人民出版社1983年版，第34页。

② 梁启超：《与穰卿足下书》（五月间），载丁文江、赵丰田编：《梁启超年谱长编》，上海人民出版社1983年版，第40页。

③ 康有为：《我史》，载《康有为全集》第五集，中国人民大学出版社2007年版，第86页。

④ 康有为：《我史》，载《康有为全集》第五集，中国人民大学出版社2007年版，第86页。

⑤ 汤志钧：《戊戌变法史》，人民出版社1984年版，第129页。

本上是发挥康有为《上清帝书》中的变法主张。有的文章还对"富强"做了进一步的阐释，认为"言富"不能止于"开矿、制造、通商"，"言强"不能止于"练兵、选将、购械"，而应当看到"国家富强，在得人才，人才成就，在兴学校"，"学校之盛"才是"西洋诸国所以勃兴之本源"。① 这样的阐释，与清廷将"富强"理解成"筹饷练兵"有了重大的区别。此无疑为维新派变法、废科举做了理论上的铺垫。

《万国公报》既刊，为变法做了一定的舆论准备工作之后，康、梁一派维新人士便着手组织学会。康有为《我史》云：

> 报开两月，舆论渐明，初则骇之，继亦渐知新法之益。吾复挟书游说，日出与士大夫讲辨，并告以开会之故，明者日众。乃频集通才游宴以鼓励之，三举不成。然沈子培刑部，陈次亮户部，皆力赞此举。②

学会的地址，则选在北京，因为康有为认为，"中国风气，向来散漫，士夫戒于明世社会之禁，不敢相聚讲求，故转移极难。思开风气，开知识，非合大群不可，且必合大群而后力厚也。合群非开会不可。在外省开会，则一地方官足以制之，非合士大夫开之于京师不可。既得登高呼远之势，可令四方响应，而举之于辇毂众著之地，尤可自白嫌疑"。③ 康、梁等维新人士合大群而组织学会，乃是在康有为数次上书而未被采纳、望在上者而一无可望、度大势必骙骙割鬻尽至而后止的情况下，"专以救四万万人为主"的政治活动。他自知其所提倡的"开议院、得民权以救之"的主张与专

---

① 汤志钧：《戊戌变法史》，人民出版社 1984 年版，第 130 页。
② 康有为：《我史》，载《康有为全集》第五集，中国人民大学出版社 2007 年版，第 86—87 页。
③ 康有为：《我史》，载《康有为全集》第五集，中国人民大学出版社 2007 年版，第 86 页。

制的皇权会产生冲突，故其"合大群"开会的地点选在了京师，这样既可扩大政治影响，"得登高呼远之势"，也能消除清廷猜忌，"尤可自白嫌疑"。

那么，康、梁一派所谓的"合大群""广求同志"所合的究竟是哪些同志呢？康有为说：

> 七月初，与次亮约集客，若袁慰亭（世凯——原注）、杨叔峤（锐——原注）、丁叔衡（立钧——原注），及沈子培、沈子封兄弟，张巽之（孝谦——原注）、陈□□①即席定约，各出义捐，一举而得数千金。即举次亮为提调，张巽之帮办。②

又说：

> 于是三日一会于炸子桥嵩云草堂，来者日众。翰文斋愿送群书，议开"书藏"于琉璃厂。乃择地购书，先嘱孺博出上海办焉。是时遍寻琉璃厂书店，无一地球图。京师锢塞，风气如此，安得不败？时英人李提摩太亦来会，中国士夫与西人通，自会始也。
>
> 英、美公使愿大助西书及图器。规模日广。乃发公函于各督抚，刘坤一、张之洞、王文韶各捐五千金，乃至宋庆、聂士成咸捐数千金。士夫云集，将俟规模日廓，开书藏，派学游历。③

---

① 陈□□，梁启超书信中称陈仰垣，当为陈养源，名允颐，江苏武进人。曾任驻日本横滨理事官（领事），时任湖南候补道，此时似任职于督办军务处。详请参阅茅海建：《从甲午到戊戌：康有为〈我史〉鉴注》，生活·读书·新知三联书店2009年版，第130页。

② 康有为：《我史》，载《康有为全集》第五集，中国人民大学出版社2007年版，第87页。

③ 康有为：《我史》，载《康有为全集》第五集，中国人民大学出版社2007年版，第87页。

梁启超说:

> 当甲午丧师以后,国人敌忾心颇盛,而全瞢于世界大势。乙未夏秋间,诸先辈乃发起一政社,名强学会者,今大总统袁公即当时发起之一人也。彼时同人固不知各国有所谓政党,但知欲改良国政,不可无此种团体耳。而最初着手之事业,则欲办图书馆与报馆,袁公首捐金五百,加以各处募集得千余金,遂在后孙公园设立会所,向上海购得译书数十种,而以办报事委诸鄙人。①

维新人士吴樵,当时曾侍其父入京,对强学会之事极为关注,在其致汪康年的信中,也提及了有关强学会成员之事:

> 京会之初,发始于杨钝(杨锐——引者注)丈、张君立(张权——引者注)丈、康长素(康有为——引者注)、沈子封(沈曾桐——引者注)丈、沈子培(沈曾植——引者注)丈、陈次亮(陈炽——引者注)诸人,后稍有集赀,于是丁叔衡(丁立钧——引者注)、张巽之(张孝谦——引者注)、熊余波(熊亦奇——引者注)相继入,又恐无路或中之,乃援张次山(张仲炘——引者注)、王幼霞(王鹏运——引者注)、褚伯约(褚成博——引者注)三侍御以为重,于是局中意见各不相下。樵至京,曾侍家君一往,后局中诸人并不见招,遂不欲往。②

---

① 梁启超:《初归国演说辞》,载《饮冰室合集》文集之二十九,中华书局1989年版,第1—2页。

② 《吴樵(四十通)》七,载上海图书馆编:《汪康年师友书札》(一),上海古籍出版社1986年版,第471—472页。

当然强学会的成员，并不只限于上述人员。① 不过根据上述诸人的说法，我们大体可以得知强学会成立的背景及成员的情况。首先，强学会是在"甲午丧师以后，国人敌忾心颇盛"的形势下成立的。也就是说，它是甲午战败后，民族主义高涨的产物。而就其成员来说，它既有康有为、梁启超、麦孟华等维新派人士，也有沈曾植、沈曾桐、丁立钧、陈炽等翁同龢一派的帝党，还有刘坤一、张之洞、王文韶、袁世凯、宋庆、聂士成等封疆大吏和武将，甚至还包括像李佳白、李提摩太等那样的英、美传教士。可以说，强学会是甲午战败后，中国的官绅精英，在寻求国家"富强"的目标下，自发地组织而成的、松散的政治性团体。康、梁等维新人士，为了推行其变法的主张，还特意邀请一些他们认为可以利用的人物入会，如李鸿藻的门人张巽之就是这样。康有为明知"张为人故反复"，但因为"是时高阳当国，张为其得意门生，故沈子培举之，使其勿败坏也"。② 这样一来，强学会的派系林立，成员变得更加复杂。本来，大家都是在国家"富强"这一旗号下聚集起来的，但由于每个人的背景不同，故局中意见，各不相下。是时，众人公举康有为起草强学会序及章程，康有为依据其平时的变法理论，草强学会序曰：

> 俄北瞰，英西睒，法南瞵，日东眈，处四强邻之中而为中国，岌岌哉！况磨牙涎舌，思分其余者，尚十余国。辽台茫茫，回变扰扰，人心皇皇，事势儳儳，不可终日。
>
> 昔印度，亚洲之名国也，而守旧不变，乾隆时英人以十二万金之公司，通商而墟五印矣。昔土耳其，回部之大国也，疆土跨亚、欧、非三洲，而守旧不变，为六国执其政，剖其地，废其君矣。其余若安南，若缅甸，若高丽，若琉球，若暹罗，

---

① 汤志钧先生《戊戌变法史》第 139、140 页中有"列名会籍或参预会务者"和"支持学会或与之有关者"表格，可以参考。

② 康有为：《我史》，载《康有为全集》第五集，中国人民大学出版社 2007 年版，第 87 页。

若波斯，若阿富汗，若俾路芝，及为［国——原注］于太平洋群岛、非洲者，凡千数百计，今或削或亡，举地球守旧之国，盖已无一瓦全者矣。

我中国屏卧于群雄之间，鼾寝于火薪之上，政务防弊而不务兴利，吏知奉法而不知审时，士主考古而不主通今，民能守近而不能行远，孟子曰："国必自伐，而后人伐之。"蒙盟、奉吉、青海、新疆、卫藏土司围徼之守，咸为异墟，燕、齐、闽、浙、江、淮、楚、粤、川、黔、滇、桂膏腴之地，悉成盗粮，吾为突厥黑人不远矣。

西人最严种族，仇视非类：法之得越南也，绝越人科举富贵之路，昔之达宦，今作贸丝也；英人得印度百年矣，光绪十五年而始举一印人以充议员，自余土著，畜若牛马。若吾不早图，倏忽分裂，则桀黠之辈，王、谢沦为左衽；忠愤之徒，原、却（郤）夷为皂隶。伊川之发，骈阗于万方；钟仪之冠，萧条于千里。三州父子，分为异域之奴；杜陵弟妹，各衔乡关之戚。哭秦庭而无路，餐周粟而匪甘。矢成梁之家丁，则螳臂易成沙虫；觅泉明之桃源，则寸埃更无净土。肝脑原野，衣冠涂炭，嗟吾神明之种族，岂可言哉！岂可言哉！

夫中国之在大地也，神圣绳绳，国最有名，义理制度文物，驾于四溟，其地之广于万国等在三，其人之众等在一，其纬度处温带，其民聪而秀，其土腴而厚，盖大地万国未有能比者也；徒以风气未开，人才乏绝，坐受陵侮。昔曾文正与倭文端诸贤，讲学于京师，与江忠烈、罗忠节诸公，讲练于湖湘，卒定拨乱之功。普鲁士有强国之会，遂报法仇。日本有尊攘之徒，用成维新。盖学业以讲求而成，人才以摩厉而出，合众人之才力，则图书易庀，合众人之心思，则闻见易通。《易》曰："君子以朋友讲习。"《论语》曰："百工居肆以成其事，君子学以致其道。"

海水沸腾，耳中梦中，炮声隆隆，凡百君子，岂能无沦胥非类之悲乎！图避谤乎？闭户之士哉！有能来言尊攘乎？岂惟圣清，二帝、三王、孔子之教，四万万之人将有托耶！①

序文的宗旨十分明确，那就是，当今中国，外有强邻，内有回变，人心皇皇，事势儳儳，形势已岌岌可危。清廷依然"鼾寝于火薪之上"，若再守旧不变，则"吾为突厥黑人不远矣"。中国之士大夫只有"以朋友讲习"合众人之才力，效法日本尊攘之徒，用成维新，中国之四万万人才能有所依靠。

然而，这样的序文，并没有得到强学会成员的一致认可。康有为称："丁、张畏谨，数议未定。吾欲事成，亦迂回而从之。"② 吴樵则称："是时丁、熊、张诸人为政，有欲开书坊者，有云宜专卖国朝掌故书者，有云宜卖局板经书者。间数日一聚，聚辄议论纷纭而罢，然已为彼党侧目。"③

如此一来，维新人士本欲广求同志，开倡风气，但效法日本尊攘之徒，将为维新而设的强学会，几乎变成为卖书而谋利之会。康有为等维新人士面对"丁、张断断挑剔，张更借以渔利，以开局于琉璃厂"，"欲托之为书店之状"，深感愤怒。在忍无可忍的情况下，康有为面折张孝谦曰："今日此举，倡天下之士，若以义始，而以利终，何以见天下乎。"张虽"语塞"，"然而举坐不欢"。④

显而易见，中国的士大夫阶层虽在民族主义的感召下，一度联

---

① 汤志钧编：《康有为政论集》上，中华书局 1981 年版，第 165—166 页。

② 康有为：《我史》，载《康有为全集》第五集，中国人民大学出版社 2007 年版，第 87 页。

③ 《吴樵（四十通）》七，载上海图书馆编：《汪康年师友书札》（一），上海古籍出版社 1986 年版，第 472 页。

④ 康有为：《我史》，载《康有为全集》第五集，中国人民大学出版社 2007 年版，第 87 页。茅海建先生认为，吴樵、汪大燮所言之事，皆发生于康离京之后。由此推论，康在《我史》中的这些说法，可能是后来所闻，非为其亲历。茅海建：《从甲午到戊戌：康有为〈我史〉鉴注》，生活·读书·新知三联书店 2009 年版，第 23 页。此种说法，固然有道理，然并不能排除康有为在离京前已与张孝谦发生过口角，否则康有为所说的"张欲托之为书店之状。吾面折以'今日此举，倡天下之士，若以义始，而以利终，何以见天下乎'。张语塞，然而举座不欢"等语则无从解释。

合起来，但由于各自的价值观不同，康有为等维新人士在京师倡导的"合大群"活动，进行得并不顺利，也可以说，他所谓的改制理论，并没有得到官绅精英层的一致认可，而这一切也为后来士绅层的分裂，埋下了伏笔。康有为自己说：

> 时报大行，然守旧者疑谤亦渐起。当时莫知报之由来，有以为自德国者，有以为出自总理衙门者，既而知出自南海馆，则群知必吾为矣。张既怀嫌，乃因报之，有谣言从而扇之。于是大学士徐桐、御史褚成博皆欲劾奏，沈子培、陈次亮皆来告，促即行。乃留卓如办事，而以八月二十九日出京。
>
> 先是六月创报，吾独自捐款为之。后陈次亮、张君立皆来相助，而每期二金，积久甚多。至八月节尽典衣给之，得次亮助盘费乃能行。二十四日，同会诸子公饯唱戏，极盛会也。是日合肥自愿捐金二千入会，与会诸子摈之，议论纷纭。杨崇伊参劾之衅，遂始于此。张孝谦又邀褚成博、张仲炘入会，二人台中最气焰纵横者。盖会事甫盛，而衰败即萌焉。①

鉴于这种形势，康有为只得离开北京，到"总南北之汇，为士夫所走集"②的上海再创强学会。

由于张之洞在强学会刚筹建时曾捐五千金，故当时康、梁等维新人士均对这位位高权重、"以谈新法为一极时势之妆"③的封疆大吏颇抱有幻想，有些人甚至认为张乃有肝胆之人，当结以为援，如何树龄在给康有为的信中曾劝其南归时顺便去拜望张之洞，以引

---

① 康有为：《我史》，载《康有为全集》第五集，中国人民大学出版社 2007 年版，第 87 页。

② 康有为：《上海强学会后序》，载《康有为全集》第二集，中国人民大学出版社 2007 年版，第 97 页。

③ 严复：《论中国分党》，载王栻主编：《严复集》第二册，中华书局 1986 年版，第 488 页。

以为助。其书略谓：

> 闰五月二十日由京来信得读，治国是最粗浅事，今日之当
> 如何……注意于大同国，勿注意于大浊国。以大浊国为开笔衬
> 笔可耳。（旁注，知其不可尚为之耶？）先生平日得罪于人而
> 不自知者多，安知人不思复报也。口蜜腹剑，切须隄防。有言
> 逊于我志，必求诸非道而已。先生为公卿所忌必甚。南归后恐
> 复有参奏者。有肝胆之人，当结以为援，李鉴堂、张香涛等不
> 妨顺道见之也。……大浊国必将大乱，为人所瓜分，正如村夫
> 斗龙船争标，彼行急者，此更行急，有唯恐落后失机之心。独
> 夫之家产何足惜，所难堪者，我之亲戚兄弟友生耳。①

从信中可以看出，当时康、梁集团去上海创强学会的目的就是
想寻找"有肝胆之人"，"结以为援"，免得"大浊国"为列强瓜
分之际，栋折被压，同受其害。值得注意的是，当时的康、梁集团
私下已不将清廷称为大清国，而是称其为"大浊国"，这表明这部
分知识人对国的理解已发生变化，他们认同的是"义理制度文物
驾于四溟""其地广于万国等在三，其人众等在一，其纬度处温代
（带），其民聪而秀，其土腴而厚"的祖国，而不是清廷的政权。
对于清廷，他们早已与其离心离德，而只将其当成"开笔"和
"衬笔"罢了。虽然如此，康有为南归时，还是顺路拜访了张之
洞。康有为《我史》云：

> （康有为——引者注）十二到上海，十五入江宁，居二十余
> 日，说张香涛开强学会，香涛颇以自任。隔日一谈，每至夜深。②

---

① 叶德辉辑著：《觉迷要录》卷四，台联国风出版社1970年版，第24—26页。
② 康有为：《我史》，载《康有为全集》第五集，中国人民大学出版社2007年
版，第87页。

其实，张之洞对强学会的支持和赞助，只是"随声附和，不出于心"。况且他的论学宗旨和政治立场与康有为势同冰炭，两人根本不可能携手合作。他对康有为的热情接待，并花大量时间与康交谈，实则另有隐情。原来，康有为访问张之洞时，正值其次子张仁颋，在江宁总督府园池溺毙，张之洞伤悼不已，他的幕僚梁鼎芬因此写信建议他每日与康有为、蒯光典等人闲谈解颐，以舒心愁。①

然而，道不同不相为谋，思想观点不同，是极难共事的。二人表面上虽其乐融融，但当康有为阐发其孔子改制的理论时，张之洞便大不以为然，"频劝勿言此学"，并表示，若康有为放弃孔子改制理论，"必供养"。随后，张之洞又派梁鼎芬劝说康有为勿讲此学，但是这次张之洞白费了心思，康有为是以孔子再世自视之人，其变法之宗旨既定，怎会以故人一二劝告所转移，果然，康有为告以"孔子改制，大道也，岂为一两总督供养易之哉？若使以供养而易其所学，香涛奚取焉"。② 所以，尽管康有为在江宁时，张之洞相待甚殷，"隔日张宴，申旦高谈"，③ 然二人之政治宗旨迥异，论学不合，已为二人在政治上分道扬镳，强学会之失败，埋下了种子。

当然，康有为也料到了这种结果，他说："此事大顺，将来必有极

---

① 梁鼎芬致张之洞两封信如下："比闻公伤悼不已，敬念无既（断断不可如此，忧能伤人，况涕泣乎。）今思一排遣之法，长素健谭，可以终日相对。计每日午后，案牍少清，早饭共食，使之发挥中西之学，近时士大夫之论，使人心开。苏卿遗札（即张仁颋——引者注），检之凄然，亲知若此，何况明公。然已判幽冥，悼惜何益，尚乞放怀。""长素于世俗应酬，全不理会，不必拘拘于招饮。鼎芬亦可先道尊意与近事，渠必乐从。如可行，今日先办。或欲闻禅理，兼约礼卿（蒯光典——引者注），使之各树一义，粲花妙论，人人解颐。连日皆如此。康、蒯二子，深相契合，两宾相对，可以释忧。比仲毅病苦，鼎芬忙苦。此举可支五日，五日之后，仲毅可愈，鼎芬卷可少清，便能接续矣。"以上均见茅海建：《从甲午到戊戌：康有为〈我史〉鉴注》，生活·读书·新知三联书店 2009 年版，第 152 页。

② 康有为：《我史》，载《康有为全集》第五集，中国人民大学出版社 2007 年版，第 87 页。

③ 康有为：《与张之洞书》（1900 年 11 月），载《康有为全集》第五集，中国人民大学出版社 2007 年版，第 312 页。

逆者矣。与黄仲弢、梁星海议章程，出上海刻之。而香涛以论学不合
背盟，电来属勿办，则以'会事大行，不能中止'告。乃开会赁屋于
张园旁，远近响应。而江宁一切不来，处处掣肘，即无杨崇伊之劾，
亦必散矣。"① 康有为所说不错，强学会失败的主要原因乃是论学之不
合，宗旨之不同，官僚士绅精英层在思想观念上出现了分歧，由此导
致了分裂。变法对张之洞而言，乃是中学为体，西学为用。而对康有
为而言，乃是托言孔子改制，要尽弃旧习，再立堂构。就此而言，二
人虽都言变法，而究其实质，乃有本质之不同。陈寅恪先生在其《寒
柳堂集》中，曾言及戊戌时言变法者之不同之两源：

> 并明当时之言变法者，盖有不同之二源，未可混一论之
> 也。咸丰之世，先祖亦应进士举，居京师。亲见圆明园干宵之
> 火，痛哭南归。其后治军治民，益知中国旧法之不可不变。后
> 交湘阴郭筠仙侍郎嵩焘，极相倾服，许为孤忠闳识。先君亦从
> 郭公论文论学，而郭公者，亦颂美西法，当时士大夫目为汉奸
> 国贼，群欲得杀之而甘心者也。至南海康先生治今文公羊之
> 学，附会孔子改制以言变法。其与历验世务欲借镜西国以变神
> 州旧法者，本自不同。故先祖先君见义乌朱鼎甫先生一新
> 《无邪堂答问》驳斥南海公羊春秋之说，深以为然。据是可知
> 余家之主变法，其思想源流之所在矣。②

当时，并不只有张之洞反对康有为的孔子改制理论，官僚士绅
阶层中很多人也不认可康有为的观点。上文已经谈道，张之洞曾派
梁鼎芬劝说康有为放弃其改制理论。其实，就梁鼎芬而言，他也不
赞成康有为的说法。《穗石闲人读梁节庵太史驳叛犯逆书书后》

---

① 康有为：《我史》，载《康有为全集》第五集，中国人民大学出版社2007年
版，第87页。

② 陈寅恪：《读吴其昌撰梁启超传书后》，载《陈寅恪集》之《寒柳堂集》，生
活·读书·新知三联书店2001年版，第167页。

载：“戊子冬太史（指梁鼎芬——引者）出游。康在京久不得意。回里著《新学伪经考》全以私意讥诃古人，至谓郑康成经学极谬。太史不然之。时朱蓉生侍御一新主讲广雅书院，与康学术不合，屡书诘驳，并致太史书云‘贵省聪明少年子弟，多为康引诱坏了’，太史又屡诤康，又与侍御书及五古数首，皆论康学术不正，将来流弊甚大。日事方亟，南皮张制府移署江督，延太史主讲钟山书院。康得进士，北归来访，留住十数日，劝康议论宜平正，做事勿夸张，讲西学得其益无流其弊乃有用。康赠诗有，海内名山泰华高，南梁北盛并人豪，云云。盛谓宗室伯希祭酒也。……太史意谓，康学是一事，西学是一事。采西学可行者行之，可以致富强，行康学则适以之召乱，世人不分别，以康学混西学，故有千里毫厘之失。”① 穗石闲人此文虽为戊戌政变之后所作，但若与上文所引用的《我史》及《康有为与朱一新论学书牍》等材料对照起来看，穗石闲人所言，应属可信。

张之洞等人虽与康有为在论学宗旨上有分歧，然在民族主义的激发下，欲使中国富强这一点上，大家还具有很多相同之处。故当康有为由南京到上海时，张之洞还是派了梁鼎芬、黄绍箕等幕僚陪其前往，并拨款一千五百两白银，作为强学会的经费。康有为到上海后，乃“赁屋于张园旁”，在“上海跑马场西首王家沙一号”设局开会，② 随即又调门人徐勤、何树龄由广东来上海办会报。然《强学报》第一号刊出后，双方矛盾立刻激化了。《穗石闲人读梁节庵太史驳叛犯逆书书后》载：

> 商开强学会于上海时，黄仲弢侍讲绍箕同客白下，并闻斯举。意在正人心，开风气，用意甚正。讵料康到沪后，任意出

---

① 《穗石闲人读梁节庵太史驳叛犯逆书书后》，载叶德辉辑著：《觉迷要录》卷三，台联国风出版社 1970 年版，第 8—9 页。

② 汤志钧：《康有为与戊戌变法》，中华书局 1984 年版，第 175 页。

报，发议绝不商量。太史与黄公屡书争之，且诋之。最可骇者，不以大清纪年而以孔子纪年，名为尊圣，实则轻慢。太史与黄公深恶之，即日停报。自是与康不合。①

穗石闲人所说大体不错，黄绍箕在其 1896 年 1 月 23 日致康有为的信中也言及此事：

> 长素仁兄大人阁下：
>
> 弟昨晚侍行抵沪，闻从者已于初五日回粤，为老伯母大人六十寿，弟未得登堂拜谒，一进咒觥，怅歉无似。弟在金陵疮疾未愈，又患头晕气逆之证，比稍差，闻执事将归，于廿九日电请少留，即发函并酌定章程奉览。嗣奉复电复书，略不一及，岂竟未接到耶？另报纸二叶已诵讫，首列孔子卒后年月日，此为学西法，仍未毕肖，而责以违国制，已无可辞，于实事无丝毫之益，而于吾党恐有邱山之损。推尊孔子诸论，执事可著书，不必入报。前议章程略及之，复电亦既允从之矣。延寄之件，止可云得之传闻，今直书某日军机字寄云云，一似有所受之者。家君在都，每闻人述时政，自诩为秘密消息，辄深恶之。况此竟列入会报，将来果有秘密消息，亦谁复肯以告我，以重其刺探漏泄之咎乎？至于报中全不翻译西报，并不译列中事，而但发空言，与局刊章程显然不符。执事术学，素所钦仰，岂敢妄议高深，惟既在同会之列，即有共主之权。家君系老病乞退之身，素性耿介，不能随人俯仰，又岂肯违心曲从，重累斯会，兼以累执事乎？已告局中停报勿出，并议暂废此会，日内当即有公函奉达……②

---

① 《穗石闲人读梁节庵太史驳叛犯逆书书后》，载叶德辉辑著：《觉迷要录》卷三，台联国风出版社 1970 年版，第 8 页。

② 《黄绍箕致康有为》，载张荣华编校：《康有为往来书信集》，中国人民大学出版社 2012 年版，第 502 页。

黄绍箕此信乃是收到康有为"复电复书"及"报纸二叶"后的回信，大部分篇幅是对康有为所邮来的《强学报》的指责。首先，是有关孔子纪年的问题。《强学报》第一号创刊于 1896 年 1 月 20 日（光绪二十一年十一月二十八日）。该报于刊头首署孔子卒后二千三百七十三年，下署光绪二十一年十一月二十八日，且并未在光绪年号上加大清二字。孔子改制乃康有为论学论政的理论基础，康氏曾言"改朔为合群之道"，并用孔子纪年作为同党的标识。[1] 所以，用孔子纪年，为"康学"之主要特征之一。[2] 为了强调用孔子纪年的重要性，《强学报》还特于第一号和第二号上刊登了《孔子纪年说》和《毁淫祠以尊孔子议》两篇论说。该论说并未署名，大概为康有为学生徐勤或何树龄所撰，文章之宗旨显然是经过康有为授意的，故该论说主要反映了康有为为代表的"康学"观点。《孔子纪年说》首先强调师道的重要性，在作者看来，人类共有三本，"天地者，生之本也；祖宗者，类之本也；君师者，治之本也"。而在这三本之中，"立师为大"，因为"无师则天芜，无师则祖类乱，而君道尤待立于师。凡是数者，皆待师之大义而后成，故师为大"。[3] 师道既然如此重要，那么中国的师是谁呢？依作者看，中国的师就是孔子，他说："凡百世之义理制度，莫不曲成；凡异强殊教之精征，皆在范围者，其惟孔子乎？凡所称为尧、舜、禹、汤、文、武成功盛德，皆孔子所发也。孔子既损益而定制，弟子传其道，弥塞天下，至汉武时，以六经立于学宫，东汉时，光武明章尤崇儒术。故孔子生前一世界也，孔子卒后一世界也。太史公传微言于黄生，能知大义于十二国世家。大书孔子卒，孔子西行不到秦。而周秦本纪皆书孔子卒。老子列传乃言孔子卒后一百二十九年，则以孔子纪年与特立世家之义相表里，此非史公能为之，盖先师相传大义，

① 黄彰健：《戊戌变法史研究》上册，上海书店出版社 2007 年版，第 7 页。

② 茅海建：《戊戌变法的图面——〈张之洞档案〉阅读笔记》，上海古籍出版社 2014 年版，第 18 页。

③ 《孔子纪年说》，《强学报》第一号，光绪二十一年十一月二十八日。

以孔子可世世范围天下也。能知此义者希矣！"① 写至此，作者倒转笔锋，直指中国传统的皇权制度。"秦政以始皇立号，欲自二世至万世。王莽以始建国，纪元皆有意焉。然以□位之独夫，不知天命之在德，欲以势力久据万世，多见其不知量而已！"② 随后，作者又将君道与师道做了一番比较，指出："君之道实，其义方，虽有禹、汤之圣，仅弥纶一时而已。师之道虚，其义圆。虽以耶、回之浅，犹绵亘于后世，故君道宜于横，师道宜于贯，横者弥九地，贯者亘万年。"③ 不言而喻，在作者那里，君道虽能一时弥九地，师道却能永久延亘万年，师道显然尊于君道。作者认为，这样的道理，乃普通常识，其实世界各国早已明白。"外国犹能自尊其师，执持坚固，其称号纪年，既严且亲。"④ 然而，中国的情况却与此相反。"我虽云尊，而阴实疏之。乡邑仅一庙，自学校之十搢绅之夫，瘾得奉祀，况及于工商妇孺乎？"⑤ 然今国事抢攘，"异教迫逼"，若再不改弦更张，则大势将坏，不可收拾，故"欲张皇圣道，光大延亘"，"务在密其条理，定其统宗，坚其执持"。⑥ 显然，作者的意思是希图师道凌驾于君道之上，用师道来限制君道，用"孔教"来对付"异教"。在具体做法上，《毁淫祠以尊孔子议》中说得较为明了，其文谓："夫开民志，在兴学校；兴学校，在定趋向；定趋向，在尊孔子。考武帝之世，黜百家而尊儒术，辨黑白二定而一尊，孔氏之道，遂成一统。……自是而后，老倡于晋、宋，佛盛于隋、唐，道观僧舍等于圣祀，袈裟云被，乱我冠裳，至武后之时，别孔子为文庙，贬孔子为先师，而□鲁公复立妇人不得祀孔子之禁。于是孔子之席，武夫可以夺之，大成之殿，贵者始得祀之。尊而不亲，权

① 《孔子纪年说》，《强学报》第一号，光绪二十一年十一月二十八日。
② 《孔子纪年说》，《强学报》第一号，光绪二十一年十一月二十八日。
③ 《孔子纪年说》，《强学报》第一号，光绪二十一年十一月二十八日。
④ 《孔子纪年说》，《强学报》第一号，光绪二十一年十一月二十八日。
⑤ 《孔子纪年说》，《强学报》第一号，光绪二十一年十一月二十八日。
⑥ 《孔子纪年说》，《强学报》第一号，光绪二十一年十一月二十八日。

已旁落。蚩蚩氓氓不得睹孔子之像、知孔子之名矣。"① 依作者的意见，汉代尚能"黜百家而尊儒术"，而至后代，由于"武夫""贵者"之阴取豪夺，孔子之地位"尊而不亲"，"权已旁落"。作者强调，"师道之尊，同于君父，为人臣子，背其君父，罪孰甚焉。今举天下之智愚、贤否、贵贱、长幼，皆日在孔子范围之中，礼义之内，而不知尊奉之，考求之，是犹有君不忠，有父而不孝也"。② 师道之尊既等同于君父，而举天下之人不分智愚、贤否、贵贱、长幼又都在孔子范围之中，所以，不尊孔子，就等于犯了弥天大罪。依作者之见，"今宜继孔子之志，专孔子之祀，凡各淫祠，悉为焚毁，即海内感应劝世之文，歌谣小说之书，皆以援孔子之大义，明孔子之大道为主，违者以淫书论。所以一天下之耳目，定天下之心志，使之知孔子之名，求孔子之实，则四千年之种族，二千年之圣教，或有赖焉。不然，海内诸教，其能行于五洲，垂诸久远者，岂义理之奥妙，条理之精密哉？亦以其奉其祖师，既尊且亲，故至此耳。有志之士，竞共勉旃！"③ 十分明显，文章中所阐述的这些观点，都是康有为变法的主张。在康有为那里，孔子被描绘成一位托古改制的先圣。按他的解释，凡正统派经典中所谓的尧、舜、禹、汤、文、武之盛德大业，皆孔子所托，而《诗》《书》《礼》《乐》《易》《春秋》皆孔子所作。孔子"生于乱世"，为"拨乱世，致太平之功"，④才"据乱而立三世之法"，所以"《诗》、《书》、《礼》、《乐》、《易》、《春秋》为其书，口传七十子后学为其言"。而孔子所定之制，所立之法，"不过其夏葛冬裘，随时救民之言而已"。⑤ 康有为

———————

　① 《毁淫祠以尊孔子议》，《强学报》第二号，光绪二十一年十二月初三日。

　② 《毁淫祠以尊孔子议》，《强学报》第二号，光绪二十一年十二月初三日。

　③ 《毁淫祠以尊孔子议》，《强学报》第二号，光绪二十一年十二月初三日。

　④ 康有为：《孔子改制考卷十·六经皆孔子改制所作考》，载《康有为全集》第三集，中国人民大学出版社 2007 年版，第 128 页。

　⑤ 康有为：《孔子改制考·序》，载《康有为全集》第三集，中国人民大学出版社 2007 年版，第 3 页。

的这种观点，显然在宣扬其孔子改制的理论，具有梁启超所说的有一种"政治革命，社会改造的意味"了。[①] 所有这些，当然不能为张之洞等人所认同，因为按正统派的观点，《诗》《书》《礼》《乐》《易》为先王周公之旧典，《春秋》也仅由孔子删定，在他们的心中，孔子是"述而不作"，而并非托古改制。所以，黄绍箕在致康有为的信中称"推尊孔子诸论，执事可著书，不必入报"。并且，黄绍箕还指责康有为做事出尔反尔，不守信用，说在与康有为拟定章程时已经讨论过有关孔子纪年的问题，康有为"复电亦既允从之矣"，讵料康有为到上海后自作主张，依然用孔子纪年，并未在光绪年号前加"大清"二字。其批评康有为是"学西法，仍未毕肖"，而"责以违国制，已无可辞，于实事无丝毫之益，而于吾党恐有邱山之损"。[②]这种做法，当然不能为张之洞等人所容忍。

其次，康有为为了提高自己的威望，扩大政治影响，使用上文所提到的光绪帝闰五月二十七日的上谕来做文章，因光绪帝交议的折片中，有康有为的上书，[③] 且光绪帝上谕中又有"当此创巨痛深之日，正我君臣卧薪尝胆之时，各将军督抚受恩深重，具有天良，谅不至畏难苟安，空言塞责。原折片着抄给阅看。将此由四百里各谕令知之"等语，故此上谕对康有为而言无疑是尚方宝剑，康有为等人便将此上谕刊载在《强学报》第一号的第一版上，并于上谕后面加以诠释，好比上海强学会同人的"恭注"。如此一来，康有为既可以利用光绪帝的谕旨来阐释其变法的主张，同时又可以打击一下反对变法的旧党。其文略谓：

---

① 梁启超：《清代学术概论》，载《饮冰室合集》专集之三十四，中华书局 1989 年版，第 57 页。

② 《黄绍箕致康有为》，载张荣华编校：《康有为往来书信集》，中国人民大学出版社 2012 年版，第 502 页。

③ 即《上清帝第三书》。

自道光二十年后，中外交涉六十年，谈时务者多矣，稍参西之法持清□者即斥为用夷变夏，深闭固拒，莫肯降从。抑思……夏冬昼夜，天之变也，沧海成田，平陆成湖，火山忽流，川水忽涸，地之变也。风云虹蜺，日月星辰……无刻不变，人之颜貌、血气，无须臾之不变，故千年一大变，百年一中变，十年一小变。……若夫时有不宜，地有不合，则累朝律例典礼，未有数十年不修改者，此十年之变也。孔子作六经，而终以《易》，专言变通，盖穷则变，变则通，通则久，不变则不能久矣。圣人知天道，故与时消息而变通宜民。若盛暑而用重裘，祈寒而用绤绤，以此为治，必至困顿。圣上深通天人之故，鉴中外之得失，首发纶音，颁示疆臣，变行新法，哀痛激切，义与天通，《传》曰："诚明明矣。"呜呼！此为三百年之特诏，中国四万万之人类，托乐利焉。疆臣奉宣德意，承流宣化，其条陈虽未知何如，而薄海臣民，捧读王言，破去拘索之见，光大维新之命，化行风被，人人可以昌言新法。《易》曰："涣汗其大号，涣王居无咎。"《书》曰："大哉王言。"本会臣等敢敬纪之以为中国自强之基，天下臣民讲求时事之本。[①]

显而易见，康有为是在利用光绪帝的上谕，拉大旗作虎皮，借题发挥，宣传其孔子改制之理论。其宗旨乃在用自然界和人体的发展变化阐发一个"变"字，用来作为其变法的理论基石，以对抗传统之"天不变道亦不变"理论。此种从根本上颠覆传统理论的做法更不能为张之洞等人所认可。他们认为康有为的说法有悖祖训，更重要的是开业刊录延寄一事触动了张之洞等人的忌讳。黄绍箕明确表示，"延寄一件，止可云得之传闻"，而康却"直书某日军机字寄云云，一似有所受之者"，家君在京之时，"每闻人述时

---

① 《军机大臣字寄各直省将军督抚》（光绪二十一年闰五月二十七日奉），《强学报》第一号，光绪二十一年十一月二十八日。

政，自诩为秘密消息，辄深恶之"，更何况康有为竟将未经公开的
"延寄"，"列入会报"，以宣传自己的变法主张，这种事情自然张
之洞等人不能容忍。

此外，还有一件事也不能令张之洞等人满意，那就是康有为等
人在《强学报》第二号上刊登了一篇题为《变法当知本源说》的文
章。文章作者认为，中国变法三十余年而不成，主要原因乃是"昧
于本源"。中国只进行军事和科技等方面支支节节的改革，而从未触
动政治体制的层面，科举制却"欲将天下之聪明材力，精思异能纳
之一途，拑之愚之而于无用然后已"，致使"今世变日亟，上下无
才，中国有非洲之危，生民有为奴之惨"，而反观泰西，却有着"纵
横万里，睥视一切"的富强。在作者看来，其原因并不在于泰西
"甲兵之强，战舰之多"，而在于"科举变而人才多，学校兴而积习
变"，所以中国不应学习西方造枪炮兵舰之末，而应学习西方"学校
兴而积习变"之本。在此之上，作者更进一步指出，要明定国是。
他说："向使中国幡然改图，士风一变，国是既定，然后开议院，立
议员，以通上下之情，置官俸，疏官阶，以正吏治之弊，纲举目张，
风行草偃，余事何足为哉。"这是康、梁集团第一次公开在报刊上提
出政治改革的主张且明确提出设立议院的办法，这对重视三纲的张
之洞来说，自然是不能认可，故其立即吩咐幕僚电致上海各报馆称：
"自强学会报章，未经同人商议，遽行发刻，内有廷寄及孔子卒后一
条，皆不合。现时各人星散，此报不刊，此会不办"。[1] 上海强学
会随之解散，《强学报》也于第三号终刊。[2] 随着南北强学会被封
禁和解散，康、梁集团的改朔以为合群之道的活动也告一段落。

甲午战后，在高昂的民族主义的刺激下，新的知识阶层逐渐兴起。
他们觉得有必要在官僚士绅中建立结社，借以广泛地动员和组织他们
进行政治和社会活动，达到挽救危亡、实现中国富强的目的。

---

[1]　汤志钧：《戊戌变法史》，人民出版社1984年版，第155页。
[2]　汤志钧：《戊戌变法史》，人民出版社1984年版，第164页。

然而不幸的是，这种结社群的成员极为复杂，这里面既有康、梁等维新派人士和帝党官僚，也有封疆大吏、武将及外国传教士，这使内部思想不同，观点各异。加之南、北强学会的主要组织和推动者康有为所提出的孔子改制的变法理论不能为整个官绅知识层所认同，他用"改朔为合群之道"在知识分子中建立团体的做法极大地触碰到了清廷的忌讳。甚至在维新派的内部也有人对"孔子纪年"和"改朔为合群之道"这些提法持不同意见。梁启超在给康有为的信中曾透露过这个原因：

> 孔子纪年，黄（遵宪）、汪（康年）不能用，后吴小村文（父）子来又力助张目，仍不能用。盖二君皆非言教之人，且有去年之事，尤为伤禽惊弦也。去年南局之封，实亦此事最受压力，盖见者以为自改正朔，必有异志也。四月廿七日书云："改朔为合群之道。"诚然，然合群以此，招忌亦以此。天下事一美、一恶、一利、一害，其极点必同比例也。[①]

建立结社团体，可以说是甲午战后，中国官绅阶层在民族主义兴起后的共同愿望，然康、梁等维新人士孔子改制的变法主张并不为全体知识层所接受，康有为所提出的"改朔为合群之道"的主张不仅在维新派内部很多人不以为然，且更为体制内的知识人所忌，故南北强学会均以失败告终，且学术上的分歧也最终导致了中国上层知识层的分裂。

四　三世之义与梁启超变革思想

甲午战后，随着西学的大量涌入，中国陷入了深刻的文化取向

---

① 《梁启超等与康有为书》（粤督谭钟麟从康有为家查抄得之，原书咨送军机处——原注），载叶德辉辑著：《觉迷要录》卷四，台联国风出版社1970年版，第22页。

危机中。当时的士大夫宋育仁，在其《泰西各国采风记》中，描述过这种变局对中国文化产生的震荡。

> 其（指西学）用心尤在破中国守先之言，为以彼教易名教之助。

> 天为无物，地与五星同为地球，俱由吸力相引，则天尊地卑之说为诬。肇造天地之主，可信乾坤不成两大，阴阳无分贵贱，日月星不为三光，五星不配五行，七曜拟于不伦，上祀诬而无理，六经皆虚言，圣人为妄作。据此为本，则人身无上下，推之则家无上下，国无上下。从发源处决去天尊地卑，则一切平等，男女均有自主之权，妇不统于夫，子不制于父，族姓无别，人伦无处立根，举宪天法地、顺阴阳、陈五行诸大义一扫而空。而日食星孛，阴阳五行相沴、垂象修省、见微知著绪义，概从删灭，自不待言矣。

> 夫人受中天地，秉秀五行，其降曰命。人与天息息相通，天垂象，见吉凶，俾人改过迁善。故谈天之学，以推天象、知人事为考验，以畏天命、修人事为根本，以阴阳消长、五行生胜、建皇极、敬五事为作用。如彼学所云，则一部《周易》全无是处，《洪范》五行，《春秋》灾异皆成瞽说，中国所谓圣人者，亦无知妄男子耳。学术日微，为异端所劫，学者以耳为心，视为无关要义，从而雷同附和。人欲塞其源，而我为操畚，可不重思之乎？①

当时的情况，正像宋育仁所描述的那样，西学给中国文化带来的强烈的冲击和震撼，使中国士大夫借以安身立命的天人合一的道德哲学，从根基处受到震荡，而建筑在这一哲学基础之上的礼义之文与道

---

① 宋育仁：《泰西各国采风记》，载王立诚编校：《郭嵩焘等使西记六种》，生活·读书·新知三联书店1998年版，第388页。

德价值也就失去了其哲学的依据，而成为无源之水和无本之木了。

梁启超的老师康有为，即处于这大变局中之一人。他的家乡，邻近广州和香港，得风气之先，有条件接触大量西籍。当时，基督教传教士所介绍的西方自由主义观念、进化论、哥白尼日心说、伽利略学说等西方政治和科学方面的知识，通过这些西籍进入康有为的视野。[①] 他在西学影响之下，已开始用康德的宇宙起源论和拉普拉斯的星云说来解释宇宙的起源，他说："德之韩图、法之立拉士发星云之说，谓各天体创成以前，是朦胧之瓦斯体，浮游于宇宙之间，其分子互相引集，是谓星云，实则瓦斯之一大块也。始如土星然，成中心体，其外有环状体，互相旋转，后为分离，各成其部，为无数之小球体，今之恒星是也。"[②]康有为认为，太阳系的形成，也与上述原理一样，"当初星云之瓦斯块自西回转于东，其星云渐至冷却，诸球分离自转，遂为游星。在中者为太阳，其周围有数多之环，因远心力而分离旋转，其环则成卫星。故凡诸星之成，始属瓦斯块"。[③] 至于地球的形成，康有为解释

---

① 康有为思想在形成过程中，儒教、佛教，以及西方和日本的思想都对其产生过重要的影响，因篇幅限制，笔者只就西方科学对其宇宙观的影响稍加论述，略引端绪，其他部分的研究，则以俟他日。

② 康有为：《诸天讲·地篇第二》，载《康有为全集》第十二集，中国人民大学出版社 2007 年版，第 20 页。《诸天讲》又名《诸天书》，完稿于 1926 年夏，1930 年由中华书局出版。康有为门人伍庄言："南海先生《诸天书》起草于二十八岁时，作《大同书》之后，四十年来秘之未刊，晚岁时讲歇浦之游存庐，时及诸天。门弟子请刊之，始出旧稿整理校雠，将付剞劂焉，未出版而先生逝世。"（见伍庄：《诸天讲·序》，载《康有为全集》第十二集，中国人民大学出版社 2007 年版，第 11 页）康有为自己也说他"二十八岁时，居吾粤西樵山北银河之澹如楼，因读《历象考成》，而昔昔观天文焉。因得远镜，见火星之火山冰海，而悟他星之有人物焉。因推诸天之无量，即亦有无量之人物、政教、风俗、礼乐、文章焉。乃作《诸天书》，于今四十二年矣"。（康有为《诸天讲·自序》，载《康有为全集》第十二集，中国人民大学出版社 2007 年版，第 12 页）可见康有为之《诸天讲》写得很早，但有关康有为《诸天讲》中的观点，在他的早、中、晚期的思想中均有体现，故不能以其成书年代限之。

③ 康有为：《诸天讲·地篇第二》，载《康有为全集》第十二集，中国人民大学出版社 2007 年版，第 20 页。

道，太阳最初为高度热之瓦斯体，地球则是"自日分形气而来也"。在他看来，"日体纯火也，火热至盛，则爆裂而分离焉。离心之拒力既大，故地能出日之外而自为星；而日热之吸力极大，故地星仍绕日而不能去也，故为绕日之游星"。①对于太阳系中其他行星的形成，在康有为看来，都是同一个道理，"凡海王、天王、土、木、火、金、水诸游星皆然，各循其先后离日之轨道，而为外内环转之次第焉"。②康有为指出，地球是"绕日之游星"，而最先"发明地绕日为哥白尼"，"后有伽呼厘路者，修正哥白尼说，益发明焉。至康熙时，西 1686 年，英人奈端发明重力相引，游星公转互引，皆由吸拒力，自是天文益明而有所入焉。"康有为感叹道："微哥白尼乎，安能知地之绕日乎？则吾茫昧于父日祖天所自来，吾又安能通微合漠、尽破藩篱，而悟彻诸天乎？"③在康有为看来，哥白尼、伽利略、牛顿等科学家的发明才使人们从愚昧谬误中解救出来，所以他"最敬哥、奈二子"。④康有为宣称，学者应记住他们的丰功伟绩，对他们要顶礼膜拜，"尸祝而馨香之，鼓歌而侑享之"。⑤ 在康有为看来，中国古代圣贤之所以不能洞悉宇宙的本质，乃是因为他们所处的时代生产力不发达，制器未精，所以只能凭肉眼来观察世界，他们仰观苍苍者则为天，俯视搏搏者则为地，然而却"不知地之至小，天之大而无穷也，故谬谬然以地配天也，又谬谬然以日与星皆绕吾地也。开口即曰

① 康有为：《诸天讲·地篇第二》，载《康有为全集》第十二集，中国人民大学出版社 2007 年版，第 20 页。

② 康有为：《诸天讲·地篇第二》，载《康有为全集》第十二集，中国人民大学出版社 2007 年版，第 20 页。

③ 康有为：《诸天讲·地篇第二》，载《康有为全集》第十二集，中国人民大学出版社 2007 年版，第 19 页。

④ 康有为：《诸天讲·地篇第二》，载《康有为全集》第十二集，中国人民大学出版社 2007 年版，第 19 页。

⑤ 康有为：《诸天讲·地篇第二》，载《康有为全集》第十二集，中国人民大学出版社 2007 年版，第 19 页。

天地，其谬惑甚矣"，所以"虽大地诸圣"，根据其肉眼所观察的天而制定的伦理，"曰父天而母地也，乾父而坤母也，郊天而坛地也"，归根结底，"未能无蔽焉"。①在康有为看来，"吾国一代之通人名士，而由今观之，半明半昧，有若童子之言，不值一哂"了。② 天既然不是古圣贤用肉眼所观察的天，那么中国古代的"道之大原出于天，天不变，道亦不变"的说法自然不能成立了。③ 康有为进一步指出，"昔之人未有汽船也，未有远镜也，无以测知地球之域也，无以测知日星之故也"。④这主要的原因是那时"制器不精"。而如今随着时代的进步，"器之为用大矣！显微、千里之镜……远窥土木之月，知诸星之别为地，近窥细微之物，见身中微丝之管，见肺中植物之生，见水中小虫若龙，而大道出焉！" ⑤

从传统儒家理论的角度来看，"形而上者谓之道，形而下者谓之器"。朱熹说："天地之间有理有气。理也者，形而上之道也，生物之本也；气也者，形而下之器也，生物之具也。"受过程朱理学教育的康有为，虽然也承认"道尊于器"，然在西学的影响之下，他不得不转变

---

① 康有为：《诸天讲·地篇第三》，载《康有为全集》第十二集，中国人民大学出版社 2007 年版，第 19 页。

② 康有为：《诸天讲·通论第一》，载《康有为全集》第十二集，中国人民大学出版社 2007 年版，第 17 页。

③ 在儒家传统里，"天"乃意指为"存有物的形上基础"（the metaphysical groud of being）与"意义之源"（the source of meaning），即此，天表示为"超越本体"（the numinous beyond），超越自然界和人事界的现实存在。随着"性"由"天"赋的信念形成，"天"的概念构成了基本儒家世界观的核心——天人合一。而康有为这里所说的"天"乃是指自然的"天"，有关这个问题，请参阅本书第二章第四节康有为的"器可变道说"。

④ 康有为：《诸天讲·地篇第三》，载《康有为全集》第十二集，中国人民大学出版社 2007 年版，第 19 页。

⑤ 康有为：《笔记·农具》，载《康有为全集》第一集，中国人民大学出版社 2007 年版，第 196 页。又康有为《日本书目志》中文字与上述引文略同。

他的立场，开始宣称"道尊于器，然器亦是以变道矣"。①

在康有为那里，传统的宇宙观既然已发生转变，那么建立在这种天人合一宇宙观之上的"政""教"的正当性与有效性也必然受到质疑。

果然，他在《上清帝第一书》中就提出了"治平世，与治敌国并立之世固异"②的变革主张。在《上清帝第二书》中，他更进一步指出了变革的紧迫性。"方今当数十国之觊觎，值四千年之变局，盛暑已至，而不释重裘，病症已变，而犹用旧方，未有不喝死而重危者也。""窃以为今之为治，当以开创之势治天下，不当以守成之势治天下；当以列国并立之势治天下，不当以一统垂裳之势治天下。"③康有为这些话，透露出这样一种信息，在当时一部分知识分子的眼里，面对列强的侵逼，中国需要"变"了，在他们看来，中国将再也不是世界的中心，是"莅中国而抚四夷"的老大帝国，它将融入国际社会，而成为其中普通的一员。

中国到了变革的时代，就需要有人应运而生，来推动这场变革，梁启超便是这样的人物。梁启超少年时与当时普通的读书人一样，"日治帖括。虽心不慊之，然不知天地间于帖括外，更有所谓学也"。④据梁启超言，他对国学有较深入的研究，主要得力于张之洞的《輶轩语》《书目答问》。他说："年十一，游坊间，得张南皮师之《輶轩语》《书目答问》，归而读之，始知天地间有所谓学问者。"⑤《輶

---

① 康有为：《笔记·农具》，载《康有为全集》第一集，中国人民大学出版社2007年版，第196页。

② 康有为：《上清帝第一书》，载《康有为全集》第一集，中国人民大学出版社2007年版，第183页。

③ 康有为：《上清帝第二书》，载《康有为全集》第二集，中国人民大学出版社2007年版，第37页。

④ 梁启超：《三十自述》，载《饮冰室合集》文集之十一，中华书局1989年版，第16页。

⑤ 梁启超：《变法通议》，载《饮冰室合集》文集之一，中华书局1989年版，第55页。

轩语》《书目答问》虽开阔了他的眼界，但他改革思想的来源，乃是来自他的老师康有为，梁启超十七岁举于乡，可谓少年得志。梁启超说："其年秋，始交陈通甫。通甫时亦肄业学海堂，以高才生闻。既而通甫相语曰，吾闻南海康先生上书请变法，不达。新从京师归，吾往谒焉，其学乃为吾与子所未梦及。吾与子今得师矣。于是乃因通甫修弟子礼，事南海先生。时余以少年科第，且于时流所推重之训诂词章学，颇有所知，辄沾沾自喜。先生乃以大海潮音，作师子吼，取其所挟持之数百年无用旧学更端驳诘，悉举而摧陷廓清之，自辰入见，及戌始退，冷水浇背，当头一棒。一旦尽失其故垒，惘惘然不知所从事，且惊且喜，且怨且艾，且疑且惧。与通甫联床竟夕不能寐。明日再谒，请为学方针。先生乃教以陆王心学，而并及史学、西学之梗概。自是决然舍去旧学。自退出学海堂，而间日请业南海之门。生平知有学自兹始。"①

关于此事，康有为也有过描述：

光绪十六年……三月，陈千秋来见，六月来及吾门。八月，梁启超来学。……吾乃告之以孔子改制之意、仁道合群之原，破弃考据旧学之无用。……凡论古今天下奇伟之说、诸经真伪之故，闻则信而证之。……既而告以人生马，马生人，人自猿猴变出，则信而证之。乃告以诸天之界、诸星之界、大地之界、人身之界、血轮之界，各有国土、人民、物类、政教、礼乐、文章，则信而证之。又告以大地界中三世，后此大同之世，复有三统……②

显而易见，康有为告诉陈千秋和梁启超的是他的救时主张和政

---

① 梁启超：《三十自述》，载《饮冰室合集》文集之十一，中华书局 1989 年版，第 16—17 页。

② 康有为：《我史》，载《康有为全集》第五集，中国人民大学出版社 2007 年版，第 81 页。

治理论，即他所谓的"孔子改制之意、仁道合群之原"以及他的公羊三世说。其中"改制"与"合群"乃康有为变革的具体措施，而"公羊三世说"乃是康有为政治哲学的理论基础。康有为"合群"的变法措施在"改朔为合群之道"中已有详细的讨论，于此不再赘述，而其"公羊三世说"对梁启超影响甚大，所以，在这里我们对其做一个简单的介绍。"公羊三世说"是康有为受西学和清朝今文经学的影响而形成的一种理论，① 在他看来，人类社会之发展，由据乱世而升平世，而太平世，是按照一定之程序阶段而线性发展的。这正像梁启超解释的那样："有为所谓改制者，则一种政治改革社会改造的意味也。故喜言'通三统'。'三统'者，谓夏、商、周三代不同，当随时因革也。喜言'张三世'。'三世'者谓据乱世、升平世、太平世，愈改而愈进也。有为政治上'变法维新'之主张，实本于此。"② 又说："有为……退而独居西樵山者两年，专为深沈（沉）之思，穷极天人之故，欲自创一学派，而归于经世之用。有为以春秋'三世'之义说礼运。谓'升平世'为'小康'，'太平世'为'大同'。礼运之言曰：'大道之行也，天下为公，选贤与能，讲信修睦。故人不独亲其亲，不独子其子，使老有所归，壮有所用，幼有所长。鳏、寡、孤、独、废疾者皆有所养，男有分，女有归，货恶其弃于地也，不必藏诸己，力恶其不出于身也，不必为己。……是谓大同。'"③ 梁启超解释道："此一

---

① 日本学者佐藤慎一先生认为康有为的进化思想在形成过程中受到过玛高温译、华蘅芳述《地学浅释》之地质进化论影响。[此书即英国雷侠儿（Charles Lyell）著的 *Elements of Geologe*。书中除了详细介绍西方近代地质学知识外，还述及拉马克和达尔文的生物进化论。]参阅〔日〕佐藤慎一：《梁启超と社会进化论》，载东北大学《法学》第59卷第6号，第1077页；亦可同时参考本书第三章第二部分"三科九旨与康有为的《孔子改制考》"。

② 梁启超：《清代学术概论》，载《饮冰室合集》专集之三十四，中华书局1989年版，第57页。

③ 梁启超：《清代学术概论》，载《饮冰室合集》专集之三十四，中华书局1989年版，第58页。

段者，以今语释之，则民治主义存焉（天下……与能——原注）。国际联合主义存焉（讲信修睦——原注）。儿童公育主义存焉（故人不……其子——原注）。老病保险主义存焉（使老有……有所养——原注）。共产主义存焉（货恶……藏诸己——原注）。劳作神圣主义存焉（力恶……为己——原注）。有为谓此为孟子之理想的社会制度。谓春秋所谓'太平世'者即此。"① 看到康有为这样的变革理论，梁启超欣喜若狂。他说："其弟子最初得读此书者，惟陈千秋、梁启超，读则大乐，锐意欲宣传其一部分，有为弗善也。而亦不能禁其所为。后此万木草堂学徒，多言大同矣。"② 梁启超从康有为那里得到了三世进化之义，遂将这一理论融入其政治变革的思想之中。

他按照他老师三世之义，推移衍说，创建了他的"三世六别国家论"。③ 他说：

治天下者有三世：一曰多君为政之世，二曰一君为政之世，三曰民为政之世。多君世之别又有二：一曰酋长之世，二曰封建及世卿之世。一君世之别又有二：一曰君主之世，二曰君民共主之世。民政世之别亦有二：一曰有总统之世，二曰无总统之世。多君者据乱世之政也，一君者升平世之政也，民者太平世之政也。此三世六别者，与地球始有人类以来之年限有相关之理，未及其世，不能躐之，既及其世，不能阏之。④

---

① 梁启超：《清代学术概论》，载《饮冰室合集》专集之三十四，中华书局1989年版，第58—59页。

② 梁启超：《清代学术概论》，载《饮冰室合集》专集之三十四，中华书局1989年版，第60页。

③ 〔日〕木原胜治：《清末梁启超近代国家论》，载立命馆文学通号418-421，第357—458页。

④ 梁启超：《论君政民政相嬗之理》，载《饮冰室合集》文集之二，中华书局1989年版，第7页。

在这种框架下，梁启超将人类的历史解释成一个根据力的竞争而不断进化的过程。他说："吾闻之，春秋三世之义，据乱世以力胜，升平世智力互相胜，太平世以智胜。草昧伊始，蹄迹交于中国，鸟兽之害未消，营窟悬巢，乃克相保，力之强也。顾人虽文弱，无羽毛之饰、爪牙之卫，而卒能槛执虺虎，驾役驼象，智之强也。数千年来，蒙古之种，回回之裔，以虏掠为功，以屠杀为乐，屡蹂各国，几一寰宇，力之强也。近百年间，欧罗巴之众，高加索之族，借制器以灭国，借通商以辟地，于是全球十九，归其统辖，智之强也，世界之运，由乱而进于平，胜败之原，由力而趋于智，故言自强于今日，以开民智为第一义。"① 我们若仔细分析梁启超这种对人类历史的描述，归根结底，乃是一种"力本论"的理想，他将知识看成一种能产生力的智力燃料，他坚信中国衰弱的根源在于力的缺乏，为了使中国转弱为强，必须要重视对民众的智力教育。②

一般认为，对梁启超产生影响的第二个人物是严复。严复于1895 年三月在天津《直报》发表《原强》，开始引进达尔文的演化论与斯宾塞的社会达尔文主义，他在 1895—1896 年译成《天演论》。此书在 1898 年正式出版之前，已于 1896 年在《国闻汇刊》连载，③ 而梁启超即于此年接触到严复《天演论》的手稿④。严复的手稿对梁启超虽有影响，但是也并不像人们想象的那样大，应作进一步梳理。梁启超在给严复的信中称他的老师康有为"读大箸

---

① 梁启超：《变法通议》，载《饮冰室合集》文集之一，中华书局 1989 年版，第14 页。

② 〔美〕张灏：《梁启超与中国思想的过渡（1890—1907）——烈士精神与批判意识》，崔志海、葛夫平译，新星出版社 2006 年版，第 62 页。

③ 林毓生：《二十世纪中国反传统思潮与中式乌托邦主义》，载《市场社会与公共秩序》，生活·读书·新知三联书店 1996 年版，第 224—225 页。

④ 《时务报时代之梁任公》载："马眉叔先生所著之《马氏文通》，与严又陵先生所译之《天演论》，均以是年脱稿，未出版之先，即持其稿以示任兄。"（丁文江、赵丰田编：《梁启超年谱长编》，上海人民出版社 1983 年版，第57 页）

（著）后，亦谓眼中未见此等人，如穗卿言，倾佩至不可言喻"，①
但这段话大概应看作梁氏对严复所说的客套语。严复这些理论，对
梁启超来说，应不太新奇，梁启超曾明言，"书中之言，启超等昔
尝有所闻于南海"，只是"未能尽"而已。并且，康有为对严复的
《天演论》也不甚在意，他曾告诫梁启超等说："若等无诧为新理。
西人治此学者，不知几何家，几何年矣。"② 并且，梁启超对《天
演论》中"择种留良之论"，也"不全以尊说（严复译《天演
论——引者》为然，其术亦微异也"。③ 梁启超强调说："启超
所闻于南海有出此书之外者，约有二事，一为出世之事，一为略依
此书之义而演为条理颇繁密之事。"④ 由此可见，严复的《天演论》
对梁启超的影响还是有限的，对梁启超而言，他之所以对《天演
论》持肯定的态度，是因为在他看来，《天演论》与《三世进化》
论只是性质相同的学说而已。⑤ 当然尽管如此，我们也应承认，严
复《天演论》中达尔文的演化论以及斯宾塞的社会达尔文主义对
梁启超的变革思想来说，无疑是添加了新的思想资源。有关这点，
我们可以从梁启超的群论中看得十分清楚。梁启超自己也毫不隐讳
地承认他从严复的《天演论》中汲取了思想营养。他写道：

　　　梁启超问治天下之道于南海先生。先生曰：以群为体，以
　　变为用。斯二义立，虽治千万年之天下，可已。启超既略述所

① 梁启超：《与严幼陵先生书》，载《饮冰室合集》文集之一，中华书局1989年
版，第110页。

② 梁启超：《与严幼陵先生书》，载《饮冰室合集》文集之一，中华书局1989年
版，第110页。

③ 梁启超：《与严幼陵先生书》，载《饮冰室合集》文集之一，中华书局1989年
版，第110页。

④ 梁启超：《与严幼陵先生书》，载《饮冰室合集》文集之一，中华书局1989年
版，第110页。

⑤ 〔日〕佐藤慎一：《梁启超と社会进化论》，东北大学《法学》第59卷第6号，
第1086页。

闻，作《变法通议》。又思发明群义，则理奥例赜，苦不克达，既乃得侯官严君复之治功《天演论》，浏阳谭君嗣同之《仁学》。读之怦然有当于其心，悼天下有志之士，希得闻南海之绪论，见二君之宏箸（著）。或闻矣见矣，而莫之解莫之信，乃内演师说，外依两书，发以浅言，证以实事，作说群十篇，一百二十章。其于南海之绪论，严、谭之宏箸（著），未达什一，惟自谓视变法之言，颇有进也。[①]

严复和谭嗣同的影响，使梁启超从他老师康有为那里得到的"以群为体，以变为用"理论更加充实，并逐渐形成一种理论的框架。首先，对梁启超而言，其群论包含着"群"和"合群"的双重意涵。当"群"作为动词用时，他所说的群（合群）乃是"天下之公理"，是宇宙间的一种普遍的规律。他说："使空中而仅一地球，使地球中而仅一人，使人身而仅一质，则无讲群学焉可也。群者，天下之公理也。地与诸行星群，日与诸恒星群；相吸相摄，用不散坠。使徒有离心力，则乾坤毁矣，六十四原质相和相杂，配剂之多寡，排列之同异，千变万化，乃生庶物。苟诸原质各无爱力，将地球之大，为物仅六十四种，而世界靡自而立矣。"[②] 而当梁启超将"群"用作名词时，群则表示一个个独立的人或植物的有机体，他说："一植物也，有须有粉以传种，有子膛以结子，有种瓣以养芽，有根有茎以吸土中物质，有干以植（直）立，有茎有叶以受空气、雨露、日光，各储其能，各效其力，物之群也，借使诸体缺一，或各不相应，其萎可立而待也。人之一身，耳司听；目司视；口思言；手足司动；骨司植；筋司络；肺司呼吸；胃司食；心司变血；脉管司运血回血；脑司觉。各储其能，各效其力，

---

① 梁启超：《说群序》，载《饮冰室合集》文集之二，中华书局1989年版，第3页。

② 梁启超：《说群一　群理一》，载《饮冰室合集》文集之二，中华书局1989年版，第4—5页。

身之群也。借使诸体缺一，或各不相应，其死亡可立而待也。"①
在各种有机体中，梁启超按进化的原则加以排列。他指出："杂质
之类贵于原质，繁质之类贵于简质。故死物最贱，植物次之，动物
最贵，质点贵群也。以动物而论，愈愚者体段愈少，愈智者体段愈
繁，故草形部最愚，蛤螺部次之，甲节部次之，脊骨部最智。枝体
贵群也。以人而论，脑筋愈多者，其人愈慧，反是则钝，接人愈多
者，其人愈通，反是则塞。读书愈多者，其人愈博，反是则陋。故
非洲之人，不如欧亚之人，乡僻之人不如都邑之人，穷古之人不如
近今之人，知识贵群也。"② 依梁启超之见，在宇宙的范围内只有
合群能力强的群体，才能够在竞争和进化的过程中生存活下来，他
总结道："是故横尽虚空坚尽劫，劫大至莫载，小至莫破，苟属有
体积，有觉运之物，其所以生而不灭，存而不毁者，则咸恃合群为
第一义。"③

按照以上的理论，梁启超将"群"看成"天下之公理"，"万
物之公性"，是宇宙间万物"不学而知，不虑而能"的天性和本
质。④ 在梁启超那里，"群"既然是宇宙进化的本质，那么，为什
么还有不能群的事情发生呢？依梁启超之见，"凡世界中具有二种
力，一曰吸力，二曰拒力。惟彼二力在世界中不增不减，迭为正
负，此增则彼减，彼正则此负，于是乎，有能群者，必有不能群
者，有群之力甚大者，必有群之力甚轻者"。这种结果，"不能群
者必为能群者所摧坏，力轻者必为力大者所兼并。譬如以针置于盘
内，针受盘吸，则群于盘。引以磁石，则针离盘转群于石，磁铁相

---

① 梁启超：《说群一 群理一》，载《饮冰室合集》文集之二，中华书局1989年
版，第5页。

② 梁启超：《说群一 群理一》，载《饮冰室合集》文集之二，中华书局1989年
版，第5页。

③ 梁启超：《说群一 群理一》，载《饮冰室合集》文集之二，中华书局1989年
版，第5页。

④ 梁启超：《说群一 群理一》，载《饮冰室合集》文集之二，中华书局1989年
版，第5页。

群之力，大于盘也"。①

梁启超站在进化论的立场上进一步指出："自地球初有生物以迄今日。物不一种，种不一变，苟究极其递嬗递代之理，必后出之群渐盛，则前此之群渐衰。泰西之言天学者名之曰'物竞'。洪水以前，兽蹄鸟迹，交于中国。周公大业在驱猛兽，今则寻常陆地，虎豹犀象，几于绝迹，兽之群不敌人之群也。美洲、非洲、澳洲咸有土人，他洲客民入而居之，则土著日渐渐灭，野蛮之群不敌文明之群也。世界愈益进则群力之率愈益大，不能如率，则灭绝随之，故可畏也。"②

按梁启超的逻辑，由于宇宙的万物具有各自不同的合群能力，而竞争又是普遍存在于宇宙之中，所以某类物种的合群能力即决定了该物种的生死存亡。在他看来，随着世界的进化和发展，人类之群战胜野兽之群，开化民族剪灭野蛮民族，乃是天经地义之事，它根本不具有任何的道德的含义，因为按梁启超的合群世界观，"物竞"既然是普遍意义的公例，"天择"也自然是普遍而必然的公理。因而梁启超断言："天演物竞之理，民族之不适应时势者，则不能自存。"③ 于是，梁启超自然而然地得出了这样的结论，外部的世界是一个弱肉强食的世界，中国要"救亡图存"就只能"合群"，以提高其生存竞争的能力。换句话说，中国只有"合群""竞争"，才能实现民族复兴，才能挽救危亡。于是，在救亡图存的旗帜下，梁启超顺理成章地将他的变法理论纳入社会达尔文主义之中。

"合群"和"竞争"既然被梁启超奉为"公理"和"公例"，是救亡图存的手段和途径，那么当时的政府是用什么统治手段呢？

---

① 梁启超：《说群一　群理一》，载《饮冰室合集》文集之二，中华书局 1989 年版，第 5 页。

② 梁启超：《说群一　群理一》，载《饮冰室合集》文集之二，中华书局 1989 年版，第 5—6 页。

③ 梁启超：《新民说》，载李华兴、吴嘉勋编：《梁启超选集》，上海人民出版社 1984 年版，第 355—356 页。

依梁启超之见，现政府是用与"群术"相对的"独术"在治理着
国家。他解释道："何谓独术，人人皆知有己，不知有天下，君私
其府，官私其爵，农私其畴，工私其业，商私其价，身私其利，家
私其肥，宗私其族，族私其姓，乡私其土，党私其里，师私其教，
士私其学。"① 在这种情况下，国家根本没有凝聚力，形成一种
"为民四万万，则为国亦四万万。夫是之谓无国"的局面。② 那么，
什么是"群术"呢？依梁启超之见，那就是做有益于加强集体合
力之事，他说："善治国者，知群之与民，同为一群之中之一人，
因以知夫一群之中所以然之理，所常行之事，使其群合而不离，萃
而不涣，夫是之谓群术。"③ 在梁启超看来，中国传统的绝对王权
主义，正是"独术"的集中体现。他说："能群焉谓之君，乃古之
君民者，其自号于众也。曰孤，曰寡人，曰予一人。蒙窃惑焉，孤
与寡，世所称为无告者也。而独以为南面之名则乐之。经传之谥污
君也。谓之独夫，谓之一夫，闻者莫不知为恶名也。吾不解予一人
之训诂，与独夫有何殊异也。"④ 依梁启超之见，此种绝对的王权
所采用的"独术"从道德的角度上来说，代表着一种自私自利的
私心，从私心出发，其主要目的在于防弊，而中国在此种绝对王权
的体制下，事情只能愈办愈坏，国势也日益衰落，最后将趋于灭
亡。他说：

> 先王之为天下也公，故务治事。后世之为天下也私，故务
> 防弊。务治事者，虽不免小弊，而利之所存，恒足以相掩。务
> 防弊者，一弊未弭，百弊已起。如葺漏屋，愈葺愈漏，如补破
> 衲，愈补愈破。务治事者，用得其人则治，不得其人则乱。务

---

① 梁启超：《说群序》，载《饮冰室合集》文集之二，中华书局 1989 年版，第 4 页。
② 梁启超：《说群序》，载《饮冰室合集》文集之二，中华书局 1989 年版，第 4 页。
③ 梁启超：《说群序》，载《饮冰室合集》文集之二，中华书局 1989 年版，第 4 页。
④ 梁启超：《说群序》，载《饮冰室合集》文集之二，中华书局 1989 年版，第
3—4 页。

防弊者，用不得其人而弊滋多，即用得其人，而事亦不治。①

在梁启超看来，中国自秦以来，一直处于绝对王权的统治之下，此种结果造成了"法禁则日密，而政教则日夷，君权则日尊，国威则日损"的局面。易言之，代表自私自利私心而行"独术"的绝对王权，乃是中国积贫积弱的根源，中国如欲摆脱积弱的局面而追求富强，则必须采用代表公心的"群术"。于是，梁启超在"公"与"私"这两个概念的对比中，自然地引出了他的民权思想。他首先分辨了"公""私"之意："西方之言曰：人人有自主之权。何谓自主之权，各尽其所当为之事，各得其所应有之利，公莫大焉。如此则天下平矣"，而"防弊者欲使治人者有权，而受治者无权，收人人自主之权，而归诸一人，故曰私"。② 他进一步指出："国之强弱，悉推原于民主，民主斯固然矣。君主者何？私而已矣。民主者何？公而已矣。"③

显而易见，梁启超在他的"群论"中也掺入了民权的内容，这正像他自己所说的那样，"是借《公羊》《孟子》发挥民权的政治论"。④

不仅如此，梁启超进一步将世界中的国家分为"全权国""缺权国""无权国"。依他之见，值此竞争激烈之世，"全权之国强，缺权之国殃，无权之国亡"。⑤ 而中国正处于"无权国"与"缺权

① 梁启超：《论中国积弱由于防弊》，载《饮冰室合集》文集之一，中华书局1989年版，第96页。

② 梁启超：《论中国积弱由于防弊》，载《饮冰室合集》文集之一，中华书局1989年版，第99页。

③ 梁启超：《与严幼陵先生书》，载《饮冰室合集》文集之一，中华书局1989年版，第109页。

④ 梁启超：《蔡松坡遗事》，《晨报》蔡松坡十年周忌纪念特刊，转引自丁文江、赵丰田：《梁任公先生年谱长编（初稿）》，中华书局2010年版，第42页。

⑤ 梁启超：《论中国积弱由于防弊》，载《饮冰室合集》文集之一，中华书局1989年版，第99页。

国"之间，为了摆脱灭亡的命运，中国必须逐步取消代表"私"的宇宙论君主制，而转变为代表"公"的民主制。就这样，梁启超以国家要摆脱灭亡而走上富强道路为理由，顺理成章地否定了传统的政治体制的合法性，从而为一种新的政治体制出现做了理论的准备。这正像张灏先生所指出的那样，"根据传统的政治惯例，天意是政治合法化的最高依据。就政治权威的合法化来说，人民的意志从来没有得到充分的考虑，它对政治权威的有效认可只是作为天意的一个反映。换言之，人民的意志作为政治合法化标准的有效性只是派生的。然而对梁来说，'民'的概念虽然还不像后来的国民思想那样有明确的定义，但与传统的民的思想存在一个微妙的但却是重大的区别。在梁那里，民取代天意，成了政治合法化的最高标准：国家的一切政治行为只有依据人民的集体意志方被证明是正当的"。①

在梁启超那里，人民集体意志既然是国家政治行为的最高代表，那么如何将人民大众的意志统一起来呢？依梁启超之见，这就需要有"群之道"。他说，所谓"群之道者，群形质为下，群心智为上，群形质者，蝗蚊蜂蚁之群，非人道之群也。群之不已，必蠹天下，而卒为群心智之人所制。蒙古回回种人，皆以众力横行大地，而不免帖耳于日耳曼之裔，蝗蚊蜂蚁之群，非人道之群也"。②那么，"群心智"即"人道之群"是什么呢？梁启超认为"群心智之事则赜矣"，而欧洲人"知之而行之者三，国群曰议院，商群曰公司，士群曰学会。而议院、公司其识论业艺，罔不由学，故学会者，又二者之母也。学校振之于上，学会成之于下，欧洲之人，以心智雄于天下，自百年以来也"。③ 显而易见，梁启超所谓的"人

---

① 〔美〕张灏：《梁启超与中国思想的过渡（1890—1907）——烈士精神与批判意识》，崔志海、葛夫平译，新星出版社 2006 年版，第 71 页。

② 梁启超：《变法通议》，载《饮冰室合集》文集之一，中华书局 1989 年版，第 31 页。

③ 梁启超：《变法通议》，载《饮冰室合集》文集之一，中华书局 1989 年版，第 31 页。

道之群"是以西方的议会、公司和学会等制度为榜样的，而这些制度又"罔不由学"，即以西学作为基础，所以归根结底，梁启超就是要用西学来作为其"群心智"的理论基础。

于西学中，梁启超尤其强调法律在其群论中的重要性，他说："法者何，所以治其群也，大地之中，凡有血气者，莫不有群，即莫不有其群之条教部勒。大抵其群之智愈开，力愈大者，则其条教部勒愈繁。"① 在他看来，孔子虽作《春秋》为后世立法，然自"秦汉以来，此学中绝，于是种族日繁，而法律日简。不足资约束，事理日变，而法律一成不易，守之无可守，因相率视法律如无物，于是所谓条教部勒者，荡然矣"。② 而西方恰与中国这种情况相反，"泰西自希腊、罗马间，治法家之学者，继轨并作，赓续不衰，百年以来，斯义益畅"。这种结果造成西方"乃至以十数布衣，主持天下之是非，使数十百暴主，戢戢受绳墨，不敢恣所欲。而举国君民上下，权限划然，部寺省署，议事办事，章程日讲日密，使世界渐进于文明大同之域"。③ 在梁启超看来，西方这些成就，全乃这些"仁人君子心力之为"。④

于是，梁启超复站在传统的文化主义立场上阐明了中国与夷狄的含义。他说："春秋之记号也。有礼义者谓之中国，无礼义者，谓之夷狄。礼者何？公理而已。（以理释礼乃汉儒训诂。本朝之焦里堂，凌次仲大阐此说。——梁氏原注）义者何？权限而已。（番禺韩孔庵先生有义说专明此理——梁氏原注）。"依梁氏之见，当时的中国不讲法律之学，既不明公理，又不讲权限，若按春秋之

---

① 梁启超：《论中国宜讲求法律之学》，载《饮冰室合集》文集之一，中华书局 1989 年版，第 93 页。

② 梁启超：《论中国宜讲求法律之学》，载《饮冰室合集》文集之一，中华书局 1989 年版，第 93 页。

③ 梁启超：《论中国宜讲求法律之学》，载《饮冰室合集》文集之一，中华书局 1989 年版，第 93 页。

④ 梁启超：《论中国宜讲求法律之学》，载《饮冰室合集》文集之一，中华书局 1989 年版，第 93 页。

义，已属于不明礼义之夷狄。于是，在梁启超那里，传统华夷的位置已发生了逆转，中国已不再属于"中国"，而沦为"三等野番之国"的"新夷狄"。因为依其传统的文化主义标准来看，"其法律愈繁备而愈公者，则愈文明，愈简陋而愈私者，则愈野番而已"。①

这里梁启超使用了"文明"和"野蛮（番）"作为进化的相对关系的两个坐标，其意义是十分清楚的，它分明是以历史进步为前提，且包含着以西方为当时历史发展的顶端的，一元性顺序和普世公理的价值判断。因此，只要使用了"文明"这个词，则不管愿意与否，都只能是在认知一种非中国的"自己的"的价值的存在。② 用梁启超这种进化的文明观反观中国，清廷的存在合法性已然消失，而梁启超的变革理论也自然顺理成章了。他写道："今吾中国聚四万万不明公理不讲权限之人，以与西国相处，即使高城深池，坚革多粟，亦不过如猛虎之遇猎人，犹无幸矣。乃以如此之国势，如此之政体，如此之人心风俗，犹嚣嚣然自居于中国，而夷狄人，无怪乎西人以我为三等野番之国，谓天地间不容有此等人也。"③

梁启超虽对王权制度在道德上表示了强烈的反感，对民主制度表示深切的向往，但从其公羊三世理论的角度来看，当时的中国乃属于"升平世"。"升平世"只能言小康，而不能言大同。所以，照梁启超的想法，"中国今日民智极塞，民情极涣。将欲通之，必先合之。合之之术，必择众人目光心力所最趋注者，而举之以为的则可合。既合之矣，然后因而旁及于所举之的之外以渐而大，则人易信而事易成，譬犹民主，固救时之善图也，然今日民义未讲，则

① 梁启超：《论中国宜讲求法律之学》，载《饮冰室合集》文集之一，中华书局1989年版，第94页。
② 〔日〕石川祯浩：《梁启超と文明の视座》，载〔日〕狭间直树编：《梁启超西洋近代思想受容と明治日本》，株式会社みすず书房1999年版，第109—110页。
③ 梁启超：《论中国宜讲求法律之学》，载《饮冰室合集》文集之一，中华书局1989年版，第93—94页。

无宁先借君权以转移之，彼言教者，其意亦若是而已"。①

　　显而易见，梁启超所看重的，并不是君主制本身的价值，而只是考虑到当时中国"民智极塞，民情极涣"的具体情况，在不得已情况下才容忍它，如按照其公羊三世的进化理论，君主制肯定要让位于民主制，而世界大同的太平世也迟早要出现。

　　如前所述，梁启超对太平之治的憧憬，乃来自其公羊三世理论，而这一理论，又左右了他"群论"，使其摇摆于国家主义与天下主义之间。他说："抑吾闻之，有国群，有天下群。泰西之治，其以施之国群，则治矣。其以施之天下群，则犹未也。《易》曰：见群龙无首，吉。《春秋》曰：太平之世，天下远近大小若一。《记》曰：大道之行也，天下为公，选贤与能，不独亲其亲，不独子其子，货恶其弃于地也，不必藏于己，力恶其不出于身也，不必为己，是谓大同，其斯为天下群者哉！其斯为天下群者哉！"② 按梁启超的想法，在"升平世"，西方的制度虽施于"国群"而有效，而在遥远的太平大同之世还要以《易》《春秋》《礼记》中的世界主义思想为归宿。

　　应当指出，在戊戌以前，公羊三世理论是梁启超追求富强、变革思想的理论基础，这不仅表现在使中国"强"的"群论"之上，也表现在使中国"富"的经济论方面。与其"群论"同样，戊戌期间，梁启超求富的"经济论"也徘徊于国家主义和世界主义之间。戊戌之前，梁启超所接触的有关经济学的译著十分有限，《西学书目表》（上海时务报馆1896年）的商政一项载有四类著作，而有关经济学的译著仅《富国策》和《富国养民策》，加上梁启超在其《史记货殖列传今义》中所引用的《佐治刍言》在内，也仅有三种。据森时彦教授的研究，《富国策》是由同文馆副教习汪凤

---

　　① 梁启超：《与严幼陵先生书》，载《饮冰室合集》文集之一，中华书局1989年版，第110页。

　　② 梁启超：《说群序》，载《饮冰室合集》文集之二，中华书局1989年版，第4页。

藻译自法思德著的 Manual of Political Economy（London，1863）。原著者是古典学派最正统的继承者，这本教科书被称为自由主义经济学的典范的解说书。而《佐治刍言》并非经济学的专业书，其中一部分有关经济学的记述只是沿袭古典学派而已。

《富国养民策》的原著是哲分斯的 *Political Economy*（London，1978），是由艾约瑟翻译的。哲分斯作为一个边际革命（Marginal Revolution）的先驱，被视作新古典学派的经济学者。其原著是赫克斯利（Haxley）等编的《科学入门》（Science Primers）丛书之一。其内容也完全是启蒙性质的，基本构成与古典学派的教科书区别不大。但从学说史上看，其与古典学派重要不同之处是，该书在第七十五节中使用了采珍珠的潜水员这个有名的例子来批判亚当·斯密（Adam Smith）的劳动价值说，而论述其边际效用说。①

从以上的分析来看，梁启超在戊戌期间，竟获得了阅读西欧古典学派和新古典学派优秀启蒙书各一册的机会，从而使他的思想在受西欧古典学派影响的同时，也受到西欧新古典学派的影响。加之他从康有为那里学到的公羊三世说，这些思想的杂糅，以及他对当时局势的判断，使他的经济主张在世界主义和国家主义之间徘徊。就太平世的大同理想而言，梁启超倾向于世界主义，从而使它的"求富"的理论表现出浓厚的西欧古典学派的色彩。在梁启超看来，古典学派的自由贸易论与中国传统世界主义相符合，② 即与他未来的理想相合。于是，他站在世界主义的立场而主张自由贸易论。他说："平籴齐物之权，操之于税则，西国旧制，每有重收进口税，欲以保本国商务者，近时各国尚多行之，惟明于富国学

---

① Mori Tokihiko, Reception of European political economy in late Qing; The case of liang Qi-chao. The conference on European thought in Chinese literati culture 13 – 16, 1995, Garchy of France. pp. 1 – 2.

② 〔日〕森时彦：《梁启超经济思想》，载〔日〕狭间直树编：《梁启超西洋近代思想受容と明治日本》，株式会社みすず书房 1999 年版，第 230—231 页。

者，皆知其非，以为此实病国之道也。"在他看来，无论何国，
"势不能尽百物而备造之，故无论何国人，欲屹然独立，不仰给
于他国所产之物，必无是理"。假如实行保护贸易论，重收进口
税，"此之谓自困"。他举例说："英国五十年前，即行此政，坐
此之故，常患缺食，而余物贸易亦不畅旺，自一千八百四十六
年，大开海禁，一切商务岁增惟倍。"在梁启超看来，英国的成
功，都是自由贸易带来的结果，自由贸易论符合《大学》里治
国平天下的世界主义精神。他说："财政者，天下之事也，非合
全地球之地力、人力所产所需而消息之，则无以得其比例，故大
学理财之事，归于平天下也，仅治一国者，抑末矣。然治国者，
苟精研此理而酌剂之，则关市亦可以不乏，而国必极富，今之英
国，殆稍近之也。"①显然，这时梁启超的思想偏重于理想，偏重
于将来。

然而，救亡图存的迫切心情，又使其将目光转向当下，转向现
实，使其主张徜徉于自由贸易论和保护贸易之间，结果也使得他的
主张前后矛盾，不能自圆其说。

他有时站在国家主义的立场提倡保护贸易论，而主张关税
自主，认为"凡世界之内，名之为国者，无论为强大，为弱小，
为自主，为藩属，无不有自定税则之权，或收或免，或加或减，
皆本国议定，而他国遵行之"。假如他国苦其所加之税过重，
"只能饬令商人不运不售，而不能阻人国使不加，只能倍加我国
运售彼国之人口货税以苦我，而不能因我之加税而以兵力相见。
此地球万国所同也"。在梁启超看来，"约章与税则，两者各不
相蒙，约章者，两国之公权也。税则者，一国之私权也"。②也
就是说，两国所定之条约，定约国应当履行，而各国之关税乃

---

①　梁启超：《史记货殖列传今义》，载《饮冰室合集》文集之二，中华书局 1989
年版，第 40—41 页。

②　梁启超：《论加税》，载《饮冰室合集》文集之一，中华书局 1989 年版，第
104 页。

属于本国之内政，任何国家无权干涉。梁启超认为，中国于通商之始，不明白此中曲折，"英人阴谋以绐我，盛气以劫我，令将税则载入约章，于是私权变为公权，自主成为无主，以致有今日之事"。①梁启超举了日本的例子说："日本当通商之始，其不熟情形也与我同，其见绐见劫而误载税则于约章也，亦与我同，而近岁与诸国换约，税则自由，无以异于他国。"②因此，梁启超主张应学习日本，不依赖他国而求自立，主张关税自主。

总而言之，梁启超在求富主张上的这种徘徊，除受到西欧古典经济学派和新古典经济学派一定的影响外，最重要乃来自他那春秋三世的进步史观和他对当时局势的判断。对梁启超而言，当民族矛盾尖锐，国家岌岌可危，其目光则集中于现实。按春秋三世之义，则属于据乱世，而其求富主张则倾向于贸易保护主义。但按公羊三世理论的最高理想来看，世界主义的大同社会才是其最终的追求目标，这种挥之不去的理想，在戊戌时期曾一度左右了他的思想。他在给其老师康有为的信中曾坦露过他的想法："我辈宗旨乃传教也，非为政也；乃救地球及无量世界众生也，非救一国也，一国之亡与我何与焉。"③ 所以，那时"公羊三世说"的太平世的世界观，又成了他拥护自由贸易论的有力证据。④

---

① 梁启超：《论加税》，载《饮冰室合集》文集之一，中华书局 1989 年版，第104 页。

② 梁启超：《论加税》，载《饮冰室合集》文集之一，中华书局 1989 年版，第104 页。

③ 梁启超：《梁启超等与康有为书》（粤东谭制军从康有为家查抄得之，原书咨送军机处——原注），载苏舆编：《翼教丛编》之《翼教丛编附》，台联国风出版社1970 年版，第 5 页。

④ Mori Tokihiko, Reception of European political economy in late Qing ; the case of liang Qi-chao. The conference on European thought in Chinese literati culture 13 – 16, 1995, Garchy of France. p3.

五　严复文化上的激进主义
与政治上的渐进主义

　　严复早年曾留学英国，是中国少数懂得外语且直接接触过西方文化的学者。首先，甲午战争至戊戌政变之前的一段时间里，他曾在天津的《直报》上发表了《论世变之亟》《原强》《辟韩》《救亡决论》等重要的文章，对中国传统的政治秩序和文化秩序进行了解构性的批判，从而使其正当性受到了严重的质疑。其次，他翻译了赫胥黎的《进化论与伦理学》（*Evolution and Ethics*，即《天演论》）。这部书对中国第一代知识人产生了重大的影响，其中所带来的社会达尔文主义以一种新的世界观的形式与中国近代的民族主义在历史的脉络里互动，促进了传统天人合一世界观的解体，使夷夏之辨的天下体系朝着国民国家的世界体系转变。在帝国主义猖獗的时代，为了避免亡国灭种的危机，大部分知识人都走上了为中国寻求富强的道路。再次，在这一段时间里，严复还与夏曾佑、王修植、杭辛斋等人创办了《国闻报》，严复写了很多文章，向读者介绍西方的宇宙观、价值观、伦理观，对传统儒家宇宙观和价值观形成了严重的挑战，使《国闻报》成为中国北方重要的宣传变法维新和西方价值的重镇。

　　这里需要指出的是，尽管严复在思想上如此激进，但他在政治上的态度还是相当保守的，反对急激的变革，主张渐进的改良。关于这一点，我们从他戊戌时期给梁启超的一封信中便可以看出端倪。当时，梁启超的《时务报》为宣传其变法救时之主张，正办得风生水起，而严复即在信中阐述了他对《时务报》宣传的不同看法。

　　　　甲午春半，正当东事桌兀之际，觉一时胸中有物，格格欲吐，于是有《原强》《救亡决论》诸作，登诸《直报》，才窘气苶不副本心，而《原强》诸篇尤属不为完作。盖当日无似不揣浅狭，意欲本之格致新理，溯源竟委，发明富强之事，造端于民，以智、德、力三者为之根本，三者诚盛，则富强之效不为而成；三者诚衰，则虽以命世之才，刻意治标，终亦隳废。故其为论，首明强弱兼并乃天行之必至，而无可逃，次指中国之民智、德、力三者已窳之实迹，夫如是，而使窳与窳遇，则雌雄胜负效不可知，及乎衰与盛邻，则其终必折以入。然则中国由今之道，无变今之俗，存亡之数，不待再计而可知矣。是以今日之政，于除旧，宜去其害民之智、德、力者；于布新，宜立其益民之智、德、力者。以此为经，而以格致所得之实理真知为纬。本既如是，标亦从之。本所以期百年之盛大，标所以救今日之阽危，虽文、周、管、葛生今，欲舍是以为术，皆无当也。仆之命意如此，故篇以《原强》名也。能事既不足心副，而人事牵率，遂以中绝。今者取观旧篇，真觉不成一物，而足下见其爪咀，过矜羽毛，善善从长，使我颜汗也。①

这封信细绎起来，应该包含两层意思。其一，他主张在思想上要"本之格致新理，溯源竟委，发明富强之事"。依严复之见，所谓格致之新理，指的是西方国家以科学方法所发现的自然科学的公理和公例，这里当然也包含斯宾塞的"任天为治"的社会达尔文主义。严复既然提倡这种新学，且认为这种新学乃是"发明富强之事"最重要的原则，那么在他的心中，传统的旧学自然失去合法性了，所以他断言："公等从事西学之后，平心察理，然后知中国从来政教之少是而多非。"② 十分明显，在严复的心目中，西学的价值要远远地胜于中学。

---

① 严复：《与梁启超书（三封）》之一，载王栻主编：《严复集》第三册，中华书局 1986 年版，第 514 页。

② 严复：《救亡决论》，载王栻主编：《严复集》第一册，中华书局 1986 年版，第 49 页。

西学既然高于中学，又"强弱兼并乃天行之必至，而无可逃"，所以西国胜于中国从来之政教，乃必然之事。基于这种认识，他自然对康有为所提倡的三世之义不感兴趣，对梁启超和他老师所提出的"保教"主张，也极力反对。我们了解到这一点，再读他在另一封信中对梁启超所说的"教不可保，而亦不必保"及"保教而进，则又非所保之本教"①的话时，就不会感到奇怪了。故依严复之见，就要除旧布新，"于除旧，宜去其害民之智、德、力者；于布新，宜立其益民之智、德、力者"。质而言之，就是要除去那些害民之智、德、力的中国从来之政教，而立有宜于民之智、德、力的西方格致所得之实理真知。毫无疑问，严复在此种文化上的态度是十分激进的。

其二，严复虽在文化态度上颇为激进，但在政治上态度又是十分保守的。他对梁启超在《时务报》上"每云此事先办，然后他事可办。及其论彼事也，又云必彼事先办，然后余事可办"②的毫无章法的变法态度极不赞同，故他强调想致国家于富强，须有章法和次序，必以提高国民之"智、德、力三者为之根本"。他指出，本乃是"期百年之盛大"之事，民之智、德、力"三者诚盛，则富强之效不为而成；三者诚衰，则虽以命世之才，刻意治标，终亦隳废"。他在《原强修订稿》中强调指出："然而此之为患，又非西洋言理财讲群学者所不知也。……盖欲救当前之弊，其事存于人心风俗之间。夫欲贵贱贫富之均平，必其民皆贤而少不肖，皆智而无甚愚而后可，否则虽今日取一国之财产而悉均之，而明日之不齐又见矣。"依严复之见，"乐于惰者不能使之为勤，乐于奢者不能使之为俭也"，③ 所以国之强弱贫富治乱，完全取决于该国民力、民

---

① 此话见梁启超：《与严幼陵先生书》，载《饮冰室合集》文集之一，中华书局1989年版，第109页。

② 此话见梁启超：《与严幼陵先生书》，载《饮冰室合集》文集之一，中华书局1989年版，第107页。

③ 严复：《原强修订稿》，载王栻主编：《严复集》第一册，中华书局1986年版，第25页。

智、民德这三方面的水平。他主张："必三者既立而后其政法从之。于是一政之举，一令之施，合于其智、德、力者存，违于其智、德、力者废。当是之时，虽有英君察相，苟不自其本而图之，则亦仅能补偏救弊，偷为一时之治而已矣，听其自至，浸假将复其旧而由其常焉。且往往当其补救之时，本弊未去，而他弊丛然以生，偏于此者虽怯，而偏于彼者闯然更见。甚矣！徒政之不足与为治也。"①

由此可见，严复于戊戌时期虽也主张变法，但他的渐进主义的政治态度，和康有为的"缓变不可，必当速变；小变不可，必当全变"②的激进主义政治态度形成了鲜明的对照。"按照当时的标准，严复的政治态度是非常温和的，因为他提出的仅仅是渐进的制度改革和政治革新。但是，这是和预期未来中国文化将经历一场彻底的改造这样一种思想上的激进态度联系在一起的。他在政治上的渐进主义和在思想上的激进主义二者都产生于他的社会达尔文主义的基本观点，而这主要是他研究斯宾塞哲学的成绩。"③ 按斯宾塞的观点，进化虽不可避免，但它是一个渐进的积累过程，不可能越级或蹦等。史华兹先生曾说：

> 斯宾塞描述进化是一个令人厌烦的缓慢的渐进过程，一小步一小步地前进，从无跳跃。而中国还完全不具备条件，它在从君主政体向民主政体的过渡中还没有走出很远。正如我们已知道的，甚至在严复最激烈地迸发出对韩愈轻视人民力量的谴责中，他仍承认人民目前不能依靠自己的力量站起来。斯宾塞

---

① 严复：《原强修订稿》，载王栻主编：《严复集》第一册，中华书局 1986 年版，第 25 页。

② 转引自余英时：《中国文化危机及思想史的背景》，载余英时：《历史人物与文化危机》，东大图书公司 1995 年版，第 192 页。

③ 〔美〕张灏：《思想的变化和维新运动：1890—1898 年》，载〔美〕费正清、刘广京编：《剑桥中国晚清史：1800—1911 年》下卷，中国社会科学出版社 1996 年版，第 348 页。以下对严复思想的讨论主要根据张灏上引书第 348—349 页。

已使严复永远也不会受革命魅力的激发与影响。他在孟德斯鸠、亚当·斯密、赫胥黎、穆勒那里也不会找到什么东西可消除对突变的怀疑。既不能在一天里变愚为智、变弱为强，也不能在一天里以"公心"鼓舞起缺乏道德的自私的人。①

斯宾塞这种缓慢的无跳跃的进化观点对严复的影响极大。严复在《原强》中用斯宾塞的观点来论证自己在政治上渐进主义的由来。

　　　　锡彭塞亦言曰："富强不可为也，特可以致致者何？相其宜，动其机，培其本根，卫其成长，使其效不期而自至。"②

　　而在严复看来，中国"今夫民智已下矣，民德已衰矣，民力已困矣。有一二人焉，谓能旦暮为之，无是理也。何则？有一倡而无群和也。是故虽有善政，莫之能行。善政如草木，置其地而能发生滋大者，必其天地人三者与之合也，否则立槁而已"。③ 显然，严复是依照斯宾塞的进化主义思想来应对中国的现实情况的。按斯氏之社会达尔文主义，"强弱兼并乃天行之必至，而无可逃"，所以中国要变，那是必然的，因为依严复之意，当今世乃物竞天择之世界。"物竞者，物争自存也；天择者，存其宜种也。意谓民物于世，樊然并生，同食天地自然之利矣。然与接为构，民民物物，各争有以自存。其始也，种与种争，群与群争，弱者常为强肉，愚者常为智役"。④ 中国处此弱肉强食之世界，"无变今之俗，存亡之数，不待再计而可知矣"。此即严复思想上激进主义之根据。而同样依照斯宾塞

---

　　① 〔美〕本杰明·史华兹：《寻求富强：严复与西方》，叶凤美译，江苏人民出版社 1996 年版，第 76 页。

　　② 严复：《原强》，载王栻主编：《严复集》第一册，中华书局 1986 年版，第 13 页。

　　③ 严复：《原强》，载王栻主编：《严复集》第一册，中华书局 1986 年版，第 13 页。

　　④ 严复：《原强修订稿》，载王栻主编：《严复集》第一册，中华书局 1986 年版，第 16 页。

进化乃缓慢积累不能跃进与躐等的观点，严复于政治上则不主张急激的变革，而主张从提高民众的智、德、力的教育上着手。他说：

> 夫自海禁既开以还，中国之仿行西法也，亦不少矣：……凡此皆西洋至美之制，以富以强之机，而迁地弗良，若亡若存，辄有淮橘为枳之叹。公司者，西洋之大力也。而中国二人联财则相为欺而已矣。是何以故？民智既不足以与之，而民力民德又弗足以举其事故也。颜高之弓，由基用之，辟易千人，有童子懦夫，取而玩弄之，则绝膑而已矣，折臂（臂）而已矣，此吾自废之说也。嗟乎！外洋之物，其来中土而蔓延日广者，独鸦片一端耳。何以故？针芥水乳，吾民之性，固有与之相召相合而不可解者也。夫唯知此，而后知处今之日挽救中国之至难。亦唯知其难，而后为之有以依乎天理，批大郤而导大窾也。至于民智之何以开，民力之何以厚，民德之何以明，三者皆今日至切之务，固将有待而后言。①

严复的上述主张，也自然导致他激烈地反对革命。他对孙中山所领导的反满革命，持否定态度。他在《译〈群学肄言〉自序》中写道：

> 窃念近者吾国，以世变之殷，凡吾民前者所造因，皆将于此食其报。而浅谞剽疾之士，不悟其所从来如是之大且久也，辄攘臂疾走，谓以旦暮之更张，将可以起衰而以与胜我抗也。不能得，又搪撞号呼，欲率一世之人，与盲进以为破坏之事。顾破坏宜矣，而所建设者，又未必其果有合也，则何如其稍审

---

① 严复：《原强》，载王栻主编：《严复集》第一册，中华书局1986年版，第15页。

重，而先务于学之为愈乎！①

严复对国家危亡的关怀，导致了其在文化上的激进主义，即如何使中国迅速富强，而能在"物竞天择""弱肉强食"的世界中生存下去。他曾说：

> 今吾国之所最患者，非愚乎？非贫乎？非弱乎？则径而言之，凡事之可以愈此愚、疗此贫、起此弱者皆可为。而三者之中，尤以愈愚为最急。何则？所以使吾日由贫弱之道而不自知者，徒以愚耳。继自今，凡可以愈愚者，将竭力尽气羁手茧足以求之。惟求之能得，不暇问其中若西也，不必计其新若故也。有一道于此，致吾于愚矣，且由愚而得贫弱，虽出于父祖之亲，君师之严，犹将弃之，等而下焉者无论已。有一道于此，足以愈愚矣，且由是而疗贫起弱焉，虽出于夷狄禽兽，犹将师之，等而上焉者无论已。何则？神州之陆沈（沉）诚可哀，而四万万之沦胥甚可痛也。②

这种用社会达尔文主义表达出来对"神州之陆沈（沉）"和"四万万之沦胥"的强烈关注，使严复坚信如若中国富强，只有学习西方。这种见解促使他对西方的宇宙观做了深入的探讨。

严复不同意中国某些人认为西方所精"不外象数形下之末；彼之所务，不越功利之间"的说法。③在严复看来，西方也有高深的形而上的学问，他认为，"近二百年，欧洲学术之盛，远迈占

---

① 严复：《译〈群学肄言〉自序》，载王栻主编：《严复集》第一册，中华书局1986年版，第123页。

② 严复：《与〈外教报〉主人书》，载王栻主编：《严复集》第三册，中华书局1986年版，第560页。

③ 严复：《天演论·自序》，载王栻主编：《严复集》第五册，中华书局1986年版，第1321页。

初。其所得以为名理公例者，在在见极，不可复摇"。① 这些所得虽与中国古人暗合，但中国"古人发其端，而后人莫能竟其绪；古人拟其大，而后人未能议其精"，所以中国人"犹之不学无术未化之民而已"。正所谓"祖父虽圣，何救子孙之童婚也哉！"② 对严复来说，西方的形而上学理论，乃是斯宾塞那种"以天演自然言化，著书造论，贯天地人而一理之"、庞大的一元论哲学体系。斯宾塞用"翕以合质，辟以出力，始简易而终杂糅"③ 所描绘的宇宙，更印证了严复将宇宙看成一个无尽藏的想法。在宇宙中，质与力始终"处于从'始于一气'向'演成万物'的持久进化过程之中"，④ 那么既然中国与西方同处这一无情演化的宇宙之中，为何西方富强而中国贫弱呢？依严复之见，此乃中国圣人所施之教与西方不同。他说："尝谓中西事理，其最不同而断乎不可合者，莫大于中之人好古而忽今，西之人力今以胜古，中之人以一治一乱、一盛一衰为天行人事之自然，西之人以日进无疆，既盛不可复衰，既治不可复乱，为学术政化之极则。盖我中国圣人之意，以为吾非不知宇宙之为无尽藏，而人心之灵，苟日开瀹焉，其机巧智能，可以驯致于不测也。而吾独置之而不以为务者，盖生民之道，期于相安相养而已。夫天地之物产有限，而生民之嗜欲无穷，孳乳浸多，镌镵日广，此终不足之势也。物不足则必争，而争者人道之大患也。故宁以止足为教，使各安于朴鄙颛蒙，耕凿焉以事其长上。"⑤ 所以在严

① 严复：《天演论·自序》，载王栻主编：《严复集》第五册，中华书局 1986 年版，第 1320 页。

② 严复：《天演论·自序》，载王栻主编：《严复集》第五册，中华书局 1986 年版，第 1320 页。

③ 严复《天演论·自序》，载王栻主编：《严复集》第五册，中华书局 1986 年版，第 1320 页。

④ 〔美〕张灏：《思想变化和维新运动：1890—1898 年》，载〔美〕费正清、刘广京编：《剑桥中国晚清史：1800—1911 年》下卷，中国社会科学出版社 1996 年版，第 349 页。

⑤ 严复：《论世变之亟》，载王栻主编：《严复集》第一册，中华书局 1986 年版，第 1 页。

复看来，"春秋大一统。一统者，平争之大局也"。他说："秦之销兵焚书，其作用盖亦犹是。降而至于宋以来之制科，其防争尤为深且远。……嗟呼！此真圣人牢笼天下，平争泯乱之至术。"① 中国的圣人虽能使中国有一种宁静和平的生活秩序，但"民智因之以日窳，民力因之以日衰"，以致"不能与外国争一旦之命"，"则我四千年文物声明，已涣然有不终日之虑"。② 严复认为，"吾今兹之所见所闻，如汽机兵械之伦"，皆西方"形下之粗迹，即所谓天算格致之最精，亦其能事之见端，而非命脉之所在"。那么，依严复之见，所谓的命脉是指什么呢？所谓命脉，"扼要而谈，不外学术则黜伪而崇真，于刑政则屈私以为公而已"。③ 然而这两方面本来与中国的理道并行不悖，但是为什么西方"行之而常通"，而在中国却"行之而常病"呢？这里最主要的原因全在于"自由不自由异耳"。④ 严复说：

　　夫自由一言，真中国历古圣贤之所深畏，而从未尝立以为教者也。彼西人之言曰：唯天生民，各具赋畀，得自由者乃为全受。故人人各得自由，国国各得自由，第务令毋相侵损而已。侵人自由者，斯为逆天理，贼人道。其杀人伤人及盗蚀人财物，皆侵人自由之极致也。故侵人自由，虽国君不能，而其刑禁章条，要皆为此设耳。中国理道与西法自由最相似者，曰恕，曰絜矩。然谓之相似则可，谓之真同则大不可也。何则？中国恕与絜矩，专以待人及物而言。而西人自由，则于及物之中，而实寓所以存我者也。自由既异，于是群异丛然以生。粗举一二言

---

① 严复：《论世变之亟》，载王栻主编：《严复集》第一册，中华书局1986年版，第1—2页。

② 严复：《论世变之亟》，载王栻主编：《严复集》第一册，中华书局1986年版，第2页。

③ 严复：《论世变之亟》，载王栻主编：《严复集》第一册，中华书局1986年版，第2页。

④ 严复：《论世变之亟》，载王栻主编：《严复集》第一册，中华书局1986年版，第2页。

之：则如中国最重三纲，而西人首明平等；中国亲亲，而西人尚贤；中国以孝治天下，而西人以公治天下；中国尊主，而西人隆民；中国贵一道而同风，而西人喜党居而州处；中国多忌讳，而西人众讥评。其于财用也，中国重节流，而西人重开源；中国追淳朴，而西人求欢虞。其接物也，中国美谦屈，而西人务发舒；中国尚节文，而西人乐简易。其于为学也，中国夸多识，而西人尊新知。其于祸灾也，中国委天数，而西人恃人力。①

十分明显，依严复之见，造成中国与西方如此众多差异的原因乃在自由不自由之异。西方崇尚自由，故社会中充满了生机和活力，这种充满活力的竞争，大大地激发了人类创造的潜能，促进了进化的发展，而中国人"止足为教""春秋大一统"等说教，却极大地阻碍了进化的进程。所以，在严复看来，自由使西方"进化过程不受约束地进行，这正是西方富强的原因，而进化过程受阻，又正是中国贫弱的根源"。②

严复对西方自由主义的推崇，导致了他对中国的传统激烈的批判。他认为韩愈所写的《原道》，"未尝不恨其于道于治浅也"。他对韩愈所说圣人教人以礼乐刑政、"相生相养"之道的观点也提出了严厉的批评。"如韩子之言，则彼圣人者，其身与其先祖父必皆非人焉而后可，必皆有羽毛、鳞介而后可，必皆有爪牙而后可。使圣人与其先祖父而皆人也，则未及其生，未及成长，其被虫蛇、禽兽、寒饥、木土之害而夭死者，固已久矣，又乌能为之礼乐刑政，以为他人防备患害也哉？"③ 他对韩愈所推重的君主制度，更是不

---

① 严复：《论世变之亟》，载王栻主编：《严复集》第一册，中华书局 1986 年版，第 2—3 页。

② 〔美〕本杰明·史华兹：《寻求富强：严复与西方》，叶凤美译，江苏人民出版社 1996 年版，第 49 页。

③ 严复：《辟韩》，载王栻主编：《严复集》第一册，中华书局 1986 年版，第 33—34 页。

能容忍，而认为该制度根本不具备存在的合法性。依严复之见，君只是窃国的大盗。它的存在与中国富强的道路背道而驰。他说：

> 嗟夫！有此无不有之国，无不能之民，用庸人之论，忌讳虚骄，至于贫且弱焉以亡，天下恨事孰过此者！……苟求自强，则六经且有不可用者，况夫秦以来之法制！如彼韩子，徒见秦以来之为君。秦以来之为君，正所谓大盗窃国者耳。国谁窃？转相窃之于民而已。既已窃之矣，又惴惴然恐其主之或觉而复之也，于是其法与令蝟毛而起，质而论之，其什八九皆所以坏民之才，散民之力，漓民之德者也。斯民也，固斯天下之真主也，必弱而愚之，使其常不觉，常不足以有为，而后吾可以长保所窃而永世。嗟乎！夫谁知患常处于所虑之外也哉？①

严复否定了君主正当性后复指出：

> 西洋之言治者曰："国者，斯民之公产也，王侯将相者，通国之公仆隶也。"而中国之尊王者曰："天子富有四海，臣妾亿兆。"臣妾者，其文之故训犹奴虏也。夫如是则西洋之民，其尊且贵也，过于王侯将相，而我中国之民，其卑且贱，皆奴产子也。设有战斗之事，彼其民为公产公利自为斗也，而中国则奴为其主斗耳。夫驱奴虏以斗贵人，故何所往而不败？②

---

① 严复：《辟韩》，载王栻主编：《严复集》第一册，中华书局1986年版，第35—36页。

② 严复：《辟韩》，载王栻主编：《严复集》第一册，中华书局1986年版，第36页。

在严复看来，造成中国之民皆"其卑且贱，皆奴产子"的原因除了君主制度和维护君主制度的旧学之外，还有破坏人才之经义八股，所以为了开民智，他还主张废除科举制度。"欲开民智，非讲西学不可；欲讲实学，非另立选举之法，别开用人之途，而废八股、试帖、策论诸制科不可。"① 不过，应当指出的是，严复在戊戌期间主张废科举，这只是在文化上的激进表现，在具体做法上，他还是比较慎重甚至是保守的。科举制废除之后，他曾不无遗憾地表示：

> 逮甲午东方事起，以北洋精练而见败于素所轻蔑之日本，于是天下愕眙，群起而求其所以然之故，而恍然于前此教育之无当，而集矢于数百年通用取士之经义。由是不及数年，而八股遂变为策论，诏天下遍立学堂。虽然，学堂立矣，办之数年，又未见其效也，则哗然谓科举犹在，以此为梗。故策论之用，不及五年，而自唐末以来之制科又废，意欲上之取人，下之进身，一切皆由学堂。不佞尝谓此事乃吾国数千年中莫大之举动，言其重要，直无异古者之废封建、开阡陌。造因如此，结果何如，非吾党浅学微识者所敢妄道。②

应该指出的是，严复不仅对其戊戌时极力主张的废科举一事持上述的态度，并且到了晚年，其立场也走到戊戌时期的反面。于政治上，他认为中国传统旧制颇为优越，不能轻易扬弃。他说："鄙人年将七十，暮年观道，十八九殆与南海相同，以为吾国旧法断断不可厚非……夫人方日蜕化，以吾制为最便，而吾国则效颦学步，

---

① 严复：《原强修订稿》，载王栻主编：《严复集》第一册，中华书局 1986 年版，第 30 页。

② 严复：《论教育与国家之关系》（在环球中国学生会演说），载王栻主编：《严复集》第一册，中华书局 1986 年版，第 166 页。

取其所唾弃之刍狗而陈之，此不亦大异也耶？"① 在文化上，他反对
学习外国"已弃之法"而主张尊孔读经。"鄙人行年将古稀，窃尝究观
哲理，以为耐久无弊，尚是孔子之书。四子五经，故（固）是最富矿
藏，惟须改用新式机器发掘淘炼而已。"② 不过，一切未能如严复所
愿，时代的车轮依然在严复等第一代知识人所造之业中滚滚向前，
他的这番言论早被一些趋新之青年视为落伍的陈言了。

总而言之，"就世界观和基本的价值观而言，严复是一个西方
文明的十足的崇拜者"。③ 对国家富强的强烈关怀使他崇尚西方的
自由主义及民主制度。他在其《群己权界论》中曾对自由做过
介绍。

> 中文自繇，常含放诞、恣睢、无忌惮诸劣义，然此自是后
> 起附属之诂，与初义无涉。初义但云不为外物拘牵而已，无胜
> 义亦无劣义也。夫人而自繇，固不必须以为恶，即欲为善，亦
> 须自繇。其字义训，本为最宽。自繇者凡所欲为，理无不可，
> 此如有人独居世外，其自繇界域，岂有限制？为善为恶，一切
> 皆自本身起义，谁复禁之？但自入群而后，我自繇者人亦自
> 繇，使无限制约束，便入强权世界，而相冲突。故曰人得自
> 繇，而必以他人之自繇为界，此则《大学》絜矩之道，君子
> 所恃以平天下者矣。穆勒此书，即为人分别何者必宜自繇，何
> 者不可自繇也。④

---

① 严复：《与熊纯如书》第四十八，载王栻主编：《严复集》第三册，中华书局
1986 年版，第 661—662 页。

② 严复：《与熊纯如书》第五十二，载王栻主编：《严复集》第三册，中华书局
1986 年版，第 668 页。

③ 〔美〕张灏：《思想变化和维新运动：1890—1898 年》，载〔美〕费正清、刘
广京编：《剑桥中国晚清史：1800—1911 年》下卷，中国社会科学出版社 1996 年版，
第 349 页。

④ 严复：《〈群己权界论〉译凡例》，载王栻主编：《严复集》第一册，中华书局
1986 年版，第 132 页。

　　严复的这种解释，已明显地具有了一些近代西方自由的意味，且与中国传统的絜矩之道做了区分。然而，严复是在"世变之亟"的形势下了解西方自由的，这种历史背景使他群己的界限在民族危亡的情况下，并不太注重西方将个人自由作为终极目的的观点，而往往向"群"的一方面倾斜。"西士计其民幸福，莫不以自由为惟一无二之宗旨。试读欧洲历史，观数百年百余年暴君之压制，贵族之侵陵，诚非力争自由不可。"然而严复写至此，突然倒转笔锋，向着国家一方转移："特观吾国今处之形，则小己自由，尚非所急，而所以祛异族之侵横，求有立于天地之间，斯真刻不容缓之事。故所急者，乃国群自由，非小己自由也。"① 严复有关自由主义的观点，曾受到史华兹的批评："严复的《群己权界论》，为我们提供了一些最明显的通过翻译阐明自己观点的例子。尽管原文的大多数论证并未受损，但许多表达被篡改了，严复的《译凡例》足以证明他使穆勒的观点屈从于他自己的目的。中国读者可能从《群己权界论》中不能得出关于穆勒、斯宾塞和斯密在自由问题上的区别的清楚印象。假如说穆勒常以个人自由作为目的的本身，那么，严复则把个人自由变成一个促进'民智民德'以及达到国家目的的手段。"② 史华兹的批评，曾受到一部分学者的质疑，被认为有些偏颇，但我们只要仔细地读严复的著作，就会发现，他对于中国富强的深切关注，也时常左右他对西方自由理念的理解。

　　此外，还有一点这里也应稍微强调一下，那就是，在严复将世界视作一个没有道德的"物竞天择，弱肉强食"的社会达尔文主义的解说中，中国近代的一切灾难的主要原因全出自于本身的落后，是弱者，即所谓的"落后就要挨打"。如此一来，帝国主义的

---

　　① 严复：《〈法意〉按语》，载王栻主编：《严复集》第四册，中华书局 1986 年版，第 981 页。

　　② 〔美〕本杰明·史华兹：《寻求富强：严复与西方》，叶凤美译，江苏人民出版社 1996 年版，第 128 页。

罪恶在这种解释中便被轻轻地掩饰掉了。史华兹先生一眼便看出了严复观点的弊端，批评说："它的确说明了严复的观点同中国的病情应由'帝国主义'负主要责任这一看法之间的距离有多远。他说得十分明确，中国的困难70%来自'内弊'。他的社会达尔文主义使他不可能对西方帝国主义做出明辨是非的判断。他认为中国在生存斗争中的衰败肇始于它自己不能适应这种环境，那些能适应的国家为获得优势而相互竞争，这是完全不可避免的。而中国必然要由自己来忍受不能适应的奇耻大辱。"① 史华兹先生这段话主要是对严复《上皇帝书》中建议光绪帝出访世界的批评，其中对严复社会达尔文主义弊病的批评可谓切中肯綮。

六　清季人性论的辩论及康有为
对传统"性"的解释

儒家的性论，在传统的"天人合一"理论中居中心的地位。儒家认为，这个道德的心性，它不但是内在的，同时也是超越的。《中庸》所谓"天命之谓性"说的即天道天命贯注到我们的生命中而成为我们的性。而《易传》所说的"与天地合德"以及孟子所谓的"尽其心者知其性，知其性则知天矣"则是说，人从天那里禀受了天之善性，通过尽心尽性之功夫，就能上达天德，与天道天命相合，而在这循环往复的过程中，而逐渐止于至善。儒家称这种主观内在的心性与客观超越的天道相贯通的过程为"天道性命相贯通"。"儒家就是根据这个'既内在又超越，既主观又客观'的心性本体，来进行他们的学问讲论，来展开他们的人生实践，来完成他们价值的实现和创造。"②

---

① 〔美〕本杰明·史华兹：《寻求富强：严复与西方》，叶凤美译，江苏人民出版社1996年版，第80—81页。

② 蔡仁厚：《孔孟荀哲学》，台湾学生书局1984年版，第8页。

而到了近代，西学滔滔地涌入及诸子学、佛学的复兴对传统儒学形成了强烈的冲击，在这种学风的影响下，康有为以儒教马丁·路德自命，从自然人性论的立场出发，依据告子、荀子及董仲舒等人的性论，而与孟子等正宗儒家之观点相枝柱，并且将这种性论在其著作及讲课时广为宣传，引起了很大的反响。

在当时，康有为有关人性论的言论，可谓惊世骇俗，引来了许多非议。他的朋友朱一新在给康有为的信中表达了其反对的意见，其在信的开头便尖锐地指出了康有为学问太杂驳，其对"性"的诠释已背离了圣人之教，不是儒家正宗的血脉。其书略谓：

> 囊剧谈彻夜，深幸固陋之见，有契高明，而论性终以不合……窃意夫子之言性，明著于《系辞》、《论语》，与《诗》、《书》、《中庸》、《乐记》所言，若合符节。自告子、荀子之论出，乃始与老、庄、释氏相混。……今君论性以荀、董为归，仆姑举二家之失，而折衷于圣人可乎？①

朱一新的眼光是敏锐的，他一眼便看出了康有为人性论的理论渊源乃系儒学的旁支，非肯綮之论，难怪他要将康有为的人性论"折衷于圣人"了。本书第二章第六部分已经提到中国儒学对于性的规定大约分为两路。按牟宗三先生的说法，孟子坚主仁义在于人心，可谓"即心见性"，即就心来说性。心就是具有仁、义、礼、智四端的心，这一思路可称为"道德的进路"（Moral approach）。而《中庸》《易传》代表的另一路不从仁义内在的道德心讲，而是从天命、天道下贯讲。这一思路开始虽与孟子的讲法不同，但是它的终结可与孟子的终结相会合，它可称为"宇宙的进路"（cosmological approach）。然而，康有为论性并没有走这两路，他的

①　朱一新：《朱侍御答康长孺论性书》，载《康有为全集》第一集，中国人民大学出版社 2007 年版，第 331 页。

主要的理论来源乃是来自非正宗的儒学旁支，即来源于告子、荀子和董仲舒等一路。告子的理论，在当时便遭到孟子的批评。有关这一点，朱熹在《四书集注章句》中有极精要的解释。他认为："性者，人之所得于天之理也；生者，人之所得于天之气也。性，形而上者也；气，形而下者也。人物之生，莫不有是性，亦莫不有是气。然以气言之，则知觉运动，人与物若不异也。以理言之，则仁义礼智之禀，岂物之所得而全哉？此人之性所以无不善而为万物之灵也。告子不知性之为理，而以所谓气者当之，是以杞柳、湍水之喻，食色无善无不善之说，纵横缪戾，纷纭舛错。此章之误，乃其本根。所以然者，盖徒知知觉运动之蠢然者，人与物同；而不知仁义礼智之粹然者，人与物异也。孟子以是析之，其义精矣。"① 照牟宗三先生的说法，告子说"生之谓性"，只看到人的自然生命；荀子虽为儒家，但他的性恶说只触及人性中的动物层，是偏至而不中肯的学说；西汉董仲舒把春秋战国所有的自然生命转到气处言，也是偏至而不中肯；东汉王充主"用气为性，性成命定"之说，亦讲"气性"，始创了中国的"定命论"；至三国刘劭的《人物志》，更从"气性"转到"才性"。在牟先生看来，以上五人是中国心性之学的旁支中五个最重要的代表。② 康有为受清末西学与诸子学复兴的影响，使他的自然观很大程度上取自董仲舒气哲学，且具有朴素唯物主义的倾向，这一倾向自然左右了他对"人性"的理解。所以，康有为对人性的诠释，在正宗的儒者看来，自然是旁门左道的"野狐禅"了。职是之故，朱一新在信中用传统儒学的观点，开宗明义地强调了"理"本体论的首要性。其言略谓：

> 《系辞》：一阴一阳之谓道。阴阳者，气也；道者，兼理

---

① （宋）朱熹：《四书集注章句》之《孟子卷六·告子章句上》，《钦定四库全书荟要》本，第 2 页。

② 牟宗三：《中国哲学的特质》，上海古籍出版社 1997 年版，第 69 页。

与气之名也。舍阴阳无以见道，舍气无以见理，而理实宰乎气，人得是理而生，愚者可以与知能，智者可以赞化育。气有昏明厚薄之不同，斯理随气以赋者，亦因之为差等。苟无是理以宰是气，则人物之生，浑然一致，而人之性真同于犬羊之性矣。①

在朱一新看来，个体所具有的"性"来自天命、天道（人得是理以生），故人性中也具有天地之性，然气有"昏明厚薄之不同"，所以"斯理随气以赋者，亦因之为差等"。正是由于有"差等"，所以唯人能从天命、天道中获得创造性或自由意志（愚者可以与知能，智者可以赞化育），但是人以外的物体和动物却没有这样的属性。如果不是这样，人将无异于禽兽了。（苟无是理以宰是气，则人物之生，浑然一致，而人之性真同于犬羊之性矣。）

朱一新接着写道：

人之所以异于禽兽者，以其有此五常之全理。五常本于阴阳，阴阳本于太极，物物一太极，故禽兽亦间有具五常之一体者，特见偏不见全。蜂蚁之君臣，雎鸠之夫妇，岂可与人相提而并论？盖太极者，道之未形也。道既形，则善之名以立，性之类以分。惟人也，得天地之中气，故有物必有则，有气必有理。继之者善，纯以理言；成之者性，则兼理与气言。理气合而成质，故恒言曰气质。理在气中，言气不必复言理也。理无形象，无方体，因气以著，要不得谓有气而无理。譬之木焉，其受规矩准绳者质，其生是木者气，其生是木而必使之中规矩准绳者理。无是理，则木之生何以不中陶冶而中匠石，人之生何以不为禽兽而为圣贤也？成性者物所同，继善者人所独。人惟得此本然之善，乃能穷理以尽

---

① 朱一新：《朱侍御答康长孺论性书》，载《康有为全集》第一集，中国人民大学出版社 2007 年版，第 331 页。

性，尽性以至命。物则乌乎能穷理者？穷此继善成性之理，求复乎天命之本然，而一切气拘物蔽，皆有以辨其惑而祛其累，故曰：天命之谓性，率性之谓道，修道之谓教。若人性本恶，则亦何理之可穷，何道之可修，何性之可率？而天之所以与我者，惟是凶恶顽嚣之物，吾当蔑性之不遑，怨天之不暇，仲尼何必复知天命？文王何必纯亦不已，而与此专生恶物之天合德也？且《系辞》所谓穷理者，将穷极凶恶而后可以尽性命乎？有是理乎？①

朱一新这一段论性的文字全在重申儒家正宗的心性之学，其要点是反对康有为的只看到人的自然生命的人性论，因为在他看来，康有为的人性说如果漫延开来，会导致道德沦丧，人欲横流，而最终会造成社会上禽兽食人的局面。为什么这样说呢？因为在朱一新看来，人与万物之性虽均来自生化大流的天命、天道，但由于人具备"五常之全理"，而禽兽则不具备，即使偶尔具有"五常之一体者"，也只是"见偏不见全"，如"蜂蚁之君臣，雎鸠之夫妇"，不能与人相提并论。人从天命、天道中接受的是"于穆不已"的善（继之者善），而与气杂糅则成为"气质之性"（成之者性）。但是人与万物不同的是人具有自由意志，具有创造力（成性者物所同，继善者人所独）。人凭此"道德良知之源"（本然之善），便可以遥契天道，"证实天命于穆不已，证实天道为一创造之真几"，② 从而达到"上下与天地同流""止于至善"的境地。（穷此继善成性之理，求复乎天命之本然。）

在正统儒家看来，"人性有双重意义（Double meaning）。上层的人性指创造之真几，下层人性指'类不同'的性。正宗儒

---

① 朱一新：《朱侍御答康长孺论性书》，载《康有为全集》第一集，中国人民大学出版社 2007 年版，第 331—332 页。

② 牟宗三：《中国哲学的特质》，上海古籍出版社 1997 年版，第 68 页。

家如孔孟《中庸》均不从'类不同'的性立论，只有告子、荀子、王充等所代表的另一路才可涵有此义。人以外的动物只有'类不同'的性。如从动物看，最令人注意的是本能。如就本能说，人远不如动物。然而本能并不珍贵，它是盲目的、机械的（Mechanical），不能主宰掌握其自己的生命，即无自由意志。如从无生命的物体而言，瓦石之性，在物理学上言之，仅为一惰性（Inertia），为一物理学上的概念（Physical concept）。本能与惰性均代表'物质之结构'（Material structure），可称为'结构之性'。禽兽、草木、瓦石均无创造性之性，换句话说，它们的性不如人之有双重意义，而只有下层的意义。可见'天地万物人为贵'。人如堕落而丧失创造性之性，在正统儒家眼里，是与禽兽无异；另一方面，假如人以外的任何一物突变而能吸收宇宙的创造性为性，那么它亦甚可贵"。①如此看来，朱一新所说的性与康有为所说的性具有本质的区别。朱一新所说的性，乃是指正统儒家所说的上层人性，即创造之真机，即所谓的"天命之谓性"（愚者可以与知能，智者可以赞化育），而康有为所说的性乃是本着告子、荀子等一路，是从"类不同"的性而立论。（夫性者，受天命之自然……不独人有之，禽兽有之，草木亦有之，附子性热，大黄性凉是也）。②所以，对朱一新而言，"人之性真同于犬牛之性"只是一个价值的判断，只是说人们如果丧失了他们的"创造真机之性"，丧失了他们的"道德意义价值之性"，那么此时这些人所剩的就只有"结构之性"了，而"结构之性"亦即"类不同"之性。他们虽然与草木瓦石并不同类，但是在正宗儒家眼中，他们已与禽兽没有什么两样了，所以，"与禽兽无异"只是一个价值判断。这表示说，在此种情况下人与禽兽瓦石同为

---

①　牟宗三：《中国哲学的特质》，上海古籍出版社1997年版，第58页。

②　康有为：《长兴学记》，载《康有为全集》第一集，中国人民大学出版社2007年版，第341页。

物质结构的惰性。

十分明显，朱一新沿用传统儒学的理论来反驳康有为的观点，从表面看他只是在坚持"性善说"，而其潜在的用意，是在维护"性"作为形而上道德之源的神圣性，是在维护儒家学说内在超越与外在超越理念的信仰。因为根据传统儒家学说，性本虽善，但理与气相杂，便成了"气质之性"，所以朱氏坚持"性当节"，即通过儒家特殊的"复性"功夫，而使其回归"天地之性"，即回归到善。并且，朱氏强调，"惟气有理以为之宰，故性可节"。①用什么来节制性呢？朱氏认为应该用"礼"。因为按照儒家的道德实现思想，"礼"并不是圣人凭空制定出来的。具体而言，它来自人要从罪恶中跃起的道德意识，也就是说来自"性"，来自孟子所说的恻隐、羞恶、恭敬、是非之心，②即来自牟宗三所说的"人类心灵的道德创造实体"。它是圣人本着宇宙赋予人心所同然的善来制定的。换句话来说，"礼"源自超越的天命、天道，源自儒家的中心信仰——天人合一的理想。

钱穆先生曾据孟子人心所同然的善来解释儒家所谓礼的起源，他举了葬亲之礼的例子，说："本来人并不懂有葬亲之礼，父母死则弃之坑谷。孟子设想，有一天，有一人偶经坑谷，见他父母亲的死尸，正为狐狸所食，为一群蝇蚋攒聚而嘬，他忽然心中觉得难过，额上泚泚然出了好些汗。那些汗，在他额上泚出，当知并不是为什么礼教束缚，那时还没有圣人在教仁教孝，定礼作制，强要人葬其死亲。那些汗，全是此人良心发现，直从他心脏跳动，而引致他额上的那些汗来，于是那人才归到他住处，拿些笼插之属，来把他死亲尸体埋了，这便是仁，便是孝，便是葬礼之所

---

① 朱一新：《朱侍御答康长孺论性书》，载《康有为全集》第一集，中国人民大学出版社 2007 年版，第 332 页。

② 参阅钱穆先生有关"礼"的起源的分析，见钱穆：《中国思想史》，台湾学生书局 1967 年版，第 27—36 页。

由起。"①

依钱穆先生之见，"我们可以根据孟子那番想象继续推演，让我们想，那人掩埋了他死亲之尸，以后他自会把他那番经历告诉给别人，别人听了，自会猛忆起自己也有死亲扔弃在野，他们也会激发同情，赶快把他们以前扔弃的死亲之尸掩埋。如此一传十，十传百，葬礼遂成为一种风俗。那首先第一人埋其死亲的，便是个圣人，便是先得了'人心之所同然'，葬礼便是一件'可欲'的事。人类社会的一切善，都是像此般演出。所以孟子说：'舜之居深山之中，与木石居，与鹿豕游，其所以异于深山之野人者几希？及其闻一善言，见一善行，若决江河，沛然莫之能御。'"② 钱穆先生在这里所强调的是儒家所谓的礼，乃来源于人欲从黑暗中跃起的道德意识，即来自孟子所说的人内在的恻隐、羞恶、恭敬、是非之心，从另一角度来说，即来源于"于穆不已"超越的天命、天道。

朱一新说："礼也者，理之不可易者也。本于太一，殽于万殊，皆所以范其血气心知，以渐复乎天命之本然。而初非有所矫揉造作，义以为质，礼以文之，是故措诸天下而咸宜，俟诸百世而不惑。若人性本恶，则当毁冠裂冕，弃礼易乐，喻焉而莫能从也，威焉而莫能遏也。"③ 在朱氏看来，"礼"的这种属性，正是人有创造性而不同于禽兽结构之性的地方。朱氏说："吾未闻枭獍在前，犬羊在后，而儒生可持一卷之书以格之，圣王可持五礼之制以化之也。此无他，其性与人殊也。"④ 而人则"有物必有则，有气质必有义理，有父子必有慈爱"，又因为此"礼"，"本

---

① 钱穆：《中国思想史》，台湾学生书局1977年版，第29页。

② 钱穆：《中国思想史》，台湾学生书局1977年版，第29—30页。

③ 朱一新：《朱侍御答康长孺论性书》，载《康有为全集》第一集，中国人民大学出版社2007年版，第332页。

④ 朱一新：《朱侍御答康长孺论性书》，载《康有为全集》第一集，中国人民大学出版社2007年版，第332页。

于太一，殽于万殊"乃"理之不可易者"，即《礼记·礼运》篇中之"是故夫礼，必本于天，殽于地"。易言之，从外部说，儒家所谓"礼"之最初起源，乃来自儒家所谓的"天"即所谓"存有物的形上基础"（the metaphysical ground of being）；从内部看，乃来自孟子所谓的"四端"，即人类道德良知之源。于是，在朱一新那里，"礼"具有了一种超越的精神意义，是人类普遍的行为准则。所以，依朱氏之见，"礼"，"放诸东海而准，放诸西海而准"。[1] 在朱一新那里，先王根据天和人类道德良知之源所制的礼，有顺"性"制礼和逆"性"制礼两种方法。顺性制礼的方法，是根据性之本源，即性之理中有"天地之性"而制；逆性制礼的方法，是根据具体个人的"理与气杂而言之"的"气质之性"而制。"其顺而致也，以人性之本善，恻隐羞恶，是非辞让，理固具于生初，知皆扩而充之，可以赞天地之化育也"[2]，即保持人类道德良知之源里本具有之善，来制定的礼，用宋儒的话来说，便是"存天理"。其逆性制礼的方法是："以理寓乎气，性发为情，气有昏明厚薄之不同，其发之也亦异，苟失其养，则旦昼牯亡，人欲肆而天理灭。"[3] 依朱一新之见，因具体个人之"气有昏明厚薄之不同，其发之也亦异"，昧乎性之本源，而成"人欲肆"的局面，故先王不得不用来源于人类道德良知的"礼"来加以限制，使其重归于人性之原初之善。此种方法，用宋儒的话来说就叫"灭人欲"。在朱一新看来，康有为的人性论，完全背离了儒家经典的原意，他断然指出"谓性不皆善，是必天地不以生物为心而

---

① 朱一新：《朱侍御答康长孺论性书》，载《康有为全集》第一集，中国人民大学出版社2007年版，第332页。

② 朱一新：《朱侍御答康长孺论性书》，载《康有为全集》第一集，中国人民大学出版社2007年版，第332页。

③ 朱一新：《朱侍御答康长孺论性书》，载《康有为全集》第一集，中国人民大学出版社2007年版，第332页。

后可也"。① 按照朱氏的逻辑，既然"天道无不善，则禀乎天以为性者，安有不善"？② 他严厉地指责康有为说："今舍《诗》、《书》之微言，《系辞》之明训，徒取诸子驳杂无当之说，以与圣贤相枝柱，而适流为异端之归，何取乎尔？"③ 朱一新指出："圣人不授权与气质，而必以善归诸性，故质有善有恶，情有善有恶，欲有善有恶，惟性也有善而无恶。"④ 而正是因为"性"的这种性质，它在儒家的信仰中，才成为道德与良知之源。在朱氏看来，康有为的错误在于在人性论上以告子、荀子和董子等诸子学为依据，将"性""情""欲"相混，从而"昧乎性之本原"⑤，而误认人的"气质之性"为性之本质，并且进一步称这种"气质之性"本身并无善恶，顺其发展则是"善"，而限制其发展则是"恶"了。朱氏认为，若依康有为的理论，"是圣王制礼，但为苦人之具，而并非顺乎性之自然"，而"无惑乎老、庄、释氏之徒，皆欲逃出乎礼法之外，昌言弃礼而不之恤矣"。⑥ 在这种情况下，"气质之性"由于丧失了来自超越精神"礼"的绳范，最终只会依人的自然情欲而发展，变得一发不可扼制，而世界也终将"人欲肆而天理灭，则其违禽兽不远矣"。⑦

---

① 朱一新：《朱侍御答康长孺论性书》，载《康有为全集》第一集，中国人民大学出版社 2007 年版，第 333 页。
② 朱一新：《朱侍御答康长孺论性书》，载《康有为全集》第一集，中国人民大学出版社 2007 年版，第 333 页。
③ 朱一新：《朱侍御答康长孺论性书》，载《康有为全集》第一集，中国人民大学出版社 2007 年版，第 333 页。
④ 朱一新：《朱侍御答康长孺论性书》，载《康有为全集》第一集，中国人民大学出版社 2007 年版，第 332 页。
⑤ 朱一新：《朱侍御答康长孺论性书》，载《康有为全集》第一集，中国人民大学出版社 2007 年版，第 332 页。
⑥ 朱一新：《朱侍御答康长孺论性书》，载《康有为全集》第一集，中国人民大学出版社 2007 年版，第 332 页。
⑦ 朱一新：《朱侍御答康长孺论性书》，载《康有为全集》第一集，中国人民大学出版社 2007 年版，第 332 页。

朱一新在给康有为的信中进一步指出康有为所本的诸子学非儒学之正统，并力言荀、董之学不足之处。其言略谓：

> 荀卿以学为起性化伪，夫三代后士多以《诗》、《书》为文饰之具，其能变化气质者，千不获一焉。何以天理民彝之正不绝于终古？毋亦人心之所同，然皆得于赋畀之初，而不容自昧者乎？谓学以扩充四端，则可谓学以起性化伪，乌乎可？荀子尊学而绌性，沿流而昧原，悍然斥之曰"性恶"。夫尊学者是也，绌性者非也。假有人焉，谓：吾之性已恶矣，虽力学何所用之？吾闻甘受和，白受采，未闻苦而可以受和，缁而可以受采也。夫既命吾以恶，吾宁顺天而行，恣睢暴戾，以快吾一日之欲已耳！是尊学适以废学。荀子其何说之辞？借曰有激而云然也，恶有大儒垂训而可以立言矫激者乎？而况其为论性之大乎？①……荀子之书，大醇小疵，三十二篇中，惟《解蔽篇》为最精。然自"圣人知心术之患"以下多杂道家宗旨，其醇者已为周子《太极图》说所取。近人尊荀而抵周，知二五而不知十，名为尊荀，实未知所以尊也。足下高识，岂不知之？特牵于董子之言，祖公羊，遂祖《繁露》，而因祖及荀子耳。仆于董、荀之学，皆有笃嗜，而其悖于圣言者，未敢一例附和。董子有言：正朝夕者视北辰，正嫌疑者视圣人。请以圣人手著之《系辞》，一正董、荀可乎？②

朱一新信中所说的他与康有为"剧谈彻夜"的情景我们已无

---

① 康有为说过"孟子性善之说，有为而言。荀子性之恶说，有激而发。告子生之谓性，自是确论，与孔子说合"的话，朱一新系指康此观点。康说见《长兴学记》，载《康有为全集》第一集，中国人民大学出版社2007年版，第341页。

② 朱一新：《朱侍御答康长孺论性书》，载《康有为全集》第一集，中国人民大学出版社2007年版，第332—333页。

法再现，但是我们从他们二人往来的书信中还能找到一些线索。①
康、朱结交后，两人经常论学品书，虽然各执己见，但相交颇欢。
《朱侍御答康有为第五书》即朱氏对康有为有关性论问题的一次系
统性回答。对朱一新的批评，康有为并不赞同，认为朱一新"论
阴阳理气，而徒泥宋儒之说，愈辨而障愈深也"。② 他从自然人性
论出发，坚持告子之性论而反对孟子等正宗儒家之观点，他说：
"仲尼'知天命'，文王'纯亦不已'，此就既至圣人之境言之，不
然，则孩提时岂遂能'知天命'，能'纯亦不已'乎？天固无专生
恶物之天，天亦不能生一人，使其全无所学，遂能止于至善也。"
康有为认为，《论语》"性相近也，习相远也"中的"性"就是
"生之质"，因为"人皆具一气质"，所以相近。圣人对各种气质加
以区分，"若者为义理，若者非义理"，"于是习圣人之道者，则日
近于圣人，不习圣人之道者，则日远而入于恶人"。康有为说：
"告子曰'生之谓性'，即'性者生之质'之谓；'食者性也'，即
圣人从其食色中指出善恶之谓。"③ 康有为声称，以上便是他推崇
告子观点的理由。康有为进一步指出宋儒不通训诂，孟子没搞清
"善"与"知觉"的不同，"荀子之与孟子辨者，其言曰：今人之
性，生而离其朴，离其资，必失而丧之，由此观之，然则人之性恶
明矣。是荀子之与孟子辨者，盖深恐人之任性而废学，而所谓性恶

---

① 有关朱一新与康有为往来信函之研究，颇受学术界之重视，据笔者目力所及，
目前之研究主要有朱维铮：《康有为和朱一新》，《中国文化》1991 年第 5 期；吴仰湘：
《朱一新、康有为辩论〈新学伪经考〉若干史实考——基于被人遗忘的康氏两札所作
的研究》，《文史哲》2010 年第 1 期；江中孝：《19 世纪 90 年代初期岭南学术界的一次
思想交锋——以朱一新和康有为对〈新学伪经考〉的论辩为中心》，《广东社会科学》
2006 年第 5 期；曹美秀：《朱一新与康有为——以经学相关问题为讨论中心》，（台北）
中研院中国文哲研究所《中国文哲研究集刊》第 28 期；於梅舫：《以董生正宋儒：朱
一新品析〈新学伪经考〉旨趣》，《广东社会科学》2014 年第 1 期；等等。

② 康有为：《与朱一新论学书牍·答朱蓉生先生书》，载《康有为全集》第一集，
中国人民大学出版社 2007 年版，第 329 页。

③ 康有为：《与朱一新论学书牍·答朱蓉生先生书》，载《康有为全集》第一集，
中国人民大学出版社 2007 年版，第 330 页。

者，以质朴之粗恶言之，非善恶之恶也。是荀子之言，未见有悖于圣言者也。昔宋人不达伪字之诂，遂群起而攻荀子。足下何又不达于性恶之旨哉？孟子之言性善，以人之性善于禽兽者为善，而不知人之异于禽兽者，知觉也，非善也。孟子又以孩提之良知良能为证，而不切此亦知觉也，与善恶无与也”。① 在孟子与告子有关"性善"问题的辩论上，康有为大攻孟子，而左祖告子，在给朱一新的信中说："仆尝慨孟子于'智'之一字，未能辨晰，遂至于告子争仁内义外之说。仆今于'长者义乎，长之者义乎'二语试为之辨曰：长者义，长之者智，未悉孟子复何以圆其说也。于公都子'行吾敬，故谓之内'二语又试为之辨曰：所以行吾敬者智，智在内，而义在外，未悉孟子何以使公都子圆其说也。'冬饮汤而夏饮水'，此智为之。岂义为之乎？足下能一语解之乎？"②

　　康有为在给朱一新信中所引的这一段《孟子》，乃是中国哲学史上孟子与告子有名的"仁内义外"辩论，孟子根据人的道德意识，认为道德的善就在性之中，易言之，性就是道德的善本身，而告子只看到人的自然生命的层面，宣称所谓"生之谓性"，故受到孟子的严厉批评，当时孟子即直接指斥告子的说法："率天下之人而祸仁义者，必子之言夫。"③按牟宗三的说法，孟子对中国儒学的贡献在于他首先从单一的生命中看出一个异质的东西，即"生命不徒是自然生命，清一色的生物生命，而且有一个异质的理性生命，由心灵所表现的理性生命。依此，仁义必内在，而性善必成立。故孟子由恻隐之心见仁，由羞恶之心见义，由辞让

---

① 康有为：《与朱一新论学书牍·答朱蓉生先生书》，载《康有为全集》第一集，中国人民大学出版社 2007 年版，第 330 页。

② 康有为：《与朱一新论学书牍·答朱蓉生先生书》，载《康有为全集》第一集，中国人民大学出版社 2007 年版，第 330 页。康有为这里所提到的孟子与告子的争论见于《孟子·告子上》。

③ 《孟子·告子上》。

之心见礼，由是非之心见智。仁、义、礼、智就是心之德，亦即是由心见性也。这一个心性，是我固有之、非由外铄我也，故是先天而内在的。这个心性就是道德的心性，我们于此亦曰道德理性。这是定然而如此的，无条件的。这个心性一透露，人之所以为人的'道德主体性'（moral subjectivity）完全壁立千仞地竖立起来。上面通天，下面通人。此即为天人合一之道。内而透精神价值之源，外而通事为礼节之文。这一个义理的骨干给周公所制之礼（文制）以超越的安立（transcendental justification）"。①如此看来，中国整个文化系统自有其不同于世界其他民族文化系统独特的性质，其深度与广度自非其他文化系统所能比拟。故牟宗三先生从礼的一面，即从广度的层面将其称为"礼乐型的文化系统"，而与西方的"宗教型的文化系统相区别"；"从仁义内在之心性"的层面，即从深度的层面，将其称为"综合的尽理之精神"下的文化系统，以与西方"分解的尽理之精神"下的文化系统相区别。②

显而易见，孟子的"性论"乃是直接从人内在的主观的不安于罪恶的恻隐、羞恶、辞让、是非的道德意识来论证道德的善的。也就是说，直接从人的道德意识去建立道德性的性。"直接从道德意识论性，使性之意义不再含糊不清（Obscure）或引人入邪。而通过主观的道德意识来了解并定住性的全幅意义，正好比耶教中人通过耶稣了解并且定住上帝的全部内容一样。"③

从以上的角度来看，孟子的确对中国儒学的发展做出了卓越的贡献，所以被后人称为亚圣。牟宗三先生指出："了解孟子的性善

---

① 牟宗三撰，罗义俊编：《中国哲学的特质·附录》，上海古籍出版社 2008 年版，第 141 页。

② 牟宗三撰，罗义俊编：《中国哲学的特质·附录》，上海古籍出版社 2008 年版，第 141 页。

③ 牟宗三撰，罗义俊编：《中国哲学的特质》，上海古籍出版社 2008 年版，第 57 页。

说，才可了解并从而建立人的'真实主体性'（Real subjectivity）。中国儒家正宗为孔孟，故此中国思想大传统的中心落在主体性的重视，亦因此中国学术思想可大约地称为'心性之学'。此'心'代表'道德的主体性'（Moral subjectivity），它堂堂正正地站起来，人才可以堂堂正正地站起来。人站起来，其它一切才可随之站起来；人不能站起来，那么一切科学、道德、宗教、艺术，总之，一切文化都无价值。这是中国思想的核心，所以孟子是心性之学的正宗。宋明儒中的周、程、张、朱一路大体不是顺孟子一路而来，而是顺《易传》、《中庸》一路而来。陆王一系才真正顺孟子一路而来。可知程朱、陆王分别承接了古代对性规定不同的两路。离开这两路的当然不是中国的正宗思想了。"①

康有为生于晚清，受西方自然科学和诸子学兴起的影响，开始用自然人性的观点来解释中国的心性之学，这种方式显然完全背离了中国正统儒家"心性之学"的轨道。他用告子所说的"生之谓性"来诠释性学，这使他只看到了人的自然生命，而忽视了人由心灵所表现的理性生命，或道德理性。他推崇的荀子虽为儒家，然"他的性恶说只触及人性中的动物层，是偏至而不中肯的学说"。②

但是康有为认为："正惟从孟子之说，恐人皆任性，从荀子之说，则人皆向学，故仆愈不敢于儒先有所偏袒矣。"在康有为看来，"理愈穷而愈出，道日辟而日新，积人积智，而后苟有能补先圣之万一者，虽与先圣稍有异同，而起圣人于九原，犹将谅之。圣人固大公无我，未尝有自私自利之怀也。不能以异端一语，慨乎没之也。盖后生可畏，来者难诬，百年后必有论定者。况乎欲考孔

---

① 牟宗三撰，罗义俊编：《中国哲学的特质》，上海古籍出版社2008年版，第59—60页。

② 牟宗三撰，罗义俊编：《中国哲学的特质》，上海古籍出版社2008年版，第60页。

子，则当以孔子之道还之孔子，尚不在异同之数哉！"① 康有为这段话的字里行间，那种以儒教的马丁·路德而自任的神态，已跃然纸上。此种想法，使他更加自信，学者的傲慢也使他不能静下心来，深入理解中国心性之学的精义。他与朱一新交往之时，正值三十出头，年轻气盛，血气方刚，当时，他讲学于广州长兴里万木草堂，陈千秋、梁启超、韩文举、梁朝杰等都来学。这些人都还是一群青少年。② 康有为的"性论"对他们产生了不少的影响。后来康有为的部分学生都曾左右过中国的思想界，对中国近代的转型产生过巨大的影响。有关这些，我们在以下章节中还会提到。

对于康有为的性论，学界一直是众说纷纭，萧公权先生在其《康有为思想研究》中说："康氏所说'性全是气质'导致中国大陆一作者指出康具唯物论的倾向。"③ 萧公权还认为，康氏思想中形上观到底是什么，实在难以确定，张灏先生则认为，康有为的一元论世界观使其倾向于自然主义的人的思想和对人性的肯定观念。但是，康有为这种一元论的世界观将使其难以解决理论上的两个难题。其一，是康有为自然主义的人的思想使康难以明确地表达其思想的主要关怀：自我道德—精神的发展。张灏先生认为，如果人也如康氏所描述的那样与其他万物相同，也是由"气"构成的话，康氏将难以解释人的道德—精神发展的无与伦比的能力。其二，康有为这种道德—精神发展含有一个像康在《长兴学记》中所描述

---

① 康有为：《与朱一新论学书牍·答朱蓉生先生书》，载《康有为全集》第一集，中国人民大学出版社 2007 年版，第 330—331 页。

② 据梁启超《南海先生七十寿言》云："吾侪之初侍先生于长兴也，徒似不满二十人，齿率在十五六乃至十八九之间，其弱冠以上者裁二三人耳。皆天真烂漫，而志气蹼踔向上，相爱若昆弟，而先生视之犹子。"［梁启超：《南海先生七十寿言》，载《饮冰室合集》文集之四十四（上），中华书局 1989 年版，第 28 页］是年梁启超才十八岁。

③ 萧公权此说是指李泽厚的《论康有为哲学思想》，《哲学研究》第一卷第一期，第 86 页。参阅萧公权：《康有为思想研究》，汪荣祖译，新星出版社 2005 年版，第 99 页。

的奋斗和努力的过程，那么，康有为如不为人的精神领地构想一个善恶斗争概念，也难以辨明这一过程，所以依张灏先生之见，要回答这类问题，就必须创立某种二元论的人的观念，以区别自我的道德—精神功能和非道德的自然禀赋。张灏先生认为："这就是儒家传统中王夫之和戴震等信奉唯气论一元论世界观的著名哲人，常常在不同形式中走向二元论的原因所在。这也多少是康氏从一元论思想转向二元论观念的潜在逻辑。"①

其实，康有为在与朱一新辩论时已感到底气不足，有捉襟见肘之感，并产生了从一元论世界观转向二元论世界观的迹象。我们从朱一新给康有为的第五书中，可以证明二人"剧谈彻夜"时，康有为曾引用董仲舒《春秋繁露》中《实性》《深察名号》等篇中有关"性"的观点，来为其辩护，以补其一元论世界观之不足。其实，董仲舒之性论，实为二元论。他曾说：

> 身之有性情也，若天之有阴阳也。言人之质而无其情，犹言天之阳而无其阴也。②

依董仲舒观点，天既然有阴阳，那么人也就有性有情。性表现为仁，情表现为贪。他说：

> 人之诚有贪有仁。仁贪之气，两在于身，身之名取诸天。天两有阴阳之施，身亦两有贪仁之性。③

---

① 〔美〕张灏：《危机中的中国知识分子：寻求秩序与意义》，高力克、王跃译，新星出版社 2006 年版，第 50—51 页。
② （汉）董仲舒：《春秋繁露》卷十之《深察名号第三十五》，《钦定四库全书荟要》本，第 5 页。
③ （汉）董仲舒：《春秋繁露》卷十之《深察名号第三十五》，《钦定四库全书荟要》本，第 4 页。

因人之质有"性",有"情""贪""仁"之气,两在于身,故人性不能谓为善。他解释说:

> 善如米,性如禾。禾虽出米,而禾未可谓米也。性虽出善,而性未可谓善也。米与善,人之继天而成于外也。非在天所为之内也。天所为,有所至而止。止之内谓之天,止之外,谓之王教。王教在性外,而性不得不遂,故曰性有善资(案,他本"资"作"质"),而未能为善也。岂敢美辞,其实然也。天之所为止于茧、麻与禾。以麻为布,以茧为丝,以米为饭,以性为善,此皆圣人所继天而进也,非情性质朴之能至也,故不可谓性。……性者,天质之朴也;善者,王教之化也。无其质,则王教不能化;无其王教,则质朴不能善。质而不以善性,其名不正,故不受也。①

依董仲舒之见,"天两有阴阳之施,身亦两有贪仁之性",故虽说人性中有善,但不能说人性本来即善,必须用王道加以教化。康有为"因董子以通《公羊》",故对董仲舒此二元论性论极为推重,他曾在其《春秋董氏学》中对此观点大加赞赏:"性善性恶、无善无恶、有善有恶之说,皆粗。若言天有阴阳之施,身亦两有贪仁之性,与《白虎通》同,可谓精微之论也。"② 所以,康有为在与朱一新辩论时曾援引董仲舒的性论与朱一新对抗。但是,董仲舒的性论本来意在调和荀孟,他虽认为人性中仅有善端,故不能谓之为善,但既承认人性中本有善端,实际上已与孟子之性善说并行不悖。总而言之,董仲舒的性论,与抽象精深的理学思辨相

---

① (汉)董仲舒:《春秋繁露》卷十之《实性第三十六》,《钦定四库全书荟要》本,第8—9页。

② 康有为:《春秋董氏学》卷六上,载《康有为全集》第二集,中国人民大学出版社2007年版,第385页。

比，已显粗糙肤浅，故宋儒无一人注释董子著作。[①] 康有为援引董仲舒性论以与朱一新相抗，其持论败绩失据自是当然之事了。朱一新谓：

> 董子长于言阴阳五行，而短于言性知性，禾，善米，亦知禾之中固有米而无稂莠乎？知性如茧如卵，亦知丝在茧中，苟无丝，何有茧？雏在卵中，苟无雏，何有卵乎？卵之不能为丝，茧之不能为雏，理也。惟性之不能为恶，亦理也。谓性与善各有主名，不容以性为善，然则性与恶亦各有主名，独可以性为恶乎？有物必有则，犹之有茧必有丝，有卵必有雏也。继之者善，成之者性，人之性善，犹水之就下。圣贤所斤斤致辨者，曷尝混性与善为一？如欲深察明号，则水自就下，不可即以水为下，容得谓水之不就下乎？性自皆善，不可即以性为善，容得谓性之非本善乎？譬诸茧自出丝，卵自出雏，不可即以茧为丝，以卵为雏，容得谓茧非始于丝，卵非始于雏乎？有雏种而后成卵，有丝种后成茧，有继善而后成性，是董子之言，反若与孔、孟相发明，而又何疑焉？且董子明阴阳五行，既知身有性情，犹天之有阴阳矣，盍亦思阴助阳以生物，阳之德固主生而不主杀乎？谓性皆不善，是必天地不以生物为心而后可也。天道无不善，则禀乎天以为性者，安有不善？董子但知善出于性，而不知性实出于善，已显与《系辞》相悖，乃漫援善人有恒以为喻，其说益复支离。善人者成德之称，岂性善之谓乎？近人好攻宋儒，见有与宋儒异趣者，无论理之是非，必称述之以为快。夫宋儒岂必一无可攻？要非矜心躁气者所能哗以求胜。[②]

---

① 袁长江主编：《董仲舒集·前言》，学苑出版社 2003 年版，第 27 页。

② 朱一新：《朱侍御答康长孺论性书》，载《康有为全集》第一集，中国人民大学出版社 2007 年版，第 333 页。

康有为与朱一新辩论时虽持告子的性论以与朱氏相抗，然而，学理上的难题使得他不得不援引董仲舒的二元论性论以补其理论上的不足，这样一来，他又回到传统儒学的窠臼之中，而与其妥协调合起来。十多年后，他在《孟子微》《中庸注》等书中的观点已与天理人欲论无区别，而几乎是其论敌朱一新的论调了。①

七　朱一新对《新学伪经考》的批驳

光绪十四年戊子（1888 年），康有为因国势阽危，愤然上万言书，书虽未上达，但"朝士久未闻此事，皆大哗，乡人至有创论欲相逐者"。其友沈子培曾劝康"勿言国事，宜以金石陶遗"。于是，康有为"徙居馆之汗漫舫，老树蔽天，日以读碑为事……乃续包慎伯为《广艺舟双楫》焉"。② 其书《自序》云："永惟作始于戊子之腊，实购碑于宣武城南南海馆之汗漫舫，老树僵石，证我古墨焉。归欤于己丑之腊，乃理旧稿于西樵山北银塘乡之澹如楼，长松败柳，侍我草《玄》焉。凡十七日至除夕述书讫，光绪十五年也。"③

此书若徒观其外表，则似书法理论，其实并非如此，康有为明言，书法金石"可著圣道，可发王制，可洞人理，可穷物变，则刻缕其精，冥缥其形为之也。不竕于圣道、王制、人理、物变，魁儒勿道也"。④ 可见，康有为并非将书法视为小技，而是将其与圣道、王制等联系起来作为其手中载道的工具。他将其"变"的理

<hr />

① 李泽厚：《中国近代思想史论》，生活·读书·新知三联书店 2008 年版，第119 页。

② 康有为：《我史》，载《康有为全集》第五集，中国人民大学出版社 2007 年版，第 72—73 页。

③ 康有为：《广艺舟双楫·自叙》，载《康有为全集》第一集，中国人民大学出版社 2007 年版，第 252 页。

④ 康有为：《广艺舟双楫·自叙》，载《康有为全集》第一集，中国人民大学出版社 2007 年版，第 251 页。

论，融会于书法理论之中，提倡刚健之碑学而反对占正统地位的姿媚的帖学。对他而言，"道无小无大，无有无无。大者，小之殷也；小者，大之精也"。在他看来，"山林之中，钟鼓陈焉；寂寞之野，时闻雷声。且无用者，又有用也。不龟手之药，既以治国矣，杀一物而甚安者，物物皆安焉。苏援一技而入微者，无往而不进于道也"。① 可见，康有为的《广艺舟双楫》一书并不只是书法理论，还是借书法来表达其政治诉求。有关这方面，笔者将另文讨论，这里不再赘述。唯康有为《广艺舟双楫》一书完稿后，曾请其友朱一新作序，朱一新洞悉书中观点与自己不合，故婉言谢绝，并在复信中对其"变古""尊碑抑帖"等观点加以箴戒。其言略谓：

> 《执笔》篇度尽金针，而所谓腕平者，尚未深达其说，迟日容再请教。
>
> 弟尝妄论用笔之道，方易而圆难。方则易见厚，圆则易见薄，然圆可赅方，方不能赅圆，犹之地不能包天，天则可包地也。隶用篆法固可，篆用隶法似未尽可，完白山人传至后世，恐不能无遗议。晋人楷法，至鲁公而尽变，汉人篆法至完白而亦尽变，故皆能鼓动一世，要其为变古则一也。君于两家盛为轩轾，似尚能平情之论。但书为艺事，各道其心之所得，正不妨成一家言，非比辨章学术，偶一过当，或恐贻祸后人也。……北碑今世盛行，此则关乎运会。北碑多伉厉之气，与南帖之琴德愔愔者异。自同治末年，都中士大夫，喜听秦声而南曲遂为所压，此与重北碑同理，盖皆北鄙杀伐之音。其机先见于百十年前，固莫之为而为也。鄙说未免背道而驰，然君夙喜为观微之论，聊妄及之，以

---

① 康有为：《广艺舟双楫·自叙》，载《康有为全集》第一集，中国人民大学出版社 2007 年版，第 251 页。

资温喙。①

品评书法的《广艺舟双楫》遭到了朱一新这样的批评，可见，朱一新也同康有为一样，喜为观微之论。当康有为将《长兴学记》和《新学伪经考》送到朱一新那里时，朱氏对康有为的批评，比以前更加激烈了。《新学伪经考》一书的内容，我们从其书名便可窥出一二，有关这一点，梁启超曾加以说明："'伪经'者，谓《周礼》、《逸礼》、《左传》及《诗》之《毛传》，凡西汉末，刘歆所力争立博士者。'新学'者，谓新莽之学，时清儒诵法许、郑者，自号曰'汉学'。有为以为此新代之学，非汉代之学，故更其名焉。"② 梁氏以为，归根结底，康有为此书之关键乃在于强调"西汉经学，并无所谓古文者，凡古文皆刘歆伪作"。"秦焚书，并未厄及六经，汉十四博士所传，皆孔门足本，并无残缺。"③ 康有为此种观点，在当时可谓惊世骇俗。读书人惟日孳孳的经典，其中一大部分，经康有为的考证，一夜之间，突然被宣布成了"伪经"，这种"大飓风"的效果，对一般读书人而言，其影响是可以想象的。然在饱读诗书的朱一新看来，康有为"秦焚书，并未厄及六经"的中心观点即属悖谬之论，他揶揄康氏道："秦政焚书，千载唾骂，贤师弟独力为昭雪，何幸得此知己耶！"④ 依朱一新之见，康有为所得出的结论不足恃，他根据康有为的中心论点加以反驳："足下不信壁中古文，谓秦法藏书者罪止城旦，又《史记·河间》、《鲁共王传》无壁经之说。夫谓秦未焚书者，特博士所藏未

① 朱一新：《复康长孺孝廉》，载《康有为全集》第一集，中国人民大学出版社2007年版，第334—335页。

② 梁启超：《清代学术概论》，载《饮冰室合集》专集之三十四，中华书局1989年版，第56页。

③ 梁启超：《清代学术概论》，载《饮冰室合集》专集之三十四，中华书局1989年版，第56页。

④ 《朱侍御答康长孺第三书》，载《康有为全集》第一集，中国人民大学出版社2007年版，第320页。

焚耳，《始皇本纪》所载甚明。其黥为城旦者，以令下三十日为限，限甚迫矣。"① 朱一新指出："偶语《诗》、《书》，罪且弃市，则没有抗令弗焚者，罪恐不止城旦。"② 所以，朱氏认为，并不能因"史文弗具"，而"疑秦法之宽也"。③ 依朱一新之见，在司马迁的时代，"儒术始兴，其言阔略，《河间传》不言献书，《鲁共传》不言坏壁，正与《楚元传》不言受《诗》浮丘伯一例"。④ 朱氏强调说："若《史记》言古文者皆为刘歆所窜，则此二传乃作伪之本，歆当弥缝之不暇，岂肯留此罅隙以待后人之攻?"⑤ 朱氏根据《新学伪经考》中论证前后矛盾之处，反问康有为说："足下谓歆伪《周官》，伪《左传》，伪《毛诗》、《尔雅》，互相证明，并点窜《史记》，以就己说，则歆之于古文，为计固甚密矣，何于此独疏之甚乎?"⑥ 他进一步质问康有为："班史谓迁书载《尧典》、《禹贡》、《洪范》、《微子》、《金縢》诸篇多古文说，今案之诚然。足下将以此亦歆所窜乱乎? 歆果窜此，曷不并窜《河间》、《鲁共》二传，以泯其迹乎?"⑦ 这里，朱一新抓住康有为论证的矛盾之处，穷追不舍，这一连串的诘问，确实令康有为难以回答。

---

① 《朱侍御答康长孺书》，载《康有为全集》第一集，中国人民大学出版社 2007 年版，第 317 页。

② 《朱侍御答康长孺书》，载《康有为全集》第一集，中国人民大学出版社 2007 年版，第 317 页。

③ 《朱侍御答康长孺书》，载《康有为全集》第一集，中国人民大学出版社 2007 年版，第 317 页。

④ 《朱侍御答康长孺书》，载《康有为全集》第一集，中国人民大学出版社 2007 年版，第 317 页。

⑤ 《朱侍御答康长孺书》，载《康有为全集》第一集，中国人民大学出版社 2007 年版，第 317 页。

⑥ 《朱侍御答康长孺书》，载《康有为全集》第一集，中国人民大学出版社 2007 年版，第 317 页。

⑦ 《朱侍御答康长孺书》，载《康有为全集》第一集，中国人民大学出版社 2007 年版，第 317 页。

　　对康有为称《古文尚书》与《左传》为伪经的问题，朱一新则谓："《古文尚书》之可疑，以出自东晋，其辞缓弱，与今文不类，经阎、惠诸家考之而愈明。"①其言外之意，即阎若璩、惠栋等人早已证明东晋梅赜所献《古文尚书》为伪，此乃学界早已熟知的事情，康有为根本没有必要为此事故作张皇。朱一新认为，至于《左传》之可疑，也并非因为其是伪书，而是因其"论断多不中理，分析附益，自必歆辈所为，故汉儒及朱子皆疑之。然汉儒断断争辨者，但谓左氏不传经，非谓其书之伪也"。朱氏于信中自注云："'处者为刘'及'上天降灾'四十七字，孔疏明言其伪。班叔皮《王命论》，刘承尧祚，著于《春秋》。叔皮与刘歆时代相接，此为歆辈附益之显证。'上天降灾'数语，尤出于晋以后耳。"②在朱一新看来，《左传》并非如康有为所说，是刘歆由《国语》改成。他指出："《左氏》与《国语》，一记言，一记事，义例不同，其事又多复见，若改《国语》为之，则《左传》中细碎之事，将何所附丽？"他反问康有为："《国语》见采于史公，非人间绝不经见之书，歆如离合其文以求胜，适启诸儒之争，授人口实，愚者不为，而谓歆之谲为之乎？"③他认为"《史记》多采《左传》，不容不见其书，或史公称《左传》为《国语》则有之，谓歆改《国语》为《左传》，殆不然也"。④他解释道："《仪礼》、《左传》、《国语》、《战国策》，皆后人标题，故无定名。诸子书亦多如是。犹《史记》非史迁本名。即称《太史公书》者，亦杨恽所题，史迁当时初不立名

　　①　《朱侍御答康长孺书》，载《康有为全集》第一集，中国人民大学出版社2007年版，第317页。

　　②　《朱侍御答康长孺书》，载《康有为全集》第一集，中国人民大学出版社2007年版，第317—318页。

　　③　《朱侍御答康长孺书》，载《康有为全集》第一集，中国人民大学出版社2007年版，第318页。

　　④　《朱侍御答康长孺书》，载《康有为全集》第一集，中国人民大学出版社2007年版，第318页。

也。"①所以，在朱一新看来，康有为所谓的《左传》乃刘歆由《国语》改成的说法根本不能成立。

康有为在其《新学伪经考》中，曾以《左传》传授不明作为《左传》为伪书之证据，对此，朱一新则作书予以驳斥，其言略谓：

> 《左传》、《毛诗》，传授不明，班史虽言之凿凿，实有可疑，然《左氏》之可疑者，仅在张苍、贾谊以上耳。谊为《左氏训故》，其书不见于《艺文志》，太傅《新书》亦经后人羼杂。可据者，惟《汉书》本传。本传虽引白公胜之事，其出于《左氏》与否不可知。孟坚作《张苍传》甚详，而并无一言与《左氏》相涉，书之晚出，自不待辨。但张禹以言《左氏》为萧望之所荐，其事实不能伪造，尹更始、翟方进、贾护、陈钦之传授，鲁国桓公、赵国贯公、胶东庸生之讲习，耳目相接，不能凿空，歆是时虽贵幸，名位未盛，安能使朝野靡然从风，群诵习其私书耶？（《春秋序疏》：《严氏春秋》引《观周篇》：孔子修《春秋》，丘明作传，共为表里。刘申受斥为非严彭祖之言。夫左氏不传《春秋》之义耳，曷尝不传《春秋》之事乎？其义则为歆所窜乱，本传固有转相发明之语，为可证也。——原注）②

朱一新虽认为《左传》可疑，但仅在"张苍、贾谊以上耳"，此只能证明"书之晚出"，并不能证明《左传》为伪，且"张禹以言《左氏》为萧望之所荐，其事实不能伪造"，这即表明刘歆校书之前《左传》已在世上流行，康氏《左传》为刘歆所伪之说，自

然属无稽之谈。"且歆是时虽贵幸……安能使朝野靡然从风，群诵习其私书耶？"朱一新这些质问，确点到了《新学伪经考》的要害。

康有为在其《新学伪经考》中谓，汉哀帝时，刘歆亲近，欲使《左氏春秋》及《毛诗》《古文尚书》等皆列于学官，"是时盈廷汹汹"，"攻者云起"。"宣帝立大、小夏侯《尚书》，大、小戴《礼》，施、孟、梁丘《易》，榖梁《春秋》，元帝立京氏《易》，大儒博士咸无间言。独至歆书，攻者云起，龚胜乞罢，师丹大怒，执政见忤，众儒克讪，乃至'惧诛，求出补吏'，人情可见。尽诬以'专己守残，党同门，妒道真'，其谁能信之？言'众儒尽讪'，可知当时举朝哗然，无一从者。汉朝自公卿、博士、弟子、儒生数千，无不愤绝，如明议大礼者之欲伏道手击张桂矣。不然，何惧诛而求出哉？或疑歆若伪经，时人何不攻之？读此应难置喙。"[1]

对康有为此论，朱一新反驳道：

> 《榖梁》始立，亦多纷纭之论。然《榖梁》传经，《左氏》不传经；《榖梁》有师法，《左氏》无师法；《榖梁》靡所窜乱，《左氏》多所窜乱。加以移书责让，怙宠逞私，诸儒之愤争，固其所也，而遂断为伪乎？《左氏》不传《春秋》，此汉儒至当之言，刘申受《考证》据以分别真伪，仆犹病其多专辄之词，深文周内，尤所不取。"六经"大旨，皎若日星，师说异同，虽今文亦有可疑，丘盖不言，固圣门阙之旨，必锻炼之以伸己意，安非此司空城旦书乎？[2]

---

①　康有为：《新学伪经考·汉儒愤攻伪经考第七》，《康有为全集》第一集，中国人民大学出版社 2007 年版，第 438 页。

②　《朱侍御答康长孺书》，载《康有为全集》第二集，中国人民大学出版社 2007 年版，第 318 页。

依朱氏之见，《左传》立于学官时，诸儒愤争，乃是由《左传》"多所附益"，加上刘歆"移书责让，怙宠逞私"引起的。并且此种事在《穀梁》始立学官时也曾发生过，康有为怎么能根据这些事"锻炼之以伸己意"，而定《左传》为伪书呢？

在《新学伪经考》中，康有为还认为，今文经与今文经，古文经与古文经皆同条共贯，因而得出，今文经乃真经，古文经乃刘歆所伪造的结论。对此，朱一新也提出异议，其言略谓：

> 足下谓今文之与今文，古文之与古文，皆同条共贯，因疑古文为刘歆所伪造。夫古文东汉始行，本皆孔氏一家之说，岂有不同条共贯之理？若今文固不尽同，西汉立十四博士，正以其说之有歧互也。立《鲁诗》复立《齐》、《韩》，立欧阳《尚书》，复立大、小夏侯，一师之所传且如此，况今古文之学，岂能尽同？今文家言传者无多，自东汉时师法已乱，其仅存者乃始觉其同条共贯耳，岂西汉诸儒之说，果如斯而已乎？（如《鲁诗》说《关雎》与《齐》、《韩》异，此类今犹可考。由此推之，今文必不能同条共贯也。乃执所见以概所不见，未免轻于立说矣。——原注）西汉之有家法，以经始萌芽，师读各异。至东汉而集长舍短，家法遂亡，由分而合，势盖不能不如此。[1]

依朱一新之见，康有为所谓的"今文之与今文，古文之与古文，皆同条共贯"的说法应做具体分析。朱氏认为："古文东汉始行，本皆孔氏（安国——引者注）一家之说，岂有不同条共贯之理？"而"今文固不尽同，西汉立十四博士，正以其说之

---

① 《朱侍御答康长孺第三书》，载《康有为全集》第一集，中国人民大学出版社2007年版，第321页。

有歧互也"。并且，这种情况东汉也有。他以古文《毛诗》为例，指出："以仆言之，则《毛诗》不尽同于古文也。"①"十五《国风》之次与季札观乐不同。'昊天有成命'，'郊祀天地'，与《周官》南、北郊分祀不同。'我将祀文王于明堂'，且与今文《孝经》同。'文王受命作周'，则与今古文《尚书》皆同。其他礼制同于《戴记》者尤多。"②所以，在朱一新看来，康有为所谓的布行伪经纂孔统的郑玄，"以《礼》笺《诗》，虽或迂曲，要非尽古文之学也"。③他举例说："《行露传》'昏礼纯帛，不过五两'，与《地官·媒氏》文同。《天保传》'春祠夏礿秋尝冬烝'，与《春官·大宗伯》文同。《白华传》'王乘车履石'，与《夏官·隶仆》文同。《驷传》'诸侯六闲'与《夏官·校人》文同。《夏官》有《挈壶氏》，《东方未明传》亦有之。"④在朱一新看来，此类似为古文同条共贯之证，也不能证明《毛诗》为伪经，依朱一新之见，此种结果，"安知非刘歆窜乱《周官》时，剽窃《毛传》"？⑤他指出："《皇皇者华传》，'访问于善为咨'，《皇矣传》，'心能制义曰度'，皆同于《左氏》。此经师相传遗说，不妨互见。犹穆姜论元亨利贞与孔子《文言》同，可谓《周易》亦伪作耶？歆《移太常》不及《毛诗》，彼固自有分别，可知《毛诗》不当与三家并斥也。"⑥他

---

① 《朱侍御答康长孺书》，载《康有为全集》第一集，中国人民大学出版社 2007 年版，第 318 页。

② 《朱侍御答康长孺书》，载《康有为全集》第一集，中国人民大学出版社 2007 年版，第 318 页。

③ 《朱侍御答康长孺书》，载《康有为全集》第一集，中国人民大学出版社 2007 年版，第 318 页。

④ 《朱侍御答康长孺书》，载《康有为全集》第一集，中国人民大学出版社 2007 年版，第 318 页。

⑤ 《朱侍御答康长孺书》，载《康有为全集》第一集，中国人民大学出版社 2007 年版，第 318 页。

⑥ 《朱侍御答康长孺书》，载《康有为全集》第一集，中国人民大学出版社 2007 年版，第 318 页。

以陈寿祺的《五经异义疏证》为例，指出："陈恭甫疏证《五经异义》，所采有今文与今文、古文与古文各异者，亦间有今文与古文相同者，就其所采已如此，况许、郑之辨不尽传于今者乎？"[①]

朱一新着重强调，近儒分别今文、古文的目的，与康有为不同。他说：

> 儒者治经，但当问义理之孰优，何暇问今古文之殊别。近儒别今古文，特欲明汉人专家之学，非以古文为不可从，必澌灭之而后快也。古文果不可从，马、郑曷为从之？马、郑而愚者则可，苟非甚愚，岂其一无所知，甘受人愚而不悟？刘歆之才识马融等耳，足下何视歆过重，至使与尼山争席，视马、郑过轻，乃村夫子不若乎？[②]

总而言之，朱一新信中对康氏此一番箴规，大多皆中康学症结。这正像有的学者业已指出的那样："朱一新之反驳虽用书信的方式，分量上比《伪经考》单薄许多，但都能正中要害。"[③]

其实，康有为写《新学伪经考》的目的，主要是打击当时高踞庙堂之上的汉学和宋学，为其变法改制铺路，故他称孔子之微言大义全存在于《公羊》一书。康有为曾言，他"因董子以通《公羊》，因《公羊》以通《春秋》，因《春秋》以通'六经'，而窥

① 《朱侍御答康长孺书》，载《康有为全集》第一集，中国人民大学出版社 2007 年版，第 318 页。

② 《朱侍御答康长孺第三书》，载《康有为全集》第一集，中国人民大学出版社 2007 年版，第 321 页。

③ 曹美秀：《朱一新与康有为——以经学相关问题为讨论中心》，《中国文哲研究集刊》1997 年第 28 期，第 231—232 页。

孔子之道本"。① 因而，他用《公羊》释群经。② 朱一新对康有为此种做法深不以为然，在致康氏信中谓：

> 圣人微言大义，莫备于《易》与《春秋》，"二传"尤微言所萃。《穀梁》自范注行，汉儒家法不可得见矣，可见者，犹有《公羊解诂》一书。后人不明托王之义，凡所为"非常可怪之论"，悉归咎于邵公；邵公不任咎也。然"六经"各有大义，亦各有微言，故十四博士各有家法。通三统者，《春秋》之旨，非所论于《诗》、《书》、《易》、《礼》、《论语》、《孝经》也。孔子作《春秋》，变周文，从殷质，为百王大法。素王改制，言各有当，七十子口耳相传，不敢著于竹帛。圣贤之慎盖如此。《诗》、《书》、《礼》、《乐》，先王遗典，使皆以一家私说羼于其中，则孔子亦一刘歆耳，岂独失为下不倍之义，抑亦违敏求好古之心！必若所言，圣人但作一经足矣，曷为而有六欤？③

朱一新此段议论，意在驳康有为"六经皆孔子所作。昔人言

---

① 康有为：《春秋董氏学自序》，载《康有为全集》第二集，中国人民大学出版社 2007 年版，第 307 页。

② 钱穆先生对康有为治经方法曾做如下评价："康（有为）、廖（平）之治经，皆先立一见，然后搅扰群书以就我，不啻六经皆我注脚矣，此可谓之考证学中之陆、王。而考证遂陷绝境，不得不坠地而尽矣。"其自注云："昔万充宗有云：'非通诸经，则不能通一经，非悟传，注之失，则不能通经，非以经释经，则亦无由悟传、注之失，此数言者，盖不啻为清代经学开先河。自公羊家专以一经之义说群经，而通诸经以通一经之义失。又主口说、家法为微言大义所在，而以经通经以悟传、注之误之义亦失。而后说经者皆为小夏侯之右右采获，具文饰说焉。至于长素则并不说经，洵如季平所讥为史学，目录二派窠臼者，特以己意进退诸经，以赴我之所欲云云，经学乌得不趋绝境哉。"见钱穆：《中国近三百年学术史》下册，中华书局 1986 年版，第 652 页。

③ 《朱侍御答康长孺书》，载《康有为全集》第一集，中国人民大学出版社 2007 年版，第 319 页。

孔子删述者，误也"①的观点。在他看来，"'六经'各有大义，亦各有微言"。康有为用通三统之义说群经，至于穿凿附会，以己意进退群经，使之为我之注脚，这样的做法，使"六经"将坠地矣。他进一步指出：

> 《王制》一篇，汉儒后得，为殷为周，本无定论。康成于其说之难通者，乃归之于殷，今更欲附会《春秋》改制之义，恐穿凿在所不免。《论语》二十篇，可附会者，惟"夏时殷辂"、"文王既没"数言，然即通三统，则《韶》乐郑声，何为而类及之？《春秋》改制，犹托王于鲁，不敢径居素王之名。素王者，弟子尊之之词，非夫子自称也。匡人之围，俨以素王自居，圣人果若是之僭乎？《尧曰篇》，历叙帝王相承之统绪，而次以子张问从政，固有微恉，但此为门人所次第。孔子之告子张，曷尝有一言及于改制？近儒为公羊学者，前则庄方耕，后则陈卓人。方耕间有未纯，大体已具；卓人以《繁露》、《白虎通》说《公羊》，乃真《公羊》家法也。"非常可怪之论"，至于董子、邵公可以止矣。刘申受于邵公所不敢言者，毅然言之，厄辞日出，流弊甚大。《公羊》与《论语》，初不相涉，而作《论语述》何以疏通之？戴子高复推衍之，其说精深，剧可寻绎。然谓《论语》当如是解也，然乎？否乎？②

依朱一新之见，清代之公羊学至刘申受"于邵公所不敢言者，毅然言之，厄辞日出，流弊甚大"，《公羊》与《论语》本初不相涉，而刘申受却作《论语述》强以疏通。其言外之意，乃谓康有

---

① 梁启超：《清代学术概论》，载《饮冰室合集》专集之三十四，中华书局1989年版，第57页。

② 《朱侍御答康长孺书》，载《康有为全集》第一集，中国人民大学出版社2007年版，第319页。

为复将公羊家之余绪推衍而引申之，以公羊解群经，这种做法，势必对经学造成更大的危害。他开导康有为说：

> 足下曩言西汉儒者乃公羊之学，宋儒者乃"四子书"之学，仆常心折是言。足下既知"四子书"与《公羊》各有大义矣，奚为必欲合之？汉、宋诸儒，大端固无不合，其节目不同者亦多。必若汉学家界画鸿沟，是狭僻迷谬之见也。然苟于诸儒所毕力讲明者，无端而羼杂焉以晦之，谅非足下任道之心所宜出也。汉学家治训诂而忘义理，常患其太浅；近儒知训诂，不足尽义理矣，而或任智以凿经，则又患其太深。夫浅者之所失，支离破碎而已，其失易见，通儒不为所惑也。若其用心甚锐，持论甚高，而兼济之以博学，势将鼓一世聪颖之士颠倒于新奇可喜之论，而惑经之风于是乎炽。战国诸子孰不欲明道术哉？好高之患中之也。①

朱一新此论，颇涉及康有为之心术，在他看来，康氏此种做法，"非足下任道之心所宜出也"。它的结果，"势将鼓一世聪颖之士颠倒于新奇可喜之论"，而对传统儒家经典造成不可弥补的损失。

朱一新还告诫康有为说：

> 夫食肉不食马肝，未为不知味也。今学、古学行之几二千年，未有大失也，若《周官》，若《左氏传》，若《古文尚书》，疑之者代不乏人，然其书卒莫能废也。毋亦曰先王之大经大法，借是存什一于千百焉，吾儒心知其意可矣。礼失求诸野，古文不犹愈于野乎？彼其窜乱之迹，歆固自言之，后人辨

---

① 《朱侍御答康长孺书》，载《康有为全集》第一集，中国人民大学出版社 2007 年版，第 319 页。

斥千万言，不若彼无心流露之一二语为是定其谶也。仆尝盱衡近代学术，而窃有治经不如治史之谬论。方当多事之秋，吾党所当讲求者何限，而暇耗日力于两造不备之谶辞哉？（《公羊》多有切于人事者，宜讲明之。通三统之义，尤非后世所能行。辨之极精，亦仍无益。汉时近古，犹有欲行其说者，故诸儒不惮详求。今治《公羊》，不明是义，则全经多所窒阂，不足为专家之学。若遍通于"六经"，殊无谓也。凡学以济世为要，"六经"皆切当世之用，夫子不以空言说经也。后世学术纷歧，功利卑鄙，故必折衷"六艺"以正之，明大义尤亟于绍微言者以此。宋儒之所为，优于汉儒者亦以此。质文递嬗，儒者通其大旨可耳。周制已不可行于今，况夏、殷之制，为孔子所不能征者乎？穿凿附会之辞，吾知其不能免也，曾是说经而可穿凿附会乎？）若夫新周、故宋、黜周、王鲁，惟圣人能言之。圣人且不敢明言之，汉儒言之，亦未闻疏通"六经"以言之。仆诚固陋，且姝姝于一先生之说，以期寡吾过焉。[1]

在朱一新看来，"儒家治经，但当问义理之孰优，何暇问今古文之殊别"[2]，汉儒重家法，绍微言，别今古；宋儒重宗旨，明大义，言心性。基于这种认识，朱一新认为，方当国势危阽之秋，"凡学以济世为要"，而"'六经'皆切当世之用"，所以"明大义尤亟于绍微言"，正因为如此，"宋儒之所为，优于汉儒"。到了后来，钱穆先生看到朱一新此论时曾称赞说："鼎甫举学以济时为说，而竟谓宋儒优于汉儒，则此意湛深，虽陈兰甫亦所不憭，遥遥二百年，成只眼矣。"[3]

---

[1] 《朱侍御答康长孺书》，载《康有为全集》第一集，中国人民大学出版社2007年版，第319—320页。

[2] 《朱侍御答康长孺第三书》，载《康有为全集》第一集，中国人民大学出版社2007年版，第321页。

[3] 钱穆：《中国近三百年学术史》下册，中华书局1986年版，第659页。

　　接着，朱一新复告诫康有为说："凡古今学术偏驳者，莫不持之有故，言之成理，不然，聪明之士，安肯湛溺乎其中，愈聪明则愈湛溺？差之毫厘，缪（谬）以千里，故君子慎微。"① 他认为："学术在平澹不在新奇。宋儒之所以不可及者，以其平澹也。世之才士，莫不喜新奇而厌平澹，导之者复不以平澹而以新奇。学术一差，杀人如草，古来治日少而乱日多，率由于此。"② 在他看来，当时之世，方多事之秋，列强侵逼，国势危蹙，故"世亟需才"，而"才者有几，幸而得之，乃不范诸准绳规矩之中，以储斯世之用，而徒导以浮夸。窃恐诋讦古人之不已，进而疑经；疑经之不已，进而疑圣；至于疑圣，则其效可睹矣。势有相因，事有必至，明隆、万间之已事，可为寒心！"③ 他指出："今之学者，义利之不明，廉隅之不立，身心之不治，时务之不知。聪颖者，以放言高论为事，谓宋、明无读书之人；卑鄙者，以趋时速化为工，谓富强有立致之术；人心日伪，士习日嚣，是则可忧耳。不此之忧，而忧今古文之不辨，吾未闻东汉兴古文以来，世遂有乱而无治也。"④ 他尖锐地指出："学以匡时为急，士以立志为先。四郊多垒，而不思卧薪尝胆，以雪国耻者，卿大夫之辱也；邪说诬民，而不思正谊明道，以挽颓流者，士君子之辱也。古之儒者，非有意于著书；其或著书，则凡有关乎学术之邪正，人心之厚薄，世运之盛衰，乃不得不辨别之，以端后生之趋向。"⑤ 他开导康有为说："若二千余载群

---

　　① 《朱侍御答康长孺第三书》，载《康有为全集》第一集，中国人民大学出版社2007 年版，第 321 页。

　　② 《朱侍御答康长孺第三书》，载《康有为全集》第一集，中国人民大学出版社2007 年版，第 321 页。

　　③ 《朱侍御答康长孺第三书》，载《康有为全集》第一集，中国人民大学出版社2007 年版，第 321 页。

　　④ 《朱侍御答康长孺第三书》，载《康有为全集》第一集，中国人民大学出版社2007 年版，第 321 页。

　　⑤ 《朱侍御答康长孺第三书》，载《康有为全集》第一集，中国人民大学出版社2007 年版，第 321 页。

焉相安之事忽欲纷更，明学术而学术转歧，正人心而人心转惑，无事自扰，诚何乐而取于斯？充足下之意，欲废《毛诗》，然《毛诗》废矣，《鲁》、《韩》之简篇残佚，可使学者诵习乎？欲废《左传》，然《左传》废矣，《公》、《縠》之事实不详，可使学者悬揣乎？足下之说果行，其利亦不过如斯。若不可行，又何为俯焉？日有孳孳费精神于无用之地也。伊古以来，未有不范诸准绳规矩之中而能陶冶人才转移风气者。足下之高明，其遂无意于是乎？……'信而好古，多闻阙疑'。仆虽不敏，亦尝受孔子戒矣，敬以持赠何如？"①

对朱一新的批驳，康有为并不服气，他曾作两书，对朱氏的批评进行回应。其第一书除叙述自己因上书不达而决意舍归、专心著述外，还将其所著之书及代人所草之折稿一并寄给朱一新，以表明自己的心迹。在第二书中，康有为则主要对朱一新的责难从考据的层面加以反驳。②

朱一新收到康有为的两封信后曾回复一短函，在函中除了回应康有为的辩解外，还进一步申明了自己的立场。首先，朱氏在上封信的基础上，对康有为"以董生正宋儒"的做法提出了疑义。其言略谓：

> 顷辱手教，累数千言，见爱之意深矣。其中有足启发鄙心者，亦多有不敢附合者，未暇一一详复。大要足下卑宋儒之论，而欲扬之使高，凿之使深。足下以是疑宋儒，而虑其同于佛、老，仆则窃以是为足下危也。宋儒之言，虽未必一无可疑，但疑之者不当更求高出乎其上。佛、老之所以异于吾道

---

① 《朱侍御答康长孺第三书》，载《康有为全集》第一集，中国人民大学出版社2007年版，第321—322页。

② 吴仰湘教授在其《朱一新、康有为辩论〈新学伪经考〉若干史实考——基于被人遗忘的康氏两札所作的研究》一文中对朱氏之责难及康氏之答辩言之颇详，此处不再赘述。参阅该文第64—65页。

者，为其高也。高者可心知其意，而不可笔之于书，足下以董生正宋儒，并欲推及董生所不敢言者，仆窃以为过矣。①

朱一新乃是被康有为称作"通于今学者"的人。朱氏曾自称其"于董、荀之学，皆有笃嗜，而其悖于圣言者，未敢一例附和"②，故他很了解康有为在《新学伪经考》中"以董生正宋儒"的套路。朱氏在其《无邪堂答问》中曾云："汉学家琐碎而鲜心得。高明者亦悟其非，而又炫于时尚，宋儒义理之学深所讳言。于是求之汉儒，惟董生之言最精；求之《六经》，惟春秋改制之说最易附会。且西汉今文之学久绝，近儒虽多缀辑，而零篇坠简无以自张其军，独《公羊》全书幸存，《繁露》、《白虎通》诸书又多与何《注》相出入。其学派甚古，其陈义甚高，足以压倒东汉以下儒者，遂幡然变计而为此。"③ 朱一新所说的，正是康有为在《新学伪经考》中所用的套路。

其次，朱一新也对康有为上书的动机表示怀疑，他说：

　　曩示大著皆录存，敬佩无已。君之热血，仆所深知，不待读其书而始见之。然古来惟极热者，一变乃为极冷，此阴阳消长之机，贞下起元之理。纯实者甘于淡泊，遂成石隐；高明者率其胸臆，遂为异端；此中转换，只在几希。故持论不可以过高，择术不可不慎也。君伏阙上书，仆盖心敬其言而不能不心疑其事。孔子之赞艮卦，孟子之论蚔灶（蚔蛙，原书有误——

————————

① 《朱侍御答康长孺第二书》，载《康有为全集》第一集，中国人民大学出版社2007 年版，第 320 页。

② 朱一新：《朱侍御答康长孺论性书》，载《康有为全集》第一集，中国人民大学出版社 2007 年版，第 332—333 页。

③ （清）朱一新：《无邪堂答问》，吕鸿儒、张长法点校，中华书局 2000 年版，第 21 页。

引者），其义可深长思耳。①

朱一新从详细辨析康有为的伪经说，到分析其上书的动机，进而推测到康有为学说可能给中国思想界所造成的影响后，告诫康有为说：

> 庄生之书，足下所见至确。而其言汪洋恣肆，究足误人。凡事不可打通后壁，老、庄、释氏皆打通后壁之书也。愚者既不解，智者则易溺其心志，势不至败弃五常不止，岂老、庄、释氏初意之所及哉？然吾夫子则固计及之矣。以故有不语，有罕言，有不可得而闻，凡所以为后世计者至深且远。今君所云云，毋亦有当罕言者乎？读书穷理，足以自娱，乐行忧违，贞不绝俗，愿勿以有用之身而遂于无涯之知也。西人之说至谬，其国必不能久存，仆与诸生言论亦间及之，暇当录呈就正。②

在朱一新看来，康氏学说给中国带来的后果将是"愚者既不解，智者则易溺其心志，势不至败弃五常不止"，用现在的话来说就是唐氏之书，愚者看不懂，而智者又易沉溺其中，其结果必将造成传统道德价值体系的崩溃，而"用夷变夏"了。

对朱一新的批评，康有为虽不服气，但并不否认其非难宋儒义理为非。他说："推足下相规之深，缘仆于宋儒有未满之论，故谆谆以新奇为戒，以平澹为归。苦口良药，至哉言乎！然昔朱子有云：每读古人书，辄觉古人罅漏百出。仆不幸与朱子同病，随举一学，多有不满前人者。盖朱子最能精思穷理，穷至其极，则缒幽凿空，力破余地，虽有坚城严垒，亦无立足之所。仆虽愚，于穷理之学，窃有一日之长，故推陈出新，登峰造极，后生可畏，来者难

---

① 《朱侍御答康长孺第二书》，载《康有为全集》第一集，中国人民大学出版社2007年版，第320页。

② 《朱侍御答康长孺第二书》，载《康有为全集》第一集，中国人民大学出版社2007年版，第320页。

诬，正不能以荣古虐今了却也。"① 十分明显，依康有为之见，他
"与朱子同病，随举一学，多有不满前人者"，在他眼里，宋儒所
倡导的义理，已不能解救当下之危机，故他不能厚古薄今，而要
"推陈出新，登峰造极"，另造义理了。② 这里，他那种以儒教之马
丁·路德自任的神态，已跃然纸上了。

　　他强调说："盖天下义理，无非日新。足下所戒，虽是儒先之
说言，然实非天理也。既非前人所言，自近新奇矣。学者论学，但
当问义理之何如。义理以求仁为主，若其不仁，安知平澹者不特无
益，而且以害人乎？言不可以若是其几也。（时各有宜，学各有
主。佛是大医，主教者自当因病发药。当大病之时，而以茯苓、甘
草解之，平澹亦何益耶？——原注）牛毛、茧丝析之至细，条理、
枝叶敷之至繁，博大精深，前儒惟朱子有之，它不能也。仆生平于
朱子之学，尝服膺焉。特儒先有短，正不必为之讳耳。朱子教人以
持敬之学最美矣，而于经义何尝不反复辩论？即《诗序》之偏，
亦谆谆日与吕伯恭、陈止斋言之，岂亦得责朱子舍义利、身心、时
务不谈，而谈此《诗序》乎？盖学固当本末兼举，未可举一而废
百，亦不能举空头之高论，抹杀一切也。朱子之学，所以笼罩一切
为大宗者，良以道器兼包，本末具举，不如陆子、止斋之伦滞在偏
偶，如耳、目、鼻、口之各明一义，不举大体也。孔子之学，所以
师表万世者，更以道器兼包，本末并举，不如诸子各鸣一术也。"③

　　在康有为看来，中国时下国势危阽，已是大病之时，宋儒义理
之学，乃是获（茯）苓、甘草等平澹温和之药物，根本医治不了
中国的重症。言外之意，他要创造一种新的"道器兼包，本末并

---

　　① 康有为：《与朱一新论学书牍·致朱蓉生书》，载《康有为全集》第一集，中
国人民大学出版社 2007 年版，第 314 页。
　　② 於梅舫：《以董生正宋儒：朱一新品析〈新学伪经考〉旨趣》，《广东社会科
学》2014 年第 1 期，第 142—146 页。
　　③ 康有为：《与朱一新论学书牍·致朱蓉生书》，载《康有为全集》第一集，中
国人民大学出版社 2007 年版，第 314—315 页。

举"的义理来解救危局。《新学伪经考》正是力破前人所读的"伪经"的第一步。康有为认为，朱一新信中所云"未闻东汉兴古文以来，世遂乱而无治也"的观点与事实不符，他知朱一新任陕西道监察御史时，曾因弹劾内侍李莲英遭贬，故特举阉寺一政，以难朱氏。"《春秋》之指数千，皆为二千年之治法所出，但恨未能尽行之。今不能遍举，惟举阉寺一政，《春秋》于阍弑吴子余昧（祭——引者注），特严不近刑人之戒。故同子参乘，袁丝变色。《后汉书·襄楷传》曰：臣闻古者本无宦官，武帝末春秋高，数游后宫，始置之。然未尝垂于经典，后世人主，不敢法也。自刘歆伪《周礼》，上因汉制而存阉官，后此常侍弄权，党人戮辱，高名善士先受其祸，而国步随之而亡。唐则神策握政，门生天子，甘露之变，惨被将相，而唐祚随之。明则神庙假权，熹宗昏弱，忠贤柄国，戮辱东林，杜秩献城，明亦随之而亡。今则李莲英复弄政矣，后此忠贤复出，清流之祸方长，是刘歆一言丧三朝矣。古今之祸，孰烈于此！今吾国家尚未知息肩之所，即此一端，伪经之祸已不忍言。足下未尝深思古今变制之由，宜以古文无罪，而欲保护之也。"①

除宦官之祸以外，康有为又将中国历史上君权日尊的罪过也归于古文经。其言略谓：

至于后世，君日尊侈，惟辟玉食之言，叶水心早已疑之。（仆亦意此为古文家乱入者。——原注）然未有如《周礼·天官》之侈供张者。甚非树后王君公惟以乱民之义，惟王及后、世子不会之说，胡五峰亦大疑之。于是灵帝乃善作冢西园成市，魏明帝筑华林至使群臣负土，六朝之败，盖不足言。若乃隋炀西苑，宋徽艮岳，明皇之梨园三千，庄宗之脂粉百万，试

---

① 康有为：《与朱一新论学书牍·致朱蓉生书》，载《康有为全集》第一集，中国人民大学出版社2007年版，第315页。

问今学民贵君轻之义，有竭天下供一人之义否？①

康有为声称，他辨别今古文之目的，就是要恢复孔子之学的真面目，以抵御西方异教之侵入，就是要"令天下凡知学之士，咸得讲求之。讲求既入，自能推孔子之大义，以治后之天下"，使"生民所攸赖，更有在也"。在他看来，"若诚如今日之破碎荒陋，则彼《新约》、《旧约》之来，正恐无以拒之"。而到那时，"诸贤虽激励风节，粉身碎骨，上争朝政之非，下拒异教之入，恐亦无济也"。他认为，朱一新指斥其《新学伪经考》会引起"惑经之风"的见解是杞人忧天。"若虑攻经之后，它日并今文而攻之。则今文即孔子之文也，是惟异教直攻孔子，不患攻今学也。遗文具在，考据至确，不能翻空出奇也。"② 康有为声称，他写《新学伪经考》而攻击古文经之事并不新鲜，耶教中也有人自攻，也有人改革，并不用大惊小怪。"彼教《旧约》，去年彼教中人亦自攻之，只分真伪与否，不能如此黑白不分也。"在他看，昔朱子指责吕伯恭多持骑墙之论，而朱一新是通于今学者，但也作骑墙之论，"何其似吕伯恭耶？"③

康有为对朱一新指斥他"不用《史记》则已，用《史记》，而忽而引之为证，忽斥之为伪，意为进退，初无确据"④ 的批评也不服气，反驳说："若谓仆妄窜《史记》，以成其说，据《读书杂志》以为今本《史记》出于王肃，肃为古文家。此其确据可勿论。少昊、少康见于《左传》，非僻书也，事关一朝，非细事也，而《史记·五帝三王本纪》无少昊、少康事。后羿、寒浞虽是篡位，然四十余年

---

① 康有为：《与朱一新论学书牍·致朱蓉生书》，载《康有为全集》第一集，中国人民大学出版社 2007 年版，第 315 页。

② 康有为：《与朱一新论学书牍·致朱蓉生书》，载《康有为全集》第一集，中国人民大学出版社 2007 年版，第 315 页。

③ 康有为：《与朱一新论学书牍·致朱蓉生书》，载《康有为全集》第一集，中国人民大学出版社 2007 年版，第 315 页。

④ 《朱侍御答康长孺第三书》，载《康有为全集》第一集，中国人民大学出版社 2007 年版，第 321 页。

过于政莽及朱温、石敬塘（瑭）、刘智远、郭威等矣，如今日修何承天之通史，辑司马之《通鉴》，而舍却政、莽、五代，成何书也？史公虽陋，岂至是乎？正统相承，事关兴亡，不著之本纪，而著少昊于《律书》，存羿、浞、少康于《越世家》，有事（是——引者注）理乎！史公虽不计史裁，亦无此理。兄能下一语解之否耶？若必党护刘歆，而攻史公为陋，其谁信之？《史记》多窜，终无解于扬雄之语。其它条绪尚多。……固贵于多闻阙疑，亦贵好学深思。孟子最长于《诗》、《书》，而不信《武成》，且又取其二三策，又攻其血流漂杵以为非武王之事，是固赖于论古有识。若仅循文守义，则三尺学童能之，岂望于知言之大君子乎？足下岂谓此孟子之《武成》，非古本之《武成》耶？私行金货以改经文，经文犹可改，何况史也？窃以为足下之笃信，过矣。"① 康有为认为，一个时代有一个时代的学问，此乃时势使然，而不能以该时代人之智愚而论。他说：

  辨别经学，不能以愚智论，是有时焉。朱子能为穷理之学，马、郑所不能比者，然朱子亦不能知今学。今学二字之浅，朱子犹不知，岂得谓朱子为愚耶？国朝顾、阎、惠、戴诸人用功于汉学至深，且特提倡以告学者，然试披其著述，只能浑言汉学，借以攻朱子，彼何尝知今古之判若冰炭乎？不惟不知其判若冰炭，有言及今古学之别乎？夫两汉之学，皆今学也。自郑君混一今古之文，而实以古文为主，魏、晋之博士皆易以古学，而今学遂亡。《晋书·荀崧传》所叙之十四博士：《易》则王氏、郑氏；《书》则古孔氏、郑氏；《诗》则毛氏；《礼》则云"三礼"郑氏；《春秋》则云《左传》杜氏、服氏。崧请立《公》、《穀》，时议以为《穀梁》肤浅，不足立，许立《公羊》，后以王敦之乱卒不立。今学诸经皆亡于永嘉。

① 康有为：《与朱一新论学书牍·致朱蓉生书》，载《康有为全集》第一集，中国人民大学出版社 2007 年版，第 315—316 页。

《公》、《穀》虽存，久无师说。沿及隋、唐，定为《正义》，宋世定《十三经注疏》，即今本也。唐人尚词章，而不言经学。昌黎习之以古文，言道推于经。穆修继之，传之尹洙以及欧阳，亦由古文以及经说。于是刘公是、王介甫、苏东坡各抒心得，以为经义皆不由师授，各出己见为说。宋之经说遂盛，而朱子集其成。元延祐明洪武立科举，皆以朱子为宗，国朝因之。凡御纂之经，皆宗朱子者也。总而言之，孔子作"六经"，为后世之统宗。今学博士，自战国立，至后汉，正法凡五百年而亡，刘歆作伪，行于魏晋，盛于六朝、隋、唐、宋初，凡五百年而息。朱子发明义理解经，行于元、明及本朝，亦五百年而微。国朝阎、毛、惠、戴之徒，极力主张汉学，能推出贾、马、许、郑以攻朱子，实仅复刘歆之旧，所谓物极则变也。然乾、嘉之世，汉学大行，未有及今学。诸老学问虽博，间辑三家《诗》及欧阳、大小夏侯遗说，亦与《易》之言荀、虞者等，所以示博，非知流别也。至嘉、道间，孔巽轩乃始为《公羊通义》，然未为知《公羊》也。近日钟文烝为《穀梁补注》，然未为知《穀梁》也。直至道、咸，刘申受、陈卓人乃能以《繁露》、《白虎通》解《公羊》，始为知学。则今学息灭废绝二千年，至数十年间乃始萌芽，所谓穷则反本也。条理既渐出，亦必有人恢张而大明之，以复孔子后学之绪。而因以明孔子之道者，亦所谓惟此时为然也。外论闻仆之言，每以为狂，以为二千年通人大儒辈出而莫之知，而待康某于二千年后发之，岂不妄哉？虽然，试问二千年中何如哉？贤者不能为时，此固无可如何者也。①

在康有为看来，他之所以复孔子后学之绪，明孔子之道，乃经

---

① 康有为：《与朱一新论学书牍·致朱蓉生书》，载《康有为全集》第一集，中国人民大学出版社 2007 年版，第 316 页。

学自然发展之结果，即所谓"物极则变"，"穷则返本"。二千年来的学者不能如此，乃"贤者不能为时，此固无可如何者也"，所以康有为认为："今日之害，于学者先曰训诂，此刘歆之学派。用使学者碎义逃难，穷老尽气于小学，童年执艺，白首无成。"在他看来，这样的学问，必彻底扫除之，使学者知"孔子大义之学，而后学乃有用"。在康有为看来，"孔子大义之学，全在今学"。他说："每经数十条，学者聪俊勤敏者，半年可通之矣。诸经皆无疑义，则贵在力行，养心养气，以底光大。于是，求义理于宋、明之儒，以得其流别；求治乱、兴衰、制度沿革于史学，以得其贯通；兼涉外国政俗教治，讲求实务，以待措施，而一皆本之孔子之大义以为断。其反躬之学，内之变化气质，外之砥厉名节，凡此皆有基可立，有日可按。若一格以古学，则穷读两部《皇清经解》，已非数年不能，而于孔子之大义尚无所知，冥行擿埴，凡仆所见今日学者皆是。而彼能作经解，临深为高，已自俯视一切矣。欲其成学，岂不难哉？况真伪不容不分，而伪经之乱道，贻祸如是耶！"①

康有为最后说："愿各舍成见，虚心以求义理之公，并商略教术，以求有裨于国家风俗人才之际，通达彼己，无为阂碍。足下居高明之地，于转移人才尤为易易，岂能无少有垂采乎？"②

显而易见，康有为已将传统的儒家学问，全部归结为今学，而这些学问，"每经数十条"，"半年可通之矣"。"求义理于宋、明之儒"，"求治乱、兴衰、制度沿革于史学"，"兼涉外国政俗教治，讲求时务，以待措施，而一皆本之孔子之大义以为断"，也就是说，全本今文以为断。康有为的这种主张正像有的学者指出的那样，"自己发挥之孔子改制之义，不仅驾越朱子，更是天下治教之

---

①　康有为：《与朱一新论学书牍·致朱蓉生书》，载《康有为全集》第一集，中国人民大学出版社 2007 年版，第 317 页。

②　康有为：《与朱一新论学书牍·致朱蓉生书》，载《康有为全集》第一集，中国人民大学出版社 2007 年版，第 317 页。

所从出。可见不可一世之学术野心"。① 然而，康有为这种简单易行的新奇可喜之论，在当时也确吸引了像梁启超等人那样的一批聪颖之士，而他们后来，又都对中国的思想界产生了深远的影响。

朱一新收到康有为之信后，即回书作答，在这封书中，正像他以前所说的那样，若言之有关考订者，前书已略陈之，无烦赘及，而只是对伪经说可能对经学造成的危害痛下针砭，其言略谓：

> 曩贡一笺，谬自托于他山攻错之义，规讽深切，既发而辄悔，惴惴焉，惟见绝于大君子之门是惧。乃复书冲挹，不以为凿枘而奖借之，且惭且感！世俗喜谀恶直，其不以规为瑱者几希矣，何幸昔贤雅度，犹得并吾世而亲见之耶！虽然，足下好善之忱则笃矣，而其所建以为名者，仆虽固陋，诚期期明知其不可。来书谓仆不察足下之意，疑类于乾、嘉学者之所为，仆乌敢以是轻量足下哉！使足下仅猎琐文单义，日事谀闻，则仆当宛舌固声之不遑，岂敢复以逆耳之言进其谬。托于他山攻错之义者，正以足下自处甚高，凡所论撰，皆为一世人心风俗计，仆故不敢不罄其愚，冀足下铲去高论，置之康庄大道中，使坐言可以起行，毋徒凿空武断，使古人衔冤地下，而吾仍不得"六经"之用也。②

显而易见，朱一新正是看中了康有为的救世热忱，恐其因宣传新奇之论而流入异端，所以才"不敢不罄其愚"，对康有为进行规劝。他希望康有为放弃伪经考的高论，毋使古人含冤地下，从而使学者们仍得不到传统经义的濡养。他说：

> 道也者，如饮衢尊然，无智愚贤不肖，人人各如其量，挹

---

① 於梅舫：《以董生正宋儒：朱一新品析〈新学伪经考〉旨趣》，《广东社会科学》2014 年第 1 期，第 145 页。

② 朱一新：《朱侍御复康长孺第四书》，载《康有为全集》第一集，中国人民大学出版社 2007 年版，第 326 页。

之而不穷。世人以其平澹无奇也，往往喜为新论，以求驾乎其上，遂为贤智之过而不之悟。足下自视，其愚乎？其智乎？毋亦有当损过以就中者乎？《周官》、《左传》，言不中理者，昔人未尝不疑之而辨之。辨之可也，因是而遂遍及"六经"，于其理之灼然不疑者，亦以为刘歆所应造，歆何人斯，顾能为此？足下徒以一疑似之《周官》，而殃及无辜之群籍，是何异武帝之沉命法，文皇之瓜蔓抄也！谓非贤智之过乎？汉时续《史记》者甚多，后人不察，往往混为史迁之作，竹江、瓯北诸家皆辨之。辨之是也，因是而遂割裂其全书，强欲坐刘歆以窜乱之罪。歆如窜乱，自当弥缝完好，求免后人之攻，何以彼此纷歧，前后抵牾，罅漏百出，奚取于斯？足下为此无征不信之言，傅合文致，以成其罪。歆不足惜，如"六经"何？是奚翅宋人之三字狱，周室之罗织经也！谓非贤智之过乎？

从古无不敝之法。有王者作，小敝则小修之，大敝则大改之。法可改，而立法之意不可改，故曰：其人存，则其政举；其人亡，则其政息。政之敝坏，乃行法者之失，非立法者之失也。今托于素王改制之文，以便其推行新法之实。无论改制出于纬书，未可尽信；即圣人果有是言，亦欲质文递嬗，复三代圣王之旧制耳，而岂用夷变夏之谓哉？当今之时，岂犹患新法之不尽行，而重烦吾辈喋喋为之先导？足下其无意于斯道也。诚有意于斯道，则凡圣经贤传之幸而仅存者，一字一言，当护持珍惜之不暇，而反教猱升木，入室操戈，恐大集流传，适为毁弃"六经"张本耳。足下兀兀穷年，何屑倒持太阿，而授人以柄？始则因噎废食，终则舐糠及米，及殆未之思乎？[①]

依朱一新之见，国势日危，政之敝坏，此乃当政者之失，与孔

① 《朱侍御复康长孺第四书》，载《康有为全集》第一集，中国人民大学出版社2007年版，第326—327页。

子之经典无关，康有为无须"托于素王改制之文，以便其推行新法之实"，而"用夷变夏"。在他看来，对传统经典的态度，"当护持珍惜之不暇"，而不应"教猱升木，入室操戈"，朱氏认为，康有为这种做法，将来必会成为后人毁弃"六经"的张本，而开毁弃传统经典之先河。朱一新进而分析康有为改制思想形成之原因。

> 原足下之所以为此者无他焉，盖闻见杂博为之害耳。其汪洋自恣者，取诸庄；其兼爱无等也，取诸墨；其权实互用也，取诸释；而又炫于外夷一日之富强，谓有合吾中国管、商之术，可以旋至而立效也。故于圣人之言，灿著"六经"者，悉见为平澹无奇，而必扬之使高，凿之使深。恶近儒之言训诂破碎害道也，则荡涤而扫除之，以训诂之学，归之刘歆，使人无以自坚其说，而凡古书与吾说相戾者，一皆诬为伪造，夫然后可以唯吾欲为，虽圣人不得不俯首而听吾驱策。噫！足下之用意则勤矣，然其所以为说者亦已甚矣。①

平心而论，朱一新所说，虽寥寥数语，然确颇能中康学之肯綮。钱穆先生曾评朱氏此语曰："鼎甫此言，虽不指《大同书》，然可谓洞窥康学隐微，而有以发其蔽矣。"②

朱一新批评康有为在信中及《长兴学记》中所提倡的治学方法乃是以《公羊》释群经，易言之，乃是六经皆我注脚。他说："古人著一书，必有一书之精神面目。治经者，当以经治经，不当以己之意见治经。'六经'各有指归，无端比而同之，是削趾以适屦，屦未必合，而趾已受伤矣。"③他认为，康有为认为"刘申受、

---

①　《朱侍御复康长孺第四书》，载《康有为全集》第一集，中国人民大学出版社2007年版，第327页。

②　钱穆：《中国近三百年学术史》下册，中华书局1986年版，第665页。

③　《朱侍御复康长孺第四书》，载《康有为全集》第一集，中国人民大学出版社2007年版，第327页。

陈卓人乃能以《繁露》、《白虎通》解《公羊》，始为知学"等见解并不正确。"刘申受、宋于庭之徒，援《公羊》以释四子书，恣其胸臆，穿凿无理。"[①] 他对康有为说："仆尝谓近儒若西河、东原记丑而博，言伪而辨；申受、于庭析言破律，乱名改作；圣人复起，恐皆不免于两观之诛。乃以足下之精识，而亦为所惑溺，岂不异哉！"[②] 朱一新进而指出："圣门教人，《诗》、《书》执礼，性与天道，不可得闻。《易》、《春秋》皆言性道之书，游、夏且不能赞一辞，而欲以公羊家之偏论，变《易》、《诗》、《书》、《礼》、《乐》，将使后人何所取信？学者何所持循？如足下言，《尚书》当读者仅有二十八篇，余自《周易》、《仪礼》、《公》、《榖》、《论》、《孟》而外，皆当废弃。'五经'去其四，而《论语》犹在疑信之间，学者几无可读之书，势不得不问途于百家诸子，百家诸子之言，其果优于古文哉？"[③] 朱一新认为，康有为表面上似极尊孔子，其实其所谓的求仁之道，乃孟子所痛斥的墨子学派的兼爱之道，并非孔学正宗之求仁之道。朱氏反问康有为道："来书言时各有宜，学各有主，而必以求仁为归。大哉言乎！微足下，仆不闻此言也。然求仁之说，将主孔、孟，而以立达为仁乎？抑主墨氏，而以兼爱为仁乎？"[④] 并且，朱一新与康有为对时势及变法的看法也不同，二人虽都认为中国当时乃多事之秋，大病之时不得不变法，但朱一新认为变法应"小敝则小修之，大敝则大改之。法可改，而立法之意不可改"，即不能背离孔孟之教的大义。而康有为所谓的变法则要"大变""全变"，在他看来，大病之时，茯苓、甘草等温和

---

① 《朱侍御复康长孺第四书》，载《康有为全集》第一集，中国人民大学出版社2007年版，第327页。

② 《朱侍御复康长孺第四书》，载《康有为全集》第一集，中国人民大学出版社2007年版，第327页。

③ 《朱侍御复康长孺第四书》，载《康有为全集》第一集，中国人民大学出版社2007年版，第327页。

④ 《朱侍御复康长孺第四书》，载《康有为全集》第一集，中国人民大学出版社2007年版，第327页。

的药物已解决不了问题，需下猛剂来医治中国的病痛。基于康有为这种观点，朱一新则进一步问康氏："且今之时，何时乎？疾之可以猛攻者，必其少年坚实，偶感疵疠者也。若羸疾而攻以猛剂，不自速其毙者几希！今之疾，其实乎？羸乎？而谓葭苓为不足用乎？乌喙钩吻，非常用之物，以之攻毒，毒尽而身亦随之，况欲以之养生乎？"① 所以，在朱一新看来，中国大病虚弱之时，只能养生，"小敝则小修之，大敝则大改之"，没有必要攻以猛剂，更无必要像康有为那样"入室操戈"而攻击传统经典。基于这种想法，朱一新认为，康有为"以历代秕政归狱古文，其言尤近于诬"。② 朱一新反问康氏道："当西汉时，古文未兴，何以有孝武之穷兵，元成之失道？"③ 在朱一新看来，康有为将历代秕政归狱于古文的说法并非事实，根本没有辩论的价值。所以，他认为康有为也没有理由将其作为改变传统义理的根据。他指出："'六经'、四子之书，日用所共由，如水火菽粟之不可缺。无论今文、古文，皆以大中至正为归。"他强调："古文止此义理，何所庸其新奇！闻日新其德矣，未闻日新其义理也。乾、嘉诸儒，以义理为大禁，今欲挽其流失，乃不求复义理之常，而徒备言义理之变。彼戎翟者，无君臣，无父子，无兄弟，无夫妇，是乃义理之变也。将以我圣经贤传为平澹不足法，而必以其变者为新奇乎？"④ 他说："有义理而后有制度，戎翟之制度，戎翟之义理所由寓也。义理殊，斯风俗殊；风俗殊，斯制度殊。今不揣其本，而漫云改制，制则改矣，将毋义理亦

① 《朱侍御复康长孺第四书》，载《康有为全集》第一集，中国人民大学出版社2007 年版，第 327 页。

② 《朱侍御复康长孺第四书》，载《康有为全集》第一集，中国人民大学出版社2007 年版，第 327 页。

③ 《朱侍御复康长孺第四书》，载《康有为全集》第一集，中国人民大学出版社2007 年版，第 327 页。

④ 《朱侍御复康长孺第四书》，载《康有为全集》第一集，中国人民大学出版社2007 年版，第 327—328 页。

与之俱改乎？"① 在朱一新看来，西方的科技只是属于"艺"而不是"理"，没必要因中国在技术上落后于西方改变中国之义理。他指出："百工制器是艺也，非理也。人心日伪，机巧日出，风气既开，有莫之为而为者，夫何忧其艺之不精？今以艺之未极其精，而欲变吾制度以徇之，且变吾义理以徇之，何异救刖而牵其足，拯溺而入于渊？是亦不可以已乎！"② 在他看来，"人心陷溺于功利，行法者借吾法以逞其私，而立一法，适增一弊"。③ 所以，朱一新认为，"治国之道，必以正人心，厚风俗为先"，而"法制之明备，抑其次也"，并且政治之敝坏，乃行法者之失，"讵可以末流之失，归咎其初祖，而遂以功利之说导之哉？"④ 他对康有为说：

> 世之揣影听声，愚而可悯者，既不足以语此。一二贤智之士，矫枉过正，又以为圣圣相传之《诗》、《书》、《礼》、《乐》，果不足以应变也，而姑从事于其新奇可喜者，以为富强之道在是。⑤ 彼族之所以富强，其在是乎？其不在是乎？抑亦有其本原之道在乎？抑彼之所谓本原者，道其所道，而非吾中土所能行，且为天下后世所断断不可行者乎？以足下之精识，而亦惑溺于是，则斯道其奚望也！⑥

① 《朱侍御复康长孺第四书》，载《康有为全集》第一集，中国人民大学出版社2007年版，第328页。
② 《朱侍御复康长孺第四书》，载《康有为全集》第一集，中国人民大学出版社2007年版，第328页。
③ 《朱侍御复康长孺第四书》，载《康有为全集》第一集，中国人民大学出版社2007年版，第328页。
④ 《朱侍御复康长孺第四书》，载《康有为全集》第一集，中国人民大学出版社2007年版，第328页。
⑤ 《朱侍御复康长孺第四书》，载《康有为全集》第一集，中国人民大学出版社2007年版，第328页。
⑥ 《朱侍御复康长孺第四书》，载《康有为全集》第一集，中国人民大学出版社2007年版，第328页。

在此基础上，朱一新进一步指出康学之弊病。

> 足下服膺孟、荀。荀子之言曰：君子行不贵苟难，说不贵苟察，名不贵苟传，惟其当之为贵。孟子之言曰：君子反经而已矣。经正则庶民兴，庶民兴则无邪慝。历观往古治乱之原，未有不由乎此者也。足下不语经而语权，不贵当理而贵苟察，是则近世为公羊家言者误之也。[①]

朱一新对康有为所说的，正是他与康氏的根本分歧。对此，康有为未加措意，反而继续写信与朱氏辩论，并以《新学伪经考》和《孔子改制考》作为其戊戌变法的理论著作，掀起了中国近代史上著名的戊戌变法运动。但是，到了民国初年，百废待兴，面对当时之局势，康有为忧心忡忡，遂创《不忍杂志》，其议论反与朱一新相合。钱穆先生曾批评说，"定制必先以精义，而行法尤待乎美俗；非精义则制不立，非美俗则法不行。当时治公羊言改制者昧之。流弊迄于今兹。习俗相沿，莫不以改制变法为急，惟易复古为崇外耳。鼎甫之言，虽若平淡，实足为一时之净友也。民国肇建，百务更张，长素创为不忍杂志，持论多箴砭，乃与鼎甫之意转近"，"惜悟之不早也"。[②] 钱氏所云，是否中肯，读者精识，自能辨之。

八　《劝学篇》中的"知本"与"知通"
——兼论何启、胡礼垣对张之洞的驳诘

《劝学篇》撰于光绪二十四年三月。其时，正当湖南新旧两

---

① 《朱侍御复康长孺第四书》，载《康有为全集》第一集，中国人民大学出版社2007年版，第328页。

② 钱穆：《中国近三百年学术史》下册，中华书局1986年版，第660、656页。

党斗争激烈，势同水火，且波及京师，逐渐演变成全国性的意识形态对立。在这种形势下，张之洞企图在两者之间进行折中调和，于学理上另辟蹊径，遂作是书。张之洞在《劝学篇序》中，开宗明义地说：

> 今日之事变，岂特春秋所未有，抑秦、汉以至元、明所未有也。语其祸，则共工之狂、辛有之痛，不足喻也。庙堂旰食，乾惕震厉，方将改弦以调琴瑟，异等以储将相。学堂建，特科设，海内志士，发愤扼腕。于是图救时者言新学，虑害道者守旧学，莫衷于一。旧者因噎而食废，新者歧多而羊亡。旧者不知通，新者不知本。不知通，则无应敌制变之术；不知本，则有非薄名教之心。夫如是，则旧者愈病新，新者愈厌旧，交相为愈，而恢诡倾危、乱名改作之流，遂杂出其说，以荡众心。学者摇摇，中无所主，邪说暴行，横流天下。敌既至无与战，敌未至无与安。吾恐中国之祸，不在四海之外，而在九州之内矣。窃惟古来世运之明晦，人才之盛衰，其表在政，其里在学。不佞承乏两湖，与有教士化民之责，夙夜兢兢，思有所以裨助之者，乃规时势，综本末，箸（著）论二十四篇，以告两湖之士。海内君子，与我同志，亦所不隐。①

在张之洞看来，当时大清国朝野上下，在甲午战败的刺激下，已出现了一种普遍要求改弦以调琴瑟的局面。海内志士"发愤扼腕"，极力要致中国于富强，但"图救时者言新学，虑害道者守旧学，莫衷于一"。他认为，"旧者不知通"，"则无应敌制变之术"；新者"不知本，则有非薄名教之心"。在这种形势下，张之洞自称要以"持危扶颠之心，抱冰握火之志"，在新旧两派的主张中另寻

---

①　张之洞：《劝学篇序》，载赵德馨主编：《张之洞全集》第十二册，武汉出版社2008年版，第157页。

出路，为大清国找出一条解决危难之途。于是，在幕僚的帮助下，他写成《劝学篇》二十四篇。《劝学篇》分为内、外两篇。内篇九，曰《同心》，曰《教忠》，曰《明纲》，曰《知类》，曰《宗经》，曰《正权》，曰《循序》，曰《守约》，曰《去毒》。依张之洞之意是要"务本，以正人心"。其内容主要是针对康、梁一派的言论而立说的。外篇十五，曰《益智》，曰《游学》，曰《设学》，曰《学制》，曰《广译》，曰《阅报》，曰《变法》，曰《变科举》，曰《农工商学》，曰《兵学》，曰《矿学》，曰《铁路》，曰《会通》，曰《非弭兵》，曰《非攻教》。① 依张之洞之意，是要"务通，以开风气"。这主要是针对保守官绅而言的。按张之洞的意思，所谓的"知本"便是要人们知道"三纲为中国神圣相传之至教，礼教之原本，人禽之大防"②，是要极力维护的。而所谓的"知通"，即要求守旧官僚士绅开通风气，通晓西方农工商学报馆等诸事，要用"中学治身心，西学应世事"。在他看来，这便是他所谓的"中学为体，西学为用"。在"体""用"两者之间，张之洞更重视"体"，这是因为在他眼里，中学即像人的身体，"手足利则头目康，血气盛则心志刚，贤才众多，国势自然昌也"。③而当时传统政治秩序的义理基础，因康梁一派的宣传已有摇摇欲坠之势，士绅阶层也因此出现了巨大的裂痕。面对"邪说暴行，横流天下"的局面，他感到"中国之祸，不在四海之外，而在九州之内"。于是，他想效法曾国藩，团结士绅阶层，以辟康梁"乱名改作"之邪说，捍卫传统纲常名教。他的此种

---

① 张之洞：《劝学篇序》，载赵德馨主编：《张之洞全集》第十二册，武汉出版社2008年版，第157—158页。

② 张之洞：《劝学篇序》，载赵德馨主编：《张之洞全集》第十二册，武汉出版社2008年版，第158页。

③ 张之洞：《劝学篇序》，载赵德馨主编：《张之洞全集》第十二册，武汉出版社2008年版，第157—158页。

想法，在其《抱冰堂弟子记》中表述得更为明确：[①] "自乙未后，外患日亟，而士大夫顽固益深。戊戌春，佥壬伺隙，邪说遂张。乃著《劝学篇》上下卷以辟之。大抵会通中西，权衡新旧。"[②] 佥壬乃巧言谄媚、行为卑鄙之人，显然，张之洞这里显然是指康梁一派，其《劝学篇》辟康梁一派之"邪说"，要学者"知本"，重视"体"的用意是不言而喻的。出于这种目的，《劝学篇》在当时的刊行，无疑为保守的官僚士绅的翼教活动，增添了许多理论上的支持。

内篇第一篇即为《同心》，按黄彰健先生的说法，这篇主要是针对康有为只言保种保教而不言保大清而立说的。[③] 为力辟康梁之言论，张之洞明确表示，此篇之义，要"明保国、保教、保种为一义"。[④] 他说："吾闻欲救今日之世变者，其说有三：一曰保国家，一曰保圣教，一曰保华种。此三事一贯而已矣。"他认为："保国、保教、保种，合为一心，是谓同心。"在他看来，"保种必先保教，保教必先保国"。他指出："种何以存？有智则存。智者，教之谓也。教何以行？有力则行。力者，兵之谓也。故国不威，则教不循；国不盛，则种不尊。"他举例说："回教，无理者也，土耳其猛鸷敢战而回教存；佛教，近理者也，印度蠢愚而佛教亡。波斯景教，国弱教改。希腊古教，若存若灭。天主耶稣之教，行于地球十之六。"这都说明，教之存亡完全取决于国家是否强大，用他的话来说，就是"兵力为之也"。那么，中国儒教为什么能流传久远呢？张之洞认为，那也是靠列朝君主的提倡，所以才能流行传

① 汤志钧先生认为《抱冰堂弟子记》实为张之洞所自拟。今从其说。见氏之《戊戌变法史》，人民出版社1984年版，第325页。

② 张之洞：《抱冰堂弟子记》，载赵德馨主编：《张之洞全集》第十二册，武汉出版社2008年版，第512页。

③ 黄彰健：《论康有为"保中国不保大清"的政治活动》，载黄彰建：《戊戌变法史研究》上册，上海书店出版社2007年版，第55页。

④ 张之洞：《劝学篇序》，载赵德馨主编：《张之洞全集》第十二册，武汉出版社2008年版，第157页。

播。他说："我圣教行于中土而无改者，五帝、三王明道垂法，以君兼师；汉唐及明，宗尚儒术，以教为政；我朝列圣尤尊孔、孟、程、朱，屏黜异端，纂述经义，以躬行实践者教天下，故凡有血气，咸知尊亲。盖政教相维者，古今之常经，中西之通义。"① 按张之洞的说法，中国自古以来即"宗尚儒术"，"以君兼师"，"以教为政"。也就是说，儒学（张之洞所谓的儒学）② 就是朝廷政治理论的思想基础，而国君则是制定和解释法律和政策的老师。此种"政教相维"的传统乃是"古今之常经，中西之通义"。按张之洞的逻辑，若想保华种，则必须保圣教，而欲保圣教，则必先保大清了。落实到现实层面，就是要维护清廷的统治，于是，在张之洞那里，保种、保教顺理成章地与忠君保国融为一体，而没有分割的必要了。

基于上述看法，张之洞认为，今日士民"惟以激发忠爱，讲求富强，尊朝廷、卫社稷为第一义"。③ 他指出："执政以启沃上心、集思广益为事，言官以直言极谏为事，疆吏以足食足兵为事，将帅以明耻教战为事，军民以亲上死长为事，士林以通达时务为事。"④ 在他看来，只有这样，才能上下齐心，而做到保种、保教，用他的话来说，就是"君民同心，四民同力，则洙泗之传，神明之胄，其有赖乎！"⑤

张之洞阐述了他的见解之后，复用例子来说明只有保国才能保教及保种；又写道："且夫管仲相桓公、匡天下，保国也，而孔子

---

① 张之洞：《劝学篇上·同心第一》，载赵德馨主编：《张之洞全集》第十二册，武汉出版社 2008 年版，第 159—160 页。

② 维新人士谓张之洞并不懂孔孟圣贤之心法，也就是说，张氏根本未能深入儒学，故其不能行孔子之教，后面详论。

③ 张之洞：《劝学篇上·同心第一》，载赵德馨主编：《张之洞全集》第十二册，武汉出版社 2008 年版，第 160 页。

④ 张之洞：《劝学篇上·同心第一》，载赵德馨主编：《张之洞全集》第十二册，武汉出版社 2008 年版，第 160 页。

⑤ 张之洞：《劝学篇上·同心第一》，载赵德馨主编：《张之洞全集》第十二册，武汉出版社 2008 年版，第 160 页。

认为民到于今受其赐；孟子守王道、待后学，保教也，而汲汲焉忧梁国之危，望齐宣之王，谋齐民之安。然则舍保国之外，安有所谓保教、保种之术哉？"随后，张之洞笔锋一转，直斥康梁一派的保教、合群之说："今日颇有忧时之士，或仅以尊崇孔学为保教计，或仅以合群动众为保种计而于国、教、种安危与共之义忽焉。"在张之洞看来，康梁一派将保国、保教、保种这三个目标分割开来是错误的。他认为，这三者其实只是一个，那就是保卫国家，具体而言，就是保卫大清朝，按张之洞的逻辑，大清朝保住了，其他保教、保种的目标也就自然达成了。他引经据典地言道："传曰：皮之不存，毛将安傅？孟子曰：能治其国家，谁敢侮之。此之谓也。"①

然而，问题的关键是，康梁一派所理解的国家概念，与张之洞所说的国家概念截然不同。以康有为《强学会序》为例，康所谓的中国是"夫中国之在大地也，神圣绳绳，国最有名，义理制度文物，驾于四溟，其地之广于万国等在三，其人之众等在一，其纬度处温带，其民聪而秀，其土腴而厚，盖大地万国未有能比者也。"② 在这里，康有为根本没有提到大清国，也未涉及清廷。可见，在康有为那里，中国是指生活在地处温带，这广袤大地上所有的人口，以及他们所拥有的义理制度文物，相当于现代所说的祖国。十分明显，康有为所谓的"国"的概念与张之洞"国"的概念是有本质区别的，梁启超对国家的比喻则更加直截，他根本不承认张之洞将国等同于朝廷的说法，而是将国家比作一个铺子，在梁启超那里，国君乃是铺子的总管，而大臣则等于铺子之掌柜，他们都只是为民办事之人而已。按梁启超的逻辑，铺子经营不善，就需追究总管及掌柜的责任。而要改善铺子之状态，自然要提倡民权、

---

① 张之洞：《劝学篇上·同心第一》，载赵德馨主编：《张之洞全集》第十二册，武汉出版社 2008 年版，第 160 页。

② 汤志钧：《康有为政论集》上，中华书局 1981 年版，第 166 页。

平等，开设议院了。他的这种比喻，反专制反独裁的用意是十分明显的。对国家概念的不同理解，导致了对保教保种与保国的不同看法。为了证明清朝统治的政治正当性，指斥梁启超等人在时务堂中对清朝秕政的批语，张之洞在《教忠》篇中，一连列举清廷超越前代之德政十五项，以要求人们效忠清朝。他声称："自汉唐以来，国家爱民之厚，未有过于我圣清者也。"① 张之洞还说，中国与西方对比，并不比西方差。"中国虽不富强，然天下之人，无论富贵贫践（贱），皆得俯仰宽然，有以自乐其生"，而西方国势虽盛，"小民之愁苦怨毒者，郁遏未伸，待机而发"，因此"弑君刺相之事，岁不绝书"，由此可知"其政事亦必有不如我中国者矣"。② 基于上述理由，张之洞要求人们，"当此时世艰虞，凡我报礼之士、戴德之民，固当各抒忠爱，人人与国为体"。面对"一切邪说暴行足以启犯上作乱之渐者"，要"拒之勿听，避之若浼，恶之如鹰鹯之逐鸟雀"，③ 从而效忠于大清朝。

依张之洞之见，康梁一派之所以提倡西方民权平等之言论，这和他们"非薄名教之心"是分不开的，于是他在《劝学篇》中，专写了《明纲》一篇，以驳斥康有为、梁启超、谭嗣同等人对儒家社会伦理直接或间接的攻击。④ 在张之洞看来，儒家社会伦理的核心便是儒家的三纲学说，也就是不可变易的道。它的表现形式，便是所谓的"礼"。他说："君为臣纲，父为子纲，夫为妻纲，此

---

① 张之洞：《劝学篇上·教忠第二》，载赵德馨主编：《张之洞全集》第十二册，武汉出版社 2008 年版，第 160 页。

② 张之洞：《劝学篇上·教忠第二》，载赵德馨主编：《张之洞全集》第十二册，武汉出版社 2008 年版，第 163 页。

③ 张之洞：《劝学篇上·教忠第二》，载赵德馨主编：《张之洞全集》第十二册，武汉出版社 2008 年版，第 163 页。

④ 黄彰健先生认为，《劝学篇》第三篇曰《明纲》。此系针对谭嗣同嗤伦常、反三纲，及康《大同书》无国界无家界而说的。黄先生复指出，张之洞所针对的康、梁、谭的言论，在张著《劝学篇》时，有些还未著于竹帛；或已著于竹帛，而仍未为张所得见。但张幕府中极多文人学士，上举康及康党的言论，张是可以从梁鼎芬等人处得知的。见黄彰健：《戊戌变法史研究》上册，上海书店出版社 2007 年版，第 54—55 页。

白虎通引礼纬之说也。董子所谓道之大原出于天，天不变，道亦不变之义。本之论语，殷因于夏礼，周因于殷礼。注：所因谓三纲五常。此集解马融之说也，朱子集注引之。礼记大传：亲亲也，尊尊也，长长也，男女有别，此其不可得与民变革者也。五伦之要，百行之原，相传数千年更无异义，圣人所以为圣人，中国所以为中国，实在于此。"① 基于以上的理由，张之洞对康梁一派所提倡的民权、平等等言论，大加斥责："知君臣之纲，则民权之说不可行也；知父子之纲，则父子同罪、免丧、废祀之说不可行也；知夫妇之纲，则男女平权之说不可行也。"② 张之洞知道康梁所宣扬的民权、平等等理念来自西方，所以，他也用西方君臣之伦的例子来驳斥康梁，以达到以其人之道还治其人之身的目的。他说：

　　尝考西国之制，上、下议院各有议事之权，而国君、总统亦有散议院之权。若国君、总统不以议院为然，则罢散之，更举议员再议。君主、民主之国略同。西国君与臣民，相去甚近，威仪简略。堂廉不远，好恶易通，其尊严君上不如中国，而亲爱过之。万里之外，令行威立，不悖不欺。每见旅华西人遇其国有吉凶事，贺吊忧乐，视如切身，是西国固有君臣之伦也。③

对西方有关父子之伦，张之洞举例说：

　　摩醮十戒，敬天之外，以孝父母为先。西人父母丧，亦有

---

① 张之洞：《劝学篇上·明纲第三》，载赵德馨主编：《张之洞全集》第十二册，武汉出版社 2008 年版，第 163 页。

② 张之洞：《劝学篇上·明纲第三》，载赵德馨主编：《张之洞全集》第十二册，武汉出版社 2008 年版，第 163 页。

③ 张之洞：《劝学篇上·明纲第三》，载赵德馨主编：《张之洞全集》第十二册，武汉出版社 2008 年版，第 163 页。

服，服以黑色为缘，虽无祠庙木主，而室内案上必供奉其祖父母、父母、兄弟之照像，虽不墓祭，而常有省墓之举，以插花冢上为敬，是西国固有父子之伦也。①

关于西方夫妇之伦，张之洞解释道：

戒淫为十戒之一，西俗男女交际，其防检虽视中国为疏，然淫佚之人，国人贱之。议婚有限：父族、母族之亲，凡在七等以内者，皆不为婚（七等谓自父、祖、曾、高以上，推至七代，母族亦然。故姑、舅、姨之子女，凡中表之亲，无为婚者。——原注）。惟男衣毡布，女衣丝锦，燕会宾客，女亦为主，此小异于中国。（礼记坊记：大飨废夫人之礼。左传昭二十七年：公如齐，齐侯请飨之。子仲之子曰重，为齐侯夫人，曰：请使重见。是古有夫人与燕飨之礼，因有流弊，废之。——原注）女自择配，（亦须请命父母，且订约，而非苟合。——原注）男不纳妾，此大异于中国。然谓之男女无别，则诬。且西人爱敬其妻，虽有过当，而于其国家政事、议院、军旅、商之公司、工之厂局，未尝以妇人预之，是西国固有夫妇之伦也。②

张之洞不厌其烦地列举西方的君臣、父子、夫妇之间的伦理，就是要人们知道，不论古今中外，所谓的君臣、父子、夫妇之伦，都是一样的，这样的伦理，是源出于天的道，天不变，此道自然不能变了。他说：

---

① 张之洞：《劝学篇上·明纲第三》，载赵德馨主编：《张之洞全集》第十二册，武汉出版社 2008 年版，第 163 页。

② 张之洞：《劝学篇上·明纲第三》，载赵德馨主编：《张之洞全集》第十二册，武汉出版社 2008 年版，第 163—164 页。

　　圣人为人伦之至，是以因情制礼，品节详明。西人礼制虽略，而礼意未尝尽废，诚以天秩民彝，中外大同。人君非此不能立国，人师非此不能立教。乃贵洋贱华之徒，于泰西政治、学术、风俗之善者，懵然不知，知亦不学，独援其秕政敝俗，欲尽弃吾教、吾政以从之，饮食服玩，闺门习尚，无一不摹仿西人，西人每讥笑之。甚至中士文学聚会之事，亦以七日礼拜之期为节日。（礼拜日亦名星期。机器局所以礼拜日停工者，以局内洋匠其日必休息，不得不然。——原注）

　　近日微闻海滨洋界有公然创废三纲之议者，其意欲举世放恣黩乱而后快。怵心骇耳，无过于斯。中无此政，西无此教，所谓非驴非马，吾恐地球万国将众恶而共弃之也。①

　　在张之洞看来，无论古今中外，皆以"三纲"为共同之价值，此乃"天秩民彝"，是"不可得与民变革者也。五伦之要，百行之原，相传数千年更无异义，圣人所以为圣人，中国所以为中国，实在于此"。他认为，"人君非此不能立国，人师非此不能立教"，如欲废除此纲常名教，则举世放恣黩乱，道德大坏，必为地球万国所唾弃。

　　张之洞保教之目的，在于忠君，在于保大清朝，所以，他自然认为"三纲为中国神圣相传之至教，礼政之原本，人禽之大防"。②而康有为虽也倡言保教，但当时他的目的，则是"专以救中国四万万人为主"。③故其手段是"欲开议院、得民权以救之"。④ 至百

---

　　①　张之洞：《劝学篇上·明纲第三》，载赵德馨主编：《张之洞全集》第十二册，武汉出版社 2008 年版，第 164 页。

　　②　张之洞：《劝学篇序》，载赵德馨主编：《张之洞全集》第十二册，武汉出版社 2008 年版，第 158 页。

　　③　康有为：《与赵曰生书》，载《康有为全集》第五集，中国人民大学出版社 2007 年版，第 400 页。

　　④　康有为：《与赵曰生书》，载《康有为全集》第五集，中国人民大学出版社 2007 年版，第 400 页。

日维新时，他协助光绪帝所拟定的一系列改革举措，也是"隐然朝向君主立宪政体推动，而君主立宪所代表的君主制度之有异于传统的普世王权是很显然的"。① 对"国"之概念的不同理解，必然导致不同的政治目的和手段。所以康有为等人所做的一切，在张之洞眼里，自然被视为"恢诡倾危、乱名改作之流"的言行了。

张之洞乃清廷封疆大吏。他自认为是儒学正宗，有教士化民之责，所以对康有为的春秋公羊学根本看不上。他曾说："平生学术最恶公羊之学。每与学人言，必力诋之，四十年前已然，谓为乱臣贼子之资。"② 先前，当康有为拜访张之洞，谈到其孔子改制理论时，张之洞甚不以为然，"频劝勿言此学"。③ 从这里也可看出，张之洞写《劝学篇·宗经》，显然是针对康有为《孔子改制考》离经叛道而言的。他说：

> 汉兴之初，曲学阿世，以冀立学。哀、平之际，造谶益纬，以媚巨奸。于是非常可怪之论益多，如文王受命、孔子称王之类，此非七十子之说，乃秦汉经生之说也，而说公羊春秋者为尤甚。（新周王鲁以春秋当新王。——原注）乾嘉诸儒，嗜古好难，力为阐扬，其风日肆，演其余波，实有不宜于今之世道者。如禁方奇药，往往有大毒，可以杀人。假如近儒公羊之说，是孔子作春秋，而乱臣贼子喜也。④

张之洞既然认康有为变法理论《孔子改制考》为离经叛道之

---

① 〔美〕张灏：《思想与时代》，上海文艺出版社 2002 年版，第 166 页。

② 张之洞：《抱冰堂弟子记》，载赵德馨主编：《张之洞全集》第十二册，武汉出版社 2008 年版，第 517 页。

③ 康有为：《我史》，载《康有为全集》第五集，中国人民大学出版社 2007 年版，第 87 页。

④ 张之洞：《劝学篇上·宗经第五》，载赵德馨主编：《张之洞全集》第十二册，武汉出版社 2008 年版，第 166 页。

书，对康梁一派依孔子改制之理论所倡民权、议院的言论，他更认为是召乱之言，声称要"辩上下，定民志，斥民权之乱政"。① 其《正权》篇云：

> 今日愤世疾俗之士，恨外人之欺凌也，将士之不能战也，大臣之不变法也，官师之不兴学也，百司之不讲求工商也，于是倡为民权之议，以求合群而自振。嗟乎，安得此召乱之言哉！民权之说，无一益而有百害。②

兴民权必然设议院，在立议院问题上，张之洞列出了四个反对的理由。其一，"中国士民至今安于固陋者尚多，环球之大势不知，国家之经制不晓，外国兴学、立政、练兵、制器之要不闻，即聚胶胶扰扰之人于一室，明者一，暗者百，游谈呓语，将焉用之？且外国筹款等事，重在下议院，立法等事，重在上议院。故必家有中赀者，乃得举议员。今华商素鲜巨赀，华民又无远志，议及大举筹饷，必皆推诿默息，议与不议等耳"。③

其二，如欲立公司、开工厂，"有赀者自可集股营运，有技者自可合伙造机，本非官法所禁，何必有权？且华商陋习，常有借招股欺骗之事，若无官权为之惩罚，则公司赀本无一存者矣。机器造货厂，无官权为之弹压，则一家获利，百家仿行，假冒牌名，工匠哄斗"，在这种情况下，若无官权"谁为禁之？"④

其三，若论开学堂，"从来绅富捐赀创书院，立义学，设善

① 张之洞：《劝学篇序》，载赵德馨主编：《张之洞全集》第十二册，武汉出版社2008年版，第158页。

② 张之洞：《劝学篇上·正权第六》，载赵德馨主编：《张之洞全集》第十二册，武汉出版社2008年版，第166页。

③ 张之洞：《劝学篇上·正权第六》，载赵德馨主编：《张之洞全集》第十二册，武汉出版社2008年版，第166页。

④ 张之洞：《劝学篇上·正权第六》，载赵德馨主编：《张之洞全集》第十二册，武汉出版社2008年版，第166—167页。

堂"，朝廷"例予旌奖，岂转有禁开学堂之理，何必有权？""若尽废官权，学成之材，既无进身之阶，又无饩廪之望，其谁肯来学者？"①

其四，有关练兵御侮方面，中国士民"既无机厂以制利械，又无船澳以造战舰，即欲购之外洋，非官物亦不能进口，徒手乌合，岂能一战？"而且，练兵必需军饷，"无国法岂能抽厘捐？非国家担保，岂能借洋债？"②

基于以上四种理由，张之洞认为，今日之中国，并非雄强，但"百姓尚能自安其业者，由朝廷之法维系之也。使民权之说一倡，愚民必喜，乱民必作，纪纲不行，大乱四起……且必将劫掠市镇，焚毁教堂"。到那时节，恐怕"外洋各国必借保护为名，兵船、陆军，深入占踞，全局拱手而属之他人。是民权之说，固敌人所愿闻者矣"。③ 随后，张之洞用清朝和法国对比的方式，来说明民权不宜于清朝："昔法国承暴君虐政之后，举国怨愤，上下相攻，始改为民主之国。我朝深仁厚泽，朝无苛政，何苦倡此乱阶以祸其身，而并祸天下哉！"在张之洞眼里，民权"所谓有百害者也"。④

张之洞认为，外国"民权"一词之由来，其意不过是国有议院，"民间可以发公论、达众情而已"，其作用"但欲民伸其情"，而"非欲民揽其权"。然而"译者变其文曰民权"，这是误译了民权的本意。⑤ 在张之洞看来，还有比"民权"一词更严重的误译。

---

① 张之洞：《劝学篇上·正权第六》，载赵德馨主编：《张之洞全集》第十二册，武汉出版社 2008 年版，第 167 页。

② 张之洞：《劝学篇上·正权第六》，载赵德馨主编：《张之洞全集》第十二册，武汉出版社 2008 年版，第 167 页。

③ 张之洞：《劝学篇上·正权第六》，载赵德馨主编：《张之洞全集》第十二册，武汉出版社 2008 年版，第 167 页。

④ 张之洞：《劝学篇上·正权第六》，载赵德馨主编：《张之洞全集》第十二册，武汉出版社 2008 年版，第 167 页。

⑤ 张之洞：《劝学篇上·正权第六》，载赵德馨主编：《张之洞全集》第十二册，武汉出版社 2008 年版，第 167 页。

他说："近日摭拾西说者，甚至谓人人有自主之权，益为怪妄。此语出于彼教之书，其意言上帝予人以性灵，人人各有智虑聪明，皆可有为耳。译者竟释为人人有自主之权，尤大误矣！"① 在张之洞看来，"泰西各国无论君主、民主、君民共主，国必有政，政必有法，官有官律，兵有兵律，工有工律，商有商律，律师习之，法官掌之，君民皆不得违其法。政府所令，议员得而驳之。议院所定，朝廷得而散之。谓之人人无自主之权则可，安得曰人人自主哉！"② 他说："一巷之市必有平，群盗之中必有长，若人皆自主，家私其家，乡私其乡，士愿坐食，农愿蠲租，商愿专利，工愿高价，无业贫民愿劫夺，子不从父，弟不尊师，妇不从夫，贱不服贵，弱肉强食，不尽灭人类不止。环球万国，必无此政。生番蛮獠，亦必无此俗。至外国今有自由党，西语实曰里勃而特，犹言事事公道，于众有益，译为公论党可也，译为自由非也。"③ 在张之洞看来，"若强中御外之策，惟有以忠义号召合天下之心，以朝廷威灵合九州之力，乃天经地义之道，古今中外不易之理"。④

他再次举出曾国藩的例子，以斥康梁一派在湖南倡民权、设保卫局等的活动。他说："曾文正名为起家办团练矣，其实自与发匪接战以来，皆是募勇营造师船，济以国家之饷需，励以国家之赏罚，而以耿耿忠义、百折不回之志气，激励三军，感发海内，故能成勘定之功。岂团练哉！岂民权哉！"⑤

---

① 张之洞：《劝学篇上·正权第六》，载赵德馨主编：《张之洞全集》第十二册，武汉出版社 2008 年版，第 167 页。

② 张之洞：《劝学篇上·正权第六》，载赵德馨主编：《张之洞全集》第十二册，武汉出版社 2008 年版，第 167 页。

③ 张之洞：《劝学篇上·正权第六》，载赵德馨主编：《张之洞全集》第十二册，武汉出版社 2008 年版，第 167 页。

④ 张之洞：《劝学篇上·正权第六》，载赵德馨主编：《张之洞全集》第十二册，武汉出版社 2008 年版，第 167 页。

⑤ 张之洞：《劝学篇上·正权第六》，载赵德馨主编：《张之洞全集》第十二册，武汉出版社 2008 年版，第 167 页。

　　张之洞乃清廷重臣，封疆大吏，"言新者领袖"①，竟对议院、民权等西方政治学概念有如此的理解。以此观之，当时清廷体制内官员之水平可见一斑了。《劝学篇》的重点，是在于内篇，即所谓的"知本"，其意要排击康、梁一派恢诡倾危、乱名改作之流的邪说，以维护其心目中的纲常名教。而外篇即所谓"知通"，用张之洞的话来说便是"中学为内学，西学为外学；中学治身心，西学应事情"，这主要是针对顽固守旧的官僚士绅而言的，其目的是要这些人通晓西方农工商铁路报馆等科学知识，"知西学之精意，通于中学以晓固鄙也"，② 也就是要"在维护纲常名教的前提下，接受西方资本主义的技艺，并以这种新器用来弥补旧道体之'阙'，复起清廷统治之'疾'，以便在新的世界环境中维持下去"。③ 有关这些，我们将在何启、胡礼垣对《劝学篇》的驳诘部分中一并讨论。张之洞《劝学篇》书成后，令其弟子侍讲黄绍箕呈进给光绪帝。7 月 25 日，光绪帝"详加披览"后称，原书内外各篇，"持论平正通达，于学术、人心大有裨益，着将所备副本四十部，由军机处颁发各省督、抚、学政各一部，俾得广为刊布，实力劝导，以重名教，而杜卮言"。④ 显然，张之洞的《劝学篇》也得到了体制内最高决策人的认可。

　　如此一来，"《劝学篇》作为'钦定维新教科书'，'挟朝廷之力以行之'，'不胫而遍于海内'，刊印不下二百万册，并先后译成英文、法文在欧美出版"。⑤ 这一举措，使《劝学篇》在当时红极一时，

---

　　① 冯天瑜：《张之洞传》，载赵德馨主编：《张之洞全集》第十二册，武汉出版社 2008 年版，第 531 页。

　　② 张之洞：《劝学篇·劝学篇序》，载赵德馨主编：《张之洞全集》第十二册，武汉出版社 2008 年版，第 158 页。

　　③ 冯天瑜：《张之洞传》，载赵德馨主编：《张之洞全集》第十二册，武汉出版社 2008 年版，第 531 页。

　　④ 《上谕》，载赵德馨主编：《张之洞全集》第十二册，武汉出版社 2008 年版，第 157 页。

　　⑤ 冯天瑜：《张之洞传》，载赵德馨主编：《张之洞全集》第十二册，武汉出版社 2008 年版，第 532 页。

得到一部分官僚士绅的支持，甚至被有些人称为"拯乱之良药"。①

　　然而，由于此书谬误之处极为明显，故在当时也得到一部分支持变法人士的反对，如何启和胡礼垣，就是其中比较著名的两位。何启、胡礼垣在张之洞《劝学篇》刊行后，先写了一篇《正权篇辩》，针对张之洞对民权的污蔑进行了回击。继而，他们又感到"本不立者道不生，体不明者用无济"，所以"取其全书，每首要节略为折辩，而置正权一篇于末"。② 此文章取名为《劝学篇书后》，收在何、胡二人所著之《新政真诠》一书之中。何启、胡礼垣在其《劝学篇书后》一文中，对张之洞的《劝学篇》从内篇到外篇逐篇驳诘，称其《劝学篇》为"固宠邀荣之计"，乃"保一官而亡一国"，"倾天下以顾一家"者也。③ 尤其在《正权篇辩》一节中，他们对张之洞反对"设议院""兴民权"等言论，进行了较为系统的批驳。依何启、胡礼垣之见，《劝学篇》的谬妄，全部来源于所谓"知本"的《正权》篇，其"本"不正，故其枝叶各篇皆悖谬了。何启、胡礼垣说："终足以阻新政之行者，莫若《劝学篇》，尤莫若《劝学篇》'正权'一首。"④ "读其正权一首，然后知劝学一书，内外各论，见解谬妄，首尾乖方，靡不由此。"⑤《正权》篇既为《劝学篇》一书谬误之总根，那么下面，我们先来看何、胡二人是如何反驳张之洞的。

　　首先，何、胡二人对"权"的概念进行了阐释。"夫权者，非

---

① 冯天瑜：《张之洞传》，载赵德馨主编：《张之洞全集》第十二册，武汉出版社2008年版，第532页。

② 何启、胡礼垣：《劝学篇书后》，载《新政真诠》，郑大华点校，辽宁人民出版社1994年版，第336页。

③ 何启、胡礼垣：《劝学篇书后》，载《新政真诠》，郑大华点校，辽宁人民出版社1994年版，第336页。

④ 何启、胡礼垣：《劝学篇书后·正权篇辩》，载《新政真诠》，郑大华点校，辽宁人民出版社1994年版，第427页。

⑤ 何启、胡礼垣：《劝学篇书后·正权篇辩》，载《新政真诠》，郑大华点校，辽宁人民出版社1994年版，第423页。

兵威之谓也，非官势之谓也。权者，谓所执以行天下之大经大法，所持以定天下之至正至中者耳。执持者必有其物，无以名之，名之曰权而已矣。"那么，这种权是由何而来的呢？何、胡二人认为："以大经大法之至正至中者而论，则权者乃天之所为，非人之所立也。"依何启、胡礼垣的逻辑，权既然是"天之所为"，那么"天既赋人以性命，则必畀以顾此性命之权。天既备人以百物，则必与以保其身家之权"。民既有此天赋的人权，所以"有以至正至中而行其大经大法者，民则众志成城以为之卫；有不以至正至中而失其大经大法者，民则众怒莫压而为之摧"。何启、胡礼垣认为，这并非民众之善恶不同，乃因为"民盖自顾性命、自保身家，以无负上天所托之权，然后为是已"。① 民权既然来自上天，那么这种理论有了宇宙论的支持，如此一来，便具备了正当性和合法性。显而易见，天赋人权论乃是当时维新人士从西方拿来与清廷做斗争锐利的思想武器。

随后，何启、胡礼垣又从西方社会契约论的角度，对君权的来源加以解释。他们认为，"一切之权，皆本于天"，所以"讨曰天讨，伐曰天伐，秩曰天秩，位曰天位"。但是，天如何行使其权力呢？何启、胡礼垣认为，天将自己的权力付之于民，让民众代替天来行使自己的权力，所以说，"天视自民视，天听自民听，天聪自民聪，天明自民明，加以民之所欲，天必从之，是天下之权，惟民是主"。天下之权，虽"惟民是主"，但是"民亦不自为也"，而是"选立君上以行其权，是谓长民"。显而易见，何启、胡礼垣认为，所谓的国君，最初都是由民众选举而产生的，乃"乡选于村，邑选于乡，郡选于邑，国选于郡，天下选于国，是为天子"。② 也就是说，天子是暂时替庶民行使其由天所赋之权。天子之权，既然得之于庶民，所以，天子不行善政，庶民自然能废除他。"选于村者不

---

① 何启、胡礼垣：《劝学篇书后·正权篇辩》，载《新政真诠》，郑大华点校，辽宁人民出版社 1994 年版，第 397 页。

② 何启、胡礼垣：《劝学篇书后·正权篇辩》，载《新政真诠》，郑大华点校，辽宁人民出版社 1994 年版，第 397 页。

善，则一乡废之；选于乡者不善，则一邑废之；选于邑者不善，则一郡废之；选于郡者不善，则一国废之；选于国者不善，则天下废之。"因此，何启、胡礼垣认为："失其民斯失天下也，凡以不能代民操其权也。"在何启、胡礼垣看来，"尧舜三代之隆，莫不由此。泰西富强之本，亦莫不由此"。[①] 易言之，无论古今中外若想走上富强之路，只有走兴民权之一途。如此看来，若依张之洞民权"无一益而有百害"的说法，那真是"孔孟垂教之书可以焚，外国持平之政可以反矣"。[②] 何启曾留学英国，胡礼垣是其香港中央书院的同学，长期住在香港，曾办过粤报，二人对西方政治思想有较深的了解，故他们对张之洞关于民权、君权理论的反驳，能切中要害。以笔者的阅读范围而论，何启、胡礼垣应是中国近代较早用西方天赋人权论和社会契约论为武器来论证政治权力的维新派人士。

在此基础上，何启、胡礼垣又讨论了议院的问题。他们首先批驳了张之洞所谓的民智未开的观点，指出："夫民权之复，首在设议院，立议员。"今张之洞"乃诿于中国士民不知环球之大势，不晓国家之经制，不闻外国之立政立教制器治兵"。此乃是不知"此数者皆非议院议员之事也"。议院和议员所应知道的是"惟务本节用之大经，安上全下之大法，以及如何而可以兴利，如何而可以除弊"等事，"凡有益于地方者，务求善策以使之行，凡有害于人民者，务必剔厘而使之去，因时者在是，制宜者在是，其志首行于一乡一邑，次及于一县一府，至于环球之大势，非其所须知也，国家之经制，非其所必守也，外国政教兵器等事知之也可，不知亦可，皆非议员之责也"。[③] 议员的责任"在决其事之可行与否，非在能

① 何启、胡礼垣：《劝学篇书后·正权篇辩》，载《新政真诠》，郑大华点校，辽宁人民出版社 1994 年版，第 397—398 页。

② 何启、胡礼垣：《劝学篇书后·正权篇辩》，载《新政真诠》，郑大华点校，辽宁人民出版社 1994 年版，第 398 页。

③ 何启、胡礼垣：《劝学篇书后·正权篇辩》，载《新政真诠》，郑大华点校，辽宁人民出版社 1994 年版，第 398 页。

督办其事也"。一国之事，种类繁多，"岂能责之于未学未习？然其事之是否可行，则虽未学未习，而以情理揆之，而切合于时势地位人事，则无有不得其致当，而能决其可行不可行者。此议员之所以可贵，而亦人多能之者也"。① 如果按张之洞《正权》篇的要求来要求议员，"则是欲以天下之事，苟责在一人之身"，"将自古至今天下各国无一人堪为议员者矣"。② 何启、胡礼垣认为，只要议院一开，国家用人之法必变，"无论科甲之士，商贾之家，皆得为议员"。然议员要由民选，对议员不用求全责备，"而惟取其断事公正，忠爱君民，闻善必兴，行义必勇而已"。"至于专责之事"，"则分门选士，用当其能，自不必说"。只要"议院之法一行，外国定当刮目。挽回中国，在此一举"。③

张之洞之所以反对提倡民权、设立议院，源于他对于三纲之说的执着。张之洞这种观点，自然遭到了维新人士的驳斥。何启、胡礼垣曾明言："三纲之说，非孔孟之言也。"按何启、胡礼垣的逻辑，三纲之说，既然不是孔孟之言，那么张之洞执着于三纲，他于《劝学篇》中主张的"体"也并非孔孟之道了。体既非孔孟之道，那么张之洞所要人们知的"本"，就变成无稽之谈了。

依何启、胡礼垣之见，张之洞所谓的"本"也并非孔孟之道。"臣之于君忠也，子之于父孝也，妇之于夫顺也。"④ 此乃三纲，"然天下有真忠真孝真顺者焉，有假忠假孝假顺者焉，有愚忠愚孝愚顺者焉，有不忠不孝不顺者焉"。那么，如何来分辨此善恶邪止呢？"忠孝顺行以实济，无事虚名，是所谓真也。善恶皆可也，邪正能容

　　① 何启、胡礼垣：《劝学篇书后·正权篇辩》，载《新政真诠》，郑大华点校，辽宁人民出版社1994年版，第398页。

　　② 何启、胡礼垣：《劝学篇书后·正权篇辩》，载《新政真诠》，郑大华点校，辽宁人民出版社1994年版，第398—399页。

　　③ 何启、胡礼垣：《劝学篇书后·正权篇辩》，载《新政真诠》，郑大华点校，辽宁人民出版社1994年版，第399页。

　　④ 何启、胡礼垣：《劝学篇书后·明纲篇辩》，载《新政真诠》，郑大华点校，辽宁人民出版社1994年版，第348页。

也，忠孝顺求外之似，营内之私，是所谓假也。善恶不知也，邪正不识也，忠孝顺反以召祸，莫知其非，是所谓愚也。以恶为善也，以邪为正也，忠孝顺舛逆横决，倒行逆施，是所谓不忠不孝不顺也。"[1] 何启、胡礼垣认为，不忠不孝不顺之人极少，那是因为，反常之人并不太多。愚忠愚孝愚顺的人占大多数，那是因为"明理之人实少也"。除了以上两者之外，则忠孝顺所要辨别的，唯在真假而已。在何启、胡礼垣看来，"真与假其行事或同或异"，但"一是一非，一利一害，判若天渊"。[2] 若想得真忠真孝真顺，则"不在人而在己"。也就是说，不能只要求臣、子、夫尽忠、孝、顺，君、父、夫也都要各尽其道。何、胡二人写道："是故尽君道者，其臣不忠则已，忠则真忠。尽父道者，其子不孝则已，孝则真孝。尽夫道者，其妇不顺则已，顺则真顺。"[3] 这是为什么呢？那是因为，"道在则然也"。假如不想尽道，而以"威势是求，则真者退，而假者进"。[4] 根据以上之分析，何启、胡礼垣指出，三纲之说，不是出于道，而是出于威势，所以"三纲之说，非孔、孟之言也"。何启、胡礼垣写道："商纣无道者也，而必不得令武王为无道，是君不得为臣纲也。瞽瞍顽嚣者也，而必不能令虞舜为顽嚣，是父不得为子纲也。文王以姒氏而兴，周幽以褒女而灭，是夫亦不得为妻纲也。君臣父子夫妇，谓有尊卑先后之不同则可，谓有强弱轻重之不同则不可。自秦而后，此道不明，而三纲之说出。"[5] 何启、胡

---

① 何启、胡礼垣：《劝学篇书后·明纲篇辩》，载《新政真诠》，郑大华点校，辽宁人民出版社 1994 年版，第 348 页。

② 何启、胡礼垣：《劝学篇书后·明纲篇辩》，载《新政真诠》，郑大华点校，辽宁人民出版社 1994 年版，第 348 页。

③ 何启、胡礼垣：《劝学篇书后·明纲篇辩》，载《新政真诠》，郑大华点校，辽宁人民出版社 1994 年版，第 348 页。

④ 何启、胡礼垣：《劝学篇书后·明纲篇辩》，载《新政真诠》，郑大华点校，辽宁人民出版社 1994 年版，第 348 页。

⑤ 何启、胡礼垣：《劝学篇书后·明纲篇辩》，载《新政真诠》，郑大华点校，辽宁人民出版社 1994 年版，第 348—349 页。

礼垣进一步指出，张之洞说的"三纲之说出于《礼纬》，而《白虎通》引之，董子释之，马融集之，朱子述之，皆非也"。① "《礼纬》之书，多资谶纬解经，无一是处，为其无实理之可凭也。"② 何启、胡礼垣认为，"孔子之教人详于《论语》。《论语》者，情理也。孔子之救世见于《春秋》，《春秋》者，公论也"，然"自公羊子不明孔子所以诛乱臣贼子之大道，而己见妄参，故不问其事之情理如何，而但执《春秋》所书所不书之字以为断。……无事不以五行定凶吉，无人不以阴阳决休咎……？至若舍情理而论权威，其妄尤甚。……如此解经，是欲明义理而不知所以明，欲尊孔子而不知所以尊矣"。③

何启、胡礼垣复指出，董仲舒所说的"'道之大原出于天，天不变，道亦不变'。此说近是矣。然道之大原究属何物？想董子亦未必能解。董子之所知者，惟阴阳五行而已。彼以三年不窥园之功，冥搜暗索，以日求乎所以异于孔子之言情理，而遁于灾祥应兆之说，行虽未怪，而其言则已怪矣"。④ 而张氏不知，其《劝学篇》却"反曰圣人所以为圣人，中国所以为中国，实在于此"。这样的看法，"是岂能知圣人，岂能知中国者哉！"⑤ 何启、胡礼垣在文中写道："子思曰：'天命之谓性，率性之谓道，修道之谓教。道也者，不可须臾离也，可离非道也。'然则天命者，情理而已。率性者，行其情理而已。修道者，明其情理而已。情理之用之在人

---

① 何启、胡礼垣：《劝学篇书后·明纲篇辩》，载《新政真诠》，郑大华点校，辽宁人民出版社1994年版，第349页。

② 何启、胡礼垣：《劝学篇书后·明纲篇辩》，载《新政真诠》，郑大华点校，辽宁人民出版社1994年版，第349页。

③ 何启、胡礼垣：《劝学篇书后·明纲篇辩》，载《新政真诠》，郑大华点校，辽宁人民出版社1994年版，第349—350页。

④ 何启、胡礼垣：《劝学篇书后·明纲篇辩》，载《新政真诠》，郑大华点校，辽宁人民出版社1994年版，第351页。

⑤ 何启、胡礼垣：《劝学篇书后·明纲篇辩》，载《新政真诠》，郑大华点校，辽宁人民出版社1994年版，第351页。

心，犹呼吸之气之在人身，故曰不可须臾离也。是岂三纲谬说可得而托者哉！"①

若依何启、胡礼垣以上的解释，他们所说的情理即中国传统儒家所说的"道体"，"道体"在孔子，就是"仁"；在孟子，就是"性"，就是所谓的恻隐、羞恶、辞让、是非四端之心；在《中庸》，就是"其为物不贰，则其生物不测"的天道；就是《诗经·周颂》中"维天之命，于穆不已"的天命。如此看来，何、胡所谓情理既等于天命和天道，那么，在何、胡二人眼里，张之洞热衷提倡三纲，自然是不合情理，即不合天道，而是"由心私未化"之谬说了。他们写道："惟至中也，故能裁天下之不中。惟至正也，故能正天下之不正。夫中与正受之于天，人皆有之，所以不能者，则由心私未化也。故立言者必本以至公无私之心，其言乃能至中至正，而辟天下之不中不正，孔孟之言得以今日者，此也。"②

在何启、胡礼垣看来，"五伦者，尊卑先后也。尊卑先后本之于天也。本之于天者，公也。三纲者，强弱轻重也。强弱轻重操之自人也。操之自人者，私也。情理者，公则平，私则不平"。而张之洞"沾沾自喜以中国之三纲为宝，若有诘以其宝安在者，则曰：知君臣之纲，则民权之说不可行也；知父子之纲，则父子同罪免丧废祀之说不可行也；知夫妇之纲，则男女平权之说不可行也"。③依何启、胡礼垣之见，张之洞所引用的《礼纬》《白虎通》以及董子、马融、朱子书说，"惟未明五伦之要本于天而不可违，欲以人力胜之，立为三纲之说，意谓比五伦为尤重，使人以不得不从也"。然而，此种现象，在何启、胡礼垣眼里，乃是"大道之颓，

---

① 何启、胡礼垣：《劝学篇书后·明纲篇辩》，载《新政真诠》，郑大华点校，辽宁人民出版社 1994 年版，第 351 页。

② 何启、胡礼垣：《劝学篇书后·明纲篇辩》，载《新政真诠》，郑大华点校，辽宁人民出版社 1994 年版，第 351—352 页。

③ 何启、胡礼垣：《劝学篇书后·明纲篇辩》，载《新政真诠》，郑大华点校，辽宁人民出版社 1994 年版，第 353—354 页。

世风之坏，即由于此"。为什么这样说呢？何启、胡礼垣于文中写道："君臣不言义而言纲，则君可以无罪而杀其臣，而直言敢谏之风绝矣。父子不言亲而言纲，则父可以无罪而杀其子，而克谐允若之风绝矣。夫妇不言爱而言纲，则夫可以无罪而杀其妇，而伉俪相庄之风绝矣。"此种情况进一步发展，将演成"官可以无罪而杀民，兄可以无罪而杀弟，长可以无罪而杀幼"，从而变成"勇威怯，众暴寡，贵陵贱，富欺贫"的局面，而所有这一切，"莫不从三纲之说而推，是化中国为蛮貊者，三纲之说也"。①

鉴于三纲之说强调威势，乃《礼纬》、《白虎通》、董仲舒、马融、朱子等人之私说，并非本之于天，故何启、胡礼垣断言，三纲之说非孔孟之言也。何、胡二人进一步指出：

> 夫中国六籍明文何尝有三纲二字。尧曰："允恭克让。"舜曰："温恭允塞。"禹曰："克俭克勤。"汤曰："制心制事。"文曰："正仁正慈。"武曰："胜欲胜怠。"孔子曰："求寡过。"孟子曰："务养心。"凡夫涉世持身，齐家治国，以至于范围天下而不过，曲成万物而不违者，所为皆属克己自修之道，未闻敢以胁制加于人者也。是故君若尽其敬，则臣必尽其忠；父若尽其慈，则子必尽其孝；兄若尽其友，则弟必尽其恭；夫若尽其义，则妇必尽其顺；而朋友则彼以诚信而来者，此亦必以诚信而往也；此五常之道天性使然也，奚以三纲为哉？汉之儒者不明此旨，既以灾祥之说胁其君，又以三纲之说制其民，宋儒庸劣、复张其焰而扬其波，竟以为道统所存即在于是，遂令历古圣贤相传之心法晦盲否塞，反复沉痼者二千余年。惟外洋君民男女无不平之权。其说本为情理之正，而与中国古圣贤之心法相符。今乃一则曰不可行，再则曰不可行，毋

① 何启、胡礼垣：《劝学篇书后·明纲篇辩》，载《新政真诠》，郑大华点校，辽宁人民出版社1994年版，第354页。

乃不欲葆彝伦和气之休征，而必欲寻杀伐凶残之覆辙哉？[①]

在何启、胡礼垣眼中，张之洞之《劝学篇》虽也劝人为学，提倡尊孔，然由于其于圣贤之心法毫无心得，故于圣贤之真际不能发其分毫。其内篇所谓的"知本"，也只能是提倡所谓的三纲之说，从而作为其为绝对皇权作辩护的固宠邀荣的工具了。

中国传统文化的主体乃是儒学，儒学虽旁枝众多而论其主干，无疑乃孔孟之道，张之洞虽于孔门天人之际之奥旨未能深入理解，但他仍然强调要以中学为体，西学为用，这主要的原因乃是他所理解的孔孟之道，与何启、胡礼垣所理解的孔孟之道有天壤之别。

张之洞曾说："今欲强中国、存中学，则不得不讲西学。然不先以中学固其根柢，端其识趣，则强者为乱首，弱者为人奴，其祸更烈于不通西学者矣。"在他看来，外国人认为中国不肯变法自强，乃专信孔教之弊。这是因为"彼所翻四书五经，皆俗儒、村师解释之理"，才造成此误会。张之洞指出："浅陋之讲章，腐败之时文，禅寂之性理，杂博之考据，浮诞之词章，非孔门之学也。簿书文法，以吏为师，此韩非、李斯之学，暴秦之政所从出也。俗吏用之，以避事为老成，以偷惰为息民，以不除弊为养元气，此老氏之学，历代末造之政所从出也，巧宦用之，非孔门之政也。"[②]那么，依张之洞之见，什么才是孔门之学呢？"孔门之学，博文而约礼，温故而知新，参天而尽物。孔门之政，尊尊而亲亲，先富而后教，有文而备武，因时而制宜。孔子集千圣、等百王、参天地、赞化育，岂迂陋无用之老儒，如盗跖所讥、墨翟所非者哉！"[③] 张

---

① 何启、胡礼垣：《劝学篇书后·明纲篇辩》，载《新政真诠》，郑大华点校，辽宁人民出版社 1994 年版，第 355—356 页。

② 张之洞：《劝学篇上·循序第七》，载赵德馨主编：《张之洞全集》第十二册，武汉出版社 2008 年版，第 168 页。

③ 张之洞：《劝学篇上·循序第七》，载赵德馨主编：《张之洞全集》第十二册，武汉出版社 2008 年版，第 168 页。

之洞又指出："今日学者必先通经，以明我中国先圣先师立教之旨；考史，以识我中国历代之治乱，九州之风土；涉猎子、集，以通我中国之学术文章，然后择西学之可以补吾阙者用之，西政之可以起吾疾者取之，斯有其益而无其害。"①

张之洞的这番言论，遭到维新派人士的激烈反驳。何启、胡礼垣针对张之洞的论点指出："中国之不肯变法自强，其弊在于不行孔教，非在于专信孔教也。""外国报谓中国专信孔教，所以不能变者，误也。而'循序篇'谓固守孔教，则中国可以无庸变者，则尤误之误也。"在何启、胡礼垣看来，假如清廷"固守孔教，则中国之变法自强不待言之于今日矣！"所以，他们认为，"读孔子之书，当思行孔子之道"。② 换句话说，张之洞虽信孔学，但是并未懂孔学，也未行孔子之道，这使它不肯，也不能变法。十分明显，何、胡二人所理解的孔学与张之洞所说的孔学，有着本质的区别。那么依何启、胡礼垣之见，孔子之道是什么呢？何、胡二人写道：

> 夫五经大义，经解一篇言之已悉。然内圣外王之道备于孔子，孔子之心法寓于六经，六经之精要括于《论语》，而曾子子思孟子递衍其传。故《论语》始于言学，终于尧舜汤武之政；《大学》始于格物致知，终于治国平天下；《中庸》始于中和位育，终于笃恭而天下平；《孟子》始于义利之辨，终于尧舜以来之道。其立言大旨本不难窥，今如所云，则是天下之人除作《循序篇》者一人而外，无人能读孔孟之书者矣。岂不谬甚？③

---

① 张之洞：《劝学篇上·循序第七》，载赵德馨主编：《张之洞全集》第十二册，武汉出版社 2008 年版，第 168 页。

② 何启、胡礼垣：《劝学篇书后·循序篇辩》，载《新政真诠》，郑大华点校，辽宁人民出版社 1994 年版，第 367 页。

③ 何启、胡礼垣：《劝学篇书后·循序篇辩》，载《新政真诠》，郑大华点校，辽宁人民出版社 1994 年版，第 368 页。

　　显而易见，在何启、胡礼垣看来，中国不能变法的根本原因，在于清廷不能真正地行孔子之道。张之洞虽信奉孔教，且倡导士民要"知本"，但他根本未窥孔学之精要，不识孔子之心法，不能解圣人立言之真意，其所谓的"知本"终变为无稽之谈。何启、胡礼垣进一步质问张之洞说：

　　　　博文约礼，温故知新，参天尽物，以此数者谓为孔门之学，是门面语耳。尊尊亲亲，先富后教，有文备武，因时制宜，以此数者谓为孔门之政，是亦门面语耳。……今以循序劝人为学，而圣贤真际绝不能发其毫厘，则何可说也。孔子所博之文，何文？所约之礼，何礼？所温之故，何故？所知之新，何新？所参之天，何天？所尽之物，何物？以及孔子如何而尊尊？如何而亲亲？如何而先富？如何而后教？如何而有文？如何而备武？如何而因时？如何而制宜？窃愿作《循序篇》者略言其一二，实际不然，则是以其昏昏使人昭昭也。①

　　张之洞既不能发圣贤之真际，那么在何启、胡礼垣那里，孔门之学与孔门之政究竟是什么呢？依何启、胡礼垣之见，所谓孔门之学，"在明其情理而已"。所谓的孔门之政"在行其情理而已"。曾子为孔门高弟，独得心传，其言曰："'夫子之道忠恕而已矣。'忠恕者，情理之谓也。一以贯者，一之以情理贯之以情理也。"② 在何启、胡礼垣那里，张之洞《劝学篇》"内篇言学言政，皆舍情理而他务是遑，故愈言孔教，而愈与孔教相背"。③

---

　　① 何启、胡礼垣：《劝学篇书后·循序篇辩》，载《新政真诠》，郑大华点校，辽宁人民出版社 1994 年版，第 369—370 页。
　　② 何启、胡礼垣：《劝学篇书后·循序篇辩》，载《新政真诠》，郑大华点校，辽宁人民出版社 1994 年版，第 370 页。
　　③ 何启、胡礼垣：《劝学篇书后·循序篇辩》，载《新政真诠》，郑大华点校，辽宁人民出版社 1994 年版，第 370 页。

　　何启、胡礼垣强调指出，"孔门之学在明其情理，孔门之政在行其情理"。"经史者，古人之陈迹。情理者，圣贤之心传。夫情理之在天下，无人不同者也，而操之则存，舍之则亡。"① 我们于上文已简单地提道，情理一词，在何启与胡礼垣那里，相当于儒家所言的"道体""心体"。依儒家义，无论何人，都有此"道体""心体"。此即孟子所云"理义之悦我心，犹刍豢之悦我口"之义。理义悦心，刍豢悦口，人人所同也，只是"圣人先得我心之所同然耳"。然此同然之心虽然人人具有，却不能全然表现，此乃为私欲所蔽之故。孟子云："非独贤者有是心也，人皆有之，贤者能勿丧耳。""凡有四端于我者，知皆扩而充之矣。若火之始然，泉之始达。苟能充之，足以保四海；苟不充之，不足以事父母。"依何启、胡礼垣之见，张之洞虽是清廷大吏之佼佼者，然其"由心私未化"，故不能得圣贤之心传，发"至中至正"之论，其"舍情理而论权威"② 徒以人为之"三纲为中国神圣相传之至教"③，以致其"愈言孔教，而愈与孔教相背"。其所谓的"知本"，也成为其自己所说的"非驴非马"了。

　　十分明显，何启、胡礼垣是从人性如何体现天道入手来批判张之洞《劝学篇》内篇所谓的"知本"的。在他们看来，孔子所说的仁与孟子所说的性即他们所说的情理和天道。践仁尽性合了情理即遥契了天道。此种理论明显是儒家正统的天人之际思想。那么问题来了，有人或许要问，张之洞在《劝学篇》内篇中曾说过"君为臣纲，父为子纲，夫为妻纲，此白虎通引礼纬之说也。董子所谓道之大原出于天，天不变，道亦不变之义"的话，此说法虽为何

----

　　① 何启、胡礼垣：《劝学篇书后·循序篇辩》，载《新政真诠》，郑大华点校，辽宁人民出版社 1994 年版，第 371 页。

　　② 何启、胡礼垣：《劝学篇书后·明纲篇辩》，载《新政真诠》，郑大华点校，辽宁人民出版社 1994 年版，第 349—350 页。

　　③ 张之洞：《劝学篇序》，载赵德馨主编：《张之洞全集》第十二册，武汉出版社 2008 年版，第 158 页。

启、胡礼垣所驳，但张之洞所引诸书之说，虽不完全是孔孟一派之正宗，但不也是儒家天人之际思想中之一支吗？为了回答这一问题，我们在此不得不先对儒家天人之际思想做一个简单的介绍。

儒家天人之际思想颇为复杂，大体说来，有两种不同的表现形式。一种是孔子由仁上契天道，和孟子本孔子之仁即心见性的思想。这是儒家的主流，是一种天命内化，内在的超越形式。另一种认为人世间的秩序来源于宇宙秩序，皇权与家族制度即根源于宇宙的秩序。张灏先生曾相当简洁地说明了这两种不同的形式。他将第二种形式称为天人相应思想，而将孔、孟上契天道的方式称为天人合一思想。他写道：

> 儒家的天人之际思想的两种形式是有一些基本的不同。"天人相应"的思想是胎源于殷周的古老神话传统；而"天人合一"的思想是肇始于枢轴时代（Axial age）的思想创新与精神跃进。"天人相应"的形态是认为天人之际的联系是透过人世间的基本社会关系和制度而建立的外在实质联系；而"天人合一"的形态，是认为天人之际的联系主要是透过个人心灵的精神超越而建立的内在本质联系。因为有这些歧异，二者所蕴含的批判意识也有所不同，"天人相应"的思想，只能以人世秩序的基本制度的神圣不可变性为前提而发挥有限度的批判意识；"天人合一"的思想则以内化超越为前提，蕴含了权威二元化的激烈批判意识。从晚周开始，二者常常糅合在一起出现于各家各派的思想中，但二者不同的比重也大致决定各家各派的超越意识和批判意识的强弱。①

张灏先生对儒家天人之际思想的分析，不但有助于我们了解传统儒家思想的复杂性，同时也有助于启发我们更深一步研究张之洞

---

① 〔美〕张灏：《思想与时代》，上海文艺出版社 2002 年版，第 22 页。

为何在《劝学篇》内篇中只强调三纲这种儒家规范伦理的灵感。

清朝中叶，在考据学的影响之下，即有反超越意识的倾向。一些汉学家讥天命、性、理等观念为空疏、谈玄。至凌次仲时已有复礼论，提出了"圣人之道，一礼而已"的主张。① 儒家的礼的核心，当然是三纲之说，而在儒家天人相应思想中人间秩序是上通宇宙秩序的桥梁和管道。这种礼学独大的局面必然使天人合一思想受到制约，从而使其以内化超越为前提的批判意识被扼杀。此种情况至清朝末期也并未得到缓解，张之洞的《劝学篇》正是在此种学术背景下刊行的。为了反驳康梁一派反三纲的言论，他忽视了儒家思想中内在超越的批判精神，而是利用儒家中的天人相应之思想，将三纲之说成天不变、道亦不变的道，以致被何启和胡礼垣讥为孔孟"心法之不讲，而皮毛之徒矜也"。② "是岂衷于情理之言耶？不衷于情理，犹得谓为孔门之教耶？"③

前面我们分析了张之洞《劝学篇》内篇的内容以及何启、胡礼垣对其所谓"知本"的驳斥，可以断言，张之洞所谓"知本"的本，根本不是纯粹的孔孟之道了。"本"既不立，那么，张氏所谓的"知通"自然也变成无源之水、无本之木了。虽然如此，我们还是不妨简单地分析一下下篇所谓的"知通"。

张之洞《变法》篇谓，近年仿行西法而无效者，亦诚有之，然其原因有四。"一、人顾其私，故止为身谋而无进境。制造各局、出洋各员是也。此人之病，非法之病也。一、爱惜经费，故左支右绌而不能精，船政是也。此时之病，非法之病也。一、朝无定论，故旋作旋辍而无成效，学生出洋、京员游历是也。此浮言之病，非法之病也。一、有器无人，未学工师而购机，未学舰将而购

---

① 钱穆：《中国近三百年学术史》下册，中华书局1986年版，第492页。
② 何启、胡礼垣：《劝学篇书后·农工商学篇辩》，载《新政真诠》，郑大华点校，辽宁人民出版社1994年版，第391页。
③ 何启、胡礼垣：《劝学篇书后·循序篇辩》，载《新政真诠》，郑大华点校，辽宁人民出版社1994年版，第372页。

舰，海军各制造局是也。此先后失序之病，非法之病也。"① 张之洞所说的这四种原因，无非是为自强运动的失败找借口。他的这种说法自然不能为维新人士所认同。虽然张之洞向来以"激发忠爱，讲求富强，尊朝廷、卫社稷"② 的面目出现，也积极地倡导变法，而且极力主张学习西方，也和康梁等维新人士一样，认为"西学亦有别，西艺非要，西政为要"，③ 但维新人士为何要反对张之洞的《劝学篇》呢？这主要是因为张之洞所理解的西政与维新人士所理解的西政，有本质的区别。张之洞在《劝学篇》的外篇中提出了学习西方的学校、报纸、铁路、矿学和农工商学等主张。在张之洞看来，这些方面，便是所谓的"西政"，而学习上述方面，就是变法，也就是所谓的维新之举。然而在维新人士看来，张之洞所谓的外篇"虽有趋时之言，与泰西之法貌极相似者"，然观其内篇"细按其自治之法，竟无一是处"。假如按内篇的思想来仿行"西政"，"亦如无源之水，可立待其涸，无根之木，可坐而见其枯"。④并且，张之洞所说的"西政"，也并非张氏的发明，而是重复维新人士的旧说。何启、胡礼垣指出："劝学外篇所举益智、游学、设学、学制、广译、阅报、变法、变科举、农工商学、兵学、矿学、铁路、会通、非弭兵、非攻教，凡十五事，已括于鄙人《新政论议》一书。《新政论议》成于乙未岁之春，其时中东和局犹未大定，盖早于《劝学篇》之出者三年矣。其书初成时全文登诸日报，而同人复分任为邮呈总理衙门王公大臣，海疆大吏督抚司道，并点石重刊，辗转遗赠，以故一时志欲维新之士亦备闻其说，今若不于

①　张之洞：《劝学篇上·变法第七》，载赵德馨主编：《张之洞全集》第十二册，武汉出版社 2008 年版，第 180 页。

②　张之洞：《劝学篇上·同心第一》，载赵德馨主编：《张之洞全集》第十二册，武汉出版社 2008 年版，第 160 页。

③　张之洞：《劝学篇序》，载赵德馨主编：《张之洞全集》第十二册，武汉出版社 2008 年版，第 158 页。

④　何启、胡礼垣：《劝学篇书后·去毒篇辩》，载《新政真诠》，郑大华点校，辽宁人民出版社 1994 年版，第 383 页。

此十五篇而辩其异同，则人或以此为同是维新之事，而概其不可行也。"① 何启、胡礼垣认为，本末先后不能混淆，先要学习西政，然后才是"西艺"。在他们看来，"泰西何为富强？以其有富强之学也。泰西何为而有富强之学？以其有富强之政也。然则中国而欲富强，必须先立其政矣"。何启、胡礼垣指出，张之洞所主张的学习西方，"但言为学，而不言立政，是本末体用先后缓急之未能明也。富强之政不立，则虽有富强之学，将安用之"？② 何启、胡礼垣尖锐地指出："本末先后不能混淆，苟不以公平为政而先得民心，则虽有铁甲、炮台，亦可预知其败。"③

那么，如何才能公平为政而得民心呢？或者说中国宜变什么法呢？何启、胡礼垣指出："君民隔绝，其法宜变；官府蒙蔽，其法宜变；诬罔人才，其法宜变；商务无权，其法宜变；衙门刑讯，其法宜变；理财失实，其法宜变；俸禄不称，其法宜变。"要变这么多项目，那么变法的具体措施是什么呢？何启、胡礼垣认为："变隔绝则应设议员，变蒙蔽则应行选举，变诬罔则应行实学，变商务则应去官督，变刑讯则应设陪员，变理财则应核进支，变俸禄则应行厚给。"④ 总而言之，他们主张首先要变革的，并不是张之洞"外篇"所说的农、工、商、兵、学校、报馆等事，而是要变清朝以往旧法为西方的议会、选举、陪审等制度，也就是说，他们要求清廷进行全面的政治体制改革。在他们看来，上述各项都变革了，才能公平为政，才能得民心。何启、胡礼垣指出："变法者，非徒设备项机器厂之谓也。机厂者，皮毛耳；以上各事，则命脉也；命

① 何启、胡礼垣：《劝学篇书后·去毒篇辩》，载《新政真诠》，郑大华点校，辽宁人民出版社 1994 年版，第 383 页。
② 何启、胡礼垣：《劝学篇书后·益智篇辩》，载《新政真诠》，郑大华点校，辽宁人民出版社 1994 年版，第 384 页。
③ 何启、胡礼垣：《劝学篇书后·去毒篇辩》，载《新政真诠》，郑大华点校，辽宁人民出版社 1994 年版，第 384 页。
④ 何启、胡礼垣：《劝学篇书后·变法篇辩》，载《新政真诠》，郑大华点校，辽宁人民出版社 1994 年版，第 387—388 页。

脉不变，而变皮毛，宜其无济也。"① 随后，何、胡二人又对张之洞所提出的中国近年来仿行西法无效的四项理由进行了批驳，指出张之洞"不知惟其皮毛是务，故有此种种不谐。若命脉一变，则百病皆除，清明在躬，志气如神"了。② 最后，何启、胡礼垣又强调指出："夫命脉之事，在作《变法篇》者未必不知，而乃仅为此皮毛之语，公耶？私耶？于此可见。"③

十分明显，在何启、胡礼垣看来，张之洞由于"私心未化"故其立言不能"本意至无私之心"。他明知变命脉方能致中国于富强，然为保其前程富贵，固宠邀荣，才仅为设机器局等皮毛之举了。张之洞乃清廷一品大员，尊崇孔子，但观其《劝学篇》外篇所谓变法之言论，因私心所蔽，却顾左右而言他，并未涉及变革"命脉"，这正像何启、胡礼垣对其的评价那样，"夫言者，心之声也。即此一心，亦已失孔孟之道矣"。④

如此看来，张之洞《劝学篇》内篇、外篇，均与孔孟之道之心法相悖，故其所论事势绝无分晓。其内篇独摘取儒学中三纲之说，以抵制康梁一派民权、平等、议院等言论，并以此作为维护清廷王权之理论根据，其外篇不讲孔孟之心法，而徒拾取西方工、商、学校、报纸诸事，进行枝枝节节的改革，而绝不触动清廷之政治体制，重倡自强运动时中学为体、西学为用之旧论。

张之洞之《劝学篇》，当时即招致了维新人士的强烈反对。严复曾将《劝学篇》讥之为"牛体马用"。梁启超则说得更为尖刻："（《劝学篇》）不三十年将化为灰烬，为尘埃野马，其灰其尘，偶

---

① 何启、胡礼垣：《劝学篇书后·变法篇辩》，载《新政真诠》，郑大华点校，辽宁人民出版社 1994 年版，第 388 页。

② 何启、胡礼垣：《劝学篇书后·变法篇辩》，载《新政真诠》，郑大华点校，辽宁人民出版社 1994 年版，第 388 页。

③ 何启、胡礼垣：《劝学篇书后·变法篇辩》，载《新政真诠》，郑大华点校，辽宁人民出版社 1994 年版，第 388 页。

④ 何启、胡礼垣：《劝学篇书后·同心篇辩》，载《新政真诠》，郑大华点校，辽宁人民出版社 1994 年版，第 341 页。

因风扬起，闻者犹将掩鼻而过之。"①

　　张之洞之《劝学篇》，是在中国甲午丧师之后，又值德国占领胶州，俄国占领旅、大，外患日亟之时刊行的。当时，他感到传统政治的义理基础因康梁一派的宣传已变得摇摇欲坠，以致学者摇摇，中无所主，"而士大夫顽固益深"②。在这种"滔滔者天下皆是也"③ 的危凝的氛围中，对"中国之祸，不在四海之外，而在九州之内"的担心驱使下，他"思有所以裨助之者"。但是，事情却与其初衷相反，由于其历史地位及学识所限，他不能领会孔孟之心法，其私心不仅没令其发扬儒教中内化超越强烈的批判精神，反而让他祭起了天人相应思想中的三纲之说，其所理解的西政也与维新人士的理解大相径庭。这一切最终使他所想效法曾国藩团结士绅阶层以维护皇权体制的愿望破灭了。《劝学篇》的刊行，加剧促成了一个以张之洞为首的官僚士绅集团和以康梁一派为首的知识精英集团在全国范围内的意识形态对立。随着戊戌政变的发生，康梁等人逃亡海外，士绅阶层的裂痕逐渐扩大，最后终于走向分裂。梁启超在日本横滨创刊《清议报》，利用日式西学，对传统的皇权发起了更猛烈的攻击。中国的皇权制度由于在地方上失去了士绅阶层这个社会基础的拥护，逐渐动摇，其灭亡只是时间问题了。

---

　　① 梁启超：《地球第一守旧党》，载《饮冰室合集》专集之二，中华书局 1989 年版，第 7 页。

　　② 张之洞：《抱冰堂弟子记》，载赵德馨主编：《张之洞全集》第十二册，武汉出版社 2008 年版，第 512 页。

　　③ 《论语·微子》。

第四章

列强与戊戌时期的改革思潮

一 "支那保全论"与日本势力对中国的渗透

我们曾讨论过甲午战后中国士绅知识分子日本观的变化。那么，日本的知识分子在甲午战后又是如何看待中国的呢？为了搞清这个问题，我们不妨换个角度来看一下日本的情况。

早在明治二年（1869年）二月，岩仓具视在给三条实美的意见书"外交之事"条下这样写道："虽然不得不与外国建交，但海外万国毕竟皆我皇国之公敌也。公敌者，何谓也，彼海外万国日日研究文学，日日钻研技术，以谋富强……海外万国各自皆欲立于他国之上，甲国对乙国，乙国对丙国，皆莫不然。故曰，海外万国，皆我皇国之公敌也。"① 显然，在岩仓具视的眼中，世界乃是一个弱肉强食的血腥的大修罗场，在那里，所有的国家均为了自身的安全与存续而战，无论何国都在日日增强国力，以谋富强，称霸于他国之上成了他们梦寐以求的理想。为了本民族的利益，一切道德与正义均被置之脑后，本国与本民族的独立成为全体国民追求的最高原则。基本这种观点，新政府成立之后所坚持的对外和亲政策并非采取国际主义的观点，一方面，岩仓所

---

① 〔日〕冈义武：《国民的独立与国家理性》，载《冈义武著作集》第六卷，岩波书店1993年版，第243页。

谓的"海外万国毕竟皆我皇国之公敌"的观念深深地隐藏在背后，而随着"神选之国"（指日本——引者）的生存本身成为课题之时，梦想着膨胀的国家理性（reason of state）也同时在黑暗中跃动。①

岩仓具视的这种思想，极大地影响了日本近代的思想界，使得日本在近代国际政治的大舞台上，为了本民族的安全与存续，于国内富国强兵，增强国力，于国际，纵横捭阖，谋求膨胀。然而，不幸的是，在这种思想的支配下，日本终于踏上了危险的军国主义道路。

明治维新以后，西洋列强的沉重压力虽未直接地加在日本头上，然而，"西力东渐"的滔滔大势，在以中国为中心的舞台上不断蔓延的形势，对日本来说，无论如何也不能说是毫不相干。幕府末期，日本的有识之士即对西方帝国主义势力不断向近邻中国渗透一事，抱有强烈的不安。他们认为，这种渗透，对日本的民族独立，无疑存在着巨大的危险。到维新以后，这种观点不但未发生变化，而且变得更加强烈。于是，西方帝国主义对中国的侵略，以及中国的命运，引起了日本的统治层及知识层高度的关注。在他们看来，中国的事情绝不是隔岸之火，而是应深切关心之事。不唯如此，他们甚至因此对中国产生一种连带的感情。于是，在日本国中，中日两国有着"唇齿辅车"关系的论调，被人频频提起，而"日清提携论"也经常由不同的人所提出。这部分人主张，中日两国应当互相提携，共同抵抗西方帝国主义的压力，以保卫两国的民族独立。有时，他们也将韩国加进来，而提倡"日清韩三国提携论"。② 例如，幕末由佐藤信渊、平野国臣、胜海舟等所提倡的"日清提携论"，到维新以后，也为不少人所继承。明治三年

①　〔日〕冈义武：《国民的独立与国家理性》，载《冈义武著作集》第六卷，岩波书店1993年版，第243页。

②　〔日〕冈义武：《国民的独立与国家理性》，载《冈义武著作集》第六卷，岩波书店1993年版，第248页。

（1870 年，清同治九年），日本因"西人强逼该国通商，心怀不服，而力难独抗，欲与中国通好，以冀同心协力"，① 故遣差官柳原前光等人来华接洽，中国方面虽许与日本订约，但因柳原前光官阶太低，要求改派大员来华，方允与其订约。翌年，明治四年（1871 年，清同治十年）四月，日本政府派出大藏卿伊达宗城为钦差大臣，外务大丞柳原前光、津田真道为副使，郑永宁（郑芝龙后裔）为翻译出使中国。一行二十人于六月初九日到达天津，与中国订立了中日修好条规十八条，通商章程三十三条。条约的第二条即规定："两国既经通好，必互相关切，若他国偶有不公及轻藐之事，一经知照，必须彼此相助，或从中善为调处，以互敦友谊。"这里面即可反映出"日清提携论"的精神。②

明治政府的决策人中岩仓具视即热心提倡"日清提携论"的一人。明治八年（1875 年）他在奏折中向天皇建议说："诸外国中唯罗西亚最为可怖，如清国为罗西亚所吞并，则我国之独立即陷于危境，故对我国而言，应与清国谋求亲善，互相援助，合而共谋两立两全之策。"在其后的明治十五年（1882 年）十月，因朝鲜壬午事变而中日关系日呈紧张时，岩仓在给井上馨的意见书中还是坚持他的"日清提携论"。他写道："今日于亚洲保持独立者，唯日清两国而已，此两国若不能互相提携，则终将不能阻止'西力东渐'之势力。"③

当然，提倡"日清提携论"的人不仅限于明治政府的决策层，在社会上也大有人在，他们的主张散见于明治前期的民间评论及意

---

① 参阅《李文忠公全书·奏稿》卷七十，转引自蒋廷黻编纂：《近代中国外交史资料辑要》中卷，商务印书馆 1934 年版，第 55 页。

② 梁嘉彬：《李鸿章与中日甲午战争》，第 273—274 页，载中华文化复兴运动推行委员会主编：《中国近代现代史论集》第十一编《中日甲午战争》，（台湾）商务印书馆 1986 年版。又〔日〕冈义武：《国民的独立与国家理性》，载《冈义武著作集》第六卷，岩波书店 1993 年版，第 248 页。

③ 〔日〕冈义武：《国民的独立与国家理性》，载《冈义武著作集》第六卷，岩波书店 1993 年版，第 249 页。

见书中。即使到了明治20年代，志贺重昂也仍在其所著的《南洋时事》中极力提倡"日清提携论"。这在当时只不过是普通的一例。又比如明治二十三年（1890年）十月三日《朝日新闻》登载了题为《国防私论》的文章，文章作者也大力宣扬"日清提携论"。这位作者认为，今日之东洋，地处欧洲侵略主义之要冲，若想抵抗欧洲之侵略，则非用日中两国之"合纵同盟"不可。自古以来，日本与中国之关系虽或亲或仇交错而行，然若从世界大势来考虑，值此"东洋之危局"之际，欲谋各自永久之独立，则应"互相于恩仇两相忘"，而互结"同盟和约"，以应对此重大之变局。像这样的例子还有很多，它们广泛地存在于当时及以后的日本社会中。①

然而，随着国际与国内环境的急剧变化，在日本的决策统治层与知识层中逐渐产生了一种早日赶超西方先进水平的焦急心态，这种焦急心态使得原有的"日清提携论"一步步向极端倾斜，于是又从"日清提携论"中派生出另一种观点，这就是"清韩改造论"。

这种主张，大约产生于明治六年（1873年）以后。当时，明治政府因"征韩论"发生分裂，西乡隆盛等辞职返回故里，而留下的决策层则加大了推进现代化的力度。在这期间他们虽遇到了巨大的困难，但却未能挡住其前进的脚步。在他们的努力下，日本的现代化运动得到了长足的发展。然而，与此相反，中韩两国在摄取西方文明上却显得步履蹒跚。这种结果使得日本与中韩两国在近代化道路上的差距越来越大。按日本的逻辑，对近代化的追求，乃是发扬民族主义、保持民族独立的必要条件。而在西方帝国主义的重压下，中国的近代化进程却如此缓慢。这样一来，中国能否维持其民族独立的问题在日本的统治层和知识层中逐渐地引起强烈不安，当然，日本的这种担心绝非是为了中国，因为在日本看来，中国的

---

① 〔日〕冈义武：《国民的独立与国家理性》，载《冈义武著作集》第六卷，岩波书店1993年版，第249页。

民族独立与日本有密不可分的关系，中国若亡，日本将失其藩篱。于是，日本的一部分知识分子对以往的那种单纯在中国的现状基础上与中国互相提携的理论做了修正，提出了一种促进中国国内改革、帮助中国近代化的理论，这种越俎代庖的理论便是所谓的"清韩改造论"。

福泽谕吉应当说是"清韩改造论"的代表人物。他在明治十四年（1881年）的《时事小言》中曾提出过这种理论。他说，像我国这样摄取西洋文明而使文明进步之国于东洋实属绝无仅有，值清国开化迟迟未前之际，东洋诸国中应称为"文明之中心"，而立于先头与西洋抗衡者，舍日本国民之外而无他，我们不能不认识到，保护我亚细亚之东方，乃我日本之责任。世间虽有只谋自国独立，而不管他国的主张存在，但这种观点大谬不然。例如，自家房屋为石造，而近邻房屋为木造，火灾发生时也不能安心，为了防止火灾，房主应在考虑自家措施的基础上也考虑近邻的措施。万一有事，应援自然是应有之事，重要的是即使是无事之时，也要与近邻进行交涉，使其也按照我家式样建造石屋。视不同情况，甚至强令其改造也无妨。而且当形势紧张之时，也可以毫不客气地占领其土地而用我的手来重建。这样做的目的当然不是为了邻居，这乃是怕其家的火灾殃及到我。当前西洋诸国向东洋扩张势力的情景犹如火势之蔓延。东洋诸国，特别是与日本邻近的中韩等国因"迟钝"而不能与之相抗，这就犹如不堪火势的木造房屋一样。故而，日本应不为他国而为自国，以武来保护之，以文来诱导之，使之速速仿行日本之成例，不达近时文明之境而不止，于不得已之场合，"以力胁迫其进步"也行之无妨。"唇齿相连，辅车相依"虽可用于国力相当之国，然今欲与中国和朝鲜互相依赖之主张，乃极为迂阔之论。①

①〔日〕福泽谕吉：《时事小言》第四编《国权之事》，转引自〔日〕冈义武：《国民的独立与国家理性》，载《冈义武著作集》第六卷，岩波书店1993年版，第250—251页。

这里应该注意的是，明治维新以后，在"西力东渐"的背景下，日本虽存在"日清提携论"的主张，然而，现实中的日中关系，却时常呈现紧张的情况。明治七年日本对台湾的战争，明治十七年朝鲜发生的甲申事变，都使两国走到了战争的边缘。而随后，两国终于爆发了甲午战争。说起来也很奇怪，差不多每隔十年，两国关系便发生一次巨大的危机，而最终导致悲惨的结局。

如此一来，中日关系的这种动荡不安的险恶的现实，则不能不与"日清提携论"发生冲突，尽管当时日本朝野中主张"日清提携论"的大有人在。①

然而，中日关系中所呈现的尖锐对立与潜在的战争危险，强烈地刺激了日本的民族主义，并且使之更加奋进。从这个意义上说，幕末由于"西力东渐"而觉醒的民族主义，在维新以后随着中日关系的演进而变得更加昂扬。明治维新以后，日本政府将其军事能力的扩充与加强当成日本现代化重要的一部分而投入了巨大的力量。在上述的历史背景下，明治政府在其明治十五年的军备扩张计划中，已将中国定为假想敌国。更应注意的是，在"西力东渐"的大势的蔓延过程中，清朝国内的改革却始终未见成效，如此一来，在日本知识层中，对中国被列强瓜分的忧虑与日俱增。然而，正如上述已经谈到的那样，日本的这种恐惧与不安，乃是因为中国逐渐被西方列强分割一事直接威胁到日本民族独立。②

---

① 如前述所提到的岩仓具视在其奏折中有"若日清不互相提携则不能扼制西力东渐之大势，为区区一朝鲜而与清国发生战争实于我国不利，徒使狡猾之欧洲人坐食渔翁之利"的话，而且这种所谓的应将朝鲜的宗属问题搁置起来而避免与清国对立的观点也并非岩仓具视一人，在社会上其他人也不时发表"日清提携论"。例如明治十四年，中江兆民的《吾侪不欲议论时事》（《东洋自由新闻》第一一号），明治十五年小野梓的《论外交》（《东洋论策》明治十八年），志贺重昂的《南洋时事》（明治二十年），末广重恭（铁肠）之《东亚之大势》（明治二十六年）等文章中都可以看到"日清提携论"的主张。参阅〔日〕冈义武：《国民的独立与国家理性》，载《冈义武著作集》第六卷，岩波书店1993年版，第255页。

② 参阅〔日〕冈义武：《国民的独立与国家理性》，载《冈义武著作集》第六卷，岩波书店1993年版，第254—255页。

于是，在以上的形势下，日本出现了一种"日本应向清韩扩展势力，如果瓜分中国成为现实，则应前进一步，且在瓜分前参加瓜分者的行列"的主张。这种"参加瓜分中国论"的主要企图是，在列强瓜分中国前，抢先一步从中国攫取部分权益，并以此为筹码，在与西方帝国主义的角逐中取得相对的势力均衡，并试图以此来达到日本民族独立的目的。这种主张，乃是在"日清提携论"未见成效的情况下，为确保其民族独立的另一种构想。①

这样的例子有很多，例如杉田定一于明治十七年（1884 年）怀着改造中国的目的来到中国，但是来到中国后他发现清朝的"腐败实在想象之上，不能用语言来形容"。②清朝上下"固陋顽冥，不知宇内之大势"，而西方列强于东亚互相竞争，都企图获得其支配的地位。如此一来，清朝逐渐成为西方帝国主义之争夺地，值此之际，日本与其坐视西方帝国主义侵入东亚而成其"俎上肉"，不如进一步而成其"膳上客"。在他看来，这种方法乃是身处此"优胜劣败之活世界之法则"。③

最有代表性的人物还属福泽谕吉。明治十八年（1885 年），他在《时事新报》上发表了一篇题为《脱亚论》的文章。这篇文章并不太长，其主要的意思是想让日本脱离亚洲，加入西方列强的队伍。他认为，当今之世，若不吸收西洋文明则不能保持国家的独立，故日本所做所有之事均是摄取西洋文明而从古风中脱出，其结果就是要使日本成为全亚洲之中心。日本所做的一切，其宗旨用"脱亚"二字可尽其义。与此相反，中韩两国却固守古之传统，如此下去，其维持独立则全然无望。这样的国家若实行日本明治维新

---

① 〔日〕冈义武：《国民的独立与国家理性》，载《冈义武著作集》第六卷，岩波书店 1993 年版，第 256 页。

② 〔日〕富永重编著：《杉田定一翁小传》，昭和九年，转引自〔日〕冈义武：《国民的独立与国家理性》，载《冈义武著作集》第六卷，岩波书店 1993 年版，第 256 页。

③ 〔日〕杉田定一：《游清余感》，转引自〔日〕冈义武：《国民的独立与国家理性》，载《冈义武著作集》第六卷，岩波书店 1993 年版，第 256 页。

那样的改革则另当别论，如若不然，则肯定于数年之内亡国，其领
土为世界文明诸国所瓜分，此一点应毫无异议。辅车唇齿虽属邻国
间互相帮助之语，然今日中韩两国对日本而言，无丝毫之帮助，西
方文明诸国将日本与中韩同样视为未开化之国，为此则使日本于外
交上遇到不少困难，故而日本应取之策乃是：不应再犹豫，等待邻
国的开明，而毋宁脱离其伍与西洋文明国共进退，待中国及朝鲜之
法也不能因其是邻国而对其有特别的照顾，而唯应随西人待其之法
而处置之，与恶友亲近者不免与之共担恶名，故日本应从心中抛弃
东亚之恶友。① 在这种观念的影响下，日本又逐渐出现了各式各样
的"入侵大陆论"。

中日甲午战争时期，日本的思潮又发生了变化，战争刚一开
始，顺利发展的形势使日本朝野上下欣喜若狂，据当时的外务大臣
陆奥宗光的《謇謇录》载：

> 于平壤、黄海胜利之前暗中为战争胜负而焦思苦虑的国民
> 现在却早早对胜利毫不怀疑，所余唯有我旭日旗何时进入北京
> 城而已。于是乎国中之气象乃壮心快意之情狂跃，骄肆高慢之
> 气横流，国民到处如泥醉于喊声凯歌之场，将来之欲望与日
> 俱增。②

然而，好景不长，日本国民这种狂喜的情绪，没有多久即被三
国干涉的冷酷现实所打破，日本朝野上下从极度兴奋的高峰，跌入
异常愤懑的深谷。

明治二十八年（1895 年）四月二十三日，俄、德、法三国干涉之
事突来。翌日，天皇于广岛行宫举行御前会议。会议确定，与第三国

① 〔日〕福泽谕吉：《脱亚论》，载《福泽谕吉全集》第十卷，岩波书店昭和三
十三年版，第238页。
② 〔日〕陆奥宗光：《謇謇录》，岩波书店昭和十六年版，第128页。

之和亲断不能破，再树新敌亦断非善策。而就当时国中一般状况而言，一种政治恐慌袭来，从惊愕之极，陷入沉郁之中，忧心忡忡皆有日本要塞将受三国炮击之虞。高谈匡救大难者，几无一人。①

人人胸中郁积不平不满之念一时勃发，昨日还抱有过分之骄慢，今日却生蒙受屈辱之感，各人所受挫折之程度不同但均觉异常之不快。彼之不满与此之不快，早晚若不向何处宣泄之则人人不能自慰。②

三国干涉还辽事件对日本产生了多重影响。首先是朝野上下对西方列强尤其是俄国的仇恨。《太阳》杂志明治二十八年在一篇题为《卧薪尝胆》的文章中用愤懑的笔触写道："三国之善意，一定会酬谢，吾帝国国民绝非忘恩负义之国民也。"③ 其次是三国干涉还辽使日本国民的一等国的幻想被无情地打破，他们清醒地认识到，日本于国际政治中，尚处于低下的位置。④ 日本若想不为西方列强所压制，唯有增强国力不可。陆羯南在日本决定归还辽东半岛时写道："有时国际上的事务应以力来裁决，而不惟以理争也。"⑤

德富苏峰在其日后的回忆录中也写到了他当时的心情：

> 日本人作为国民而言，长久以来，自癸丑到甲寅，饮下了三斗苦酒，此即是三国干涉还付辽东半岛之事。当时予获知辽东半岛为日本新领土时，即从旅顺口、菅口、海城、大石桥、盖平等地踏查，将还旅顺口之时，忽接此报，即上归途，携之

---

① 〔日〕陆奥宗光：《謇謇录》，第25页，载〔日〕萩原延寿编：《陆奥宗光》中公バックス《日本の名著》第三十五册，中央公论社昭和五十九年七月二十日。

② 〔日〕陆奥宗光：《謇謇录》，第25页，载〔日〕萩原延寿编：《陆奥宗光》中公バックス《日本の名著》第三十五册，中央公论社昭和五十九年七月二十日。

③ 〔日〕隅谷三喜男：《大日本帝国の试炼》，中央文库1991年版，第41页。

④ 〔日〕志村寿子：《戊戌变法と日本——日清争战后の新闻を中心として》，载东京都立大学《法学会杂志》第6卷，昭和四十一年，第263页。

⑤ 〔日〕陆羯南：《辽东还地の事局に对する私议》，载《日本》明治二十八年五月二十七日。

而还之物，仅有旅顺口海滨沙砾一掬，曰：是尚为日本领土之一片也。①

他又说：

> 若说辽东半岛归还一事几乎支配了我一生的命运则毫不过分，自闻此事以来，予于精神上几乎变成另外一人，而此事若论其究竟，力不足之故也。力若不足，则确信无论如何正义公道亦半文不值也。②

毫无疑问，三国干涉的苦涩经历，使得日本在痛切地意识到其国际地位低下的同时，用强权政治来理解国际政治的倾向进一步加强。③

日本在《马关条约》中，迫使中国承认朝鲜的独立地位，从而达到其开战当初的目的，然而战后由于俄国对朝鲜的渗透，日本不得不陷入新的恐惧之中，这就是俄国将取代中国的地位而对朝鲜进行支配。不单如此，正如甲午战争中日本一部分人所预料的那样，西方帝国主义在甲午战争之后对中国侵略的图谋逐渐强化起来，形势呈现出一种"瓜分中国"即将提上日程的局面。④

这种对俄国的仇恨，以及对中国被瓜分后日本的民族独立将失去藩篱的恐惧，使得日本思想界又出现了新的情况。当然，这种新的论点与主张和以往的思潮并非毫无关系，是以往的主张在新的情

---

① 〔日〕德富苏峰：《昭和国民读本》，东京日日新闻社昭和十四年二月十一日，第196页。

② 〔日〕德富苏峰：《苏峰自传》，昭和十年，转引自〔日〕冈义武：《国民的独立与国家理性》，载《冈义武著作集》第六卷，岩波书店1993年版，第264页。

③ 〔日〕冈义武：《国民的独立与国家理性》，载《冈义武著作集》第六卷，岩波书店1993年版，第263页。

④ 〔日〕冈义武：《国民的独立与国家理性》，载《冈义武著作集》第六卷，岩波书店1993年版，第263页。

况下的延续与发展。

第一种是"日英同盟论"。这种主张是为了对付俄国而从"侵入大陆论"发展而来的。

甲午战争以中国的割地赔款而告终，天朝上国的面纱被无情地撕去，中国的内幕也随着战争而呈现于世界面前。这使日本的一部分人士认为，中国被分割乃是迟早之事。所以，日本从现在起就要做好准备，不能落在西方帝国主义之后。持这种主张的人在日本的知识层中应首推福泽谕吉，他在《时事新报》上提出为了维护日本在远东权益而必须与西方强国互相提携的"日英同盟论"。而在政府内部，也有持这种意见的人，其代表便是山县有朋，山县的"日英同盟论"主要是针对俄国的。在山县看来，中国被瓜分乃必然之事，所以围绕中国的东北，日俄间必然会爆发一场大的冲突，为了防止冲突的发生，所以必须得到其他强国的支援，山县所谓的强国，是指英国。①

上面所谈的"日英同盟论"在日本的舆论界中仅代表一部分人的意见，而另一部分人虽然也担心中国被西方列强瓜分，但他们的外交主张却与"日英同盟论"有很大的不同，他们主张黄种人联合起来，共同抵抗西方白种人的扩张。这是从"日清提携论"发展而来的主张。

高山樗牛（1871—1902 年）即为其中有代表性的一人。他毫不隐饰自己对异种人同盟（日英、日法同盟等）所表现出的深切怀疑。他强烈谴责美国占领菲律宾，认为世界之大势，"呈现出一种人种竞争逐渐激化的趋势，即亚利安人与非亚利安人之角逐，乃至亚利安人在世界上逐渐征服非亚利安人"。甲午战争的胜利对他来说虽然也很高兴，但他同时认为，"打击支那帝国，

---

① 〔日〕志村寿子：《戊戌变法と日本——日清战争后の新闻を中心として》，载东京都立大学《法学会杂志》第 6 卷，昭和四十一年，第263 页。

使之一蹶不振，这乃是鞑靼人种最大不幸和悲哀"，① 认为甲午战争是黄种人的自相残杀。高山樗牛的思想中，人种帝国主义倾向十分强烈，呈现出一种"与帝国主义列强对抗的姿势"。②

荒尾精也于明治二十八年（1895 年）在其题为《对清辨妄》的文章中说"清国民足可与之共谋东洋之大事"，又说"东洋之大事，唯日清两国协心戮力经营一途而已，若失此一途，茫茫大陆不归于欧西诸国之割宰分食者几稀也"。③ 特别是在三国干涉还辽以后，日本更加仇视以俄国为首的白人。一些人士如安驷寿等在政教社杂志《日本人》上发表《日清韩国同盟论》，主张黄种人联合起来共同对付西方列强。当时日本驻清朝特命全权大使大鸟圭介于明治三十二年（1899 年）在《太阳》杂志上发表《对清国古今感情之变迁》一文。他认为："古来日本一直认为中国是其文化之渊源国。习中国文字，读中国书籍，朝野上下对中国制度文物无不尊崇，视之为无上之先进国而尊之敬之。"明治十五年（1882 年）七月汉城之乱（壬午之乱）后，日本对中国由古来尊崇之心变为危惧之心，甲午战争之时，又由对中国的危惧之心而变为敌忾之心。战争中，经丰岛海战、牙山陆战、平壤陷落、黄海海战、辽东战争之全局，目睹清军软弱无能，毫无节制，轻侮之念随之渐生渐浓。而战后，又见中国上下人心沮丧，财政紊乱，而西方一二国竟乘中国善后之策未成之际，乘机占领其要地，日本作为邻国闻之，于愕然之中又渐生悯恻之心。而此后，又见中国戊戌变法诸举，悯测之

---

① 〔日〕铃木正节：《博文馆〈太阳〉の研究》，アジア经济研究所 1979 年版，第 18 页。

② 〔日〕鹿野政直：《国家主义の抬头》，第 294 页，载〔日〕桥川文三、松本三之介编：《近代日本政治思想史》第一册，〔日〕宫村俊义、大河内一男监修：《近代日本思想史大系》，有斐阁昭和五十二年版。

③ 〔日〕荒尾精：《对清辨妄》，明治二十八年，第 33—39 页，转引自〔日〕志村寿子：《戊戌变法と日本——日清战争后の新闻を中心として》，载东京都立大学《法学会杂志》第 6 卷，昭和四十一年，第 263—264 页。

心又变为协和之心。① 此说虽未能代表日本当时全部之舆论界，但代表当时日本相当一部分人的意见，道出了当时日本人对华的感情变化。《太阳》杂志称其文："极其明晰地论述了日本人对清朝感情的变化，鉴往知来，其中不乏东洋之经纶策，是大鸟氏得意之支那论。"② 在这些人的宣传下，日本朝野上下兴起了一股研究中国的热潮。据石锦《甲午战后日本在华的活动》载，当时早稻田专门学校的部分学生设立时局研究会，讨论中国问题，并招请参谋本部的田村怡与造、福岛安正、宇都宫太郎等，作有关中国时事的演讲。③

政府方面，日本政府则派出可倪长一、平山周、宫崎寅藏三人，以外务省咨议名义前往华南，调查革命党的实际情形。④

光绪二十三年（1897 年）、二十四年（1898 年），"东亚会"和"东亚同文会"相继成立。"东亚同文会"曾与"同文会"合并，"同文会"的宗旨是启发清人，匡救东亚时局，合并后提出了"保全支那"与"助成中国与朝鲜的改善"等纲领。"东亚会"的决议中还有"使居留横滨与神户的中国人之笃志者入会"（第三项），"准许辅佐光绪帝担当变法自强之局的康有为、梁启超入会"（第四项）。⑤

在这种形势下，明治政府为了报三国干涉还辽的一箭之仇也提出了"卧薪尝胆"的口号，所以甲午战后用"慎重"一词便可囊括日本全部的对外方针。⑥ 他们将"充实国力"作为当时最重要的课题，努力发展日本的综合国力，准备将来与俄国大战一场。在这

---

① 大鸟圭介：《对清国古今感情之变迁》，《太阳》第五卷第十号，东京博文馆，明治三十二年五月五日。

② 参阅《太阳》第五卷第十号卷首。

③ 石锦：《甲午战后日本在华的活动》，载中华文化复兴运动推行委员会编：《中国近代史论集》，（台湾）商务印书馆 1986 年版，第 810 页。

④ 石锦：《甲午战后日本在华的活动》，载中华文化复兴运动推行委员会编：《中国近代史论集》，（台湾）商务印书馆 1986 年版，第 810—811 页。

⑤ 石锦：《甲午战后日本在华的活动》，载中华文化复兴运动推行委员会编：《中国近代史论集》，（台湾）商务印书馆 1986 年版，第 811 页。

⑥ 山县有朋文书，宪政资料室藏《清国の特使に关する意见书》，明治三十二年五月二十七日。

种形势下，日本朝野各界人士纷纷来华，希望与中国的亲日势力联合，以共同抵抗欧洲人，而中国的一部分官绅知识分子，也与这种形势相呼应，提出了"联英日以拒强俄"的外交主张，企图用联合英日两国的办法来对付俄国，挽救民族的危亡，并希望借鉴日本的经验来走现代化的道路，用富国强兵的办法来彰显民族的存在。[①] 有关这些方面的详细情况，我们放在以下的章节中讨论。

二　日俄在中国的舆论争夺
与《国闻报》的宣传

甲午战后，日本除割走台湾，在中国获取了大量赔款外，也达到了其开战当初的目的，就是迫使中国放弃对朝宗主国的地位，而承认朝鲜的独立。然而，由于战后俄国对朝鲜的渗透，日本感到俄国大有取代中国而形成对朝鲜支配的地位。且随着列强瓜分中国的图谋日趋明显，以及三国干涉还辽后日本对俄国的仇恨，日本一部分人认为围绕中国的东北，日、俄间必然会爆发一场大战。在此严峻的形势下，日本除了做"卧薪尝胆"充实国力的对俄战争准备外，联合中国在内的黄种人来对付以俄国为首的白种人的思想也在日本思想界出现。在这种思潮的影响下，帮助中国改革，在中国舆论界中争取中国主张维新变革士绅的支持，便成为日本为本民族在当时的国际环境下，维持其安全与持续的所谓国家理性（reason of state）的最优选择。

俄国与中国相邻，其对清朝之疆土早已垂涎三尺，只因时机未到，隐忍未发而已。当时清廷之官僚对世界之大势毫无所知，其眼光与手段尚停留在战国时期，他们的外交策略，一般主张联结强援，以夷制夷。此种情况不独李鸿章如此，比如我们在前面所讨论

---

① 梁启超、麦孟华：《呈请代奏乞拒俄请众公保疏》，载翦伯赞等编：《戊戌变法》第二册，神州国光社 1953 年版，第 333 页。

过的张之洞则更甚于李氏，他曾主张向英、俄、德等国"力恳切商，优予利益，订立密约，恳其实力相助"①，他主张，如俄肯助我，"即酌量划分新疆之地，或南路回疆数城，或北路数城以酬之"；如英肯助我，"则酌量划分西藏之后藏一带地，让与若干以酬之，亦详以推广商务。"② 当时，不仅张之洞持上述主张，清廷封疆大吏刘坤一也曾电致总署，主与俄结欢，让以便宜，以制东西两洋。③ 不惟如此，据说李鸿章在去日本议和之前，"先有所商于各国公使，俄使喀希尼曰：'吾俄能以大力拒日本，保全中国疆土，惟中国必须以军防上及铁路交通上之利便以为报酬。'李乃与喀希尼私相约束，盖在俄使馆密议者数日夜云"。④ 清廷大吏们的这些联结强援、以夷治夷的外交策略与手段，不仅丝毫未能阻止列强对中国侵略与渗透，反使列强生心，觊觎中国领土之情更切，尤其是俄、日两国，为了各自的利益，在中国掀起了更激烈的角逐。

梁启超曾说：

> 马关定约，未及一月，而俄国遂有与德、法合议，逼日本还我辽东之事。俄人代我取辽，非为我计，自为计也。彼其视此地为己之势力范围，匪伊朝夕，故决不欲令日本得鼾睡于其卧榻之侧也。故使我以三十兆两代彼购还辽东于日本之手，先市大恩于我，然后徐收其成，俄人外交手段之巧，真不可思议。⑤

---

① 张之洞：《倭约贪苛太甚宣结英俄德相助　致总署》，光绪二十一年三月二十六日午刻发，载赵德馨主编：《张之洞全集》第四册，武汉出版社2008年版，第434—435页。

② 张之洞：《倭约意在吞噬中国宁割边壤以联英俄敌日　致总署》，光绪二十一年四月初二日辰刻发，载赵德馨主编：《张之洞全集》第四册，武汉出版社2008年版，第436页。

③ 郭廷以编著：《近代中国史事日志》下册，中华书局1987年版，第919页。

④ 梁启超：《中国四十年来大事记》（一名李鸿章），载《饮冰室合集》专集之三，中华书局1989年版，第59页。

⑤ 梁启超：《中国四十年来大事记》（一名李鸿章），载《饮冰室合集》专集之三，中华书局1989年版，第60页。

1896 年 2 月慈禧太后以俄皇加冕为由派李鸿章往贺。李在俄曾与俄财政大臣微德、外务大臣罗拔诺甫会谈东省铁路及同盟密约事宜。至 9 月 28 日，《中俄同盟密约》在北京互换。① 《密约》的签订，极大地触动了日本那根敏感的神经，最终与俄国爆发战争已是不可避免之事了。

此时在中国的大地上，正酝酿着一场变法救亡的风暴，天津地区的维新士绅，于该地创了《国闻报》。该报号召变法，追求富强，像一座黑暗中的灯塔，引领着士绅阶层的舆论方向，而中国士绅们的舆论又将影响到中国将来的政治走向及国策。这些对日、俄两国来说，均是关系其各自切身利益的大事。所以，围绕《国闻报》这块重要的舆论阵地，日、俄两国为左右中国士绅层舆论导向的明争暗斗便紧锣密鼓地展开了。

《国闻报》创刊于 1897 年 10 月 26 日，最初是由严复、王修植、夏曾佑、杭辛斋等人创办的。严复，字又陵，福建侯官人，时为天津水师学堂总办。王修植，字宛生，浙江定海人，光绪六年进士，长算学，喜谈事务，时任天津博文书院候补道台。夏曾佑，字穗卿，浙江钱塘人，光绪十六年进士，精佛学，与谭嗣同、梁启超相友善。② 时任天津育才学堂总办。杭辛斋，名凤元，又名慎修，字夷别，浙江海宁人，以本州博士弟子员肄业于北京同文馆，曾上书光绪帝，条陈变法，被授内阁中书。这几人办报之始，共出报两种，日报每日印一张，计八开，用四号铅字排印，名曰《国闻报》。旬报十日印一册，约计三万言，用三号铅字排印，名曰《国闻汇编》。

早在《国闻报》创刊之前，俄国与日本分别听闻此事，为了争夺这块舆论阵地，便围绕《国闻报》展开了一场激烈的角逐。当时

① 郭廷以编著：《近代中国史事日志》下册，中华书局 1987 年版，第 945—958 页。

② 梁氏曾著文称"穗卿是我少年做学问最有力的一位导师"。参阅梁启超：《亡友夏穗卿先生》，载《饮冰室合集》文集之四十四（上），中华书局 1989 年版，第 18 页。

正值三国干涉还辽之后，中国朝野为了感谢俄国的好意，举国一致盲目亲俄。1897 年 5 月 21 日，俄国专使吴克托穆亲王来到北京，受到了隆重的接待，5 月 26 日，吴克托穆觐见于文华殿，受到温谕慰问。5 月 28 日，吴克托穆二次觐见，呈俄太后进慈禧太后国书及宝星礼物。慈禧大喜，传懿旨答谢。是日设宴于总署，款待俄使。6 月 24 日，庆亲王、李鸿章、翁同龢、许应骙又与吴克托穆、巴布罗福谈松花江行船、关税、铁路等事。6 月 26 日慈禧太后亲下懿旨，赐俄使吴克托穆宴于总署，并请他转带其送给俄皇俄后等的礼物。①一时双方来来往往，忙忙碌碌，关系显得十分融洽。

此时，中国的改革运动逐步深入，因在《直报》上发表政论文章而名噪一时的严复，为了宣传他的政治主张，纠集同志，准备"略仿英国泰晤士报之例"在天津办一份报纸，就在他与同志紧张地筹备办报时，俄国驻华副领事库洛斯不知从何处得到了这个消息，立刻伙同俄国驻华武官沃嘎克找到《国闻报》创办人之一的王修植，准备用金钱收买《国闻报》。俄国此举，显然是为其当时的南进政策服务。俄国的举动，自然没有逃过日本人的眼睛。他们准备收购《国闻报》一事，早为日本领事所侦知，日本驻天津领事官领事郑永昌于明治三十一年（1898 年）三月三十一日给小村寿太郎外务次官的报告书记载了王修植与俄国驻华武官沃嘎克和副领事库洛斯谈话的内容。其文如下：

> 余（王修植——译者注）乃《国闻报》之发起人，一日正与同志商议筹款之事，驻天津俄国大佐沃嘎克与副领事库洛斯突然来访。彼言道："当今正值俄中两国友好关系异常亲密之际，汝等正在筹划中之报纸应以俄中协同为宗旨，至于办报所用之资金，俄国可以全部先行贷与，唯俄国认为主笔应由俄

---

① 吴克托穆访华一事均见郭廷以编著：《近代中国史日志》下册，中华书局 1987 年版，第 969—970 页。

国所推荐的中国人来担任。"

余婉言将其要求拒绝，又思彼等碰了钉子之后，肯定不会善罢甘休。于是与严复商议，由二人共同出资，急速将《国闻报》发行。①

显而易见，《国闻报》是在俄国的金钱利诱未奏效后，王修植等怕俄国人恼怒的情况下而匆忙创刊的。

《国闻报》发刊后，严复等在报上发表了一系列文章，为改革运动做舆论准备，尤其是他在《国闻报》上发表了《天演论》和《群学肄言》的部分译文，这些文章中的进化论思想对当时的中国人来说不啻当头棒喝，一股郁积已久的民族救亡之气被严复的文章所鼓动，民族主义的潮流开始涌动。《民报》称："自严氏书出，而物竞天择之理，厘然当于人心，而中国民气为之一变。"②《国闻报》的声名鹊起使俄国更想得到它，沃嘎克在碰了钉子之后依然不死心，他再一次找到王修植，执意准备收买《国闻报》。日本外务省的报告记载了此事，其大意略谓：

沃嘎克再次来访，声称"俄国愿每月出三百两白银，不知能否为俄国谋取利益"。余（王修植——译者注）答曰："奉行一定主义之办报方针不能以金钱来收买，然若有投稿记事等项，则一定登载。"沃嘎克大佐签了三百份《国闻报》的契约后，当场离去。③

---

① 外务省记录：《国闻报ノ部》，明治三十一年三月三十一日郑永昌一等领事致小村寿太郎外务次官报告，转引自〔日〕中下正治：《新闻にみる日中关系史》，研文出版社 2000 年版，第 37 页。

② 胡汉民：《述侯官严氏最近政见》，《民报》1906 年第 2 期。

③ 外务省记录：《国闻报ノ部》，明治三十一年三月十一日郑必昌一等领事致小村寿太郎外务次官报告，转引自〔日〕中下正治：《新闻にみる日中关系史》，研文出版社 2000 年版，第 37 页。

　　日本方面对俄国这些幕后的动作虽然了如指掌，然而其反应却远逊俄国。日本方面只是通过北京公使馆副武官、战略谍报海军中佐泷川具和的随员西村博①给《国闻报》社捎了个口信称："可以无偿提供新闻消息。"严复在《国闻报》上发表的于外交上要联俄，在内政上也要以俄国为榜样的《中俄交谊论》，可以说是俄国对《国闻报》所做工作产生的实效。②

---

　　① 《对支回顾录》中有关于西村博的记载，其文略曰：君（指西村博——译者注）庆应三年（1867 年）一月，生于京都伏见。明治二十八年（1895 年）以《大阪朝日新闻》记者之身份随军前往台湾，并曾兼任陆军翻译。明治二十九年（1896 年）来华，曾劝说郑永昌将俄国机关报买下，并将其改名为《国闻报》，因宁波人方若能文，君与之共同从事经营。明治三十三年（1900 年）义和团之变时，遭兵燹，国闻报馆化为灰烬……三十五年（1902 年）于天津创日文报刊《北清新报》，实中国北方日文报纸之开山之祖也。君机警过人，有关君救助因变法而招忌的康、梁亡命日本一事，仅君一生事迹中极小的一件。（中略）君自明治二十九年来华以来，常说要以天津为其长眠之地，谁知此语竟成谶言，昭和四年（1929 年）四月十一日，君因脑溢血死于天津，享年六十三岁。葬礼于天津公会堂举行，仪式极为隆重，其遗骨送往伏见故里，葬于祖茔旁，多年好友方若为其撰写碑文，并为其作铭曰："生何以状君，游云惊龙，死何以伴君，白石青松，且勤贞珉，无事崇封。"参阅东亚同文会编：《对支回顾录》下卷，明治百年史丛书之七十，原书房 1981 年版，第 724 页。《东亚先觉志士记传》中也有关于西村博的记载，其文略谓：西村博者，京都伏见人也。少壮时入大阪朝日新闻社，甲午战争时以从军记者身份赴台湾，战后于天津发行汉文报纸《国闻报》，聘请中国文士方若，活跃于华北言界，致力于中日亲善工作。义和团事件时该社于战火中化为灰烬，故而停刊。明治三十五年（1902 年）在天津创刊日文报纸《北清新闻》，边从事编辑，边努力经营，艰苦卓绝，不折不挠。别号颇具禅味，曰"麻三斤"，君侠肝义胆，明治三十一年（1898 年）北京戊戌政变时，西太后镇压康有为、梁启超之际，君乃为救助彼等脱险而尽力者中之一人。见黑龙会编：《东亚先觉志士记传》卜卷，原书房昭和四十一年版，第 94—95 页。此外，西村骏（西村博之长子）言，西村博 1895 年曾以《大阪朝日新闻》的随军记者之身份前往台湾，在当地与泷川具和结为知己，随后，当泷川前往天津时，西村亦随同前往。参阅〔日〕中下正治：《新闻にみる日中关系史》，研文出版社 2000 年版，第57 页。

　　② 〔日〕中下正治：《新闻にみる日中关系史》，研文出版社 2000 年版，第 38 页。又严复在《中俄交谊论》中称："今日之中国，不但当联俄，且当法俄。"严复主张法俄者，乃指效法俄国之君主专制制度。他说："今地球君权无限之国，独我与俄罗斯、土耳其三国耳。夫君权之重轻，与民智之浅深为比例。论者动言中国宜（转下页注）

《国闻报》如果这样发展下去，它的历史可能是另一种局面，然而自光绪二十三年（1897年）十月，德国出兵强占胶州湾事件发生后，情况却发生了一系列的变化。事件发生后，清政府派李鸿章访俄国署使巴布罗福，请予协助。俄国先答应尽力，继而背信弃义，派兵抢占了旅大。至此，俄国的丑恶面目已暴露无遗，中国士绅中反俄之情绪急剧高涨，《国闻报》的态度也来了个急转弯。此事早为躲在一边的日本看得一清二楚，有关情状及发展变化的信息被源源不断地送到日本的外务省。

西村博于明治三十一年（1898年）致小村寿太郎的《国闻报接续始末》记载：

> 随着俄国南侵政策逐渐明朗（旅大之占领——原注），清国尝到不少苦果。《国闻报》主笔等目睹俄国近日之非，而幡然醒悟，将从俄国银行所贷之款全部返还，同时断然峻拒俄人之要求（有关聘用俄国所荐主笔之事——原注）。①

而且就《国闻报》登载文章的内容，西村博的报告又称：

> 至此，《国闻报》亲俄态度大变，笔锋一转，反过来对俄国攻击不遗余力，大论清国将来之国策乃是应与日英联合，日

（接上页注②）减君权、兴议院，嗟呼！以今日民智未开之中国，而欲效泰西君民并主之美治，是大乱之道也。"严复的这种主张，除了上述所说的俄国对《国闻报》所施加的影响外，也与他在政治上的渐进主义态度有关。严复的这些言论，使他与康、梁一派于外交上主张联英、日以拒强俄，于政治上主张用兴民权、设议院来限制君权的观点大相径庭。严复这些言论请参阅王栻主编：《严复集》第二册，中华书局1986年版，第475页。

① 外务省记录：《国闻报馆引续始末》，明治三十一年七月二十日，《国闻报》馆馆主西村博致小村寿太郎外务次官报告，引自〔日〕中下正治：《新闻にみる日中关系史》，研文出版社2000年版，第38、57页。

英与俄国利害相反，故此举使俄国大为恼火。①

对《国闻报》的这种举动，俄国无论如何也不能漠然置之，首先，俄国驻天津领事找到王文韶，称："该报泄露了俄中两国外交秘密，故该报成为使中国人对俄国产生恶感的媒介，希望立即令其停刊。"然而，俄国领事却没想到，身在清朝官僚体制内部的直隶总督王文韶，不仅是变法运动的同情者，而且还是《国闻报》的后台。所以无论俄国领事的态度多么强硬，王文韶对俄国领事的抗议根本不予理睬。②

俄国领事忽略了这样一个事实，那就是自甲午战后，民族生存条件的急剧恶化使中国无论官僚层还是知识层，都产生了一种前所未有的危机感，用一种变革的方式来拯救民族危亡已成为一种政治共识。《国闻报》所作的宣传和它抵制俄国的一系列行动，自然会在中国知识界得到同情和支持，更何况它与直隶总督王文韶还有着千丝万缕的联系。在这一点上日本人对《国闻报》的观察要比俄国人更深入一些。

《朝日新闻》社的北京特派员在给总编池边吉太郎的信中，道出了《国闻报》与直隶总督府的一些内幕，其信仅是大意：

> 《国闻报》于创立之初，一时博其声价，将来大有属望，乃由于以下之原因：
>
> 一、当时，自德国占领胶州湾后，革新之论渐渐勃兴，天津直隶总督王文韶幕下之重要官吏，大多同报馆有关。明里暗里扶植该报馆，并供给其材料。
>
> 二、该报馆馆主王修植，因深得王文韶之信任，故由北洋

---

① 外务省记录：《国闻报馆引续始末》，明治三十一年七月二十日，《国闻报》馆馆主西村博致小村寿太郎外务次官报告，转引自〔日〕中下正治：《新闻にみる日中关系史》，研文出版社 2000 年版，第 38、57 页。

② 〔日〕中下正治：《新闻にみる日中关系史》，研文出版社 2000 年版，第 39 页。

大臣衙门中所得之情报，源源不断地供给《国闻报》，并由其记述登载，因此，该报素有报道精确、探访机敏之名。

三、撰稿人乃以育才教馆之进士夏曾佑为主笔，大学总教习严复等则以报上投稿之形式从旁助之。英文文章之翻译也由大学中英文教习所任。总而言之，《国闻报》成员皆王修植一派之同志，大家均以义务从事之，自为中国读书社会所重。

上述诸原因相加，遂使《国闻报》声价大起。①

这些情况，俄国领事可能不太清楚，他在直隶总督那里没有搞垮《国闻报》，又由俄国公使出面到北京去活动。

公使的做法果然要巧妙得多，他先贿赂都察院都御史，令其弹劾《国闻报》非议时事，有害宗庙，使《国闻报》的性质变为中国内政问题。然后前往总理各国事务衙门，向其提出"因《国闻报》妨害俄中友谊，请下令停刊"的照会。作为异民族统治者的清政府，在宗庙、道统等问题上本来就极度神经过敏，又加上最令清廷恐惧的俄罗斯的强硬的照会，这样一来，总理各国事务衙门不得不下令《国闻报》停刊。②

俄国一系列的行动，均在清光绪二十四年二月二十九日（明治三十一年三月二十一日）以前，也就是说，在俄国的迫害下，《国闻报》创刊仅四个多月，就已经面临被勒令停刊的威胁。

当时，总署在清朝官僚体制中虽属重要机构，然而也未能守住这样的秘密，《国闻报》将被停刊一事早就传到王文韶的耳朵里。

① 朝日新闻社编集室藏：《国闻报馆ニ关スル调查书》，明治三十二年三月二十三日，上野岩太郎（当时任《朝日新闻》社驻北京特派员）致池边吉太郎（当时任《朝日新闻》主编）的私信。其私信附于调查书中。转引自〔日〕中下正治：《新闻にみる日中关系史》，研文出版社 2000 年版，第 35、56 页。

② 参阅〔日〕中下正治：《新闻にみる日中关系史》，研文出版社 2000 年版，第 39—40 页。

于是，王文韶立刻找到《国闻报》的王修植，向他面授机宜。王修植闻讯后立即采取行动，找严复等商议，经过讨论，他们决定采取如下措施：一是报馆设在天津租界地面，主要人物不公开露面，推出一个名不见经传的福建人李志成充当馆主。二是撰写文章均不署名，对外不承认自己是主笔、主编。三是严复等主要报人不踏报馆之门，办报之事聚集在王修植家里商议。四是盘给日本人，对外宣称因"销行不广，资本折阅"，已由日人接办。① 王修植与严复等商议后，他又找到总督府的日文翻译，令其前往日本领事馆求援。当时日本驻天津一等领事郑永昌给小村寿太郎外务次官的报告书，尚记载《国闻报》派人去日本领事馆求援的详细经过。该报告书略称：

> 三月二十一日夜，受该报之所有者天津博文书院候补道台王修植所托，总督府日本语翻译官陶大钧，匆忙来求见下官，由于俄国公使的强烈要求，《国闻报》将被勒令停止发行，如《国闻报》这样被停刊，将几无再兴之望，且以往之苦心一朝付之东流，将悔之终生，如若将《国闻报》改成日本人之名义，则可度过此危难，就此还望特别怜察，恳请救此危难。②

陶大钧所转达王修植的这些要求，对日本来说应当是很愿意接受的。这是因为当时日本无论是官方还是民间，都在向中国示好，表示愿与中国联合，而在与俄国争夺中国舆论阵地时，日本又处下风，现在天赐良机，中国人自己送上门来，正好顺水推舟，将这块阵地夺过来。又加上日方也清楚《国闻报》的背景，他们也可以通过王修植、严复等人了解一些清廷体制内的情况。这些对日本来

---

① 参阅径松荣：《维新派与近代报刊》，山西古籍出版社 1998 年版，第 125 页。

② 外务省记录：《国闻报ノ部》，明治三十一年三月三十一日，郑永昌一等领事致小村寿太郎外务次官报告，转引自〔日〕中下正治：《新闻にみる日中关系史》，研文出版社 2000 年版，第 40、58 页。

说，都是有百利而无一害的事情。

于是，郑永昌火速与当时以海军中佐泷川具和的随员身份前来北京的原《大阪朝日新闻》社的通讯员西村博及泷川商议，决定由西村充当《国闻报》的名义人，并于 3 月 25 日将西村博充当名义人的决定通知中方，26 日，郑永昌将王修植约到天津领事馆，并与其做了如下的口头协定：

一、西村博以《国闻报》主笔之身份办理社务。

二、《国闻报》的论说及记事等必经西村博阅定后方能发表。

三、西村博住于国闻报社内，其食宿及仆人等一切费用由该社承担。

四、西村博当另行付给薪水。①

约定虽然是口头的，然而条件却颇苛刻，尤其是第一条与第二条的规定，这等于将《国闻报》的经营权及审稿权全部交给了日本人。并且，军方的西村博并不认为自己只是个名义人，在他看来，此约定不仅仅是名义人问题，它还指的是接管该报一切之权利，只是由于经济上现在还不能采取什么措施，故暂由前社主负担，记者、雇用人等一切也如前任用，报纸的体裁也一切如旧。②

面对这样的约定，《国闻报》的创始人并没有觉得什么不妥，在当时举国都要求以日本为榜样进行变法的形势下，他们更是对日本充满了美好的幻想。在他们看来，日本对中国的帮助是真诚的，所以他们对日本所提出的条件并未提出异议。就当时的情况来看，日本对《国闻报》的帮助在某种程度上来说也有其真实的一面，然而在这一面背后隐藏的则是其本民族的利益，我们从郑永昌领事致外务省的报告中可以看到这一点。郑永昌在论及操纵《国闻报》

---

① 〔日〕中下正治：《新闻にみる日中关系史》，研文出版社 2000 年版，第 41 页。

② 外务省记录：《国闻报引继始末》，转引自〔日〕中下正治：《新闻にみる日中关系史》，研文出版社 2000 年版，第 42 页。

于政治上的必要性时称：

一、向中国志愿者灌输日本之思想。

二、谋求日本之利益。

三、扩大日本之权力范围。

四、使中国有识之士与日本取得联系。①

隐藏在帮助与提携后边的日本本民族的利益被《国闻报》创始者们忽略了，于是，一切都按照郑永昌与王修植所约定的那样进行着，西村博住进了国闻报馆，而三月二十八日发行的《国闻报》的标题下便印有了"发行人西村博"的字样，甚至明治年号也与光绪年号并排地印在日期栏内。在总理各国事务衙门预谋取缔《国闻报》后仅一星期的时间内，日本外务省便做出了如此的决策，其反应无疑是十分迅速的。②

王修植、严复、夏曾佑、杭辛斋都是清廷的高级官员，他们的后台王文韶更是清廷的封疆大吏。这么一批人在朝廷的眼皮底下，利用洋人做保护，痛议时政，这在当时还真是首创，所以没过多久即遭到一些人的弹劾，清廷遂下旨令直隶总督王文韶查明，军机处寄给王文韶的上谕原文如下：

> 军机大臣字寄北洋大臣直隶总督王。光绪二十四年闰三月十三日奉上谕，有人奏天津设有国闻报馆，咸谓系北洋水师学堂总办道员严复合股所开，本年三月间归日本人经理，而水师学生译报如故，请饬查禁等语。国闻报馆如系中国人所开，不应借外人为护符；如已归日本人经理，则不应用水师学生代为译报。着王文韶查明该报馆现办情形，及道员严复有无与外人

① 外务省记录：《国闻报ノ部》，明治三十一年十二月十二日，郑永昌等领事给都筑馨六外务次官的报告，转引自〔日〕中下正治：《新闻にみる日中关系史》，研文出版社2000年版。

② 〔日〕中下正治：《新闻にみる日中关系史》，研文出版社2000年版，第41页。

勾串之事，据实具奏。原片着抄给阅看，将此谕令知之，钦此。遵旨寄信前来。①

清廷所派的查办大员恰是《国闻报》的后台王文韶，且当时变法自强的观念已深入人心，王文韶对维新派人士是赞成和支持的，所以尽管朝廷命令追查，而地方政府则对严复等百般维护，极力开脱。王文韶敷衍了一个月后，给清廷上了一折。该折原文如下：

> 北洋大臣直隶总督王文韶跪奏，为遵旨查明新闻报馆办理情形及道员被参各节据实恭折，复陈仰祈圣鉴事。窃臣承准军机大臣字寄光绪二十四年闰三月十三日奉上谕，有人奏天津设有国闻报馆，咸谓系北洋水师学堂总办道员严复合股所开。本年三月间归日本人经理，而水师学堂生译报如故，请饬查禁等语。国闻报馆如系中国人所开，不应借外人为护符；如已归日本人经理，则不应用水师学生代为译报。着王文韶查明该报馆现办情形及道员严复有无与外人勾串之事，据实具奏。原片着抄给阅看，将此谕令知之，钦此。遵旨寄信前来。臣遵即核，饬津海关道李岷琛密查去后。兹据禀复称：二十九年三月（《国闻报》创刊于光绪二十三年十月一日，阳历1897年10月26日，明治三十年十月二十六日，此处疑有误）天津紫竹林租界地面设有国闻报馆，闻系闽广人所开，今年三月见报端有日本明治年号，询知该馆因报纸销行不广，资本折阅，售与日人。复函致日本驻津领事郑永昌询问国闻报馆果否系日本人经理，并接自何人之手。旋据函覆，前国闻报馆主李志成，福建人，因亏本歇业，曾于中历本年三月初六出盘售与敝国士人西村博接办，自行经理，已据禀明有案。即于是日在报端刊布

---

① 《军机处寄北洋大臣王文韶上谕》，光绪二十四年闰三月十三日上谕档，载《清光绪朝中日交涉史料》卷五十一，文海出版社1970年版，第27页。

告白，兼列敝国年月字样等语。查该领事所称前开国闻报馆者系闻人李志成。今年三月接开者系日人西村博，自自行经理，皆确有主名，不言另有人合股。道员严复，素日讲求西学，偶以论说登报则有之。合股之说或即因此而起，实未闻有勾串情事。至水师学生代为译报一节，查水师学生遇有西报皆当翻译，原以备考校而资练习，有足广见闻者，间亦付之报馆，或报馆人自向索取登入。尚非受雇代为译报，其刻载姓名亦系报馆常例，将各等情查悉具禀前来。臣覆查无异。窃见迩来报馆林立，指摘时政，放言罔忌，措辞多失体要。《国闻报》所登严复议论，亦时蹈此失。盖该道曩年游历泰西，熟谙洋务，狃其书生之见，欲以危言耸论，警动当世，以冀力振时局，其心尚属无他。今该道被参报馆合股及与外人勾串各节，既查无其事，应仰恳天恩，免其置议，臣仍谕饬严复并学堂学生等嗣后不得再有只字附登报馆，以自取戾。所有遵旨查明缘由谨据实恭折复陈，伏乞皇上圣鉴训示。谨奏。①

　　显然，王文韶为《国闻报》及严复等人撑起了保护伞。如此一来，朝廷对《国闻报》及严复等的追查也只能不了了之，《国闻报》还是照常经营，然而此后的《国闻报》与五个月前创刊时大不一样了，其内部的成员变得更加复杂，一方面是《国闻报》既有清廷体制内要求改革的知识分子，而另一方面又加入了日本政府中提倡"日清提携"的人物，而且《国闻报》自当年七月份起，开始接受日本外务省的补助金。② 这样一来，《国闻报》无论如何

---

① 《北洋大臣王文韶查覆日人经理之新闻报馆办理情形折》，光绪二十四年四月十九日，载《清光绪朝中日交涉史料》卷五十一，文海出版社 1970 年版，第 35—36 页。

② 外务省记录：《国闻报ノ部》，明治三十一年七月二十七日，小村寿太郎外务次官致郑永昌领事函，参阅〔日〕中下正治：《新闻にみる日中关系史》，研文出版社 2000 年版，第 43 页。

也或多或少地受制于日本政府了。

我们前已讨论过，日本为达其独立与统一和进一步实现其民族扩张的目的，在甲午战后，其最策略的选择是"卧薪尝胆"并与中国联合，帮助中国改革。日本这样的选择，完全是出于其国家理性（Reason of state）。所以，日本政府对于当时中国所发生的改革运动是欢迎的。日本对《国闻报》上所发表的一系列介绍宣传变法改革的文章都是持支持和鼓励的态度。这种态度在日本政府介入《国闻报》后，更有所表现，如光绪二十三年三月十三日（1897年4月3日），《国闻报》即对公车上书进行了报道；5月7日以后对保国会活动也进行了一系列连续的报道；在光绪帝诏定国是，宣布变法后，继续对百日维新进行宣传报道。《国闻报》在百日维新的这一百多天里，将光绪帝的全部上谕和维新派人士的有关变法条陈全部刊发，并在所刊登的新闻和报道中加上很多按语和评论，对光绪帝和各项新政表示了赞颂和支持，如：

> 想朝廷锐意维新，求才若渴，必当更有破格录用之举也。①
>
> 八股取士，习非所用，本月初五日特奉上谕，改试策论，风闻中外，耳目一新……六百年来相沿积习，毅然决然断自宸衷，一旦弃去，非圣人其足语于斯乎。②
>
> 从此联欢中外，宾至如归，各国西人闻之，无不庆中国之气象一新，不复如以前之深闭固拒，疾视外人云。③
>
> 皇上之振兴实学，考求洋务，益于此可见矣。④
>
> 皇上之锐意变法，以期薄海臣民讲求实学，共济时艰，真

---

① 《简在帝心》，《国闻报》光绪二十四年五月初一日。
② 《改科宸断》，《国闻报》光绪二十四年五月初九日。
③ 《营造宾馆》，《国闻报》光绪二十四年五月二十四日。
④ 《奉旨编书》，《国闻报》光绪二十四年五月二十四日。

有出诸寻常意想之外者，海内人士有不喁喁向风，力图振作哉！①

　　本馆按，泰西各国通例，凡人民有能自出心裁，创造一物一器者，国家考验如果合用，莫不酌予年限，给发专利执照。其尤贵者，或膺五等之封。是以格致之学，工艺之事，蒸蒸日上。今朝廷既颁明谕，凡有能创造一器，成就一艺者，或予以世职，或赏以实官，而总署适有给发闽人陈紫绥纺纱器专照之事，中国工艺制造家有不闻风兴起者哉！②

除赞扬新政的报道之外，也有指斥中国弊端，对其陋习痛加针砭的。

　　可见中国创办一事，欲得人而理，有如此之难。其实中国未尝无人，仍不过以资格二字拘泥困守而已。③

　　查中国各军向来操法不但一省与一省殊，而且同隶一军，而此营与彼营又殊。其尤于悖谬者，乃仍持其旧制刀矛旗帜以为美观，或又偏信其土造之抬枪等件以为利器，甲午之役，成败得失，亦已显见，而当局者犹执迷不悟，经此次谕旨通饬之后，或者其稍知变计乎？④

　　中国行一新政，而旧病相因而至，不可救药，岂不慨哉！⑤

《国闻报》报道精确、快捷的还要算伊藤博文访华一事。由于该报受控于日本外务省与军方，故对伊藤博文访华的目的把握得相

---

①　《学内召之由》，《国闻报》光绪二十四年六月初六日。

②　《给发纺沙（纱）机器专刊执照》，《国闻报》光绪二十四年六月十九日。

③　《京师大学堂拟请总教习》，《国闻报》光绪二十四年六月初三日。

④　《南北洋防军一律改习西操》，《国闻报》光绪二十四年六月十一日。

⑤　《京城大学堂总办辞差》，《国闻报》光绪二十四年六月十五日。

当准确。该报在光绪二十四年七月十三日的《日相将来》的题目中先做了一番冠冕堂皇的宣传，称："闻伊侯此来，具有深意，甚望与中国协力同心相助，为理固不仅为寻常游历计也。"①

次日，《伊侯来华命意》对伊藤来华的目的表达得更为透彻，其文曰："英俄两国猜忌日深，倘一朝决裂，势必借中国海面为战场，中国先受其殃，而中国密迩日本必受其波累。日本虽有海军可恃，亦不可不预先防范，伊藤侯爵乃东亚第一流人物，瞻前顾后，维持亚洲大局，深惜中国执政大臣俱在梦中毫不警觉。兹特航华，与中国政府共筹东亚安全之策，伊藤此行所关甚大，故特志之。"②

有关伊藤博文抵达天津的情景如七月二十七日的《伊侯抵津详述》和七月二十八日的《中堂款待伊侯》，以及此后七月三十日的《伊侯赴京》、八月初二日的《伊侯至北京情形》都报道得十分翔实，与当时的外务省记录几乎没有太大的区别。③

对伊藤博文的访华，光绪帝也做出了积极的反应，以表示他与日本联合的态度，光绪帝的反应表现在清廷的人事任免中，首先是对黄遵宪的任命，其次是把李鸿章撵出总理衙门。④

黄遵宪，字公度，广东嘉应州人，光绪三年（1877 年）曾随何如璋出使日本，与日本各界有着广泛的接触，其所著《日本国志》一书，介绍日本明治维新尤为详晰。中国改革运动兴起之后，黄遵宪力主变法，积极参与强学会和《事务报》事宜，为变法运动大造舆论。日本政府对黄遵宪的改革态度颇为赞赏。戊戌政变发生后，清廷对黄开始下手，当时正在上海的伊藤博文听到消息，立刻发电报给北京驻华代理公使林权助，令其向清廷抗议，发起了一

---

① 《国闻报》光绪二十四年七月十三日。

② 《国闻报》光绪二十四年七月十四日。

③ 参阅郑匡民、茅海建选译：《日本政府关于戊戌变法的外交档案选译》（一），载《近代史资料》总 111 号，中国社会科学出版社 2005 年版。

④ 参阅孔祥吉、〔日〕村田雄二郎：《罕为人知的中日结盟及其他——晚清中日关系史新探》，巴蜀书社 2004 年版，第 65—68 页。

场援救黄遵宪的行动。①

清光绪二十四年六月二十四日（1898 年 2 月 11 日）光绪帝下旨"命湖南盐法道黄遵宪以三品京堂候补，充出使日本国大臣"。②《国闻报》闻讯后，立刻发表评论，在《东使得人》的文章里，对黄遵宪被任命为驻日大使一事，表示了热情的支持。其文谓：

> 本馆按：黄钦使学贯中西，实为通时达变之才，前屡充东西洋各国参赞，新加坡总领事，均能措置裕如，所著《日本国志》一书，于东邦政教极为详晰，此次皇华膺命，必能联络邦交，折冲樽俎，志此以为使才得人庆。③

显而易见，《国闻报》的报道与日本政府的外交态度是完全一致的。

李鸿章是朝廷中亲俄派的代表人物，甲午战后，曾与俄国签订《中俄密约》，试图联俄制日，然而没过多久，却发生了胶州、旅顺之事，中国士绅幡然醒悟，尤其是维新派人士，他们纷纷主张"联英日以拒强俄"，张之洞、刘坤一等封疆大吏也开始主张联日。中国的这种形势，当然为日本所欢迎，这次光绪帝在伊藤访华前将李鸿章从总署中赶出，无疑是为中国与日本联合扫清障碍。《国闻报》抓住这个机会，在报上大做文章，其文像是评论李鸿章被开出总署的原因，其实是在历数李鸿章的罪状，其文谓：

> 其一，谓李傅相出总署，系恭忠亲王定策。向来总署各堂与外人交接，均在衙门，无私宅延见外人者。傅相在北洋年久，且曾奉命游历欧美，凡西人之来华者，无不欲一觇丰采，

---

①　茅海建、郑匡民：《日本政府对于戊戌变法的观察与反应》，《历史研究》2004年第 3 期。

②　郭廷以编著：《近代中国史事日志》，中华书局 1987 年版，第 1014 页。

③　《国闻报》光绪二十四年六月二十七日。

故在署接见之外，多有至私宅拜谒者，事为京朝士大夫所罕见，忠亲王恐有泄露机要，故预定此策，以正人臣无外交之义，此一说也。

有谓比公司承借芦汉铁路款项，前英人以为名为比股，实则俄款，英外部曾电其驻京公使至总署询问，李中堂答以此项股票实无俄人在内，英使据此以复外部。今英国查悉，此项股票俄人实已买得五分有奇。英相沙士勃雷侯电致总署询问，以为国之大臣言国之大事，不应如此欺人，实与两国交际大有妨碍云云，此又一说也。

有谓中国士大夫惩于去年胶州、旅顺之事，均大悟往者联俄之非，而思结好英日，以互为相抵制之法。适日前相伊藤侯游历来华，欲借此结纳之，恐李傅相坚守联俄之说，或致阻挠大计，此又一说也。①

日本出于其本民族的利益，一方面对中国的改革运动加以支持，另一方面又怕中国的改革过激引起动乱而波及日本，故伊藤来华之后批评中国变法过激之言论屡见于《国闻报》报端，② 并对改革运动中的一些混乱现象提出批评，如《国闻报》在一篇题为《光怪陆离》的文章中写道：

皇上既广开言路，许大小臣工呈递封奏，于是嘉谟入告，固不乏人，而以诞妄不经之谈，妄为芹献者亦正多。有本馆访事人来函云：近日封奏每日多至数十件，外间传闻有谓折中作行书者，有如写信式样者，有如州县署中所收呈状式者，有写皇上二字不知抬头者，有自署为汉水渔人者，甚至有谓从师学道在洞中修炼多年，神通广大，今望气知太平之运将至，故奉

---

① 《国闻报》光绪二十四年八月初二日。
② 见《伊藤侯挥麈清谈》，《国闻报》光绪二十四年八月初七日。

师命下山立功，以继姜子牙、诸葛孔明而起者，此又《封神演义》之口吻矣。本馆所闻如是，其实则不得而知也。①

该报还对当时一些妄谈西学的人大加针砭，如《洋务赝鼎》一文称：

> 北京访事人来函云，有人密奏近来朝廷讲求时务，延揽人才不遗余力。而应召来廷者，不免真伪错出，鱼龙混淆，或道听途说，自命通材，或一知半解，妄谈西学。其实若而人者，足未履欧美之庭，目不识安皮之字，或者传抄译本，等诸中秘之书，稗贩舌人称为不传之诀，情同欺罔，志在逢迎，如某某者皆是也。又或名已扬于王廷，业尚托乎市侩，同列者则羞与哙伍，自称则无如勃贤，苟图光宠皇识君亲，如某某者皆是也。皇上如欲变法，必须用真通洋务者数人，权其缓急，正其本原，必非此等假洋务，伪西学，役役名利之徒，所能时艰共济云云。闻此折尚留中。②

光绪二十四年八月五日（1898年9月20日），伊藤博文及代理公使林权助觐见光绪帝于勤政殿；而次日，政变即发生。日本政府对于戊戌政变的反应极为强烈，他们在劝告清廷实行温和政策的同时，也开始或明或暗地大规模援救维新党人。③而《国闻报》则与其相呼应，发表文章为其制造舆论。八月十三日（9月28日）《国闻报》上登载了一则《英日两国议论中国近事》的报道，宣扬英日两国为维持东亚太平之局，将共约派兵舰前往中国，对清廷进行威胁。其文如下：

① 《国闻报》光绪二十四年八月初七日。
② 《国闻报》光绪二十四年八月初五日。
③ 有关这一部分请参阅茅海建、郑匡民：《日本政府对于戊戌变法的观察与反应》，《历史研究》2004年第3期。

有西人告知，自初六日（即政变之日——引者注）英日驻京公使，电告其本国国家，中国朝局变动事以后，电报络绎不绝，有闻即告。据两国京城来电云：现数日内，英日同时开议院，议论中国此事应如何办法，方与东亚太平之局无碍。闻已议有端绪，约即派兵船赶即驶赴中国，以资保护。并云英兵船在东亚者，已有七艘至大沽口外云。①

戊戌政变发生后，日本政府即对维新派展开大规模的救援活动。根据日本外务省的档案记载，日本政府对维新派人士张荫桓、康有为、梁启超、王照、黄遵宪、文廷式等都或多或少地进行过援救。在这众多的维新派人士之中，日本政府所花力量最大的要算梁启超。为了救助梁启超脱险，日本政府竟动用了一艘军舰。② 所以，在外务省档案中有关梁启超逃往日本过程的记载也颇为详细。《国闻报》配合日本政府救援活动的报道也比较多。

日本政府救助梁启超脱险，在日本学者的著作中多有涉及，然而其中最具体的环节则见于当事人郑永昌领事致日本外务省次官鸠山和夫的报告。郑氏在报告中称：

本月 14 日伊藤侯爵离天津赴北京之际，为了侯爵方便，下官曾陪同前往。同月 21 日，北京政府内部发生政变，追捕反对党人梁启超等人甚急。梁启超逃至使馆请求保护。林公使为了使其避难，托付下官设法使其东渡日本。下官将其带至天津，令其在领事馆中滞留数日，拟乘本月 27 日本港出航之玄海丸出发。本月 25 日，下官与另外两名日本人伴同梁启超，四人均换上猎装，于晚上 9 时左右从紫竹林悄悄地登上一艘中国船出发。不幸，北洋大臣的小蒸汽船快马号随后跟踪而来，是

① 《英日两国议院论中国近事》，《国闻报》光绪二十四年八月十三日。
② 〔日〕高田昭二：《中国近代文学论争史》，风间书房平成二年一月十五日，第 3 页。

夜凌晨 2 时左右在新河附近终被追上。快马号坐着清国警部、持枪的士兵和其他二十多名中国人。他们声称下官之船潜藏着清国罪犯康有为。下官虽再三辩解，拒绝搜查，但他们置之不理，强施暴力，用绳索将下官之船缠上，强行向天津方面拖去，大约逆行两町余（一町约合 109 米），因下官斥其非法行为，双方展开辩论，经过约两个多小时，终于达成协议。清国警部与持枪士兵，以保护为由，转乘到下官之船，一同去塘沽，至塘沽再作解决，而快马号则为向天津方面报告，撇下下官之船，先向塘沽急驶而去，翌日清晨 7 时，下官之船快到塘沽，从帝国军舰大岛号旁经过时，下官便挥舞帽子，求其出迎。军舰上的人遂将舰载快艇放下，准备迎接我们。清国警部与士兵见此情形便打算各自逃走。此时下官要求警部即按双方在新河附近的协议来展开充分的辩论，但警部回答称："已无谈判之必要。"随即匆匆登上另一条船，仓皇逃去。因此，下官不得已转乘到大岛舰的快艇上，与同行三人一同登上大岛舰稍事休息。下官将梁启超留置在舰上，便和另外两名日本人同去塘沽车站。此时，可能是得到快马号急报的缘故，直隶总督荣禄为捕获要犯，特派武毅军提督聂士成、亲兵总教习王德胜、天津县吕宗祥等三人率持枪士兵三十余名，于上午 9 时半即来到车站，岂料听到的是康有为已逃上大岛舰的消息，聂士成大失所望，不禁勃然大怒，执意主张去大岛舰上将要犯抓回。但王、吕二人则忠告聂士成不可如此，于是聂方打消了抓人的念头。本官于下午 3 时与聂、王、吕同乘火车返回天津。回到领事馆后，立即另写函，照会海关道诘问为何清国官吏对日本领事采取此种无礼举动，并要求对此事作出相当处理，但海关道迄今仍未有任何答复。其后，清国搜捕犯人，日益严密，目前将梁启超转移到商船，极为危险，所以仍然将其留置在舰上。特此报告，敬具。

明治三十一年九月三十日，驻天津一等领事郑永昌（印）致外务次官鸠山和夫。

又，九月二十六日，直隶总督更派招商局总办黄建莞，会同新建陆军参谋长，和一名聘请的比利时武官来到大岛舰，要求引渡要犯，舰长回答说舰内没有其欲逮捕的犯人，他们立即离舰而去。①

郑永昌援救梁启超逃走时，正值直隶总督奉召入京，由候补侍郎袁世凯护理北洋大臣直隶总督，郑永昌的报告除将大沽镇总兵史济源误认为聂士成外，所有情节都可以从袁世凯致总署的电报中得到证实。② 可见郑永昌向外务省所做的报告是真实、可靠的。他们这

① 郑永昌致外务次官鸠山和夫，机密第十五号信。1898 年 9 月 30 日发，10 月 19 日收。收于《日本外交文书》第三十一卷第一册，社团法人日本国际联合协会昭和三十一年版，第 664—666 页。本件有王先明先生译文，见《戊戌变法文献资料系日》，清华大学出版社 1998 年版，第 1097—1098 页；蔡乐苏先生也引用过，见《戊戌变法史述论稿》，清华大学出版社 2001 年版。茅海建与笔者之《日本政府对于戊戌变法的观察与反应》一文中曾进行过重译，并补入了郑永昌致海关道的照会。为讨论方便，在此不厌其烦再次引用。

② 为参考方便现将光绪二十四年八月十一日和十二日（1898 年 9 月 26 日、27 日）总署收到袁世凯的四封电报抄录如下：

昨晚有线人报称康有为同日本领事等两日人，乘华帆船赴塘沽，当经荣相派弁乘小轮追踪踪及，该日员坚不肯交。顷据报称，已于本日 8 点钟登日兵轮。照条约碍难强拿。除派黄道建莞迅赴塘沽设法索缉，并电饬史总兵源就近赴船索缉外，请速由大署酌量照会驻京日使，电饬该领事，顾全邦交，立即交解。再查国政案犯各国向不肯交，或借词债务照索，冀可通融。统乞钧裁。袁世凯叩。

顷追弁刘国梁回述日员伴送华人情形。该华人年约在三十以内，似非康犯，或为康党。昨据上海蔡电禀报，康犯已为英船载赴香港。未知孰是。仍督饬员弁严密查缉。（以上两封为 9 月 26 日收到）

专送荣中堂钧鉴。昨派陆军教习洋员魏贝尔复赴塘沽登倭兵船，查探康犯，设法商索。顷据该洋教习称，倭船主坚不肯认，佯不知康犯。经在岸访查，均谓实有华人一名，年纪甚轻，已剃发改装。至究系何人，无由确查等语。世凯叩。文。

专送荣中堂钧鉴。顷据黄道、史镇禀称，职道 3 点半钟到塘沽，会同史镇前往日本兵船查询康有为之事。适日领事郑永昌已回津，当见该兵轮船主亚拉卡，将情节照达。据云，实不认此人，亦不知此事等语。职镇等再三询及，亦系此言，惟奉兵船西例不能盘查云。凯。文。（以上两封系 9 月 27 日收到）

见茅海建、郑匡民：《日本政府对于戊戌变法的观察与反应》，《历史研究》2004 年第 3 期。

次对梁启超实施的救援行动进行得十分成功，尽管当时险象环生，但最后还是有惊无险，终于圆满达到目的，让梁启超逃上了大岛舰。然而尽管如此，郑永昌仍然余怒未消，他回到领事馆后，立即给海关道写了份照会，抗议中国官吏的粗暴行径，其经过自然是与报告书中的经过无异，只是在照会中，梁启超已被写成日本人。援救维新党人的行动被描绘成日本领事偕朋友打鸟行猎了。我们来看其照会：

> 敬启者：本领事官前日欲往新河一带凌晨打鸟，同三井行主人吴姓，学生高姓、林姓，在法租界乘坐跨子船，循海河而下，是夜两点半钟，往至军粮城一带，忽有北洋大臣派来快马轮船追赶至前，即将绳索拦住，且欲牵回，声称船内有中国要犯。本领事官当即告以船中只有四日本人，可以进舱查验。乃有武弁二人登船查验，即指林姓为中国要犯康有为，日本领事不应护庇匪人，口出不逊多言。本领事当令其解缆分行，到塘沽明白细认。该弁等仍执不允，争论两点钟之久，方肯解放。该二弁并十余水手执持洋枪，皆在跨船，同到塘沽，快马轮船即鼓轮先行。及本领事遥呼日本兵船士官来船相告，该弁兵等一见兵船小艇下驶，即呼舢板欲去，而本领事官仍挽留其俟兵船士官互认明白，不意该弁等拂袖而去，似乎有伤体面。本领事官未便置而不言，即请贵道将此事转禀北洋大臣查明，应饬该快马轮船帮带陆孝旺、武弁刘某（清方档案为刘国梁——引者注）二员，将误查各节来馆认错，以警将来，即作罢论，否则只申报敝国公使，行文总署办理也。即希见复为祈。此颂。升祺。名另具。八月十二日（旁有钢笔注：我九月二十七日）。①

---

① 见郑匡民、茅海建选译：《日本政府关于戊戌变法的外交档案选译》（一）第四十六件《天津郑永昌领事致鸠山和夫外务次官报告之附属文书》，载《近代史资料》总 111 号，中国社会科学出版社 2005 年版。

显而易见，由于清廷没有抓住日本领事任何把柄，日本政府这次介入清廷内政的救援活动，不仅变得子虚乌有，而且进一步变成了清廷官吏不顾国际公法、有意污辱外国使节的事件了。郑领事向海关道提出照会后并不罢休，还要进一步在舆论上做些宣传，以造成一定的政治影响。于是《国闻报》便连续报道了这一事件，八月十二日，即郑永昌向海关道提出抗议的当天，《国闻报》上即出现了一则题为《捕风捉影》的报道，其文谓：

> 昨日上午 8 点钟忽有探马报道，说康有为在新河小船上蒙被而卧，有日本人数人为之保护，请速派兵往捕。中堂正在入都启节时，即与袁慰帅密商，饬传天津县并招商局黄花农观察带同捕役兵丁数十人前赴新河、塘沽等处查拿。并闻提督聂军门亦带兵一队前往，及至新河，下船查询，知船上均系日人，其疑为康有为者，乃一年约二十左右之中国人。于是大众始知探报者误传，而日本驻塘沽之兵船，闻有中国官兵欲至日本船搜查之说，即传令列队准备，以防不测。嗣赴沽者陆续回津，始知此事真同捕风捉影也。①

《国闻报》的报道，除将此事渲染得荒诞离奇之外，事件大致过程与日本和清廷档案相符，只是记述追捕人员时，与日本领事的报告书一样，同样将史济源误作聂士成了。

也就是郑永昌向海关道提出抗议的第二天，《国闻报》上又登出了一则题为《日船至新河情形》的报道，再次为日本政府这次救援活动辩护，其文曰：

> 初十日夜间，日本领事郑君，与三井行主吴君，带同学生二人，欲至塘沽行猎，夜间 2 点钟行至新河，忽有快马小

---

① 《国闻报》光绪二十四年八月十二日。

轮船追及日船，声称至船上拿捕要犯。郑君答以船上并无中国之人，任遍认诸人，旋即指出一日本学生，以为此即康有为也，彼此争辩多时始行出，船仍尾随日船至塘沽，无所得而归。始知前报所登年约二十左右之中国人即郑君之仆耳。①

这则消息若与上文所引的郑永昌致海关道的照会相对照，结论应当是十分清楚的。显而易见，日本对《国闻报》的操纵，应当说是得心应手。

日本政府援救梁启超出险的方式是秘密的，而援救黄遵宪出险的方式则是公开的。自六君子被杀之后，在英日等国的压力下，清廷暂时停止了对改革派的镇压。然而自八月十九日（10月4日）起，清廷又重新开始对改革派开刀，礼部尚书李端棻、候补四品京堂王照、②湖南巡抚陈宝箴、吏部主事陈三立、四品京堂江标、庶吉士熊希龄、少詹事王锡蕃、工部员外郎李岳瑞、刑部主事张元济等先后被革职，八月二十三日（10月8日），清廷密令两江总督刘坤一将黄遵宪秘密看管。八月二十四日（10月9日），清廷恢复乡会试及岁科考试旧制，并停罢经济特科。查禁天津、上海、汉口报馆。严拿主笔，裁撤农工商总局。

此时正在上海的伊藤博文听到消息后，即命上海代理领事诸井六郎发电报给北京的代理公使林权助，令其采取直接的行动解救黄遵宪，并向清廷提出抗议。③

先是，林权助依照其本国政府的指示，于八月十六日（10月1日）和八月二十一日（10月6日）两次劝诫清廷，要求其实行温

---

①　《国闻报》光绪二十四年八月十三日。

②　9月26日王照已由日本人救助而逃上大岛舰，见周敏之：《王照研究》，湖南人民出版社2003年版，第43页。

③　有关日本政府援救黄遵宪的详细情况见茅海建、郑匡民：《日本政府对于戊戌变法的观察与反应》，《历史研究》2004年第3期。

和主义。接到伊藤博文的电报后，他又再次前往总署，交涉黄遵宪之事。①

林权助称："黄遵宪曾任清国驻日本公使，而对黄遵宪的苛酷处理，将影响两国关系。"② 林权助认为，清政府的这种行为"只是一个狂暴政府的所为"，"若照这样子走下去，内则扰乱人心，外则失信列国"，"一有闪失则必遭外国干涉"。最后他又警告清廷说："清国在外国尚有巨万外债，若有内政之乱，清国之公债将出现价格上的重大损失，英法等国之债主决不会默然处之，其政府在处理今日之政变时，自应审视其地位，若逆时而动，失于暴戾，则必遭干涉，对此不可以不深加警戒慎重。"③

就在日本向清廷警告之后，英国也配合日本行动，准备以武力干涉，并有数十名洋人来到洋务局"手持军械，声称要劫夺黄遵宪父子二人"。④

清廷顶不住英日两国的压力，至此不得不全面让步。八月二十六日（10月11日），军机处致电刘坤一，令黄遵宪即行回籍。而次日，总理衙门则照会驻北京的林权助公使，声称："并无拘留黄遵宪之说。且已有旨令其回籍矣。"⑤ 收到照会后，林权助还不放心，他要求上海的代理领事诸井六郎进一步核实。诸井在探得黄遵宪确实被释的消息后，于八月二十七日（10月12日）晚9点10分给林权助发了电报，而林权助收到电报时已经是二十八日（13

---

① 林权助致大隈重信第105号电报，1898年10月10日下午2点30分发，日本外务省记录，1—6—1—4—2—2，第一册。

② 林权助致大隈重信电，第196号电报，1898年10月10日下午6点发，11日上午3点40分收到。《日本外交文书》第三十一卷第一册，社团法人日本国际联合协会昭和三十一年版，第679页。

③ 林权助致大隈重信，第102号机密信，1898年10月19日发，11月2日收。载外务省编纂：《日本外交文书》第三十一卷第一册，社团法人日本国际联合协会昭和三十一年版，第688页。

④ 收发电，总理衙门清档01—38。

⑤ 总理衙门致林权助照会，1898年10月15日林权助致大隈重信报告，辛号附件，外务省记录，1—6—1—4—2—2，第一册。

日）下午 5 点。[①] 至此，黄遵宪获得自由一事才得到完全的证实。

对于日本政府这次通过正式外交途径营救中国维新人士的行动，《国闻报》于九月二日（10 月 17 日）进行了全面的报道，其文曰：

> 前简放出使日本大臣黄公度京卿，南洋大臣刘奉北京政府电寄廷旨，饬令将该大臣看管候旨，曾志报端。昨接北京访事人来函云"黄星使此次被羁，实因御史联衔揭参，指为康党，以致朝廷盛怒，几遭不测之祸。嗣日本前内阁大臣伊藤侯一闻黄星使被拿之信，立即电致驻扎北京之日本公使林君，至总理衙门会晤庆王及各大臣。略谓中国政府前既以黄遵宪简放出使，是必以黄遵宪为能胜联络邦交之任，于清日两国均有裨益，今忽管押拿问，而政府又未将其所得何罪明白宣示，如此办理未免于两国交谊有所妨碍云"。庆亲王答以务当力为保全。

> 随后总理衙门又接到南洋大臣来电云：有英国拟派兵队数十人将黄遵宪极力保护，并声言如清国国家欲将黄遵宪不问其所得何罪必治以死，则我国必出力以免其不测之祸。总署因电复南洋大臣将黄京卿释放，不必管押。闻政府已定议将黄遵宪开去差事，令其回籍。以上各节均系旅京西人传言如此，本馆访事人据以相告，姑援有闻必录之例登之，以供众览。其是否如此，不得而知。[②]

《国闻报》虽声称其报道之消息均来自旅京西人之传言，但旅京西人如何能将日本外务省的行动了如指掌，且所传之言与当时日

---

① 诸井六郎领事致林权助代理公使电，1898 年 10 月 12 日下午 9 点 10 分发，1898 年 10 月 13 日下午 5 点收到，外务省记录，1—6—1—4—2—2，第一册。

② 《国闻报》光绪二十四年九月初三日。

本外务省的行动若合符节，丝丝入扣，可以肯定地说，《国闻报》消息之来源，并非旅京西人，而是日本驻津领事馆。

对于此次日本政府介入清廷内政的胜利，《国闻报》则发表评论云：

> 中国治内法权，按之国际公理，似不应旁落他人，西人此等之例，亦间有行之他国者，然大抵皆施之于野蛮无教化之国也。①

这条看似不太起眼的按语，透露出这样一个信息，它说明随着清政府的倒行逆施，中国的知识精英在民族危机的刺激下，逐渐对现存的政治体制产生了越来越强烈的不满，他们开始希望借助外来的势力来惩戒这个野蛮的政府。清王朝统治合法性的资源在内力和外力的挤压下开始急剧流失。

但是，清政府是绝不会容许这样的报纸在其眼皮下发表言论的。光绪二十四年九月十四日（1898年10月28日）慈禧太后以天津《国闻报》挟洋自重，刊布邪说，命裕禄严禁惩办。②

清廷将问题想得过于简单，一是王修植、严复等维新派早就与清廷产生了严重的政治认同危机，清政府所认为的邪说，在他们看来恰恰是真理，因此他们觉得问心无愧。二是当时日本政府也同情并支持中国的改革运动，戊戌政变发生后日本政府曾多次警告过清廷，要求其不要对维新派采取过激行动。郑永昌领事本人就是一个十分支持《国闻报》的外务省官僚。《国闻报》实际上是拿了日本外务省的补助金，有日本政府支持的报纸，所以裕禄的"严禁惩办"并不十分得力，《国闻报》照样发行不误。清廷无法，只得于十月十九日（12月2日）又下了一道上谕，略谓："以候补道严

---

① 《国闻报》光绪二十四年九月初三日。
② 郭廷以编著：《近代中国史事日志》下册，中华书局1987年版，第1034页。

复、王修植在报馆秉笔，屡被参劾，命裕禄随时察看。"①

清廷这样无休止的纠缠，也使郑永昌大伤脑筋，他于光绪二十四年十月三十一日（1898 年 12 月 12 日）给外务次官都筑馨六写了份报告，② 希望日本政府正式收购《国闻报》。

外务省的批示很快下来了。不久，《国闻报》正式成了日本人的报纸。

《国闻报》被外务省收购后，继续站在维新派立场与清廷作对。清廷镇压戊戌变法，杀戮六君子，《国闻报》则刊登《吊六君子文》。清廷禁读梁启超的《清议报》，《国闻报》则公开代售《清议报》。而梁启超也对《国闻报》大加赞扬，并将《国闻报》的一些文章转载在《清议报》上。③ 特别是在慈禧的"己亥建储"事件中，《国闻报》更是站在改革派的立场上，对清廷大加抨击。这些行动使得清廷大为恼火。光绪二十六年正月二十四日（1900年 2 月 23 日）翰林院侍读学士陈秉和上折要求封禁《国闻报》并拿办王修植。该折称：

> 再查天津国闻报馆为候补道王修植开设，戊戌之秋上海时务报馆封禁之后，彼惧而贿求日本出名，其实仍王修植为主秉笔，报中议论皆出其手。其报费甚廉，除去工本并无利息。其所以获利者，全借造作谣言，变乱是非。甲与乙有嫌，则予之钱以毁乙。丙与丁不睦，则予之钱以诬丁。贪污之吏畏其暴扬，予之钱则称誉之，清廉之官自信无他，不予钱则污蔑之。以故大小各衙署或按月津贴，或按年资助，该报馆获利甚厚，然此犹官民之事任其毁誉，有识者断不之信，乃至近日竟敢诽

---

① 郭廷以编著：《近代中国史事日志》下册，中华书局 1987 年版，第 1034 页。

② 外务省记录：《国闻报ノ部》，明治三十一年十二月十二日，郑永昌领事致都筑馨六外务次官报告，转引自〔日〕中下正治：《新闻にみる日中关系史》，研文出版社 2000 年版，第 45 页。

③ 参阅《清议报》第三十册。

谤朝廷，妄加议论。上年十二月二十四日策立大阿哥之事，凡属臣子莫不欢呼称颂，官庆于上，民贺于下，独该报极力讽刺，令人眦裂发指，罪大恶极，实难宽恕。请饬下督臣裕禄，将王修植及同事之人拿交刑部治罪，并将报馆封禁。若日本阻挠则据各国报例以折之。凡报馆条约，止许据事直书，不许妄加品评，更不许诋讥各国朝政，况在中国报馆秉笔司事尽属华人乎？王修植原为康党，近见严旨购拿康有为，惧祸及己，始痛诋有为，而谓林旭、谭嗣同等为康有为所误，其诋有为者，明已非康党也。其悯林旭诸人者，为康党开脱，即为己开脱也。凡此辈康党包藏祸心不利宗社有主，故尔横议。总缘办理康党太为宽纵。近来其党渐炽，散布谣言，惑乱人心，肆无忌惮，并祈将保国会中之人择其罪恶较著者，严加惩处，以振纪纲，而遏乱萌。是否有当，谨附片具陈，伏乞圣鉴。谨奏。①

陈秉和自然是献媚西太后，有意逢迎。然清廷处理起来并不那么简单，因《国闻报》是日本人的报纸，清廷要查封，并非易事，故只能禁止其官吏阅读该报，或恫吓在国闻报馆中工作的中国人而已。日本的外务省文书里至今保存着郑永昌当时的记录，现抄录如下：

自从清历腊月立皇太子之事以来，南部各省志士，纷纷致电总理衙门，曰其举不可，且要求归政光绪帝，总理衙门恐触西后之怒，虽极力秘之，然此种电报，屡屡一日数回，竟为西太后所知，太后大怒，曰，此皆由康有为、梁启超等煽动所致。遂下将彼等拿获的上谕。甚至命令，若难于擒获，亦可设

---

①　《翰林院侍读学士陈秉和请封禁国闻报馆并拿办王修植片》，光绪二十六年正月二十四日，载《清光绪朝中日交涉史料》卷五十三，文海出版社1970年版，第4页。

法将其杀之。

又，现于翰林院中，康、梁一党志士不少，其著名者如陈鼎、沈鹏、吴式昭、贵铎等，均被拿获，解往刑部，其罪名自是十分明了，且不须审问，直接发配新疆，或遣送原籍，着地方官严加管束。

曩者，康有为一派曾组织保国会，加入者多为翰林院及六部之维新派官吏，满汉合计达五百余人，是等官吏恐祸及自身，于未被注目之时，皆称病辞职，归其故乡。此种之人，经天津南下者，亦不在少数。

虽然如此，西太后尚不满足，又谋封闭清国各地报馆，下令禁读报纸。本地之《国闻报》，最为其所注意。直隶省按察布政司与直隶总督相谋，严禁属吏及诸学校学生购读该报。为此，《国闻报》销量大减，仅达四百余份。且国闻报馆中从业之清国人，因其政府之所为，更恐蒙灾，已无人安心就职，现如主笔方若，乃处于最为危险之境地。为此，下官当机立断，照会海关道，商讨扶助《国闻报》之办法，并与之谈判，饬其不能干预该报。抑先年捉拿康、梁之上谕，虽有"康有为一派，其数虽众，然朝廷政存宽大，概不深究株连"之语，然今却调查保国会入会者人名，将其中维新人士拿获，递解原籍，此与先前上谕宗旨相反。故本地官吏中心怀不平者亦不少。西后出此苟酷非道之政者，全由前述上海电报局总办经元善联名数百人发电，阻废立之事，且奏请西后归政光绪帝所致。又，乘此机会，弹劾维新派，以抒守旧派之积忿之人，亦不在少数。据昨日总督府秘书官所云，盛宣怀乃维新派中最著名者，为军机大臣所信任，至今日得保无事，不幸因不能完成拘捕经元善之命，而被革职，其所管辖电信、铁道等其他事务，由开平矿务局长张翼办理。

如今，当国上下人心惶惶，北部地方虽未出现何等异常，然南方各省似乎不太安定，总而言之，西后之施政方针乃取绝对守旧主义，坚决打击维新分子。为清国计，此应最为可忧之事也。清廷若长此以往，则不出本年，必将引发一大事变也。

右上呈　　敬具

明治三十三年三月九日

在天津领事　郑永昌（印）

外务大臣子爵　青木周藏殿①

郑领事在报告书中仅说了要求清廷不能干涉《国闻报》。其实，他还给海关道写了封长信，可惜笔者未能见到原文，中下正治先生引用了一部分，故只能引用这部分作为上述报告的补充。其文在论述新闻的必要及尊重维新派的力量后，略谓：

> 察中国现实情势，风气大开，人心思愤。（中略）本领事久居贵国，常望贵国文明进步，而成亚东富强之国，故敢进忠告之言，岂思江河日下，黯然失色，不禁浩叹。于此竭力维持《国闻报》，将来人心公论，自有定评。中国之始基若得复兴，实乃万幸，希望将敝书转呈总督，以供阅览。②

郑领事的想法并不能代表日本政府，日本处理一切事情还是从本国之利益出发，为《国闻报》一事四月三日日本驻华公使西德二郎写报告向青木周藏外务大臣请示，其文略谓：

> 该馆为清廷所注意，所嫌恶乃不可掩之事实，下官以为，该报之论说记事常站在改革派之立场，故使清廷憎恶之念陡增，从目前的形势来推测，我若继续维持该报，不仅损害清廷

① 外务省编纂：《日本外交文书》第三十三卷，社团法人日本国际联合协会昭和三十一年版，第673—674页。

② 参阅〔日〕中下正治：《新闻にみる日中关系史》，研文出版社2000年版，第48页。

之感情，亦不能得到丝毫利益。所谓启发清国人民云云之想法，不过虚无缥缈之妄想，归根结底毫无效果，此乃甚为明了之事，下官以为遇有良机，将该报卖却，方为得策。①

决定《国闻报》命运的训令终于下达了。明治三十三年（1900 年）四月三十日，青木周藏外务大臣给西德二郎驻清公使发来了一条训令。训令除了同意放弃《国闻报》这个舆论阵地外，还有一个重要的意见，那就是绝不能卖给俄国人。其文略谓：

> 正如阁下所报告的那样，在目前的形势下，该报之发行，实属有害无益之举，我认为如有有利时机，立即将该报卖与清国当局，或与我无关之当地人，以及除俄国以外的外国人。②

然而，《国闻报》还没来得及卖出，义和团运动便爆发了。在战火中，国闻报馆化为一片火海。

三 西方民权平等的政治理念与日本
萨、长、土、肥的行动方式（上）

清廷封禁南北强学会之后，康梁一派维新人士的活动范围变得更加狭窄，他们只能在理论宣传方面，对大众进行启蒙，以求得理解和支持。然而，既便如此，事情还是不遂人愿。不久，维新派的

①　外务省记录：《国闻报ノ部》，明治三十三年四月三日，西德二郎北京公使致青木周藏外务大臣报告，《国闻报ニ关スル件》，转引自〔日〕中下正治：《新闻にみる日中关系史》，研文出版社 2000 年版，第 49、60 页。

②　外务省记录：《国闻报ノ部》，明治三十三年四月三十日，青木周藏外务大臣致西德二郎公使函，转引自〔日〕中下正治：《新闻にみる日中关系史》，研文出版社 2000 年版，第 50、60 页。

内部，又由于学术与门户之见等原因，发生了分裂，梁启超愤而辞去《时务报》主笔一职，于 1897 年 11 月离开上海前往湖南，充当长沙时务学堂之总教习。①

湖南地处中国腹地，南连百粤，是湘军的发源地。湘人才武尚气，民风素朴，为中国第一。这点最为维新人士所看重。梁启超曾将其与明治维新前的日本相比，说："彼日本以攘彝立国者也，庆应末叶，举国之士裂眦攘臂，以言锁港，及明治维新，幡然改图，广开学校，悉师西法，十年之后，风气大成，遂有今日，而推原功首，则一切更革，皆由尊攘党人为之倡，盖攘彝之道，未有善于是者也。吾湘以士气闻天下，通商数十载，西人足迹交遍中国，惟于楚地几不敢越半步，论者谓志气之盛，魄力之厚，视日本之言锁港者，殆将过之，于是海内海外遂咸以守旧目湘士，然窃闻吾乡先辈，若魏默深，郭筠仙，曾劼刚诸先生，咸于天下不讲西学之日，受怨谤，忍尤诟，毅然慨然，以倡此义，至今天下之讲西学者，则靡不宗诸先生，乌在湘人之为守旧也。且如日本前事，虽守旧何害？其守愈笃者其变亦愈诚，吾湘变则中国变，吾湘立则中国存，用可用之士气，开未开之民智，其以视今日之日本，宁有让焉，宁有让焉。"② 显而易见，梁启超等维新人士，是想效法日本尊攘党人，将南连百粤的湖南，作为其维新变法的根据地，利用湘人可用之士气，开未开之民智，以达到其变湘而变中国之目的。维新人士既怀此目的，便在这方面大力宣传，在梁启超未赴湘之前，康有为的女儿康同薇便在《知新报》上发表文章，为梁启超入湘做铺垫，她用日本的例子，来激发中国知识人的士气，以为将来变法作宣传，其文谓：

---

① 耿云志、崔志海：《梁启超》，广东人民出版社 1994 年版，第 56—65 页。

② 梁启超：《湖南时务学堂缘起》，《知新报》第三十二册，光绪二十三年九月初一日，第 10 页。

甲午之役，以堂堂四千余万方里之国，挫于区区三岛之众，失东藩，割台湾，偿巨金，开商埠，盟城下，立自缚之约，失百世之威，倾吾民之膏液，戕吾民之财命，使天下之民，拵口咋舌，震惊悚骇者何欤？夫日本戊辰以前，危困之状，与今日中国等耳，自天智至孝明千余载，外戚擅权，王纲解纽，奉承鸿绪者，尽皆藤原氏之甥，叙位朝廷者，无非藤原氏之族，宗室削弱，兆庶无告，贿赂遍于朝廷，田园布于天下。而诸国吏治废弛，叛亡蜂起，令宰逃职，豪武牧民，原、平二氏，起自武功，夺藤原，履故迹，专横之行，日进不衰，威福之状，有加无已。德川家康、丰臣氏之雄藩也，以权诈阴险之行，坐持政柄，二百有余年矣。自昔藤原柄政，相家执权，保平乱国，武门专肆，大政移于关白，全权归于幕府，将军以世君如赘旒，自公卿迄舆隶，各分采邑，以赡家族。臣将军之臣，民将军之民，积弱相安，不知有君，此我中国从古所无，即魏晋盗窃，亦未尝如此之久而甚也。当此之时，内则抑压其民，苛赋重敛，公七民三，富商豪农，别有编派，间或罗罪，律无定式，畸轻畸重，唯刑吏之意，含冤茹苦，无可诉之门，越分上请，扳轩泣诉，奏牍未上，刀锯已加，瞻仰君门，如天如神，积威力劫，压制已极，此又中国之所无也。外则德、美、俄、法、奥、荷见逼，鲸吞虎视，肆其雄略之威，弱肉强食，任彼膏腴之取，幕府则胆如鼷小，识似犹卑，畏难苟安，唯命是听，索偿巨金，无勿予也，要关口岸，无勿从也。立约弗敢过问也，曲直弗敢与判也。敬其敌，虐其赤，取容一时，偷安瞬息，不知倾覆之近在旦夕，此中国之同病，可为痛息者也。①

在康同薇看来，中日两国同处亚洲，同处于专制淫威之下，然

---

① 康同薇：《论中国之衰由于士气不振》，《知新报》第三十二册，光绪二十三年九月初一日，第 1 页。

日本受压抑之情况要胜于中国，近代以来，两国同受西力东渐之影响，面对西洋列国的鲸吞虎视，两国政府的表现却很相同，同样是识见卑下，胆小如鼠，"畏难苟安，唯命是听"，他们同样是"敬其敌，虐其赤，取容一时，偷安瞬息，不知倾覆之近在旦夕"也。两国政府对内对外之做法虽同，然两国士绅之士气却大不相同。康同薇写道：

德川晚好儒，建孔子庙，讲程朱学，由是士知君臣之义，民有勤王之心，儒生源光国箸（著）书，首倡尊王之义，藩主齐昭立说，主持攘彝之议，激动人心，感发士气，度边华等译西书，新井君美傅雅兰学，山县昌贞、高山正之、蒲生秀实等，或箸（著）书寓意，或泣哭动人，或演说劝化，或面折权贵，或刺主和之臣，或袭外国之使，其生徒故吏，星繁云众，发激甚多，倾动天下，故处士横议沸盈，如风雷之相应，乃至潜交公卿，密连大藩，以抗幕府。于是公卿藩侯，多主攘彝之说，然尊攘之士，褫官者十七人，幕府方且厉其威棱，大索严锢，而人心益横，士气益张。伏萧斧，触密纲，至不可胜数，前者骈戮，后者辈起，一往不顾，视死如归，用能使公卿悚变，幕府危惧，革八十国封建制积势，收千余年已坠之神柄。使神武坠绪，亡而复存。明治维新，肇有端略，皆诸士之功也。于是日本维新政治，更正条约，颁定宪法，以张国法，开国会，以伸民气，变政仅二十余年，而挫革四千余万方里，四百余兆人民之中国，威振海外，名振英、法，推原所自，岂非士气之振致之哉？[1]

按康同薇的说法，日本之所以士气大振乃是由于德川时期

---

　①　康同薇：《论中国之衰由于士气不振》，《知新报》第三十二册，光绪二十三年九月初一日，第1—2页。

"建孔子庙，讲程朱学，由是士知君臣之义，民有勤王之心，儒生源光国箸（著）书，首倡尊王之义，藩主齐昭立说，主持攘彝之议，激动人心，感发士气"。在这里康同薇举了日本是如何用儒学来凝聚日本民族的例子。在她看来，在日本德川时代各派学者在"尊王"的口号下使内部完成了统一，又在"攘夷"的口号下进行了对外要求独立的运动。按康同薇的说法，儒学使日本士气大振，完成了民族精神的挺立，从而才能完成明治维新的大业。

但是为什么中日两国危困之状大略相同（或者说日本危困情状更甚于中国），又同受千年儒学的滋养，而中国之情状如此而日本如彼呢？依康同薇之见，那是由于士气之不振，她说：

> 夫日本之士，得中国学术之绪余而若此，我中国之士，受数千年之圣教，师传未失而若彼，岂不异哉？尝独居深念。穷思其故，岂船不坚，炮不利，无以助强欤？土地僻小，不足自立，物产薄劣，不足自供，无以致富欤？草昧不辟，无教之国，无以称文明欤？则皆非也。士气之不振也。苟安幸免，心私志散，以酿成此不痛不痒世界耳，推吾中国之士之意，岂不曰，势之强弱，国运也，事之成败，朝臣也。素位而行，吾何预于国，国宁赖于吾哉？①

依康同薇之见，中国之士，"苟安幸免，心私志散"，国运之兴衰，与其毫无关系，才"酿成此不痛不痒世界"，所以康同薇将中国积弱之弊，归罪于中国的士。她说：

> 夫胚三王，孕五帝，聪秀开敏，翘然而首于齐民者，士也。……《春秋》之义，责备贤者，反不讨贼，赵盾等于弑君，

---

① 康同薇：《论中国之衰由于士气不振》，《知新报》第三十二册，光绪二十三年九月初一日，第2页。

邻国不救，齐桓引为大耻，以此律之，则中国弱危之弊，不能无咎于士君子也。若夫斗筲之量，无识之人，斯固无与于责焉矣。[1]

康同薇在指出中国士大夫苟安幸免，淡于国事的弊病后复写道：

> 夫合天下之士气，乃心王事，日美之所以兴隆也，士与国离，自私自利，波斯、土耳其、印度之所以衰颓也，宁孰乐焉，吾也漆室抱忧，投梭而起，杞人之念，益用拳拳，天下士，其同此衷否耶？[2]

康同薇写此文章的目的是十分明显的，那就是以日本明治维新时的志士为榜样，激发中国士人的士气，为其合大群的变法维新活动服务。

应当指出，一百多年前，康同薇能有如此之见识，已实属难得，然有一点却为她所忽略，那就是"德川时代的儒学，虽末期有一小部分受了清初考据学的影响，但主要的是程、朱、陆、王之学"，即宋明理学。[3] 此种宋明理学的内容与精神，是与其父康有为所提倡的"公羊三世"和"孔子改制"等理论有本质区别的。简单地说，前者使日本得到了中国宋明理学的滋养，使"日本面对西方的压迫，在精神上挺立起来"，[4] 从而为明治维新准备了精神的社会条件。而后者，却因康有为以儒教的马丁·路德自居，已把儒家义理的基本性格与政治取向搞得含混不清，而遭人反感，从

---

① 康同薇：《论中国之衰由于士气不振》，《知新报》第三十二册，光绪二十三年九月初一日，第2—3页。

② 康同薇：《论中国之衰由于士气不振》，《知新报》第三十二册，光绪二十三年九月初一日，第3页。

③ 徐复观：《日本德川时代之儒学与明治维新》，载徐复观著，陈克艰编：《中国学术精神》，华东师范大学出版社2004年版，第255页。

④ 徐复观：《日本德川时代之儒学与明治维新》，载徐复观著，陈克艰编：《中国学术精神》，华东师范大学出版社2004年版，第254页。

而最终导致了士绅阶层的分裂。有关这点，我们下文将详细讨论。

康同薇虽未能看到日本儒学和其父所倡儒学的区别，但她的文章也能分析到士气大振乃是明治维新成功的原因，从这个角度来说，该文对康、梁一派在湖南的活动是起到了一定作用的。

在康、梁一派的维新人士中，谭嗣同对湖南的形势颇为看好，他在给徐仁铸的信中称：

> 溯自三十年来，湘人以守旧闭化名天下，迄于前此三年犹弗瘳，此莫大之耻也。愚尝引为深痛，而思有以变之。则苦力莫能逮。会江建霞学政莅湘，遂以改本县书院请，欣然嘉许。而他州县亦即相继以起。未几，义宁陈抚部持节来，一意振兴新学。两贤交资提挈，煦翼湘人，果始丕变矣。至今日人思自奋，家议维新，绝无向者深闭固拒顽梗之谬俗，且风气之开，几为各行省冠。①

陈宝箴、江标等来湖后的变化，令谭嗣同兴奋不已。他写道：

> 两年间所兴创，若电线，若轮船，若矿务，若银圆，若铸钱，若银行，若官钱局，若旬报馆，若日报馆，若校经堂学会，若舆地学会，若方言学会，若时务学堂，若武备学堂，若化学堂，若藏书楼，若刊行西书，若机器制造公司，若电灯公司，若火柴公司，若煤油公司，若种桑公社、农矿工商之业，不一而足。近又议修铁路及马路。其诸书院亦多增设课算学、时务，乌睹所谓守旧闭化者耶！②

---

① 谭嗣同：《与徐仁铸书》，载《谭嗣同全集》（增订本），中华书局1998年版，第269页。

② 谭嗣同：《与徐仁铸书》，载《谭嗣同全集》（增订本），中华书局1998年版，第270页。

康梁集团的成员大部分为广东和湖南人，在他们看来，中国苟受列强瓜分，十八行省中，可以为亡后之图者，莫如湖南、广东两省。他们认为："湖南之士可用，广东之商可用，湖南之长在强而悍，广东之长在富而通。"梁启超乃广东人，在他看来，广东人优于中国他省者，应有数端。首先乃爱国心，他认为，广东为西方人进入中国之孔道，其中之一部分，自明代已为互市之区，"自香港隶属于英，白人之足迹益繁，故广东言西学最早，其民习与西人游，故不恶之，亦不畏之，故中国各部之中，其具国民之性质，有独立不羁气象者，惟广东人为最"。梁启超认为，就广东人之爱国心而言，也要比中国其他省份强，那是因为，中国"大一统已久，无列国生存竞争之比较，而为之上者，又复从而蒙压之，故愚民之见，以为己国之外，更无他国，如是则既不知有国矣"。如此一来，如何能有爱国心呢？而广东则不然，"广东人旅居外国者最多，皆习见他邦国势之强，政治之美，相形见绌，义愤自生"，所以，中国近代以来，割地赔款，"内地之民，视若无睹，而旅居外国之商民，莫不扼腕裂眦，痛心疾首，引国耻如己耻者，殆不乏人，然则欲验中国人之果有爱国之心与否，当于广东人验之也"。①

其次，中国人勤劳，工价低而善于经商，此种优点，也久为西方人所侧耳，在梁启超看来，中国人所具备的这种优势，"他日黄种之能与白种抗衡者，殆恃此也。然于中国人之中，具此美质者，亦为广东人为最"。并且广东之言语，与他省不同，凡经商于外国者，最重乡谊，故其联合之力甚大。②

对于湖南人的看法，梁启超认为："湖南以守旧闻于天下，然中国首讲西学者，为魏源氏、郭嵩焘氏、曾纪泽氏，皆湖南人，故湖南实维新之区也，发逆之役，湘军成大功，故嚣张之气渐生，而

---

① 梁启超：《戊戌政变记·附录二　湖南广东情形》，载《饮冰室合集》专集之一，中华书局 1989 年版，第 129 页。

② 梁启超：《戊戌政变记·附录二　湖南广东情形》，载《饮冰室合集》专集之一，中华书局 1989 年版，第 129 页。

仇视洋人之风以起。虽然，他省无真守旧之人，亦无真维新之人。湖南则真守旧之人固多，而真维新之人亦不少"。① 为维新事业，而联通湘粤，一直是康梁集团的梦想，梁启超赴湘前，在给陈三立、熊希龄的信中也提及此事。其书略云："今日救中国，下手功夫在通湘、粤为一气；欲通湘、粤为一气，在以湘之才，用粤之财，铁路其第一义也。"② 基于此种认识，康梁集团便将湖南与广东作为他们维新活动的根据地。就在梁启超赴湖南之前，曾与其师康有为等人商议进行之宗旨，据狄楚青回忆说：

> 任公于丁酉冬月将往湖南任时务学堂时，与同人等商进行之宗旨：一渐进法；二急进法；三以立宪为本位；四以彻底改革，洞开民智，以种族革命为本位。当时任公极力主张第二、第四两种宗旨。其时南海知任公之往湘也，亦来沪商教育之方针。南海沉吟数日，对于宗旨亦无异词。所以同行之教员如韩树园、叶湘南、欧矩甲皆一律本此宗旨，其改定之课本，遂不无急进之语。③

梁启超既然怀着此种激进的想法入湘，这必然反映在他的行动上，具体来说，即效仿日本德川幕府晚期的萨摩和长州，脱离清廷而独立。梁启超入湘一个月后，听到德国占领胶州湾的消息，"欲哭不得泪，欲卧不得暝"，煎熬了六昼夜，终于以笔代舌，披肝沥胆地给陈宝箴上了一书。其书略谓：

① 梁启超：《戊戌政变记·附录二　湖南广东情形》，载《饮冰室合集》专集之一，中华书局 1989 年版，第 130 页。

② 梁启超：《致伯严、秉三两兄书》，载中国史学会主编：《戊戌变法》（二），上海人民出版社 1957 年版，第 592 页，转引自丁文江、赵丰田编：《梁启超年谱长编》，上海人民出版社 1983 年版，第 87 页。

③ 狄楚青：《任公先生事略》，转引自丁文江、赵丰田编：《梁启超年谱长编》，上海人民出版社 1983 年版，第 87—88 页。

启超以为天下事，思之而己之力不能为者，勿思焉可也；言之而所与言之人权力不能行者，勿言焉可也。呜呼！今日非变法万无可以图存之理，而欲以变法之事，望政府诸贤，南山可移，东海可涸，而法终不可得变，然则此种愿望之念断绝焉可也。愿望既绝，束手待毙，数年之后，吾十八省为中原血，为俎上肉，宁有一幸？故为今日计，必有腹地一二省可以自立，然后中国有一线之生路。今夫以今之天下天子在上，海内为一，而贸然说疆吏以自立，岂非大逆不道，狂悖之言哉？虽然，天下之事变既已若此矣，决裂腐烂，众所共睹，及今不图，数年之后，所守之土，不为台湾之献，即为胶州之夺，彼时挂冠而逃，固所不可，即拒敌致命，粉身碎骨，何补于国，何补于民？一人之粉焉碎焉，犹可言也，天下由兹荼毒，大局由兹陆沉，虚怀忠义之名，实有陷溺之罪。故启超以为，今日之督抚，苟不日夜孜孜，存自立之心者，虽有雄才大略，忠肝义胆，究其他日结局，不出唐景崧、叶名琛之两途，一生一死，而其为天下之人万世之唾骂者一而已。伟哉窦融，天下大乱，乃注意河西，指为移种处，卒能捍卫一隅，佐复汉室。伟哉郑成功，流贼遍地，大帅扫境，乃能以海外孤岛，存明正朔垂四十年。夫使天下大局，苟尚有一线之可以保全，则亦何取于此？而无如不为窦氏、郑氏之布置，即步唐氏、叶氏之后尘，二者比较，孰得失，不待智者而决矣。且启超之为此言也，岂有如前代游说无赖之士，劝人为豪杰割据之谋，以因利乘便云尔哉？今之天下，非割据之天下，非直非割据之天下，抑且日思所以合十八省为一国，以拒外人，犹惧不济，而况于自生界画乎？此其义也。虽五尺之童，莫不知之。启超虽戆愚，岂昧于此？所谓日夜孜孜，存自立之心者，谓为他日穷无复之之时计耳，岂曰谓目前之言哉？而无事则整顿人才，兴起地利，其于地方之责，亦固应尔，而终不必有自立之一日，此岂非如天下之福乎？脱有不幸，使乘舆播迁，而六飞有驻足之地；大统沦陷，而种类有依恃之所，如是焉而已。今以明公莅湘以来，吏治肃清，百废具举，维新之政，次第举行，已为并时封疆之所无矣。而启超必谓非存自立之心，不足以善其后者，盖以治一省与立一国，其规模条理，一切绝异。（本无所谓异也，西人各行省之自治，其规模条理，皆与一国同，唯今日中国之省，则大异耳。）以今日寻常各封疆之行径施之，虽苦心孤诣，而于捍他日之大难，则犹未足也。以一省荷天下之重，以一省当万国之冲，则将以民与人相见，以学与人相见，所以练其民与其学者，固非寻常之力所能有济，自昔日本至幸也，独惜我中国数十年以来，累受挫辱，而封疆之中，曾无一人思效萨二氏之所为者，己实不竞，而何人之尤。呜呼！使胡文忠公生于今日，其所措施，盖必有以异于人矣。我公明德耆硕，为后、帝所倚重，政府所深知，德泽在湘，妇孺知感，有所兴举，如慈母行令于其爱子，（脱一句）公度、研甫皆一时人才之选，殆若天意欲使三湘自立以存中国，而特聚人才于一城以备公之用者，盖不乏人也。

启超虽拙陋，窃窃数日夜之苦思，力索极其条理及下手之法，以为若使德人胶州之祸不息，今岁即成瓜分之势，斯无可言矣。若能假以五年，则湖南或可不亡也。然明公必于他日自立之宗旨，树标即定，摩之极熟，不令少衰，然后一切条理，乃因而从之。敢先以一书专论此义，上尘清听，倘不以为狂悖之言也，则将竭刍荛之所及者，更次第陈焉。[1]

梁氏此信，可谓用心良苦，其措辞亦比较直截，他单刀直入地声称，"为今日计，必有腹地一二省可以自立，然后中国有一线之生路"。而如若不然，"数年之后，所守之土，不为台湾之献，即为胶州之夺"，而彼时陈宝箴则"虚怀忠义之名，实有陷溺之罪"，

---

① 叶德辉辑著：《觉迷要录》卷四，台联国风出版社 1970 年版，第 27—29 页。

"他日之结局，不出唐景崧、叶名琛之两途，一生一死，而其为天下之人万世之唾骂者一而已"。换句话说，你陈宝箴若自立，还可为中国求一线之生机，如不听我梁启超之言，你必如唐、叶二人一样，遭世人万载之唾骂。在自立的具体问题上，梁启超要陈宝箴效法西汉末年窦融与明末郑成功的故事，以现有的地盘自立。他敦促陈宝箴以日本幕末萨、长、土、肥四藩为榜样，蓄养人才，以湖南作为中国维新事业的基地。他在另一篇文章中，明确地提出了自己的看法，其文略谓：

> 日本之劫盟于三国也，日不国也。时乃有萨摩、长门诸藩侯激厉其藩士，畜养其豪杰，汗且喘走国中，以倡大义，一啸百吟，一伸百问疾。时乃有尊攘、革政、改进、自由诸会党。继轨并作，遂有明治之政也。今夫以地之小如日本，民之寡如日本，幕府秉政以来，士之偷，民之靡，国之贫，兵之弱如日本，君相争权，内外交讧，时务之危矮如日本，当彼之时，其去亡也不发，而卒有今日，则岂非会之为功，有以苏已死之国，而完瓦裂之区者乎？①

又谓：

> 吾闻日本幕府之末叶，诸侯拥土者数十，而惟萨、长、土、肥四藩者，其士气横溢，热血奋发，风气已成，浸假遍于四岛。今以中国之大，积弊之久，欲一旦联而合之，吾知其难矣。其能如日本之已事，先自数省者起，此数省者其风气成，其规模立，然后浸淫披靡，以及于他省，苟万夫一心，万死一生以图之，以力戴王室，保全圣教。嘻！或者其犹可为也。湖

---

① 梁启超：《戊戌政变记·附录二　湖南广东情形》，载《饮冰室合集》专集之一，中华书局1989年版，第144—145页。

南天下之中，而人才之渊薮也。其学者有畏斋、船山之遗风，其任侠尚气，与日本萨摩、长门藩士相仿佛，其乡先辈若魏默深、郭筠先、曾劼刚诸先生，为中土言西学者所自出焉。两岁以来，官与绅一气，士与民一心，百废具举，异于他日，其可以强天下而保中国者，莫湘人若也。今诸君子既发大愿，先合南部诸省而讲之，庶几官与官接，官与士接，士与士接，士与民接，省与省接，为中国热力之起点，而上下从兹其矩絜，学派从兹其沟通，而数千年之古国，或尚可以自立于天地也。则启超日日执鞭以从诸君子之后所忻慕焉。①

梁启超于文章中，欲效日本萨、长、土、肥四藩之志士而拥湘独立之情已溢于言表，但可惜的是，是他徒见日本四藩之志士"士气横溢，热血奋发"，终于使其风气"浸假遍于四岛"的形式，却不了解德川时代的儒者是如何继承和把握住中国孔、孟、程、朱、陆、王这一大纲维的。他也不了解，当时日本的朱子、阳明、古学、石门心学等各学派通过何种努力将"朱学、王学的身心性命之精微，具体化而为卑近的日常道德，展开广大的教化运动"。②而正是中国这种儒学的教化使日本的维新志士在精神上完全树立起来，才化为奔涌如潮之士气，德川时代近三百年的儒学滋养，才为日本造就了完成明治维新的精神与社会条件。而当时的梁启超除了从其师康有为那里学到的孔子改制和公羊三世理论之外，其实对中国儒学过去所说的是什么，也极少措意，以致他在给陈宝箴提出的湖南自立办法中有很多背离了孔孟的原意，加之他的西学也是半通不通，所以他这种效法日本萨、长、土、肥拥湘独立的活动便缺少了精神与社会的条件，其失败也是必然的了。

---

① 梁启超：《戊戌政变记·附录二　湖南广东情形》，载《饮冰室合集》专集之一，中华书局 1989 年版，第 146 页。

② 徐复观：《日本德川时代之儒学与明治维新》，载徐复观著，陈克艰编：《中国学术精神》，华东师范大学出版社 2004 年版，第 257—258 页。

在给陈宝箴上书之后，梁启超又在《湘报》上发表了《论湖南应办之事》一文，向陈氏提出了湖南自立的具体办法。

梁启超借用西方政治学的民权观念来阐发他的理论："今之策中国者，必曰兴民权。"此话当然有一定的道理，然而，值得注意的是，西方的民权乃导源于天赋人权论。该理论认为，人人生而平等，人生长在此世界上的生存权、自由权，以及追求幸福的权利，都是上天赋予的，任何个人和团体都不能侵犯。而梁启超所说的民权，虽也是舶来品，但是却有一点力本论的味道，这一点是与西方民权论不同之处。在他看来，权利乃由智而生，而"智"也是一种力量，他认为人越智，则权利越多，他说"有一分之智，即有一分之权，有六七分之智，即有六七分之权，有十分之智，即有十分之权"。也就是说，人民的智越大，力量越强，则权利也就越多。所以，在他看来，权利和智乃互相倚赖之物。他认为，"昔之欲抑民权，必以塞民智为第一义"，而"今日欲伸民权，必以广民智为第一义"。① 他说："大局之患，已如燎眉，不欲湖南之自保则已耳，苟其欲之，则必使六十余州县之风气，同时并开，民智同时并启，人才同时并成，如万毫齐力，万马齐鸣，三年之间，议论悉变，庶几有济，而必非一省会之间，数十百人之局，可以支持，有断然矣。"② 显然，梁启超所说的民权，与西方的天赋人权论有着不少的差距，他的这种力本论观点，也成为其赴日后接受加藤弘之等人理论的思想土壤。那么，梁氏靠着这种观点，如何才能达到上述之目的呢？梁启超认为："欲兴民权，宜先兴绅权，欲兴绅权，宜以学会为之起点。"③ 基于拥湘自立的想法，梁启超遂以中国三

---

① 梁启超：《论湖南应办之事》，载《饮冰室合集》文集之三，中华书局 1989 年版，第 41 页。

② 梁启超：《论湖南应办之事》，载《饮冰室合集》文集之三，中华书局 1989 年版，第 41—42 页。

③ 梁启超：《论湖南应办之事》，载《饮冰室合集》文集之三，中华书局 1989 年版，第 43 页。

代两汉和西方议院为例，提出了一套地方自治的方案："三代以上，悉用乡官，两汉郡守，得以本郡人为之，而功曹掾史（吏），皆不得用它郡人，此古法之最善者。今之西人，莫不如是。"然而，中国到了后来，此种制度便遭到破坏，"唐宋以来，防弊日密，于是，悉操权于有司"，此种情况，造成了"民之视地方公事，如秦越人之肥瘠矣"。梁启超认为，"今欲更新百度，必自通上下之情始"，而"欲通上下之情，自必当复古意，采西法，重乡权矣"。① 然而，即使这样做，依然还会有两种顾虑。其一是怕这些绅士不能任事。其二是怕这些绅士借此舞文。所以梁启超认为，为了防止第一种弊端，则"宜开绅智"；而为了防止第二种弊端，则"宜定权限"。按梁启超的说法定权限是什么意思呢？在他看来，所谓定权限，就是分权，"西人议事与行事分而为二，议事之人，有定章之权，而无办理之权，行事之人，有办理之权，而无定章之权。将办一事，则议员集而议其可否，既可，乃议其章程，章程草定，付有司行之，有司不能擅易也。若行之而有窒碍者，则以告之议员，议而改之"。② 梁启超指出："西人之法度，所以无时不改，每改一次，则其法益密，而其于民益便，盖以议事者为民间所举之人也，是故，有一弊之当革，无不知也；有一利之当兴，无不闻也。其或有一县一乡之公益，而财力不能举者，则议员可以筹款而办之，估计其需费之多少，而醵之于民焉。及其办成也，则将其支用款项，列出清单，与众人共见，未有不愿者也。"③

　　那么，如何开绅智呢？梁启超认为，"欲用绅士，必先教绅士"，而"教之惟何，惟一归之于学会而已"。他指出："先由学会绅董各

---

① 梁启超：《论湖南应办之事》，载《饮冰室合集》文集之三，中华书局 1989 年版，第 43 页。

② 梁启超：《论湖南应办之事》，载《饮冰室合集》文集之三，中华书局 1989 年版，第 43—44 页。

③ 梁启超：《论湖南应办之事》，载《饮冰室合集》文集之三，中华书局 1989 年版，第 44 页。

举所知品行端方，才识开敏之绅士，每州县各数人，咸集省中入南学会，会中广集书籍图器，定有讲期，定有功课，长官时时临莅以鼓励之。多延通人，为之会长，发明中国危亡之故，西方强盛之由，考政治之本原，讲办事之条理，或得有电报，奉有部文，非极密者，则交与会中，俾学习议事，一切新政，将举办者，悉交会中，议其可办与否，次议其办法，次议其筹款之法，次议其用人之法。日日读书，日日治事，一年之后，会中人可任为议员者过半矣。此等会友，亦一年后，除酌留为总会议员外，即可分别遣散，归为各州县分会之议员。复另选新班在总会学习。"在梁启超看来，如按此种办法，绅智能开，权限亦可定也。到那时，"人人既知危亡之故，即人人各思自保之道，合全省人之聪明才力，而处心积虑，千方百计，以成办一省之事，除一省之害，捍一省之难，未有不能济者也"。①

梁启超认为，想要拥湘自立，兴绅权之事固然是当务之急，然而将来要办一切事情，则都要假手于官吏，即使是目前要开民智、绅智之事，也有很多要借助于官方的力量方能办成。基于以上之考虑，他认为，"开官智又为万事之起点"。在梁启超看来，"官贫则不能望之以爱民，官愚则不能望之以治事"。为了解决这两种弊病，对前者，梁启超主张采用黄遵宪养侯补官的方法，即优其薪水。在他看来，光养官吏还不够，还要教他们，这也是针对后者而言，即治这些官吏愚的方法。梁启超说，这些官吏，"胸中曾未有地球之形状，曾未有欧洲列国之国名，不知学堂工艺商政为何事，不知修道养兵为何政，而国家又不以此考成，大吏又不以此课最，然则彼亦何必知之，何必学之，举一省之事，而委之此辈未尝学问，无所知识之人之手，而欲其事之有成，是犹然薪以止沸，却行而求前也"。② 官吏不懂专业知识，显然不

① 梁启超：《论湖南应办之事》，载《饮冰室合集》文集之三，中华书局 1989 年版，第 45 页。

② 梁启超：《论湖南应办之事》，载《饮冰室合集》文集之三，中华书局 1989 年版，第 45 页。

能望之以治事，然而梁启超在这里，仅明显地强调了专业知识的重要性，而忽视了其他方面。他甚至主张采用黄遵宪增加官吏薪水的方法来使其爱民。这些主张，显然与传统儒家的德治思想大相径庭。

为了搞清梁启超开官智的举措在哪里背离了传统儒学，我们不得不对儒家此方面的观点做一个简单的介绍。"大约而言，传统文化的主流——儒家的基本道德价值可分两面：以礼为基础的规范伦理与以仁为基础的德性伦理。"① 儒家德性伦理在儒家的经典《大学》中则有完美的表述。朱熹教人读书，要"先读《大学》，以定其规模"，因为"《大学》是修身治人底规模，如人起屋相似，须先打个地盘。地盘既成，则可举而行之矣"。② 可见在朱子眼里，《大学》是阐述儒家修己治人之道的经典。《大学》一书，共提出了三个纲领和八个条目。三个纲领是"明明德""新民""止于至善"。八个条目是"格物""致知""诚意""正心""修身""齐家""治国""平天下"。《大学》首先论述了三纲领，即由"明明德"到"止于至善"的步骤和方法，其后又论述了八条目的先后次序与关系，最后指出了修身是大学之道的根本，和掌握本末关系的重要性。其中"三纲领"是最终的目标，而"八条目"则是达到目标的方法与步骤。我们先看朱熹是如何解释"明明德"的，朱熹认为："明德是自家心中具许多道理在这里。本是个明底物事，初无暗昧，人得之则为德。如恻隐、羞恶、辞让、是非，是从自家心里出来，触着那物，便是那个物出来，何尝不明。缘为物欲所蔽，故其明易昏。如镜本明，被外物点污，则不明了。少间磨起，则其明又能照物。"③ 按朱熹的解释，"明明德"前一个"明"

---

① 〔美〕张灏：《思想与时代》，上海文艺出版社 2002 年版，第 120 页。

② （宋）黎靖德编：《朱子语类》第一册，王星贤点校，中华书局 1986 年版，第 249—250 页。

③ （宋）黎靖德编：《朱子语类》第一册，王星贤点校，中华书局 1986 年版，第 263 页。

是动词，是显明的意思。而"明德"则是上天赋予之恻隐、羞恶、辞让、是非之美善的德性，即儒家所谓的"性"。只是此美善的德性，为后天的物欲所蔽，故其明易昏。朱熹认为，要通过教育，让明德彰显出来。他说："如适来说恻隐、羞恶、辞逊、是非等，此是心中元有此等物，发而为恻隐，这便是仁；发而为羞恶，这便是义；发而为辞逊、是非，便是礼、智。"①"明明德"是向内修己的功夫，相当于儒家的内圣之学。而"新民"是向外安人的事业，相当于儒家外王之学。朱熹说："'道之以德'，是'明明德'；'齐之以礼'，是以礼新民，也是'修道之谓教'。有礼乐、法度、政刑，使之去旧污也。"② 他进一步解释道："明德，是我得之于天，而方寸中光明底物事。统而言之，仁义礼智。以其发见而言之，如恻隐、羞恶之类；以其见于实用言之，如事亲、从兄是也。如此等德，本不待自家明之。但从来为气禀所拘，物欲所蔽，一向昏昧，更不光明。而今却在挑剔揩磨出来，以复向来得之于天者，此便是'明明德'。我既是明得个明德，见他人为气禀物欲所昏，自家岂不恻然欲有以新之，使之亦如我挑剔揩磨，以革其向来气禀物欲之昏而复其得之于天者。此便是'新民'。"③ 按朱熹的意思，恢复得之于天的光明美德，然后以恻隐之心帮助别人来克服气禀物欲，以恢复其得之于天的美善之性，依儒家的说法，"明明德"和"新民"要做到极致，这便是"在止于至善"。朱熹解释道："至善，犹今人言极好。"④ 朱熹又说："明德、新民，二者皆要至于极处。明德，不是只略略地明德便了；新民，不是只略略地新得便

---

① （宋）黎靖德编：《朱子语类》第一册，王星贤点校，中华书局1986年版，第263页。

② （宋）黎靖德编：《朱子语类》第一册，王星贤点校，中华书局1986年版，第267页。

③ （宋）黎靖德编：《朱子语类》第一册，王星贤点校，中华书局1986年版，第271页。

④ （宋）黎靖德编：《朱子语类》第一册，王星贤点校，中华书局1986年版，第267页。

休。须是要止于极至处。"① 由此可见，《大学》中的三纲领，所讲的修己治人之道，在于恢复人心中得之于天的光明德性，在于用恢复的明德来革人们向来气禀物欲之昏，在于使人们达到极完善的道德境界。在三纲领的基础上，《大学》提出了八个具体步骤，这便是所谓的八条目。

> 古之欲明明德于天下者，先治其国；欲治其国者，先齐其家；欲齐其家者，先修其身；欲修其身者，先正其心；欲正其心者，先诚其意；欲诚其意者，先致其知；致知在格物。
>
> 物格而后知至，知至而后意诚，意诚而后心正，心正而后身修，身修而后家齐，家齐而后国治，国治而后天下平。②

由此可见，三纲领是儒家育人之总纲领，而八条目则是达到"至善"的具体方法与步骤。在此基础上，儒家进一步提出了"自天子以至于庶人，一是皆以修身为本"的政治主张。准确地说，儒家所希望达到的是一种以道德为核心的德治的社会，这社会中的人，上至天子，下至平民，不分贵贱，均要革除向来气禀物欲之昏，以恢复其来自天的光明德性，从而朝着"止于至善"的方向努力，最终达到一个充满和谐气氛的君子社会。当然，儒家此种政治主张在实际中能否实现，则需要进一步研究和探讨，如单纯地从其出发点来看，应当是加以肯定的。尤其是其中严整的逻辑与哲理，对历代的读书人，产生了极大的吸引力，成贤、成圣的愿望，一直是优秀士人追求天理克服人欲力量的源泉。所以，当时大部分读书人，还是将其作为自己立身处世的准则。

然而，随着近代文化取向危机的出现，儒家所谓的德性伦理也

---

① （宋）黎靖德编：《朱子语类》第一册，王星贤点校，中华书局 1986 年版，第 270 页。

② 王国轩译注：《大学·中庸》，中华书局 2007 年版，第 4—5 页。

受到了极大的震荡，发生了解体的现象。"（一）儒家的人格理想——圣贤君子；（二）儒家的社会理想——天下国家"，尽管"这两组理想的形式尚保存，但儒家对理想所作的实质定义已经动摇且失去吸引力"。[①] 显然，在清末这种大环境下，随着西学的涌入，像梁启超这种"四五岁就王父及母膝下授《四子书》、《诗经》"[②] 的知识分子，也开始对儒家的德性伦理不加措意，而主张用提高官吏薪水之法来使之爱民了。这种情况，与上文所讨论过的儒学在德川时代的情况形成了鲜明的对照。康梁一派的维新人士希冀借助日本萨、长、土、肥的经验来达到其拥湘独立的目的。他们看到了明治维新以前日本"士气横溢，热血奋发，风气已成，浸假遍于四岛"，最后导致明治维新的现象。这是他的目光敏锐之处。但是，由于学识及时代的局限，他们并没有了解是何种学问激发了日本维新人士的这种士气，是何种学问教化了日本的新兴市民阶层，又是何种学问使日本逐渐地建立起政治的规模，使其形成了一个以明治政府为中心的近代民族国家。所有这些，对康梁一派维新人士来说，不能说不是一件十分遗憾的事情。

四　西方民权平等的政治理念与日本萨、长、土、肥的行动方式（下）

梁启超赴湘的主要工作，还是担当长沙时务学堂的总教习，有关此段历史，他在其日后所写的《清代学术概论》中有所交代。

已而嗣同与黄遵宪、熊希龄等设时务学堂于长沙，聘启超

① 〔美〕张灏：《思想与时代》，上海文艺出版社 2002 年版，第 121 页。

② 梁启超：《三十自述》，转引自丁文江、赵丰田编：《梁启超年谱长编》，上海人民出版社 1983 年版，第 13 页。

主讲席，唐才常等为助教，启超至以《公羊》、《孟子》教，课以札记，学生仅四十人，而李炳寰、林圭、蔡锷称高才生焉。启超每日在讲堂四小时，夜则批答诸生札记，每条或至千言，往往彻夜不寐。所言皆当时一派民乐论，又多言清代故实，胪举失政，盛倡革命。其论学术，则自荀卿以下汉、唐、宋、明、清学者，掊击无完肤。时学生皆住舍，不与外通，堂内空气日日激变，外间莫或知之，及年假，诸生归省，出札记示亲友，全湘大哗，先是嗣同、才常等设"南学会"聚讲，又设《湘报》（日刊——原注），《湘学报》（旬刊——原注），所言虽不如学堂中激烈，实阴相策应，又窃印《明夷待访录》、《扬州十日记》等书，加以案语，秘密分布，传播革命思想，信奉者日众，于是湖南新旧派大哄。①

此段历史，梁启超在《时务学堂札记序》中也有过说明：

　　丁酉秋，秉三与陈右铭、江建霞、黄公度、徐研甫诸公，设时务学堂于长沙，而启超与唐君绂（黻——原注）丞等同承乏讲席，国中学校之嚆矢此其一也。学科视今日殊简陋，除上堂讲授外，最主要者为令诸生作札记，师长则批答而指导之，发还札记时，师生相与坐论。时吾侪方醉心民权革命论，日夕以此相鼓吹，札记及批语中盖屡宣其微言。湘中一二老宿，睹而大哗，群起掎之。新旧之哄，起于湘而波动于京师。御史某刺录札记全稿中触犯清廷忌讳者百余条，进呈严劾，戊戌党祸之构成，此实一重要原因也。②

---

　　①　梁启超：《清代学术概论》，载《饮冰室合集》专集之三十四，中华书局1989年版，第62页。
　　②　梁启超：《时务学堂札记残卷序》，转引自丁文江、赵丰田编：《梁启超年谱长编》，上海人民出版社1983年版，第83—84页。

延聘梁启超主讲时务学堂是湖南官绅一致同意的。当时，梁启超乃是一个二十五岁的小青年，而湖南官绅对其的态度可谓优礼有加，熊希龄谓：

> 查去年初立学堂，延聘梁卓如为教习，发端于公度观察，江建霞、邹沅帆及龄与伯严皆赞成之，继而张雨珊、王益吾师亦称美焉。卓如初至之时，宾客盈门，款待优渥，学堂公宴。王益吾师、张雨珊并谓须特加热闹，议于曾忠襄祠张宴唱戏，晋请各绅以陪之，其礼貌可谓周矣。①

然而，到了次年初夏，岳麓书院斋长宾凤阳等请王先谦转函陈宝箴，辞退梁启超。而王先谦见信后，即联合在籍官绅刘凤苞、汪概、蔡枚功、张祖同、叶德辉、郑祖焕、孔宪教、黄自元、严家邑等上《湘绅公呈》于湘抚，要求"屏退主张异学之人，俾生徒不为邪说诱惑"。王先谦、叶德辉、孔宪教等又煽动岳麓、城南、求忠三书院部分学生，商订《湘省学约》，认为梁启超"大张其师康有为之邪说，蛊惑湘人"，"背叛君父，诬及经传"，草稿中且有"驱逐熊希龄、唐才常"之语。②

短短几个月的时间，形势为何急转直下，本来对康梁集团极度欢迎的湖南士绅，为何突然翻脸，以致对其痛下杀手，甚至要将其驱逐出境，此中之缘由，容我们从梁启超初到湖南时说起。据熊希龄言，梁启超初到湖南时，对"学规课程应读何书，应习何学"，

---

① 熊希龄：《上陈右铭中丞书》，载中国史学会主编：《戊戌变法》（二），上海人民出版社1957年版，第585页，转引自丁文江、赵丰田编：《梁启超年谱长编》，上海人民出版社1983年版，第87页。

② 汤志钧：《戊戌变法史》，人民出版社1984年版，第309页；黄彰健：《戊戌变法史研究》，上海书店出版社2007年版，第479—483页；《湘省学约》，载苏舆编：《翼教丛编》卷五，台联国风出版社1970年版，第14页；《王祭酒复洪教谕书》，载苏舆编：《翼教丛编》卷六，台联国风出版社1970年版，第12页。

即"定有条目"，且"送交各官、各绅，互相传观"，当时湖南官绅"群以为可行"。① 而至于延聘分教习一事，梁启超初受湘聘之时即有信与熊希龄和陈三立相约，"中文分教习应由中文总教习访聘"，"西文分教习亦由西文总教习访聘"，这样才可以"联络一气，较易商量，以免门户之见"。②

学规、课程、教材及教习等项均为湖南官绅所许，那么问题出在何处呢？首先让我们来看梁启超为时务学堂的学生们所定的学规。

梁启超抵湖南，即根据其师康有为之《长兴学记》拟定学规十章，曰：立志，养心，治身，读书，穷理，学文，乐群，摄生，经世，传教。这一学规，若从其表面来看，似乎还是传统的，但由于晚清西学的大量涌入以及诸子学的复兴，这使得梁氏的学规掺杂着许多这方面的因素。许多地方背离了儒家传统，甚至有与其抵触的地方，如梁启超在养心和治身两章中虽引用了孔子、孟子、颜子和曾子的语录，但这并不能说明梁氏的观点完全等同于儒家的修身思想。"像'养心'和'治身'这样的内容无疑是儒家修身的组成部分，用儒家的话来说也称为'功夫'。但儒家的修身还由其他一些因素组成。因为新儒家的修身主要围绕'寻回本性'（复性）问题，因此它不仅涉及抽象的世界观，而且也涉及人性的某些专门的心理学理论。虽然根据梁个人的陈述，他对新儒家道德哲学方面的著作有很好的研究，但还是无法指出他在思想上是否赞同这些假说。鉴于梁在认识方面逐渐接受西学，人们很可以对此表示怀疑。"③ 事实

---

① 熊希龄：《上陈右铭中丞书》，载中国史学会主编：《戊戌变法》（二），上海人民出版社 1957 年版，第 585 页，转引自丁文江、赵丰田编：《梁启超年谱长编》，上海人民出版社 1983 年版，第 87 页。

② 熊希龄：《上陈右铭中丞书》，载中国史学会主编：《戊戌变法》（二），上海人民出版社 1957 年版，第 585 页，转引自丁文江、赵丰田编：《梁启超年谱长编》，上海人民出版社 1983 年版，第 87 页。

③ 〔美〕张灏：《梁启超与中国思想的过渡（1890—1907）》，崔志海、葛夫平译，江苏人民出版社 1993 年版，第 61 页。

上，梁氏的学规"养心"与"治身"两章未涉及儒家"复性"的功夫，且掺杂了西方和佛教等内容，因此遭到了保守士绅的非难，认为"梁某为离经叛道惑世诬民"，他们将梁启超所定的学规逐条批驳，称梁氏养心之法"全以释氏起灭之法行之"，要"读者勿为所惑"，① 并称梁氏学约中"天堂地狱之说，惟释氏摩西有之，儒家无此言也"。② 按儒家的说法，"复性"即要人体现天道，儒教最能正视道德意识，它"视人生为一成德过程，所以其教义不由以神为中心而展开，而乃由如何体现天道以成德上而展开。自孔子讲仁，孟子讲尽心，《中庸》、《大学》讲慎独、明明德起，下届程朱讲涵养察识、阳明讲致良知，直至刘蕺山讲诚意，都是就这如何体现天道以成德上展开其教义。这成德的过程是无限的。故那客观的上帝以及主观的呼求之情乃全部吸收于如何体现天道上，而蕴藏于成德过程之无限中。这里尽有其无限的庄严与严肃"。③ 由此可见，儒教的重点与中心点就落在如何体现天道上，由于梁启超在其学规中缺乏对如何体现天道方面的表述，致使湖南保守士绅抓住把柄，用以攻击康梁之道德品质。汨罗乡人说：

> 康梁之徒诚不谋科第谋衣食，则保荐之者学究也，聘请之者市侩也。自命虽高，宁不为荐聘者地步耶？初熊希龄邀之来湘主讲学堂，议定每岁致束脩千二百金，梁嫌其薄，增至千六百金始允，是其志不在科第不在衣食而直截了当在此物也。④

---

① 《汨罗乡人学约纠误》，载苏舆编：《翼教丛编》卷四，台联国风出版社 1970 年版，第 80、82 页。

② 《汨罗乡人学约纠误》，载苏舆编：《翼教丛编》卷四，台联国风出版社 1970 年版，第 81 页。

③ 牟宗三：《中国哲学的特质》，上海古籍出版社 1997 年版，第 101 页。

④ 《汨罗乡人学约纠误》，载苏舆编：《翼教丛编》卷四，台联国风出版社 1970 年版，第 80 页。

　　汨罗乡人所说是否事实姑且不论，如前所讨论的梁启超要用增加薪水的办法来抑制官吏的贪墨，以及其学规中对儒家"复性"功夫的忽视等问题合而观之，则可以肯定地说，由于西方的冲击而产生的文化蜕变，已使儒家的所谓德性伦理的实质含义变得模糊不清，且对人们失去了吸引力。

　　尤令保守士绅不能容忍的是梁氏学规中"读书"一章，究其原因，乃是梁氏教学生读书之法全本于康有为，即以董仲舒之《春秋繁露》为进学之门径。康有为非常推崇《春秋繁露》，他说："公羊家多非常异义可怪之说，辄疑异之，吾昔亦疑怪之。及读《繁露》，则孔子改制变周，以《春秋》当新王，王鲁绌杞，以夏、殷、周为三统，如探家人筐箧，日道不休。……吾以董子学推之今学家说而莫不同。以董子说而推之周、秦之书而无不同。若其探本天元，著达阴阳，明人物生生之始，推圣人制作之源，扬纲纪，白性命，本仁谊，贯天人，本数末度，莫不兼运。信乎明于《春秋》为群儒宗也。"① 以此观之，康有为是从董学而入公羊的。康有为还说：

　　　　因董子以通《公羊》，因《公羊》以通《春秋》，因《春秋》以通"六经"，而窥孔子之道本。昧昧思之，如图建章之宫，写《霓裳之曲》，岂有涯哉？②

　　然而，在保守绅士们看来，董仲舒之《春秋繁露》只算儒学之一偏支，并不能代表儒学之正宗，梁启超教学生读书之目的，只不过是为传播其师之孔子改制思想罢了。如此下去，中国儒家经典之灭亡，则可能近在眼前了。汨罗乡人说：

---

　　① 康有为：《春秋董氏学自序》，载《康有为全集》第二集，中国人民大学出版社2007年版，第307页。

　　② 康有为：《春秋董氏学自序》，载《康有为全集》第二集，中国人民大学出版社2007年版，第307页。

梁之在学堂教习也，《孟子》、《公羊》外无他经焉。（其章程所举各书，装点门面。询之学堂诸生，乃知其不然——原注）《春秋繁露》则又人人诵习，岂董氏一家之学，在六经之上乎？至于《新学伪经考》，曾经奉旨禁毁，《孔子改制考》、《春秋董氏学》援引异学，侵夺圣经，是梁之董治而修明之者，皆其师康有为之谬说也。如是而经史之绝何待十年，天生康、梁以绝经也。悲夫！①

汨罗乡人所说学堂诸生读书的情况应当不错，据梁启超自己说，他到时务学堂以后，与谭嗣同、唐才常都在堂中教授，当时他们的教学方法有两面旗帜："一是陆王派的修养论；一是借《公羊》、《孟子》发挥民权政治论。"② 此种教学目的及方法，自然要走因董子以通《公羊》之途径了，故汨罗乡人所云学堂诸生人人诵习《春秋繁露》一事应属事实。③

据梁启超说，最能令保守士绅抓住把柄之事，乃是梁及康门弟子在时务学堂的教学活动。尤其是他们为学生札记所作的批语，保守派士绅"睹而大哗，群起掎之"，致使"新旧之哄，起于湘而波动于京师"。那么，梁启超等教习为学生札记所作的批语都是什么内容呢？《翼教丛编》曾收集了部分梁等教习为学生所作的批语，通过这些批语及其他资料，我们可以大致地了解当时时务学堂授课的情况。

首先，梁启超等教习在授课时散布反满的民族主义，同时"窃

① 《汨罗乡人学约纠误》，载苏舆编：《翼教丛编》卷四，台联国风出版社 1970 年版，第 81 页。

② 梁启超：《蔡松坡遗事》，载《晨报》蔡松坡十年周忌纪念特刊，转引自丁文江、赵丰田编：《梁启超年谱长编》，上海人民出版社 1983 年版，第 84 页。

③ 梁氏所说"借《公羊》、《孟子》发挥民权政治论"的说法应当不错，但其"陆王派修养论"的说法就值得研究了。我们知道，无论是象山讲"心即理"，还是阳明讲"致良知"，都是要人体现天道以成德，从而止于至善。而梁氏在这方面很少措意，从前面所讨论的他用加薪方法来制止官吏贪墨的做法来看，他似乎对儒学并没有深入的把握，故梁氏"陆王派修养论"云云的说法，尚需商榷。

印《明夷待访录》、《扬州十日记》等书，加以案语，秘密分布，传播革命思想"，使"信奉者日众"①。梁启超在批语中称清廷为民贼。他说："屠城屠邑皆后世民贼之所为，读《扬州十日记》，尤令人发指眦裂。故知此杀戮世界，非急以公法维之，人类或几乎息矣。"②

不仅清朝皇帝如此，二十四朝的皇帝皆民贼也。他说："二十四朝，其足当孔子王号者，无人焉，间有数霸者生于其间，其余皆民贼也。"③ 与此同时，他又"多言清代故实，胪举失政"且"盛倡革命"。④ 有的学生札记中提到赋税问题，梁启超批道："凡赋税于民者，苟为民作事，虽多不怨，今西国是也。上海租界，每季巡捕捐极重，未有以为怨者也。苟不为民作事，虽轻亦怨矣。中国之税至本朝而轻极矣。孟子谓，轻于尧舜之道者，大貉小貉也。何以谓之貉，谓其不足以供币、帛、饔飧，百官有司之用也。今之中国是矣。以赋轻之故，乃至官俸亦不能厚，恶知官俸既薄，而彼百官者，乃仍取之于民之身，而其祸益烈耶。"⑤ 如此一来，清廷的失政导致了大量的农民起义，而追其根源，全是由于统治者无礼，而一般民众无学，梁启超用《孟子·离娄上》里的话来教育学生："中国萑苻甚炽，上无礼，下无学，贼民兴，丧无日矣。今日变政，所以必先改律例。"⑥ 当时，梁启超等人"方醉心民权革命论，日夕以此相鼓吹，札记及批语中盖屡宣其微言"。⑦ 在他们看来，为了对付帝国主义的侵略，挽救危亡，只有兴民权。叶觉迈分教习

①　梁启超：《清代学术概论》，载《饮冰室合集》专集之三十四，中华书局1989年版，第62页。

②　苏舆编：《翼教丛编》卷五，台联国风出版社1970年版，第8页。

③　苏舆编：《翼教丛编》卷五，台联国风出版社1970年版，第9页。

④　梁启超：《清代学术概论》，载《饮冰室合集》专集之三十四，中华书局1989年版，第62页。

⑤　苏舆编：《翼教丛编》卷五，台联国风出版社1970年版，第6页。

⑥　苏舆编：《翼教丛编》卷五，台联国风出版社1970年版，第8页。

⑦　梁启超：《时务学堂札记残卷序》，转引自丁文江、赵丰田编：《梁启超年谱长编》，上海人民出版社1983年版，第84页。

在学生的批语中说："公法欲取人之国，亦必其民心大顺，然后其国可为我有也。故能兴民权者，断无可亡之理。汝已见到此层，但未鞭辟入里耳。"① 梁启超也在学生的札记中批道："春秋大同之学，无不言民权者，盍取六经中所言民权者，编辑成书，亦大观也。"② 提倡民权，必然要涉及君臣关系，在这个问题上，他写道："臣也者，与君同办民事者也。如开一铺子，君则其铺之总管，臣则其铺之掌柜等也。有何不可以去国之义？"③ 分教习韩文举接着批道："后世为臣者，不明以臣佐君之义，皆是为民作用，而遂甘为奴隶妇孺，至于国破时，仅以一死塞责，后世遂目为忠臣，二千年之锢蔽，牢不可破。"④ 韩文举接着又举了美国的例子指出，总统如果违例，亦可以通过议院加以罢黜："美国总统有违例，下议院告之上议院，上议院得以审问，例能夺其权而褫其职。英国虽君臣共主之国，其议院亦曾废君。可见舜亦由民公举，非尧能私授也。"⑤ 这些批语，十分清楚地表明了梁启超等人矛头指向了中国的皇权制度，其无非是说，中国的皇帝如违例，也同样可以罢黜，不仅如此，他们在形式上也要皇帝降尊除贵，废除跪拜之礼，以及改朔易服。梁启超在学生札记中批道："今日欲求变法，必自天子降尊始，不先变去拜跪之礼，上下仍习虚文，所以动为外国讪笑也。"⑥ "衣服虽末事，然切于人身最近，故变法未有不先变衣服者，此能变，无不可变矣。"⑦ 接着，梁启超又举了日本天皇无权及日本幕末志士的例子，希望学生们效法日本幕末志士，以义愤号召于天下，一呼百应，使中国慢慢走上君主立宪的道路。梁启超在学生的札记中批道："日本所以二千余年不易

① 苏舆编：《翼教丛编》卷五，台联国风出版社 1970 年版，第 8 页。
② 苏舆编：《翼教丛编》卷五，台联国风出版社 1970 年版，第 7 页。
③ 苏舆编：《翼教丛编》卷五，台联国风出版社 1970 年版，第 11 页。
④ 苏舆编：《翼教丛编》卷五，台联国风出版社 1970 年版，第 7 页。
⑤ 苏舆编：《翼教丛编》卷五，台联国风出版社 1970 年版，第 7 页。
⑥ 苏舆编：《翼教丛编》卷五，台联国风出版社 1970 年版，第 6—7 页。
⑦ 苏舆编：《翼教丛编》卷五，台联国风出版社 1970 年版，第 9 页。

姓者，由君位若守府，而政在大将军，凡欲篡位者，篡大将军之位而已。日本所以能自强者，其始皆由一二藩士慷慨激昂，以义愤号召于天下，天下应之，皆侠者之力也。中国无此等人，奈何！奈何！"① 当时康、梁集团基本上主张君主立宪，而君主立宪即要有议院。梁启超认为，议院虽创制于西方，但是其实此制中国古已有之。他在学生札记中批道："议院虽创于泰西，实吾五经诸子传记随举一义，多有其义者，惜君统太长，无人敢言耳。"② 既然议院之义于中国的五经诸子传记中早已有之，而《春秋》大同之学，又"无不言民权者"，③ 那么康梁一派的公羊改制之说就有了经典和历史的根据。他们所谓的兴民权、抑君权的变法理论也就顺理成章了。于是，康梁一派明确表示，世界各国中，当以美国之政治为众国之楷模，而将来之世界，也必由美国完成统一。分教习韩文举在学生的札记中批道："天下无敌，美国有焉，欧州不及也。今欧州各国之人每年隶美籍者不知凡几，如战争之事与诸国持和局者多由美国，溯美国由乾隆四十一年始联合十三州，至今日所属联邦部已四十余，近又合并檀香山。将来大一统者，必由美国以成之也。"④ 如此看来，远在一百多年以前，康梁一派已看好美国在世界上的地位。这反映了他们的见识。

　　按梁启超的说法，他们在时务学堂的这种教学方法，如今看起来，虽很幼稚，"但是给同学们的'烟士披里纯'（inspiration，灵感）却不小。开学几个月后，同学们的思想不知不觉就起剧烈的变化，他们象得了一种新信仰，不独自己受用，而且努力向外宣传。记得初开学那几个月，外面对于我们那个学堂都很恭维，到了放年假同学回家去，把我们那种'怪论'宣传出去，于是引起很

---

① 苏舆编：《翼教丛编》卷五，台联国风出版社1970年版，第9页。
② 苏舆编：《翼教丛编》卷五，台联国风出版社1970年版，第8页。
③ 苏舆编：《翼教丛编》卷五，台联国风出版社1970年版，第7页。
④ 苏舆编：《翼教丛编》卷五，台联国风出版社1970年版，第7页。

大的反动，为后来戊戌政变时最有力的口实"。①他又说："丁酉之冬，遂就湖南时务学堂之聘，脱离报馆关系者数月，《时务报》虽存在，已非复前此之精神矣。当时亦不知学堂当作何方法也，惟日令诸生作札记而自批答之。所批日恒万数千言，亦与作报馆论文无异。当时学生四十人，日日读吾所出体裁怪特之报章，精神几与之俱化。此四十人者，十余年来强半死于国事，今存五六人而已。此四十分报章，在学堂中固习焉不怪，未几放年假，诸生携归乡里，此报章遂流布人间。于是全湘哗然，咸目鄙人为得外教眩人之术，以一丸药翻人心而转之，诸生亦皆以二毛子之嫌疑见摈于社会。其后戊戌政变，其最有力之弹章，则撦当时所批札记之言以为罪状。盖当时吾之所以与诸生语者，非徒心醉民权，抑且于种族之感，言之未尝有讳也。此种言论，在近数年来诚数见不鲜，然当时之人闻之，安得不掩耳？其以此相罪，亦无足怪也。"②

先是，在梁启超主讲时务学堂期间，谭嗣同、唐才常等又开设南学会聚讲，谭、唐二人"所言虽不如学堂中激烈，实阴相策应"。③例如梁启超主张效法德川幕府晚期萨摩和长州志士唤起民众而改革，而谭嗣同和唐才常则主张索性与英、日联盟。谭嗣同在第一次赴南学会讲演时即提到了中日结盟的问题，他说："鄙人顷在湖北，晤日本政府所遣官员三人，言中国唇齿相依，中国若不能存，彼亦必亡。故甚悔从前之交战，愿与中国联络，救中国亦以自救也。并闻湖南设立学会，甚是景仰。自强之基，当从起矣。夫日本席全盛之势，犹时恐危亡，忧及我国，我何可不自危而自振

---

① 梁启超：《蔡松坡遗事》，载《晨报》蔡松坡十年周忌纪念特刊，转引自丁文江、赵丰田编：《梁启超年谱长编》，上海人民出版社1983年版，第84页。

② 梁启超：《初归国演说辞》，载《饮冰室合集》文集之二十九，中华书局1989年版，第2页。

③ 梁启超：《清代学术概论》，载《饮冰室合集》专集之三十四，中华书局1989年版，第62页。

乎?"① 谭嗣同讲演后，谭的刎颈之交唐才常又在《湘报》上发表题为《论中国宜与英日联盟》的文章，以与谭嗣同的演讲相互策应，唐才常的文章较长，较谭嗣同说得更详细，他先从俄国人的野心说起，以揭示联俄之害。其文略谓：

> 今夫俄之蓄而谋亚欧也，自其大彼得临终之言已狐狂狮吼，枭乱天下也。洎不得志土耳其、阿富汗、波斯海湾，折而构西伯利亚铁路，不冰海口，东向而争利便，遂因割辽东一役，外饵甘言，内痈腐骨，于是狼牙密厉，虺毒潜吹，安坐而縻我四万万人之身家性命而莫敢谁何。悲夫！悲夫！宅尔宅，田尔田，仆尔仆，子尔子，孙尔孙。其阴谋狡毒，券我支那者，所谓司马昭之心，路人皆知也。俄而东三省铁路归其掌握矣，俄而一纸索大连湾、旅顺，燔乱全球矣。视天梦梦，伊胡有域，不知联俄之策，出自何人？涎何利益，而仰鼻息于亡种亡国之大盗。而父母之，帝天之，重性眠缪，一至斯极！②

他又论及了联英、日的方法及好处。

> 英乌乎联？联以日。日乌乎联，联以学。中国而不欲图存则已，苟欲图存，则不如学矣。中国而不求实学则已，苟求实学则不如假途于日矣。且夫兵也，商也，工也，农也，矿也，铁路也皆学也，既可通，则筹款兴办之事亦可通，款既可通，则整军御侮之事亦可通。军既可通，则休戚存亡之理亦可通。故以通学者通日，通日者通英。合中、日、英之力，纵横海上，强俄虽狡，必不敢遽肆其东封之志，法德虽名附俄，岂能

　　① 谭嗣同：《谭复生观察第一次讲义》（续前报），《湘报》第三号，光绪二十四年二月十七日，第10页。

　　② 唐才常：《论中国宜与英日联盟》，《湘报》第二十三号，光绪二十四年三月十一日，第89页。

仇英、日而犯五洲之不韪?①

接着他顺理成章地引出了谭嗣同在湖北与日本参谋本部人员联络一事:

> 日本知其然也。(指中、日、英联盟之益处——引者注)故遣其参谋部三人来华密筹焉。曰神尾光臣,曰梶川重太郎,曰宇都宫太郎。正月之杪,谭君复生,见三人汉口,神尾言曰:"彼我本兄弟国,贵国遇我良厚,不意朝鲜一役,遂成仇衅,又不意贵国竟不能一战,挫衄不可收拾,嗣兹以来,启各国心,危若朝露,每一回首,悔恨何及。然贵国亡必及我。我不联贵国将谁联?今大地师舰,麇集鳞萃,吮血磨牙,明明相向,不于此时薪胆为雄,练兵兴学,更优游卒岁,安乎?时乎时乎不再来,愿君熟思,同往我国,谋定后动。凡振兴诸端,皆能相助为理,至救目前瓜分之急,尤怀至计,将遂续陈,幸图利之。"又曰:"侧闻湘省风气大开,钻研政学,无任钦迟,尤愿纳交,相为指臂,且振兴中国,当于湖南起点,如联盟计成,吾当为介于英,而铁轨资焉,国债资焉,兵轮资焉,一切政学资焉。吾又当与英尽收亚细亚东煤块,断绝各国轮船之用,使近无可屯,远难速运,铁舰来多,则不能持久,少则尾之,轰之立碎,此不战而屈人之兵,而以悉网煤矿,制太平洋死命,便甚。君谓何如矣?君不遗我国,率众至,请馆之上宾。"其言之痛切肺挚盖如此。非逆知大厦倾危,燎原祸急,何故反向地球至柔至脆至老至疲之国为此迂远不切事情之举?才常尝太息,譬之曰中日构衅,如两鬐相遇,而争道不休,两瘟相怒,而色然以斗,伺其旁者,或攫取其衣冠去,莫之觉。此

可谓大愚不灵者矣。今日人既愿联盟我，且愿密联中英相犄角，且愿性命死生相扶持，千载一遇，何幸如之？何快如之？①

当然，唐才常也并非认为与英日结盟没有弊端，但是要采取两害相权取其轻的办法，他说：

> 夫以日联英，诚亦不敢洞其无弊，然商战之祸，孰如兵战之祸，阿富汗之胁，孰如卡肯特之胁？印度之惨，孰如波兰之惨？且吾不知波斯、土耳其之至今肖然者，英存之乎？俄存之乎？吾不知呼号刲絷于屠伯之手，与觅方问药于同病之夫，肉我亲乎？骨我仇乎？系属我邻乎？雄猜我怨乎？②

他进一步强调说：“夫联俄则然眉噬脐，且夕即成异类；联日以联英则皮肤之癣，犹可补救于将来，夫害两也，弊两也。而权之衡之，吾宁取其轻焉耳。”③ 那么，如何于实际中与英日联合呢？唐才常认为应先联日，具体的方法则是派遣人员前往日本学习，他说：“日本之有大学校，两湖官绅议遣子若弟往焉，斯其实矣。然我南学会果众志成城，经费日充，则榎本、伊藤之纷纷四出者，尚将勉图之无怠。抑尤愿我同人之丰于学，而纡于财者，益自联翩奋翅。接踵东瀛，通其气谊，群其心力，均其盈虚，化两为一。则学通而政通，政通而国通。兵也，商也，工也，农也，矿也，铁轨也，学堂也，客卿也，一通而无弗通。显以树同存同亡之的，隐以绵同教同种之绪。远以师强秦借材异地之术，近以规明治取资美、

---

① 唐才常：《论中国宜与英日联盟》，《湘报》第二十三号，光绪二十四年三月十一日，第 89—90 页。

② 唐才常：《论中国宜与英日联盟》，《湘报》第二十三号，光绪二十四年三月十一日，第 90 页。

③ 唐才常：《论中国宜与英日联盟》，《湘报》第二十三号，光绪二十四年三月十一日，第 90 页。

荷之心，内以涤悍陋迁骄夜郎自封之败气，外以洗土番野蛮公法不齿之秽名。虽已萎之腐草，溥以炭养而知吸；至软之皮囊，纫之留气而方膨。而况地大物博，复绝巨溟之中国？苟获扶持力，得一意更张，奚而不存矣？奚而不强矣？"① 唐才常慷慨激昂地论述了与日英结盟的益处后接着指出了清廷的卖国求荣的嘴脸。他说，清廷"不此之务，而以四万万人之身家性命，委之蓄诈行赂，贪馋狡虐，权压兵勒之无道俄，而欲延残喘于须臾，乞余生于虎口，此三尺之童所惊疑骇愕，而志士仁人之抚膺顿足，悲不自胜者也"。②

值得注意的是，当时，不仅是唐才常等人持上述看法，日本对华的这种外交政策也得到了中国绝大部分知识分子的热烈响应，当时革命与维新人士均对这些与中国联络的日本人士持欢迎态度，1897 年 2 月，日本半官方性质的同文会发起人宗方小太郎来到上海，与李盛铎、罗诚伯、梁启超、汪康年等联络，共商中日联盟、兴亚拒俄大计。③

在此期间，日本驻华公使矢野文雄往说御史杨深秀，而日本驻沪总领事小田切万寿之助则与郑观应、郑孝胥、文廷式、张謇、汪康年等人在上海组织"上海亚细亚协会"，由上海三井、三菱等财阀出资，小田切任会长，郑观应任副会长。④

1897 年 2 月 22 日《时务报》第十八册出版。章太炎在该报中发表《论亚洲宜自为唇齿文章》，主张："为今之计，既修内政，

① 唐才常：《论中国宜与英日联盟》，《湘报》第二十三号，光绪二十四年三月十一日，第 90 页。

② 唐才常：《论中国宜与英日联盟》，《湘报》第二十三号，光绪二十四年三月十一日，第 90 页。

③ 东亚同文会编：《对支回顾录》下卷《列传·宗方小太郎》，明治百年史丛书之七十，原书房 1981 年版，第 375 页。又见石锦：《甲午战后日本在华的活动》，载中华文化复兴运动推进委员会编：《中国近代现代史论集》第十一编《中日甲午战争》，（台湾）商务印书馆 1986 年版，第 814 页。

④ 许介麟：《戊戌变法与梁启超在日的启蒙活动》，载（台北）中研院近代史研究所编：《近代中国历史人物论集》，（台北）中研院近代史研究所 1993 年版，第 676 页。

莫若外昵日本，以御俄罗斯。两国斥候，送逮于东海，势若撤榜，无相负弃，庶黄人有援，而亚洲可以无踬。"①

　　孙中山自广州起义失败后，经英国辗转来到日本，化名中山樵，在熊本县荒尾村宫崎寅藏的老家小住了几日。1897 年 11 月 20 日，孙托宫崎与宗方小太郎联络，邀请宗方来商议大事。下午两点宗方如约而至，与孙中山促膝商谈东亚大事，一直谈论到鸡叫时分。孙中山兴奋异常。21 日上午二人接着畅谈东亚大事，下午宗方才离去。②

　　梁启超《戊戌政变记》载："光绪二十三年十二月，德人占踞胶州之事起，康（有为——引者注）驰赴北京上书，极陈事变之急。"③ 在此期间，康有为"乃为御史杨深秀草疏，请联英、日，又为御史陈其璋草疏，再请联英、日"，④ 且与日本千山万水楼主人商议中日联合之事。从谈话中，他越发感到"日本之可信"。⑤

　　当然，主张联合英、日并不仅限于中下层知识分子，自俄国侵占中国旅顺、大连两港后，那些原来赞成联俄亲俄的封疆大吏的态度也发生了极大的变化。张之洞、刘坤一的态度来了个一百八十度的大转弯，提出了"以兼联英日为要策"。康有为等也利用此有利的时机，提出了他们的联日主张。光绪二十四年初三日（1898 年 3 月 24 日），康有为上《为胁割旅、大，覆亡在即，乞密联英日，坚拒勿许，以保疆土而存国祚折》，为光绪帝提出三

---

　　① 汤志钧：《章太炎年谱长编》（增订本）上册，中华书局 2013 年版，第 24 页。

　　② 东亚同文会编：《对支回顾录》下卷《列传·宗方小太郎》，明治百年史丛书之七十，原书房 1981 年版，第 377 页。又见陈锡祺主编：《孙中山年谱长编》上册，中华书局 1991 年版，第 154 页。

　　③ 梁启超：《戊戌政变记》，载《饮冰室合集》专集之一，中华书局 1989 年版，第 2 页。

　　④ 康有为：《我史》，载《康有为全集》第五集，中国人民大学出版社 2007 年版，第 89 页。

　　⑤ 郑匡民：《西学的中介：清末民初的中日文化交流》，四川人民出版社 2008 年版，第 61—66 页。笔者在写此书时，尚不知千山万水楼主人的真实姓名，故暂时付之阙如。后经北京师范大学张昭军教授托该校邱涛教授转告于笔者，笔者乃知千山万水楼主人的真实姓名乃川崎三郎。特于此致谢。

条办法以对付沙俄之侵略："密联英日，赫怒而战，上策也；不允画押，听其来攻，徐待英、日之解难，中策也；布告万国，遍地通商，下策也。"① 在康有为看来，"三策皆可以图存"，但若许俄国割地，那么各国纷纷效尤，则英必割长江，法割两粤，诸国纷来，思得分地，鱼烂瓦解，一旦尽亡，是为无策。② 显而易见，联日联英在当时已成为改革人士的共识。这种情况，到伊藤博文访华的时候达到了高潮。我们从直隶总督荣禄对其的盛情款待中便可略见一斑。③ 所有这一切，正像康有为所说的那样，"朝士渐知英、日之可信，而知俄之叵测。自此群议，咸知联英、日矣"。④

维新人士联英、日的主张虽得到了清廷决策层的认可，但是另一些主张则遭到了一些人的反对，其中一个重要的例子是易鼐在光绪二十四年三月八日（1898 年 3 月 29 日）《湘报》第二十号发表的一篇文章。该文章题目叫《中国宜以弱为强说》。易鼎认为，今日中国，已成风雨飘摇，其势岌岌可危。即使现在澄清吏治，整顿海军，振兴新学，讲求商政，修铁轨，造轮船，兴矿务，设电线等事业同时并举，而俟其收效也需十年。此种做法"犹取东海之水，以救西岳之火，水至半途，而燎原者已不可向迩矣"。易氏主张用老子的"柔弱胜刚强"的学说来解救中国的危难。他提出了四种办法，"一曰改法以同法"，即中国"若欲毅然自立于五洲之间，使敦盘之会以平等待我"，则必须"改正朔，易服色，一切制度悉从泰西"，"入万国公会，遵万国公法"，希望能使"各国知我励精图治，斩然一新，一引我为友邦"。易鼐认为，如此做下去，"各

---

① 康有为：《为胁割旅、大，覆亡在即，乞密联英日，坚拒勿许，以保疆土而存国祚折》，载《杰士上书汇录》第一册，故宫博物院藏手抄本。

② 康有为：《为胁割旅、大，覆亡在即，乞密联英日，坚拒勿许，以保疆土而存国祚折》，载《杰士上书汇录》第一册，故宫博物院藏手抄本。

③ 郑匡民：《西学的中介：清末民初的中日文化交流》，四川人民出版社 2008 年版，第 68—77 页。

④ 康有为：《我史》，载《康有为全集》第五集，中国人民大学出版社 2007 年版，第 90 页。

国之要求我而无压者，可据公法以拒之，我之要求各国而不允者，可据公法以争之。向之受欺于各国损我利权者，并可据公法以易之"。按易鼐的说法，就是要与西方各国统一价值观，即"所谓禹入裸国，亦随之而裸也"。①

二曰"通教以绵教"。易鼐认为，所谓的通教以绵教即"西教与中教并行也"。② 易鼐要求清廷"明降谕旨，国中自官绅以及士民，愿入救世教者，听。毁教堂，戕教士者，为叛民，杀无赦"。"我儒家之有真实学问者，从暗中推扩其善意，改革其差谬，弥补其缺憾"，"其善意则欲斯世共登于仁寿，斯民大发其慈悲推广之，而两相忘矣，其间有差谬，改革之，而两相成矣，其间有缺憾，弥补之，而两相化矣"。在易鼐看来，此正是《论语》所说的"有教无类"、《中庸》所说的"声名洋溢乎中国，施及蛮貊""凡有血气者，莫不尊亲"等意思，如此一来"二十年之后，圣教将遍行乎五大洲也"。③

其三是"屈尊以保尊"。易鼐认为："自秦以降，君权日尊，民权日替。"上权过重，民气不伸，国势亦因之而弱。他认为，刑赏生杀之大权，"当公之天下，未可柄之一人"，"必每省设一民权司，以通上下之情，民之所陈，直达于朝廷"，不至"民隐不上闻，上恩不下逮，如是而中国所宜自有之权利，民必竭力经之营之，保卫之，朝廷坐享其成而已"。"所谓屈一时之尊，以长保子子孙孙万世之尊者与。"④

第四是"合种以留种"。易鼐主张，"莫如以诸王郡主宗室县主下嫁于俄、德、法列邦之世子。王公台吉贝勒贝子复广娶列国之公主郡

---

① 易鼐：《中国宜以弱为强说》，《湘报》第二十号，光绪二十四年三月初八日，第 77 页。

② 易鼐：《中国宜以弱为强说》，《湘报》第二十号，光绪二十四年三月初八日，第 77 页。

③ 易鼐：《中国宜以弱为强说》，《湘报》第二十号，光绪二十四年三月初八日，第 77 页。

④ 易鼐：《中国宜以弱为强说》，《湘报》第二十号，光绪二十四年三月初八日，第 77—78 页。

主"。朝廷下一道旨意，"上自官绅，下逮庶民，愿嫁女于泰西各国者，听。愿娶妇于泰西各国者，听"。"国家联姻，尤贵择西人之有智力者。""既联翁婿甥舅之亲，即可从其中选用客卿"，这些人"自当竭力为我用"。"此所谓以爱力绵国运，以化合延贵种也。"①

易鼐文章刊登后立即招来非议。叶德辉致书皮锡瑞表示反对，略谓："数日前同邑易生有《中国以弱为强论》，为通教合种之说。同邑之士，群起而攻之。有来告者，鄙人告以易生所论，并非出于本心，乃袭时务议论中之残唾，参以癸巳年《申报》宋存礼所上合肥相国书。识者当鄙其学之陋，不当讶其论之新。此生本无所知，不过急于求名，冀耸一时之闻听，若举邑与之相持，是快其意也。"② 叶氏进一步表示："近世时务之士，必欲破夷夏之防，合中外之教，此则鄙见断断不能苟同者。"③

易鼐的文章不仅引起叶德辉的责难，而且该文传到武昌后，张之洞见后大怒，随即致电陈宝箴、黄遵宪，略谓：

> 湘中人才极盛，进学极猛，年来风气大开，实为他省所不及。惟人才好奇，似亦间有流弊。《湘学报》中可议处已时有之。至近日新出《湘报》，其偏尤甚。近见刊有易鼐议论一篇，直是十分悖谬，见者人人骇怒。公政务殷繁，想未寓目。请速检查一阅，便知其谬。此等文字，远近煽播，必致匪人邪士，倡为乱阶，且海内哗然。然有识之士，必将起而指摘弹击，亟宜谕导阻止，设法更正。公主持全湘，励精图治，忠国安民，海内仰望，事关学术人心，不敢不以奉闻，尤祈切嘱公度，随

① 易鼐：《中国宜以弱为强说》，《湘报》第二十号，光绪二十四年三月初八日，第78页。

② 叶德辉：《叶吏部与南学皮鹿门孝廉书》，载苏舆编：《翼教丛编》卷六，台联国风出版社1970年版，第22页。

③ 叶德辉：《叶吏部与南学皮鹿门孝廉书》，载苏舆编：《翼教丛编》卷六，台联国风出版社1970年版，第20页。

时留心救正。至祷！妄言祈鉴。鄙人撰有《劝学篇》一卷，大
意在正人心，开风气两义，日内送呈，并祈赐教。洽。①

张之洞给陈宝箴发电后，还不放心，于同日给湖南学政徐仁铸
一电：

> 去岁骖从过鄂时，鄙人力言《湘学报》多有不妥，恐于
> 学术人心有妨。阁下主持风教，务请力杜流弊。承台端允许，
> 谓到彼后，必加匡正，嗣奉来函复云，某君已经力劝等语，是
> 以遵命代为传播，转发通省书院。息壤在彼，尚可覆按。乃近
> 日由长沙寄来《湘学报》两次。其中奇怪议论，较去年更甚，
> 或推尊摩西，或主张民权，或以公法比《春秋》，鄙人愚陋，
> 窃所未解，或系阁下未经寓目耶？此间士林见者，啧有烦言。
> 以后实不敢代为传播矣！所有以前报资，已饬善后局发给，以
> 后请饬即日截止，毋庸续寄。另将《湘学报》不妥之处，签
> 出寄呈察阅。学术既不敢苟同，士论亦不敢强拂，伏祈鉴
> 谅。洽。②

如果说张之洞给陈宝箴电报的语气还平和，而给徐仁铸的电报
则明显要严厉多了，且隐含着很大的压力。陈宝箴接到张之洞的电
报后立即复电张之洞，略谓：

> 奉洽电，眷爱勤至，感佩歉疚，匪可言喻。前睹易鼐所刻
> 论，骇愕汗下，亟告秉三收回，复嘱其著论救正，此外所刻亦
> 常有矫激，迭经切实劝诫，近来始无大谬，然终虑难尽合辙，

---

① 张之洞：《致长沙陈抚台黄臬台》，光绪二十四年闰三月二十一日午刻发，载
《张文襄公全集》卷一百五十五之《电牍》三十四，中国书店1990年版，第20页。

② 张之洞：《致长沙徐学台》，光绪二十四年闰三月二十一日戌刻发，载《张文
襄公全集》卷一百五十五之《电牍》三十四，中国书店1990年版，第21页。

因属公度商令此后删去报首议论，但采录古今有关世道名言，效陈诗讽谏之旨。公度抱恙，尚未遽行。兹得钧电，当切属公度极力维持，仰副盛指。宝箴叩个。①

陈宝箴给张之洞发了电报后，不敢怠慢，首先嘱黄遵宪删去报首议论，使《湘报》较以前减色。"徐仁铸接电后，意存妥协，自《湘报》第三十七册起，连续刊登张之洞的《劝学篇》，内篇登毕，又刊外篇，直到停刊，外篇还未登完。"②《劝学篇》分为内篇与外篇，依张氏所说，内篇务本，以正人心，外篇务通，以开风气。这是张之洞及其幕僚针对康梁集团言论的一次系统的反击。有关这些，我们放在另处进行深入的讨论。

其实，时务学堂放寒假时，诸生归省，将堂中激进之札记出示亲友，已引起"湘中大哗"。在叶德辉致书皮锡瑞攻击康梁一派激进的知识分子的同月，王猷焌即上书王先谦，宾凤阳即上书叶德辉，请王、叶出面与抚宪交涉，要求将时务学堂总教习梁启超予以解聘，而另聘声望素孚、品学兼全者，主讲时务学堂。③ 其书略谓：

> 上年开设时务学堂，本为当务之急，凡属士民，无不闻风兴起，乃中学教习，广东举人梁启超，承其师康有为之学，倡为平等平权之说，转相授受。原设立学堂本意，以中学为根柢，兼采西学之长，堂中所聘西学教习李维格等，一切规模，俱属妥善。至于中学所以为教，本有康庄大道，无取凿险缒幽。梁启超及分教习广东韩、叶诸人，自命西学通人，实皆康门谬种。而谭嗣同、唐才常、樊锥、易鼐辈，为之乘风扬波，肆其簧鼓。

---

① 陈宝箴：《陈抚台来电》，光绪二十四年闰三月二十三日午刻到，载《张文襄公全集》卷一百五十五之《电牍》三十四，中国书店1990年版，第20页。

② 汤志钧：《戊戌变法史》，人民出版社1984年版，第297页；又见黄彰健：《戊戌变法史研究》上册，上海书店出版社2007年版，第455页。

③ 黄彰健：《戊戌变法史研究》上册，上海书店出版社2007年版，第451页。

学子胸无主宰，不知其阴行邪说，反以为时务实然，丧其本真，争相趋附，语言悖乱，有如中狂。始自会城，浸及旁郡，虽以谨厚如皮锡瑞，亦被煽惑。形之论说，重遭诟病。而住堂年幼生徒，亲承提命，朝夕儒染，受害更不待言，是聚无数聪颖子弟，迫使斫其天性，效彼狂谈，他日年长学成，不复知忠孝节义为何事，此湘人之不幸，抑非特湘省之不幸矣。

今皮锡瑞不为珂里所容，樊锥复为邵阳所逐，足见人心不死，率土皆同，从前士绅公议，拟俟梁启超此次来湘，禀请钧夺，昨闻其留京差委，学堂自必另聘教习，窃以为本源不清，事奚由治？伏乞大公祖严加整顿，屏退主张异学之人，俾生徒不为邪说诱惑，庶教宗既明，人才日起，而兼习时务者，不至以误康为西，转生疑阻，学校幸甚，大局幸甚。①

综上所述，我们可以清楚地看到，自甲午战败，割地赔款的惨痛教训使中国的民族主义迅速高涨起来，讲求时务，已属当务之急，感时忧国情绪，在士绅层中激荡，他们迅速地联合起来，准备以实际的行动，保种保教。然而，他们的想法并非完全相同，王先谦等一派士绅要"以中学为根柢，兼采西学之长"，他们反对梁启超等人所宣传的康学。在王先谦一派看来，儒学所以为教，本有康庄大道，而梁启超等人所宣传的新学伪经、素王改制等学说乃属"凿险缒幽"、诬及经传的邪说，所以他们要像孟子辟杨、墨，和韩愈辟佛、道那样，"屏黜异说，无许再行扬波"，来保卫中国文明的价值与信仰。② 于是，"新旧之哄，起于湘而波动于京师"，③从而形成了一个全国性的思想对峙，这场激烈的思想斗争，也终于

---

① 苏舆编：《翼教丛编》卷五，台联国风出版社1970年版，第12—13页。

② 《湘省学约》，载苏舆编：《翼教丛编》卷五，台联国风出版社1970年版，第14页。

③ 丁文江、赵丰田编：《梁启超年谱长编》，上海人民出版社1983年版，第84页。

使中国的官绅精英集团从此走向分化。

那么，他们的主要分歧，表现在什么地方呢？

第一，湖南士绅所反对的自然是梁启超等人所宣传的康学。康学的中心即所谓的托古改制。对于康有为的素王改制理论，其徒梁启超有一段话概括得比较准确：

康先生之治《公羊》治今文也，其渊源颇出自井研（廖平——引者注），不可诬也。然所治同，而所以治之者不同，畴昔治《公羊》者皆言例，南海则言义。惟牵于例，故还珠而买椟，惟究于义，故藏往而知来。以改制言《春秋》，以三世言《春秋》者，自南海始也。改制之义立，则以为《春秋》者，绌君威而申人权，夷贵族而尚平等，去内竞而归统一，革习惯而尊法治，此南海之言也。畴昔吾国学子，对于法制之观念，有补苴，无更革。其对于政府之观念，有服从，有劝谏，无反抗，虽由霸者之积威，抑亦误学孔子，谓教义固如是也。南海则对于此种观念，施根本的疗治也。三世之义立，则以进化之理，释经世之志，遍读群书，而无所于阂，而导人以向后之希望，现在之义务。夫三世之义，自何邵公以来，久暗智焉。南海之倡此，在达尔文主义未输入中国以前，不可谓非一大发明也。南海以其所怀抱，思以易天下，而知国人之思想束缚既久，不可以猝易，则以其所尊信之人为鹄，就其所能解者而导之，此南海说经之微意也。而其影响则既若此，近十年来，我思想界之发达，虽由时势所造成，欧美科学所簸动，然谓南海学说无丝毫之功，虽极恶南海者，犹不能违心而为斯言也。南海之功安在，则亦解二千年来人心之缚，使之敢于怀疑，而导之以入思想自由之途径而已。①

---

① 梁启超：《论中国学术思想变迁之大势》，载《饮冰室合集》文集之七，中华书局1989年版，第99页。

显而易见，康有为所谓的素王改制，乃是借《春秋》以"绌君威而申人权，夷贵族而尚平等"，从而"解二千年来人心之缚，使之敢于怀疑，而导之以入思想自由之途径"也。康有为为达此目的，则必取国人所尊信之孔子为鹄，"就其所能解者而导之"。这便是康氏六经皆我注脚的作风，也是其说经之秘密。

梁启超在另一篇文章中对"康学"做了更深入的解释。

先生又宗教家也。吾中国非宗教之国，故数千年来，无一宗教家。先生幼受孔学，及屏居西樵，潜心佛藏，大澈大悟，出游后，又读耶氏之书，故宗教思想特盛。常毅然以绍述诸圣，普度众生为己任。先生之言宗教也，主信仰自由，不专崇一家，排斥外道，当持三圣一体，诸教平等之论。然以为生于中国，当先救中国，欲救中国，不可不因中国人之历史习惯而利导之，又以为中国人公德缺乏，团体散涣，将不可以立于大地。欲从而统一之，非择一举国人所同戴而诚服者，则不足以结合其感情，而光大其本性，于是乎以孔教复原为第一着手。先生者，孔教之马丁路得也，其所以发明孔子之道者，不一而足，约其大纲，则有六义：

一　孔教者，进步主义，非保守主义。

二　孔教者，兼爱主义，非独善主义。

三　孔教者，世界主义，非国别主义。

四　孔教者，平等主义，非督制主义。

五　孔教者，强立主义，非巽儒主义。

六　孔教者，重魂主义，非爱身主义。

其从事于孔教复原也，不可不排斥俗学而明辨之，以拨云雾而见青天，于是其料简之次第，凡分三段阶：

第一，排斥宋学，以其仅言孔子修己之学，不明孔子救世之学也。

第二，排斥歆学（刘歆之学——原注），以其作伪，诬孔子，误后世也。

第三　排斥荀学（荀卿之学——原注），以其仅传孔子小康之统，不传孔子大同之统也。

昔中国之言孔学者，皆以《论语》为独一无二之宝典，先生以为《论语》虽孔门真传，然出于门弟子所记载，各尊所闻，各明一义，不足以尽孔教之全体。故不可不推本于六经，六经皆孔子手定，然诗书礼乐，皆因前世所有而损益之，惟《春秋》则孔子自作焉。《易》则孔子系辞焉。故求孔子之道，不可不于《易》与《春秋》。《易》为魂灵界之书，《春秋》为人间世之书。所谓致广大而尽精微，极高明而道中庸，孔教精神，于是乎在。

先生之治《春秋》也，首发明改制之义，以为孔子愍时俗之敝，思一革而新之，故进退千古，制定法律，以贻来者，《春秋》者，孔子所立宪法案也。所以导中国脱野蛮之域，而进于文明也。故曰《春秋》天子之事也。但孔子所处之时势地位，既不能为梭伦，亦不必为卢梭，故托诸记事，立其符号，传诸口说。其微言大义，则在《公羊》、《榖梁》二传，及《春秋繁露》等书，其有未备者，可推甲以知乙，举一以反三也。先生乃著《孔子改制考》，以大畅斯旨，此为孔教复原之第一段。

次则论三世之义，《春秋》之例，分十二公为三世，有据乱世，有升平世，有太平世。据乱、升平亦谓之小康，太平亦谓之大同。其义与礼运所传相表里焉。小康为国别主义，大同为世界主义。小康为督制主义，大同为平等主义。凡世界非经过小康之级，则不能进至大同。而既经过小康之级，又不可以不进至大同。孔子立小康义以治现在之世界，立大同义以治将来之世界。所谓六通四辟，小大粗精，其运无乎不在也。小康之义，门弟子皆受之，而荀卿一派为最盛，传于两汉，立于学官，及刘歆窜入古文经，而荀学之统亦篡矣。宋元明儒者，别发性理，稍脱刘歆之范围，而皆不出于荀学之一小支。大同之学，门弟子受之者盖寡，子游、孟子稍得其崖略。然其统中绝，至本朝黄梨洲稍窥一斑焉。先生乃著《春秋三世义》、《大同学说》等书，以发明孔子之真意，此为孔教复原之第二段。

若夫《大易》，则所谓以元统天，天人相与之学也。孔子之教育，与佛说华严宗相同，众生同原于性海，舍众生亦无性海。世界具含于法界，舍世界亦无法界。故孔子教育之大旨，多言世间事，而少言出世间事，以世间与出世间，非一非二也。虽然，亦有本末焉，为寻常根性人说法，则可使由之，而不使知之，若上等根性者，必当予以无上之智慧，乃能养其无上之愿力，故孔子系《易》以明魂学，使人知区区躯壳，不过偶然幻现于世间，无可爱惜，无可留恋，因能生大勇猛，以舍身而救天下，先生乃拟著《大易微言》一书，然今犹未成，不过讲学时常授其口说而已，此为孔教复原之第三段。①

显而易见，康有为所谓"托古改制"的学说，就是利用孔子的权威，将公羊学中的"非常异义可怪之论"说成"孔子口授"，其中心乃是公羊三世的历史进化论，用这种理论来达到其变法维新的目的。可以说，康有为的"所谓改制者，则一种政治革命，社会改造的意味也"，正像梁启超所说的那样，"（有为）喜言'通三统'。'三统'者，谓夏、商、周三代不同，当随时因革也。喜言'张三世'。'三世'者，谓据乱世、升平世、太平世，愈改而愈进也。有为政治上'变法维新'之主张，实本于此。有为谓孔子之改制，上掩百世，下掩百世，故尊之为教主。误认欧洲之尊景教为治强之本，故恒欲侪孔子于基督，乃杂引谶纬之言以实之。于是有

---

① 梁启超：《南海康先生传》，载《饮冰室合集》文集之六，中华书局 1989 年版，第 67—69 页。

为心目中之孔子，又带有'神秘性'矣"。① 这样看，经过康有为的解释与改造，其笔下的孔子，已与真正的孔子有相当的距离了，无怪其徒梁启超将其喻为"孔教之马丁·路德"也。

如此一来，保守的士绅官员们自然将康有为视为异端，而群起加以反对。康有为《新学伪经考》刊行后，朱一新即致信康有为表示不同意见，略谓：

> 从古无不敝之法。有王者作，小敝则小修之，大敝则大改之。法可改，而立法之意不可改，故曰：其人存，则其政举；其人亡，则其政息。政之敝坏，乃行法者之失，非立法者之失也。今托于素王改制之文，以便其推行新法之实。无论改制出于纬书，未可尽信；即圣人果有是言，亦欲质文递嬗，复三代圣王之旧制耳，而岂用夷变夏之谓哉？当今之时，岂犹患新法之不尽行，而重烦吾辈喋喋为之先导？足下其无意于斯道也。诚有意于斯道，则凡圣经贤成传之幸而仅存者，一字一言，当护持珍惜之不暇，而反教猱升木，入室操戈，恐大集流传，适为毁弃"六经"张本耳。②

显然，朱一新已洞悉康有为所谓的强坐刘歆之罪、素王改制，并非学术研究，其真正用意乃在用夷变夏。当时并非只有朱一新识破康有为的用意，有的保守士绅也识破了康学素王改制之意，遂将康梁等人所著书逐条批驳。

> 春秋素王之说，此七十子之徒推崇孔子之学，非孔子自居于王也，汉世三传争立学官，弟子各张其师说，惟公羊家用心

① 梁启超：《清代学术概论》，载《饮冰室合集》专集之三十四，中华书局1989年版，第57—58页

② 朱一新：《朱侍御复康长孺第四书》，载《康有为全集》第一集，中国人民大学出版社2007年版，第327页。

至巧，其牵合图谶，以为《春秋》因汉制而作。既足以结人主之心，而箝古学之口。又其书短而易习，义浅而易推，弟子徒众布在朝列，其时父（文）以是诏其子，师以是传其弟，亦如今日时文之士。虽有命世大贤，其力不足以抵拒，此其所以盛行于两汉也。至于《左传》文烦义重，立学又迟，其学徒亦知依附时君，已落《公羊》之后，此其学有巧拙，效有迟速，苟非有志之士，未有舍短幅之《公羊》，而习长编之《左传》者也。今世《公羊》之徒，必欲斥《左传》为伪，不思桓谭有言，经而无传，使圣人闭门思之十年，而不知也。可谓深于《左传》者矣。（桓谭又云：刘子政、子骏、子骏兄弟子伯玉，俱是通人。尤重左氏，教授子孙，下至妇女，无不读诵，此亦蔽也。桓谭而为此言，则固非专袒左氏者，汉之通人，无不如此也。）康有为之徒，煽惑人心，欲立民主，欲改时制，乃托于无凭无据之公羊家言，以遂其附和党会之私智，此孔子所谓言伪而辨之少正卯也。①

有的保守官员更是直截了当地道出了康学素王改制的目的：

　　　　阅其（康有为）著作，以变法为宗，而尤堪骇诧者，托词孔子改制，谓孔子作《春秋》，西狩获麟，为受命之符，以春秋变周，为孔子当一代王者，明似推崇孔教，实则自申其改制之义。②

有的保守士绅则说："甲午以来，外患日逼，皇上虑下情之壅阏，愍时艰之弗拯，博求通达时务之士，言禁稍弛，英奇奋兴，而

---

① 叶德辉：《叶吏部辎轩今语评》，载苏舆编：《翼教丛编》卷四，台联国风出版社 1970 年版，第 6 页。

② 文悌：《文仲恭侍御严参康有为折》，载苏舆编：《翼教丛编》卷二，台联国风出版社 1970 年版，第 7 页。

倾险淫诐之徒，杂附其间，邪说横溢，人心浮动，其祸实肇于南海康有为。康有为人不足道，其学则足以惑世。招纳门徒，潜相煽诱，自黄公度为湖南盐法道言于大吏，聘康之弟子梁启超主讲时务学堂，（《熊希龄上陈中丞书》云，延聘梁卓如为教习发端于公度观察，邹沅帆及龄与伯严皆赞成之。见本年五月《湘报》、六月《申报》）张其师说。一时衣冠之伦，罔顾名义，奉为教宗，其言以康之《新学伪经考》、《孔子改制考》为主，而平等民权，孔子纪年诸谬说辅之，伪六籍，灭圣经也，托改制，乱成宪也，倡平等，堕纲常也，伸民权，无君上也，孔子纪年，欲人不知有本朝也。"①

显而易见，康学中的政治颠覆性意义已为保守士绅所窥破，他们明确指出："公羊之学，以之治经，尚多流弊，以之比附时事，是更启人悖逆之萌。"②

除此之外，最不能令保守士绅们容忍的是，梁启超等激进的维新人士公然提倡西方的民主主义和平等主义，在他们看来，这是对其所信奉的伦理和纲常的严重挑战。我们在上文已经说过，儒家的基本道德价值，是以"礼"为基础的规范伦理，和以"仁"为基础的德性伦理，而规范伦理的核心，正是儒家的三纲学说。在儒家看来，三纲学说所代表的君主和家族制度自有其宇宙论之根据。在儒家的政治思想中，宇宙本位的政治观占有很大的比重，这种政治观"是儒家继承殷商以来的老观念。根据这种观念，人类的社会是神灵或超自然力所控制的，是宇宙秩序的一部分，易言之，人世的政治秩序是宇宙秩序的缩影。因此人世的基本政治社会制度，如君主和家族制度，都不是人为的，而是'天造地设'，'与始俱来'的。依同理，人世间的社会和政治变化，也都不过是宇宙现象的变化的延伸。因此根据宇宙现象的运行秩序，如日月星辰的盈虚消长

---

① 苏舆编：《翼教丛编·序》，台联国风出版社1970年版，第1页。
② 叶德辉：《叶吏部与石醉六书》，载苏舆编：《翼教丛编》卷六，台联国风出版社1970年版，第16页。

和植动物的盛衰生死，可以了解人世间的种种变化。认识宇宙的秩序，便是掌握人世秩序的钥匙"。① 当时，这种宇宙本位的政治观在大部分士绅层的思想意识中还占有牢不可破的地位，所以，在湖南保守的士绅们看来，三纲制度便是人间秩序的核心，也是永恒的道，即所谓的"道之大原出于天，天不变，道亦不变"。康有为却不是这样认为的。康氏年轻时虽接受过程朱理学的教育，承认"道尊于器"，但是在西方科学的影响之下，他心目中的"道""器"关系发生了根本性的变化。他说："器之为用，大矣！显微、千里之镜，皆粗器耳。而远窥土、木之月，知诸星之别为地；近窥精微之物，见身中微丝之管，见肺中植物之生，见水中小虫若龙象，而大道出焉。道尊于器，然器亦足以变道矣。"②

显而易见，随着近代西方科学的涌入，康梁一派所谓的"道"已与中国传统知识分子的"道"有本质的区别，中国传统知识分子的"道"是永恒的，不变的，而康梁一派的"道"是进化的，变更的，是随着器的进化而变化的，用康有为的话来说"道"只是"冬裘夏葛"而已。现在的形势不同了，所以儒家的规范伦理也要变，故康梁一派矛头之所向，正是儒家规范伦理的核心部分，也正是儒家之价值观所在。重要的是，儒家的价值观是与其宇宙观紧密地联系在一起的，质言之，儒家的宇宙观是其价值观的宇宙论根据。宇宙观动摇了，自然要引起当时很多知识分子的惶恐与不安，而这种不安的深层根据，乃是张灏先生所谓的"形上的迷失"。"由于全然采用传统宗教和哲学的形上世界观，过去的中国知识分子生活于睿智的世界中。到了现代，科学的输入成了传统世界观的强力溶剂。对许多受过教育的中国人来说，科学的冲击并非全然困扰，因为使外在世界更加合理这一点上，科学的确开出了一

---

① 〔美〕张灏：《思想与时代》，上海文艺出版社 2002 年版，第 52 页。
② 康有为：《日本书目志卷七目录·农业门》，载《康有为全集》第三集，中国人民大学出版社 2007 年版，第 366 页。

条新途。但是科学提供的睿智有其限制的。因为科学虽然能回答许多'什么'（what）和'如何'（how）的问题，可是对于'究竟因'（ultimate why）却无法不缄默。因此，科学因其本质之故，无法取代传统中广涵一切的世界观"。然而自古以来，中国的知识分子对独断哲学是极感兴趣的，"这种对思想的独断主义的癖好，与硬要为中国政治社会问题的死结寻求万灵药，二者的关系当然是密切的。无论如何，这仍反映出寻求广涵一切之世界观的形上需要，这种世界观是天地间的认知指南，借此在这令人不知所措的新环境中，不分时地都可以决定吾人的行止"。① 遗憾的是，康有为的弟子在湖南所宣传的康学，不仅未能满足知识阶层寻求广涵一切之世界观的形上需要，反而使旧知识分子因其原有的宇宙观与价值观受到冲击而感到惶恐和不安。这种惶恐与不安是一种失去安身立命之所而感到的心灵的震撼，故这些旧知识分子的反抗是激烈而坚决的。

　　第二，康有为为达到其变法之目的，于其著作中"往往不惜抹杀证据，或曲解证据，以犯科学家之大忌"。这种做法即使其弟子陈千秋与梁启超，"亦时时病其师之武断"，② 更不用说那些饱读经典的旧知识分子了，在他们看来，康有为之书，对儒家经典缘饰附会，扬高凿深，使"愚者既不解，智者则易溺其心智，势不至败弃五常不止"。③ 故康学不能为全体知识层所接受。

　　第三，传统价值的依据主要来源于儒家的经典。"《伪经考》既以诸经中一大部分为刘歆所为托；《改制考》复以真经之全部分为孔子托古之作，则数千年来共认为神圣不可侵犯之经典，根本发生疑

---

　　① 〔美〕张灏：《新儒家与当代中国的思想危机》，林镇国译，载傅乐诗等著，周阳山、杨肃献编：《近代中国思想人物论——保守主义》，时报文化出版事业有限公司1982年版，第374—375页。

　　② 梁启超：《清代学术概论》，载《饮冰室合集》专集之三十四，中华书局1989年版，第56—57页。

　　③ 朱一新：《朱侍御答康长孺第二书》，载《康有为全集》第一集，中国人民大学出版2007年版，第320页。

问，引起学者怀疑批评的态度"。① 这种疑经的现象，与前面所说的形上的迷失交互作用，自然而然地加剧了传统道德价值取向的动摇。

最重要的是，梁启超及康门弟子在湖南为宣传康学的"布衣改制理论"曾一再声称："凡士大夫之读书有心得者，每觉当时之制度有未善处，而思有以变通之，此最寻常事，孔子之作《春秋》亦犹是耳。"② 如此一来，康梁一派，"虽极力推挹孔子，然既谓孔子之创学派与诸子之创学派，同一动机，同一目的，同一手段，则已夷孔子于诸子之列，所谓'别黑白定一尊'之观念，全然解放，导人以比较的研究"。③ 这种结果，使得孔子头上神圣的光环黯然失色，人们开始怀疑传统价值的神圣性与当然性，这种思想上的混乱成了全国性意识形态与政治斗争的启端。

至此，康梁一派在湖南进行的改革活动也以失败而告终。湖南的改革活动虽然失败，但产生了一批现代的知识分子，除湖南改革运动急进派的谭嗣同在戊戌变法时被杀以外，其他时务学堂教习如梁启超、唐才常、叶觉迈、韩文举、欧榘甲等人及蔡锷等一批学生在戊戌政变后，都先后亡命日本，他们在那里办报，通过翻译日译西籍向中国引进西方的政治理念，揭露清廷秕政，继续与中国上层的士绅阶层相抗衡，成为推动社会变迁的一股重要力量。

康梁一派，虽欲效法日本萨、长、土、肥的模式，在湖南进行改革，但他们所推行的方式与日本有很大的不同。实际上，中国的儒学，传到日本之后，对日本的近代化起了巨大的推动作用。而在清末的中国，儒学不仅未能对近代化起到推动作用，反而成为被攻

---

① 梁启超：《清代学术概论》，载《饮冰室合集》专集之三十四，中华书局 1989 年版，第 58 页。

② 梁启超：《读春秋界说》，载《饮冰室合集》文集之三，中华书局 1989 年版，第 15 页。

③ 梁启超：《清代学术概论》，载《饮冰室合集》专集之三十四，中华书局 1989 年版，第 58 页。

击的对象。

对日本德川时代的儒学与日本明治维新的关系，徐复观先生曾有过极精辟的论述。徐复观先生认为，儒学在德川时代有四个作用，第一是引发了日本民族性的自觉，使其成为近代民族国家。在各派儒学者的"尊王攘夷"（即内求统一，外求独立的运动）、"王政复古"等口号要求之下，一面使日本面对西方的压迫，在精神上挺立起来；一面经过"大政奉还""版籍奉还"而很轻松地完成了以一个中央政府为中心的近代国家形态。

第二是由儒家经世之学，逐渐建立起政治的规模；并且从武士的恩仇活动半径中脱壳出来，真正给日本人士以国家社会的意识。对过去武士活动加以理论化，使其能与伦理观念拉在一起，也是这一时期儒学家的工作。可以说，日本到了德川时代，才真正有了政治意识，才真正有了政治设施，制定明治宪法的元勋如伊藤、井上、金子诸人，都是深受儒学的熏陶。

第三，在德川以前，只有佛教对日本的平民，从信仰上发生了一点宗教作用；此外，日本的平民，可以说根本没有文化。德川前期的儒学，其活动固多限于幕藩的政治范围，但到中末时期，则承宋明讲学之风，展开社会的教化活动；每一著名的学者，常常弟子数千人；并以"心学"激励平民，陶养世俗；不仅一般的伦理观念，由此而在日本的社会生了根，而且儒家的实践道德，教化了新兴的市民阶层，有如清教之教化欧洲新兴市民阶级一样，而形成了所谓的"町人道德"。为明治实业家们在人格上厚植其基础儒学的道德教化，在幕末而普及，而完成；接着来的便是明治维新，没有一个史家能否认两者之间的关系。

第四，德川时代的儒学，虽末期有一小部分受了清代考据学的影响，但主要是程、朱、陆、王之学。其矫程、朱、陆、王之末弊，而主张上追孔、孟所谓的"古学"，实际只是扩大程、朱、陆、王的范围；本质上依然是义理之学，换言之，实际上还是宋明之学。宋明学关键是"理"，理是没有上下古今中外任何限隔的，所以不树立门户，大抵只要于理可通，即认为学之所在，所以德川时代朱、王之学，即由分立而趋于会合折中，则一旦与西方文明接触，在"理无不同"的观点之下，一样认为可以融会贯通。德川时期排斥西化，就现实考证所得，只是排斥教会，对于西方天算制器之学，大体也是认为"理之见于形而下"者，应该加以研究接受……所以日本德川末期的大儒，多尽了西方文化在日本播种的作用。没有上述四种工作，则国家不成为国家，社会不成为社会，个人不成为个人，如何能担当明治维新的大业？① 以日本明治时期著名的启蒙思想家中村正直而论，他认为儒学是一种既包含基督教精神也包含科学精神的通于天人之际的普遍准则。尤其在培养人们的君子人格的作用上，西方基督教与儒学有异曲同工之妙，西方基督教文明可以造就敬天爱人之心而培养仁人，东方的儒家思想同样可以造就敬天爱人之心，培养人的君子人格，而国中具有君子人格之人越多，则其国越强。在中村正直那里，东西方文化既无龃龉，也无轩轾，若想自己国家富强，只有走提高本国国民素质之一途而已。中村正直指出，世人以格致为富强之源，是固然，而予则以修身为富强之本也。②

反观康学的主要著作《新学伪经考》和《孔子改制考》，不仅在此方面很少措意，而且其"今文学与古文学之争，已把儒家义理的基本性格与政治取向弄得暧昧不明，启人疑窦"。③ 此种结果，不仅使儒学未能像日本明治维新时代对日本之近代化起推进作用，反而使中国的士绅阶层出现了分裂，演出了一场激烈的观念冲突。叶德辉针对康有为之学问及人品言："康有为隐以改复原教之路得自命，欲删定六经而先作《伪经考》，欲搅乱朝政而又作《改制

---

① 徐复观：《日本德川时代之儒学与明治维新》，载徐复观著，陈克艰编：《中国学术精神》，华东师范大学出版社 2004 年版，第 254—255 页。

② 〔日〕中村正直：《启蒙修身要训·序》，载《敬宇文集》卷十五，吉川弘文馆明治三十六年版，第 5 页。

③ 〔美〕张灏：《时代的探索》，联经出版事业公司 2004 年版，第251 页。

考》，其貌则孔也，其心则夷也。"① 又说："康有为何足以言学，一二徒党攀援朝贵，簧鼓无学之人，其门徒之寓上海者，恒称其师为孔墨合为一人……其平生无一日一时不奔走呼号于天下，既不容于乡里，又不齿于京师，其流毒独吾湘受之，此则鄙人争所必争，而不仅在于学术矣"。② 叶氏又云："今日之时局，法诚弊矣，士不知学，民不知兵，百里之外，风俗不通，九州以内，地利未尽，制造兴，则仕途多无数冗员，报馆成，则士林多一番浮议，学堂如林，仍蹈书院之积习，武备虽改，犹袭洋操之旧文，凡泰西之善政，一入中国，则无不百病丛生，故鄙人素不言变法，而只言去弊，弊之既去，则法不变而自变矣。若谓去弊非易，则变法亦岂易乎？孔子改制乃公羊后学之言。颜渊问为邦，折衷四代，子张问十世，推知继周，圣贤坐论一堂，犹是各言其志，时务之士，岂得援以借口，况三月大治，不闻改周之文，一变至道，无非复鲁之旧，经文虽可缘饰，圣迹岂得诬附耶？凡人有自私自利之心，不足与议国事，人具若明若暗之识，不足与论民权。日本维新初，亦为旧党所沮，卒之器械精，人心一奋，兴东亚，平视西球，良以地狭民雄，风同道一，转移之速，遂如大力者负之以趋，此非天之所兴，实以其国政教自来因袭于他人，故变之易为力耳。"③

当时，不仅保守的士绅纷纷反对急进的康梁一派，甚至维新派中一些稳健的知识分子也加入保守派中，转而攻击康梁一派，以致势同水火。以邹代钧为例，邹氏本与谭嗣同、唐才常、黄遵宪等共同主持南学会工作，其时，皮锡瑞主讲学术，黄遵宪主讲政教，谭嗣同主讲天文，而邹代钧则主讲舆地。他们要使"官绅

---

① 叶德辉：《叶吏部与刘先端黄郁文两生书》，载苏舆编：《翼教丛编》卷六，台联国风出版社 1970 年版，第 17 页。

② 叶德辉：《叶吏部与戴宣翘校官书》，载苏舆编：《翼教丛编》卷六，台联国风出版社 1970 年版，第 29 页。

③ 叶德辉：《叶吏部答友人书》，载苏舆编：《翼教丛编》卷六，台联国风出版社 1970 年版，第 30 页。

士商，俱作会友"，"以通上下之气，去壅阂之习"，"欲将一切规制及兴利除弊诸事讲求"，以"通民隐，兴民业，卫民生"，于地方重大兴革时加讨论，提出方案，供政府参考。① 这本是一个很好的改革启端，而邹代钧则"为时务学堂事，竟与谭（嗣同）、熊（希龄）为深仇，谭虽得保而去，熊则仍踞此间，动辄以流血成河为言，且行同无赖，似难与计较"。邹氏极言康学对谭、熊两人的影响，在给汪康年的信中称："公以恬退责我，我不受也。苟不恬退，谭、熊必洋枪中我矣。此二人者，鄙人向引为同志，本有才，从前作事尚为公，一旦陷入康门，遂悍然不顾。吁！康徒遍天下，可畏也。"②

1898 年春，张之洞于《实学报》上陆续刊登了他的《劝学篇》，对康梁一派的学说进行了系统的反驳。"张之洞在当时的立场与 19 世纪中叶曾国藩的立场颇有相似之处。曾在太平天国运动威胁清廷存在之时，出面呼吁全国士绅为捍卫纲常名教而战；同样地，张之洞之印行《劝学篇》也是为捍卫纲常名教而战。所不同的是，1895 年以后的思想与政治环境已非四十年前曾国藩所面对的。曾当年所面对的士绅阶层的内部并未存有严重裂痕，因此士绅阶层可以很快地响应曾国藩的呼吁而与政府通力合作，镇压太平天国运动。而张所面临的则是一个已经开始分裂的官绅菁英阶层。因此《劝学篇》出版以后，一方面固然受到许多官绅的支持，但另一方面也有同情康梁维新运动的人士出面反击。"③ 而随着戊戌变法运动的失败，康梁一派的大部分人逃亡日本，时务学堂的学生林圭、田邦濬、蔡钟浩、秦力山、李炳寰、蔡钟沅等，后来都成为自立军的骨干，有的还参加了兴中会。④ 时务学堂的主教习及分教习

---

① 汤志钧：《戊戌变法史》，人民出版社 1984 年版，第 279 页。

② 上海图书馆编：《汪康年师友书札》（三），上海古籍出版社 1987 年版，第 2757 页。

③ 〔美〕张灏：《思想与时代》，上海文艺出版社 2002 年版，第 168—169 页。

④ 汤志钧：《戊戌变法史》，人民出版社 1984 年版，第 277 页。

梁启超、叶觉迈、韩文举、欧榘甲等人，则逃亡日本，他们以现代知识分子的身份办报，通过日本继续向中国介绍新的思想，对中国以后的思想变迁，起了巨大的推动作用，所有这些，我们将在下面的章节中逐一讨论。

第 五 章
改革与革命的论争之起点

一 梁启超之过渡时代论

中国自甲午丧师，经戊戌变法、己亥建储、庚子义和团事件之后，国势已每况愈下，内忧外患，纷至沓来，帝国主义的侵略，从小规模的蚕食盘剥，进而发展到大规模的鲸吞虎噬，危凝的形势已使国人深感到要被瓜分的危机。而随着西太后与列强十一国宣战，及失败后所签订的丧权辱国的《辛丑条约》，清廷的国策由排外迅速转变到媚外，中国的大部分利权，被拱手让于列强。而《辛丑条约》的巨额赔款，则转嫁到中国大众身上，人们的生活更加困苦不堪。在此内忧外患的双重压迫之下，民众对清廷的庸劣行径看得更加清楚，他们的不满情绪在逐日增长，很多人开始走上排满反清的道路，清廷统治合法性的资源在急剧地流失。

除此之外，甲午之后，随着学堂、报刊、学会等传播媒介的迅速涌现，以及大量的留学生出洋，西方的一些重要的意识形态如民族主义、自由主义、社会达尔文主义等迅速传入中国，而中国的儒教，此时或已被有些知识人弄得面目全非，启人疑窦；或被官僚士绅加以利用，而成为维护三纲和皇权的护符及工具，从而使儒学丧失了自我更新的能力，成为各方面无情打击的箭垛。

不过，值得着重指出的是，这一时期，所传入中国的西方意识形态，绝大部分都是通过日本传入的，这些西方思想已非原汁原味，而染上了一层日本的色彩，这种情况加深了传入中国西学的复杂性。① 加之近代中国一连串的屈辱和失败，使人们的情绪变得更加激昂，而中国原有的儒学思想已失去对人们悲愤情绪疏导和绳范的作用。这种悲愤交织的情绪与上述清廷内忧外患的政治危机，以及人们对渐进改革的失望的情绪在历史的脉络中互动，使知识分子逐渐感到任何局部的改革都是徒劳的，必须彻底打碎此旧世界，超跨此鸿沟，才能建设一个崭新的世界。

在这种日益激化的思想氛围里，自梁启超在日本横滨创刊《清议报》后，1901 年至 1903 年初，中国出现了大量的倾向革命的刊物和书籍。这些书刊大部分都在日本出版，其作者也大部分为留日学生，他们在革命和立宪两派人士的影响下，目睹国内黑暗政治以及明治后日本上升的国势，其激愤的情绪更加失控，他们纷纷倡导推翻清廷统治，以谋求民众之幸福。反满革命的呼声，在急速地高涨。他们有的说："扫除数千年种种之专制政体，脱去数千年种种之奴隶性质，诛绝五百万有奇披毛戴角之满洲种，洗尽二百六十年残惨虐酷之大耻辱，使中国大陆成干净土，黄帝子孙皆华盛顿，则有起死回生，还命返魄，出十八层地狱，升三十三天堂，郁郁勃勃，莽莽苍苍，至尊极高，独一无二，伟大绝伦之一目的，曰革命。巍巍哉！革命也。皇皇哉！革命也。"② 有的说："中国吞噬于逆胡，二百六十年矣，宰割之酷，诈暴之工，人人所深受，当无不昌言革命。"③ 还有的倡言"为外人之奴隶与为满洲政府之奴隶

---

① 有关这方面的情况可参考郑匡民：《梁启超启蒙思想的东学背景》，上海书店出版社 2003 年版。

② 邹容：《革命军》，载张枬、王忍之编：《辛亥革命前十年间时论选集》第一卷下册，生活·读书·新知三联书店 1977 年版，第 651 页。

③ 章炳麟：《革命军序》，载张枬、王忍之编：《辛亥革命前十年间时论选集》第一卷下册，生活·读书·新知三联书店 1977 年版，649 页。

无别"，表示要"从此自励而外拒白种，内复满洲"。① 他们有的则表示，革命已迫在眉睫，在外患日亟的形势下，中国民众不能与顽愚迷乱之满政府同归于尽，如果那样，"日日安坐而望满政府，则亦日日安坐而就屠割"。② 他们甚至认为，"外人不过间接以亡我，而（清）政府乃直接以亡我"。③

纵观这一时期的时论，尽管说法不同，但都有一个共同的特点，那就是用现实中清廷暗无天日的统治与光明前途做强烈对比，而达到光明的彼岸的途径，即推翻清廷，进行革命，用邹容的话来说即"出十八层地狱，升三十三天堂"，"起死回生，还命返魄"，"至尊极高，独一无二，伟大绝伦之一目的，曰革命"。这种心态，按张灏先生的说法，乃是一种历史理想主义心态。"它的最大特色是摆脱了传统的循环史观而接受了主要来自西方的单向直线发展史观，认为历史是由过去通向理想的未来做有目的性的发展。在这发展中，当前的时代是一个历史性转变的关头。因此在这发展史观的核心有一份强烈的时代感，这份时代感的最大特色，是它充满了一种特殊的危机意识"。④ 张灏先生指出，当时这种新的时代感，"有着一个理想主义的三段架构：一方面是对当前现实状况的悲观，另一方面是对未来理想社会的乐观期待；二者之间是由悲观的现实通向理想的未来的途径"。⑤ 这便是所谓的历史理想主义心态。在当时，这种历史理想主义心态相当普遍，它广泛地存在于中国的思想

---

① 《为外人之奴隶与为满洲政府之奴隶无别》，《童子世界》第二十四期，五月二日出版，载张枬、王忍之编：《辛亥革命前十年间时论选集》第一卷下册，生活·读书·新知三联书店 1977 年版，第 526—527 页。

② 湖南之湖南人（杨笃生）：《新湖南》，载张枬、王忍之编：《辛亥革命前十年间时论选集》第一卷下册，生活·读书·新知三联书店 1977 年版，第 614 页。

③ 李书城：《论中国之前途及国民应尽之责任》，《湖北学生界》1903 年第 3 期，载张枬、王忍之编：《辛亥革命前十年间时论选集》第一卷上册，生活·读书·新知三联书店 1977 年版，461 页。

④ 张灏：《思想与时代》，上海文艺出版社 2002 年版，第 366 页。

⑤ 张灏：《思想与时代》，上海文艺出版社 2002 年版，第 367 页。

界当中，无论在革命派还是立宪派的言论中，我们都能发现它的影子，而当时在中国思想界执牛角的梁启超，他的文章最能表现这种历史理想主义心态。1901 年 4 月，梁启超游澳半年后复返日本。勤王之役的失败曾使他一度变得消沉，但很快从忧郁的心境中解脱出来，又恢复了以往乐观奋进的心态。5 月，他发表在《清议报》第八十二册上的两首自励诗，颇能体现他当时的心情。第一首云：

> 平生最恶牢骚语　　作态呻吟苦恨谁
> 万事祸为福所倚　　百年力与命相持
> 立身岂患无余地　　报国惟忧或后时
> 未学英雄先学道　　肯将荣瘁校群儿

第二首云：

> 献身甘作万矢的　　著论求为百世师
> 誓起民权移旧俗　　更擎哲理牖新知
> 十年以后当思我　　举国犹狂欲语谁
> 世界无穷愿无尽　　海天廖廓立多时①

　　全诗充满一种进取与无限奋进的精神，表现出梁启超当时的一种激越昂扬的浪漫主义情调。在这种精神的鼓舞下，他写下了有名的《过渡时代论》。此文笔札颇美，极富鼓舞性，故广为流传，对国人之思想有很深远之影响。文章一开头，梁启超即对过渡下了定义，梁氏认为，过渡分广义之过渡与狭义之过渡。广义之过渡，"则人间世无时无地而非过渡时代"。他依人类进化的原理解释说："人群进化，级级相嬗，譬如水流，前波后波，相继不断，故进无

---

　　①　梁启超：《自厉二首》，《清议报》第八十二册，光绪二十七年五月初一日，第1 页。

止境，即过渡无已时，一日无过渡，则人类或几乎息矣。"① 那么，什么是狭义的过渡呢？梁启超认为，就一人群而言，"常有停顿与过渡之二时代，互起互伏，波波相继体，是为过渡相；各波具足体，是为停顿相。于停顿时代，而膨胀力（即涨力）之现象显焉"。② 在梁启超那里，前进是永恒的，而停顿只是暂时的，停顿只是为了积蓄力量，其最终之结果，还是要前进。十分明显，梁启超这种历史观明显地受到了西方演进历史观的影响。③ 基于上述观点，梁启超认为，"欧洲各国自二百年以来，皆过渡时代也，而今则其停顿时代也。中国自数千年以来，皆停顿时代也，而今则过渡时代也"。他明确宣称："今日之中国，过渡时代之中国也。"④

　　中国既为过渡时代，那么此时代有什么特点呢？依梁启超之见，此时代乃黎明前之暗黑阶段，跨过此暗黑阶段即可迎来晨光之熹微。他举了世界上两个过渡时代国家的例子。其一是俄罗斯，其二是中国。梁氏认为，俄罗斯自彼得二世以来，经过几次改革，输入西欧文明，"其国民脑中，渐有所谓世界公理者，日浸月润，愈播愈广，不可遏抑，而其重心实在于各校之学生"。"今世识微之士，谓俄罗斯将达于彼岸之时不远矣。"⑤

　　对于中国，梁启超认为，中国数千年以来，常立于一定不易之域，"寸地不进，跬步不移"，乃处于睡眠之境，根本不知过渡之为何状。在梁启超看来，近代中国"为五大洋惊涛骇浪之所冲击，

---

　　①　梁启超：《过渡时代论》，载《饮冰室合集》专集之六，中华书局1989年版，第27页。

　　②　梁启超：《过渡时代论》，载《饮冰室合集》文集之六，中华书局1989年版，第27页。

　　③　有关梁启超接受进化主义的问题，请参考本书第五章第四部分"梁启超与日本学院派进化主义"。

　　④　梁启超：《过渡时代论》，载《饮冰室合集》文集之六，中华书局1989年版，第27页。

　　⑤　梁启超：《过渡时代论》，载《饮冰室合集》文集之六，中华书局1989年版，第29页。

为十九世纪狂飙飞沙之所驱突"，使"穷古以来，祖宗遗传深顽厚锢之根据地，遂渐渐摧落失陷，而全国民族亦遂不得不经营惨澹，跋涉苦辛，相率而就于过渡之道"，中国当时的情况，"实如驾一扁舟，初离海岸线，而放于中流，即俗语所谓两头不到岸之时也"。从大的方面来看，中国有三方面均属于过渡时代："人民既愤独夫民贼愚民专制之政，而未能组织新政体以代之。是政治上之过渡时代也。士子既鄙考据词章庸恶陋劣之学，而未能开辟新学界以代之，是学问上之过渡时代也。社会既厌三纲压抑虚文缛节之俗，而未能研究新道德以代之，是理想风俗上之过渡时代也。"① 从小的方面言之，中国有四个方面也属于过渡时代："例案已烧矣，而无新法典，科举议变矣，而无新教育，元凶处刑矣，而无新人才，北京残破矣，而无新都城。数月以来，凡百举措，无论属于自动力者，属于他动力者，殆无一而非过渡时代也。"② 中国处此艰苦困难、青黄不接之过渡时代，难道看不到晨光之熹微的希望了吗？对梁启超而言，当然不是这样，在他的心目中，此种黑暗正是与光明的契机相并而来的，中国此时的处境正与其所写的"万事祸为福所倚，百年力与命相持"浪漫主义诗一样，中国正处在祸与福的历史关头。他要依靠人的力量——精神与思想和对光明未来的美好憧憬和梦想，来努力度过此过渡时代。

过渡时代者，希望之涌泉也，人间世所最难过而可贵者也。有进步则有过渡，无过渡亦无进步。其在过渡以前，止于此岸，动机未发，其永静性何时始改，所难料也；其在过渡以后，达于彼岸，踌躇满志，其有余勇可贾与否，亦难料也。惟当过渡时代，则如鲲鹏图南，九万里而一息，江汉赴海，百千

---

① 梁启超：《过渡时代论》，载《饮冰室合集》文集之六，中华书局1989年版，第29—30页。

② 梁启超：《过渡时代论》，载《饮冰室合集》文集之六，中华书局1989年版，第30页。

折以朝宗，大风泱泱，前途堂堂，生气郁苍，雄心乔皇。其现在之势力圈，矢贯七札，气吞万牛，谁能御之？其将来之目的地，黄金世界，荼锦生涯，谁能限之？①

在梁启超看来，当时的中国，正处于他所谓的过渡时代，此时代乃是中国由死而生、由剥而复、由奴而主、由瘠而肥的必经之路，此时代乃千古英雄豪杰所梦寐以求的大舞台。他用浪漫色彩的笔调，给读者描绘出一幅各国争渡于过渡时代激流中雄伟壮阔的历史画卷：

> 船头坎坎者，自由之鼓耶？船尾舒舒者，独立之旗耶？当十八、十九两世纪中，相衔相逐相提携，乘长风怒涛，以过渡于新世界者，非远西各国耶？顺流而渡者，其英吉利耶？乱流而渡者，其法兰西耶？方舟联队而渡者，其德意志、意大利、瑞士耶？攘臂凭河而渡者，其美利坚、匈牙利耶？借风附帆而渡者，其门的内哥、塞尔维亚、希腊耶？维也纳温和会议所不能遏，三帝国神圣同盟所不能禁，拿破仑席卷囊括之战略所不能挠，梅特涅饲狙豢虎之政术所不能防。或渡一次而达焉，或渡两三次而始达焉。或渡一关而止焉，或渡两三关而犹未止。或中途逢大敌，血战突围而径渡焉；或发端遇挫折，卷土重来而卒渡焉。吾读《水浒传》，宋公明何以破祝家庄，吾读《西游记》，唐三藏何以到西域，吾以是知过渡之非易，吾以是知过渡之非难。我陟高丘，我瞻彼岸，乐上乐上，先鞭已属他人，归欤归欤，座位尚容卿辈，角声动地，提耳以唤魂兮，巾影漫天，招手而邀邛涉。河汉清且浅，相去复几许，盈盈一水

____

① 梁启超：《过渡时代论》，载《饮冰室合集》文集之六，中华书局1989年版，第27—28页。

间，脉脉不得语。望门大嚼，我劳如何！①

在这里，梁启超用他那支生花妙笔描绘了一幅美、英、法、德、意等远西各国，于18、19两世纪中，为求得自由独立而前赴后继、与专制政府浴血奋战、波澜壮阔的图卷，用浪漫主义的手段表现了一个主题，就是想让中国也追随西方各国乘长风怒涛，以过渡于新世界，从而走上自由独立的道路。他所谓的自由独立之乐土，西方各国已早著先鞭，我国若迷途知返，追随西方各国，那么乐土之"座位尚容卿辈"。梁启超写至此，其政治主张已和盘托出，毫无隐饰了。为了能使中国顺利过渡，而达到黄金世界、荼锦生涯的乐土，只有追随西方各国的历史足迹，方能渡过过渡时代的激流，而到达光明的彼岸，从而争取到国家的自由与独立。依各国的历史经验，梁启超认为，过渡的激流中充满了专制主义的暗礁和险难。为了躲过这些暗礁和险难，他复指出了过渡时代所存在的危险，过渡时代实乃恐怖时代。这时代，"青黄不接，则或受之饥，却曲难行，则惟兹狼狈；风利不得泊，得毋灭顶灭鼻之惧；马逸不能止，实维踬山踬垤之忧"。过渡时代犹如"摩西之徬徨于广漠，阁龙之漂泛于泰洋，赌万死以博一生，断后路以临前敌"。依梁氏之见，这种情况胜过世间所有危象，并且国民全体之过渡，其利害重要之关系，更胜于个人身世之过渡。"所向之鹄若误，或投网以自戕；所导之路若差，或迷途而靡届。故过渡时代，又国民可生可死、可剥可复、可奴可主、可瘠可肥之界线，而所争间不容发者也。"② 依梁启超之见，过渡时代既然如此凶险，那么，在这种千钧一发、利害攸关的重要时刻，为了能使处于过渡急流中的中国全体国民平安地到达幸福之彼岸，就需要他们这样先知先觉的精英们

---

① 梁启超：《过渡时代论》，载《饮冰室合集》文集之六，中华书局1989年版，第28—29页。

② 梁启超：《过渡时代论》，载《饮冰室合集》文集之六，中华书局1989年版，第28页。

具有超人的智慧与勇气了。

梁启超认为，过渡时代之精英们必须要具备三种德性。此三种德性，分别对应于过渡时代的初期、中期与末期。其一乃冒险性。冒险性乃是过渡时代初期不可或缺的一种品质，这是因为，所谓过渡即意味着改进和革新。"凡革新者不能保持其旧形，犹进步者必当掷其故步。欲上高楼，先离平地，欲适异国，先去故乡，此事势之最易明者也。"① 当然，梁启超深知，保守恋旧乃人之恒性，所以"欲开一堂堂过渡之局面，其事正自不易"。这是因为过渡之后所得到的成果乃在将来，而当"过去已去，将来未来之际，最为人生狼狈不堪之境遇"。他打了个比方说："譬有千年老屋，非更新之不可复居，然欲更新之，不可不先摧弃其旧者，当旧者已破新者未成之顷，往往瓦砾狼藉，器物播散，其现象之苍凉，有十倍于从前焉。寻常之人，观目前之小害，不察后此之大利，或出死力以尼其进行；即一二稍有识者，或胆力不足，长虑却顾，而不敢轻于一发。此前古各国，所以进步少而退步多也。"② 梁启超认为，在此过渡时期，必须要有敢于冒险的精神，事业才能有成，"必有大刀阔斧之力，乃能收筚路蓝缕之功，必有雷霆万钧之能，乃能造鸿鹄千里之势。若是者，舍冒险末由！"③

梁启超认为，在过渡时代中期最不可或缺的品质是忍耐性。这是因为，所谓过渡是"可进而不可退者也，又难进而易退者也"。他举了摩西富于忍耐性的例子说："摩西之率犹太人出埃及以迁于伽南也，飘流踯躅于沙漠间者四十年，与天气战，与猛兽战，与土蛮战，停辛伫苦，未尝宁居，同行俦类，睊睊怨谤，大业未成，鬓

---

① 梁启超：《过渡时代论》，载《饮冰室合集》文集之六，中华书局 1989 年版，第 30 页。

② 梁启超：《过渡时代论》，载《饮冰室合集》文集之六，中华书局 1989 年版，第 30—31 页。

③ 梁启超：《过渡时代论》，载《饮冰室合集》文集之六，中华书局 1989 年版，第 31 页。

发已白。此寻常豪杰之士，所最扼腕而短气者也。且夫所志愈大者，则其成就愈难，所行愈远者，则其归宿愈迟，事物之公例也。"① 所以，在梁启超看来，凡倡率国民经此过渡时代之人，"其间恒遇内界外界无量无数之阻力，一挫再挫三挫，经数十年百年，而及身不克见其成者比比然也"。不但不见其成，"或乃受唾受骂，虽有口舌而无以自解"，所以没有过人忍耐性之人，没有不半途而废的，故古语有云："行百里者半九十，井掘九仞犹为弃井，山亏一篑遂无成功，惟危惟微间不容发。"基于以上之认识，梁启超认为，忍耐性乃是过渡时代中期人物所必须具备的宝贵品质，是"贯彻过渡之目的者也"。②

对梁启超而言，于过渡时代末期英雄所最需要具备的品质乃是别择性。这也是他写这篇文章的目的所在，在这里他要暗示一下他政治主张的正确性。梁启超说："凡国民所贵乎过渡者，不徒在能去所厌离之旧世界而已，而更在能达所希望之新界焉；故冒万险忍万辱而不辞，为其将来所得之幸福，足以相偿而有余也。故倡率国民以就此途者，苟不为之择一最良合宜之归宿地，则其负国民也实甚。"③ 然而，在梁启超看来，世界上有很多种政体，适合于本国民的也有很多。"天下事固有于理论上不可不行，而事实上万不可行者；亦有在他时他地可得极良之结果，而在此时此地反招不良之结果者。"④ 此事正如古语所云，"作始也简，将毕也巨"，所以"坐于广厦细旃以谈名理，与身入于惊涛骇浪以应事变，其道不得不绝异"。基于上述看法，梁启超认为，"过渡时代之人物，当以

---

① 梁启超：《过渡时代论》，载《饮冰室合集》文集之六，中华书局1989年版，第31页。

② 梁启超：《过渡时代论》，载《饮冰室合集》文集之六，中华书局1989年版，第31页。

③ 梁启超：《过渡时代论》，载《饮冰室合集》文集之六，中华书局1989年版，第31页。

④ 梁启超：《过渡时代论》，载《饮冰室合集》文集之六，中华书局1989年版，第31页。

军人之魄，佐以政治家之魂。"所谓政治家之魂者，即"别择性是已"。①

　　梁启超上述的表述再清楚不过了。在他看来，只有像他们这样的先知先觉的英雄人物才具备过渡时代的德性，也只有他们才能代表全体国民的意志和利益，才能领导国民渡过急流险滩而到达幸福的彼岸。在这篇文章里，梁启超已流露出一种先知型精英主义的思想，此种思想在康有为、严复等中国第一代知识分子中广为存在，他们普遍地认为，当时中国民众的素质极低，需要他们这种先知精英对其进行教育，以提高其民德、民智和民力。梁启超日后的开明专制论，即这种先知型精英主义的具体表现。这种先知型的精英主义，对中国以后的历史影响很大，我们在以后的章节中还要讨论到。

　　毋庸置疑，梁启超的过渡时代论正是张灏先生所说的历史理想主义心态。在这种心态的驱使之下，当时的知识分子的社会关怀自然都集中在如何使积贫积弱的中国走上繁荣富强康庄大道的途径问题上来。梁启超逃亡日本后，陆续发表了《戊戌政变记》《光绪圣德记》等文章，在这些文章中他歌颂光绪帝的圣德，而将中国的贫弱原因归罪于西后。1901 年他又在《清议报》第七十七册至八十四册（4 月 29 日至 7 月 6 日）上发表《中国积弱溯源论》。文章称："今上皇帝以天纵之资，抱如伤之念，借殷忧以启圣，惟多难以兴邦。天之生我皇也，天心之仁爱中国而欲拯其祸也。其奈道高一尺，魔高一丈，有西太后那拉氏者梗乎其间。那拉氏垂帘三次，前后凡三十余年，中国之一线生机，芟夷斩伐而靡有孑遗者，皆在此三十年也。"② 又称："今上皇帝，忍之无可忍，待之无可待，乃忘身舍位，毅然为中国

---

　　①　梁启超：《过渡时代论》，载《饮冰室合集》文集之六，中华书局 1989 年版，第 32 页。

　　②　梁启超：《中国积弱溯源论》，载《饮冰室合集》文集之五，中华书局 1989 年版，第 40 页。

开数千年来未有之民权。非徒为民权，抑亦为国权也。"① 在这篇文章中，梁启超将扼杀中国改革生机之罪责归于慈禧、荣禄等人，而将光绪帝说成中国改革的希望，其言外之意，无非是拥护光绪帝复辟，走立宪的道路，这也是过渡时代梁启超在中国如何走上所谓的"黄金世界，荼锦生涯"途径问题上，为中国做出的选择。

梁氏的这种选择，自然遭到了革命派的抵制和反对。章太炎看到后，立刻于《国民报》第四期上发表《正仇满论》，对梁启超的文章加以驳斥。他写道："梁子既主立宪政体，又为积弱溯源论，曰真有爱国心而具特识者，未有仇视满人者也。呜呼，梁子迫于忠爱之念，不及择音，而忘理势之所趣，其说之偏宕也亦甚矣。"② 章太炎指出："梁子所悲痛者革命耳，所悲痛于革命而思以建立宪法易之者，为其圣明之主耳！"③ 不过，这里需要指出的是，章太炎对梁启超驳斥的重点，乃在于其给中国指出的通往"黄金世界，荼锦生涯"的路径。在章太炎看来，梁启超所指出的保皇立宪的道路是行不通的，中国应走的道路只有一条，那就是排满革命。从这个角度来看，他和梁启超一样，同样都笼罩在历史理想主义心态之下，都希望中国从暗黑的现实走向光明的未来，以"至乎独立不羁之域"。④ 他们所争论的，只是在于如何到达"黄金世界，荼锦生涯"的途径而已。

《正仇满论》是革命党人第一篇对立宪派政治主张批驳的文章，自此以后，中国选择何种方式和航线以渡过过渡时代的激流，以及如何达到"黄金世界，荼锦生涯"途径等问题成了革命、立宪两派知识分子激烈论争的焦点。

---

① 梁启超：《中国积弱溯源论》，载《饮冰室合集》文集之五，中华书局1989年版，第41页。
② 章炳麟：《正仇满论》，《国民报》第一卷第四期，第1页。
③ 章炳麟：《正仇满论》，《国民报》第一卷第四期，第5页。
④ 章炳麟：《正仇满论》，《国民报》第一卷第四期，第4页。

二 清末留日学生民族意识的觉醒

　　清朝末年，清廷为了维护自己的统治，急于变法自强，曾向日本派出过数以万计的留学生。这种举措，在世界文化史上，是空前的。马里乌斯·詹森（Marius Jansen）曾说，中国学生到日本的运动"是世界历史上第一次以现代化为定向的真正大规模的知识分子的移民潮"。[①] 然而，与清廷的愿望相反，在日本这块土地上，各种特殊的条件，促使了这批留日学生民族意识的觉醒，而最后他们也成为清王朝的掘墓人。

　　清末留日学生民族意识的自觉，是一个颇为复杂的过程，它是中国在近代转型期，中国传统的族群意识与外来思想互相交融，并向近代民族主义转化的过程。这一觉醒和转化的过程，曾受过数重历史因素的影响。这几重因素，环环相扣，紧密相连，在清末的历史脉络中缠绕、互动，共同影响了清季留日学生的民族主义觉醒的过程。

　　甲午一役，清廷割地赔款，创巨痛深，国人猛然觉悟到日本之所以强盛，全在于学习西方，日本与我同文同种，路近而费省，学习起来更为便捷，故自甲午之后，朝野上下，莫不视留学日本为中国迅速达至富强之捷径。在举国一致的呼吁下，清廷于 1896 年开始往日本派遣留学生，此后，留日学生的人数逐年增加，到 1906 年竟达到一万、两万人左右。[②] 这样的留学运动，在中国历史上是空前的，它对中国近代所造成的影响是深远的。留学的生活，对留

---

　　① Marius Jansen, Japan and China from war to peace, 1894 – 1972, Chicago, 1975. 马里乌斯·詹森：《日本与中国：从战争到和平，1894—1972》，第 149 页，转引自〔美〕任达：《新政革命与日本——中国，1898—1912》，李仲贤译，江苏人民出版社1998 年版，第 51 页。

　　② さねとう·けいしゅう『中国人日本留学史』くろしお出版、1970 年版，第15 页。

日学生产生了重要的影响，促使了他们民族意识的觉醒，而他们民族意识的觉醒则是从他们刚踏出国门时开始的。初出国门的人，往往最爱用对比的眼光，来评价所到国家的事物，当留日学生们一旦离开封闭的祖国，踏上一个新兴的国度，他们眼前所呈现的一切，无一不令其惊奇，无一不令其振奋。

当时，这种感受普遍地存在于留学生之中。黄福庆在其《清末留日学生》中写道："一些学生尚未出洋时，若告以'日本政治之善，学校之备，风俗之美，人心之一'，也许会以为这是阿谀之词；及抵其国门，'目之所见，身之所接，始叹前言非为溢美，不觉向者狭隘之心，化为恢宏矣，偏视之见，化为大公矣，非特知识因之而增，即爱国爱人之心，亦因而发。'这是千万留日学生的共同的感触。"①

这种因对比而产生的感受，使这些海外游子的神经变得更加敏锐，日本国中点滴有关维新的事物，都能触动他们的忧国情怀，东京上野公园，植樱树几千株，每年春季，樱花盛开，游人如蚁，樱花丛中，维新英雄西乡隆盛那巍然矗立云表、气象万千之铜像，曾使多少留日学生因瞻仰铜像而回顾起海云万里、声称阒如的祖国，中日两国间强烈的反差，常使他们低徊其下，啜其泣矣。②

感慨之余，他们逐渐开始找寻日本致强之由。在他们看来，日本之所以富强，在于教育进步，当时日本学校星罗棋布，即举东京一隅论，不下于数百，每一学校之学生，多至数千人。日本学校甚多，女校尤盛，据当时留日学生称："日本女学，几与男等，朝暮两时，试游行街市，摩肩膂毂，以十人计算，男学生居什之四，女学生居什之三，其余商人及下流社会，又居什之三。呜呼，盛矣。女学生皆着紫色裙，怀挟书包，或三或五，结队而行，一望便知。岂如吾国之涂脂抹粉，凝妆闺阁，终日蠢蠢，如动物园中之供人玩

---

① 黄福庆：《清末留日学生》，（台北）中研院近代史研究所专刊（34），第107页。
② 太公：《日本闻见录·东京杂事诗》，《浙江潮》1903年第2期，第161页。

弄者所可比耶？呜呼！二万万同是圆颅方趾之人，任其长此火坑，葬身泥犁，昊天不吊，降此下民，哀哉！"①

日本不仅学校众多，而且书店亦多，其景象为留日学生所惊叹，他们写道："东京一隅，书肆约有千余家，购书者每于薄暮时，始手披口沫，充溢阛阓，至于新闻杂志（杂志即月报、旬报之类——原注），日出约有一二百种，呜呼！如是而欲其民智之不开，国势之不强也得乎？"②

这些感触，深深地刺激了那些海外游子的感情，于是，那些先来的留学生便将自己的感想传告给后来的人。留日学生记述当时的情景时称：

> 游学日盛，每一星期，邮船抵埠，必有至者。留学同人中有兄弟亲友到来，往往先由长崎电知，金曜日即礼拜五也。是日为船抵横滨期。距东京约有六十里，同人往迓，必至新桥坐汽车焉。相见时，话异国文明，动故乡观感，每至泣下数行。③

然而当这些留学生反观自己故国风俗时，他们再也抑制不住自己那种羞辱的感情了。他们写道：

> 东京博物馆，规模甚闳丽，初入其中者，璨璀离奇，心目眩惑，内有历史部，中贮各国风俗等物。支那风俗与琉球风俗、朝鲜风俗……同膻厕一室。谛视数四，有支那妇人木制小脚一双，供万人观览，诧为奇事。又有鸦片具、赌具等种种下流社会所用之物。触目伤心，泪涔涔下。惜不能令我四万万同

---

① 太公：《日本闻见录·东京杂事诗》，《浙江潮》1903 年第 2 期，第 162—163 页。

② 太公：《日本闻见录·东京杂事诗》，《浙江潮》1903 年第 2 期，第 164 页。

③ 太公：《日本闻见录·东京杂事诗》，《浙江潮》1903 年第 2 期，第 163 页。

胞共见之也。①

　　这种亲身的体验和感受，使他们对"国家"这一概念的感受更深，改变自己祖国面貌的思想油然而生。"当时的留日学生，特别关心国事，而且对政治问题极为敏感，亦为众所公认。"② 他们在日本自由的环境中，组织了众多的社团，创办了大量的报刊，广泛地翻译日籍，介绍西方和日本的思想。这些思想以及他们文章中的"日译汉语"通过社团和报刊等"制度媒介"而广泛传播，而这些思想与"日译汉语"又与这些留日学生原有的思想及其切身感受互相碰撞、融合，从而使他们的国家意识逐渐觉醒起来。

　　与他们亲身的感受紧密相连的是他们在国内的教育，中国传统世界秩序观也左右了留日学生民族意识自觉过程。中国的传统世界秩序观主要是儒家的"天下"秩序观。梁启超曾说："我国自古一统，环列皆小蛮夷，无有文物，无有政体，不成其为国，吾民亦不以平等之国视之，故吾中国数千年来常处于独立之势，吾民之称禹域也，谓之为天下，而不谓之为国。"③ 这便是我们通常所谓的儒家天下观，然而我们在考虑这种儒家天下观时"一般必须区分两个层次，就哲学层次来说，支配中国人世界秩序观的是天下大同的乌托邦理想，正如王阳明所说的天下一家。但就政治层次或一般层次来说，中国人的世界秩序观为中国中心论的意象所支配，在中国中心论的意象中，中国被设想为由无数不同类型的附属国围绕的世界中心。不管这两个层次之间有多大的差异，它们的共同之处，即是大一统的理想，在前者为天下的一统，在后者为有等级的一统。""然而，在19世纪，中国中心论的世界秩序观逐渐被西方国

---

①　太公：《日本闻见录·东京杂事诗》，《浙江潮》1903年第2期，第163页。
②　黄福庆：《清末留日学生》，（台北）中研院近代史研究所专刊（34），第318页。
③　梁启超：《中国积弱溯源论》，载《饮冰室合集》文集之五，中华书局1989年版，第15页。

家在东亚的扩张所摧毁。就天下一统观来说，由于它在儒学中主要被作为哲学上的最高理想，它与政治现实的关系肯定不如中国中心论的世界秩序观那样密切，因此它仍未受多大触动。"① 留日学生虽是一个新出现的知识分子的社会群体，但他们生长在传统的中国，在他们的身上还残存根深蒂固的"天下一统"的观念。"作为一种文化资源，这种历史渊源极深的天下主义，可能转化为接受普遍真理和普遍价值的世界主义，引申出价值上的一元主义，把西方'先进'、'文明'和'富强'当做全球普遍追求的路向，从而迅速地认同另一种文化和制度，但也可能延续着鄙夷四裔惟我独尊的民族主义，却引申出通过近代化而富国强兵，从而俯视天下的雄心。"② 在这种天下一统观念影响下的留日学生，虽然也热心地学习日本，但他们感兴趣的，并不是日本的文化，而是日本"文明"与"富强"后面的现代性。对他们来说，留学日本，只不过是"师法西方"的一个桥梁③，只要过了河，这座"桥"就会遭到抛弃。这样的态度，使留日学生在内心深处，始终存在着一种"东学"不如"西学"的味道。这正如梁启超所说的那样，"东学之不如西学，夫人而知矣。何也，东之有学，无一不从西来也。与其学元遗山之诗，何如直学杜少陵，与其学桐城派古文，何如直

---

① 〔美〕张灏：《梁启超与中国思想的过渡（1890—1907）》，崔志海、葛夫平译，江苏人民出版社1993年版，第112页。

② 葛兆光：《想象的和实际的："谁认同亚洲"？——关于晚清至民初日本与中国的"亚洲主义"言说》，载王中江主编：《新哲学》第一辑，大象出版社2003年版，第230页。

③ 美国学者任达曾指出："人们考虑到日本留学，并非因为日本比其他地方更好或有什么内在价值，而是当时通过学习日本，能够更为便捷和便宜地走向西方现代化道路。日本是块垫脚石，是获得西方知识、导致中国富强的捷径，使用后便遭抛弃。这种态度对近代中日关系牵连极大，坦率地说，这是傲慢的和麻木不仁的，说明了（中国）并未把日本以其本身资格作为一个国家，或作为一种文化而表示兴趣或适当评价。中国的这种态度一直为两国关系蒙上一层阴影。"〔美〕任达：《新政革命与日本——中国，1898—1912》，李仲贤译，江苏人民出版社1998年版，第53页。

学唐宋八家"。① 上述"世界中心"的辉煌记忆和眼前不得不学
"东文"的现实使得这些留日学生在心底里潜藏着一种对日本的
轻蔑感。这种心理对中国近代民族主义的发展产生了推波助澜的
作用。

当时的留日学生，洁身自好、奋发向上者颇多，然轻佻浮薄、
不知自爱者，亦不在少数。当时很多中国书报都有很详细的记载，
阅读之下，犹能令人深省。似这样少数之人，自然影响全体留日学
生的声誉。造成这种现象的原因除了一部分学生本身素质外，还有
一个重要的原因是当时大部分留日学生很少寄居在日本人家庭中，
他们往往数人合租一所房子，并经常迁徙，这样的生活方式，使得
他们得不到日本社会的帮助与熏陶。像后来成为民国大学校长的湖
南留学生黄尊三，在八年的留学生活中竟搬家二十次，留日近四年
才第一次吃生鱼片，以致在他的留日生涯里只交了五个日本朋友。
似这样的留学生活如何能对日本的社会有深入的了解。② 在当时，
像黄尊三这样的留日学生属于大多数，而像曹汝霖那样住在中江兆
民家，受到日本家庭很好照顾的学生属于少数。③ 这种留日生活使
得留日学生不仅得不到日本社会的帮助，反而他们易被视为另类，
而加以轻侮。

黄福庆先生曾指出："当时留日学生，多集中于东京，而寄宿
处又以神田为中心，依次为牛込、本乡、麹町、赤坂、四谷、小石
川等，当时的神田，有'在外国的中国'之称，他们集中的情形，
由此可见。他们在日本寓居的方式，有一特色，即几个人合租一
户，共同雇用下女炊洗，鲜少寄居日人家庭与日人接触，而形成特

---

① 梁启超：《东籍月旦》，载《饮冰室合集》文集之四，中华书局 1989 年版，第
82 页。

② 黄尊三：《三十年日记》，さねとう・けいしゅう『中国人日本留学史』增補
版、くろしお出版、1981 年版，第 153—172 页。

③ 曹汝霖留日时寓居中江兆民家，受中江夫人及中江小姐千美子照料等情节见
曹氏之《一生之回忆》中第八回《日本明治时代之一瞥》（春秋杂志社 1966 年版）。

别团体，而且挈朋呼友，迁徙无常，也许今日寓神田，明日即移本乡。这种寓居的方式，不但得不到善良家庭的薰陶而与日本社会脱节，相反的，他们日夜所接触者，几全系言语动作鄙劣粗野的男女佣人，甚至与下女勾搭，寓所几乎整日骚扰不宁。住在这种环境中，只有陷入歧途，无法养成良好风尚。"① 有的研究者称当时的留日学生"奋发上进者，固然很多，但是轻佻浮薄、成日以嫖赌鸦片为事者，亦复不少"，"堕落为当时留日学生的特殊现象之一"，② 应是相当中肯之论。

这些人虽只是留学生之一部分，但却产生了很坏的影响，本来日本自甲午战争后，举国上下已产生一种轻视中国的情绪，这部分留学生的行为使得他们原有的印象得以强化。在他们看来，中国是一个弱国，中国的国民也是低能儿，而且，素质也极差，于是蔑视中国的情绪更加增长。当时，很多留日学生，都有过被日本妇孺呼为"清国佬""猪尾巴"的经历，后来成了社会主义讲习会的主要成员的景梅九曾描述过他最初几次与同校日本人用汉字笔谈的情况。他们说："辫子不好看，剪了好，我们称豚尾。"在羞辱的驱使下，他直奔理发店，打着手势要剪辫子。③

日本人这种傲慢、歧视的态度，在留日学生中导致了两种结果：一方面，由于蔑视态度来自日本，甲午战败的耻辱的记忆和眼前受辱的事实交织在一起，便产生了一种对日本的憎恶感。这种存在于感情中的潜意识，是导致他们以后排日情绪的

---

① 黄福庆：《清末留日学生》，（台北）中研院近代史研究所专刊（34），第113—114页。

② 黄福庆：《清末留日学生》，（台北）中研院近代史研究所专刊（34），第114页。

③ 景梅九：《罪案》，第34页，转引自〔美〕费正清、刘广京编：《剑桥中国晚清史：1800—1911年》下卷，中国社会科学出版社1996年版，第412页。

一个原因。① 而另一方面，留学生在日本所受的歧视，也间接地促进了他们反满的、传统的种族主义情绪的增长。因为在这些留学生们看来，他们受侮辱的原因，乃是国家的贫弱，而国家的贫弱，又是由于清廷的腐败与无能，故他们认为，清政府是中国走上富强之路的障碍，在这种思想的导引下，清廷存在的正当性与合法性已遭到严重的质疑，排满革命思想逐渐生长。

从更深层的意义上说，这种憎恶也来自前面提到过的，中国知识分子传统的根深蒂固的世界秩序观和"华夏情结"，按张灏的说法，华夏情结是指"由过去光荣的记忆与现在的屈辱或与自谴感交织成的复杂心理。中国传统文化自称华夏文化，自视为世界的中心，在近代受到种种的挫折与屈辱以后，有时产生盲目仇外与自我狂大兼而有之的情结，这种情结很容易在民族主义里寄生，使得民族主义也潜藏一种义和团式的极端主义趋向，时而把中国带上反现代化偏激自残的道路"。② 尽管近代以来这种传统的世界秩序观在西洋的冲击下已逐渐解体，中国的士大夫开始呼吁"当以开创之势治天下，不当以守成之势治天下"，并具体地提出"当以列国并立之势治天下，不当以一统垂裳之势治天下"的主张，③ 但这些仅是在一般的政治层面上而言的，它反映了中国知识分子在西方扩张面前，对国际形势的判断，以及他们对传统的世界秩序观的调整。而在他们的内心深处，换言之，在他们的政治哲学的层面上，这种

---

① 一些日本研究者认为留日学生回国后，所以有排日之举，并非完全基于政治因素，而是由于个人憎恶感所诱发，因为他们曾经受日本社会的冷遇，只有以冷眼来观察日本社会，结果，他们所目睹者，皆系日本的缺点。既然得不到日本社会的丝毫温情，所以也无由产生好感。〔〔日〕安川敬一郎：《日支亲善の基础たるべき教育事业》转引自黄福庆：《清末留日学生》，（台北）中研院近代史研究所专刊（34），第112页〕

② 〔美〕张灏：《关于中国近代史上民族主义的几点省思》，载张灏：《时代的探索》，联经出版事业公司2004年版，第90页。

③ 康有为：《上清帝第二书》，载汤志钧编：《康有为政论集》上，中华书局1981年版，第122页。

"华夏情结"还是牢固地存在着。对以提倡走效法日本明治维新道路，并受到明治政府营救和庇护的康有为和梁启超而言，尽管他们对日本充满了钦佩和感激，但提及日本时则常曰"日本崎岖小岛""蕞尔岛夷"，而提到中国，则称"中国者，天然大一统之国也"，"堂堂四百余州之国土，凛凛四百余兆之国民"，"若我中华，则岂非亚细亚大陆之中心点，而数千之主人哉"。字里行间，传统尊己卑人的"华夏中心主义"的倾向时时自然而然地流露出来，而对于受到日本社会歧视、血气方刚的留日学生来说，潜藏在他们思想深处的"华夏情结"更使他们不堪忍受这种凌辱，从而促发了他们排日情绪的增长。而当日后日本对中国进一步渗透和侵略时，这种新仇旧恨便一股脑地迸发出来，而演变成激烈的反抗运动。职是之故，留日学生来到日本后，目睹了日本现代化的成功，但此时甲午战败的屈辱还记忆犹新，而日本人因战胜而傲慢的态度又令他们难以容忍，种种因素使他们产生了一种"羡憎交织"的心理（余英时语）。这种心理，在逐渐觉醒的民族意识中发酵，左右并刺激了留日学生民族意识的生长。

留日学生的所在地日本是促使留日学生民族意识觉醒、培养其民族主义的温床。在那里，无论是当时日本国内表现出的那种狂热的爱国主义，还是日本传统里的"大和魂""武士道"或是"日式达尔文主义"和"日式自由主义"中表现出的那种强烈的与国家权力一体性的倾向，以及日本国内宣传民族主义的书籍、课堂里的讲义，无一不给中国的留日学生起了很好的示范作用。这种作用，使得身处异国的留日学生强烈的中国人意识逐渐明朗。他们以这种意识为引导，逐渐产生国家的观念。这种觉醒，乃是留日学生从传统的民族思想逐渐向近代民族主义重要的过渡。然而，应当指出的是，这种新产生的民族主义，具有强烈的集体主义色彩，它使得个人的个性几乎为集体所吞噬，从而表现出强烈的日式的国家主义色彩。此外，留日学生们走出了封闭的中国，通过日本直接观察到西方列强对中国的扩张和侵略。在即将被瓜分的严重危机感的压迫下，救亡图存的群体意识自然迸发。

清季，大批留日学生和梁启超等亡命客东渡日本时，正赶上日本以俄国为假想敌，"卧薪尝胆"，而突入帝国主义的时代，各种各样的帝国主义理论充斥于书籍报刊之中。"民间的印刷品、传说和诗歌以及狂热的歌曲，都被用来灌输和加强突然爆发的廉价和哗众取宠的爱国主义。"① 日本为了对付俄国，经常举行大规模的军事演习，日本所表现出的令欧美人都羡慕的强盛，深深地刺激着留学生们的心灵。当时《清议报》报馆诸人为了报道演习情况，曾去志贺县的大津观看演习的盛况，触动了他们徜徉在异国的民族情结，在极度惆怅的心情下，写下了如下的诗：

> 喇叭吹彻风营岬，欧服倭刀耀柳旂。雷炮连环骁将队，霞裳十字女郎医。苍天上帝鸣鸾肃，碧眼胡儿勒马窥。侬为采风随珥笔，斜晖凉露立多时。②

这种羡慕日本强盛、慨叹自国衰弱而于"斜晖凉露立多时"的复杂情感，恐怕是当时每一个忧国留日学生共同的感受。这种感受，无疑会刺激他们的国家意识的自觉。

日本在日俄战争爆发之前，朝野上下，同仇敌忾，其民族主义更加高扬，日本的示范也激发了留日学生的民族意识。梁启超主编的《新民丛报》记录了当时日本国内的情况。其文称：

> 俄日战机自西历去年六月以来，屡起屡伏，直至今日，而其势殆将爆裂，不可终日，日本人关于战事之法令屡颁，内阁会议、元老会议、御前会议屡开，近数日，则海陆军两省示谕

---

① 〔美〕费正清、刘广京编：《剑桥中国晚清史：1800—1911年》，中国社会科学出版社1996年版，第411页。

② 天南侠子：《戊戌偕报馆诸君往大津观日皇阅操》，《清议报》第六十册。

全国报馆，屡为军事之秘密。而民间出学校、罢商业、停工作以求为志愿兵者，典时计、典衣服、典田宅、典籍珥以报效军事献金者，项背相望。全国股份票价格为之骤落。数大公司之商船，为之暂停，以听政府之指挥，举日本四千万人，如狂如沸，磨拳擦掌，以待战争。祈神祷佛，以望战争。无老无幼，无男无女，无僧无俗，无一不歌舞战争。呜呼！俄日之战机一发。①

当时，很多留日学生都目睹了日本国内民族主义高涨的情况，曹汝霖在他的回忆录中写道：

时适在新年，余与挚友在日本热海温泉渡假，见日本人兴奋非常，每夜开提灯会，庆祝战胜，东京热闹情形更可想而知。当日本征召退伍兵之时，我住在中江家（中江兆民之家——引者注），见退伍兵应征到东京者，军部令分住民家，视房屋之大小，配住兵之多寡。中江家派住八人，中江家自动让出六叠（即面积可铺六块日本席的房间，约 10 平方米——引者注）房间两间以住兵士，自家母子女三人，挤在四叠半的一间小屋。余以外国留学生，不令让屋。每日三餐，总以肉食饷兵士，兵士亦帮同操作，彼此和睦，恍若家人。我看了真觉感慨。中国人民与兵士，那有这种情形，及到出征之日，家家户户，集团欢送，手执大旗，旗上写的都是"光荣战死""为国捐躯""祈必胜""祈战死"等等字样，以壮行色，于鼓励之中，寓有不胜毋归之意，兵士踊跃前进，人民欢呼万岁，欢送场面，人山人海。以这种字句来送出征之士，在中国人视之，不几笑为不祥，而他们则认为鼓励军士之必胜，即此

---

① 《俄日之战机一发》，《新民丛报》第 38、39 号合本。

可见其忠君爱国之心为何如矣。①

中国的留日学生，看见这些情景，自然会受到感染，从而激发了他们自己的民族感情。

清末留日学生，在日本除了一些身历其境的体验外，日本的各种思潮也促进了他们的民族意识的觉醒。

北一辉曾说："中国革命并非来自遥远的太平洋彼岸，而是来自对岸的岛国，我日本思想乃中国革命十之八九之原因也。视日本为邻国革命党策源地，猜日本乃中国革命之煽动者虽然不当，但日本实应承担向中国输入思想的责任与荣誉。"② 大多数留日学生赴日的目的，乃是希望通过日本这块中介地，摄取西学而使中国富强，故他们对于当时在日本流行的各种思潮都十分注意。在这些思潮中，两种思潮对留日学生影响最大，直接地刺激了他们的民族意识，而加快了其觉醒的进程。这两种思想，其一是进化论思想和由其导出的强权论，其二是日本自由民权运动中的自由民权思想。

大批留日学生去到日本时，正是日本突入帝国主义阶段的时代。此时，民权运动的大潮已经由盛转衰，大量的民权论者已逐渐转化为国权论者。在这种形势下，国家主义者加藤弘之的进化主义却甚嚣尘上。尤其是他的"从弱者角度接受"社会达尔文主义的方式，对那些大江歌罢而负笈东渡去寻找救国良药的留日学生们来说，具有的惊人的吸引力，加藤弘之那种使民族转弱为强的独特的强者逻辑，被这些留日学生及亡命客奉为宝典而加以借鉴。

在清末留日学生所翻译的有关进化论的书籍中，加藤弘之、有贺长雄等帝国大学保守学者的著作占了绝大多数。据王中江《进化主义在中国》所载，当时所译的进化主义著作主要有：《政治进

①　曹汝霖：《一生之回忆》，（香港）春秋杂志社1966年版，第34—35页。
②　北一辉：《支那革命外史》，载《北一辉著作集》第2卷，みすず书房1999年第15版，第14页。

化论》，〔英〕斯宾塞著，译者不详；《权力竞争论》，〔法〕伊耶陵著，译者不详（此书应为〔德〕伊耶陵著，是早稻田大学张肇桐根据日本宇都宫五郎日译本重译而成的，由上海文明书局于光绪二十八年发行——引者）；《物竞论》，〔日〕加藤弘之著，杨阴杭译，东京译书汇编发行所，1901 年（此书原名为《强者之权利之竞争》，后有人建议改为《强权论》，最后改为《物竞论》，该书在东京发行后，又由上海作新社于 1901 年 8 月 30 日发行，1902 年 7 月 1 日再版，1903 年 1 月 15 日三版，对中国知识舆论界影响甚大——引者）；《加藤弘之演讲集》，加藤弘之著，上海作新社译，上海作新社，1902 年；《天则百话》，加藤弘之著，吴建常译，广智书局，1902 年；《人权新说》，加藤弘之著，陈尚素译，开明书店，1903 年；《道德法律进化之理》，加藤弘之著，金寿庚等译，广智书局，1903 年；《政教进化论》，加藤弘之著，杨延栋译，广智书局，1911 年前；《社会进化论》，有贺长雄著，麦鼎华译，广智书局，1903 年；《族制进化论》，有贺长雄著，译者不详，广智书局，1902 年；《进化新论》，石川千代松著，译者不详。①

　　这样的一大批日式的进化论书籍（其中大部分都是介绍日本学院派的进化主义思想，尤其是加藤弘之的强权论），对留日学生产生了强烈的影响，当时，"弱肉强食""生存竞争"和"优胜劣败"经常出现他们的笔下，在日式学院派进化论断影响下，他们开始抛弃了传统儒家的尚德主义而开始对"力"的追求与崇拜。他们明确指出："天道无亲，惟佑强者，时势既去，虽洒尽志士仁人之血而亦无可如何矣。"② 他们宣称："欧洲政治人群之进化，何一非斯宾塞、达尔文之精神鼓荡而驱使者乎。"③ 他们认为："夫民族竞争之世，非各鼓其国民独立之精神，飞入于世界活剧之场，以

---

① 王中江：《进化主义在中国》，首都师范大学出版社 2002 年版，第 57 页。
② 《论中国之前途及国民应尽之责任》，《湖北学生界》1903 年第 3 期。
③ 张继煦：《湖北学生界·叙论》，《湖北学生界》1903 年第 1 期，第 6 页。

快活之心，迎困难之事，而毫不反顾，如勇士之赴战场者，岂有其自立之道？地球各国之强盛，英君猛将之为之乎，亦由其军国民之独立独行、自争自胜之精神所膨胀于不得已者也。我中国而不欲自强则已，果其欲之，吾知非全国皆兵，人自为战，无能济者。"①在这种崇尚、鼓吹强权的声浪中，有的留日学生甚至宣扬膨胀、扩张："即夫扩张国势，膨胀民族，宣扬我国民特质于二十世纪之历史中，势力圈分划乎欧美，殖民策播布乎非澳，以壮我国民特色，展我国民威力，施设我国民进取手段。取舍之差、兴亡之判在此时我国民一缕之转念间，我国民盍早图之焉。"②

显而易见，西洋列强对中国的侵略和扩张，强烈地刺激了这些留日学生，在异国的土地上，他们的群体意识逐渐增强，而日本学院派的进化主义思想又使他们进一步增强了危机意识和群体观念，使他们的民族意识逐渐激昂起来。

对留日学生产生重要影响的，还有日本的自由民权思想，有关这一点，笔者已在别的文章里做过分析，③这里不再重复，仅指出在日本的自由民权思想中，最受到留日学生重视的是中江兆民所译的卢梭的《民约论》，此书被重视的原因不仅是它由"东洋的卢梭"中江兆民用流畅而华美的汉文译成，读起来比较省力，更重要的还在于留日学生希望用书中的"人民主权"观念，来对抗"君权"。张继回忆其十八岁留日生活时说："除上课外，专在图书馆翻阅该国维新时中江笃介（即兆民）所译《法兰西大革命》《民约论》等书，革命思想，沛然日滋。"④据有的学者研究，除张继外，黄兴也认为卢梭的《民约论》等书，使他的"革命思想遂萌芽脑蒂中矣"。而在日本的留日学生也因卢梭思想中最具革命精

---

① 杨度：《游学译编·叙》，《游学译编》1902 年第 1 期，第 7 页。

② 《军国民思想普及论》，《湖北学生界》1903 年第 3 期。

③ 参阅郑匡民：《梁启超启蒙思想的东学背景》第四章，上海书店出版社 2003 年版。

④ 《张溥泉先生全集》，"中央"文物供应社 1952 年版，第 233 页。

神，而将《民约论》的译文登载于他们发行的《开智录》和《译书汇编》等杂志上，除了以上人物之外，刘师培、林獬、邹容、陈天华等人也都大力宣传卢梭的主权在民的思想，以为人民有权利来管理国家与决定政府的存废。再者如马军武、汪精卫、汪东等人都曾在《民报》上撰文介绍或讨论卢梭思想，汪精卫并将中江兆民所翻译的《民约译解》全文转载在《民报》第二十六号（1910年）之上，以广流传。① 总而言之，留日学生中的革命分子肯定卢梭的"主权在民"与"总意"等观念，并以之作为推翻清廷的根本理念。当时由于卢梭的《民约论》被留日学生广为宣传，鼓吹革命排满者日众，革命派排满浪潮不断高涨。清廷驻日公使蔡钧惊呼：

> 诸生徒不受范围，尤属细事，溯自康梁毒焰销息以来，其逋逃潜匿日邦，为所包庇者，指不胜屈，类皆窃其余唾，巧肆簧鼓，借合群之义，而自由之说日横，醉民主之风，而革命之议愈肆。各省聪俊子弟，来兹肆业，熟闻邪说，沾染日邦恶习，遂入歧邪。竟有流荡忘返之势，譬诸螟寄蠃生，楚书郢说，父兄之教训莫能及，官长之督率无所施也。②

如此看来，日本法兰西学者的代表、"东洋的卢梭"中江兆民所译的《民约论》及其自由民权思想对中国的排满革命具有巨大的推动力量。

日本的学者狭间植树评价卢梭思想在排满革命中的作用时说："作为近代之父的卢梭也是中国近代之父。如果说卢梭对中国之辛亥革命的重大影响是超过人们想象的，或许不为过言。"③ 狭间先

---

① 详细请参阅黄克武：《自由的所以然——严复对约翰·弥尔自由思想的认识与批判》，上海书店出版社 2000 年版，第 253—258 页。

② 《国闻短评·行人失辞》，《新民丛报》第五号，第 86 页。

③ 岛田虔次：《中国での兆民受容》，第 3 页，转引自《中江兆民全集》第 1 卷月报 2，岩波书店 1983 年版。

生的评价是正确的，卢梭的民主思想不仅对当时的革命党人的排满革命产生了重大的影响，而且对五四时期的激进或自由派的知识分子，甚至整个中国的近代也都发生过重要影响。①

清代的满汉关系，也是影响留日学生民族意识觉醒的一个因素。清朝统治者以异民族入主中原，且是一个专制独裁的政体，掌握政权之后，虽一度提倡满汉一体，但始终对汉族持猜忌和利用的态度，近代以来，清廷的腐败，使国势日蹙，留学生赴日之时，正是中国传统政治秩序开始动摇的时代，留学生目睹日本国势蒸蒸日上，而自己国家则日薄西山，气息奄奄，愤懑之情，油然而生。西方新思想的输入，革命、维新两派人士的宣传以及日本各种思潮的影响，使得留日学生的国家民族意识逐渐觉醒，他们认识到清廷乃是中国近代化道路上的一大障碍，必铲除之才能建立一个国民国家。此种思想的萌动，逐渐地使清廷政权合法性失去依据。而此时的清廷，又为了维持统治，苟延残喘，不择手段地勾结日本政府，企图扼杀革命力量。虽然，清廷为了政治改革，也派出了大量的官员赴日本考察，然而这些人却更让留日学生们愤怒。据当时人笔记载：

> 初，考察人员之赴日本也。率出多金，托当局为缮就所查之件，俟办齐，即携以归，内容若何，鲜有知者。贤者乘暇流连山水，结交文士，以扩学识，不肖者，则酒肉征逐，贻笑东邻矣。②

留日学生认为，似这样的官吏，如何能考察出日本致强之由？那些清廷官吏"则仆从赫赫，行李煌煌，竟终日游于街市，垂辫

---

①　参阅顾昕：《德先生是谁？——五四民主思潮与中国知识分子的激进化》，载哈佛燕京学社、三联书店编：《儒家与自由主义》，生活·读书·新知三联书店 2001 年版。

②　十丈愁城主人：《记兄自赴日本考察土木警察事》，《述德笔记》卷三。

股际，鼻架圆眼镜，手摇大团扇，一步三回首，以自鸣得意"。①
在留日学生眼中他们不仅外表令人生厌，而且胸无点墨，于世界大
势一概不知，甲午战败，台湾被割，不思振作，且终日梦梦，更不
知台湾已被日本侵占，当时的留学生，称清廷官吏为"贱种"。

此种种因清廷腐败官吏所引起的民族羞辱感郁积在这些海外学
子的胸中，他们由清廷官吏的腐败联想到清廷的失政，反满的感情
自然而生。当时，中国的知识阶层分为两派。"一派认为中国民族
主义应以反帝为主要目标，对内求满汉的共存与合作，也就是说，
民族主义应以中国作为一个领土国家为取向，以取得这领土境内所
有的民族认同，而不应以严格的汉人族群意识为取向。这一派人自
称这种民族主义是'大民族'主义，以别于他们所谓的'小民族'
主义。后者是他们用以形容另外一派的民族主义。这一派坚持中国
民族主义应以汉人族群意识为内容，因此以排满为主要取向。"②
这两派在清季展开了激烈的争辩，然而，当时由于清廷腐败及种种
举措失败等，留日学生多数倾向排满革命，所以以排满革命为主要
取向的一派逐渐占了上风。

以拒俄事件为例，众所周知，这本来是留日学生在继收回路矿
权运动、拒法事件等后，所发动的一次反对沙俄帝国主义侵略中国
的运动。当时，留日学生听到俄国阴谋吞并中国东北的消息后，义
愤填膺，爱国情绪十分高潮，自发组成了拒俄义勇队，准备与俄人
一战，"咸愿投袂归国，自效行间"，并致电清政府北洋大臣表示
"刻日待发，以死自誓"。③ 可见当时的留日学生还对清廷保持相对
的认同。然而清廷对于留日学生的爱国之举却另有考虑，事发之
后，驻日公使蔡钧立即电告江督端方云："东京留学生结义勇队，
计有二百余人，名为拒俄，实则革命"，"务饬各州县严密查拿"。

---

① 《时事批评》，《大陆》第 3 年第 6 号，第 3 页。

② 张灏：《关于中国近代史上民族主义的几点省思》，载张灏：《时代的探索》，
联经出版事业公司 2004 年版，第 82—83 页。

③ 《留学界记事·拒俄事件》，《浙江潮》1903 年第 4 期，第 134 页。

而清廷接到报告后，乃饬蔡钧、汪大燮对在日本东京留学生的举动，"务加详察"，"遇有行踪诡秘，访闻有革命本心者，即可随时获到，就地正法"。①

学生们听到此消息后，悲愤交集，"未有不血飞发冲，欲灭此贼类（清廷——引者注）而朝食也"。革命党、留日学生张继在读了清廷严拿留学生密谕之后，压抑不住愤怒之心情，写文痛斥清廷。在文章的开头，他首先指出了拒俄义勇队行动目的的矛盾性。在他看来，以"中国未来之主人公自期"的留学生，为何偏要与清廷保持同调，而"代满洲人而拒俄"，为何"乞怜于满洲政府，愿为前驱，甘为牛马"？他指出，因拒俄义勇队诸人头脑不清，行动宗旨不明，所以清廷才"发今之上谕，以反叛朝廷定诸君之罪，以就地正法为处诸君之刑，是诸君自作之灾"。② 在张继眼里，清廷乃是代表少数满人利益的专制政府，根本不能代表国家。拒俄义勇队诸人将清廷直认为国家，态度暧昧，故"焉能免其扞格？"在他看来，"以群中国之人，居中国之土，始有国家之名词，始有言国家之资格"，而清廷"竟敢以我国家好名词，置于极诬谬狂戾之上谕"，说什么"国家养士二百年"，什么"国家深恩厚泽"。他认为："我汉人建国于此大陆已三千年矣，举我同胞，皆与我国家有密接之关系，故国之爱我，国之养我，国之恩我泽我，乃我国家应有之责任，无待我之要求，无待我之报效，而国家莫不置我于幸福之地。"清廷"既窃用我国家二字以为口头禅，又妄称'二百年国家'以缩我寿命，且又敢曰'深恩厚泽'以责我不报！呜呼！汝狼狈不堪，何一至于此！"在他的心中，清廷只是攫取了中华大地的异民族政府而已，它只代表少数满人的利益，根本不能代表中国这个国家。所以就张继这样的留学生来说，抵御外侮的反对帝国主

① 冯自由：《革命逸史（初集）》，中华书局1987年版，第106—107页。

② 自然生（张继）：《读严拿留学生密谕有愤》，《苏报》1903年6月10日、11日，载杨天石、王学庄编：《拒俄运动（1901—1905）》，中国社会科学出版社1979年版，第287页。

义的目标虽然重要，但就当前而论，远不及反对腐败的清政府来得紧迫。在他看来，清廷"既无造国家之才，已无言国家之资格"，①在政治上已完全失去了存在的合法性。他要求国人"自今之后，莫言排外矣。非因不去，良果不结，小丑不除，大敌难御"，"欲兴其新，必先去其旧"，所以"吾不惧亡国，旧国亡，而新国可兴"，"不顾事之成败，当以复仇为心；不顾外患之如何，当以排满为业"。② 在这些学生们的眼中，国家到了今日这种衰微破败的地步，全系清廷的独裁统治所致，所以必先铲除之，而后才能建立新的国家。这种思想，通过新的传播媒介在社会上广为流传，反对清政府的排满革命大火已熊熊地燃烧起来了。而大多数的留日学生和知识分子也渐渐倾向颠覆清政府，这种情景，到了同盟会成立之前，更加发展，当时，排满革命已蔚然成风。邹鲁之《中国同盟会》载："时各省学生皆有学生会，会中多办一机关报，报以不言革命为耻。"③ 当时孙中山看到排满革命的形势风起云涌，甚是兴奋。

> 及乙巳之秋，集合全国之英俊而成立革命同盟会于东京之日，吾始信革命大业可及身而成矣。……从此革命风潮一日千丈，其进步之速，有出人意表者矣！④

---

① 自然生（张继）：《读严拿留学生密谕有愤》，《苏报》1903 年 6 月 10 日、11 日，载杨天石、王学庄编：《拒俄运动（1901—1905）》，中国社会科学出版社 1979 年版，第 287—288 页。

② 自然生（张继）：《读严拿留学生密谕有愤》，《苏报》1903 年 6 月 10 日、11 日，载杨天石、王学庄编：《拒俄运动（1901—1905）》，中国社会科学出版社 1979 年版，第 289—290 页。

③ 邹鲁：《中国同盟会》，载中国史学会主编：《辛亥革命》（二），上海人民出版社 1961 年版，第 3 页。

④ 孙中山：《建国方略》，载中山大学历史系孙中山研究室、广东省社会科学院历史研究所、中国社会科学院近代史研究室中华民国史研究室合编：《孙中山全集》第六卷，中华书局 1985 年版，第 237 页。

北一辉在谈到启发中国排满革命的日本思想时，提到了日本思想在促使中国"排满兴汉"的民族主义的作用时写了下面的话："如此，对两国统治者来说，应很平安的数年中，数万子弟以留学生身份前来，变为革命党归去，彼等与被汉译革命哲学所唤醒的全国数十万少年学生相结合，汇成一股'排满兴汉'的暗流，终于涨及禹域山河。武昌一炬，可怜清朝焦土。"①

总而言之，中国留日学生民族意识的觉醒是由上述四种历史因素合力促成的，是在19世纪末20世纪初日本这个特殊的历史环境中形成的。

三 清末民初的民主观念及其思想渊源
——以孙中山和梁启超为例

中国的近代，是一个备尝屈辱和苦难的时代，大批的仁人志士，为了摆脱西方列强的压迫，曾试图向西方寻求救国的良药，而西方的民主制度，是他们所注意的目标之一。

耿云志在《西方民主在近代中国》中写道："近代一百多年中，中国人从初步认识和传播民主思想，到逐渐提出并尝试以改革或革命的手段建立某种西方式的民主制度，经过曲折的奋斗，而最终没有取得成功。这就是西方民主在中国的命运。"② 中国为什么没能建立起民主制度，这是一个十分复杂的问题，对此，学界也是见仁见智，说法甚多，"诸如中国专制主义传统极其深厚，不易根除；中国地广人众，交通不便，区域差别甚大，难以政治统合；教育水平低，参政意识不易普及，等等"。③ 这些观点虽能从某些角

---

① 〔日〕北一辉：《支那革命外史·革命を启发せる日本思想》，《北一辉著作集》第2卷，みすず书房1999年第15版，第18页。

② 耿云志等：《西方民主在近代中国》，中国青年出版社2003年版，第636页。

③ 耿云志等：《西方民主在近代中国》，中国青年出版社2003年版，第644页。

度揭示一部分原因，但是我们觉得似乎还是不够，让人有一种意犹未尽的感觉。耿云志认为，最基本的原因是在于民主力量自身的脆弱。在他看来，一种政治制度要落实到社会中，必得到这个社会中优势的社会力量的支持方能巩固和持久。中国的君主专制制度长期稳定，持续两千余年，是因为得到中国社会中最占优势的社会力量——地主阶级的支持。然而，西方民主制度在中国始终未找到足够支持它的优势的社会力量。[①] 众所周知，西方的民主制度是舶来品，中国的知识分子从西方书籍中略窥西方政治制度的大概情形，到后来梁启超创办《清议报》《新民丛报》有系统地宣传西方政治学说是一段相对漫长的时间，不仅如此，就当时的立宪、革命两派人士来看，他们对西方民主的理解也是一个逐渐深化的过程，种种的原因，使他们对民主的理解也有一定的隔膜。当时，中国传统的政治秩序由动摇而逐渐崩溃，用何种制度形式和组织原则来建设国家，一直是革命与改革两派知识分子激烈争论的问题。"革命派的方案是民权，即今天说的民主。在他们看来，只要权力转移到人民手里，一切问题都好办了。而改良派要比革命派深刻得多。梁启超非常明确地讲，最重要的不是权力在谁手里，而是这个权力是否受限制。这就需要立宪，这里面涉及权力和权威这两个问题。权力的问题是权力掌握在谁的手里。权威不问权力在谁的手里，只问这个权威在现代政治里是否受到限制。汉娜·阿伦特认为，美国革命留下的最好遗产是：权力在人民，权威在宪法。人民也会犯错，掌权的人民也要守规矩，受到宪法的制衡。我们回过头来再来看清末这场争论，核心争论的，不是革命和改良的问题，而是：民权更重要，还是宪政更重要？"[②] 造成这种分歧的原因极为复杂，如果单从学理上分析，清末中国知识分子所接受的民主思想乃是源于西方

---

① 耿云志等：《西方民主在近代中国》，中国青年出版社 2003 年版，第644 页。

② 许纪霖：《宪政是民主的根本保证》，载雷颐：《面对现代性挑战：清王朝的应对》，社会科学文献出版社 2012 年版，第 167 页。

两个不同的民主传统。萧公权谈过这种区别：

> 　　任公的民权思想与《民报》所揭橥的民权主义有不尽相同之处。任公的思想似乎比较接近英国传统的自由主义。他主张辨别是非，却不相信真理绝对，因此他也不坚持个人一时一地的见解必然是正确而不可移易的。他毫不讳言"不惜以今日之我难昔日之我"。在清末民初时代的言论家当中他是最富有"民主态度"的一个人。他反对"民之父母"的政治观。民权的目的是经过"开民智"，"新民德"的程序使个人得到最高的人格发展。一个政府管理人民的生活，无微不至，纵然使得人人丰衣足食，但因为它阻碍了个人自动自发的能力，也不能算是真正良好的政府。革命论者也讲民权。但他们的思想渊源，与其说是英国的洛克（John Locke）或穆勒（J. S. Mill），无宁说是法国革命先觉的卢梭（J. J. Rousseau）。他们理想中的政治不以限制政府权力以发展个人能力为目的，而以检束个人自由以伸张国家自由为宗旨。他们的民权观念，因此与任公的民权观念大有分别。[①]

　　持这种观点的不仅限于萧公权，黄克武在其《近代中国转型时代的民主观念》一文中，也从学理上区分了卢梭主义与弥尔主义的差别，他以转型时代有关民主思想的译介为中心，探讨了中国知识分子如何在中西思想中筛选、取舍而分别引介"卢梭主义"（Rousseauism）与"弥尔主义"（Millsianism）的民主观念，再形成两种不同的近代中国民主传统。他认为，中国近代的实际情况是"'高调的'卢梭主义声势浩大，并与传统观念结合为激进的革命论，成为近代中国民主思想之主流，一直到今日仍发挥

---

①　《萧公权先生序》，载张朋园：《梁启超与清季革命》，（台北）中研院近代史研究所专刊第十一册，1999年版，第2—3页。

强大的影响力，而从严复、梁启超开始译介的‘低调的’弥尔主义，则显得与中国思想界格格不入，只能造成有限的影响”。再者，黄克武也强调：“严、梁所代表的中国弥尔主义传统，一方面与主流的卢梭主义有共同之处，另一方面亦批评主流观念，而有其独特的想法。”① 不言而喻，清末中国的知识分子因个人的不同条件，决定了他们在中西思想中的取舍和译介不尽相同，而他们所面临的共同的国内外环境又使得他们引介的民主思想有很多的相同之处。

有关严复与梁启超所代表的中国弥尔主义传统，黄克武已做了详尽的阐述，② 无须赘述，这里仅就清末知识分子民主观的共同性做一些初步的探讨。在此之前，我们先要对前述的卢梭主义民主观念与弥尔主义民主观念做一下交代，卢梭主义民主观即张灏所称的高调民主观。按张灏的说法，民主的观念，在西方发源甚早，然在西方传统政治思想的发展过程中，常常是毁多誉少，它受到一致的肯定，乃是 18 世纪中叶以后的事。从那时到第一次世界大战，可以说是民主思想定型时期，一次世界大战到现在，可以说是现代西方民主理论发展的时代，影响中国近代民主观念的主要是前者，而这一时期的西方民主观念，又大致分为两种类型，即高调的与低调的。

所谓高调民主观的前提是：“民主是为实现一种道德理想而产生的制度。它在西方近代思潮里相当普遍，例如在一些重要的流派里，如共和主义（Republicanism），法国大革命前后的激进主义（Jacobinism），十九世纪的新黑格尔主义（Neo-Hegelianism），以及社会主义无政府主义等，都有其显著的形迹。这一型的民主观，特

---

① 黄克武：《近代中国转型时代的民主观念》，载王汎森：《中国近代思想史的转型时代》，联经出版事业公司 2007 年版，第 358 页。

② 黄克武：《一个被放弃的选择，梁启超调适思想之研究》，（台北）中研院近代史所专刊第 70 号，1994 年版。黄克武：《近代中国转型时代的民主观念》，载王汎森：《中国近代思想史的转型时代》，联经出版事业公司 2007 年版。

别是透过共和主义这一传承，对于西方民主参与以及立宪政体在思想发展上曾有很重要的贡献，但同时它也往往带有集体主义与乌托邦思想的倾向，卢梭与马克思的思想就是显例。"①

而低调民主观"不认为民主是以实现道德理想为目标，而是针对人性有限而构想的一种制度。西方近代思想中对人性的有限的自觉有两个源头。一个是来自犹太教与基督教传统的人性罪恶观，一个是来自西方近代自文艺复兴以来对人性观察所积累的现实观。这两者在思想内容上尽管有很大的不同，但都对人性有一个很低的估价。根据这种观点，人基本上是一个自私自利，非常有限的东西，你无法对他期之过高，以此为前提，低调民主观认为，民主只是一种制度、一种程序，一种为保护个人的权利不受外来的侵害（不论这侵害是来自其他的个人或政府专制或多数群众的独断），二则为让自私自利的庸庸大众，不论是个人或团体，能够把他们彼此冲突的权益，以讨价还价、你迁我就的方式，互相调节，彼此妥协，和平地共营群体生活。因此，民主没有什么崇高的目标。诚如英国十九世纪的自由主义思想家詹姆士·弥勒（James Mill）所强调，民主不过是为了适应人性的自私自利而发展的一个勉强可行的制度，这种思想在十八世纪末叶的美国制宪论文（Federalist Paper）中表现得更为明显；人的自私自利是本于天性。因此结党营私、争权夺利是很自然的事。我们既然无法在本源上根除人的自私自利，只有以制度在效果上去绳范与疏导，这就是民主政体的功能，这显然是与高调民主观很不同的一套民主思想"。②

前面已经说过，中国知识分子对于西方民主思想的接受是一个由浅入深并逐渐演变的过程。张玉法先生曾将中国人对西方国会制

---

① 〔美〕张灏：《中国近代转型期的民主观念》，载张灏：《时代的探索》，联经出版事业公司 2004 年版，第 62—63 页。

② 〔美〕张灏：《中国近代转型期的民主观念》，载张灏：《时代的探索》，联经出版事业公司 2004 年版，第 64—65 页。

度的认识分为三个时期，即 1843—1894 年的新奇时期，1895—1912 年的神圣时期，1913—1924 年的扬弃时期。① 自鸦片战争以来，西方列强以武力打开了中国的大门，尤其是中日甲午战后，帝国主义对中国的侵略从小面积的蚕食到大面积的领土掠夺。而中国对于外来侵略的抵抗又屡屡失败，中国的知识分子痛定思痛之余，开始注意到西方的政治制度，在他们看来，西方之民主制度能汇集民意，团结民心，实为国家富强之本，"而侵略中国的强国多实行国会制度，国会乃被视为救国的唯一良方"。② 显而易见，历史的原因，使中国的知识分子从一开始便从"救国""国家富强"的角度来摄取西方民主思想。这种角度，很容易使中国的知识分子产生民主是一种达到"国家富强"的工具的想法。孙中山与梁启超是中国革命与立宪两派知识分子的代表人物，他们主要的政治活动时代，正处于中国的转型时期，列强对中国的侵略和扩强变本加厉，这种形势使他们都很容易从民族主义的立场去认识民主。这正像张灏先生指出的那样："梁启超和严复都曾在他们的言论和著作中，强调民主是民族独立、国家富强所不可少的条件，辛亥革命以前的革命派，虽因种族革命的立场，而对民族主义的内涵与梁、严等的改革派持不同的解释，但就'民主救国'这一观念而言，并无异议。"③

现代知识分子虽然是从传统士绅阶层分化出来的一个群体，但就当时而论，儒家的道德理想依然对他们产生着影响。按照张灏的说法，儒家道德理想的核心是以仁为枢纽的德性伦理，而后者有一个根深蒂固的社群取向，在儒家道德传统里，德性伦埋是与大人合一的宇宙观紧密结合在一起的，因此它认为宇宙的真实是超越个别

---

① 张玉法：《二十世纪初年国人对引进西方国会制度之态度及其转变》，《近代思想史研究》2013 年第 10 辑。

② 张玉法：《二十世纪初年国人对引进西方国会制度之态度及其转变》，《近代思想史研究》2013 年第 10 辑。

③ 〔美〕张灏：《时代的探索》，联经出版事业公司 2004 年版，第 66 页。

形体的大化之全，就其价值观而言，德性伦理的终极也是超越个人的社会全体，因此不论从宇宙观还是道德论的观点，儒家的基本取向是超越个体而肯定那个共同的宇宙或社会整体，而"公"这个观念就代表这种整体取向。转型时期，德性伦理虽然在动摇中，但这社群取向仍然深植人心，有意无意地决定着中国人对事物的看法。①

除此之外，还有一个重要原因也不能忽视，这就是日本对孙中山与梁启超思想的影响。众所周知，孙中山与梁启超是中国革命与立宪两派知识分子中主张向日本学习的代表人物。早在 1894 年孙中山在其《上李鸿章书》中即主张向日本学习，并对日本的明治维新给予了很高的评价。他曾说："日本维新是中国革命的第一步，中国革命是日本维新的第二步。中国革命同日本维新实在是一个意义。"② 梁启超更是如此，他在戊戌至辛亥期间写了大量主张向日本学习的文章，发表在他创办的《清议报》《新民丛报》等报刊上，对中国的近代产生了深远的影响。以二人的政治生涯而论，孙中山的革命生涯大部分是在日本度过的。中国同盟会是在日本成立的，而绝大部分成员也都是日本留学生。可以说，辛亥革命与日本有着千丝万缕的联系。孙中山曾说过，日本乃"予之第二故乡"，日本人士"乃予之良师友"。③

梁启超自戊戌政变后，流亡日本十几年，这期间，他广读日本人的著作和日译西籍，通过日本的中介，间接吸收了大量的西方民主思想，并结合中国传统思想和社会现实，写了很多的文章，发表

① 〔美〕张灏：《中国近代转型时期的民主观念》，载张灏：《时代的探索》，联经出版事业公司 2004 年版，第 67 页。

② 孙中山：《与长崎新闻记者谈话》，载中国社会科学院近代史研究所等编：《孙中山全集》第十一卷，中华书局 2006 年版，第 365 页。

③ 孙中山：《在日本东亚同文会欢迎会的演说》，载中山大学历史系孙中山研究室、广东省社会科学院历史研究所、中国社会科学院近代史研究所中华民国史研究室合编：《孙中山全集》第三卷，中华书局 1984 年版，第 15 页。

在他创办的报刊上。这些文章对国内的思想舆论产生了极大的影响。① 从这个意义上来说，日本对孙中山和梁启超均产生过重大的影响，因此研究孙中山和梁启超的民主思想，日本的影响也是一个必不可少的因素。

那么，孙中山与梁启超在日本究竟受到了什么思潮的影响呢，换句话说，日本哪些思潮左右了他们的民主观念呢？这当然是一个十分复杂的问题。这里是不可能将这样复杂的问题谈清楚的。我想以我多年的研究体会，谈一些粗浅的看法。我认为日本有三种思潮影响了孙中山和梁启超的民主观，从而使他们的民主思想中除了萧公权先生和黄克武先生所揭示的个性外，还存在着一些共性的东西，这三种思想就是日本的进化主义思想和启蒙主义思想以及自由民权思想。我们先来看进化主义思想。

一提起进化主义，我们自然会想起严复，进化主义作为一种"主义"的输入与传播一般认为是从严复开始的。② 然而就在1895年严复在天津《直报》上发表《原强》之时，日本的进化主义也开始与中国的知识界发生关系，日本所译的与进化主义有关的一套术语已经被引进中国，并逐渐通行和固定下来，而严复颇费苦心的一些译名，因措辞太古奥，却没有通行起来，以致被别的一些译法所取代，这些别的译法，大都来自日本。③ 这里笔者无意否定严复直接从西方引进进化主义所起的作用，只是认为，中国知识界大规模地接触进化主义思想应是在稍后大批的留日学生赴日后开始的，而此时正是日式进化论甚嚣尘上的时期。

日式进化主义与梁启超的关系，我们放在后面详细讨论，这里仅就进化论对孙、梁二人民主观的影响稍作提示。依笔者之见，提

---

① 笔者曾就梁启超所受日本影响，写过一本小书，题名为《梁启超启蒙思想的东学背景》。读者如有兴趣可以参考，这里不一一赘述。

② 王中江：《严复与福泽谕吉——中日启蒙思想的比较》，河南大学出版社1991年版，第246页。

③ 王中江：《进化主义在中国》，首都师范大学出版社2002年版，第53—54页。

到进化主义对孙、梁民主观的影响时，有一点是最不容忽略的，这就是进化论使孙、梁二人更加坚信人类历史是一个由低级到高级不断发展进步的过程。梁启超的人类社会是从野蛮、半开到文明的进化的观点，[①] 孙中山的世界进化的四个时期的观点，无一不是受进化论影响所形成。

这种直线的由低级到高级不断发展进步的进化主义的思想方法必然对孙中山和梁启超的民主观产生深刻的影响。在孙中山看来，"民权不是天生出来的，是时势和潮流所造就出来的"[②]。世界潮流的趋势，则好比长江、黄河的流水一样，水流的方向或者有许多曲折，向北流或向南流的，但是流到最后一定是向东的，无论怎么样都阻止不住的，所以世界的潮流，由神权流到君权，由君权流到民权，现在流到民权，便没有方法可以反抗。[③] 在他看来，世界上自有历史以来，政治上所用的权，因为各个时代时势潮流不同，便各有不得不然的区别。……我们知道现在的世界潮流已经到了民权时代，将来无论怎么样挫折，怎么样失败，民权在世界上总是可以维持长久的。[④] 孙中山认为，我们要希望国家长治久安，人民安乐，顺乎世界潮流，非用民权不可。[⑤] 显而易见，在孙中山眼里民主充

---

① 张朋园先生认为严复《天演论》虽为梁氏所接触，但梁氏真正大量接受进化论还是在他到日本之后。参阅张朋园：《社会达尔文主义与现代化》，载《中国近代现代史论集》第 18 编《近代思潮》下册，（台湾）商务印书馆 1986 年版。

② 孙中山：《三民主义·民权主义》，载中山大学历史系孙中山研究室、广东省社会科学院历史研究所、中国社会科学院近代史研究所中华民国史研究室合编：《孙中山全集》第九卷，中华书局 1986 年版，第 264 页。

③ 孙中山：《三民主义·民权主义》，载中山大学历史系孙中山研究室、广东省社会科学院历史研究所、中国社会科学院近代史研究所中华民国史研究室合编：《孙中山全集》第九卷，中华书局 1986 年版，第 267 页。

④ 孙中山：《三民主义·民权主义》，载中山大学历史系孙中山研究室、广东省社会科学院历史研究所、中国社会科学院近代史研究所中华民国史研究室合编：《孙中山全集》第九卷，中华书局 1986 年版，第 266 页。

⑤ 孙中山：《三民主义·民权主义》，载中山大学历史系孙中山研究室、广东省社会科学院历史研究所、中国社会科学院近代史研究所中华民国史研究室合编：《孙中山全集》第九卷，中华书局 1986 年版，第 263 页。

满了理想主义的色彩，它不但是国家长治久安、人民安乐的良药，而且是一股不可抗拒的历史潮流。在这种情况下，中国只有一条路可走，那就是立即投入到这股世界的潮流，用孙中山的话来说那就是："世界潮流，浩浩荡荡，顺之者昌，逆之者亡。"① 他更用进化主义的思想来论证卢梭民主思想的正确性："又为什么卢梭能够发生那种言论呢？因为他当时看见民权的潮流已经涌到了，所以他便主张民权。他的民权主张刚合当时人民的心理，所以当时的人民便欢迎他。"② 显而易见，在孙中山进化主义的框架中，卢梭的民主主义思想代表不得不然的历史规律。

日本的这种直线式的由低级向高级发展的历史进步观，自然也对梁启超产生了巨大的影响，他著名的文明、半开化、野蛮的三阶段的进步史观，就是来自日本人的著作，而他在《清议报》和《新民丛报》上所发表的介绍卢梭、孟德斯鸠等人民主思想的文章也都是以日本人的著作或译著为蓝本写成的。③

在这种历史进步观的影响之下，梁启超自然将"文明"当成了全人类追求的共同价值，梁启超说："论世界文野阶级之分，大略可以此为定点，我国民试一反观，吾中国于此三者之中，居何等乎？可以瞿然而兴矣！"④ 世界历史既然都是从低级向高级发展的，所以"专制之国，其元气在威力，立宪之国，其元气在名誉，共和之国，其元气在道德，夫道德者，无所往而可以弁髦者也"。⑤

显而易见，梁启超按照他的历史进化主义的观点，将共和之

---

① 中山墨宝编委会：《中山墨宝》，北京出版社 1996 年版，第 187 页。

② 孙中山：《三民主义·民权主义》，载中山大学历史系孙中山研究室、广东省社会科学院历史研究所、中国社会科学院近代史研究所中华民国史研究室合编：《孙中山全集》第九卷，中华书局 1986 年版，第 266 页。

③ 笔者曾在拙著《西学的中介：清末民初的中日文化交流》（四川人民出版社 2008 年版，第 188—204 页）中做过介绍，读者如有兴趣可以参考。

④ 梁启超：《自由书·文野三界之别》，《饮冰室合集》专集之二，中华书局 1989 年版，第 9 页。

⑤ 梁启超：《新民说》，《新民丛报》第十六号，第 7 页。

国放在了人类文明发展的最高阶段，并赋予其极高的道德理想主义的色彩。这种具有民主主义意涵的共和之国，不但是中国未来政治结构的美好远景，而且就进化主义的观点来看，也是人类历史发展的必然归宿。由于日本的这种进化主义中含有"生存竞争"，乃是表现于社会有机体间，特别是国家间的竞争的因素，所以这种观点对将民主当成救国良药和对"群"十分重视的梁启超来说，都显得十分重要。因此，在孙中山和梁启超的民主观中都有个人自由应让位于国家或群体的自由的倾向。孙中山说："自由这个名词究竟要怎么样应用呢？如采用到个人，就成一片散沙。万不可再用到个人上去，要用到国家上去。个人不可太过自由，国家要得完全自由。到了国家能够行动自由，便是强盛的国家。要这样做去，便要大家牺牲自由。当学生的能够牺牲自由，就可以天天用功，在学问上做工夫，学问成了，知识发达，能力丰富，便可以替国家做事。当军人能够牺牲自由，就能够服从命令，忠心报国，使国家有自由。"①

梁启超这方面的言论更多，散见于其《饮冰室合集》之中，限于篇幅，这里就不一一引用了。

以上我们谈了进化主义对孙中山和梁启超的影响，下面我们再来讨论日本自由民权运动及启蒙主义对他们的影响。

日本的自由民权运动是在西方列强的重压下产生的，它乃是一场自下而上的民族主义运动。在强烈的追求民族独立与国家富强愿望的驱使下，政治参与成为该运动的主要诉求。因此，日本的自由民权运动便呈现出这样一种倾向，那就是"强调与国家权力一体性和'依靠国家的自由'的国家主义思想，要优先于对权力强化

---

① 孙中山：《三民主义·民权主义》，载中山大学历史系孙中山研究室、广东省社会科学院历史研究所、中国社会科学院近代史研究所中华民国史研究室合编：《孙中山全集》第九卷，中华书局1986年版，第282页。

的恐惧和‘远离国家的自由’这样的自由主义思想"。① 于是，运动中表现出的与国家权力一体化的意识，使人们忽视了市民的诸自由和个人意识如何形成集体意识的具体程序。在这种情况下，日本传统中对自由的理解不仅不能使英吉利复数型自由主义在日本生长，反而使为所欲为的、恣意的自由大肆流行，从而使人们对自由民权运动和"自由"这一概念产生反感。如果按自由的类型来看，日本自由民权运动中所提倡的自由，是石田雄教授所说的"积极自由"或松本三之介教授所说的"与国家一体化的自由"。事实上，日本自由民权运动到了最后，自由党员们除了与自由党保持一致而攻击改进党之外，已无别事可做，而自由民权运动最终也以向藩阀政府妥协和向国权论靠拢而告终。

造成这种结果的原因有很多，然而，日本的思想家们的作用也是不可忽视的。日本著名的启蒙思想家中村正直在译穆勒的《自由之理》（On liberty）时，不仅对该书的价值毫不了解，反而认为该书所言之自由，与日本关系不大，而他译此书的目的不过是为研究外国政体的人当参考而已。②

这种认识，使得中村正直未能理解穆勒将个人自由与个人尊严视为终极价值的立场，对穆勒《自由之理》中的一个最基本的精神，即限制 Tyranny of society（社会的暴虐），the tyranny of majority of public opinion（多数或公众意见的暴虐）的理解发生偏差，以致在译文的一开始便将 society（社会）译成了政府，而将 individual（个人）和 individulity（个体、个人）译成"一个的人民"或索性

---

① 〔日〕松本三之介：《明治思想史——近代国家の创设から个の觉醒まで》，新曜社 1998 年版，第 65 页。

② 中村正直在其《自由之理》的序言中宣称："此书所论之事，是耶非耶，非予所知也"，但"所有世上之事，无论其或是或非，知之终比不知为善"。并且"此书所论之自由之理（又曰自主之理——原注）虽于皇国本无关系，然于欧罗巴诸国乃为紧要之事而常被言及，故译此书以为研究外国政体之人万一之补裨也"。见〔日〕中村正直：《自由之理·自序》，明治文化研究会编：《明治文化全集》第二卷，日本评论社昭和四十二年版，第 6 页。

将其复数型译成"人民"。①

由于中村正直的翻译，穆勒原书中所强调的"限制社会的暴虐"和"限制多数或公众意见的暴虐"所谓反对社会压力对个人自由的影响的主题完全消失了。人们无法通过中村正直的翻译了解穆勒自由主义中的立场，却反而"使问题的重心专朝政府与所谓'人民'这样的集团间对立关系的方面倾斜，于是，在政府与'人民'之间，作为对抗一方主体的人民被当作集团而成为一个有机的实在时，不仅被称作'人民'运动的自由民权运动中的个人诸自由被忽视，而且对个人意见如何形成集体意志的程序也缺乏考虑，其结果，只允许一种意见存在，必然会被视为有机集团'人民'的前提"。②

然而，这样与原著大相径庭的译著，译成之后却在日本风靡一时。据说，当时的知识青年几乎人手一册，他们是否赞成这部书中的观点，姑且不论，但是他们却从这部书中得到了和过去以忠孝为中心的思想完全不同的革命印象。③自由民权运动的主体知识青年们的这种革命意识，对日本的自由民权运动产生了巨大的影响。

这部书自然也影响到梁启超。梁启超的《论政府与人民之权限》一文的主要部分，就是以中村正直所译的《自由之理》为蓝本写成的。中村的误译也直接地影响了梁启超，在梁氏的文章中穆勒的"社会"与"个人"对立的问题，也像中村正直一样，变成了"政府"与"人民"对立的问题；而穆勒的"限制社会暴虐"

---

① 有关中村正直误译穆勒《自由之理》的详细情况，请参阅〔日〕松泽弘阳：《〈西国立志编〉と〈自由之理〉の世界——幕末儒学、ビクトリア朝急进主义"文明开化"》，载日本政治学会编：《日本における西欧政治思想》，岩波书店1975年版，第38—41页。

② 〔日〕石田雄：《日本の政治と言叶》上卷，《自由と福祉》，东京大学出版会1989年版，第45页。

③ 近代日本思想史研究会：《近代日本思想史》第一卷，马采译，商务印书馆1983年版，第83页。

的主体则变成了"政府与人民权限"的问题。这种结果使梁启超不能真正地领会到西方主流自由主义的思想，而影响到他对穆勒的自由思想的理解。

这里，我们还应当提一下自由民权运动的理论家中江兆民。中江兆民早年曾留学法国。在法国，中江兆民通过其好友西园寺公望和西园寺的老师激进的民主主义者阿格拉斯（Emile Acollas 1826—1891），接受了卢梭的思想。① 中江兆民归国后，创办了《东洋自由新闻》和《政理丛谈》等自由党系的刊物。在这些刊物上，中江兆民向社会广泛地宣传了与过去以穆勒等人为代表的英国自由主义性质不同的卢梭的民主观念和法国式的自由主义，并用漂亮的汉文翻译了卢梭的《民约论》。中江兆民的工作，使卢梭的民权思想、社会契约和人民主权论成为日本民权运动的理论武器，因此，中江兆民成为日本法兰西自由主义学派的代表人物，被日本人称为"东洋的卢梭"。

但是，值得注意的是，当时被日本自由民权运动者奉为圭臬的卢梭民主思想并不属于西方主流自由主义传统，它源于西方另一种自由主义。"从托克维尔到哈耶克、波普尔、柏林等自由主义大师，都倾向于认为卢梭的民主思想是极权主义的原型。"② 然而这种思想在日本的自由民权运动中占据了主导的地位，并成为该运动从民权论转向国权论的内在动力。

张灏先生认为"卢梭的民主观念，是基于他对自由的两种观念：自然的自由与政治的自由（又称人的自由）。前者是指个人

---

① 有关中江兆民如何通过西园寺公望和卢梭系统政治学者阿格拉斯接受卢梭思想的详细情况，请参阅〔日〕宫村治雄：《理学兆民——ある开国经验の思想史》，みすず书房1989年版，第70页。

② D. J. Manning, *Liberalism*（London：J M Dent & Sons Ltd. , 1976），pp. 81 - 118；and Claude J. Galipeau, *Isaiah Berlin's Liberalism*（Oxford：Clarendon Press, 1944）pp. 138 - 148，转引自顾昕：《德先生是谁？——五四民主思潮与中国知识分子的激进化》，载哈佛燕京学社、三联书店主编：《儒家与自由主义》，生活·读书·新知三联书店2001年版，第349—350页。

不依靠别人而只求个人的自然冲动与情欲得到满足，后者则是指只有在人类群体生活中才能实现的自由，这一自由观念的前提是，人有超乎自然冲动之上的道德品质，这种品质是人之所以为人之道，这种人道的实现或完成就是卢梭所说的政治自由，也就是他所真正重视的自由观念。他这种自由观念是针对现代文明有感而发，他认为现代人的生活沉沦而且分裂，没有一个真正人应有的高贵与完整的道德品格。政治自由就是指从现代生活的沉沦与分裂中解放出来而体现道德的品质。因此，他的政治自由观念含有极强烈的道德感，是以他所说的'人的自由'取代'自然的自由'。卢梭相信政治自由在古希腊罗马的城邦政治里曾经真正实现过。古代城邦政治的最大特色是造成一种环境，可以使城邦居民超越自然情欲而认同群体的普遍意志，由此可以促使个人道德的自我的完成。实现这超乎个人私意、私欲之上的普遍意志，就是古代共和政治的最后蕲向。而卢梭的民主观也就是根据这古典共和主义而构想的。因此他是以集体主义为基调而又非常理想化的，在民主共和政治之下，不但人人自由，而且个人自由的归趋是一个和谐无私的社会。这是一个接近乌托邦的民主观念"。①我们在前面已经讨论过，中江兆民在法国通过激进的民主主义者阿格拉斯接受卢梭思想，所以其自由观中也必然含有卢梭的自然的自由与政治的自由这两种观念。梁启超又是在日本通过中江兆民的《理学沿革史》接受西方政治哲学思想的，所以卢梭的自由民主观念经过日本的中介为梁启超所接受，② 以致使梁启超民主观也深受其影响，也和日本的民权运动一样将其追求自由的最后落脚点放在了向上以求民权、排外以伸国权之上。

　　应当指出的是，除梁启超外，卢梭之《民约论》也受到孙中

---

①　〔日〕张灏：《时代的探索》，联经出版事业公司 2004 年版，第 63—64 页。

②　有关中江兆民对梁启超的影响参阅郑匡民：《梁启超启蒙思想的东学背景》，上海书店出版社 2003 年版，第 122—169 页。

山为首的革命党人的重视。此书被重视的原因不仅是它由"东洋的卢梭"中江兆民用流丽的汉文译成，读起来比较省力，而且更重要的还在于革命党人希望用书中的"人民主权"观念，来对抗"君权"。当时，革命派中的黄兴、张继、刘师培、邹容、陈天华、汪精卫等人都通过中江兆民所译的《民约论》等书而受到卢梭民主观的影响，他们和很多留日学生一起肯定卢梭的"主权在民"与"总意"等观念，并以之作为推翻清廷的根本理论。可以说，卢梭的民主思想不仅对当时的革命党人的排满革命发生了重大的影响，而且对五四时期的激进或自由派的知识分子，甚至整个中国的近代也都发生过重要影响。①

革命派里那么多人都在大力宣传卢梭，作为革命派的领导人孙中山也不例外。他曾说过"说到卢梭提倡民权的始意，更是政治上千古的大功劳"② 等一系列赞扬卢梭民权思想的话。

下面，我们还要顺便谈一谈植木枝盛。植木枝盛最初接受的是以福泽谕吉为首的明六社同人的启蒙主义思想，不久之后他的思想逐渐地昂进，超过了启蒙思想的限度，而成为一个极度激进的自由民权主义者。

植木枝盛所处的时代，乃是日本民族危机还相当严重的时代，强烈的危机意识使他认为，必须用一国所有人的合力来抵抗西方列强的扩张。而产生合力的最佳方案，则在于扩张民权，用他的话来说即"国本集民而成，故欲张国权，则不可不先张民权，民若不独立，则其国难维持"。③ 在植木枝盛看来，所谓的"伸张民权"

---

① 参阅顾昕：《德先生是谁？——五四民主思潮与中国知识分子的激进化》，载哈佛燕京学社、三联书店主编：《儒家与自由主义》，生活·读书·新知三联书店2001年版。

② 孙中山：《三民主义·民权主义》，载中山大学历史系孙中山研究室、广东省社会科学院历史研究所、中国社会科学院近代史研究所中华民国史研究室合编：《孙中山全集》第九卷，中华书局1986年版，第266页。

③ 〔日〕植木枝盛：《民权自由论》，载家永三郎编：《植木枝盛选集》，岩波书店1997年版，第7页。

就是指人民的政治参与，所以实现开设国会成为他很多文章的主要内容。植木枝盛的这种主张，在自由民权运动中产生了很大的反响，使人们的注意力由"基本人权"问题向政权，或夺取政权、打倒专制政府的方向转移。事实上，日本自由民权运动中所表现出的这种"政权偏重"的倾向，使得在标榜"自由之大义"的集团中，市民诸自由被压制。"民权"被视为"人民"这样集团的权利，为了实现该集团的权利，首先必须加强国权的理论顺理成章地产生了。日本的自由民权运动失败后，很多民权论者转为国权论者，其中有些人以对外侵略作为国内政治挫折的心理补偿都是这种理论所引发的必然结果。梁启超是在日本的国土上用"和文汉读法"的方式，通过日本人的译著接受西方思想的，所以无论是中村正直，还是植木枝盛，或是中江兆民的著作中的内容，都被他用"和文汉读法"领会了。上述思想家所介绍的自由主义，与对"群"问题关注的梁启超的思想十分合拍，所以他们所提倡的自由民主主义观点经常出现在梁氏流亡最初几年的文章中。许介鳞教授对梁氏"对中华民族所作的启蒙贡献，实乃转述明治时期日本民权论者的言论与主张"① 的评价，是有道理的。

　　日本民权运动中所表现出的这种倾向，以及当时国际国内的环境也自然对孙中山产生了影响。他的"建设一个极强有力的政府""驾乎各国之上的国家"② 的思想，不能说与这种影响毫无关系。

　　应当指出，西方主流自由主义的价值观，无论在中国或日本的

---

① 　许介鳞：《戊戌变法与梁启超在日的启蒙活动》，载（台北）中研院近代史研究所编：《近代中国历史人物论集》，（台北）中研院近代史研究所1993年版，第694—695页。

② 　孙中山：《三民主义·民权主义》，载中山大学历史系孙中山研究室、广东省社会科学院历史研究所、中国社会科学院近代史研究所中华民国史研究室合编：《孙中山全集》第九卷，中华书局1986年版，第346—347页。

文化传统中都是缺乏的，故不存在使中日思想家领会它们的思想背景，而民族危机感又使得两国思想家关注的焦点是如何集中全国的动能来挽救民族的危亡，故他们的自由观带有浓厚的集体主义色彩，从而明显地区别于"远离权力"的"消极自由"，而接近于"参与权力"的"积极自由"。这正像有的学者指出的那样，这种现象"在发展中国家的许多人中是非常典型的。他们同样优先关注国家独立的自由和参与的自由。但当形势需要的时候，他们往往为了前者而牺牲后者。不管这些自由思想是如何地流行，它们与近代自由主义思想的主流无关。近代自由主义思想的主流，以摆脱公众控制的独立之自由为核心"。[①] 这种自由观，自然决定了中国知识分子对民主的看法。故一般而言，中国知识分子认为人民能够参与政治生活就是民主政治，而民主政治就是人民安乐、国家富强的手段。在此之上，传统儒家思想里面的集体主义观念与当时日本民权运动中所表现出的那种"个人与国家一体化的精神"又使得上述观念得以强化，所以，对中国绝大部分知识分子而言，他们将着眼点放在了夺取政权和革命排满问题之上，在他们看来，只要政权掌握在人民手中，一切问题都会迎刃而解，从而忽视了权力在现代政治里的限制问题。

综上所述，梁启超与严复所代表的中国弥尔主义传统，虽批判主流观念，与革命党人进行了激烈的论战，但当时的客观形势使得他们的民主观和革命派知识分子存在着许多共性，二者都继承近代早期知识分子从民族主义观点认识民主的传统，而将民主制度视为实现民族独立富强的手段。在此基础上中国传统的儒家文化的影响又使得他们的民主观念中含有浓厚的集体主义色彩。以上诸因素又与中国改革、革命两派知识分子接受西方民主思想

---

① 卡尔·弗里德里克：《人类和他的政府——政治学的一个经验主义理论》，转引自〔美〕张灏：《梁启超与中国思想的过渡（1890—1907）》，崔志海、葛夫平译，江苏人民出版社1993年版，第144页。

的特殊环境——日本明治时代的精神有着极为密切的关联，日本的启蒙主义、进化主义、民权主义思潮无一不对中国革命、立宪两派知识分子产生影响。在这种情况下，本来就很弱小的由梁、严所代表低调弥尔主义者，虽然批评主流观念，但也与"主流的卢梭主义有共同之处"，[①] 以致为声势浩大高调的卢梭主义的浪潮所吞没。

四　梁启超与日本学院派进化主义

戊戌变法失败后，梁启超逃至日本领事馆，旋被日本军舰大岛号救至日本。迄其民国初年归国，梁启超流亡日本 14 年之久，即使将其访澳、访美及其几次短期离日的时间除去不计，亦有 13 年多的时间。在此期间，梁启超主编《清议报》《新民丛报》《政论》《国风报》等刊物。他在上面发表的文章，对之后的中国，均产生了极其深远的影响。当时，"无论是南京矿物铁路学堂的学生鲁迅，四川省嘉定府的中学生郭沫若，还是湖南省乡下湘乡高等小学生毛泽东，都是他报纸和刊物的热心读者"。[②] 毛泽东甚至能将梁启超的重要文章背下来。[③] 我们只要想到在梁启超发表《新民说》的 15 年后，毛泽东等人在湖南长沙将其发起的改造中国的组织命名为"新民学会"，就可见其影响力的一斑了。[④] "当时的有产阶级的子弟——无论是赞成或反对，可以说没有一个没有受过他的

---

① 黄克武：《近代中国转型时代的民主观念》，载王汎森：《中国近代思想史的转型时代》，联经出版事业公司 2007 年版，第 358 页。

② 〔日〕高田昭二：《中国近代文学论争史》，风间书房平成二年版，第 3 页。

③ 耿云志、崔志海：《梁启超》，广东人民出版社 1994 年版，第 121 页。

④ 〔日〕狭间直树：《新民说略论》，载《梁启超西洋近代思想受容と明治日本》，株式会社みすず书房 1999 年版，第 79 页。

思想或文字的洗礼的。"①

由此可见，梁启超流亡日本期间，是其文字对中国产生重要影响的时期，当时，读者对梁启超的文章赞不绝口，其中黄遵宪对梁氏的赞扬颇具代表性。他说："《清议报》胜《时务报》远矣。今之《新民丛报》又胜《清议报》百倍矣。……惊心动魄，一字千金，人人笔下所无，却为人人意中所有，虽铁石人亦应感动，从古至今文字之力之大，无过于此者矣。罗浮山洞中一猴，一出而逞妖作怪，东游而后，又变为《西游记》之孙行者，七十二变，愈出愈奇。吾辈猪八戒，安所容置喙乎，惟有合掌膜拜而已。"② 对这种赞扬，梁启超也颇认可，且引以为自豪，他在日后的回忆中说：

> 自是启超复专以宣传为业，为《新民丛报》、《新小说》等杂志，畅其旨义，国人竞喜读之，清廷虽严禁，不能遏。每一册出，内地翻刻本辄十数。二十年来学子之思想，颇蒙其影响。启超夙不喜桐城派古文，幼年为文，学晚汉、魏、晋，颇尚矜炼，至是自解放，务为平易畅达，时杂以俚语、韵语及外国语法，纵笔所至，不检束，学者竞效之，号新文体。老辈则痛恨，诋为野狐。然其文条理明晰，笔锋常带情感，对于读者，别有一种魔力焉。③

那么，究竟是什么原因使梁启超的文章产生如此大的"魔力"

---

① 郭沫若：《我的童年》，载《郭沫若全集》文学编第十一卷，人民文学出版社1992年版，第121页。

② 光绪二十八年八月八十二日黄公度《致饮冰室主人书》，载丁文江、赵丰田编，欧阳哲生整理：《梁任公先生年谱长编（初稿）》，中华书局2010年版，第137—138页。

③ 梁启超：《清代学术概论》，载《饮冰室合集》专集之三十四，中华书局1989年版，第62页。

呢？此问题对理解梁启超的思想有着极其重要的意义。因此，笔者在此不得不花费一些笔墨，对此问题做一些简单的分析。就梁启超整个生涯来说，流亡日本，是梁启超思想的重要转捩点，用他自己的话来说就是"思想为之一变"。① 促成梁氏这种变化的原因固然很多，但主要说来，应当有三条，其一是读日本人的著作。他的一段回忆对此事记述颇详。其文略谓：

> 哀时客（梁之笔名——引者注）既旅日本数月，肄日本之文，读日本之书，畴昔所未见之籍，纷触于目，畴昔所未穷之理，腾跃于脑。如幽室见日，枯腹得酒，沾沾自喜，而不敢自私。乃大声疾呼，以告同志曰：我国人之有志新学者，盖亦学日本文哉。②

又云：

> 又自居东以来，广搜日本书而读之，若行山阴道上，应接不暇，脑质为之改易，思想言论与前者若出两人。③

显而易见，日本的书籍使梁启超"思想为之一变"④，"脑质为之改易"，而思想与言论与以前判若两人。

其二，梁启超在日本交游圈子对他也有重要影响。梁启超亡

---

① 梁启超：《三十自述》，载《饮冰室合集》文集之十一，中华书局 1989 年版，第 18 页。

② 梁启超：《论学日本文之益》，载《饮冰室合集》文集之四，中华书局 1989 年版，第 80 页。

③ 梁启超：《夏威夷游记》，载《饮冰室合集》专集之二十二，中华书局 1989 年版，第 186 页。

④ 梁启超：《三十自述》，载《饮冰室合集》文集之十一，中华书局 1989 年版，第 18 页。

命日本后，其日常生活由大隈派的进步党负责照料，异常方便。①
当时的情景，梁启超在致其妻李蕙仙的信中，多次提及。其信
略谓：

> 吾在此受彼国政府之保护，其为优礼，饮食起居一切
> 安便。②

在另外一封信中亦谓：

> 吾在此乃受彼中朝廷之供养，一切丰盛，方便非常，以起
> 居饮食而论，尤胜似家居也。③

还谓：

> 在此一切起居饮食，皆日本国家所供给，未尝自用一钱，
> 间有用者，惟做衣服数件，买书数种耳。④

在这种环境下，他广交日本朋友，梁氏自谓："日本人订交，
形神俱亲，谊等骨肉者数人。其余隶友籍者数十。"⑤ 除此之外，
梁启超"每日阅日本报纸，于日本政界学界之事，相习相忘，几

① 有关梁启超赴日后的情况请参考〔日〕永井算巳：《清末在日康梁派政治动
静》（一），信州大学文理学部纪要，第十一号，昭和三十六年十二月；郑匡民：《梁
启超启蒙思想的东学背景》，上海书店出版社 2003 年版，第 19—43 页。

② 梁启超：《与蕙仙书》，光绪二十四年九月十五日，转引自丁文江、赵丰田编：
《梁启超年谱长编》，上海人民出版社 1983 年版，第 167 页。

③ 梁启超：《与蕙仙书》，光绪二十四年十月十三日，转引自丁文江、赵丰田编：
《梁启超年谱长编》，上海人民出版社 1983 年版，第 168 页。

④ 梁启超：《与蕙仙书》，光绪二十四年十月二十七日由横滨大同学校发，载丁文
江、赵丰田编：《梁启超年谱长编》，上海人民出版社 1983 年版，第 169 页。

⑤ 梁启超：《夏威夷游记》，载《饮冰室合集》专集之二十二，中华书局 1989 年
版，第 186 页。

如己国然。"① 他甚至感慨地说："盖吾之于日本真所谓有密切之关系。有许多之习惯印于脑中，欲忘而不能忘者在也。吾友叶湘南，以去年十月东来，今年七月一归国，十月复来，语余曰：'乡居三月，殆如客中，惟日日念日本如思家然。'湘南且然，况于余哉。孔子去鲁，迟迟吾行，去齐接淅而行。孟子之去齐，则三宿而后出昼，亦因其交情之深浅而异耳。"② 通过梁启超这段表白可以看到，其对日本那种相濡以沫的亲密情感，以及其暂时离日时依依不舍的悱恻之情跃然纸上。显而易见，在这种环境里，要想不受影响恐怕是很难的。

其三，日本当时的社会风气与思潮对梁启超也产生了重要影响，他在那里，无论是当时日本国内表现出的那种狂热的爱国主义，还是日本传统里的"大和魂""武士道"或是"日式达尔文主义"和"日式自由主义"中表现出的那种强烈的与国家权力一体性的倾向，以及日本国内宣传民族主义的书籍，都对梁启超起了很好的示范作用。

梁启超亡命日本时，正赶上日本以俄国为假想敌，"卧薪尝胆"，而突入帝国主义的时代。各种各样的帝国主义理论充斥于书籍报刊之中。"民间的印刷品、传说和诗歌以及狂热的歌曲，都被用来灌输和加强突然爆发的廉价和哗众取宠的爱国主义。"③ 此外，各式各样的国家主义，日本的"武士道""大和魂"也强烈地刺激着梁启超，梁启超到东京时，适逢日本兵营士卒休憩瓜代之期，他偶然信步游上野，见满街红白之标帜相接，亲友宗族送兵卒入营出营，他看到送入营兵卒旗帜上写的"祈战死"三字，日

① 梁启超：《夏威夷游记》，载《饮冰室合集》专集之二十二，中华书局 1989 年版，第 186 页。

② 梁启超：《夏威夷游记》，载《饮冰室合集》专集之二十二，中华书局 1989 年版，第 186 页。

③ 〔美〕费正清、刘广京编：《剑桥中国晚清史：1800—1911 年》，中国社会科学出版社 1996 年版，第 411 页。

本尚武国俗令他"瞿然肃然，流连而不能去"。① 他认为，日本所以立国，全凭这种视死如归的武士道精神。他说："日本人之恒言，有所谓日本魂者，有所谓武士道者。又曰日本魂者何？武士道是也。日本之所以能立国维新，果以是也。"为此，他大求"我所谓中国魂者"，然而"皇皇然大索之于四百余州，而杳不可得"。② 无魂国的结果，使梁启超既伤且惧，为了使中国得以自立于世界民族之林，梁启超决心以日为师，为中国铸造国魂，建设民族国家。

在这种巨大明治时期日本文化的影响之下，梁启超亡命日本后没有多久，便"于日本政界学界之事，相习相忘，几如己国然"，而"脑质为之改易，思想言论与前者若出两人"了。

日本明治的风土与思想，极大地启发了梁启超，织就了他的历史观、地理决定论、帝国主义认识，使他成为近代中国新史学、地理学、国际政治学等各学科的开山鼻祖。③ 他当时的文章，对中国近代的社会思潮产生了深远的影响，而他本人也获得了"天纵文豪"的称号。

有关日本人士对梁启超的影响问题与本书关系不大，笔者将另文论述。以下仅就明治日本社会风气、思潮以及日本人著作对梁启超的影响做一个简单介绍。我们在第一章已提道，梁启超在戊戌变法期间变革思想的理论基础，主要是康有为的"三世之义"。但流亡日本之后，他逐渐地发现，三世之义，运用起来，十分牵强，多引用三世之义，有陷入八股化的趋势。④ 并且这种

---

① 梁启超：《祈战死》，载《饮冰室合集》专集之二，中华书局1989年版，第37页。

② 梁启超：《中国魂安在乎》，载《饮冰室合集》专集之二，中华书局1989年版，第38页。

③ 〔日〕石川祯浩：《梁启超と文明の视座》，载〔日〕狭间直树编：《西洋近代思想と明治日本》，株式会社みすず书房1999年版，第122页。

④ 张朋园：《梁启超与清季革命》，（台北）中研院近代史研究所专刊第十一册，第21—23页。

理论，远不如他在日本所接受的进化主义具有科学性，且运用起来灵活自如。故他"自三十以后，已绝口不谈'伪经'，亦不甚谈'改制'"了。①

此时，支持他变革思想的理论基础已逐渐为日式的进化主义所代替。日本进化主义派别众多，但对梁启超发生重大影响的主要有两支，其一是福泽谕吉的文明论，其二则是加藤弘之的强权论。对梁启超来说，日本给他第一个感觉即其"文明"和清政府的野蛮腐朽。他曾回忆说："戊戌亡命日本时，亲见一新邦之兴起，如呼吸凌晨之晓风，脑清身爽。亲见彼邦朝野卿士大夫以至百工，人人乐观活跃，勤奋励进之朝气，居然使千古无闻之小国，献身于新世纪文明之舞台。回视满清政府之老大腐朽，疲癃残疾，肮脏邋遢，相形之下，愈觉日人之可爱、可敬。"② 十分明显，日本给梁启超的第一印象便是乐观活泼的气象、勤奋励进之朝气，用梁启超的话来说便是"文明"。所以，梁启超到日本后，福泽谕吉的《文明论之概略》便成为他首先关注之书。③ 此书对梁启超极具魅力，他感到福泽的进化思想要远远胜过其师的公羊三世说。在他看来，福泽书中将世界人类分为三级，即野蛮之人、半开之人、文明之人，浅显明白，切近事理，"此进化之公理，而世界人民所公认也"。而此三种人"皆有阶级，顺序而升"，"其轨度与事实，有确然不可假借者"。④ 这种经事实检验过的，为世界人民所公认的"公理"

① 梁启超：《清代学术概论》，载《饮冰室合集》专集之三十四，中华书局1989年版，第63页。

② 吴其昌：《先师梁任公别录拾遗》，载《文史资料选编》第三十六辑，北京出版社1989年版，第76页。

③ 有关福泽谕吉对梁启超的影响，请参阅〔日〕石川祯浩：《梁启超と文明の视座》，载〔日〕狭间直树编：《西洋近代思想と明治日本》，株式会社みすず书房1999年版，第106—131页；又见郑匡民：《梁启超启蒙思想的东学背景》，上海书店出版社2003年版，第44—82页。

④ 梁启超：《自由书·文野三界之别》，载《饮冰室合集》专集之二，中华书局1989年版，第8页。

"公例"式的科学理论，对急于改变中国落后面貌的梁启超来说，简直是如获至宝。于是，他根据福泽谕吉的《文明论之概略》将这三种阶段加以胪列后，进一步指出："我国民试一反观，吾中国于此三者之中，居何等乎？可以瞿然而兴矣！"毫无疑问，在梁启超眼里，中国在其所谓的进化的阶段中，只能属于半开之人的阶段，所以梁启超说："国之治乱，常与其文野之度相比例，而文野之分，恒以国中全部之人为定断，非一二人之力所能强夺而假借也。故西儒云，国家之政事，譬之则寒暑表也。民间之风气，譬之则犹空气也。空气之燥湿冷热，而表之升降随之，丝毫不容假借。故民智、民力、民德不进者，虽有英仁之君相，行一时之善政，移时而扫地以尽矣。如以沸水浸表，虽或骤升，及水冷而表内之度仍降至与空气之度相等，此至浅之理，而一定之例也。"① 基于这种认识，梁启超强调说："善治国者，必先进化其民。"② 其主张依福泽译的《文明论之概略》中的进化主义思想来进化中国的国民。

然而，那时的梁启超只是救国心切，希望能于日本找到救时的良药，而丝毫没有察觉到在被他奉为"世界人民所公认的进化公理"的文明三段论中还潜伏着另一种因素，这就是福泽谕吉三段论隐含着那种对西洋文明的自卑感及对亚洲国家的歧视。在福泽谕吉看来，"文明既然存在着先进和落后的差别，那么先进者自然就要压制落后者，而落后者自然要被先进者所压制"。③ 这样一来，此种理论就将发展中民族被压制的原因归结为其本身文明的落后，而不是"先进文明"的帝国主义的罪恶。

---

① 梁启超：《自由书·文野三界之别》，载《饮冰室合集》专集之二，中华书局1989年版，第9页。

② 梁启超：《自由书·文野三界之别》，载《饮冰室合集》专集之二，中华书局1989年版，第9页。

③ 〔日〕福泽谕吉：《文明论之概略》，载永井道雄：《福泽谕吉》，中央公论社1984年版，第204页。

从这种意义上来说，福泽谕吉的这种理论，客观上已经为那些跑在文明阶段论前列、"先进文明"的帝国主义者的侵略行为做了辩护，或者至少可以说是间接地为那些殖民主义的侵略行为提供了合法的依据。

应当指出，福泽谕吉文明三阶段的理论对有着力本论思想基础的梁启超影响极大，这种理论使他经常地用"文明"这个尺度来衡量中国在世界文明进程中的位置。据有的学者统计，梁启超在其《自由书》（自 1899 年至 1905 年连载于《清议报》和《新民丛报》）中，共使用"文明"一词约 40 次，其中大约半数用于其流亡日本初期，即 1899 年 8 月到 12 月暂时离开日本这短短不足四个月的时间内。那时"文明"这两个字几乎成为他 1899 年下半年文章中的关键词。①

福泽谕吉文明三段论是梁启超流亡日本后较早接触的日本进化主义思想。当时，对急于寻找救国良药的梁启超来说，他不但丝毫未意识到该思想中所蕴含着的危险因子，而且将福泽谕吉称为"文明移入功绩者"，认为福泽谕吉"专以输入泰西文明思想为主义。日本人之知有西学，自福泽始也。其维新改革之事业，亦顾问于福泽者十而六七也"。② 为此，他根据福泽谕吉之文明论写下了《文明三界之别》《自由祖国之祖》《近因远因之说》《国民十大元气论·叙论》等文章，③ 并声称："即不能为倍根、笛卡尔、达尔文，岂不能为福禄特尔、福泽谕吉、托尔斯泰。"④ 其开始以中国的福泽谕吉自任，向中国传播日本式的进化主义思想。他随着西学

---

① 〔日〕石川祯浩：《梁启超と文明の视座》，载〔日〕狭间直树编：《西洋近代思想と明治日本》，株式会社みすず书房 1999 年第二版，第 111 页。

② 梁启超：《论学术之势力左右世界》，载《饮冰室合集》文集之六，中华书局 1989 年版，第 115—116 页。

③ 〔日〕石川祯浩：《梁启超と文明の视座》，载〔日〕狭间直树编：《西洋近代思想と明治日本》，株式会社みすず书房 1999 年第二版，第 113 页。

④ 梁启超：《论学术之势力左右世界》，载《饮冰室合集》文集之六，中华书局 1989 年版，第 116 页。

的进步，在传播文明论方面，甚至胜过他的老师，而将福泽文明观运用自如。他在《张博望班定远合传》的开头部分这样写道："夫以文明国而统治野蛮国之土地，此天演上应享之权利也，以文明国而开通野蛮国之人民，又伦理上应尽之责任也。"① 在这方面，梁启超真可谓青出于蓝而胜于蓝，在文明论的框架下，文明之国统治野蛮之国，已变成天经地义之事，而丝毫不会受到道德的谴责，易言之，在文明论的框架中，帝国主义的殖民行径也应成为天演公例里"应享之权利"与"伦理上应尽之责任"了。文明论在梁启超思想中埋下的这些因子，自然会为他接受日本学院派进化主义打下良好基础。

对梁启超进化主义思想发生重大影响的第二个流派，应是加藤弘之所代表的东京帝国大学保守派学者的进化主义。为了搞清这个问题，我们在这里不得不对进化主义传入日本的情况做一个简要的介绍。

进化论传入日本应在明治八年（1875 年）。② 当时所介绍的进化论，还只限于生物进化方面，社会进化主义传入日本，应是比这稍后的事。1877 年，斯宾塞的早期著作 Social Statics 被尾崎行雄以《权利提纲》的题名节译，自此后便一发不可收，自1888 年以后的十年的时间里，便有二十一种斯宾塞的著作被译为日文。③

然而，日本兴起的社会进化论的高潮却为两个在政治、社会立场上完全不同的集团所推动。第一个集团是自由民权运动家，特别

---

① 梁启超：《张博望班定远合传》，载《饮冰室合集》专集之五，中华书局 1989年版，第 1 页。

② 上野益三博士曾言，松森胤保在其《求理私言》中，谈到了生物进化，参阅〔日〕八杉竜一：《进化论历史》，岩波书店 1985 年版，第 168 页。

③ 〔日〕佐藤慎一：《梁启超と社会进化论》，载东北大学《法学》第 59 卷第 6号，第 190 页。

是板垣退助所率领的自由党。① 第二个集团，乃是东京帝国大学那些保守的学者们。当时斯宾塞的社会进化论，在日本唯一的大学东京帝国大学中，以讲义的形式传授给学生，那时，将斯宾塞的社会进化论传入东京帝国大学的，有两位贡献最大的人物，其一是现在于日本美术史上享有盛名的菲诺洛沙（1853—1908），其二乃是外山正一，此二人都是在美国学习，并接受了进化论的人物。也就是说，他们所传授的斯宾塞的思想并非是从英国来的，而是途中经由美国，然后才被带到日本来的。② 由于学院派保守的学者和自由民权论者，以及他们的老师——美国的进化主义者所接受进化论的角度不同，他们对进化论的理解也不一样。一方面，他们与自由民权论者相对，是在科学的层面上接受了斯宾塞的理论，他们重视有机体和生存竞争的观念，推崇渐进的进化，倾向反对无视进化阶段的激进改革。而另一方面，他们也与其老师——美国的进化论学者们的见解不同。美国的进化论学者倾向于认为"生存竞争"乃是表现在个人之间的竞争，而日本学院派的保守学者们则倾向于认为，"生存竞争"乃是表现于社会有机体间，特别是国家之间的竞争。在他们看来，为了在国家竞争中获胜，对国家的强化应优先于实现个人的自由。③

当时菲诺洛沙和外山正一从美国带来的斯宾塞的理论，对东京大学的优秀年轻学生们产生了强烈的影响。在他们中间，有一个人十分重要，他就是1881年毕业于东京大学，后又在该校担任教授的有贺长雄，有贺长雄于1883年至1884年写了一部三卷本的《社会学》。该书是日本人最初的有体系地介绍基础社会学理论的读

---

① 〔日〕佐藤慎一：《梁启超と社会进化论》，载东北大学《法学》第59卷第6号，第190—191页。

② 〔日〕佐藤慎一：《梁启超と社会进化论》，载东北大学《法学》第59卷第6号，第191页。

③ 〔日〕佐藤慎一：《梁启超と社会进化论》，载东北大学《法学》第59卷第6号，第191页。

物。其中第一卷《社会进化论》就是在斯宾塞强烈影响下的产物。而梁启超登载于《清议报》上的《社会进化论》，则正是这本书的翻译。①

梁启超流亡日本时，正是日本自由民权运动凋落、民权论者转化为国权论之时，此时的日本，已逐渐转化为帝国主义，这种局势给希望借鉴日本经验而追求国家富强的梁启超产生了强烈的影响，而学院派学者们所提倡的这种"日式社会达尔文主义"中的"为了在国家竞争中获胜，必须牺牲个人自由而强化国家"的观念，迅速地在希望尽快摆脱民族危机，而使国家独立富强的中国知识分子的心中产生了强烈的共鸣，当时很多人都义无反顾地接受了日本学院派的进化主义理论。

然而，日本当时的情况却与中国有很大的不同。我们上面已谈到，日本接受进化论是在明治初期。在此之前，像天赋人权论，或社会契约论那样的社会理论，早已通过各式各样的教科书被介绍到日本，而被广泛地接受了。因此，日本在接受进化论时，必然要与先被介绍进来的诸西方理论发生矛盾。受这种矛盾最大冲击的就是加藤弘之。众所周知，他既是东京大学初代校长、政治学者，同时又是明六社的成员，即日本最初的启蒙思想家。他早期曾写有《邻草》（1861年）、《立宪政体略》（1868年）、《真政大意》（1870年）与《国体新论》（1875年）等书，鼓吹天赋人权论。而当加藤弘之接受进化主义之时，他认识到进化论与天赋人权说乃是水火不相容的两种理论，于是他迅速地从主张天赋人权说的立场上退了下来，而转为主张社会进化论。也就是说，他认为，"生存竞争"既然是不可回避的现实，那么，社会只有通过"优胜劣败"才能进步。以这样思想为前提，加藤认为，天赋人权说里所主张的人一出生便应享有平等的权利的观念，用进化论来衡量，并不是科

---

① 〔日〕佐藤慎一：《梁启超と社会进化论》，载东北大学《法学》第59卷第6号，第191页。

学的。而且，从另一个角度来看，天赋人权说也人为地妨碍了"优胜劣败"铁则的运用，在此意义上，天赋人权论也不是一个受欢迎的学说。于是，1882 年，加藤弘之写了《人权新说》，开始宣传进化论，批驳"天赋人权"观念，且宣称卢梭乃是"古今未曾有之妄想家"。①

　　加藤弘之在政治上的转向，及他对天赋人权说的批判，在日本社会上起了轩然大波。当时便有许多人站出来强烈地反对。矢野文雄的《人权新说驳论》（1882 年）、植木枝盛的《天赋人权辩》（1883 年）、马场辰猪的《天赋人权论》（1883 年）等都根据斯宾塞的理论（正确地说，是基于斯宾塞理论的一种解释）对加藤弘之进行了激烈的批判。此外，还有很多拥护天赋人权说的自由民权论者也对加藤的转向及其主张进行了猛烈的驳斥。虽然没过多久，日本的自由民权运动逐渐退潮，但在当时，日本人经历并体验了天赋人权说与社会进化论之间激烈的论战。18 世纪的卢梭与 19 世纪的社会进化论，在欧洲经过了一个世纪的时间，然而在日本，这种时间差，被压缩到不足十年，可以说加藤弘之的突然转向和自由民权论者的激烈反驳，都可以被认为在极度压缩的时空中爆发。②

　　梁启超根本未经历过这场主张天赋人权论的自由民权者与加藤弘之的论战，他所接受的进化主义思想是加藤弘之转向，并否定天赋人权说后的进化主义。在此基础之上，梁启超才接受包括卢梭在内的西洋诸思想，换句话说，梁启超是在加藤弘之进化主义的框架下接受西洋诸思想的。因此，在梁启超和其他接受进化论的中国人

---

　　① 〔日〕佐藤慎一：《梁启超と社会进化论》，载东北大学《法学》第 59 卷第 6 号，第 1097 页。李永织：《加藤弘之天赋人权政体观的形成》，载《大陆杂志》第四十卷第十一期，第 28 页。王中江：《进化主义在中国》，首都师范大学出版社 2002 年版，第 50—56 页。

　　② 〔日〕佐藤慎一：《梁启超と社会进化论》，载东北大学《法学》第 59 卷，第 6 号，第 1098 页。

那里，均未发生日本那样的转向和论争。① 这里应该指出的是，梁启超在湖南效法日本萨、长、土、肥拥湘独立时尚未接触到天赋人权论，并且由于他的思想中根深蒂固地潜藏着力本论的种子，这些条件，都为其接受加藤弘之的进化主义准备了优良的土壤。

那么，学院派重要人物加藤弘之的进化主义有什么特色呢？加藤认为对于西洋列强而言，日本是被侵略的"弱者"，是将要被"淘汰"的对象，而如何使日本转弱为强，在"生存竞争"的国际环境中获胜，则是学者们的主要课题。按日本学者鹈浦裕的说法，加藤弘之的这种接受社会达尔文主义的方式，叫作"弱者角度的接受"。这种类型的社会达尔文主义，通常与将白人视为"适者"、有色人种视为劣等人种的人种主义紧密地融合在一起，它将白人放在强者的位置上，而将包含日本人在内的有色人种均置于被淘汰的弱者之列。自然，日本的知识分子注意到了社会达尔文主义中将灭绝劣等人种作为人类进化的垫脚石的残酷的侧面，故对他们而言，若接受社会达尔文主义，则必须对其加以修正，而从别的视点来理解它。从另一角度来说，即使在思想上接受了"弱者"地位的日本人也绝对不允许停留在"弱者"的位置上，从这种意义上来说，这里必然蕴含着从"弱者"转变为"强者"的努力，而在这思想探索的过程之中，自然隐含着日本人对"强者的逻辑"独特的解释。②

加藤弘之正是一种从"弱者角度接受"社会达尔文主义的典型人物。他在继《人权新说》之后，于1893年写了《强者的权利的竞争》，1894年写了《道德法律与进步》。在这两部书中，加藤弘之阐述他的进化主义思想和实力强权理论，为藩阀政府的统治和

---

① 〔日〕佐藤慎一：《梁启超と社会进化论》，载东北大学《法学》第59卷第6号，第1098页。

② 〔日〕鹈浦裕：《近代日本における社会ダーウィニズムの受容と展开》，载〔日〕柴谷笃弘、长野敬、养老孟司等：《讲座进化2，进化思想と社会》，东京大学出版会1991年版，第133页。

帝国主义侵略合理化服务。① 此后，他又写下了《道德法律进化之理》一书，阐述了他的国家有机体论。加藤认为，有机体分为三个阶段，第一是像阿米巴那样的"单细胞的有机体"。第二是动植物个体所表现出的"复细胞的有机体"。第三是由众多的复细胞所组成的植物群体和动物群体所表现出的"复复细胞的有机体"。不言而喻，在加藤看来，国家则属于这三阶段的最高一级。于是，国家与个人的利害关系，则与"复细胞的有机体的全体和细胞的关系"一样，个人当然从属于国家，而且因为作为细胞的个人有为作为全体国家利益考虑的义务，所以，作为个人最重要的事情就是爱国心与爱国的行动。对加藤弘之而言，"爱国的德义"乃是"坚定不移的最大之善行"。② 加藤弘之这些思想对梁启超来说极具吸引力，他除了将有贺长雄的《社会进化论》发表在《清议报》外，也极喜欢加藤弘之的著作。③ 他亡命日本后不久，即翻译了加藤弘之的《各国宪法の异同》，刊登在他创刊的《清议报》上（即《各国宪法异同论》，载《清议报》第 12、13 期）。而在 1899 年（光绪二十五年）5 月 13 日，梁启超通过日本宗教学者姊原正治的介绍，参加了日本春季的哲学大会，并认识了加藤弘之等学院派的学者。④ 自此之后，加藤弘之的著作，成了梁启超爱读之书，而其理论，也对梁启超产生了重大的影响。有关这些，我们将放在后面讨论。

---

① 有关加藤弘之的强权论，参阅郑匡民：《梁启超启蒙思想的东学背景》，上海书店出版社 2003 年版，第 200—227 页。

② 〔日〕鹈浦裕：《近代日本における社会ダーウィニズムの受容と展开》，载〔日〕柴谷笃弘、长野敬、养老孟司等：《讲座进化 2，进化思想と社会》，东京大学出版会 1991 年版，第 134 页。

③ 梁启超在《加藤博士天则百话》中有"余夙爱读其书"一语，见《饮冰室合集》文集之一，中华书局 1989 年版，第 92 页。

④ 〔日〕狭间直树：《梁启超来日后对西方近代思想认识的深化——尤其在"国家"与"国民"方面》，载 Conference on European thought in Chinense literati culture in early 20th century, Carchy, France, september 12 – 16, 1995, p8。

　　由此易见，梁启超所接受的社会进化论，乃是学院派所传入的社会进化论。这种进化主义，其社会有机体观念因吸收了德国的国家有机体观念而得以强化。因此，梁启超和中国的进化论者经过日本学院派这一环节，便将斯宾塞极慎重加以区分的生物有机体和社会有机体的不同漏掉了。① 它不仅抹杀了生物与人类社会的区别，严重的是由于它脱离了道德的约束和绳范，也同时抹杀了人禽之别，其所造成的后果，是相当严重的。

　　那么，这种日式的进化主义对梁启超的政治哲学产生了什么影响呢？据笔者看来，影响应表现在以下几个方面。

　　其一，梁启超将进化主义视为一种科学的原理，一种共同性的公理和法则，将其作为他政治哲学的理论基础。"进化者，向一目的而上进之谓也。日迈月征，进进不已，必达于其极点，凡天下古今之事物，未有能逃进化之公例者也"。② "民智稍进，乃事事而求其公例，学学而探其原理，公例原理之既得，乃推而按之于群治种种之现象。"③ 对梁启超而言，他的"原理"和"法则"就是其从加藤弘之和福泽谕吉那里接受的进化主义，梁启超将进化主义作为其政治哲学的思想基础，而运用到各个领域。梁启超在其《论学术之势力左右世界》一文中曾这样评价进化主义，其言略谓：

　　　　前人以为黄金世界在于昔时，而末世日以堕落。自达尔文出，然后知地球人类，乃至一切事物，皆循进化之公理，日赴于文明，前人以为天赋人权，人生而皆有自然应得之权利，及达尔文出，然后知物竞天择，优胜劣败。非图自强，则决不足

① 〔日〕佐藤慎一：《梁启超と社会进化论》，载东北大学《法学》第59卷第6号，第1096页。

② 梁启超：《中国专制政治进化史论》，载《饮冰室合集》文集之九，中华书局1989年版，第59页。

③ 梁启超：《新民议》，载《饮冰室合集》文集之七，中华书局1989年版，第105页。

以自立。达尔文者，实举十九世纪以后之思想，彻底而一新之者也，是故凡人类知识所能见之现象，无一不可以进化之大理贯通之，政治法制之变迁，进化也；宗教道德之发达，进化也；风俗习惯之移易，进化也；数千年之历史，进化之历史，数万里之世界，进化之世界也。[①]

显而易见，日式的进化主义思想已在梁启超的脑中打下了深深的印记，他像福泽谕吉一样，视人类社会"皆循进化之公理，日赴于文明"，又像加藤弘之那样，认为进化主义才使人知道"物竞天择，优胜劣败。非图自强，则决不足以自立"。对梁启超而言，进化主义就好比科学的原理，是百试而不爽的真理。"夫进化者，天地之公例也，譬之流水，性必就下，譬之抛物，势必向心。苟非有他人焉从而搏之，有他物焉从而吸之，则未有易其故常者。"[②]自此之后，梁启超将进化主义当成了一种不需要证明的"公理"和"公例"，随处地运用在各个领域之中。

其施之于合群理论，则说：

> 政府之所以成立，其原理何在乎？曰：在民约（民约之义，法国硕儒卢梭倡之，近儒每驳其误，但谓此义为反于国家起源之历史，则可谓其谬于国家成立之原理，则不可虽憎卢梭者亦无以为难也——原注）。人非群则不能使内界发达，人非群则不能与外界竞争，故一面为独立自营之个人，一面为通力合作之群体（或言自独立自营进为通力合作，此语于论理上有缺点，盖人者，能群之动物，自最初即有群性，非特国群成立之后而始通合也。既通合之后仍常有独立自营者存其独性不

---

① 梁启超：《论学术之势力左右世界》，载《饮冰室合集》文集之六，中华书局1989年版，第114页。

② 梁启超：《新民说·论进步》，载《饮冰室合集》专集之四，中华书局1989年版，第55页。

消灭也。故随独随群、即群即独人之所以贵于万物也——原注），此天演之公例，不得不然者也。①

其论及联合一国豪杰之术，也运用其进化主义理论：

生存竞争，天下万物之公理也。既竞争则优者必胜，劣者必败，此又有生以来不可避之公例也。夫既曰豪杰矣，则必各有其特质，各有其专长，各有其独立自由，不肯依傍门户之气概，夫孰肯舍己以从人者，若是夫此数十数百之豪杰，其终无合一之时乎，其终始相斗以共毙矣乎？信如是也，此世界之孽罪未尽劫，而黑暗之运未知所终极也。吾每一念及此，未尝不呕血拊心而长欷也。②

其论之于时代，亦本之于进化主义：

今日之中国，过渡时代之中国也。

……人间世无时无地而非过渡时代，人群进化，级级相嬗，譬如水流，前波后波，相续不断，故进步无止境，即过渡无已时，一日不过渡，则人类几乎息矣。③

在梁启超那里，无论时代、国家、④ 民族、法律各个领域兴衰都可以用进化主义来解释，甚至帝国主义对别国的侵略，若按之于

---

① 梁启超：《论政府与人民之权限》，载《饮冰室合集》文集之十，中华书局1989年版，第1—2页。

② 梁启超：《自由书·豪杰之公脑》，载《饮冰室合集》专集之二，中华书局1989年版，第33—34页。

③ 梁启超：《过渡时代论》，载《饮冰室合集》文集之六，中华书局1989年版，第27页。

④ 有关梁启超用进化主义论述国家、权利等问题，我们放在后面讨论。

进化主义，也变成天经地义之事，在他那里，道德和正义全被优胜劣败的"公理"所吞噬。

> 灭国者，天演之公例也。凡人之在世间，必争自存，争自存则有优劣，有优劣则有胜败，劣而败者，其权利必为优而胜者所吞并，是即灭国之理也。自世界初有人类以来，即循此天则，相搏相噬，相嬗相代，以迄今日，而国于全地球者，仅百数十焉矣。灭国之有新法也，亦由进化之公例使然也。①

像这样的例子在梁启超的著作中俯拾皆是，当时，他已将进化主义毫无忌惮地运用到各个领域，在梁启超那里，无论是生物，还是社会都无一例外地适用这一具有普遍性的、科学性的"法则"。这正像佐藤慎一先生指出的那样，对"《天演论》中所介绍的社会进化论而言，最终保证进化必然性的乃是一种'法则'。也就是说，生命有机体的变化发展，无论是从原始生命到高等动物，无一不受单一法则所支配，这种'法则'即是'进化之理'。这种'进化之理'也同样适用于社会，在社会中，个人就像生物有机体中的细胞那样，紧密地结合在一起，它紧紧依附于组织化的有机体（社会有机体）之下。其自体乃是一个具有生、老、病、死、命运之生命体。这样一来，适用于生物有机体的法则，也应该同样适用于具有生命属性的社会有机体。于是，'进化之理'便成为由'科学的方法'而被发现的'普遍的法则'。所以，'进化的法则'则不论东洋西洋，或古或今，都成为颠扑不破的'公例'"。②

由此易见，受学院派的影响，日式的进化主义已进入了梁启超思想的深层，而成为其政治哲学的基石。

---

① 梁启超：《灭国新法论》，载《饮冰室合集》文集之六，中华书局1989年版，第32页。

② 〔日〕佐藤慎一：《梁启超と社会进化论》，载东北大学《法学》第59卷第6号，第1087页。

　　学院派进化主义者对梁启超的第二个影响则与上述相连，进化主义左右了梁启超对西方思想的理解，也左右了梁启超对西方思想的看法。

　　首先，梁启超将社会进化论和其他西洋诸思想在历史上的作用做了性质上的区别。例如他在《新民丛报》第一号（1902 年 2 月刊）一篇题为《论学术之势力左右世界》的文章中，介绍了九位近代欧洲的思想家，在他看来，此九位都是在思想上对世界做过贡献的，他们是哥白尼、培根、笛卡尔、孟德斯鸠、卢梭、富兰克林、亚丹斯密、伯伦知理与达尔文。在文章中，梁启超明确地区别了前七位与后两位思想家所起的作用。有关伯伦知理，梁启超认为，由于其国家主义学说问世，"前之所谓国家为人民而生者，今则转而云人民为国家而生焉"。在梁启超看来，"卢氏立于十八世纪，而为十九世纪之母，伯氏立于十九世纪，而为二十世纪之母"。对于达尔文的作用，梁启超则指出："前人以为天赋人权，人生而皆有自然应得之权利，及达尔文出，然后知物竞天择，优胜劣败，非图自强，则决不足以自立。"[①] 达尔文之进化论，实将以前之观念一新者也。在梁启超看来，达尔文以前为一天地，其以后为一天地。其进化论实为 19 世纪后半民族帝国主义思想潮流所由起也。总而言之，对梁启超而言，他所面对的同时代的西洋是经过两次大规模历史变革的产物，第一次变化，是从近世的帝国秩序转换到近代国民国家秩序。第二次变化，是从近代国民国家秩序转换成现代民族帝国主义秩序。按照梁启超的解释，前七人在各种思想领域中，对第一次秩序转换做出了贡献，而后二人则对第二次秩序转换做出了贡献。并且，后二人是将第一次转换时为社会所接受诸理念颠覆之后，才实现第二次社会转换的。换句话说，社会契约论和天赋人权说是为第一次历史转换做出贡献的理论，而在第二次历史转变时，是西方人自己将这些理论否定并放弃的。

------

　　① 梁启超：《论学术之势力左右世界》，载《饮冰室合集》文集之六，中华书局1989 年版，第 114 页。

其次，学院派进化主义的影响，使梁启超将社会进化论和其他各种思想在其理论性质方面也做了区分。依梁启超之见，西方其他思想，无论其道理如何深邃，也只不过是基于某个思想家的臆测，而与此相反，社会进化论乃是基于科学方法的普遍真理（公例）。假如别的西方思想不适合于中国，但是，对于放之四海而皆准的普遍真理来说，东方和西方的区别并不具有本质的意义。在这个意义上，对梁启超而言，社会进化论与其他西方诸理论的区别是个别理论与普世真理的区别，并且，各种思想间的互相消长，也可以用优胜劣败的法则来说明。依梁启超之见，为了思想的进步，也需要有一个让各种思想正常进行"优胜劣败"的自由环境。这种见解，正也是其强烈主张思想自由的一个重要原因。[①]

总而言之，经过日本学院派的过滤，梁启超对西方思想有了一种独特的解释，天赋人权与社会契约论等思想理论在推动社会文明进化的过程中，虽起过一定的作用，但是是一种不能与达尔文共同的、最新且科学的进化论相提并论的理论，不仅如此，天赋人权等理论还是经西方人自我否定并扬弃的理论。在梁启超看来，以进化论为界，达尔文以前为一天地，达尔文以后为一天地，进化主义"今始萌芽，他日且将磅礴充塞于本世纪而未有已也"。"于是人人不敢不自勉为强者、为优者，然后可以立于此物竞天择之界，无论为一人为一国家，皆向此鹄以进"。[②] 此乃大势之所趋，是时代潮流之所向，也是为进化之"公理""公例"所规定的不得不然之事。如此一来，进化主义自然成为梁启超日后思想的理论核心，而与"立于十九世纪，而为二十世纪之母"的伯伦知理国家学也自然成为梁启超政治哲学的基石。

学院派对梁启超所产生的第三种影响乃是使梁启超思想中染上

---

① 〔日〕佐藤慎一：《梁启超と社会进化论》，载东北大学《法学》第 59 卷第 6 号，第 1098—1099 页。

② 梁启超：《论学术之势力左右世界》，载《饮冰室合集》文集之六，中华书局 1989 年版，第 114 页。

强权主义的色彩。就梁启超的人格理想而言，本来就存在着强烈的力本论崇拜倾向。① 这种人格理想对其接受学院派强权思想来说，无疑是一个良好的思想环境。

上文已经提到梁启超是通过学院派否定天赋人权论后的理论框架而接受进化主义思想的，这种理论框架，对崇拜力本论的梁启超来说无疑是他接受强权论最好的桥梁。从梁启超自身的原因来说，对力本论崇拜的人格理想，也决定了他亡命日本后对众多日本政治著作的取舍。

一般人只是泛泛地知道梁启超是通过日本间接地摄取西方思想的，但从未注意梁氏摄取这些思想的先后与取舍。除了他翻译的政治小说《佳人奇遇》② 不计外，梁启超最初接触到的日本人的著作即加藤弘之翻译的伯伦知理和福泽谕吉等人的著作。③ 而直到两年以后的1901年底，他才以中江兆民的《理学沿革史》为蓝本，写下了《霍布斯学案》、《斯片挪莎学案》、《卢梭学案》、《近世文明初祖二大家之学说》[上篇《倍根学说》，下篇《笛卡尔学说》]、

① 〔美〕张灏：《梁启超与中国思想的过渡（1890—1907）——烈士精神与批判意识》，崔志海、葛夫平译，新星出版社2006年版，第58—63页。

② 载《清议报》第1—3、5—22、24—29、31—35册，署"日本东海散士、前农商侍郎柴四郎撰"未署译者名。《饮冰室合集》专集之八十八，中华书局1989年版，第320页，文末注"任公先生戊戌出亡，东渡日本，舟中译此书自遣，不署氏名，书亦久已绝版，近从冷摊中得之补入集"。

③ 梁启超于1898年10月17日（光绪二十四年九月初三）乘日本军舰"大岛号"抵达日本吴军港。1899年4月起即开始在《清议报》上发表根据福泽谕吉文明论和加藤弘之进化主义所写的文章。据石川祯浩先生的研究，其中以福泽谕吉文明论为蓝本所写的文章有《自由书·自由祖国之祖》《自由书·文明三界之别》《自由书·近因远因之说》《国民十大元气论·叙论》（以上载1899年8月26日—12月23日《清议报》第25—33册）《饮冰室自书书栏》。参阅石川祯浩：《梁启超と文明の视座》，载狭间直树编：《西洋近代思想と明治日本》，株式会社みすず书房1999年第二版，第113页。梁启超根据加藤弘之《强者の权利の竞争》而写有《论强权》（载《清议报》第31册），并且翻译了加藤弘之的《各国宪法の异同》（译名为《各国宪法异同论》，载《清议报》第12、13期）、伯伦知理的《国家论》（分别载《清议报》第11、15—19、23、25—31册）。

《法理学大家孟德斯鸠之学说》、《民约论巨子卢梭之学说》、《乐利主义泰斗边沁之学说》、《近世第一哲学家康德之学说》等一系列介绍西洋思想的文章，发表在他所办的《清议报》和其后的《新民丛报》上。

十分明显，依梁启超之见，只有学院派进化主义和伯伦知理的国家主义学说，才最符合中国当时的形势及中国的国情，是医治当时中国积贫积弱病患的首选药方，所以在众多的日本和日译西籍中，梁启超首先选择了上述有关进化主义和国家主义的书籍。

应当强调指出的是，梁启超向中国介绍的西方思想，大部分是根据日本人的著作和译著得来的，如上所述，他的西方思想家论即根据中江兆民的《理学沿革史》写成的。①《理学沿革史》则是中江兆民根据法国哲学家阿尔福雷特·富耶的《哲学史》（1875）翻译而成的。这部书乃是日本最早的欧洲思想通史。也就是说，中江兆民将富耶的《哲学史》译成日文，而梁启超又以中江所译的《理学沿革史》为蓝本写成了他众多的西方思想家的学案。

然而，令人费解的是，在上述梁启超所介绍的西方思想家中，竟没有一个是被视为进化论的学者，这并非《理学沿革史》中没有提及进化论学者。本来，富耶此书，旨在写成一部从古迄今的哲学通史，他如何会对进化论这样重要的流派不加措意呢？其实，在此书最后的"近时英国之理学"一章中，富耶花费了大量的笔墨，对达尔文、斯宾塞做了介绍，并且，被称为进化论哲学家的富耶，对英国进化论者的介绍，是充满善意的。按常理来说，此书的这种倾向，对极度重视进化论的梁启超来说，应当先翻于其他章节，但

---

① 〔日〕宫村治雄：《开国经验の思想史——兆民と时代精神》，东京大学出版会1996年版，第229—257页。〔日〕佐藤慎一：《梁启超と社会进化论》，载东北大学《法学》第59卷第6号，第1092—1093页。郑匡民：《梁启超启蒙思想的东学背景》，上海书店出版社2003年版，第149—152页。

事实恰恰相反，梁启超根本没有翻译这一章，这究竟是什么原因呢？

原来，正如我们上面已经说过的那样，在梁启超发表《霍布斯学案》之前一年半时间左右，1906年5月至6月之间，《清议报》上曾登载过有关进化论的文章，其题目叫《社会进化论》，原著即日本学院派学者有贺长雄的《社会进化论》。换句话说，梁启超在接触《理学沿革史》之前，已接触到日本学院派有关进化论的著作。在梁启超看来，富耶所理解的社会进化论与自己所接受的社会进化论之间可能存在着某些龃龉与矛盾。此可能是梁启超无视《理学沿革史》中有关社会进化论论述的原因。①

此种事实也从另一个角度说明了崇拜力本论的梁启超对日式进化主义的确是情有独钟。果然，梁启超到日本后不久，"稍能读东文"后便立即看上了加藤弘之的《强者の权利の竞争》。随后梁启超以此书为蓝本，写下了他有名的《论强权》，② 从而使梁启超的政治哲学染上了加藤弘之进化主义的强权色彩。有关这点，我们将留在后面的章节中进一步分析。

五　强权与自由权

在本章的前几部分中，我们已讨论过日本学院派进化主义，以

---

① 〔日〕佐藤慎一：《梁启超と社会进化论》，载东北大学《法学》第59卷第6号，1093页。

② 有关加藤弘之与梁启超的关系，日本学者坂出祥伸先生与狭间直树先生均有详细论述。参阅〔日〕坂出祥伸：《梁启超の政治思想——日本亡命から革命派との论战まで——》，载关西大学《文学论集》第二十三卷第一号，第二十四卷第一号；〔日〕狭间直树：《新民说略论》，载《梁启超西洋近代思想受容と明治日本》，株式会社みすず书房1999年版，第83—89页；亦见郑匡民：《梁启超启蒙思想的东学背景》，上海书店出版社2003年版，第200—227页。

及它对中国亡命者及留日学生所造成的影响。其中加藤弘之从"弱者角度接受"社会达尔文主义的方式，尤为中国亡命者和留日学生所青睐。这道理说起来十分简单，因为，对西洋来说，日本也属于弱者，何种思想令其转弱为强必然会受到中国亡命者与留日学生的密切关注。在这方面，对学院派进化主义做深入阐述的应属梁启超。1902 年（清光绪二十八年）梁启超即用日本学院派的进化主义思想写了题为《新民议》的文章，并发表在他所创办的《新民丛报》上。

梁启超在这篇文章中，将理论分为"理论之理论"与"实事之理论"。在他看来，"宗教、哲学等，可谓之理论之理论，政治学、法律学、群学、生计学等，可谓之实事之理论"。在两者的关系上，梁启超认为，"天下必先有理论，然后有实事，理论者，实事之母也"，所以"理论之理论者，又实事之理论之母也"。依梁启超看来，"凡理论皆所以造实事，虽高尚如宗教家之理论，渊远如哲学家之理论，其目的之结果，要在改良人格，增上人道，无一非为实事计者，而自余政治家言，法律家言，群学家言，生计家言，更无论矣"。所以，依梁启超之见，"理论而无益于实事者，不得谓之真理论"。① 显而易见，梁启超所谓的"理论之理"，就是他经常挂在嘴边的"公理"和"公例"，具体地说来，即他亡命日本后所接受的学院派进化主义。这也是他所得到的最重要的救国良药，用他的话来说，即"公例原理之既得，乃推而按之于群治种种之现象"，从而达到一种"破其弊，而求其是"② 之目的。

---

① 梁启超：《新民议》，载《饮冰室合集》文集之七，中华书局 1989 年版，第104—105 页。

② 梁启超：《新民议》，载《饮冰室合集》文集之七，中华书局 1989 年版，第105 页。

梁启超将进化主义应用于实际首先表现于他对时代的认识上。[①] 他在《国家思想变迁异同论》中，根据伯伦知理的《国家论》以及学院派的进化主义，将国家思想从远古至未来分为六个阶段。它们是：

国家思想
- 过去
  - 一、家族主义时代
  - 二、酋长主义时代
  - 三、帝国主义时代
- 现在
  - 四、民族主义时代
  - 五、民族帝国主义时代
- 未来
  - 六、万国大同主义时代

梁启超认为："过去者已去，如死灰之不能复然，未来者未来，如说食之不能获饱。"依他之见，只能将目光集中于当前的现实世界。"今日之欧美，则民族主义与民族帝国主义相嬗之时代也，今日之亚洲，则帝国主义与民族主义相嬗之时代也。"在梁启

[①] 追索梁启超对时代的认识可以从他对历史时代的划分着手，梁启超在出亡日本后的最初年代，曾提出过三种时代划分方式：第一种是梁氏 1901 年 10 月在其《中国史叙论》中提出的，在这篇文章中，他将中国历史分为三个时代：1. 上世史，自黄帝至秦统一，是"中国的中国"时代；秦统一至清代乾隆末年，是"亚洲的中国"时代；近世史，乾隆末年至今，是"世界的中国"时代。梁氏的这种分法是根据桑原骘藏 1898 年出版的《中等东洋史》（大日本图书出版社）中的观点而划分的。第二种是梁氏 1901 年 12 月在其《尧舜为中国君权滥觞考》中提出的。在此文章中，梁氏将中国历史分为：1. 黄帝以前，为野蛮时代；2. 自黄帝至秦始皇，为贵族帝政时代；3. 秦始皇至乾隆，为君权极盛时代；4. 清乾隆至今，为文明自由时代。梁氏此种分法，是根据白河次郎、国府种德 1900 年 6 月出版的《支那文明史》（博文馆）而提出的。前者从"（中国）民族"的概念，而后者则从政治体制的角度来加以区分。前者的第一时代与后者第二时代一致。并且，以下的分期也尽量调整得一致。第三种分法是梁氏 1901 年 10 月在其《国家思想变迁异同论》中提出的。在这篇文章中，历史分为六个时代：1. 家族主义时代；2. 酋长主义时代；3. 独夫帝国主义时代（十八世纪崩溃，在中国为过渡期）；4. 民族主义时代；5. 民族帝国主义时代（二十世纪全盛）；6. 世界大同主义时代（未来）。参阅〔日〕松尾洋二：《梁启超史と传——东アジアにおける近代精神史の奔流》，载〔日〕狭间直树：《梁启超西洋近代思想受容と明治日本》，株式会社みすず书房 1999 年版。

超看来，若专就欧洲而论之，"则民族主义，全盛于十九世纪，而其萌达也在十八世纪之下半；民族帝国主义，全盛于二十世纪，而其萌达也在十九世纪之下半"。对梁启超而言，当时的世界，"实不外此两大主义活剧之舞台也"。①

依梁启超之见，民族主义和民族帝国主义为两大学派的理论支撑，"凡百理论，皆由兹出焉，而国家思想，其一端也"。梁启超将第一种学派称为平权派，"卢梭之徒为民约论者代表之"；将第二种学派称为强权派，"斯宾塞之徒为进化论者代表之"。② 基于此种分法，梁启超指出："平权派之言曰，人权者出于天授者也，故人人皆有自主之权，人人皆平等。国家者，由人民之合意结契约而成立者也。故人民当有无限之权，而政府不可不顺从民意，是即民族主义之原动力也。"对平权派之利弊，梁启超分析道，平权派"能增个人强立之气，以助人群之进步。及其弊也，陷于无政府党，以坏国家之秩序"。③ 对于与平权派相对立的强权派，梁启超指出："强权派之言曰，天下无天授之权利，惟有强者之权利而已，故众生有天然之不平等，自主之权当以血汗而获得之。国家者，由竞争淘汰，不得已而合群以对外敌者也。故政府当有无限之权，而人民不可不服从其义务，是即新帝国主义之原动力也。"而对于强权派之利弊，梁启超认为，其"能确立法治（以法治国谓之法治——原注）之主格，以保团体之利益。及其弊也，陷于侵略主义，蹂躏世界之和平"。④

既然此两种各有利弊，那么对于梁启超来说，应取哪种主义

① 梁启超：《国家思想变迁异同论》，载《饮冰室合集》文集之六，中华书局1989年版，第19页。

② 梁启超：《国家思想变迁异同论》，载《饮冰室合集》文集之六，中华书局1989年版，第19页。

③ 梁启超：《国家思想变迁异同论》，载《饮冰室合集》文集之六，中华书局1989年版，第19页。

④ 梁启超：《国家思想变迁异同论》，载《饮冰室合集》文集之六，中华书局1989年版，第19页。

呢？从他的理想来看，他似乎倾向民族主义，因为在他看来，民族主义乃是世界上最光明正大公平之主义，它"不使他族侵我之自由，我亦毋侵他族之自由，其在于本国也，人之独立；其在于世界也，国之独立，使能率由此主义，各明其界限以及于未来永劫，岂非天地间一大快事？"[①]

从理想方面而言，梁启超虽倾向民族主义，然就事实而言，"正理与时势，亦常有不并容者"。所谓的时势是什么呢？梁启超依据进化主义的观点指出："自有天演以来，即有竞争，有竞争则有优劣，有优劣则有胜败，于是强权之义，虽非公理而不得不成为公理。民族主义发达之既极，其所以求增进本族之幸福者，无有厌足，内力既充，而不得不思伸之于外。""两平等者相遇，无所谓权力，道理即权力也；两不平等者相遇，无所谓道理，权力即道理也。"[②] 按梁启超的意见，"由前之说，民族主义之所以行也，欧洲诸国之相交则然也"。而"由后之说，帝国主义之所以行也，欧洲诸国与欧外诸国之相交则然也，于是乎厚集国力，扩张属地之政策，不知不觉遂蔓延于十九世纪之下半"。虽然，这种现象对梁启超而言，并不愿接受，但若从文明进化的角度而言，此派之所行，亦有其理由，"彼之言曰，世界之大部分，被掌握于无智无能之民族，此等民族，不能发达其天然力（如矿地山林等——原注）以供人类之用，徒令其废弃。而他处文明民族，人口日稠，供用缺乏，无从抱注，故势不可不使此劣等民族，受优等民族之指挥监督，务令适宜之政治，普遍于全世界，然后可以随地投资本，以图事业之发达，以增天下之公益"。[③] 不但如此，强权派基于上述理

---

① 梁启超：《国家思想变迁异同论》，载《饮冰室合集》文集之六，中华书局1989年版，第20页。

② 梁启超：《国家思想变迁异同论》，载《饮冰室合集》文集之六，中华书局1989年版，第20页。

③ 梁启超：《国家思想变迁异同论》，载《饮冰室合集》文集之六，中华书局1989年版，第21页。

由，竟敢明目张胆地谓："世界者，有力人种世袭之财产也。有力之民族，攘斥微力之民族而据有其地，实天授之权利也。"他们甚至声称，"优等国民以强力而开化劣等国民，为当尽之义务，苟不尔，则为放弃责任也"。①梁启超看来，此种理论虽然不合人道，但是在天演界中，却是残酷的现实，当前世界各列强，在强权派理论的支持下，种种无道之侵逼掠夺，随之而起，"新帝国主义，如疾风，如迅雷，飘然旬然，震撼于全球"。②

梁启超进一步指出："新帝国主义之既行，不惟对外之方略一变而已，即对内之思想，亦随之而大变，盖民族主义者，谓国家恃人民而存立者也，故宁牺牲凡百之利益以为人民"，而"帝国主义者，言人民恃国家而存立者也，故宁牺牲凡百之利益以为国家，强干而弱枝，重团体而轻个人。于是前者以政府为调人为赘疣者，一反响间，而政府万能之语，遂遍于大地。甚者如俄罗斯之专制政体，反得以机敏活泼，为万国所歆羡。而人权民约之旧论，几于萧条门巷，无人问矣。回黄转绿，循环无端，其状之奇，有如此者"。③

十分明显，梁启超对当时形势的观察乃来自其在日本所受的影响，而其对平权派以及强权的理解，也来自加藤弘之的进化主义以及伯伦知理的国家学。

梁启超既然对当时的形势做了以上的分析，那么，依梁启超之见，中国应采取何种对策呢？

既然梁启超将斯宾塞所代表的进化主义视为最先进的理论，那么，对中国来说，这种理论是否适用呢？依梁启超之见，中国当时

① 梁启超：《国家思想变迁异同论》，载《饮冰室合集》文集之六，中华书局1989年版，第21页。

② 梁启超：《国家思想变迁异同论》，载《饮冰室合集》文集之六，中华书局1989年版，第21页。

③ 梁启超：《国家思想变迁异同论》，载《饮冰室合集》文集之六，中华书局1989年版，第21页。

的状况，恰如近代初期欧洲诸专制主义国家一样，处于民族国家以前的阶段。两者在各方面虽有不同，但在维护君主的政治地位、不认民众为政治秩序主体方面，则完全是一致的。此外，当时中国的政治体制，在不将民众视为政治秩序主体这一点上，与民族帝国主义是相同的；反过来说，根据平权派理论所建立的"民族国家"，民众才是政治秩序的主体。基于这种认识，梁启超设想，假如"他日之所谓政治学者，耳食新说"，忽视平权派之理论，"不审地位，贸然以十九世纪末之思想为措治之极则"，跳过民族国家阶段，中国民众成为政治主体的可能性将永远丧失。梁启超确信，俯首于专制皇权之下两千多年，已习惯于被动客体的中国民众，只要不变为主动的主体，则中国之问题不可能根本解决，而将永无成国之日。平权派的理论在欧洲可能早已过时，但是，依梁启超之见，在"所谓民族主义者，犹未胚胎焉"的中国至少还有其极新现实性与稳妥性。① 所以，梁启超说，"知他人以帝国主义来侵之可畏，而速养成我所固有之民族主义以抵制之，斯今日我国民所当汲汲者也"。②

　　经过对国际形势和中国国情一系列的分析，梁启超认为，中国必须先迈出发扬民族主义精神的第一步，然后方能立国，为了坚持自己的意见，他在给康有为的信中，极力申明此意，其言略谓："至民主、扑满、保教等义真有难言者。弟子今日若面从先生之诚，他日亦必不能实行也，故不如披心沥胆一论之。今日民族主义最发达之时代，非有此精神，决不能立国，弟子誓焦舌秃笔以倡之，决不能弃去者也。"③

---

　　① 〔日〕佐藤慎一：《梁启超と社会进化论》，载东北大学《法学》第 59 卷第 6 号，1101—1102 页。

　　② 梁启超：《国家思想变迁异同论》，载《饮冰室合集》文集之六，中华书局 1989 年版，第 22 页。

　　③ 梁启超：光绪二十八年四月《与夫子大人书》，载丁文江、赵丰田编，欧阳哲生整理：《梁任公先生年谱长编（初稿）》，中华书局 2010 年版，第 144 页。

正因如此，梁启超一时将平权派代表卢梭的思想视为救治中国病患的最适良方，而大力加以宣传。

> 欧洲近世医国之国手，不下数十家。吾视其方最适于今日之中国者，其惟卢梭先生之《民约论》乎。是方也，当前世纪及今世纪之上半，施之于欧洲全洲而效。当明治六七年至十五六年之间，施之于日本而效。今先生于欧洲与日本既已功成而身退矣。精灵未沫，吾道其东，大旗觥觥，大鼓冬冬，大潮汹汹，大风蓬蓬，卷土挟浪，飞沙走石，杂以闪电，趋以万马，尚其来东。呜呼！《民约论》，尚其来东。东方大陆，文明之母，神灵之宫，惟今世纪，地球万国，国国自主，人人独立，尚余此一土以殿诸邦，此土一通，时乃大同。呜呼！《民约论》兮，尚其来东。大同大同兮！时汝之功！①

显而易见，梁启超当时也曾想用平权派的验方来医治当时中国的病患，但是问题并非如此简单，对受过日本学院派进化主义洗礼并存有力本论潜质的梁启超来说，无论如何也不能无限度地依从平权派的理论，因为按进化之"公理"，无论是天赋人权或是社会契约论，都只不过是思想家的臆测或假说，此种理论终究不可能成为"事实"。欧洲的人们认臆测的理论为真理（公理），并依其信念发动革命，其结果是建立了民族国家的政治体制。也就是说，在欧洲，人们依据平权派虚构的理论创造了某种"事实"。然而，正是因为平权派的理论来源于思想家的臆测和假说，所以才被强权派基于"事实"的科学法则所推翻。对梁启超而言，将平权派的理论

---

① 梁启超：《破坏主义》，《清议报》第三十册，光绪二十五年九月十一日，第6页。

当成真理来接受，而绝对地皈依，那几乎是不可能的。①

这样一来，对梁启超而言，恐怕只剩下了唯一一种选择，那就是，对社会进化论加以诠释，而将其作为创建民族国家的理论根据。换句话说，就是用"强权派"的理论来实现"平权派"的课题。② 而事实上，梁启超也正是这样做的。

前面已说过，梁启超的思想有着相当程度"力本论"成分，所以加藤弘之的强权论对他极具吸引力。他认为加藤乃是日本德国学的泰斗，其理论盛水不漏，并称"夙爱读其书"，到日本后没过多久，即读了加藤的《强者の权利の竞争》，而且深受加藤的影响，所以其强权思想的逻辑也按学院派重镇加藤弘之的思路而展开。③ 也就是说，梁启超是站在进化主义的立场上，用"生存竞争""优胜劣败"的法则来展开他的强权论的。他指出："强权云者，强者之权利之义也。英语云：the right of the strongest。此语未经出现于东方，加藤氏译为今名。何云乎强者之权利？谓强者对于弱者而所施之权力也。自吾辈人类及一切生物世界，乃至无机物世界，皆此强权之所行，故得以一言蔽之曰，天下无所谓权利，只有

---

① 佐藤慎一先生认为："持社会契约论并非事实，此种理论虽为欧洲社会变革之动力，但该理论并不适于中国的观点的并不仅限于梁启超。二十世纪初，中国持此种观点之人颇多。例如提倡民权主义的孙文，在其《三民主义》一文中，曾明言，社会契约说并非事实。当时他考虑到中国民众的状态犹如一盘散沙，从而认为中国人并非自由不足，而是自由老早就很充分了。依他之见，中国之所以积弱，其原因在于缺乏维持社会有机体发展的团结力。"在孙文看来，处于生存竞争国际环境中的中国，其紧急而必要的是"民族的自由"而不是"个人的自由"。为实现"民族的自由"要限制老早就很充分的"个人的自由"，就像在散沙中注入水泥那样，极需强化社会有机体。其"训政"的主张，明显地表明了他站在干涉主义的立场之上。〔日〕佐藤慎一：《梁启超と社会进化论》，载东北大学《法学》第59卷第6号，第1102、1113页。

② 〔日〕佐藤慎一：《梁启超と社会进化论》，载东北大学《法学》第59卷第6号，第1102页。

③ 有关加藤弘之对梁启超的影响，请看郑匡民：《梁启超启蒙思想的东学背景》，上海书店出版社2003年版，第200—227页。

权力而已，权力即权利也。"① 梁启超认为："凡动植物世界及人类世界，当强弱二者大相悬隔之时，则强者对于弱者之权力，自不得不强大。因强大之故，自不得不暴猛。譬之兽类，虎狮其最强者，故其于弱兽，任意自由而捕食之。是狮虎之权力所以大而猛也，惟强故也。"② 和加藤弘之一样，依梁启超之见，这种规律不仅适用于动物界，而且于人类也同样适用，"昔者野蛮世界，强大之民族，对于弱小之民族，其所施之权力，必大而猛。又同一民族中，其强者对于弱者，其所施之权力，必大而猛。不宁惟是，文明人民对于半开及野蛮之人民，其所施之权力，必大而猛。是无他故，皆自强弱之悬隔而生。强也弱也是其因也，权力之大小是其果也。其悬隔愈远者，其权力愈大而猛，此实天演之公例也"。③ 依梁启超进化主义之逻辑，"凡一切有机之生物，因其内界之遗传，与外界之境遇，而其体质心性，生强弱优劣之差。此体质互异之各物，并生存于世界中，而各谋利己，则不得不相竞争，此自然之势也。若是者名之为生存竞争。因竞争之故，于是彼遗传与境遇，优而强者，遂常占胜利，劣而弱者，遂常至失败，此亦当然之事也。若是者，名之为优胜劣败"。"生存竞争、优胜劣败，此强权之所由起也，生存竞争，与天地而俱来，然则强权亦与天地俱来，固不待言。"④ 十分明显，在梁启超眼中，"生存竞争""优胜劣败"，乃是自然界自古以来不可否认的事实，是科学的"公理"与"公例"，那么，依此逻辑，"强权亦与天地俱来"当然也是科学的"公理"与"公例"了。

---

① 梁启超：《饮冰室自由书·论强权》，《清议报》第三十一册，光绪二十五年九月二十一日，第4页。

② 梁启超：《饮冰室自由书·论强权》，《清议报》第三十一册，光绪二十五年九月二十一日，第4页。

③ 梁启超：《饮冰室自由书·论强权》，《清议报》第三十一册，光绪二十五年九月二十一日，第4页。

④ 梁启超：《饮冰室自由书·论强权》，《清议报》第三十一册，光绪二十五年九月二十一日，第6页。

　　于是，他仿照加藤弘之，也将"强权"与"自由权"视为同一性质的东西，展开他的强权论。他说："曰强权，曰权力，闻者莫不憎而厌之，谓此乃上位施于下位，无道之举动也，人群之蟊贼也。曰自由权，曰人权，闻者莫不爱而贵之，谓此乃人民防拒在上之压制，当然之职分也，人群之祥云也。虽然，就前章界说之定义言之，而知强权与自由权，其本体必非二物也。其名虽相异，要之，其所主者在排除他力之妨碍，以得己之所欲。此则无毫厘之异者也。不过因其所遇之他力而异其状。因以异其名云尔。"① 梁启超指出："彼野蛮与半开之国，统治者之知识，远优于被治者，其驾驭被治者也甚易，故其权力势不得不猛大，至文明国则被治者之知识，不劣于统治者，于其伸张其权力以应统治者，两力相遇，殆将平均，于是各皆不得不出于温良，若是者谓之自由。"② 梁启超指出："昔康德氏最知此义，其言曰，统治者对于被治者等，贵族对于贱族，所施之权力即自由权也，盖康氏之意，以为野蛮之国，惟统治者得有自由，古代希腊罗马，则统治者与贵族得有自由。今日之文明国，则一切人民皆得有自由。又李拔尔氏之说亦大略相同，其意谓专制国之君主，与自由国之人民，皆热心贪望自由权者也，故自由权可谓全为私利计耳。"③ 在梁启超看来，康德与李拔尔皆日耳曼大儒，而他们"其论如此，可谓中时矣"。④ 总而言之，依梁启超之见，既然"前此惟在上位者有自由权，今则在下位者亦有自由权，前此惟在上位者有强权，今则在下位者亦有强权"，

---

　　① 梁启超：《饮冰室自由书·论强权》，《清议报》第三十一册，光绪二十五年九月二十一日，第5页。

　　② 梁启超：《饮冰室自由书·论强权》，《清议报》第三十一册，光绪二十五年九月二十一日，第5页。

　　③ 梁启超：《饮冰室自由书·论强权》，《清议报》第三十一册，光绪二十五年九月二十一日，第5页。

　　④ 梁启超：《饮冰室自由书·论强权》，《清议报》第三十一册，光绪二十五年九月二十一日，第5页。

那么"强权与自由权决非二物，昭昭然矣"。① 梁启超进一步解释说："若其原因，则由前此惟在上位者乃为强者，今则在下位者亦为强者耳。故或有见人民伸其自由权以拒压制之强权，以为此强弱之迭代也。不知乃两强相遇，两权并行，因两权相消，故两权平等。故谓自由权与强权同一物，骤问之似甚可疑，细思之实无可疑也。"②

基于以上的认识，梁启超自然也像加藤弘之那样，用进化主义来否定天赋人权而拥抱强权了。他写道：

> 诸君熟思此义，则知自由云者，平等云者，非如理想家所谓天生人而人人畀以自由、平等之权利云也，我辈人类与动植物同，必非天特与人以自由平等也。康南海昔为《强学会序》有云"天道无亲，常佐强者"。至哉言乎，世界之中，只有强权，别无他力。强者常制弱者，实天演之第一大公例也。然则欲得自由权者无他道焉，惟当先自求为强者而已。欲自由其一身，不可不先强其身；欲自由其一国，不可不先强其国。强权乎！强权乎！人人脑质中不可不印此二字也。③

按梁启超进化主义的逻辑，"生存竞争、优胜劣败"乃是形成强权的原因，"生存竞争与天地而俱来"，那么强权也应与天地俱来。但是在梁启超看来，强权之发展，也有其一定之秩序，"在禽兽世界，其强权之所施，惟在此种属与他之种属之间（如虎与羊，貂与鼠之间是也——原注）而已。若其同一种属之间，则其强权

---

① 梁启超：《饮冰室自由书·论强权》，《清议报》第三十一册，光绪二十五年九月二十一日，第 5 页。

② 梁启超：《饮冰室自由书·论强权》，《清议报》第三十一册，光绪二十五年九月二十一日，第 5 页。

③ 梁启超：《饮冰室自由书·论强权》，《清议报》第三十一册，光绪二十五年九月二十一日，第 6 页。

不甚发达。野蛮人亦然，当草昧未开之时，同一人群内之竞争而出其强权者甚稀，其始惟人类对于动植物而施其强权；其继则此群对于彼群而施其强权；其后乃一群之中之各人，甲对于乙，乙对于丙而有强权"。① 梁启超认为，强权依一定秩序发展，乃是"由人群进步发达，而生产竞争之趋向日渐增加，而强者之权利，乃日渐加大"所造成的。他解释说："如一人群之初立，其统治者与被治者之差别殆无有，故君主对于人民之强权亦几于无有，是为第一界，亦谓之据乱世。其后差别则日积日显，而其强权亦次第发达，贵族之对于平民亦然，男子之对于妇人之亦然，是为第二界，亦谓之升平世。至世运愈进步，人智愈发达，而被治者与平民与妇人，昔之所谓弱者，亦渐有其强权与昔之强者抗，而至于平等，使猛大之强权变为温和之强权，是为强权发达之极则，是为第三界，亦谓之太平世。"②

如本书第三章已指出的那样，戊戌变法之前，梁启超正处在康有为"三世进化"理论最深刻的影响之下，他用康有为的"三世进化"说，将人类政治发展的过程分为"多君为政"、"君为政"和"民为政"三个阶段。到日本后，日本各种书籍对他的影响，使他如同行走在山荫道上，应接不暇，故他对时代的划分也依各书作者的划分而定。但总体来看，他所有的划分均以进化为其尺度。当时，他虽受学院派进化主义的影响，但其最初时期的言论，依然沿用此三个阶段的分法。因此，在有关强权问题上，他虽然祖述加藤弘之的强权论，但在说明强权发展变化的过程时，他还是借助他老师的"二世进化论"。"多君为政"是指从家族发展而来的社会集团进化到小国家阶段。那时，在一定的地域空间中，并立着众多的小国家，这些小国家被封建领主或酋长所统治，而统治者均握有

---

① 梁启超：《饮冰室自由书·论强权》，《清议报》第三十一册，光绪二十五年九月二十一日，第6页。

② 梁启超：《饮冰室自由书·论强权》，《清议报》第三十一册，光绪二十五年九月二十一日，第6页。

强权。因此，长久以来，国与国民之间进行着连绵不断的战争。第二个阶段乃是"君为政"（君主制）时期。此时众多国家经过生存竞争，逐渐统一成一个国家。这种统一是依靠武力进行的，武力中的优胜者成为该统一国家的君主，他握有统治权而君临天下。在这个历史阶段，君主独占强权，唯其才能享有"自由"。此独占"强权"与"自由"的统治者，即专制君主。在专制君主的统治下，被其统治的民众，因没有"强权"，故处于极"不自由"之状态。然而，此种状态并不能永久地维持。那些不堪忍受"不自由"的民众，必然为夺取自由而奋斗。在这种场合下，他们获得自由成功与否，完全取决于其是否提高包括"民智""民德"在内的实力，当民众具有了可以与统治者相抗衡的"强权"，君主不得已对民众之"强权"让步时，君为政（君主制）即君主（专制君主）体制才能向君民共主（立宪君主）体制转换。此时，君主和民众的强权，通过议会制度得到均衡与抑制，君主和民众各方享受有限的自由。反之，当君主不肯让步，民众便用"强权"来打倒专制君主时，民众则成为统治者，而实现了民为政（共和制），从而其自身得到全面的自由。①

依梁启超之见，"第一界之时，人人皆无强权（惟对于他族而有之耳——原注），故平等。第二界之时，有有强权者，有无强权者，故不平等。第三界之时，人人皆有强权，故复平等"。② 总而言之，按梁启超的思路，社会的发展之程度，要"以强权之有无多寡以定其位置之高下蛮野"。③ 他指出："专制主义，自今日视之，诚为可笑可憎，然要之，彼一群之中，尚有有强权者若干人，

① 〔日〕佐藤慎一：《梁启超と社会进化论》，载东北大学《法学》第 59 卷第 6 号，1103—1104 页。

② 梁启超：《饮冰室自由书·论强权》，《清议报》第三十一册，光绪二十五年九月二十一日，第 6 页。

③ 梁启超：《饮冰室自由书·论强权》，《清议报》第三十一册，光绪二十五年九月二十一日，第 6 页。

则胜于前此之绝无强权者矣。贵族政治、神官政治亦其有强权之人日渐加增之征验也。近世经一次革命，则有强权之人必增多若干，而人群之文明必进一级。前此经过者，如宗教革命、政治革命皆是也。今日欧洲各国，有强种（权）之人增于二百年前，不知凡几矣。"①

由此可见，在梁启超进化主义的理论框架中，社会中握有强权之人数越多，则该社会越文明越进步。该社会中的民众也同时享有更多的权利和自由。所以，对梁启超来说，其救国之策自然是让民众人人伸张自己的权利，成为强者，以拒统治者之强权；国家也伸张自己的权力，成为强国，以拒列强之强权，用他的话来说，即"欲得自由权者无他道焉，惟当先自求为强者而已。欲自由其一身，不可不先强其身；欲自由其一国，不可不先强其国"。显然，在这里梁启超已经完全皈依了加藤弘之，而提倡一种无视道德与正义的所谓"强"了。

基于以上之认识，梁启超认为放弃自由之罪恶要大于侵人自由之罪恶。他说："西儒之言曰，天下第一大罪恶，莫甚于侵人自由，而放弃己之自由者罪亦如之。余谓两者比较，则放弃其自由者为罪首，而侵入自由者乃其次也。"② 因为，在梁启超看来，"苟天下无放弃自由之人，则必无侵人自由之人。此之所侵者，即彼之所放弃者，非有二物也"。按梁启超的进化主义理论，"物竞天择，优胜劣败，此天演学之公例也，人人各物求自存，则务求胜，务求胜则务为优者，务为优者则扩充己之自由权而不知厌足，不知厌足则侵人自由必矣"。③ 在梁启超看来，自由也生于人人各物求自存，

① 梁启超：《饮冰室自由书·论强权》，《清议报》第三十一册，光绪二十五年九月二十一日，第 7 页。

② 梁启超：《饮冰室自由书·放弃自由之罪》，《清议报》第三十册，光绪二十五年九月十一日，第 5 页。

③ 梁启超：《饮冰室自由书·放弃自由之罪》，《清议报》第三十册，光绪二十五年九月十一日，第 5 页。

务求优者的天演"公例"。他说："譬之有两人于此各务求胜，各务为优者，各扩充己之自由权而不知厌足，其力线各向外而伸张，伸张不已，而两线相遇，而两力各不相下，于是界出焉。故自由之有界也，自人人自由始也。"假如此两人之力有一弱者，"则其强者所伸张之线，必侵入于弱者之界，此必至之势，不必讳之事也"。① 在梁启超眼里，这种现象乃是天演学中的"公例"，根本不具有任何道德与正义的含义，更谈不上是罪恶，他反诘道："如以为罪乎？则宇宙间有生之物，孰不争自存者，充己力之所能及以争自存，可谓罪乎？夫孰使汝自安于劣，自甘于败，不伸张力线以扩汝之界，而留此余地以待他人之来侵也。"② 所以，依梁启超之见，"苟无放弃自由者，则必无侵人自由者。其罪之大原，自放弃者发之，而侵者因势利导，不得不强受之"。对梁启超而言，放弃自由者，"以春秋例言之，则谓之罪首可也"。③ 在梁启超的笔下，帝国主义丧失道德与正义的侵略行径被轻轻地抹掉了。按梁启超这种逻辑，物竞天择、弱肉强食既然是天演学的"公例"，那么，对中国而言，恐怕只有一条路，那就是像列强一样，也自为强者，自为优者，进入丛林社会，加入物竞天择、弱肉强食的天演界中，而保其权利和自由。正因如此，他写道："民之无权，国之无权，其罪皆在国民之放弃耳。于民贼乎何尤，于虎狼乎何尤，今之怨民贼而怒虎狼者，盍亦一旦自悟自悔而自扩张其固有之权，不授人以可侵之隙乎，不然，日日嗔目切齿怒发胡为者。"④

　　对梁启超而言，用这样的方法来扩大握有强权者的范围，使更

---

① 梁启超：《饮冰室自由书·放弃自由之罪》，《清议报》第三十册，光绪二十五年九月十一日，第5页。

② 梁启超：《饮冰室自由书·放弃自由之罪》，《清议报》第三十册，光绪二十五年九月十一日，第5页。

③ 梁启超：《饮冰室自由书·放弃自由之罪》，《清议报》第三十册，光绪二十五年九月十一日，第5页。

④ 梁启超：《饮冰室自由书·国权与民权》，《清议报》第三十册，光绪二十五年九月十一日，第5—6页。

多的人享受"自由"，这才是社会进化的目的。中国政治的现状是
君主专制政治体制，若按社会进化的法则，当然要变革成立宪君主
制或者共和制。梁启超强调民众教育的重要性，与主张用武力推翻
清朝的革命派相比，被视为软弱。但是，在梁启超看来，对民众进
行教育，才是使其成为强权者所必不可少的条件。立宪君主制也
好，共和制也好，对梁启超而言，不一定有决定的意义，因为无论
是立宪君主制还是民主共和制都只是将中国转换成"民族国家"
的一种手段。至于哪种手段更适合，那要视"民智""民德"的水
准，以及民众之强权状况来决定。梁启超认为，扩大强权者的范
围，使更多的人享受自由，这才是社会进化的目的。在他看来，这
种社会进化的理论，不仅适用于国内政治中君主与民众的关系，而
且也适用于社会上少数人用"强权"支配多数人的实际现象。"今
日之资本家中对于劳力者，男子中对于女子"实施强权的例子虽
举不胜举，但梁启超坚定地认为，被支配者用自己的"强权"，颠
覆既存的支配关系，而获得自由的社会进化现象，必然会出现在各
种领域。这便是他所说的"资生革命"和"女权革命"，在梁启超
看来，今后获得"强权"之多数人，颠覆少数统治者，以实现
"自由"之现象，在世界各国乃至社会等各个领域将广泛而急速地
展开，梁启超坚信，20 世纪乃是革命的世纪。梁启超将社会进化
论当成分析的工具，是中国人中预见 20 世纪将成为"革命世纪"
的第一人。①

---

　　① 佐藤慎一先生认为，梁启超这种用强权来争取自由的观念，若将其生存竞争
观念置换为阶级斗争观念，立刻就会与马克思主义的社会发展观产生亲和性。实际上，
梁启超的下一代，中国初期的马克思主义者中，有不少人，年轻时读了梁启超的文章
后深有所悟，而成为社会进化论的虔诚信奉者。参阅〔日〕佐藤慎一：《梁启超と社会
进化论》，载东北大学《法学》第 59 卷第 6 号，第 1104—1105 页。

第 六 章

近代中国民族国家观念的形成

一　民族国家构建与道德革命论

按张灏先生的说法，传统文化的主流——儒家基本道德价值是由两部分组成的，即所谓的以礼为基础的规范伦理和以仁为基础的德性伦理。自甲午战争以后，这两方面都受到了极大的冲击，造成二者的核心动摇，甚至解体。然而需要注意的是，规范伦理的核心，即儒家的三纲学说，它在转型时代所受到"西潮"的冲击尤深巨，自1896年湖南改革运动开始一直到五四运动激进的反传统主义，三纲以及它所代表的规范伦理一直是转型时代对传统价值批判的主要箭垛。儒家道德价值的这一面，可以说是彻底地动摇而解体。

儒家德性伦理的核心虽也受到西潮的震荡，但它所表现的只是解纽而不是解体。儒家德性伦理的核心是四书中《大学》所强调的三纲领、八条目，即所谓的《大学》模式。按张灏先生的说法，这里面包含了两组理想，即成贤成圣的人格理想和天下国家的社会理想。所谓解纽，便是指这两组理想的形式尚存，但儒家对理想所作的实质定义已经动摇且失去吸引力了。①

----

① 〔美〕张灏：《思想与时代》，上海文艺出版社2002年版，第120—121页。

梁启超处于这转型时代，而其人也是促进这种解纽的一个重要人物。

1902 年，梁启超和他的朋友鉴于当时国内外的形式，在日本创刊了《新民丛报》。在该报的章程中，他写道：

> 一、本报取《大学》新民之义，以为欲维新吾国，当先维新吾民。中国所以不振，由于国民公德缺乏，智慧不开，故本报专对此病而药治之，务采合中西道德以为德育之方针，广罗政学理论，以为智育之原本。
>
> 一、本报以教育为主脑，以政论为附从。但今日世界所趋重在国家主义之教育，故于政治亦不得不详。惟所论务在养吾人国家思想，故于目前政府一二事之得失，不暇沾沾词费也。[①]

从这两条章程来看，梁启超虽声称为了提高中国人的公德，而取《大学》中"新民"之义，来对其进行教育。但这对梁启超来说，《大学》中的"新民"之义早已只剩下个形式，为了养成中国人的国家思想，他已放弃了儒家王道天下的观念，《大学》所强调的三纲领、八条目中包含的成贤成圣的人格理想与天下国家的社会理想，对梁启超来说早已失去了吸引力。此时他正驰骛于日本学院派的进化主义。对于这些，梁启超自己也毫不讳言，他说：

> 有世界主义，有国家主义。无义战非攻者，世界主义也。尚武敌忾者，国家主义也。世界主义属于理想，国家主义属于事实。世界主义属于将来，国家主义属于现在。今中国岌岌不

---

① 《新民丛报》第一号，转引自丁文江、赵丰田编：《梁启超年谱长编》，上海人民出版社 1983 年版，第 272 页。

可终日，非我辈谈将来道理想之时矣。①

出于对中国岌岌不可终日的认识，在他看来，现在根本不是谈论世界主义理想之时，在此基础上，他进一步对儒家的王道天下观提出批评。

> 中国儒者动日平天下，治天下。其尤高尚者，如江都繁露之篇，横渠西铭之作，视国家为眇小之一物，而不屑厝意。究其极也，所谓国家以上之一大团体，岂尝因此等微妙之空言而有所补益，而国家则滋益衰矣。②

既然中国传统的儒家思想不能挽救中国的危亡，那么只有在其逃亡的所在地日本思想武库中寻找思想武器了。在那里，他特别看重学院派的进化主义。

梁启超写《新民说》的动机，即来自他由进化主义理论所导出的形势判断。他在《新民说·叙论》中明确表示："今日欲抵当列强之民族帝国主义，以挽浩劫而拯生灵，惟有我行我民族主义之一策，而欲实行民族主义于中国，舍新民未由。"③ 在这篇文章中，他依据日本学院派的进化主义观点，对民族帝国主义产生的原因做了如下分析。

> 天下势力之最宏大最雄厚最剧烈者，必其出于事理之不得不然者也。自中古以前（罗马解纽以前——原注），欧洲之政

---

① 梁启超：《自由书·答客难》，载《饮冰室合集·专集之二》，中华书局1989年版，第39页。

② 梁启超：《新民说·论国家思想》，载《饮冰室合集》专集之四，中华书局1989年版，第20页。

③ 梁启超：《新民说·论新民为今日中国第一急务》，光绪二十八年元月一日，《新民丛报》第一号。

治家，常视其国为天下，所谓世界的国家 Worldly State 是也。以误用此理想故，故爱国心不盛。而真正强固之国家不能立焉（按吾中国人爱国心之弱，其病源大半坐是，而欧人前此亦所不能免也——原注）。近四百年来，民族主义日渐发生，日渐强达，遂至磅礴郁积，为近世史之中心点，顺兹者兴，逆兹者亡。……

……民族主义者，实制造近世国家之原动力也。

此主义既行，于是各民族咸汲汲然务养其特性，发挥而光大之，自风俗、习惯、法律、文学、美术皆自尊其本族所固有，而与他族相竞争。如群虎互眈。莫肯相下，范围既日推日广，界线亦日接日近，渐有地小不足以回旋之概。夫内力既充，而不得不思伸于外，此事理之必然者也，于是由民族主义一变而为民族帝国主义，遂成十九世纪末一新天之地。①

在梁启超看来，民族帝国主义既出现于世界，其政治理论也随之一变，"前代学者，大率倡天赋人权之说，以为人也者，生而有平等之权利，此天之所以与我，非他人所能夺者也。及达尔文出，发明物竞天择、优胜劣败之理，谓天下惟有强权（惟强者有权利，谓之强权——原注），更无平权。权也者，由人自求之，自得之，非天赋也，于是全球之议论为一变，各务自为强者，自为优者。一人如是，一国亦然。苟能自强自优，则虽翦灭劣者弱者，而不能谓为无道"。② 为什么会出现这种现象呢？依梁启超之见，这乃是天演学的"公例"使然，"我虽不翦灭之，而彼劣者弱者终亦不能自存也。以故力征侵略之事，前者视为蛮暴之举动，今则以为文明之

---

① 梁启超：《论民族竞争之大势》，《新民丛报》第二号，光绪二十八年正月十五日，第29—31页。

② 梁启超：《论民族竞争之大势》，《新民丛报》第二号，光绪二十八年正月十五日，第33—34页。

常规"。① 梁启超更进一步引用欧美人士之论来证明天演学"公理"的当然性与合法性："全世界三分之二，为无智无能之民族所掌握，不能发宣其天然之富力，以供全球人类之用，此方人满为忧，彼乃货弃于地。故优等民族，不可不以势力压服劣等者，取天地之利而均享之。其甚者以为世界者，优等民族世袭之产业也。优等人斥逐劣等人而夺其利，犹人之斥逐禽兽，实天演强权之最适当，而无惭德者也。"在梁启超看来，基于以上的理论，"弱肉强食之恶风，变为天经地义之公德"。也就是说，生存竞争、优胜劣败的天演学之"公理"，乃是"近世帝国主义成立之原因"。对梁启超来说，进化主义乃是历史发展的客观规律，按他的说法，人类的历史就是一个通过不断竞争发展而来的斗争史，"盖自人群初起以来，人类别为无量之小部落，小部落相竞，进为大部落，大部落相竞，进而为种族，种族相竞，进而为大种族，复相竞焉，进而为国家，进而为大国家，复相竞焉，进而为帝国，进而为大帝国（国家者 State 之义也，帝国者 Empire 之义也，其性质各不同——原注），自今以往，则大帝国与大帝国竞争之时代也"。② 梁启超指出："近世列强之政策，由世界主义而变为民族主义，由民族主义而变为民族帝国主义，皆迫于事理之不得然，非一二人之力所能为，亦非一二人之力所能抗者也。"③ 在这种客观的历史环境中，中国应当如何应对呢？依梁启超之见，"今日欲救中国，无他术焉，亦先建设一民族主义之国家而已"。随后，凭借"以地球上最大之民族，而能建设适于天演之国家"的实力，加入天演界的竞争旋涡之中，而

---

① 梁启超：《论民族竞争之大势》，《新民丛报》第二号，光绪二十八年正月十五日，第 34 页。

② 梁启超：《论民族竞争之大势》，《新民丛报》第四号，光绪二十八年二月十五日，第 25 页。

③ 梁启超：《论民族竞争之大势》，《新民丛报》第二号，光绪二十八年正月十五日，第 34 页。

与各大帝国相周旋，到那时，"则天下第一帝国之徽号，谁能篡之"。① 显而易见，梁启超对中国前途做出的设计，乃基于他到日本后所接受的学院派的进化主义理论，此理论不仅左右了他对当时国际形势的判断，而且成为他的世界观和方法论，在此科学的"公理""公例"的引领下，他为中国找寻出一条通向未来的途径，即先通过"建设一经得起竞争的民族国家"的驿站，然后向能与列强争雄于世界的民族帝国主义"天下第一帝国"迈进。

若想将中国建设成一个民族国家，对梁启超而言，当前最迫切的事情便是提高民众的素质，培养国民整体感的爱国心。然而当时，在梁启超眼中的中国民众只是连国民整体感、国家观念都不知晓的群盲。他曾借用西方人的言论来形容当时的中国人，曰："彼其人无爱国之性质，故其势散涣，其心爽懦，无论何国何种之人，皆可以掠其地而奴其民。临之以势力，则帖耳相从。唉之以小利，则争趋若鹜。"② 对这种说法，梁启超虽然认可，但不得不加以解释，在他看来，中国人并非没有爱国之性质，"其不知爱国者，由不自知其为国也，中国自古一统，环列皆小蛮夷，无有文物，无有政体，不成其为国。吾民亦不以平等之国视之。故吾国数千年来，常处于独立之势。吾民之称禹域也，谓之为天下，而不谓之为国。既无国矣，何爱之可云？"③ 在梁启超看来，中国人这种世界秩序观，日积月累，逐渐形成了三种观念，而这又导致了中国人爱国心薄弱。其一，"不知国家与天下之差别"，其二，"不知国家与朝廷之界限"，其三，"不知国家与国民之关系"。④ 在这种情况下，对梁启超而言，要建设国民国家，就要使中国民众的观念，从天下观

---

① 梁启超：《论民族竞争之大势》，《新民丛报》第五号，光绪二十八年三月一日，第 35—36 页。

② 梁启超：《爱国论》，《清议报》第六册，光绪二十五年一月十一日，第 1 页。

③ 梁启超：《爱国论》，《清议报》第六册，光绪二十五年一月十一日，第 1 页。

④ 梁启超：《中国积弱溯源论》，载《饮冰室合集》文集之五，中华书局 1989 年版，第 15—17 页。

念转变到国家观念，从朝廷的观念转变到国家的观念，以形成作为
国家主权者国民的自觉，要而言之，就是要使国人从国家观念完全
空白的状态下摆脱出来，从而培养其作为近代国民国家一员的政治
自觉。这正像他自己所说的那样，"国之亡也，非当局诸人遂能亡
之也，国民亡之也"。在他看来，只有每个国民能形成政治自觉，
才是维持国民国家始终不变的原则。① 那么，具体说来，梁启超将
用何种方式来使中国民众实现政治自觉呢？按梁启超意见，实现民
众的政治自觉，首先要从改造旧有的国民性、树立新的道德观念入
手。梁启超认为，中国本来的风俗造成了民众的奴性、愚昧、为
我、好伪、怯懦、无动等六种品性。② 这种国民性严重地妨碍了中
国民众的政治自觉，梁启超在《呵旁观者文》中，列举了浑沌派、
为我派、呜呼派、笑骂派、暴弃派、待时派等六种旁观者，并将其
打上了"人类之蟊贼、世界之仇敌"之烙印而加以抨击。梁启超
认为，这六类人所表现出的国民性，同样妨碍了国民政治的自觉。
此外，梁启超又在《十种德性相反相成义》中，从积极的方面对
政治自觉加以说明。在梁启超看来，独立与合群、自由与制裁、自
信与虚心、利己与爱他、破坏与成立此十种德性，其形质相反，而
其精神相成。为了实现中国民众的政治自觉，梁启超希望国民具备
这十种新的道德。值得注意的是，梁启超是站在调和主义的立场上
对这十种道德加以阐释的。在此文章的末尾，梁启超写道："知有
合群之独立，则独立而不轧轹；知有制裁之自由，则自由而不乱
暴；知有虚心之自信，则自信而不骄盈；知有爱他之利己，则利己
而不偏私；知有成立之破坏，则破坏而不危险。"显而易见，梁启
超试图在调节集体与个人、秩序与自由之间紧张关系的过程中做增
强两者力量的努力。然而，梁启超这种调和主义，正像其经常表现

---

① 〔日〕坂出祥伸：《梁启超の政治思想》，关西大学文学论集 24 卷第 1 号，
1973 年，第 3 页。

② 梁启超：《中国积弱溯源论》，载《饮冰室合集》文集之五，中华书局 1989 年
版，第 18—27 页。

出的那样，往往以国家安危优先的态度出现。①

怀着这种改造中国民众的奴隶性②、树立新的道德、建设民族国家的目的，梁启超写下了著名的《新民说》。梁启超在其《新民说》之《序论》中虽声称既要"淬厉其所本有而新之"，又要"采补其本无而新之"，③ 但观其内容，其革新的成分更加突出。④ 其革新的原因乃出于上述其建设国民国家的理想，而此理想又得到了日式学院派进化主义为核心的世界观的支持。在此种世界观的作用下，梁启超将群的概念放到了他道德思想的中心地位。梁启超将道德分为两种，一种是其所谓的公德，一种是其所谓的私德。梁启超认为："人人独善其身者，谓之私德，人人相善其群者，谓之公德。"⑤ 在梁启超看来，"我国民所最缺者，公德其一端也、公德者何？人群之所以为群，国家之所以为国，赖此德焉以成立者也。人也者，善群之动物也。……必有一物焉，贯注而联络之，然后群之实乃举，若此者，谓之公德"。⑥

按中国传统儒家的说法，一方面，道德出自古典儒家围绕道德实现思想的精神超越性伦理，这种伦理的核心，自然是被认为植根于更高宇宙实在"天"的"仁"的理念。另一方面，它也源于人类内在的道德意识（moral consciousness）对善恶的映照与判断。此道德意识即孟子所说的"由恻隐之心见仁，由羞恶之心见义，由辞让之心见礼，由是非之心见智"。仁、义、礼、智就是心之

---

① 〔日〕坂出祥伸：《梁启超の政治思想》，《关西大学文学论集》24 卷第 1 号，1973 年，第 4 页。

② 梁启超：《爱国论》，《清议报》第六册，光绪二十五年一月十一日，第 3 页。

③ 梁启超：《新民说·序论》，光绪二十八年元月一日，《新民丛报》第一号，第 8 页。

④ 〔美〕张灏：《梁启超与中国思想的过渡（1890—1907）——烈士精神与批判意识》，崔志海、葛夫平译，新星出版社 2006 年版，第 102 页。

⑤ 梁启超：《新民说三·论公德》，《新民丛报》第三号，光绪二十八年三月一日，第 1 页。

⑥ 梁启超：《新民说三·论公德》，《新民丛报》第三号，光绪二十八年三月一日，第 1 页。

德，亦即由心见性也。这一心性，是我固有之，非由外铄我也，故是先天而内在的，这个心性就是道德的心性，我们于此亦曰道德理性。这是定然如此的，无条件的。这个心性一透露，人之所以为人的道德主体性（moral subjectivity）完全壁立千仞地竖立起来。① 由此可见，中国传统的儒家一方面从"宇宙论的进路"（cosmological approach），另一方面又从"道德的进路"（moral approach）同时论证了人性和道德问题，从而确立了儒家的道德绝对主义体系。而梁启超的这种利群的集体主义的立场，"导致了梁走上一条道德相对主义道路，它与儒家的道德绝对主义无疑迥然有别"。② 导致梁启超走上道德相对主义道路的，正是前面已提到的学院派进化主义者们的书籍。梁启超到日本后，曾读过加藤弘之的《强者の权利の竞争》与《道德法律之进步》等书，并深受其影响，所以在有关道德问题上，梁启超也与加藤弘之一样，将道德问题放在进化主义的框架中，而将其视为随着时代而发展变化的产物了。他写道：

> 道德之立，所以利群也。故因其群文野之差等，而其所适宜之道德亦往往不同，而要之以能固其群、善其群、进其群者为归。夫英国宪法，以侵犯君主者为大逆不道（各君主国皆然——原注）；法国宪法，以谋立君主者为大逆不道；美国宪法，乃至以妄立贵爵名号者为大逆不道（凡违宪者皆大逆不道也——原注），其道德之外形相反如此，至其精神则一也。一者何？曰为一群之公益而已。乃至古代野蛮之人，或以妇女公有为道德（一群中之妇女为一群中之男子所公有物，无婚姻之制也。古代斯巴达，尚不脱此风——原注）；或以奴隶非

---

　　① 〔美〕张灏：《危机中的中国知识分子：寻求秩序与意义》，新星出版社 2006 年版，第 55 页；又见牟宗三撰、罗义俊编：《中国哲学的特质》，上海古籍出版社 2008 年版，第 47—60、141 页。
　　② 〔美〕张灏：《梁启超与中国思想的过渡（1890—1907）——烈士精神与批判意识》，崔志海、葛夫平译，新星出版社 2006 年版，第 103 页。

人为道德（视奴隶不以人类，古贤柏拉图、阿里士多德，皆不以为非。南北美战争以前欧美人尚不以此事为圣德也——原注）；而今世哲学家，犹不能谓其非道德，盖以彼当时之情状，所以利群者，惟此为宜也，然则道德之精神，未有不自一群之利益而生者，苟反于此精神，虽至善者，时或变为至恶矣（如自由之制，在今日为至美，然移之于野蛮未开之群，则为至恶。专制之治，在古代为至美，然移之于文明开化之群，则为至恶，是其例证也——原注）。是故公德者，诸德之源也。有益于群者为善，无益于群者为恶（无益而有害者为大恶，无害亦无益者为小恶——原注）。此理放诸四海而准，俟诸百世而不惑者也。至其道德之外形，则随其群之进步以为比例差。群之文野不同，则其所以为利益者不同，而其所以为道德者亦自不同。德也者，非一成而不变者也（吾此言颇骇俗，但所言者德之条理，非德之本原，其本原固亘万古而无变者也，读者幸勿误会，本原惟何，亦曰利群而已——原注）。非数千年前之古人所能立一定格式，以范围天下万世者也。①

显而易见，学院派进化主义的影响使梁启超完全背离了中国传统道德绝对主义，而是站在相对主义的立场上来看待道德，因而其道德观也像加藤弘之一样，"既是集体主义的，也是进化的。就他所称的道德的基本功能来说，是集体主义的；就他所称的道德的本质规律来说，则是进化的"。② 梁启超用他这种染上进化主义色彩的道德观重新审视中国本来固有道德时，发现"吾中国道德之发达，不可谓不早，虽然，偏于私德，而公德殆阙如。试观《论语》、《孟子》诸书，吾国民之木铎，而道德所从出者也。其中所

---

① 梁启超：《新民说三·论公德》，《新民丛报》第三号，光绪二十八年三月一日，第14—15页。

② 〔美〕张灏：《梁启超与中国思想的过渡（1890—1907）——烈士精神与批判意识》，崔志海、葛夫平译，新星出版社2006年版，第103页。

教，私德居十之九，而公德不及其一焉"。① 反观西方之道德，梁
启超发现其与中国道德有极大的不同，在梁启超看来，中国"旧
伦理之分类，曰君臣，曰父子，曰兄弟，曰夫妇，曰朋友。新伦理
之分类，曰家族伦理，曰社会（即人群——原注）伦理，曰国家
伦理"。相比之下，"旧伦理所重者，则一私人对于一私人之事也
（一私人之独善其身，固属于私德之范围，即一私人与他私人交涉
之道义，仍属于私德之范围也，此可以法律上公法私法之范围证明
之——原注），新伦理所重者，则一私人对于一团体之事也"。② 梁
启超认为，"以新伦理之分类归纳旧伦理，则关于家族伦理者三：
父子也，兄弟也，夫妇也。关于社会伦理者一，朋友也。关于国家
伦理者一，君臣也"。然而，在梁启超看来，"朋友一伦，决不足
以尽社会伦理，君臣一伦，尤不足以尽国家伦理"。为什么这样说
呢？梁启超认为："凡人对于社会之义务，决不徒在相知之朋友而
已，即绝迹而不与人交者，仍于社会上有不可不尽之责任。"至于
国家伦理，梁启超则认为"尤非君臣所能专有"，"若仅言君臣之
义，则使以礼，事以忠，全属两个私人感恩效力之事耳"，这种君
臣之间的关系"于大体无关也"。③ 并且，在梁启超看来，"将所谓
逸民不事王侯者，岂不在此伦范围之外乎？"梁启超认为，人必备
西方所谓的家族伦理、社会伦理与国家伦理三伦理之义务，"然后
人格乃成"，而若将中国之五伦与西方伦理相比，"则惟于家族伦
理，稍为完整，至社会、国家伦理，不备滋多。此缺憾之必当补者
也"。④ 在梁启超看来，造成这种现象的原因，皆由中国素来"重

① 梁启超：《新民说三·论公德》，《新民丛报》第三号，光绪二十八年三月一
日，第1—2页。

② 梁启超：《新民说三·论公德》，《新民丛报》第三号，光绪二十八年三月一
日，第2页。

③ 梁启超：《新民说三·论公德》，《新民丛报》第三号，光绪二十八年三月一
日，第2页。

④ 梁启超：《新民说三·论公德》，《新民丛报》第三号，光绪二十八年三月一
日，第2页。

私德轻公德所生之结果也"。① 梁启超指出："吾中国数千年来，束身寡过主义，实为德育之中心点，范围既日缩日小，其间有言论行事出此范围外，欲为本群本国之公利公益有所尽力者，曲士贱儒动辄援不在其位、不谋其政等偏义以非笑之，挤排之。谬种流传，习非胜是，而国民益不复知公德为何物。"② 在梁启超看来，个人生息于一群之中，"安享其本群之权利，即有当尽于其本群之义务，苟不尔者，则直为群之蠹而已"。③ 这正像有的学者指出的那样，在梁启超那里，这种向团体和国家所尽的义务，完全被视为极自然的事情，梁氏并不认为国家乃人为的产物，而是认为国家是在弱肉强食的状态下为保护个人而自然形成的。④

循此思想进路，梁启超将国家与个人的关系比作父母与子女的关系。他说："父母之于子也，生之育之，保之教之。故为子者，有报父母恩之义务。人人尽此义务，则子愈多者，父母愈顺。家族愈昌，反是则为家之索矣。"⑤ 基于这种比喻，梁启超认为个人也要像子女对父母报恩那样，对国家履行其当尽之义务。他说："群之于人也，国家之于国民也。其恩与父母同。盖无群无国，则吾性命财产无所托，智慧能力无所附，而此身将不可以一日立于天地。故报群报国之义务，有血气者所同具也。苟放弃此责任者，无论其私德上为善人为恶人，而皆为群与国之蟊贼。"⑥ 梁启超解释道：

---

① 梁启超：《新民说三·论公德》，《新民丛报》第三号，光绪二十八年三月一日，第2页。

② 梁启超：《新民说三·论公德》，《新民丛报》第三号，光绪二十八年三月一日，第3页。

③ 梁启超：《新民说三·论公德》，《新民丛报》第三号，光绪二十八年三月一日，第3页。

④〔日〕坂出祥伸：《梁启超の政治思想》，关西大学《文学论集》24卷第1号，1973年，第5页。

⑤ 梁启超：《新民说三·论公德》，《新民丛报》第三号，光绪二十八年三月一日，第4页。

⑥ 梁启超：《新民说三·论公德》，《新民丛报》第三号，光绪二十八年三月一日，第4页。

"譬诸家有十子，或披剃出家，或博弈饮酒。虽一则求道，一则无赖，其善恶之性质迥殊。要之，不顾父母之养，为名教罪人则一也。明乎此义，则凡独善其身以自足者，实与不孝同科，案公德以审判之，虽谓其对于本群而犯大逆不道之罪，亦不为过。"①

既然国家与群和个人之关系像父母与子女之关系，那么梁启超所谓之公德之观念则全部以国家利益为归宿。梁启超表示，在此物竞天择、优胜劣败的国际环境中，要发明一种新的道德，以作为其民族国家之精神支柱。他说："吾辈生于此群，生于此群之今日，宜纵观宇内之大势，静察吾族之所宜，而发明一种新道德，以求所以固吾群、善吾群、进吾群之道，未可以前王先哲所罕言者，遂以自画而不敢进也。"按梁启超的逻辑，"有公德而新道德出焉矣，而新民出焉矣"。②

当然，梁启超也并非不知道德乃"日月经天，江河行地，自无始以来，不增不减，先圣昔贤，尽揭其奥，以诏后人，安有所谓新焉旧焉"的道理。③ 而且，他也看到当时有人对于传统道德"有厌其陈腐，而一切吐弃之者"的端倪。他也深恐"吐弃陈腐，犹可言也，若并道德而吐弃之，则横流之祸，曷其有极"的严重后果，④ 但学院派进化主义的世界观，始终指导着他的道德观。按照进化主义的观点，道德并非绝对不变，而是发展进化的，所以他认为："道德之为物，由于天然者半，由于人事者亦半，有发达，有

① 梁启超：《新民说三·论公德》，《新民丛报》第三号，光绪二十八年三月一日，第 4 页。

② 梁启超：《新民说三·论公德》，《新民丛报》第三号，光绪二十八年三月一日，第 6 页。

③ 梁启超：《新民说三·论公德》，《新民丛报》第三号，光绪二十八年三月一日，第 6 页。

④ 梁启超：《新民说三·论公德》，《新民丛报》第三号，光绪二十八年三月一日，第 7 页。

进步，一循天演之大例。"① 在梁启超看来，当今乃处于"物竞天
择、优胜劣败"的国际环境中，中国"今日正当过渡时代，青黄
不接"之时，而"老师宿儒或忧之，劬劬焉欲持宋元之余论，以
遏其流"，但他们"岂知优胜劣败，固无可逃。捧抔土以塞孟津，
沃杯水以救薪火"，虽竭其才，"岂有当焉"?②

面对如此的历史处境，梁启超认为："苟不及今急急斟酌古今
中外，发明一种新道德者而提倡之，吾恐今后智育愈盛，则德育愈
衰，泰西物质文明尽输入中国，而四万万人，且相率而为禽
兽也。"③

基于上述认识，梁启超提出了他的"道德革命论"，开始提倡
其所谓"公德"。在梁启超看来，他所提倡的道德革命论，虽"必
为举国之所诟病"，然而他坚定地表示，"吾特恨吾才之不逮耳，
若夫与一世之流俗人挑战决斗，吾所不惧，吾所不辞。世有以热诚
之爱群爱国爱真理者乎？吾愿为之执鞭，以研究此问题也"。④

显而易见，梁启超所谓的公德，完全是以利群、利国为目的
的，所以他的《新民说》中的权利、义务、自由、自治等各子目，
全部向国家利益的方向倾斜。⑤ 此正像他自己所说的那样，"公德
之大目的既在利群，而万千条理，即由是生焉。本论以后各子目，
殆皆可以利群二字为纲以一贯之者也"。⑥

---

① 梁启超：《新民说三·论公德》，《新民丛报》第三号，光绪二十八年三月一
日，第 6 页。

② 梁启超：《新民说三·论公德》，《新民丛报》第三号，光绪二十八年三月一
日，第 6—7 页。

③ 梁启超：《新民说三·论公德》，《新民丛报》第三号，光绪二十八年三月一
日，第 7 页。

④ 梁启超：《新民说三·论公德》，《新民丛报》第三号，光绪二十八年三月一
日，第 7 页。

⑤ 〔日〕坂出祥伸：《梁启超の政治思想》，关西大学文学论集 24 卷第 1 号，
1973 年，第 5 页。

⑥ 梁启超：《新民说三·论公德》，《新民丛报》第三号，光绪二十八年三月一
日，第 7 页。

毋庸否认，日本学院派进化主义思想对梁启超的影响是极为深刻的，它不但左右了梁启超对国际形势的判断，同时也影响到他的世界观以及道德观，使梁启超"一循天演之大例"，用发展、进步的眼光来看待道德，从而树立了一种与传统道德观迥异的新的人格理想。

二　种族竞争与国家利益

对梁启超而言，若要建立一个能与民族帝国主义相周旋的民族国家，首先要知道当今世界上各民族的历史及其民族性，知其在优胜劣败、适者生存的历史活剧中为何雄飞或被蹂躏的缘由，所以梁启超有关各民族的国民性问题，便被他放在《新民说》的重要地位。

前面已经讨论过，加藤弘之的社会达尔文主义，是与将白种人视为"适者"，而将有色人种视为劣等人种的人种主义紧密联系在一起的。梁启超又"夙爱读其书"，并深受影响，所以在他的政治思想中，也沾染了浓厚的人种主义色彩。在梁启超看来，人类的历史，只不过是人种之发达与其竞争的历史而已。[1] 他甚至断言，"舍人种则无历史"。[2] 他解释道："历史生于人群，而人之所以能群，必其于内焉有所结，于外焉有所排，是即种界之所由起也。故始焉自结其家族以排他家族；继焉自结其乡族以排他乡族；继焉自结其部族以排他部族；终焉自结其国族以排他国族。此实数千年世界历史经过之阶级。而今日则国族相结相排之时代也。"[3]

毋庸置疑，梁启超的历史观已得到了学院派进化主义的支持。学院派的这种理论使他否认了传统的循环史观。他认为："孟子

---

[1]　梁启超：《新史学》，载《饮冰室合集》文集之九，中华书局1989年版，第11页。
[2]　梁启超：《新史学》，载《饮冰室合集》文集之九，中华书局1989年版，第11页。
[3]　梁启超：《新史学》，载《饮冰室合集》文集之九，中华书局1989年版，第11页。

曰：天下之生久矣，一治一乱，此误会历史真相之言也。"① 在梁启超看来，历史之真相"譬之江河东流以朝宗于海者"，是直线进化、"往而不返"、"进而无极"的。而世界上各民族，也并非和睦相处，而是在相互排斥、互相厮杀的过程中成长起来的。在天演界无情的生存竞争环境中，那些优胜的民族常常胜出，而劣弱之民族则终不免澌灭。此乃"天演界无可逃避之公例"，无可奈何之事也。梁启超认为，世界上之民族，大约分为五种，它们分别是黑色民族、红色民族、棕色民族、黄色民族和白色民族，其中最有势力者，应属于白种人，而白色人种又分为三种，其中最有势力于今世者又属于条顿民族。条顿民族中最重要者又分为二，其最有势力于今世者，则属于盎格鲁撒逊人。②

梁启超指出："黑、红、棕之人与白人相遇，如汤沃雪，瞬即消灭，夫人而知矣。今黄人与之遇，又著著失败矣。……盎格鲁撒逊人之气焰谁能御之，由此观之，则今日世界上最优胜之民族可以知矣。五色人相比较，白人最优，以白人相比较，条顿人最优，以条顿人相比较，盎格鲁撒逊人最优。"梁启超强调说："此非吾趋势利之言也，天演界无可逃避之公例实如是也。"③

那么，白种人为何优于他种人呢？梁启超认为："他种人好静，白种人好动；他种人狃于和平，白种人不辞竞争；他种人保守，白种人进取。"因为人种上的性质不同，"故他种人只能发生文明，白种人则能传播文明"。④ 依梁启超之见，"发生文明者恃天然也，传播文明者恃人事也"。他认为，泰西文明由安息埃及而希

<hr>

① 梁启超：《新史学》，载《饮冰室合集》文集之九，中华书局1989年版，第7—8页。

② 梁启超：《新民说二·就优胜劣败之理以证新民之结果而论及取法之所宜》，《新民丛报》第二号，光绪二十八年正月十五日，第1—2页。

③ 梁启超：《新民说二·就优胜劣败之理以证新民之结果而论及取法之所宜》，《新民丛报》第二号，光绪二十八年正月十五日，第2—4页。

④ 梁启超：《新民说二·就优胜劣败之理以证新民之结果而论及取法之所宜》，《新民丛报》第二号，光绪二十八年正月十五日，第4页。

腊，由希腊而遍于欧洲大陆，而飞渡磅礴于亚美利加，今则回顾而报本于东方，"其机未尝一日停，其勇猛、果敢、活泼、宏伟之气，比诸印度人何如？比诸中国人何如？其他小国更不必论矣"。所以梁启超得出结论，"白种人所以雄飞于全球者，非天幸也，其民族之优胜使然也"。①

梁启超认为，条顿人之优于其他白种人的地方乃在于"条顿人政治能力甚强，非他族所能及"。②"其始在日耳曼森林中，为一种蛮族时，其个人强立自由之气概，传诸子孙而不失，而又经罗马文化之薰习锻炼，两者和合，遂能成一特性之民族，而组织民族的国家（National state）创代议制度，使人民皆得参预政权，集人民之意以为公意，合人民之权以为国权，又能定团体与个人之权限，定中央政府与地方自治之权限，各不相侵，民族全体得应于时变以滋长发达。"③ 由于条顿民族具备了以上优良的品质，所以梁启超得出结论："条顿人今遂优于天下，非天幸也，其民族之优胜使然也。"④ 而"盎格鲁撒逊人之尤优于他条顿人者何也，其独立自助之风最盛。自其幼年在家庭、在学校，父母师长皆不以附庸待之，使其练习世务，稍长而可以自立，不倚赖他人。其守规律循秩序之念最厚。其常识（Common Sense）最富，常不肯为无谋之躁妄举动。其权利之思想最强，视权利为第二之生命，丝毫不肯放过。其体力最壮，能冒万险。其性质最坚忍，百折不回。其人以实业为主，不尚虚荣，人皆务有职业，不问高下，而坐食之官吏政客，常不为世所重。其保守之性质亦最多，而常能因时势，鉴外群，以发

---

① 梁启超：《新民说二·就优胜劣败之理以证新民之结果而论及取法之所宜》，《新民丛报》第二号，光绪二十八年正月十五日，第4—5页。

② 梁启超：《新民说二·就优胜劣败之理以证新民之结果而论及取法之所宜》，《新民丛报》第二号，光绪二十八年正月十五日，第5页。

③ 梁启超：《新民说二·就优胜劣败之理以证新民之结果而论及取法之所宜》，《新民丛报》第二号，光绪二十八年正月十五日，第6页。

④ 梁启超：《新民说二·就优胜劣败之理以证新民之结果而论及取法之所宜》，《新民丛报》第二号，光绪二十八年正月十五日，第6页。

挥光大其固有之本性"。①

梁启超一气列举了盎格鲁撒逊民族七个优点，在他看来，正是这样优秀的民族性，遂使其"能以区区北极三孤岛，而孳殖其种于北亚美利加、澳大利亚两大陆。扬其国旗于日所出入处。巩其权力于五洲四海冲要咽喉之地，而天下莫之能敌也"。②

十分明显，在梁启超的眼中，世界上各个民族之中，只有盎格鲁撒逊人与日耳曼民族最为优秀。这两个种族之所以能在天演界的生存竞争中取得优胜，不仅因为其具有体力最壮、能冒万险、"强力自由之气概"、"守规律、循次秩"等优秀品质，同时还具备极强的政治能力，故其能组织民族国家（National state），创代议制度。此种制度，使每个国民均获得了政治参与的权利，从而使得国民国家的国民不同于皇权统治之下的子民，而成为国家主权的主体。其权力也与传统皇权来自超越意志的天意不同，它乃来源于"集人民之意"而成的"公意"。从儒家的政治思想来看，皇权之正当性虽来源于超越的天道，然所谓的天意是通过被统治者的意志来体现的，即古语所说的"天视自我民视、天听自我民听"。虽然如此，但天意的表达是间接的、曲折的。它远不如集人民之意而成的"公意"来得直接明了。

两相比较之下，孰优孰劣自然变得十分清楚，一方是风雨飘摇中的老大清帝国，其王权的正当性乃来自朦胧缥缈天意，即梁启超所谓的臆测之理，其真实与否尚在未定之数。另一方则是能组织民族国家、创代议制度、"扬其国旗于日所出入处"、"定霸于十九世纪"的盎格鲁撒逊、日耳曼等白色人种。梁启超强烈地感受到"在民族主义立国之今日，民弱者，国弱；民强者，国强"的道

① 梁启超：《新民说二·就优胜劣败之理以证新民之结果而论及取法之所宜》，《新民丛报》第二号，光绪二十八年正月十五日，第6—7页。
② 梁启超：《新民说二·就优胜劣败之理以证新民之结果而论及取法之所宜》，《新民丛报》第二号，光绪二十八年正月十五日，第7页。

理。它殆如影之随形，响之应声，丝毫不容假借。① 所以要想国家富强，只有走提高国民素质之一途。他表示，要"观彼族之所以衰所以弱，此族之所以兴所以强，而一自省焉。吾国民之性质，其与彼召衰召弱者异同若何，与此致兴致强者异同若何，其大体之缺陷在何处，其细故之薄弱在何处。——勘之，——鉴之，——改之，——补之"。在梁启超看来，只有经过这样洗心革面的努力，才能创造出新的国民。②

当然，梁启超也意识到他所驰心要改造中国人的国民性、建立民族国家的主张，必然要与中国传统的世界秩序观产生矛盾和对立。然而，对梁启超来说，他在日本所接受的进化主义，是科学的世界观和方法论，是放之四海而皆准的公例、公理。而中国传统的天下大同道德观，只不过是一种高远的理想。他认为："宗教家之论，动言天国，言大同，言一切众生。所谓博爱主义、世界主义，抑岂不至德而深仁也哉？虽然，此等主义其脱离理想界而入于现实界也，果可期乎？此其事或待至万数千年后，吾不敢知，若今日将安取之？"③ 于是，他对传统儒家的天下主义，大张挞伐。"中国儒家，动曰平天下，治天下……视国家为眇小之一物，而不屑厝意，究其极也，所谓国家以上之一大团体，岂尝因此等微妙之空言，而有所补益，而国家则滋益衰矣！"④ 显而易见，在梁启超看来，中国传统的天下主义虽属"至德深仁"的理想，然是一种愚腐而不切合实际的理论，今日中国正处于岌岌不可终日的境地，非谈高远理想之时。在他看来，竞争才是历史前进的动力。

---

① 梁启超：《新民说二·就优胜劣败之理以证新民之结果而论及取法之所宜》，《新民丛报》第二号，光绪二十八年正月十五日，第1页。

② 梁启超：《新民说二·就优胜劣败之理以证新民之结果而论及取法之所宜》，《新民丛报》第二号，光绪二十八年正月十五日，第7页。

③ 梁启超：《新民说四·论国家思想》，《新民丛报》第四号，光绪二十八年二月十五日，第4页。

④ 梁启超：《新民说四·论国家思想》，《新民丛报》第四号，光绪二十八年二月十五日，第7—8页。

他说："竞争者，文明之母也。竞争一日停，文明之进步立止。"①

　　他依据日本学院派的进化主义理论，构建了他的竞争史观。依梁启超之见，人类的历史乃是"由一人之争竞而为一家，由一家而为一乡族，由一乡族而为一国。一国者，团体之最大圈，而竞争之最高潮也。若曰并国界而破之，无论其事之不可成，即成矣，而竞争绝，毋乃文明亦与之俱绝乎？况人之性，非能终无竞争者也"。② 在梁启超那里，竞争既是必然的，也是绝对的，并且是永恒的，它乃是社会文明发展的动力。人类若没有竞争，便要复归于野蛮。在他看来，即使真的到了大同社会，"不转瞬而必复以他事起竞争于天国中"。那时的竞争"则已返为部民之竞争，而非复国民之竞争。是率天下人而复归于野蛮"。③ 对梁启超而言，传统的天下大同的道德观乃属于高迈之理想，仅"为心界之美，而非历史上之美"，所以，依他之见，欲建设民族国家，操练国民以战胜于竞争界，必"定案以国家为最上之团体，而不以世界为最上之团体"。在他看来，"言博爱者，杀其一身之私以爱一家可也。杀其一家之私以爱一乡族可也；杀其一身一家一乡族之私以爱一国可也。国也者，私爱之本位，而博爱之极点，不及焉者，野蛮也，过焉者，亦野蛮也。何也？其为部民，而非国民一也"。④

　　梁启超既然"以国家为最上之团体"，是"团体之最大圈""竞争之最高潮"，那么对梁启超而言，国家是什么呢？他综合日

---

　　① 梁启超：《新民说四·论国家思想》，《新民丛报》第四号，光绪二十八年二月十五日，第 4 页。

　　② 梁启超：《新民说四·论国家思想》，《新民丛报》第四号，光绪二十八年二月十五日，第 4 页。

　　③ 梁启超：《新民说四·论国家思想》，《新民丛报》第四号，光绪二十八年二月十五日，第 4 页。

　　④ 梁启超：《新民说四·论国家思想》，《新民丛报》第四号，光绪二十八年二月十五日，第 4 页。石川祯浩先生认为梁启超上述观点主要来自加藤弘之与伯伦知理。参阅石川祯浩：《梁启超と文明の视座》，载狭间直树编：《梁启超西洋近代思想受容と明治日本》，株式会社みすず书房 1999 年版，第 115 页。

本民权论者和伯伦知理国家有机体论，对国家这一概念进行了一番定义。① "人群之初级也，有部民而无国民，由部民而进为国民，此文野所由分也。部民与国民之异安在？曰群族而居，自成风俗者，谓之部民。有国家思想，能自布政治者，谓之国民，天下未有无国民而可以成国者也。"② 在梁启超的进化主义竞争史观的框架中，中国尚是一个或以地域分、或以职业分、或以血缘分的百数千数之小国驯至"四万万人遂成为四万万国"的中华世界。中国人也尚处于"群族而居，自成风俗"的"部民"阶段。而要将只有"微妙之空言""世界主义"理想的中华世界，转变为能参与天演界竞争的"最大之团体"；将野蛮或半开的"部民"操演成"竞争之最高潮"的"国民"，就要使只知有天下而不知有国家的"部民"，"一曰对于一身而知有国家，二曰对于朝廷而知有国家，三曰对于外族而知有国家，四曰对于世界而知有国家"。③

梁启超要"部民"所需知的这四项，大致可分为两部分。它分别从国家的内部和外部两方面论述了个人、国家和世界三者的关系。于前两项，梁启超主要阐述了国家与个人的关系，而于后两项，他则论述了国家与世界的关系。此两部分是围绕着"最上之团体"的国家概念而展开的。如同前述，梁启超一反西方的天赋人权论，而拥抱日本学院派的社会达尔文主义。他认为，国家乃是个人于生存竞争、弱肉强食的天演界中，为保其生命财产"由于不得已"而形成的，对个人而言，"盖非利群，则不能利己"。因此，国中之人

① 〔日〕狭间直树：《〈新民说〉略论》，《有机体としての国家》，《梁启超西洋近代思想受容と明治日本》，株式会社みすず书房 1999 年版，第 86—87 页。〔日〕山田央子：《ブルチェリーと近代日本政治思想——〈国民〉概念成立とその受容》，东京都立大学法学会杂志第三十三卷第一号 1992 年 7 月版，第 272—277 页。郑匡民：《西学的中介：清末民初的中日文化交流》，四川人民出版社 2008 年版，第 300—303 页。

② 梁启超：《新民说四·论国家思想》，《新民丛报》第四号，光绪二十八年二月十五日，第 1 页。

③ 梁启超：《新民说四·论国家思想》，《新民丛报》第四号，光绪二十八年二月十五日，第 1 页。

"每发一虑、出一言、治一事，必常注意于其所谓一身以上者（指国家）"。① 也就是说，个人的一切言行，均要先考虑到国家，要以国家利益为重。但是，梁启超也强调，朝廷并不等于国家，他打了个比喻说："国家如一公司，朝廷则公司之事务所，而握朝廷之权者，则事务所之总办也。国家如一村市，朝廷则村市之会馆，而握朝廷之权者，则会馆之值理也。夫事务所为公司而立乎，抑公司为事务所而立乎？会馆为村市而设乎，抑村市为会馆而设乎？不待辨而知矣。"② 不过，在梁启超看来，当时的中国人并不理解这样浅显的道理，他们常常将朝廷与国家混为一谈，"推爱国之心以爱及朝廷"。他解释道："譬之有一公司之总办而曰，我即公司。有一村市之值理而曰，我即村市。试思公司之股东、村市之居民能受之否耶？"③ 在梁启超看来，中国人之不分朝廷与国家的现象来源于其爱人及屋、爱屋及乌之意，然中国人若"以乌为屋也，以屋为人也。以爱屋爱乌，即爱人也。浸假爱乌而忘其屋，爱屋而忘其人也。欲不谓之病狂，不可得也"。④ 梁启超将爱国与爱朝廷做了明确的区分："有国家思想者，亦常爱朝廷，而爱朝廷者，未必皆有国家思想。"他明确指出："朝廷由正式而成立者，则朝廷为国家之代表，爱朝廷即所以爱国家也；朝廷不以正式而成立者，则朝廷为国家之蟊贼，正朝廷乃所以爱国家也。"⑤

显而易见，在梁启超那里，国家与朝廷有着极为明确的大小与

---

① 梁启超：《新民说四·论国家思想》，《新民丛报》第四号，光绪二十八年二月十五日，第1—2页。

② 梁启超：《新民说四·论国家思想》，《新民丛报》第四号，光绪二十八年二月十五日，第2页。

③ 梁启超：《新民说四·论国家思想》，《新民丛报》第四号，光绪二十八年二月十五日，第2页。

④ 梁启超：《新民说四·论国家思想》，《新民丛报》第四号，光绪二十八年二月十五日，第3页。

⑤ 梁启超：《新民说四·论国家思想》，《新民丛报》第四号，光绪二十八年二月十五日，第3页。

轻重的区别。他眼中的国家，乃是天演界中一个个孑然孤立的个人，为保其生命财产，"由于不得已"而组成的政治共同体，此共同体的作用只是为了在和平之时能"通功易事，分业相助"，而于急难之时，能"群策群力，捍城御侮"①。依梁启超之见，对中国人而言，为了"使其团结永不散，补助永不亏，捍救永不误，利益永不穷"②，就得强固此共同体，要使其完成由"部民"到"国民"的转变，使其了解个人与国家的关系，了解朝廷与国家的关系，了解利己即利他，爱国即爱己。梁启超称："国也者，私爱之本位，而博爱之极点也。"③ 至于中国与世界的关系，正如前面已经讨论过的那样，梁启超认为，要建设一个能参与天演竞争的民族国家，中国人先要从传统的世界秩序观中解放出来，要认识到中国并不是处于独立之势的禹域，环绕其周围的也并非小蛮夷，盎格鲁撒逊和日耳曼民族就比中国人优秀得多，他们也有灿然可观的政教学术。中国在民族竞争的天演界中只是"劣者"和"弱者"，中国人若想自立于世界民族之林，就得自为强者，放弃高远而不实用的世界主义，而驰心于国家主义，所以，梁启超将国家视为"团体之最大圈，而竞争之最高潮也"。十分明显，在梁启超眼中，国家包含着所有的社会价值，基于此，他所谓的公德，即国民政治自觉的具体内容，如进取冒险、权利思想，自由、自治等观念，也具有了与上述国家思想相同的性质。④

①　梁启超：《新民说四·论国家思想》，《新民丛报》第四号，光绪二十八年二月十五日，第 1 页。

②　梁启超：《新民说四·论国家思想》，《新民丛报》第四号，光绪二十八年二月十五日，第 2 页。

③　梁启超：《新民说四·论国家思想》，《新民丛报》第四号，光绪二十八年二月十五日，第 4 页。

④　〔日〕坂出祥伸：《梁启超の政治思想》，关西大学文学论集 24 卷第 1 号，1973 年，第 6 页。

三　牺牲个人以利社会，牺牲现在以利将来

　　梁启超去日后，曾经试图从东西方"国体"的异同上，找出中国落后于西方的线索。他写的《论中国与欧洲国体异同》，可视为在这方面的努力。① 在他看来，"中国与欧洲之国体，自春秋以前（欧洲史家所称上世史时期——原注），大略相同"，而"自春秋以后，截然相异"。② 梁启超认为，春秋以后，两者相异之处共有两点。其一，"欧洲自罗马以后，仍为列国，中国自两汉以后永为一统"③。在梁启超看来，此种相异，造成两者竞争精神迥异的结果，"列国并立者，以有所争竞，故其政府不能不励精图治，以谋国家之进步，求足与他国相角而不至堕落"，其结果"则国政必修。其国民常与他国民相遇，常与战事相习，则其敌忾好胜之心自不得不生，如是，则民气必强。国政修，民气强，而国民之文明幸福遂随之而日进"。而中国则与欧洲相反，"以数十代一统之故，其执政者枵然自大，冥然罔觉，不复知有世界大局……务压制其民，以防乱萌"。其结果造成"国政之败坏萎弱"，"其国民受压既久，消磨其敌忾之心，荡尽其独立不羁之气"，"以至养成不痛不痒"之国民。④

　　其二，梁启超认为："欧洲有分国民阶级之风，而中国无之。"

---

①　法国学者巴斯蒂先生曾因梁氏的行文风格和运用政治学概念的熟练程度而视为梁氏多半是抄袭某一日文著作。参阅〔法〕巴斯蒂：《梁启超与宗教问题》，张广达译，载《东方学报》1998年第七十册，第339页。

②　梁启超：《论中国与欧洲国体异同》，《清议报》第二十六册，光绪二十五年八月初一日，第2页。

③　梁启超：《论中国与欧洲国体异同》，《清议报》第二十六册，光绪二十五年八月初一日，第2页。

④　梁启超：《论中国与欧洲国体异同》，《清议报》第二十六册，光绪二十五年八月初一日，第3页。

此种不同，也是造成两者竞争精神不同的原因。在梁启超看来，若以文明进化的角度视之，无阶级之国民虽比有阶级国民幸福，但是，"进化者，以竞争而得，竞争者，以激搏而生，欧洲惟分民为阶级，小数之贵族对于多数之贫民，其惨待不以人理，故官民相争之局屡起"。此种现象，使欧洲"民气日昌，民智日开"。中国则不然，"中国人则非受直接之暴虐，而常受间接之压制，从天赋之权虽未尝尽失而常不完全，被民贼暗中侵夺而不自知，故怨毒不深，而其争自存也不力。又被治之人，俄然而可以为治人之人，故桀骜愤激之徒往往降心变节，工容媚，就绳墨，以求富贵。故民气不聚而民心不愤"。①

依梁启超之见，中国与欧洲相异之点虽然不一，但是，最大之不同，"则莫如此两者为最，而其一切相异之点，皆可以归纳于此两者之中矣"。② 在他看来，历史已一去不可复返，当今之世界状况与古时已有翻天覆地之变化，中国与欧洲两个相异之点，已不复存。梁启超指出："今日地球缩小，我中国与天下万国为比邻，数千年之统一，俄变为并立矣。经济世界之竞争，月异而岁不同……数千年之无阶级，俄变为有阶级矣。"③ 既然数千年一统垂裳已发展为万国并立，无阶级也变为有阶级，梁启超心目中阻碍中国文明进步的因素都已去掉，那么，中国只有像欧洲那样发扬其竞争精神，"于退步求进步"。只有那样，"或者我中国犹有突飞之日"而立于世界民族之林。④

诚如前面所指出的那样，梁启超亡命日本之后，一直在寻找救国

---

① 梁启超：《论中国与欧洲国体异同》，《清议报》第二十六册，光绪二十五年八月初一日，第4—5页。

② 梁启超：《论中国与欧洲国体异同》，《清议报》第二十六册，光绪二十五年八月初一日，第5页。

③ 梁启超：《论中国与欧洲国体异同》，《清议报》第二十六册，光绪二十五年八月初一日，第5页。

④ 梁启超：《论中国与欧洲国体异同》，《清议报》第二十六册，光绪二十五年八月初一日，第5页。

的良药，希望用它来医治祖国的病患。而学院派进化主义中的有机体论和国家竞争思想，对急于使中国富强而在"外竞"中胜出的梁启超来说，正如幽室见日，枯腹得酒。学院派思想中所表现出的竞争和进步的观念，更是给本来就具有力本论思想的梁启超以精神食粮，使它如鱼得水，如虎添翼，从而成就了它一种新的人格理想。

梁启超到日本后，除了受到加藤弘之的强权论、伊耶陵的权利竞争论（下文会讨论到）的影响外，还根据角田柳作译、ベンジャミン·キッド著的《社会の进化》写下了《进化论革命者颉德之学说》一文。在这篇文章中，梁启超表达了它的激进的集体主义的社会进化观。[①]

本杰明·基德是英国社会达尔文主义的思想家，他的思想在20世纪转折时期一度深受盎格鲁-撒克逊思想界的欢迎。[②] 其思想传入日本之后，曾在日本引起震动，在日本1896年哲学大会上，学院派进化主义的重要人物外山正一曾发表了题为《论人生目的的我

---

① 颉德之 social evolution 一书，曾于 1899 年 2 月由角田柳作译为日文。其题目为ベンジャミン·キッド著《社会の进化》。而几乎与此同时，中国的《万国公报》也自第 12 期开始连载李提摩太（Timothy Richard）翻译的企德（颉德）著的《大同学》。此书后又被上海广学会以译本的形式，于 5 月出版。不过上海广学会本作者名被音译为企德。此本与角田本比较，基本为整篇翻译，可以说是抄本。然而中文译本收录了角田本中删除的附录统计表。日本学者森纪子教授认为，上述这些译本梁启超都有可能读到，但观诸中译本"万物成长变化之理""养民"或斯宾塞之"万物合贯"等处，在梁启超的引文中都使用了角田译本的用语"如进化论""社会主义""综合哲学"，等等。此外，梁启超还提及了中译本未译而只附于角田译本中的《原序》。所以森教授认为梁启超读过角田译本。参阅森纪子：《梁启超の仏教と日本》，载狭间直树：《共同研究·西洋近代思想と明治日本》，株式会社みすず书房 1999 年第二版，209 页。附带说明一下，森纪子教授曾将梁启超部分原文与角田本做过比对，发现两者大致一样。笔者手头恰有角田本，经比对，有几处都明显一致。且角田曾毕业于东京专门学校，后留学美国哥伦比亚大学。东京专门学校最早由营救梁启超亡命的大隈派所设，梁启超与之渊源甚深。他极有可能通过种种途径得到角田本。故应当肯定地说，梁启超的《进化论革命者颉德之学说》是以角田本为蓝本写成的。

② 〔美〕张灏：《梁启超与中国思想的过渡（1890—1907）——烈士精神与批判意识》，崔志海、葛夫平译，新星出版社 2006 年版，第 117 页。

信界》的演说，此演说涉及英国进化主义者颉德的《社会进化论》（1894），后作为评论，登载在同年 8 月 10 日刊行的《哲学杂志》第 11 卷第 114 号上。外山在文章中，从学院派进化主义的角度，对颉德的理论进行了补充和修正。这应是日本最早论及颉德的文章。[①] 梁启超亡命日本之初，颉德所著的《social evolution》1894 年便被角田柳作译为日文，梁启超的好友、宗教学者姊崎正治便受过颉德很深的影响。而梁启超与日本学院派学者渊源极深，早在 1899 年 5 月 13 日下午，他就由姊崎正治介绍参加过举办于东京富士见轩的日本哲学大会，认识了会长加藤弘之，并于会上朗读了《论支那宗教改革》的文章。在晚餐会上，他又结识了井上哲次郎、元良勇次郎、中岛力造、三宅雪岭等二十余名著名学者。[②] 他极喜学院派进化主义的著作，曾将加藤弘之和有贺长雄等人的进化主义著作登载在他所办的《清议报》上，所以说《进化论革命者颉德之学说》应是梁启超在学院派进化主义的影响之下，并结合中国的国情而写下的文章。

梁启超在这篇文章中，首先对他感兴趣的颉德的观点做了介绍。颉德认为，人和其他动物一样，非竞争则不能进步，竞争之结果，"劣而败者灭亡，优而适者繁殖，此不易之公例也"。但是，此进化之运动，"不可不牺牲个人以利社会（即人群——原注），不可不牺牲现在以利将来"，所以挟持现在之利己心而假托于进化论者实乃进化论之罪人。为何这样说呢？依颉德之见，"现在之利己心与进化之大法无相关故，非惟不相关，实不相容故。此现在之利己心名之为'天然性'"。颉德认为此天然性乃"人性中之最'个人的'，'非社会的'，'非进化的'，其于人类全体之永存之进

①　〔日〕森纪子：《梁启超の仏教と日本》，载〔日〕狭间直树编：《梁启超西洋近代思想受容と明治日本》，株式会社みすず书房 1999 年第二版，第 208 页。

②　〔日〕狭间直树：《中国近代における日本媒介とする西洋文明の受容に关する基础的研究》，《研究成果报告书》平成九年三月，第 15 页。

步，无益而有害者也"。①

颉德还认为，人类之进步"必以节性为第一义"。所谓节性，就是要用宗教来节制人类的天然性。人类若欲"群"，若欲"进化"，便不可不受宗教之节制。宗教与人类之恶质相抗，"然后能促人群之结合，以使之进步"。②

对颉德而言，其理论根据乃来自达尔文生物进化之观念，然达尔文所谓优所谓适者，"不过专指现在个人之利益，或其种族多数之利益而已"，颉德则认为，"自然淘汰之目的，在使同族中之最大多数，得最适之生存"，颉德氏之所谓最大多数者，不在现在，"而在将来"，所以不得不牺牲各分体之利益，及现在全体之利益，"以为将来达此目的之用"。颉德认为，物之有生，不在其自身，"不过为达彼大目的（即未来之全体——原注）之过渡而已"。这即颉德"首明现在必灭之理，与现在灭然后群治进"之用意所在。③

外山正一站在日本学院派的立场上，对颉德的理论做了补充和修正，提出与颉德略为不同的观点。外山正一不同意颉德从个人利害与社会利害相对的角度，而倡导利用宗教制裁人的行为的观点。外山认为，此乃是颉德出于对自我认识的误解。在外山看来，日本人即使没有宗教等外部制裁，也可将国家、社会与自我视为一体。此种能视三者为一体的灭己的主我精神，乃是日本人的一大特性，这才是进化的重要条件。外山认为，国家衰亡之重要原因乃在于国民的灭己主我精神的消失。如今清帝国之最大难题也在于缺乏此种精神。外山进一步讨论到死的观念。在外山看来，即使一己死去，

---

① 梁启超：《进化论革命者颉德之学说》，载《饮冰室合集》文集之十二，中华书局 1989 年版，第 79—80 页。

② 梁启超：《进化论革命者颉德之学说》，载《饮冰室合集》文集之十二，中华书局 1989 年版，第 80 页。

③ 梁启超：《进化论革命者颉德之学说》，载《饮冰室合集》文集之十二，中华书局 1989 年版，第 81 页。

对其后继者而言，此一己依然生存。个体之死乃是假象，集体之死才是真象。个体之死应视为群体永存所必有的新陈代谢等。外山主张，在国家间激烈竞争的时代，应培养国民的灭己性主我精神，使每个国民都以国家社会的进化改良为其人生目的。[1]

对梁启超而言，颉德的社会达尔文主义与学院派的分歧并不重要，他所感兴趣的，是如何从两派的进化主义思想中，摄取他认为有价值的观念，以作为他新民思想的资源，从而实现其富强中国的愿望。在这种意义上，他并不介意外山反对颉德倡导利用宗教来制裁人的天然利己心的观点，而是认为，宗教对人的天然性方面的制裁与限制，在促进人群之结合与进步方面，可发挥极其重要的作用。

在梁启超看来，最能使人感到恐惧和困惑的，莫过于死亡，但宗教在破除人对死亡之恐惧上有特殊的作用。有关中国的宗教，他举例说："儒家之教，以为死而有不死者存，不死者何？曰名。故曰，'君子疾殁世而名不称焉'。又曰，'死或重于泰山，或轻于鸿毛'。若何而与日月争光，若何而与草木同腐。此儒家之所最称也，其为教也，激厉（励）志气，导人向上。"对于道家，梁启超认为应分三派："一曰庄列派，以为生死齐一，无所容心，故曰，物方生方死，方死方生，又曰莫寿于殇子，而彭祖为夭，其为教也，使人心志开拓……次为老杨派，以为死则已矣，毋宁乐生，故曰，'生则尧舜，死则腐骨，生则桀纣，死则腐骨，腐骨一耳，孰知其极，其为教也，使人厌世，使人肆志，伤风败俗，率天下而禽兽，罪莫大焉。……又次为神仙派，以为人固有术可以不死，于是炼养焉，服食焉，其愚不可及矣。"[2]

---

① 　森纪子先生认为，外山正一的主张与梁启超的观点十分相似。〔日〕森纪子：《梁启超の仏教と日本》，载〔日〕狭间直树编：《梁启超西洋近代思想受容と明治日本》，株式会社みすず书房1999年版，第208页。

② 　梁启超：《进化论革命者颉德之学说》，载《饮冰室合集》文集之十二，中华书局1989年版，第82页。

关于域外宗教，梁启超举了四个例子，其一，"埃及古教，虽死之后，犹欲保其遗骸，于是有所谓木乃伊术者，其思想何在，虽不能确指，要之，出于畏死而欲不死之心而已"。其二，即"印度婆罗门外道，以生为苦，以死为乐，于是有不食以求死者，有喂蛇虎以求死者，有卧辙下以求死者，厌世观极盛，而人道或几乎息矣"。其三，"景教窃佛说之绪余，冥构天国，趋重灵魂，其法门有可取者"。其四乃是佛教，"谓一切众生，本不生不灭，由妄生分别，故有我相，我相若留，则堕生死海，我相若去，则法身常存，死固非可畏，亦非可乐，无所罣碍，无所恐怖，无所贪恋，举一切宗教上最难解之疑问，一一喝破之，佛说其至矣"。① 依梁启超之见，中外各派宗教之宗旨，虽各有不同，但还是有缺陷，总而言之，"皆离生以言死，非即生以言死也"。宗教家所论，皆"既死后之事，非未死前之事"，全属于"出世间之言，非世间之言也"。② 梁启超所关心的，并非宗教所说的出世间事，而是现实世界的事情，是如何在现实的世界中，培养国民的公德，提高群体的凝聚力以建设民族国家的事。所以，梁启超也和日本学院派的进化主义者一样，从科学的角度来接受颉德的学说。他认为："其以科学谈死理，圆满透达，颠扑不破者，吾以为必推颉德氏此论。"在梁启超看来，世间之事，唯有生死问题最能引起人的困惑，"虽有英雄豪杰，气概不可一世，一语及此，鲜有不嗒然若丧，幡然改其度者"。依梁启超之见，生死的问题对人们的困扰，乃是造成求"公德之所以不能尽，群治之所以不能进"的重要原因。但是，颉德的理论，却能使人破除死的困扰，而有益于群治。梁启超说："颉氏此论，虽未可为言死之极轨，然使人知有生必有死，实为进化不可缺之一要具，为人人必当尽之一义务，夫其必不能免也既如

---

① 梁启超：《进化论革命者颉德之学说》，载《饮冰室合集》文集之十二，中华书局 1989 年版，第 82—83 页。

② 梁启超：《进化论革命者颉德之学说》，载《饮冰室合集》文集之十二，中华书局 1989 年版，第 83 页。

彼，而其关系重大也又如此，等是死也，等是义务也，其奚择哉？奚怖哉？奚馁哉？以此论与孔、佛、耶诸大宗教说并行，则人庶不为此问题所困，而世运可日进，颉氏所以能为进化论革命巨子者，在此焉耳。"[1] 显而易见，梁启超除了在个体之生死与群体之关系问题上的看法与外山基本一致[2]以外，在对宗教问题的看法上，并非像外山正一那样，反对颉德利用宗教来制裁人们行为的观点，而是吸收了颉德的集体主义的死亡观。颉德那种用科学的方法，从现实的角度来揭示死亡与进步联系的观念，对梁启超来说极具吸引力，这些观念，成为其提高国民公德、建设国民国家的思想资源。

为了破除人们对于生死问题的困扰，梁启超又进一步阐明了"彼""我"的概念。他认为，所谓"我"应有"大我"和"小我"之分，而所谓"彼"又应有"大彼"和"小彼"之别。他指出："何谓大我，我之群体是也，何谓小我，我之个体是也。何谓大彼，我个体所含物质的全部是也（即躯壳——原注）。何谓小彼，我个体所含物质之各分子是也（则五脏血轮乃至一身中所含诸质——原注）。"[3] 依梁启超之见，一般人均认我之躯壳为我，其实这是一种误解。个体之我是一种假象。假如那样的话，"则岂必死之时而乃为死，诚有如波斯匿王所言，岁月日时，刹那刹那，全非故我。以今日生理学之大明，知我血轮运输，瞬息不停。一来复间，身中所含原质全易"。假如世人误认个体之我为"我"的话，他们怎知"今日之我，七日以后，则已变为松为煤为牛为犬为石为气也，是故当知彼彼也，而非我"。[4] 照梁启超这种说法，杨朱

---

① 梁启超：《进化论革命者颉德之学说》，载《饮冰室合集》文集之十二，中华书局 1989 年版，第 83 页。

② 梁启超：《余之生死观》，载《饮冰室合集》文集之十七，中华书局 1989 年版，第 9 页。

③ 梁启超：《余之生死观》，载《饮冰室合集》文集之十七，中华书局 1989 年版，第 9 页。

④ 梁启超：《余之生死观》，载《饮冰室合集》文集之十七，中华书局 1989 年版，第 8 页。

所谓"十年亦死，百年亦死，仁圣亦死，凶愚亦死"的死，则全属"彼"，而非"我"了。并且，"彼之死，又岂俟十年，百年"，实际上乃"岁岁死，月月死，日日死，刻刻死，息息死"。[①] 既然个体的人是"彼"而非"我"。那么，什么是真正的我呢？按梁启超的说法，则是"至今岿然不死者，我也。历千百年乃至千百劫而终不死者，我也"。[②] 为什么这样说呢？梁启超认为，这乃是因为我有群体，"吾辈皆死，吾辈皆不死，死者，吾辈之个体也，不死者，吾辈之群体也"。[③] 依梁启超之见，"我之家不死，故我不死；我之国不死，故我不死；我之群不死，故我不死；我之世界不死，故我不死；乃至我之大圆性海不死，故我不死"。[④] 十分明显，梁启超这里所说的不死的"大我"并不是指个体的"小我"或"大彼"，而是指群体之"大我"。不惟如此，梁启超还认为，个体为群体做出牺牲，不单是科学上已被证明的生理之公理与公例，而且还是道德上应尽的责任。他说："小彼不死，无以全小我，大彼不死，无以全大我。我体中所含各原质，使其凝滞而不变迁，常住而不蝉脱，则不瞬息而吾无以为生矣。夫彼血轮等之在我身，为组成我身之分子也；我躯壳之在我群，又为组成我群之分子也，血轮等对于我身，而有以死利我之责任，故我躯壳之对于我群，亦有以死利群之责任，其理同也。颉德曰，死也者，人类进化之一原素也，可谓名言。"[⑤] 这样一来，梁启超又将个体为群体牺牲这一现

---

①　梁启超：《余之生死观》，载《饮冰室合集》文集之十七，中华书局 1989 年版，第 8 页。

②　梁启超：《余之生死观》，载《饮冰室合集》文集之十七，中华书局 1989 年版，第 8 页。

③　梁启超：《余之生死观》，载《饮冰室合集》文集之十七，中华书局 1989 年版，第 8 页。

④　梁启超：《余之生死观》，载《饮冰室合集》文集之十七，中华书局 1989 年版，第 8 页。

⑤　梁启超：《余之生死观》，载《饮冰室合集》文集之十七，中华书局 1989 年版，第 9 页。

象从科学的公理和公例上升到道德的正义这一高度。那么，梁启超宣扬这种"小彼"有为"大彼"牺牲的责任与义务，"小我"有为"大我"牺牲的责任与义务的用意何在呢？他解释道，"吾汲汲言此义也，非欲劝人祈速死以为责任也，盖惟憺于死而不死之理。故以为吾之事业之幸福，限于此眇小之七尺与区区之数十寒暑而已，此外更无有也。坐是之故，而社会的观念与将来的观念两不发达"，而"社会的观念与将来的观念正人之所以异于禽兽者也"，并且"同为人类，而此两观念之或深或浅或广或狭，则野蛮文明之级视此焉，优胜劣败之数视此焉"。① 十分明显，梁启超汲汲宣传"小我"有为"大我"（或曰群体）牺牲的责任的目的无非就是要使国家由野蛮进入文明，以便使中国在所谓的"优劣胜败，适者生存"的国际环境中胜出。

出于这种考虑，梁启超也像外山正一一样，主张在激烈竞争的"外竞"的大环境中，要培养牺牲"小我"而为"大我"的精神，要明白"死而有不死者存"的道理。他有感于日本有所谓日本魂有所谓武士道，故能立国维新的事实，故欲极力效法。他感觉武士道"其名雅训，且含义甚渊浩"，② 特意写下了著名的《中国之武士道》长文。而其目的，盖欲培养所谓中国魂，"使全国尚武精神，养之于豫，而得普及也"。③

梁启超对武士道的推崇，乃来自其要在"优胜劣败"国际环

---

① 梁启超：《余之生死观》，载《饮冰室合集》文集之十七，中华书局 1989 年版，第 9 页。

② 梁启超：《中国之武士道·凡例》，载《饮冰室合集》专集之二十四，中华书局 1989 年版，第 1 页。

③ 梁启超：《中国之武士道·凡例》，载《饮冰室合集》专集之二十四，中华书局 1989 年版，第 1 页。有关梁启超关注日本精神动力日本魂或武士道的问题，请看森纪子：《梁启超の佛教と日本》第三节"进化论と生死观"，载狭间直树：《共同研究·梁启超西洋近代思想受容と明治日本》，株式会社みすず书房 1999 年版，第 208—214 页。

境中使中国胜出的理想。指导他实现此理想的世界观与方法论又是一种集体主义的社会达尔文主义。这种世界观和方法论则势必影响梁启超接收西方自由主义的角度，果然，"通过基（颉）德思想中的这种集体未来主义，梁最终对西方的自由民主思想采取了一种尖锐批判的思想立场"。① 因为正像我们在第二章已讨论过的那样，梁启超是在学院派进化主义框架下接收西洋诸思想的，对梁启超而言，进化主义乃是经科学证明过的共同真理（公例、公理），而其他西洋思想则无论其如何高深，也只不过是出于某个思想家主观的想象，且达尔文之进化论，实将以前之观念一新者也。② 在梁启超看来，"进化之义，在造出未来，其过去及现在，不过一过渡之方便法门耳。今世政治学者、群学者之所论，虽言人人殊，要之，皆重视现在，于未来少所措意焉……如近世平民主义之新思想，所谓最大多数之最大幸福者，亦不过以现在人类之大多数为标准而已，其未来之大利益，若与现在之多数利益不能相容，则弃彼取此，非所顾也"。③ 按这样的标准，西方自由主义思想，便应全在排斥之列，而成为梁启超批评的对象。在颉德看来，近代西方思想的主流是平民主义，而对颉德进化主义执迷的梁启超，便借用颉德的话，对西方的平民主义加以批判，他写道："十九世纪者，平民主义之时代也，现在主义之时代也。虽然，生物进化论既日益发达，则思想界不得不一变，此等幼稚之理想，其谬误固已不可掩。质而论之，则现在者，实未来之牺牲也。若仅曰现在而已，则无有一毫之意味，无有一毫之价值。惟以供未来之用，然后现在始有意味，始

---

① 〔美〕张灏：《梁启超与中国思想的过渡（1890—1907）——烈士精神与批判意识》，崔志海、葛夫平译，新星出版社 2006 年版，第 119 页。

② 梁启超：《论学术之势力左右世界》，载《饮冰室合集》文集之六，中华书局1989 年版，第 110—116 页。

③ 梁启超：《进化论革命者颉德之学说》，载《饮冰室合集》文集之十二，中华书局 1989 年版，第 84 页。

有价值。凡一切社会思想，国家思想，道德思想，皆不可不归结
于是。"①

从某种意义上看，梁启超对西方自由主义的批判乃学理逻辑
的必然归宿。梁启超既然将颉德视为进化论革命之巨子，则不能
不受其影响，而以其理论进退当世之学说。从理论上说，颉德之
进化论，是将社会视为一有机体，而将自然淘汰、适者生存视为
朝未来之进化，颉德认为在进化的过程中，个体与群体的关系是
以对立为前提的，而在残酷的生存竞争中的优者，都是那些以献
身和自我牺牲精神的个体所结合起来的群体。个人理性的发展则
会使爱他心消亡而妨碍进化，只有通过宗教培养爱他心才能促进
进化。颉德认为，现在的社会科学，即边沁、弥勒的功利论，斯
宾塞的学说，社会主义，个人主义等，均立足于现在而蔑视宗
教，从这种意义上，颉德自然对上述理论持批判态度。② 以现在
的角度来看，"进化论虽有向人们描绘光辉灿烂未来的一面，但
也有最大限度地降低现代社会和个人价值的倾向，现在的人类，
虽然站在生物进化的顶点，然而与进化着的将来的人类相比，
则只不过是从猿人到未来人中间的中继点。并且将来的人也一
样，与遥远未来的超人相比，也将沦为毫无价值之物。从这种
意义上来说，进化论是一种不承认任何事物都有绝对价值的思
想，而且，集体主义的社会达尔文主义，在某种意义上，有轻
视个人生命和尊严的固有倾向，这就像达尔文在其《人类之起
源》中说的那样，在集体的生存竞争中所剩下的胜利者，并非
只是那些在体力上优秀的集团，而那些富有牺牲精神、协调性、
爱性、信赖等品质的成员多的那些集团，才在竞争中占据有利

---

① 梁启超：《进化论革命者颉德之学说》，载《饮冰室合集》文集之十二，中华
书局 1989 年版，第 86 页。

② 〔日〕森纪子：《梁启超の佛教と日本》第三节"进化论と生死观"，载狭间
直树编：《梁启超西洋近代思想受容と明治日本》，株式会社みすず书房 1999 年版，第
210 页。

的地位。所以，只要集团间的竞争持续，对个人而言，具有帮助他人利他的品质，远比只保护自身的生命更为重要。也就是说，这种思想，无形中具备了一种轻视个人的价值，而无限地强化集体主义的倾向"。①

颉德的进化主义思想，是梁启超在日本找到的救国良药。其思想中将社会视为一大有机体，以及"不可不牺牲现在以利将来"等观念，都与寻找加强群体凝聚力，以便在优胜劣败的天演界胜出的方法的梁启超产生了强烈的共振，不唯如此，颉德的思想，也能与梁启超先前所接收的加藤弘之的社会进化论和国家有机体学说互相印证和发明。在梁启超眼中，无论是加藤还是颉德的进化主义，都是科学家之言，而非思想家一己之臆见。从这种角度来看，梁启超依颉德之进化主义批评西方自由主义也是情理中事。总而言之，梁启超通过日本所理解和欣赏的社会达尔文主义，"不是霍夫施塔特（Hofstadter）所称的'达尔文式的个人主义'，而是他所称的'达尔文式的集体主义'"。② 在这种达尔文式集体主义的指引下，梁启超为其国民国家发明了一种竞争和进步的公德，而这恰恰像张灏先生所指出的那样，"在这样一种狂热的、坚定的未来主义信仰的背后，无疑存在着对社会进步的神化"。③

四　为生存竞争的权利自由论

梁启超在建构国民国家的过程中，提出了一系列西方的政治学

---

① 〔日〕鹈浦裕：《近代日本における社会ダウィニズムの受容と展开》，载〔日〕柴谷笃弘、长野敬、养老孟司编：《进化——进化思想と社会》，东京大学出版会 1991 年版，第 149—150 页。

② 〔美〕张灏：《梁启超与中国思想的过渡（1890—1907）——烈士精神与批判意识》，崔志海、葛夫平译，新星出版社 2006 年版，第 115 页。

③ 〔美〕张灏：《梁启超与中国思想的过渡（1890—1907）——烈士精神与批判意识》，崔志海、葛夫平译，新星出版社 2006 年版，第 120 页。

概念。众所周知，他的这些政治学概念都是通过日本人的著作和译著了解的，因此我们在讨论梁启超思想时，便不能不考虑他接受西方政治学概念的中介地日本。

以日本接受进化主义为例，学院派进化主义者所提倡的强权论和社会有机体的观念，特别是国家之间"外竞"，以及为了在"外竞"中获胜，强调国家应优先于个人自由等主张，便与他们的老师强调个人间的竞争的主张，表现出明显的不同。

造成此结果的原因有很多，若从近代化的过程来看，与英美型的"自下而上"的近代化方式不同，日本乃是追随英美型或者也可以说是在英美的军事威胁下的近代化。这种近代化不得不在政府的领导下快速推行，因此便形成一种"自上而下的近代化"。这种形式，使得政府不仅没有充裕的时间来奖励个人自由式的企业活动，反而对其加以限制，而由国家来推进大规模的工业化活动。然而，为了追赶英美等寻求海外市场的帝国主义活动，在进行大规模工业化的同时，不得不扩张军备并开拓海外市场。如果从与近代化先发达国相反的历史背景方面来分析，当时的德国和日本，则相对缺少提倡奖励个人之间自由竞争的个人主义的条件。实际上，德国从集体主义的社会达尔文主义的立场出发，在承认国家与国家间的生存竞争的基础上，选择了一条从优生学来的人为地提高国民水平的道路。而在日本，只要接受了集体主义的社会达尔文主义，那么为了达到富国强兵的目的，注重培养协调、团结、服从等集体主义的国民道德就成为顺理成章之事。①

日本进化主义中所表现出来的这些特点，对一心追求民族独立和国家富强的梁启超来说，无疑发生重大影响，更何况他是带着学

---

① 〔日〕鹈浦裕：《近代日本における社会ダウィニズムの受容と展开》，载〔日〕柴谷笃弘、长野敬、养老孟司编：《进化——进化思想と社会》，东京大学出版会 1991 年版，第 131 页。

院派先入为主的有色眼镜来审视一系列西方政治学概念的，于是，梁启超所介绍的自由和权利等政治概念，无一不蒙上了一层日本的色彩。

当然，日本进化主义的这些特点，并不仅表现于学院派学者，也渗透于各个政治集体之中。日本学界普遍认为，明治文化精神的底流乃有三方面突出的表现，这就是国家主义、进取的精神与武士的精神。① 以日本的自由民权运动为例，该运动虽以提倡自由为其职志，然而，强烈的对外独立的愿望是运动的精神支柱，运动中所表现出的与国家权力一体化的意识使人们忽视了个人的自由，以及个人意志如何形成集体意志的具体程序。其结果，造成了运动最高宗旨"自由"的抽象化，除了与自由党保持一致之外，已无任何含义。更为严重的是，由于该运动将"民权"视为"人民"这样集体的权利，为了实现所谓"人民"的权利，首先要加强国家权利的思想也顺理成章地形成了。

日本学院派学者对自由与权利的理解更是具有特色。由于该学院派是从社会达尔文主义的角度来理解自由与权利，故他们很容易将自由与权利看作一种实现集体竞争胜利的手段。以加藤弘之为例，他则"倾向于把权利或自由具体地化为某种势力或强权。虽然这种具体化无疑是对西方自由主义传统所理解的有关自由或权利的道德和法律思想的一个惊人的曲解"，② 但是，所有这一切均对急切寻找救国良药的梁启超产生了强烈的吸引力，况且，日本当时的富强已是经实践检验过了的真理，故对日式自由权利思想的拥抱，成了梁启超义无反顾的选择。③

此外，梁启超在权利思想上还深受宇都宫五郎译イエーリング

---

① 〔日〕松本三之介：《明治精神の构造》，岩波书店 1995 年版，第 14—26 页。

② 〔美〕张灏：《梁启超与中国思想的过渡（1890—1907）——烈士精神与批判意识》，崔志海、葛夫平译，新星出版社 2006 年版，第 132 页。

③ 有关梁启超对日式自由权利论的接受，请看郑匡民：《西学的中介：清末民初的中日交流》，四川人民出版社 2008 年版，第 259—319 页。

《权利のための斗争》（1872）之影响。① 在梁启超看来，此书能与加藤弘之之强权论互相发明，故 "此书药治中国人，尤为对病也"。② 于是，他根据其书，撮其大要，写下了《论权利思想》。③ 梁启超在这篇文章的开头即开宗明义地写道："权利何自生，曰生于强。"④ 他解释道："彼狮虎之对于群兽也，酋长国王之对百姓也，贵族之对平民也，男子之对女子也，大群之对于小群也，雄国之对于孱国也，皆常占优等绝对之权利，非狮虎酋长等之暴恶也，人人欲伸张己之权利，而无所厌，天性然也，是故权利之为物，必有甲焉先放弃之，然后有乙焉能侵入之。人人务自强以自保吾权，此实固其群、善其群之不二法门也。"⑤毫无疑问，梁启超完全是从加藤弘之的强权论的框架来理解权利的。在他看来，当时世界只是一个优胜劣败、适者生存的大修罗场，那里没有道德和正义，只有为生存而展开的竞争。列强对别国的侵略，国王酋长对于平民百姓所施之压迫，并非因其暴恶，而是由于弱小国家和平民百姓是弱者，是他们自己放弃其权利。所以，要获得权利，只有自为优者，自为强者，而人人务自强，同时也是固其群、善其群的最好方法。他指出："权利之目的在平和，而达此目的之方法则不离战斗，有相侵者则必相拒，侵者无已时，故拒者无尽期，质而言之，则权利之生涯，竞争而已。"⑥ 显而易

① 〔日〕土屋英雄编著：《现代中国人权——研究资料》，信山社 1996 年版，第59—60 页。

② 梁启超：《新民说六·论权利思想》，《新民丛报》第六号，光绪二十八年三月十五日，第 2 页。

③ 梁启超：《新民说六·论权利思想》，《新民丛报》第六号，光绪二十八年三月十五日，第 2 页。

④ 梁启超：《新民说六·论权利思想》，《新民丛报》第六号，光绪二十八年三月十五日，第 2 页。

⑤ 梁启超：《新民说六·论权利思想》，《新民丛报》第六号，光绪二十八年三月十五日，第 2 页。

⑥ 梁启超：《新民说六·论权利思想》，《新民丛报》第六号，光绪二十八年三月十五日，第 2—3 页。

见，在梁启超那里，权利已被具体化为一种由竞争而得来的强权。

权利既被解释为依竞争而得来的强权，那么，传统的道德理想"仁政"自然便属于被排斥之列了。梁启超指出，中国传统的所谓"宽柔以教，不报无道"，所谓"犯而不校""以德报怨，以直报怨"等说教，均是"前人有为而发之言，在盛德君子，偶一行之，虽有足令人起敬者，而末俗承流，遂借以文其怠惰恇怯之劣根性，而误尽天下……中国数千年来，误此见解，习非成是，并为一谈，使勇者日即于销磨，怯者反有所借口，遇势力之强于己者，始而让之，继而畏之，终而媚之，弱者愈弱，强者愈强，奴隶之性，日深一日，对一人如是，对团体亦然，对本国如是，对外国亦然。以是而立于生存竞争最剧最烈之场，吾不知如何而可也"。[①]

然而，若依上述之说，人人自强，人人出其强权，竞争不已，天下岂不大乱？梁启超认为，此时就要靠法律来进行制约。在梁启超看来，所谓法律，也是在强权中产生。"权利竞争之不已，而确立之保障之者厥恃法律。……凡一群之有法律，无论为良为恶，而皆由操立法权之人制定之以自护其权利者也。……盖其始由少数之人，出其强权以自利，其后由多数之人，复出其强权相抵制而亦以自利（余所著《饮冰室自由书·论强权》一条参观——原注）。权利思想愈发达，则人人务为强者，强与强相遇，权与权相衡，于是平和善美之新法律乃成。"[②]

梁启超认为："当新法律与旧法律相嬗之际，常为最剧最惨之竞争。盖一新法律出，则前此之凭借旧法律以享特别之权利者，必受异常之侵害，故倡议制新法律者，不啻对于旧有权力之人而

---

① 梁启超：《新民说六·论权利思想》，《新民丛报》第六号，光绪二十八年三月十五日，第7页。

② 梁启超：《新民说六·论权利思想》，《新民丛报》第六号，光绪二十八年三月十五日，第10—11页。

下宣战书也。夫是以动力与反动力相搏，而大争起焉，此实生物天演之公例也。"① 不惟如此，此权利之竞争之胜负，不恃公理，惟视强权，"当此时也，新权利、新法律之能成就与否，全视乎抗争者之力之强弱以为断，而道理之优劣不与焉，而此过渡时代，则倚旧者与倡新者，皆不可不受大损害"。② 在梁启超看来，中国传统儒学的熏染，乃是造成中国人不识权利思想之根源，于是，他对中国传统以仁为核心的道德伦理大加非难。"吾中国人数千年来，不识权利之为何状，亦未始不由迂儒煦煦之说阶之厉也"。③ 依梁启超之见，中国之"专言仁政者，果不足以语于立国之道，而人民之望仁政以得一支半节之权利者，实含有亡国民之根性明也"。④

正因如此，梁启超将养成每个人的权利思想看成他建构国民国家的一项重要工作。在他看来，个体之合则等于整体，故个人权利之积则等于群体之权利。他说："一部分之权利合之即为全体之权利，一私人之权利思想，积之即为一国家的权利思想，故欲养成此思想，必自个人始。人人皆不肯损一毫，则亦谁复敢撄他人之锋而损其一毫者，故曰天下治矣，非虚言也。"⑤

这里需要指出的是，梁启超培养个人权利竞争思想的目的，主要还是为了中国能在"外竞"中获胜，为了中国的富强和国权，

---

① 梁启超：《新民说六·论权利思想》，《新民丛报》第六号，光绪二十八年三月十五日，第 11 页。

② 梁启超：《新民说六·论权利思想》，《新民丛报》第六号，光绪二十八年三月十五日，第 11 页。

③ 梁启超：《新民说六·论权利思想》，《新民丛报》第六号，光绪二十八年三月十五日，第 11 页。

④ 梁启超：《新民说六·论权利思想》，《新民丛报》第六号，光绪二十八年三月十五日，第 12 页。

⑤ 梁启超：《新民说六·论权利思想》，《新民丛报》第六号，光绪二十八年三月十五日，第 9 页。

仿照日本民权家①也将国权看成个人权利的结合体。每个人有了权利，国家也自然有权利。他说："国民者，一私人之所结集也。国权者，一私人之权利所团成也。故欲求国民之思想之感觉之行为，舍其分子之各私人之思想、感觉、行为而终不可得见。其民强者谓之强国，其民弱者谓之弱国，其民富者谓之富国，其民贫者谓之贫国，其民有权者谓之有权国，其民无耻者谓之无耻国。夫至以无耻国三字成一名词，而犹欲其国于立于天地，有是理耶？有是理耶？"②他借用宇都宫五郎书中之比喻来说明个人权利与国家的关系。"国家譬犹树也，权利思想譬犹根也。其根既拨，虽复干植崔嵬，华叶蓊郁，而必归于槁亡。遇疾风横雨，则摧落更速焉。即不尔，而旱暵之所暴炙，其萎黄凋敝，亦须时耳。"在梁启超看来，"国民无权利思想者，以之当外患，则槁木遇风雨之类也。即外患不来，亦遇旱暵之类"。③

基于上述个人权利与国家关系的认识，梁启超呼吁，"为政治

---

① 日本民权家植木枝盛在其著名的《自由民权论》中说，国本集民而成，故真欲张国权，则不可不先张民权，民若不独立，则其国难以维持。他又说，其民帛者其国帛；其民棉者其国棉；其民白者其国白；其民青者其国青；其民强者其国强，此无俟论矣。与此同理，彼专制政府行暴虐之政，压抑民权，自以为得计，实乃伤国本而亡国家也。（郑匡民：《西学的中介：清末民初的中日交流》，四川人民出版社2008年版，第300—301页）自由民权理论家坂本直宽在讨论到"国权之原理"时说："若夫物之全体由分子构成，则分子之性质显现于物之全体，物之全体性质则带有分子之性质。故分子之性质软弱，全体之性质则软弱。分子之性质坚强，则全体之性质亦坚强也。此应乃永久不变之真理也。"（〔日〕土居晴夫编：《坂本直宽著作集》，高知市立市民图书馆昭和四十六年版，第55页，转引自〔日〕山下重一：《明治初期におけるスペンサーの受容》，第83页，载日本政治学会编：《日本おける西欧政治思想》，岩波书店1975年版）像这样的例子有很多。梁启超处在明治文化的氛围中，其受日本民权论之影响，乃是必然之事。

② 梁启超：《新民说六·论权利思想》，《新民丛报》第六号，光绪二十八年三月十五日，第13页。

③ 梁启超：《新民说六·论权利思想》，《新民丛报》第六号，光绪二十八年三月十五日，第14页；又见〔日〕土屋英雄编著：《现代中国人权——研究资料》，信山社1996年版，第59—60页。

家者，以勿摧压权利思想为第一义；为教育家者，以养成权利思想
为第一义；为一私人者，无论士焉、农焉、工焉、商焉、男焉、女
焉，各以自坚持权利思想为第一义。国民不能得权利于政府也，则
争之。政府见国民之争权利也，则让之"。① 梁启超之所以提出上
述意见，则是"欲使吾国之国权与他国之国权平等，必先使吾国
中人人固有之权皆平等，必先使吾国民在我国所享之权利与他国民
在彼国所享之权利相平等。若是者，国庶有瘳，若是者，国庶有
瘳"。② 毋庸置疑，梁启超培养国民权利思想的最后归宿，完全落
在了国家权利之上，这正如张灏先生所指出的那样，"梁流亡期间
的文章便充斥着权利和自由这样一些自由主义的概念。这些自由主
义概念在梁氏《新民说》所倡议的公德中的确占有重要位置。但
在介绍这些自由主义的价值观中，梁闯入了这样一个领域——他个
人的学识和修养无力为他的读者指出一个清晰准确的方向。首先，
这些自由主义的价值观在中国文化传统中是缺乏的，不存在梁能充
分领会它们的思想背景。再者，一个更重要的事实是，当梁倡议将
这些自由主义价值观作为公德的一个组成部分的时候，他关注的焦
点是群这一集体主义概念，它几乎不可避免地妨碍他对这些自由主
义价值观的某些实质内容的领会。因此，毫无疑问，梁在《新民
说》中最终提出的那些理想，归根到底很难称作自由主义"。③

---

① 梁启超：《新民说六·论权利思想》，《新民丛报》第六号，光绪二十八年三月
十五日，第 14 页。

② 梁启超：《新民说六·论权利思想》，《新民丛报》第六号，光绪二十八年三月
十五日，第 14—15 页。

③ 〔美〕张灏：《梁启超与中国思想的过渡（1890—1907）——烈士精神与批判
意识》，崔志海、葛夫平译，新星出版社 2006 年版，第 129—130 页。

第 七 章

革命思潮的兴起和发展
与清末科举制的废除

一　私德与国民国家的建构

应当肯定地说，梁启超一生始终是围绕着如何使中国富强这一主题而行动的。用他自己的话来说，"其方法虽变，然其所以爱国者未尝变也。……大丈夫行事，磊磊落落，行吾心之所志，必求至而后已焉。若夫其方法随时与境而变，又随吾脑识之发达而变，百变不离其宗，但有所宗，斯变而非变矣。此乃所以磊磊落落也"。①

纵观梁启超的一生，伴随中国的转型时代，其思想言论凡数变，其亡命日本后"思想为之一变"，而1903年他访美归来后又成了他思想言论转变的开始。1903年他在《新民说》中，曾写过"论公德"一节，并随后又陆续写了国家思想、进取、冒险、权利、自由、自治、进步、合群、生利分利等公德条目，大力宣传提倡所谓公德。但是，他访美归来后，又开始强调传统的私德。梁启超为了达到发扬传统私德的目的，除了在《新民丛报》上发表

---

① 梁启超：《饮冰室自由书·善变之豪杰》，《清议报》第三十册，光绪二十五年九月十一日，第8页。

《论私德》的文章外，还分别编写了《德育鉴》和《节本明儒学案》两部著作。在这两部著作中，梁启超收集了大量的儒家道德训诫并加上了自己的按语。从提倡公德到突然转向提倡私德，对梁启超而言，不能不说是一大转变。对于他的这种转变，众人都感到突然，他的好友黄遵宪在给他的信中说："公自悔功利之说、破坏之说之足以误国也，乃一意反而守旧，欲以讲学为救中国不二法门。公见今日之新进小生，造孽流毒，现身说法，自陈己过，以匡救其失，维持其弊可也。谓保国粹即能固国本，此非其时，仆未敢附和也。如近日《私德篇》之胪陈阳明学说，遂能感人，亦不过二三上等士夫耳。言屡易端，难于见信，人苟不信，曷贵多言。"①"公之所唱，未为不善，然往往逞口舌之锋，造极端之论，使一时风靡而不可收拾，此则公聪明太高、才名太盛之误也。东西诸国，距离太远，所造因不同，而分枝滋蔓，递相沿袭者，益因而歧异，乃欲以依样葫芦，收其效果，此必不可能之事。"②毋庸置疑，黄遵宪一方面对梁启超自悔功利、破坏之说足以误国的态度表示欢迎，而另一方面又表现出对梁启超"言屡易端，难于见信"表示了担心。

从表面上看，梁启超从强调公德转到强调私德，在其宣传重点上有所侧重。然而，这正像他自己所解释的那样："私德与公德，非对待之名词，而相属之名词也，斯宾塞之言曰，凡群者，皆一之积也。所以为群之德，自其一之德而已定。群者谓之拓都（群体——原注），一者谓之么匿（个体——原注）。拓都之性情形制，么匿为之。么匿之所本无者，不能从拓都而成有，么匿之所同具者，不能以拓都而忽亡（按以上见侯官严氏所译《群学肄言》，其云拓都者，东译所称团体也；云么匿者，东译所称个人也——原

①　黄公度：《与饮冰主人书》，光绪三十年七月四日，转引自丁文江、赵丰田编：《梁启超年谱长编》，上海人民出版社 1983 年版，第 340—341 页。

②　黄公度：《与饮冰主人书》，光绪三十年七月四日，转引自丁文江、赵丰田编：《梁启超年谱长编》，上海人民出版社 1983 年版，第 340 页。

注）。谅哉言乎，夫所谓公德云者，就本体言之，谓一团体中人公共之德性也。就其构成此本体之作用言之，谓个人对于本团体公共观念所发之德性也。夫聚群盲不能成一离娄，聚群聋不能成一师旷，聚群怯不能成一乌获。故一私人而无所私有之德性，则群此百千万亿之私人，而必不能成公有之德性，其理至易明也。盲者不能以视于众而忽明，聋者不能以听于众而忽聪，怯者不能以战于众而忽勇。故我对于我而不信，而欲其信于待人。一私人对于一私人之交涉而不忠，而欲其忠于团体，无有是处，此其理又至易明也，若是乎今之学者，日言公德，而公德之效弗睹者，亦曰国民之私德，有大缺点云尔。是故欲铸国民，必以培养个人之私德为第一义，欲从事于铸国民者，必以自培养其个人之私德为第一义。"①

如此看来，梁启超并没有将公德与私德看成对立或并列的关系，而是将它们看成从属的关系。对梁启超而言，个人的私德提升了，团体的公德自然会提升，而其对国民个体私德的提倡，也是为其建构国民国家服务的。所以，无论是公德还是私德的提倡，都是梁启超建构国民国家的一种手段。

本来，梁启超写《新民说》时，想先从国民的道德教育入手，"发明一种新道德，以成所以固吾群、善吾群、进吾群之道"。在重点上，他强调的是"新"，强调的是"公德"。"未可以前王先哲所罕言者，遂以自画而不敢进也。"在他看来，"有公德而新道德出焉矣，而新民出焉矣"。② 然而，经过一段时间的实践，"不意此久经腐败之社会，遂非文明学说所遽能移植，于是自由之说入，不以之增幸福，而以之破秩序；平等之说入，不以之荷义务，而以之蔑制裁；竞争之说入，不以之敌外界，而以之散内团；权利之说入，不以之图公益，而以之文私见；破坏之说入，不以之箴膏肓，

---

　　①　梁启超：《新民说二十一·论私德》，《新民丛报》第三十八、三十九号合本，第1—2页。

　　②　梁启超：《新民说三·论公德》，《新民丛报》第三号，光绪二十八年三月一日，第7页。

而以之灭国粹"。① 对梁启超来说，他引进新思想的目的，本来是要铸造他所希望的新民，建构他所谓的国民国家，然而，他所希望的增幸福、荷义务、敌外界、图公益、箴膏肓等一系列利群的目标，不但一个也没有达到，反而使革命派的势力不断壮大，而"贻顽钝者以口实，而曰新理想之贼人子而毒天下"。② 在梁启超看来，当时学界受毒之原因，虽与晚明不同，但其后果比晚明严重十倍。"其在晚明，满街皆是圣人，而酒色财气不碍菩提路。其在今日，满街皆是志士（指革命党）。而酒色财气之外，更加以阴险反覆、奸黠凉薄而视为英雄所当然。晚明之所以猖狂者，以窃子王子直捷简易之训以为护符也；今日所以猖狂者，则窃通行之爱国忘身、自由平等诸口头禅以为护符也。故有耻为君子者，无耻为小人者，明目张胆以作小人，然且天下莫得而非之，且相率以互相崇拜。以为天所赋与我之权当如是也。夫宁知吾之所哆然自恣者，乃正为攸伏之神奸效死力耳。"③

梁启超在湖南时即欲效法日本萨、长、土、肥的志士来进行一场日本明治维新式的政治改革，尽管改革没有成功，但他效法日本的信念一直没有丧失。然而，到了日本几年后，目睹日本的风俗人情，他仿佛悟出了中国宋明理学与日本明治维新的因果关系。他领悟到了日本德川时代的儒者们是如何以"'心学'激励平民、陶养世俗的。不仅一般的伦理观念，由此而在日本生了根，并且儒家的实践道德，教化了新兴的市民阶层，有如清教教化了欧洲的市民阶级一样，而形成了所谓的町人道德，为明治实业家们在人格上厚殖

---

① 梁启超：《新民说二十一·论私德》，《新民丛报》第三十八、三十九号合本，第14—15页。

② 梁启超：《新民说二十一·论私德》，《新民丛报》第三十八、三十九号合本，第1页。

③ 梁启超：《新民说二十四·论私德》，《新民丛报》第四十六号至四十八号合本，第7—8页。

其基础"。① 换句话说，中国的宋明理学的教化，才使日本明治维新获得成功，于是他复拾起前王先哲之言，决定从私德入手教化国民了。

他指斥孙中山等革命派缺乏道德观念，其言曰："今即以破坏事业论，诸君亦知二百年前英国革命之豪杰为何如人乎？彼克林威尔实最纯洁之清教徒也。亦知百年前美国革命之豪杰为何如人乎？彼华盛顿所率者皆最质直善良之市民也。亦知三十年前日本革命之豪杰为何如人乎？彼吉田松阴、西乡南洲辈皆朱学、王学之大儒也。故非有大不忍之心者，不可以言破坏；非有高尚纯洁之性者，不可以言破坏。虽然，若此者，言之甚易，行之实难矣。吾知其难，而日孜孜焉，兢业以自持，困勉以自勖。以忠信相见，而责善于友朋，庶几有济，若乃并其所挟持以为破坏之具者而亦破坏之，吾不能为破坏之前途贺也。吾见世之论者，以革命热之太盛，乃至神圣洪秀全而英雄张献忠者有焉矣。吾亦知其为有为而发之言也。然此等孽因，可多造乎？造其因时甚痛快，茹其果时，有不胜苦辛者矣。夫张献忠更不足道矣，即如洪秀全，或以其所标旗帜，有合于民族主义也，而相与颂扬之。究竟洪秀全果为民族主义而动否，虽论者亦不敢为作保证人也。……尚论者如略心术而以为无关重轻也。夫亦谁能尼之，但使其言而见重于社会也，吾不知于社会全体之心术所影响何如耳。不宁惟是而已。夫鼓吹革命，非欲以救国耶？人之欲救国，谁不如我，而国终非以此'瞎闹派'之革命所可得而救。非惟不救，而又以速其亡，此不可不平心静气而深察也。"②

显而易见，梁启超是基于访美的体验和国内反满革命情绪高涨的局势才提倡和宣传私德的，其斥责的对象当然是以孙中山为首的

---

① 徐复观：《日本德川时代之儒学与明治维新》，载徐复观著，陈克艰编：《中国学术精神》，华东师范大学出版社 2004 年版，第 255 页。

② 梁启超：《新民说·论私德》，《新民丛报》第四十、四十一号合本，第 5—6 页。

革命派，而其最终之目的，始终放在利群和固群之上。易言之，无论是他提倡公德时宣传的西洋的自由平等权利学说，还是他提倡私德时所借助的东洋的朱子王阳明学说，对梁启超而言，都是他建设国民国家、增强团体凝固力的一种手段。

从这个意义上来说，梁启超所提倡的公德与其后来所提倡的私德虽在形式上不同，但在其建构国民国家的作用上还是一致的，所以，尽管梁启超能发现宋明理学与明治维新成功之间的线索，但他对于宋明理学的精义能有多少实质性理解还有待进一步研究。

说到传统道德，修身是儒家道德思想的核心。所以，考察梁启超对私德的看法是否符合儒家修身模式，是分析梁启超私德性质的关键。张灏曾在这方面做过大量细致的工作。他认为："儒家的修身，指的是为实现儒家内圣外王人格理想中所包含的那些道德标准而从事的特殊的活动。这些道德标准和活动，在新儒家世界观中特有的玄学和心理学方面有着重要的作用。因此，儒家的修身理想首先以一套玄学的和心理的前提为依据。根据正统新儒家世界观，世上的任何事物最终都是由'理'和'气'的结合组成的，或是由原理和物质的结合组成的。人生基本上也由这种结合组成，存在并主宰单个人的'理'被称为'性'（人性），当性被经常混浊的气弄得含糊不清时，道德的退化便开始了。在这一构架里，儒家的修身本质上被看成是一种'复性'活动，或'变化气质'的活动，即清洁时常混沌的气，以便人体中的理闪发光泽，从而成为人类道德生活的主宰。"①

然而，对儒家道德思想核心的修身活动，梁启超未予接受，反而添加了新的内容。张灏指出："对梁来说，这些玄学的和心理的假设是不能再被接受的，这在他对科学和道德修养之间所做的基本区别中看得最清楚。在科学这一总的范畴之下，他进一步对物质科

---

① 〔美〕张灏：《梁启超与中国思想的过渡（1890—1907）——烈士精神与批判意识》，崔志海、葛夫平译，新星出版社 2006 年版，第 188 页。

学和精神科学加以区别。梁相信，虽然从道德修养的观点来看，在陆王新儒家的道德哲学中可以找到一些有用的思想，但许多被用来说明人性和世界本质的理、气、性和太极这样一些新儒家的抽象范畴不再是有效的，必须由现代物质科学和精神科学来取代。因而在为《德育鉴》收集道德训诫和在编辑出版《明儒学案》的节本时，梁着重删除涉及有关人性和世界本质的玄学和心理的论述这一部分内容。"①

儒家修身的第二个核心是实现独特的内圣外王人格理想。张灏认为："内圣外王的人格理想在一套复杂的以仁为核心的道德价值观中有它确定的内容。在19世纪末，这种人格理想经历了一段侵蚀过程，以致到1902年在梁的道德观中如果不是被他的新民理想完全取代的话，也是被降为次要的地位了。"② 张灏强调指出："1905年，梁收集新儒家的道德训诫并不代表对儒家人格理想的重新肯定，也不代表对新的民德的否定。事实上，全面研究梁有关道德的文章，尤其是《新民说》的后半部分内容，给人的印象是，民德不仅在他的道德观中占有核心地位，而且还往往以更强烈的形式出现。"③

造成这种现象的原因固然与他访美时的体验有直接的关系，④但同时也与他的亡命地——日本对他的影响有着千丝万缕的联系。梁启超亡命日本时，正逢日本经历了鹿鸣馆时代之后，为了矫正全

①〔美〕张灏：《梁启超与中国思想的过渡（1890—1907）——烈士精神与批判意识》，崔志海、葛夫平译，新星出版社2006年版，第188—189页。

②〔美〕张灏：《梁启超与中国思想的过渡（1890—1907）——烈士精神与批判意识》，崔志海、葛夫平译，新星出版社2006年版，第189页。

③〔美〕张灏：《梁启超与中国思想的过渡（1890—1907）——烈士精神与批判意识》，崔志海、葛夫平译，新星出版社2006年版，第189页。

④ 耿云志、崔志海：《梁启超》，广东人民出版社1994年版，第140—153页。〔美〕张灏：《梁启超与中国思想的过渡（1890—1907）——烈士精神与批判意识》，崔志海、葛夫平译，新星出版社2006年版，第163—186页。张朋园：《梁启超与清季革命》，（台北）"中研院"近代史研究所专刊第十一册，第119—129页。

盘欧化主义，阳明学者吉本襄和东京帝国大学教授井上哲次郎等所代表的阳明学再兴运动正达到高潮。1896 年至 1900 年吉本襄首先出版了《阳明学》，此可视为此运动的第一波，而在 1901 年至 1911 年间，井上哲次郎又与其弟子蟹江义丸一道编写了《日本阳明学派之哲学》和十卷本的《日本伦理汇编》。此运动正如荻生茂博所指出的那样，那并不是单纯地为了复古，而是一场为了确立明治国家的近代国民道德的运动。[①]

　　梁启超处于此运动的思想氛围之中，深受其感染，与此同时，又"不慊于当时革命家之所为"，[②] 为了实现其建设国民国家的愿望，也仿照日本王学再兴运动而提倡起王学来了。他在写完《论私德》之后，又连续刊行了《节本明儒学案》《德育鉴》《松阴文抄》等书籍，在他看来，日本正是因为有了中江藤树、熊泽蕃山、大盐后素、吉田松阴、西乡南洲等王学后辈，才实现了明治维新，而"全日本之精神，皆松阴所感化焉"。所以，梁启超认为："今日中国学绝道丧之余，非施根本救治于社会，则国家前途将不可问，而所谓根本救治，舍王学未由。"[③]

---

　　① 〔日〕狭间直树：《"新民说"略论》，载〔日〕狭间直树编：《梁启超西洋近代思想受容と明治日本》，株式会社みすず书房 1999 年版，第 95 页。〔日〕狭间直树：《关于梁启超称颂"王学"问题》，张玉林译，《历史研究》1998 年第 5 期，第 43 页。

　　② 梁启超：《清代学术概论》，载《饮冰室合集》专集之三十四，中华书局 1989 年版，第 63 页。

　　③ 〔日〕狭间直树：《"新民说"略论》，载〔日〕狭间直树编：《梁启超西洋近代思想受容と明治日本》，株式会社みすず书房 1999 年版，第 96 页。梁启超与日本阳明学再兴运动学者关系颇深，他刚到日本时便在哲学大会上与井上哲次郎相识，并深受其影响。（〔法〕巴斯蒂：《梁启超与宗教问题》，张广达译，《东方学报》第七十册，1983 年版，第 346—347 页。〔日〕中村哲夫：《梁启超と"近代超克"论》，第 390—395 页），载〔日〕狭间直树编：《梁启超西洋近代思想受容と明治日本》，株式会社みすず书房 1999 年版。后又根据井上哲次郎弟子高濑武次郎的《墨子哲学》和蟹江义丸的《孔子研究》分别写下了《子墨子学说》和《孔子》两篇文章。（〔日〕末岗宏：《梁启超と日本の中国哲学研究》，169—184 页，载〔日〕狭间直树编：《梁启超西洋近代思想受容と明治日本》，株式会社みすず书房 1999 年版）

　　由此看来，梁启超提倡私德，以及王阳明的道德哲学，并不意味着他向传统回归与倒退。这乃是他借鉴日本的经验，为他的民族国家构建寻找的一条途径。这正像张灏所指出的那样："梁写这些文章是基于真正相信新儒家有关束性这方面方法，对他塑造新民所必备的人格训练来说是很有帮助的。在他的意识中，对新儒家束性技巧感兴趣的目的是实现一个以内心和行动为取向的人格，这与他所提倡的新的民德和政治价值观没有任何的矛盾。由于他生活在明治时代的日本，在那里，传统和西方的影响经常成功地获得综合，因此对梁来说，认为某些中国传统技巧可被用来为西方价值观服务，正如同西方一些技巧有时可用来为中国价值观服务一样，这完全是合乎自然的。"①

　　事实正像我们已经讨论过的那样，没过多久，对梁启超而言，"儒家修身的两个重要成分，即心理宇宙论世界观和以儒家内圣外王人格理想为核心的那些道德价值观，很大部分已不再居重要位置了"，② 而那些有关新儒家的束性原理和技巧，也随着政治局势的变化而放置不谈了。为了追求构建国民国家这一总的目标，取代其《新民说》的则是《开明专制论》了。

二　梁启超对国家理性的摸索

　　梁启超访美归来后，他的思想明显地出现了国家主义的倾向，然而，这并不是他的思想的一个新的起点，而是他思想中已潜伏的某些基本倾向的一个最终的发展。在其后的几年中，梁启超国家主义的倾

---

　　① 〔美〕张灏：《梁启超与中国思想的过渡（1890—1907）——烈士精神与批判意识》，崔志海、葛夫平译，新星出版社 2006 年版，第 202 页。
　　② 〔美〕张灏：《梁启超与中国思想的过渡（1890—1907）——烈士精神与批判意识》，崔志海、葛夫平译，新星出版社 2006 年版，第 202 页。

向愈发明显，影响和左右了他在许多重大问题上的政治态度。①

　　数年中，梁启超一直在为中国找寻一条国家独立和民族富强的道路。虽然，他亡命日本后，已有了一个构建民族国家的明确目标，并为了造就民族国家的国民提出了一系列新的人格理想，然而，在对待现存政治秩序的态度上，他依然摇摆不定，以致在采用何种手段或方式达到目标的问题上，始终彷徨在改良与革命之间。他的这种犹豫与彷徨，我们从他到日本后与孙中山的联合和分手，以及他因宣传革命破坏而与康有为发生龃龉等问题上看得十分清楚。他所写的长篇小说《新中国未来记》里两位主人公的争论，正反映出他对用何种方式来实现目标的踌躇和苦闷。然而，这种举棋不定的情形，似乎到1903年他从美国归来时有所改变了。几年以前，他还主张借助卢梭等平权论的理论来培养中国民众的民族主义，希望以这种方式，假之以为过渡，以抵抗民族帝国主义的侵略，实现其构建民族国家的梦想，而自访美归来后，则明确表示："卢梭学说，于百年前政界变动，最有力者也，而伯伦知理学说则卢梭学说之反对也。二者孰切真理？曰卢氏之言药也，伯氏之言粟也。痼疾既深，固非恃粟之所得瘳。然药能已病，亦能生病，且使药证相反，则旧病未得豁，而新病且滋生，故用药不可不慎也。五年以来，卢氏学说，稍输入我祖国，彼达识之士，其孳孳尽瘁以期输入之者，非不知其说在欧洲已成陈言也，以为是或足以起今日中国之废疾，而欲假之以作过渡也，顾其说之大受欢迎于我社会之一部分者，亦既有年。而所谓达识之士，其希望之目的，未睹其因此而得达于万一，而因缘相生之病，则已渐萌芽渐弥漫一国中，现在未来不可思议之险象，已隐现出没。致识微者概焉忧之，噫，岂此药果不适于此病耶？抑徒药不足以善其后耶？"②

---

　　①　〔美〕张灏：《梁启超与中国思想的过渡（1890—1907）——烈士精神与批判意识》，崔志海、葛夫平译，新星出版社2006年版，第163页。

　　②　梁启超：《政治学大家伯伦知理之学说》，载《饮冰室合集》文集之十三，中华书局1989年版，第67页。

　　显而易见，梁启超此番话的意思，已开始对他此前的言论做出否定，一切迹象表明，他又要为中国换药了。最初，梁启超认为，（中国）"必先经民族主义时代，乃能入民族帝国主义时代"。[①] 依梁启超之见，对一个"所谓民族主义者，犹未胚胎焉"[②] 的中国来说，卢梭思想实乃医治中国病患的最好良药。然而，访美归来之后，他对卢梭思想是否适用于其建国目标的问题开始产生疑问。他声称："中国号称有国，而国之形体不具，则与无国同。爱国之士，暗暗然忧之。其研究学说也，实欲乞灵前哲，而求所以立国之道也。法国革命，开百年来欧洲政界之新幕，而其种子，实卢梭播之。卢氏之药，足以已病，无疑义矣。近则病既去，而药已为筌蹄。其缺点率见是正于后人。谬想与真理所判，亦昭昭不足为讳也。独吾党今日欲救吾国，其必经谬想而后进入真理，以卢氏学说为过渡时代必不可避之一阶级乎？抑无须尔尔，径向于国家之正鹄而进行乎？此一大问题也。卢氏之说，其有功于天下者固多，其误天下者抑亦不少。今吾中国采之，将利余于弊乎？抑弊余于利乎？能以药已病，而为立国之过渡乎？抑且以药生病，而反失立国之目的乎？此又一大问题也。"[③] 按梁启超的诊断，当时中国病因与法国大革命前之欧洲迥异。在他看来，"祖国之大患，莫痛乎有部民资格而无国民资格"，此种现象与"欧洲各国，承希腊罗马政治之团结，经中古近古政家之干涉者，其受病根原，大有所异"。依梁启超之见，"我中国今日所最缺点而最急需者，在有机之统一与有力之秩序，而自由平等直其次耳"。为什么这样说呢？他解释道："必先铸部民使成国民，然后国民之幸福乃可得言也。""民约论

---

　　① 梁启超：《答某君问法国禁止民权自由之说》，《新民丛报》第二十五号，第105 页。

　　② 梁启超：《国家思想变迁异同论》，载《饮冰室合集》文集之六，中华书局1989 年版，第22 页。

　　③ 梁启超：《政治学大家伯伦知理之学说》，载《饮冰室合集》文集之十三，中华书局1989 年版，第68—69 页。

者，适于社会而不适于国家，苟弗善用之，则将散国民复为部民，而非能铸部民使成国民也，故以此论，药欧洲当时干涉过度之积病，固见其效，而移植之于散无友纪之中国，未知其利害之足以相偿否也。"梁启超指出："夫醉生梦死之旧学辈，吾无望矣，他日建国之大业，其责任不可不属于青年之有新思想者。今新思想方始萌芽耳，顾已往往滥用自由平等之语，思想过度，而能力不足以副之。芸芸志士，曾不能组织一巩固之团体，或偶成矣，而旋集旋散。诚有如近人所谓'无三人以上之法团，无能支一年之党派'者，以此资格而欲创造一国家，以立于此物竞最剧之世界，能耶否耶？"[①] 至此，梁启超笔锋一转，进一步指出："此其恶因，虽种之薰之在数千年，不能以为一二人之咎，尤不能以为一学说之罪，顾所最可惧者，既受彼遗传之恶因，而复有不健全之思想，以盾其后而傅之翼也。故人人各以己意进退，而无复法权之统属。无复公众之制裁，乃至并所谓服从多数之义务而亦弁髦之，凡伯氏所指卢氏学说之缺点，今我新思想界之人人皆具备之矣。夫以今日之中国，固未有所谓统属，未有所谓制裁，未有所谓多数，则吾国民之踯躅焉，凌乱焉而靡所于从，夫亦安可深责。顾所贵乎新思想者，欲借其感化力以造出一新世界，使之自无而之有云尔，若徒恃此不健全之新思想，果能达此目的否耶，是不可以不审也。"[②]

显而易见，对梁启超而言，向中国输入新思想之目的无非是"欲创造一国家，以立于此物竞最剧之世界"。各种思想，在他眼里只不过是达此目的的一种手段，用他的话来说，只是一种"粟"或"药"。依梁启超之见，中国当时最需要的是"有机之统一与有力之秩序"，卢梭《民约论》所代表的"自由平等直其次耳"。在他眼里，中国的国情与法国大革命前欧洲的干涉过度不同，中国所

---

① 梁启超：《政治学大家伯伦知理之学说》，载《饮冰室合集》文集之十三，中华书局1989年版，第69页。

② 梁启超：《政治学大家伯伦知理之学说》，载《饮冰室合集》文集之十三，中华书局1989年版，第69—70页。

需要的是有机的统一与有力的秩序。所以，卢梭思想的药，自然要在被抛弃之列。为了达到"径向国家之正鹄而进行"的目的，他选择伯伦知理国家思想的"粟"也是理所当然的。

这里需要指出的是，梁启超所介绍的伯伦知理学说，并不是直接从德国引进的，而是通过日本人的译著间接引进的，① 所以为了搞清梁启超所引进的国家学说，在此不得不对该学说在日本的情况做一个简要的介绍。

据不完全统计，至明治二十三年止，伯伦知理的《国法泛论》（*Allgemeines Staatsrecht*），在日本共有六种译本，其译名分别为《国法泛论》《国会泛论》《国家学》。这些译著，并非全译，而是由加藤弘之、平田东助、平塚定二郎以及石津可辅等人根据自己的选择分别译成的。② 也就是说，日本所翻译的《国法泛论》（或名《国会泛论》《国家学》）均非伯伦知理《国法泛论》的全文，而是该书不同章节的节译本。到了明治三十二年十二月（1899 年 12 月）日本吾妻兵治又在善邻译书馆出版了一本汉文本的《国家学》。③ 当然，这本书并非直接由德文翻译过来，而是

① 有关梁启超与伯伦知理国家论的研究深受学界重视，很多学者的著作中都涉及这个问题，以下略举几位。〔日〕狭间直树：《新民说略论》，载〔日〕狭间直树编：《梁启超西洋近代思想受容と明治日本》，株式会社みすず书房 1999 年版，第 90—92 页。〔法〕巴斯蒂：《中国近代国家观念溯源——关于伯伦知理〈国家论〉的翻译》，《近代史研究》1997 年第 4 期，第 221—232 页。〔日〕坂出祥伸：《梁启超の政治思想》，第 10—54 页。〔日〕宫村治雄：《开国经验の想史——兆民と时代经神》，东京大学出版社 1996 年版，第 198—255 页。郑匡民：《梁启超启蒙思想的东学背景》，上海书店出版社 2003 年版，第 228—268 页。

② 〔日〕稻田正次：《明治宪法成立史》下卷，有斐阁昭和四十年版，第 896 页。〔日〕安世舟：《明治初期におけるドイツ国家思想の受容に关する一考察——ブルンチュリーと加藤弘之を中心として》，载日本政治学会编：《日本における西欧政治思想》，岩波书店 1975 年版，第 145 页。

③ 〔德〕伯伦知理著，〔日〕吾妻兵治译：《国家学》，善邻译书馆，国光社明治三十二年版。该书比梁启超登载在《清议报》上未署译者名之《国家论》晚半年多。（《清议报》之《国家论》1899 年阴历三月初一开始刊行）。

根据平田东助和平塚定二郎的节译本翻译成汉文的。① 如此看来，梁启超所依据的日本的伯伦知理的译著均是日本的一些节译本，这种情况势必对他全面地掌握伯伦知理学说造成一定的障碍。

据日本学者安世舟的研究，在伯伦知理的国家思想中，同时并存自由主义与保守主义两种倾向。② 这两个侧面又以不同的形式反映在不同接受该理论的思想家身上，以加藤弘之为例，我们既可以从加藤早期的《真政大意》《国体新论》等著作中看到伯伦知理国家思想中自由主义对他的影响，③ 也可以从其思想转形时代反对"民选议院设立建白书"时提出的"尚早论"中，看到伯伦知理"腓特烈大帝论""卢梭批判论"等保守主义侧面对他的影响。④ 这里应当强调的是，在达尔文的进化主义对加藤弘之发生重要影响的同时，伯伦知理国家思想中保守主义侧面也对加藤转向发生了重要作用。

明治七年（1874 年）一月，加藤弘之看到板垣退助等的"民选议院设立建白书"提出的运动，以及二月的"佐贺之乱"等事件给日本造成的混乱，特别是自由民权运动中那种"欲望自然主义自由"给人们带来的反感，他的立场逐渐发生了变化。加藤弘之联想起了伯伦知理关于卢梭的天赋人权论与法国大革命的关系的见解，认识到这种激烈的行动只会给社会增加动荡和不安，而于社会之进步将丝毫无补。于是，加藤弘之开始与"民选议院设立建白书"高唱反调，提出了他的著名的"尚早论"，从而表明了他的

---

① 由二者的内容、句式及所用词语的一致性可知。

② 〔日〕安世舟：《明治初期におけるドイツ国家思想の受容に関する一考察——ブルンチュリーと加藤弘之を中心として》，载日本政治学会编：《日本における西欧政治思想》，岩波书店 1975 年版，第 120—130 页。

③ 〔日〕安世舟：《明治初期におけるドイツ国家思想の受容に関する一考察——ブルンチュリーと加藤弘之を中心として》，载日本政治学会编：《日本における西欧政治思想》，岩波书店 1975 年版，第 131—140 页。郑匡民：《梁启超启蒙思想的东学背景》，上海书店出版社 2003 年版，第 206—210 页。

④ 〔日〕安世舟：《明治初期におけるドイツ国家思想の受容に関する一考察——ブルンチュリーと加藤弘之を中心として》，载日本政治学会编：《日本における西欧政治思想》，岩波书店 1975 年版，第 146—156 页。

开明专制主义的立场。在"尚早论"中，加藤弘之主要依据的理论有两方面，其一是毕德尔曼的"时势论"，[①] 其二是伯伦知理的"腓特烈大帝论"。[②] 在"尚早论"中，加藤弘之先用毕德尔曼的理论指责民选议院不合时势，为时尚早，又根据"腓特烈大帝论"断言，"今日普鲁士人民自主之心与敢为之气旺盛，其国称雄欧洲，决非唯夙昔议院之设立，殊自腓特烈二世以来，政府之心专尽于人材教育之由也"，从而主张自上而下的"文化保育"应优先于议院设立。最后加藤弘之又指出："方今政府虽姑且不得不施特裁之政，但并未忘本来政府为民而设而非民为政府而存之真理，完全是以腓特烈之公心自限制政权，务伸张民之私权，洞开言路，劝励教育，以使吾邦速成开明国为要。"显然，加藤弘之也并不赞成独裁主义的专制，在他看来，开明专制只是在民智未开情况下的权宜和过渡之策，他提醒民众，千万不要忘却"政府为民而设而非政府为民而存的真理"，所以，在政体上，他还是主张宪政，主张对权力有所限制，用他的话来说，即"立宪的族父统治的政体"。加藤弘之强调指出："此政体与路易十四的'朕即国家'性质迥异。

① 加藤弘之明治八年十月翻译了毕德尔曼的《各国立宪政体起立史》，因深受其影响，该书绪论中言及"时势论"的主张。其云："虽古来被称之为圣主仁君之辈，或不察人情世态之如何，漫取他邦之良制美法用之于其国而误其制之例不少，盖其意虽固出仁惠，独为其知识不足，由于不悟彼我之世态人情及风俗习惯之差异而制度亦应自异，又不悟开化未全之人民时势民情之如何，漫然取开化国之法制，以欲增益其国之安宁福祉，而终不能达其志之例亦不为少，是亦不可不云为知识不足而招祸也。"参阅〔日〕ビーデルマン著，〔日〕加藤弘之译：《各国立宪政体起立史·绪论》，谷山楼明治八年十月十八日，第4—5页。

② 腓特烈二世（Friedrich Ⅱ，1712.1.24—1786.8.17）是普鲁士国王，1740—1786年在位。伯伦知理认为他是"近代国家与近代世界观的最重要的代表者"。腓特烈曾在王位上宣布了反对绝对君主制的重要命题。他说，国王既不是国土的所有者，也不是人民和国家的主人，而是国家第一公仆。伯伦知理认为，腓特烈大帝否定了绝对君主制的原理，而以近代国家的原理为基础进行统治，所以，应以腓特烈大帝的国家思想作为近代之始。他的此种理论再进一步，即可成为国家形态，即使绝对君主制原封不动，只要国王具备绝对国家思想，即可由绝对君主制国家向近代国家转变。详细请参阅〔日〕安世舟：《フリードリヒ大王の摂取——啓蒙専制主義者としての自覚の形成》。

路易十四是完全绝对独裁，而'立宪的族父统治的政体'则是先设立立宪政体，制定确乎不拔之宪法，'不论天皇与臣民，均活动于宪法范围之内'，天皇只不过'依照宪法对吾臣民进行统治而已'。"① 在加藤弘之看来，当时日本国家的发展阶段相当于普鲁士的腓特烈大帝时代，所以，他主张应暂时以开明专制主义体制、腓特烈大帝之精神，渐进地进行改革，而反对急激的发展。② 从加藤的身上我们可以看出，虽然加藤在明治时期受到过伯伦知理学说中自由主义侧面的影响，但是，自其接受达尔文的进化主义之后，伯伦知理的"腓特烈大帝论""卢梭批判论"等保守主义侧面对他的影响也是非常大的，可以说，伯伦知理国家思想中保守主义对加藤产生的影响，是他"变节"从而反对自由民权的民选议院运动，走上开明专制主义的契机。

总而言之，根据日本学界的研究，伯伦知理学说对日本所发生的影响，并没有主要表现在其本身含有的自由主义立宪思想方面，而表现在以国家概念为中心的国家学方面，后者予官僚思想以理论上的资源。这正如山室信一缜密的研究表明的那样，其为明治国家体制的确立，起到异常重要的作用。然而到了 19 世纪末，伯伦知理的学说，渐为世间所不顾，终同弃物。③

前面已经讨论过，梁启超亡命日本的时代，已是加藤弘之转向后的时代，梁并未经历过日本自由民权论者与加藤弘之激烈的论战。他所置身的日本，并非启蒙时代所标榜的"文明之精神"的时代，而是早已经过了加藤弘之、陆羯南、德富苏峰等所代表的

---

① 〔日〕加藤弘之：《吾が立宪的族父统治の政体》，载〔日〕加藤弘之：《学说乞丐袋》，弘道馆明治四十年版，第 210—211 页。

② 参阅〔日〕安世舟：《明治初期におけるドイツ国家思想の受容に关する一考察——ブルンチュリーと加藤弘之中心として》，载日本政治学会编：《日本における西欧政治思想》，岩波书店 1975 年版，第 153 页。

③ 〔日〕狭间直树：《新民说略论》，载〔日〕狭间直树编：《梁启超西洋近代思想受容と明治日本》，株式会社みすず书房 1999 年版，第 91 页。

"社会进化论""国民主义""国权主义""帝国主义论"的时代。那时甚至福泽谕吉也在其 1878 年的《通俗国权论》中，写下了"百万卷万国公法不及数门大炮"的话。那乃是一个人们不得不承认事实上强权政治在支配着国际政治的观念笼罩亚洲的时代。① 梁启超到日本后，与加藤弘之、陆羯南、德富苏峰都有过交往，他曾说过从他们那里得到许多受益的话。所以，梁启超受他们的影响是毫无疑义的。② 那时，他二十六七岁，年少气锐，救国心切，在这种思想氛围中，那些节本的伯伦知理著作对梁启超所发生的影响自然是可想而知的了。

梁启超流亡日本那段时间，放弃了传统王道的天下秩序观，而一直将国家视为"团体之最大圈，而竞争之最高潮""私爱之本位，而博爱之极点"③，从而将国家当成一种新的政治秩序的形式，故他的一切政治主张和行动，都是从维护和确保国家的安全和生存的需要出发的，也就是说，他恢诡谲怪甚至前后矛盾的主张或行动，只是为了使中国在"物竞最剧烈的天演界"免遭灭顶之灾的手段而已。按照张灏的说法，梁启超所关心的问题，乃属于"国家理性"的问题，"众所周知，在西方政治思想传统里，至少自马

---

① 〔日〕石川祯浩：《梁启超と文明の视坐》，载〔日〕狭间直树编：《梁启超西洋近代思想受容と明治日本》，株式会社みすず书房 1999 年版，115 页。

② 梁启超与加藤弘之相识及受其影响前面已讨论很多，此不再赘述。梁启超初到日本时取日文名吉田晋，他和其师康有为经常与日本政界、学界人士诃酒往还，颇受日人影响，"以致国内有些报纸也不理解梁到日本后的行为，指责他数典忘祖，'不知曾念及先人庐墓否'"。（耿云志、崔志海：《梁启超》，广东人民出版社 1994 年版，第 98 页）梁启超与陆羯南交往见梁启超：《羯南湖村招饮上野之莺亭以诗为令强成一章》；康有为：《西游之前夕木堂羯南矧川松崎湖村藻洲中西柏原宫崎平山及小航卓如同宴于明夷阁即席占此》，《清议报》，光绪二十五年二月二十二日。梁启超受陆羯南影响还见〔日〕石川祯浩：《梁启超と文明の视坐》，载狭间直树编：《梁启超西洋近代思想受容と明治日本》，株式会社みすず书房 1999 年版，第 115 页；〔日〕坂出祥伸：《梁启超著述编年初稿》（二），载《关西大学文学论集》1979 年第二十八卷第四号等，第 112 页。

③ 梁启超：《新民说四·论国家思想》，《新民丛报》第四号，光绪二十八年二月十五日，第 4 页。

基雅维里以来，一直存在一种思想倾向，这种思想倾向在波丹、霍布士、理彻留、科尔伯特和黑格尔的著作中表现得最显著，他们最关心的是政府确保国家生存和安全的理性行为，而不考虑它在道德和意识形态方面的后果。国家理性在于证明政府的这种理性行为是最高的政治目的。弗里德里克说，更概括地来讲，'国家理性是这一总的主张的一个精确的表现方式，即手段必须合乎目的，换言之，手段对于目的必须是合乎理性的，并且这些手段从最有可能达到目的的意义上来说是最好、最合乎理性的'"。张灏认为："在欧洲的国家理性理论和梁这几年里的政治思想之间，无疑有着密切的相似之处。在 1903 年和此后的几年里，梁逐渐发现，国家这个他曾热情尊崇为近代西方文明的关键因素，一度被他视为'最高群体'而被当作最高政治价值的新的政治秩序形式，有着严格的自身逻辑。处在一个帝国主义猖獗的时代，中国作为一个国家，面临着生存和安全这一压倒一切的问题。受不可抗拒的组织国家要求的驱使，梁发现自己正在改变原先从集体主义立场上对民主制度的拥护，转而承认一个独裁主义的国家是必要的。"①

纵观梁启超流亡日本后一系列的思想和行动，无论是他提倡革命，鼓吹破坏，还是 1903 年以后谋求立宪，抵制革命，以至主张开明专制，无非都是为追求他的最高政治价值——民族国家而努力。此一系列的行动，也可以视为他关心国家理性的一种正常的表现。

梁启超在访美之前已对革命派的行为产生反感，曾以民友社德富芦花的《世界古今名妇鉴》为蓝本写了《近世第一女杰罗兰夫人传》。②

---

① 〔美〕张灏：《梁启超与中国思想的过渡（1890—1907）——烈士精神与批判意识》，崔志海、葛夫平译，新星出版社 2006 年版，第 175—176 页。

② 参阅〔日〕松尾洋二：《梁启超と史传——东アジアにおける近代精神の奔流》，载〔日〕狭间直树编：《梁启超西洋近代思想受容と明治日本》，株式会社みすず书房，1999 年版，第 273—281 页。松尾先生经过研究，提出了以下的结论："梁启超并非由罗兰夫人的事迹来提炼自己的思想，而是以民友社一系列史传中所宣传的思想为核心，在翻译中做了相应的删节或修改，然后以'新史氏曰'的形式提出自己的结论。"这种观点，对我们研究梁启超思想以及清末思想史有着重要的启发作用。

在这篇文章中，他表现出对法国大革命带来的破坏以及随之而来的暴民政治不满与恐惧，此时梁启超的思想中，反对革命的成分已占据了上风，这种想法，为他日后向开明专制论过渡埋下了伏笔。

访美的体验，梁启超更坚定了其想法的正确性。在访美之前，梁启超还将美国当成民主制度的典范和楷模，而在访美归来后，他则明确表示："吾游美国而深叹共和政体，实不如君主立宪者之流弊少，而运用灵也。"① 并且，即使这样的制度，也有其产生和发展的特殊条件，而并非模仿就可以得到的，它需要有一个逐步实现的过程。在他看来，"美国政治进化史，有独一无二之线路焉，即日趋于中央集权是也"。②

访美的体验即如此，而他在日本所见到的革命党的行为又如彼，于是，他为了构建国民国家这个大目标，为了这个国家能在天演的"外竞"中生存，也像加藤弘之一样，拿起伯伦知理的国家有机体说来批判卢梭的理论了。

首先，他用伯伦知理学说中的"卢梭批判论"来抨击革命派所倡导的"主权发源于国民""国民总意"说。他明确表示："主权者，一国精神所由寄也。"他指出，主权具有五种性质。第一，"主权者，独立不羁，而无或服从于他种权力者也"。第二，"主权者，国家之威力也。宜归于人格之国家及国家之首长，其余地方团体及法院议院等，皆隶于国家之一机关耳，于主权无关也"。第三，"主权者，至尊者也，主权者据之，以立于国内所有一切权力之上"。第四，"主权者，统一者也。一国中不能有二个主权"。第五，"主权者，有限者也。主权有受成于国法之权利，即有受限于

① 梁启超：《新大陆游记节录》，载《饮冰室合集》专集之二十二，中华书局1989年版，第65页。

② 梁启超：《新大陆游记节录》，载《饮冰室合集》专集之二十二，中华书局1989年版，第137页。

国法之义务"。① 梁启超列举了主权的性质后，便先批判平丹（现译为博丹）和卢梭将统治者看成主权载体的观念。梁启超表示，平丹之理论，"以国家之首长，与国家之全体混为一谈"，此理论，乃"路易第十四'朕即国家'之谬论所从出也，其说久已吐弃"，不具有辩论的价值。而为革命派所标榜的卢梭主义，在主权问题上，也充满谬误。梁启超指出："卢梭之言曰，主权不在于主治者，而在于公民，公民全体之意向，即主权也。主权不得让与他人，亦不得托诸他人，而为其代表。虽以之交付于国会，亦非其正也。社会之公民，常得使用其主权，持以变更现行之宪法，改正古来成法上之权利，皆惟所欲。"② 在梁启超看来，卢梭这种理论，若按伯伦知理的理论，则无非是"易专制的君主主权，而代以专制的国民主权也"。并且，更为严重的是，"专制君主主权，流弊虽多，而犹可以成国，专制国民主权，直取已成之国而涣之耳"。梁启超认为，革命派所倡导的"主权在民"除了涣散已成立国家之外，简直没有一点好处。并且，此公民总意说，极容易造成更严重恶果。"公民全体之意见，既终不可齐，终不可睹，是主权终无着也。"这种主权无着的情况，将造成"公民中之一部分，妄曰，吾之意见，即全体之意见也，而因以盗窃主权，此大革命之祸所由起也。公民之意向屡迁而无定，浸假而他之一部分。又妄曰，吾之意即全体之意也，而因以攻攫主权，此大革命之祸所由继续也"。③ 依梁启超之见，伯伦知理之所以断断与卢梭为难者，其意正在于此。言外之意，他反对革命派所谓的"主权在民"的观念的最终目的，也是出于上述的考虑。

---

① 梁启超：《政治学大家伯伦知理学说》，载《饮冰室合集》文集之十三，中华书局 1989 年版，第 86—87 页。

② 梁启超：《政治学大家伯伦知理学说》，载《饮冰室合集》文集之十三，中华书局 1989 年版，第 87 页。

③ 梁启超：《政治学大家伯伦知理学说》，载《饮冰室合集》文集之十三，中华书局 1989 年版，第 87 页。

　　于是，为驳斥革命派的"主权在民"的主张，他进一步申明了主权之原则。其一，"主权既不独属君主，亦不独属社会，不在国家之上，亦不出国家之外，国家现存及其所制定之宪法，即主权所从出也"。其二，"或谓社会为私人之集合体。主权即为私人之集合权，其言谬甚，主权者公权，非私权也，虽合无量数之私权，不能变其性质使成公权"。其三，"或谓一民族相结合，虽未具国家之体裁，亦可谓之有主权，此说亦非也。彼民族者，未能成为一'法人'（谓法律上之人格——原注），未有形不具而脑先存者也。故有主权则有国家，无国家亦无主权"。①

　　梁启超原来提倡和宣传民族主义，作为他构建民族国家的不二法门，但是，对国家理性的摸索使他感到"国家所最渴需者，为国民资格"。至于如何得到这种国民资格，则"各应于时势，而甚多其途也"。② 并且，对梁启超而言，构建国民国家，以实现"外竞"是他孜孜以求的愿望，为实现它的梦想，就必须正视中国乃是一个由多民族组成的国家这种现实，而反对革命派所提倡的反满的民族主义。于是，他依据伯伦知理的国民与民族的理论对革命派之排满论进行驳斥，"两年以来，民族主义稍输入于我祖国。于是排满之念，勃郁将复活，虽然，今吾有三问题于此，曰，汉人果已有新立国之资格乎？此吾不能无疑之第一问题也。伯氏论民族建国之所恃者三：（一）固有之立国心；（二）可实行之之能力；（三）欲实行之之志气。其第一事，则吾固具之矣。其第三事，则在今虽极少数，而不能谓之无也。独其第二事，则从何处说起耶？日言排而不能排，犹无价值之言也。即使果排去矣，而问爱国志上之所志，果以排满为究竟之目的耶？抑以立国为究竟之目的耶？毋亦曰目的在彼，直借此为过渡之一手段云耳。苟遂不克达于目的地，则手段

----

　　① 梁启超：《政治学大家伯伦知理学说》，载《饮冰室合集》文集之十三，中华书局1989年版，第87—88页。

　　② 梁启超：《政治学大家伯伦知理学说》，载《饮冰室合集》文集之十三，中华书局1989年版，第74页。

何取也"。① 对梁启超而言，他并不是不相信中国人没有建立民族国家之能力，只是认为在当时，还不具备此种能力，他认为，这种看法，即使对于最急激之革命派来说，也不得不赞同。

梁启超向革命派提出的第二个问题是："曰排满者以其为满人而排之乎？抑以其为恶政府而排之乎？"梁启超接着问道："如以其为满人也，且使汉人为政，将腐败而亦神圣之也。如以其为恶政府也，虽骨肉之亲，有所不得私，而满不满奚择焉？"在梁启超看来，"今政府与满洲有二位一体之关系，憎政府而及满人"，也是人之常情，革命派将排满作为鼓舞民心的手段还可以，但作为一种政治纲领则大有问题。梁启超指出："今日之中国，实非贵族政体，而为独裁政体，其蠹国殃民者，非芸芸坐食之满人，而其大多数乃在阉婉无耻媚兹一人之汉族也。而其所以为媚者，非媚满人，媚独裁耳，使易独裁者为汉人，其媚犹今也。媚独裁之汉人，其蠹国殃民亦犹今也。"依梁启超之见，"今日当以集全国之锋刃，向于恶政府为第一义，而排满不过其战术之一枝线"。在他看来，革命派"认偏师为正文，大不可也"。革命派中有些人为了宣传排满革命，"乃至盗贼胡、曾，而神圣洪、杨"。他质问革命派："此果为适于论理否耶？且使今日得如胡、曾其人者为政府与得如洪、杨其人者为政府，二者孰有益于救国？"② 革命派所有这些主张，对梁而言，全部背离了建国的大目标。他说："章炳麟氏之言曰，不能变法当革，能变法亦当革。不能救民当革，能救民亦当革。嘻，此何语耶？夫革之目的，岂以快意耶？毋亦曰救民耳。如曰能救民而亦当革，则是敌视此目的也，假曰信今政府之必不能救民而革之也，斯可谓健全之理论矣。而犹当视其所以代之者何如，如章氏

① 梁启超：《政治学大家伯伦知理学说》，载《饮冰室合集》文集之十三，中华书局 1989 年版，第 74 页。

② 梁启超：《政治学大家伯伦知理学说》，载《饮冰室合集》文集之十三，中华书局 1989 年版，第 74—75 页。

言，能毋使国民迷惑耶？"① 在梁启超看来，这两年世论之趋向，
"殆由建国主义一变而为复仇主义"。这对于其构建国民国家的大
目标来说，无疑是一种背离。他指出："其在一人一家之仇，而曰
身可杀，家可破，仇不可不复，是所宜言也；其在一国之仇，而
曰，国可亡，仇不可不复，则非所宜言也。"② 在梁启超看来，章
炳麟此种言论乃是一种"不健全之理论，为造成国民资格之道一
魔障也"。③

于是，他根据伯伦知理论向革命派提出了第三个问题："必离
满洲民族，然后可以建国乎？抑融满洲民族乃至蒙、苗、回、藏诸
民族，而亦可以建国乎？"他引用伯伦知理的民族之定义，认为中
国应当提倡"大民族主义"。他说，民族乃指"同地、同血统、同
面貌、同语言、同文字、同宗教、同风俗、同生计"者，"而以语
言文字风俗为最要焉"。由此言之，则中国言民族者，当于小民族
主义之外，更提倡大民族主义。对于这两种民族主义，梁启超解释
道："小民族主义者何？汉族对于国内他族是也。大民族主义者
何？合国内本部属部之诸族以对于国外之诸族是也。"他指出：
"中国同化力之强，为东西历史家所同认，今谓满洲已尽同化于中
国，微特排满家所不欲道，即吾亦不欲道，然其大端，历历之迹，
固不可诬矣。……今关内之满人，其能通满文、操满语者，已如凤
毛麟角，他无论矣。"依梁启超之见，若按伯伦知理的理论来衡
量，"虽谓满人已化成于汉民俗可也"。他断言，即使不是这样，
"苟汉人有可以自成国民之资格。则满人势不得不融而入于一炉"，
而成为大民族中之一员。对梁启超来说，革命派所倡导的排满只不

---

① 梁启超：《政治学大家伯伦知理学说》，载《饮冰室合集》文集之十三，中华
书局1989年版，第75页。

② 梁启超：《政治学大家伯伦知理学说》，载《饮冰室合集》文集之十三，中华
书局1989年版，第75页。

③ 梁启超：《政治学大家伯伦知理学说》，载《饮冰室合集》文集之十三，中华
书局1989年版，第75页。

过是其战术之一"枝线"，而改造恶政府乃是第一义，梁启超所最
关心的问题，还是民族国家之构建，即中国如何在他所谓的竞争最
剧的天演界中存活的问题。他认为："今所欲研究者，则中国之能
建国与否，系于逐满不逐满乎？抑或不系于逐满不逐满乎？实问题
之主点也。"在他看来，"自今以往，中国而亡则已，中国而不亡
则此后所以对于世界者，势不得不取帝国政略，合汉，合满，合
蒙，合回，合苗，合藏，组成一大民族，提全球三分有一之人类，
以高掌远跖于五大陆之上，此有志之士所同心醉也"①。梁启超认
为，假如他的愿望成为事实的话，"则此大民族必以汉人为中心
点，且其组织之者，必成于汉人之手，又事势之不可争者也"②。
然而，在梁启超看来，革命派所提倡的排满革命，恰恰妨碍了他的
大目标。他说："独今日者，欲向于此大目的而进行，其必将彼五
百万之满族，先摈弃之而再吸集之耶？抑无须尔尔，但能变置汉满
同病之政府，而遂有可望耶？"在梁启超看来，要想得到正确的结
论，不得不将此狭隘的民族复仇主义，暂搁置一边，平心静气来考
察，他所考察的范围，以建国为中心，分为预备、实行、善后三个
阶段，以革命派提倡的排满是否对建国的大目标有利而诘之革命
派，"当预备时代，将排满而能养汉人之实力乎？抑用满而能养汉
人之实力乎？当实行时代，将排满而能御列强之侵入乎？抑合满而
能御列强之侵入乎？当善后时代，将排满而得国础之奠安乎？抑利
满而得国础之奠安乎？"③ 显而易见，梁启超所讨论的问题都围绕
着他的一个目标，即建设一个提全球三分有一之人类，"高掌远跖
于五大陆之上"的大帝国而进行的。他所谓的"合汉，合满，合

---

①　梁启超：《政治学大家伯伦知理学说》，载《饮冰室合集》文集之十三，中华
书局1989年版，第75—76页。

②　梁启超：《政治学大家伯伦知理学说》，载《饮冰室合集》文集之十三，中华
书局1989年版，第75页。

③　梁启超：《政治学大家伯伦知理学说》，载《饮冰室合集》文集之十三，中华
书局1989年版，第76页。

蒙，合回，合苗，合藏"的"大民族主义"也是为了抵御帝国主义侵略，为建设一个新的中国而服务。从他为中国的生存和安全的角度来看，这正像有的学者已经指出的那样，"大民族主义只不过是一种语言修辞，在这个问题背后仍然是国家政治的理性化"。[①]

"径向于国家之正鹄而进行"既成为梁启超的目的和愿望，那么，团结国内各民族以抵御外侮的见解，也是保证此国民国家生存和安全的理性思考。为了达到建国的目的，中国当时最需要的是将散无友纪的"部民"铸造成"国民"。中国"最缺点而最急需者，在有机之统一与有力之秩序，而自由平等直其次耳"，所以，对梁启超而言，他的一切举措和思想，完全是从维护国家的生存和安全出发的。他根据伯伦知理的国家有机体说，视国家为一有机体。此有机体有其自己的目的。他指出："其在古代，希腊罗马之人，以为国家者，以国家自身为目的者也。国家为人民之主人，凡人民不可不自牺牲其利益以供国家。其在近世日耳曼民族，则以为国家者，不过一器具，以供各私人之用而已，私人之力有所不及者，始以国家补助之，故国家之目的，在其所属之国民。由前之说，则谓民也者，为国而生者也。由后之说，则谓国也者，为民而设者也。"在梁启超看来，伯伦知理比较倾向于第一种说法，他解释道："伯氏则曰两者皆是也，而亦皆非也，夫天下之事物，固有自一面观之，确为纯粹之器具，自他面视之，又确有其天然固有之目的者存，即如男女婚媾，其显证也，就其夫妇相爱之情欲言之，则婚媾实一器具也。就其居室大伦传种义务言之，则婚媾实有其至大之一目的在。惟国亦然。"[②] 根据伯伦知理国家目的的理论，梁启超在国家和个人关系的问题上，表明了他的立场，"以常理言，则各私人之幸福与国家之幸福，常相丽而

---

① 〔美〕张灏：《梁启超与中国思想的过渡（1890—1907）——烈士精神与批判意识》，崔志海、葛夫平译，新星出版社2006年版，第180页。

② 梁启超：《政治学大家伯伦知理学说》，载《饮冰室合集》文集之十三，中华书局1989年版，第88页。

无须臾离，故民富则国富，民智则国文，民勇则国强。是此两目的不啻一目的也。虽然，若遇变故，而二者不可得兼，各私人之幸福与国家之幸福，不能相容。伯氏之意，则以为国家者，虽尽举各私人之生命以救济其本身可也，而其安宁财产更何有焉。故伯氏谓以国家自身为目的者，实国家目的之第一位，而各私人，实为达此目的之器具也"。①

个人既然成为国家目的的器具，也就是说，个人只不过是国家机器上的齿轮和螺丝钉，那么，伯伦知理学说中的自由主义因素哪里去了呢？梁启超说："虽然，伯氏之论，常无偏党者也。故亦以为，苟非遇大变故，则国家不能滥用此权，苟滥用之，则各私人亦有对于国家而自保护其自由之权理云。"② 仅此淡淡一笔，梁启超便将伯伦知理理论中的自由主义因素带过去了，并且，是否滥用其权的主动权，依然还是握在国家手中。在国家巨大的权力面前，个人仍然只是任人摆布的小草而已。

对国家目的的关注，导致梁启超确立了干涉主义的政治价值观。他说："及前世纪之末，物质文明发达之既极，地球上数十民族，短兵相接，于是帝国主义大起，而十六七世纪之干涉论复活，卢梭、约翰弥勒、斯宾塞诸贤之言，无复过问矣。乃至以最爱自由之美国，亦不得不骤改其方针，集权中央，扩张政府权力之范围，以竞于外，而他国更何论焉？夫大势之所趋迫，其动力固非在一二人，然理想之于事实，其感化不亦伟耶！若谓卢梭为十九世纪之母，则伯伦知理，其亦二十世纪之母焉矣。"③ 十分明显，日本学院派进化主义理论以及伯伦知理的国家主义学说，使

① 梁启超：《政治学大家伯伦知理学说》，载《饮冰室合集》文集之十三，中华书局 1989 年版，第 88 页。

② 梁启超：《政治学大家伯伦知理学说》，载《饮冰室合集》文集之十三，中华书局 1989 年版，第 89 页。

③ 梁启超：《政治学大家伯伦知理学说》，载《饮冰室合集》文集之十三，中华书局 1989 年版，第 89 页。

梁启超在考虑中国问题时，其着眼点经常放在如何使中国在生存竞争的天演世界中存活下去的问题上，而道德及个人自由等问题却常常为他所忽略，这种思想倾向终于使他走上了干涉主义的道路。

此种结果，导致了梁启超也同加藤弘之一样，走上了一条提倡开明专制的道路。1906 年，梁启超写下了有名的《开明专制论》。本来，梁启超在其《政治学大家伯伦知理学说》中，还热情赞扬伯伦知理与波伦哈克之君主立宪制，声称："伯氏博论政体，而归宿于以君主立宪为最良。谓其能集合政治上种种之势力、种种之主义而调和之。"① 现在却突然提倡起开明专制论来了，这究竟是为什么呢？有的学者认为，本来梁启超多年以来一直宣传君主立宪，但在"立宪"这一点上，君主立宪与共和立宪是相同的。凡实行立宪制度必有议会。梁氏既已极言中国人无运用议会政治的能力，则君主立宪自然也就成问题了。所以，梁氏必须重新回答中国应采取何种政体的问题。② 这种说法无疑是正确的，但从另一方面看，梁启超从主张君主立宪到主张开明专制也是他对国家理性关注的自然归宿。在这一方面，他和加藤弘之的表现是一样的，他们虽然都主张开明专制，但只是将其作为一种权宜之计，其真实用意还是主张君主立宪。梁启超曾表示，"普通国家，则必经过开明专制时代，而此时代，不必太长，且不能太长，经过之后，即进于立宪，此国家进步之顺序也"，"故开明专制者，实立宪之过渡也，立宪之预备也"。③ 也就是说，开明专制只是他基于国家理性而选择的一种过渡形式。他解释道："昔达尔文说生物学之公例曰优胜劣败。而斯宾塞易以适者生存，意若曰，适焉者虽劣亦优，不适焉

---

① 梁启超：《政治学大家伯伦知理学说》，载《饮冰室合集》文集之十三，中华书局 1989 年版，第 77 页。

② 耿云志、崔志海：《梁启超》，广东人民出版社 1994 年版，第 166 页。

③ 梁启超：《开明专制论》，载《饮冰室合集》文集之十七，中华书局 1989 年版，第 38—39 页。

者，虽优亦劣也。故吾辈论事，毋惟优是求，而惟适是求。"① 梁
启超怕别人对其以主观判断优劣的说法产生怀疑，于是进一步阐明
了他的意见："如云'明月者悦人心目者也'，此判断可为正确乎？
彼劳人思妇，对之而涕矣。彼穿窬之监（盗）且嫉之如仇矣。然
则，'悦人心目'云者，不过我之主观云然耳，彼劳人思妇，自有
彼之主观焉，彼穿窬之盗，又自有彼之主观焉。而彼之主观，各各
与我之主观相矛盾，彼以彼之主观而推论我，固不可也；我以我之
主观而推论彼，亦乌见其可？苏诗曰：'耕田欲雨刈欲晴，来者顺
风去者怨。'此语殆可以发明此真理而有余矣。"在梁启超看来，
"以客观的方面论，则天下事物确无所谓优劣者，以主观的方面
论，则可强区别之"。他写道："曰若此者，吾认为优；若此者，
吾认为劣而已。优劣者无所认也。若以主观推及于客观而指定之
曰，此事物优而彼事物劣也，此大过也（如明月无所谓优劣，以
吾方赏心乐事也，吾认为优，虽认为优，不得谓明月优也。以吾欲
为穿窬之盗也，吾认为劣，虽认为劣，不得谓明月劣也。他事物皆
然——原注）庄生曰：'民食刍豢，麋食荐，蝍且甘带，鸱鸦嗜
鼠，四者孰知正味。'此言美恶无定形，非玩世之言，实真理也。
斯宾塞所以以'适者生存'易'优胜劣败'者诚以优劣本无定形，
故胜败亦无常格。其易之也，避武断也。"② 按梁启超的解释，对
世间的事物优劣的判断，只能凭着主观的适与不适来判断了，那
么，他是根据什么样的标准来判断主观是否应当实行开明专制呢？
这当然还是从他所关注的国家理性来判断的，简言之，就是他采用
开明专制对中国的安全和生存是否最符合理性的行为。在他看来，
强制起于竞争，"有以强制为调合竞争之具者，有以强制为助长竞
争之具者"。梁启超认为，竞争分为两种：异种类之间的竞争和同

种类之间的竞争。"二者常并时而行，如人类对于其他众生，则认彼众生为异种类。文明人对于野蛮人，则认野蛮人为异种类。文明人相互之间，甲团对于乙团，则彼此交认为异种类。如此者精密分析之，殆不能尽。而于一方面为异种类之竞争，于一方面又为同种类之竞争，如人类方与众生竞也，而人与人亦同时相竞，文明人方与野蛮人竞也，而文明人与文明人亦同时相竞，甲团方与乙团竞也，而甲乙之内部亦各各同时相竞，于彼时也，其同种类之间，各么匿体，能行竞争于秩序的，则其对于异种类之竞争必获优胜，否则劣败。何以故，必有秩序，然后彼此之行为可以豫测其结果而不至冲突故。必内部无冲突，然后能相结集以对外故。虽然所谓秩序云者，非自始焉放任，而可以自致者也。其得之也，必以强制。强制者，实社会所以自存之一要素也。所谓以强制助长竞争者，此也。"①

由此可见，梁启超所谓的强制，主要是为了他一贯强调的群体内部个体之间的协调与秩序，即所谓的"有机之统一与有力之秩序"。群体内部个体间无冲突，然后才能结集以对外，加入竞争最剧的天演界中。他的强制说到底，背后依然是国家理性在跃动。基于个体服从群体"外竞"的考虑，梁启超开始对中外学者的"内竞"能导致自然和谐的理论进行抨击。他说："或谓人类自然能调和，不待强制而可以为平和的发达。此中国老庄一派之理想。泰西上古诸哲亦常有持此说者，是未尝为历史的研究，误解古代社会之情形耳。或又谓自然界有天然之公例，可以有调和而无轧轹，人类亦当有然，此亦由前此'自然科学'尚属幼稚，于自然界生存竞争、相续不断之一大现象，未尝见及耳。今此两说已属陈言，久为学界所否定。"②

① 梁启超：《开明专制论》，载《饮冰室合集》文集之十七，中华书局1989年版，第14—15页。
② 梁启超：《开明专制论》，载《饮冰室合集》文集之十七，中华书局1989年版，第15页。

出于对国家生存和安全的考虑，以及对"提全球三分有一之人类，以高掌远跖于五大陆之上"理想的追求，梁启超甚至认为，对个体的强制乃是群体生存和安全的必要保证。他声称："有强制则社会存，无之，则社会亡，就社会一方而言之，则虽曰'强制者神圣也'可也。"①

如按梁启超的说法，有制人者，即会有制于人者。制于人者明显地处于不利的境地。如此看来，强制者对于社会虽神圣，但其对于个人，实蟊贼也。然而，梁启超认为，上述观点是只知其一，未知其二，依他之见，"不平等者，人间世必然之现象也，虽无强制的组织，而其不平等之各分子，卒未尝灭，以不平等之现象为由强制而来，是倒果为因也"。② 梁启超指出："社会之有强制的组织，其性质原所以干涉社会中诸种不平等之关系。但其干涉也，时或以'人为淘汰'之作用，助长其不平等者，使益趋于不平等，虽未始无之。"但是，"要其普通所行，则多以调和不平等者，而使之渐趋于平等，有断然也"。③

基于这种想法，梁启超认为："今群多数之个人以立于社会，使无所谓强制的组织以临其上，则其间弱者之境遇，必更有不忍言者。"这乃是因为"彼强者得伸其权力于无限，而弱者遂无术以自存也"，所以依梁启超之见，"有强制的组织，则个人之自由，虽不得不视前此而较狭，而在此狭范围内，能借强制之保障，使其自由之程度，视前此反更确实利害正相抵也"。④

在梁启超的社会达尔文主义的世界观中，竞争是自然界和人类

① 梁启超：《开明专制论》，载《饮冰室合集》文集之十七，中华书局 1989 年版，第 15 页。

② 梁启超：《开明专制论》，载《饮冰室合集》文集之十七，中华书局 1989 年版，第 15 页。

③ 梁启超：《开明专制论》，载《饮冰室合集》文集之十七，中华书局 1989 年版，第 15 页。

④ 梁启超：《开明专制论》，载《饮冰室合集》文集之十七，中华书局 1989 年版，第 15—16 页。

社会的一个无情事实，并且，竞争不仅是不可避免的，而且也是人们所渴望的，因为根据梁的观点，它揭示了西方国家进步的奥秘。[①] 所以，对梁启超而言，强制对国家而言，其为"助长竞争之具"，它能使群体形成"有机之统一与有力之秩序"，"内部无冲突，然后能相结集以对外"，在"外竞"中自存，而对个人而言，强制又成了调和竞争之具。它能调和强者与弱者之关系，"个人之自由，虽不得不视前此而较狭，而在此较狭范围内，能借强制之保障，使其自由之程度，视前此反更确实利害正相抵也"。竞争既然是人类社会进步的奥秘，而强制又为助长和调和竞争之具，所以按梁启超的逻辑，强制无论对国家还是对个人来说，都是有利的。也就是说，开明专制对中国当时的状况来说，是最理性的选择。

在梁启超看来，强制可分为"开明专制"与"野蛮专制"两种形式。他写道："凡专制者，以能专制之主体的利益为标准，谓之野蛮专制；以所专制之客体的利益为标准，谓之开明专制。"[②]他指出："法王路易第十四曰'朕即国家也'此语也，有代表野蛮专制之精神者也。普王腓力特列曰'国王者，国家公仆之首长也'此语也，则代表开明专制之精神者也。"[③] 他解释道："腓力特列时代之普国，固为千古开明专制之模范，路易十四时代之法国，则非全属于野蛮专制者，不过其言为野蛮专制之言耳。"[④] 基于以上的认识，梁启超认为："国家所最希望者，在其制之开明而非野蛮耳，诚为开明，则专与非专，固可勿问。何也？其所受之结果无差

---

① 〔美〕张灏：《梁启超与中国思想的过渡（1890—1907）——烈士精神与批判意识》，崔志海、葛夫平译，新星出版社2006年版，第114页。

② 梁启超：《开明专制论》，载《饮冰室合集》文集之十七，中华书局1989年版，第22页。

③ 梁启超：《开明专制论》，载《饮冰室合集》文集之十七，中华书局1989年版，第23页。

④ 梁启超：《开明专制论》，载《饮冰室合集》文集之十七，中华书局1989年版，第23页。

别也。"①

于是，梁启超也像加藤弘之一样，主张其腓特烈大帝式的开明专制论。当然，梁启超主张开明专制说，并不完全是根据加藤弘之的理论。据他自己所言，他是根据日本的另一位法学家笕克彦的理论。② 但是，无论是根据谁的理论，都要回答开明专制的主体是谁的问题。加藤弘之开明专制的主体是明治政府。梁启超的呢？梁启超只说是强制的组织。他说："必有所谓国家者，乃得行完全之强制的组织，而既能行完全之强制的组织者，即其既有国家之实者也。故言制者必与国家相缘。"③ 当时，实际统治着中国的是清政府，所以，革命党人据此说梁启超希望清政府行开明专制。④ 事实上，梁启超在文章中虽没明确地表示开明专制的主体是清政府，但是，从当时梁启超的处境来看，他虽是清廷通缉的要犯，但仍与清廷的一些官吏保持着联系，并代他们写了不少奏折，1905 年末历时半年多的所谓五大臣出洋考察宪政之奏议，其绝大部分，便出于梁氏之手。此种情况，不禁令人想到，梁启超希望通过上述的渠道来促使清廷实行开明专制。⑤ 然而，当时清廷已处于风雨飘摇之中，没有人会相信这样的一个政府会实行开明专制，所以梁启超的

---

① 梁启超：《开明专制论》，载《饮冰室合集》文集之十七，中华书局 1989 年版，第 23 页。

② 梁启超在 1906 年《致蒋观云先生书》中言："弟所谓开明专制，实则祖述笕克彦氏之说，谓立宪过渡民选议院未成立之时代云耳。日本太政官时代政体，即弟所谓开明专制，而公所谓宪胚非有二物也。弟之用此名则有所激而言，弟持论每喜走极端，以刺激一般人之脑识，此亦其惯技耳。"（梁启超：《致蒋观云先生书》，转引自丁文江、赵丰田编：《梁启超年谱长编》，上海人民出版社 1983 年版，第 366 页）高柳信夫在其《梁启超〈开明专制〉をめぐって》一文中论及此事颇详，参阅《言论·文化·社会》2003 年第 1 号，第 66—72 页。

③ 梁启超：《开明专制论》，载《饮冰室合集》文集之十七，中华书局 1989 年版，第 17 页。

④ 《民报与新民丛报辩驳之纲领》，载中国史学会主编：《辛亥革命》（二），上海人民出版社 1957 年版，第 272 页。

⑤ 〔日〕高柳信夫：《梁启超〈开明专制〉をめぐって》，载学习院大学《言论·文化·社会》2003 年第 1 号，第 81 页。

开明专制论不仅没起到与革命党人的共和立宪对抗的目的，反成为革命党人指责梁启超希望清廷专制的口实。[①]

对国家理性化的关心，使梁启超的注意力也转移到国民经济的理性化问题上来，对梁启超而言，采用何种经济政策建国，也是国家理性化的一个重要组成部分。为此，他与革命党人展开了一场激烈的辩论。梁启超认为，革命党谓土地单税制，乃中国将来整理财政之不二法门。这种提法，存在着极大的谬误。在他看来，国家之财政，应当以收入能支付开支为原则，国家为了发展，必然需要各种经费，经费的增减又自然与国家之发展成正比，"国家而不欲自达其目的的则已，苟欲之，则凡所需者，责负担于其分子，盖非得已"。[②] 基于这种现象，中国传统上一直以"量入以为出"为其财政原则。但是，梁启超认为，"今各文明国普通制度，皆量出以为入，盖其根本观念有差异，则其制度不得不缘而差异"。梁启超指出："今世界中无论何国，其经费皆有逐年增加之势，愈文明者，则其增加之率愈骤。"[③] 依梁启超之见，"今后我中国而不欲自伍于大国则已，苟欲自伍于大国，则试取现今各大国岁费之中率，以吾之幅员民数比例而增之，其额之庞大，当有使腐儒舌挢而不能下者"。[④] 所以，在梁启超看来，革命派所提出的土地国有化和单税制，绝不能满足一个幅员辽阔大国的财政需求，不利于国家的发展。梁启超列举了十五条理由来说明单税制的不合理。在他看来，单税制不仅对国家发展不利，而且还违背了税收的公平和普及的原则。并且，土地单税使国家不能实行保护关税和限制消费税等政

---

① 《民报与新民丛报辩驳之纲领》，载中国史学会主编：《辛亥革命》（二），上海人民出版社1957年版，第272页。

② 梁启超：《驳某报之土地国有论》，载《饮冰室合集》文集之十八，中华书局1989年版，第2页。

③ 梁启超：《驳某报之土地国有论》，载《饮冰室合集》文集之十八，中华书局1989年版，第2页。

④ 梁启超：《驳某报之土地国有论》，载《饮冰室合集》文集之十八，中华书局1989年版，第2—3页。

策，以便利用税收这一重要经济杠杆保护本国经济，或引导本国经济流向，促进经济发展。① 总而言之，在梁启超看来，革命党人所谓的土地国有化下的单税法对建设国民国家这一大目标来说，是一种反理性的"梦呓之言"。他断言，"夫如是，则岂惟财政，即全国经济界，亦将酿大混乱，而国可以底于亡矣"。②

梁启超对中国国家生存和安全的关注，使他不仅批判革命党人的土地国有化下的单税法，而且还抨击革命派的社会革命理论。在他看来，社会革命对中国来说，不仅不必行，且不可行，不能行。依梁启超之见，革命派之所以提出只要解决了土地问题，即可解决一切社会问题，"是由未识社会主义之为何物也"。③ 在梁启超看来，"各国社会主义者流，屡提出土地国有之议案，不过以此为进行之着手，而非谓舍此无余事也"。他指出，社会主义之最大宗旨，"不外举生产机关而归诸国有，土地之所以必须为国有者，以其为重要生产机关之一也，然土地之外，尚有其重要之生产机关焉，即资本是也"。④ 梁启超认为，土地和资本相比，"资本又为其主动"，因资本膨胀才引起城镇化，因城镇发达，才带来地价地租之腾涨。所以，梁启超指出："欲解决社会问题者，当以解决资本问题为第一义，以解决土地问题为第二义。"⑤ 质而言之，依梁启超之见，"则必举一切之生产机关而悉为国有，然后可称为圆满之社会革命，若其一部分为国有，而他之大部分仍为私有，则社会革命之目的，终不能达也"。⑥ 而此新社会之经济组织的性质，用梁启超的话来说，则是"国家自为地主，自为资本家，而国民皆为

---

① 耿云志、崔志海：《梁启超》，广东人民出版社 1994 年版，第 170—171 页。

② 梁启超：《驳某报之土地国有论》，载《饮冰室合集》文集之十八，中华书局 1989 年版，第 18 页。

③ 梁启超：《杂答某报》，《新民丛报》第四年第十四号，第 21 页。

④ 梁启超：《杂答某报》，《新民丛报》第四年第十四号，第 21—22 页。

⑤ 梁启超：《杂答某报》，《新民丛报》第四年第十四号，第 22 页。

⑥ 梁启超：《杂答某报》，《新民丛报》第四年第十四号，第 23 页。

劳动者而已，即一切生产事业，皆由国家独占，而国民不得以此为竞也"。① 依梁启超之见，他虽昔"认此主义为将来世界最高尚美妙之主义者，良以此也，而试问今日之中国，能行此焉。否也。其在欧美之难此主义者，有自由竞争绝而进化将滞之问题，有因技能而异报酬或平均报酬孰为适当之问题，有报酬平等将遏绝劳动动机之问题，有分配职业应由强制抑由自择之问题……此诸问题，皆欧美学者所未尽解决，而即此主义难实行之一原因也"。② 除此之外，梁启超还认为，即使事实就像革命党所说的那样，我国人民程度已十分发达，"而此等政府果适于存在否乎？足以任此之人才有之乎？有之，能保其无滥用职权专制以为民病乎？能之，而可以持久而无弊乎？"这些问题在梁启超看来，"绝无待高尚之学理以为证，虽五尺之童能辨之论者"。③

　　基于此，梁启超认为，中国完全没有实行社会革命的必要，中国与欧洲的历史状况不同，"彼欧人之经济社会所以积成今日之状态者，全由革命来也，而今之社会革命论，则前度革命之反动也"。④ 他认为西方工业革命虽令社会财富增长，但造成了贫富悬隔。此种现象，"自工业革命前而既植其基，及工业革命以后，则其基益巩固。而其程度益显著"。⑤ 但是，中国的情况与欧洲大不相同，中国"中产之家多，而特别豪富之家少"。依梁启超之见，造成这种不良现象的原因有数端。其一，"中国自秦以来，贵族既已消灭，此后虽死灰偶烬，而终不能长存，及至本朝，根株愈益净尽"。其二，"自汉以来，已行平均相续法"，即民谚所谓"人无三代富"。其三，"赋税极轻"。⑥ 因此，梁启超认为，中国较之欧洲

---

①　梁启超：《杂答某报》，《新民丛报》第四年第十四号，第23页。

②　梁启超：《杂答某报》，《新民丛报》第四年第十四号，第23—24页。

③　梁启超：《杂答某报》，《新民丛报》第四年第十四号，第24页。

④　梁启超：《杂答某报》，《新民丛报》第四年第十四号，第6页。

⑤　梁启超：《杂答某报》，《新民丛报》第四年第十四号，第10页。

⑥　梁启超：《杂答某报》，《新民丛报》第四年第十四号，第11—12页。

贫富不均的现象要好得多。"现今之经济社会组织，其于分配一方面，已比较的完善而远非泰西旧社会所及"，所以"由现今社会以孕育将来社会其危险之程度自不大"。① 基于上述考虑，梁启超认为："无识者妄引欧人经过之恶现象以相怵，是乃谓杞人之忧也。然又非徒恃现在经济社会组织之差完善而遂以自安也。彼欧人所以致今日之恶现象者，其一，固由彼旧社会所孕育；其二，亦由彼政府误用学理放任而助长之。今我既具此天然之美质，复鉴彼百余年来之流弊，熟察其受病之源，博征其救治之法。采其可用者先事而施焉，则亦可以消患于未然，而覆辙之轨吾知免矣。"② 梁启超"不必行社会革命"之原因，也正在于此。

在梁启超看来，革命党人主张社会革命，对中国而言是药不对症。他说："孔子与门人立，拱而尚右。二三子亦皆尚右。孔子曰，二三子之嗜学也，我则有姊之丧故也。夫欧美人之倡社会革命乃应于时势，不得不然，是姊丧尚右之类也，今吾国情形与彼立于正反对之地位，闻其一二学说，乃吠影吠声，以随逐之，虽崇拜欧风，亦何必至于此极耶？夫无丧而学人尚右不过为笑，固匪害于实事，若病异症而妄尝人药，则自厌其寿耳，今之倡社会革命论者，盖此事也。"③ 他断言："今日中国所急当研究者，乃生产问题，非分配问题也。"这是因为，"生产问题者，国际竞争问题也，分配问题者，国内竞争问题也。生产问题能解决与否，则国家之存亡系焉，生产问题不解决，则后此将无复分配问题容我解决也"。④

在梁启超看来，社会革命论之主要政治诉求在于使分配趋于平等，"质言之，则抑资本家之专横，谋劳动者之利益也"。这种主张，"在欧美诚医群之圣药，而施诸今日之中国，恐利不足以

---

① 梁启超：《杂答某报》，《新民丛报》第四年第十四号，第16页。
② 梁启超：《杂答某报》，《新民丛报》第四年第十四号，第16页。
③ 梁启超：《杂答某报》，《新民丛报》第四年第十四号，第20—21页。
④ 梁启超：《杂答某报》，《新民丛报》第四年第十四号，第20页。

偿其病也"。梁启超认为，在列强环伺的情况下，为了"外竞"的需要，必须先牺牲劳动者的利益，而使国家在"外竞"中获胜。他明确表示："吾以为策中国今日经济界之前途，当以奖厉（励）资本家为第一义，而以保护劳动者为第二义。"[①] 梁启超指出："经济学公例，租与庸厚，则其赢薄，租与庸薄，则其赢厚。"当今"租庸两薄之地，无如中国，故挟其资本以求赢，求最良之市场，亦莫如中国"，[②] 所以世界各发达国之目光，齐集中国。在他看来，"我国民于斯时也，苟能结合资本，假泰西文明利器（机器），利用我固有之薄租薄庸以求赢，则国富可以骤进，十年以往，天下莫御矣"，而反之"以现在资本之微微不振，星星不团，不能从事于大事业，而东西各国为经济公例所驱迫，挟其过剩之资本以临我，如洪水之滔天，如猛兽之出柙，将何以御之"。[③] 在梁启超看来，自工业革命之后，"惟资本家能食文明之利，而非资本家则反蒙文明之害，此当世侈谈民生主义者所能知也"。依梁启超之见，"自今以往，我中国若无大资本家出现，则将有他国之大资本家入而代之，而彼大资本家既占势力以后，则凡无资本者，或有资本而不大者，只能宛转瘐死于其脚下而永无苏生之一日，彼欧美今日之劳动者，其欲见天日，犹如此其艰也"。他断言："但使他国资本势力充满于我国中之时，即我四万万同胞为马牛以终古之日。"[④]

虽然梁启超用发展国内的资本主义来反对革命党人所提出的社会革命论，但是这并不等于他无条件地拥护资本主义，对梁启超来说，他的一切主张，都与他对国家理性的关注有关，他的一切出发点，都以中国国家的生存和安全为最后归宿。因此，他对资本主义的提倡也必以国家的利益为前提。对梁启超而言，他的一生，一直

---

① 梁启超：《杂答某报》，《新民丛报》第四年第十四号，第 16—17 页。
② 梁启超：《杂答某报》，《新民丛报》第四年第十四号，第 17 页。
③ 梁启超：《杂答某报》，《新民丛报》第四年第十四号，第 18 页。
④ 梁启超：《杂答某报》，《新民丛报》第四年第十四号，第 18—19 页。

都在试图解决中国在"民族帝国主义时代"如何生存的问题。到日本后，他发现了一条通过建构民族国家而解决该问题的途径。而民族国家的建构，又为两种思想所指导，于政治方面，是伯伦知理的国家有机体论，于经济方面，则是德国历史学派的国民经济学。对梁启超而言，正如亚当·斯密对市民社会做出了不可替代的贡献一样，德国历史学派的国民经济学说，和其国家有机体论的政治学，同为国民国家的两轮。[①]

　　我们第三章已讨论过，梁启超在戊戌时期，出于反专制的需要，其经济思想基本上立足于古典学派的自由贸易论，但随着形势的变化，他有时也站在贸易保护的立场发表意见。然而，他到日本后，接触到英格拉姆著、阿部虎之助译的《哲理经济学史》，[②] 路易吉·科莎著、阪谷芳郎重译的《经济学史讲义》，[③] 井上辰九郎述《经济学史》等历史主义的经济学著作。这些著作使梁启超通过历史主义的框架观察经济，导致他的思想发生了深刻的变化，也使他的经济思想完成了从赞成英国古典学派到拥护德国历史学派的转变。事实上，德国历史学派是为了矫正古典学派而出现的学派，该派学者从历史主义的立场重新评价被古典学派彻底否定了的重商主义。上述三部著作均认为，重商主义在亚当·斯密以后一直被古典学派视为蛇蝎。然而，在国家工业化的过程中，重商主义乃必然经过之阶段。德国之科尔伯主义，英国之克伦威尔主义，均为此两国家带来经济发展的有效的重商主义政策。在这三部书之影响下，梁启超开始认识到，从历史的角度来看，重商主义对于不同发展阶段之国，或阻碍或促进其发展，然对于尚未工业化之中国而言，则能通过保护贸易政策来保护和培养自己国家的产业，则诚为救时之

---

①〔日〕森时彦：《梁启超经济思想》，载〔日〕狭间直树编：《梁启超西洋近代思想受容と明治日本》，株式会社みすず书房 1999 年版，第 245 页。

② John Kells Ingram, *history of political economy*, London, 1888.

③ 原著是译自意大利语第二版的英文本，Luigi Cossa, *Guide to the study of political economy*, London, Hard precs publish, 1880。

不二法门。①

　　此外，在梁启超的进化主义的框架中，政治上卢梭的《民约论》，经济上亚当·斯密的《国富论》所代表的放任主义对反对专制政治、重商主义的干涉主义虽做出了重要贡献，但是为了解决放任极限所产生的矛盾，干涉主义再次抬头，进入了民族帝国主义时代，于政治方面，伯伦知理的国家有机体论所代表的干涉主义势力的加强，被视为对放任主义的反动。经济方面稍稍复杂，古典学派的自由放任主义也有被历史学派和社会主义两种干涉主义所取代之势。古典学派的自由放任主义，对工业革命时期的英国，曾经是极为有效的经济政策，它是一种个人通过自由贸易系统而贡献于世界经济的理论，也是一种建立在预定调和基础上的自由放任主义经济政策，这种政策虽创造了以英国为世界工厂的世界经济体系，但是在自由放任前面等待着的，是先进工业国与后进工业国之间的国家矛盾，和资本家与工人阶级间的阶级矛盾。而德国历史学派的保护主义经济学说，正是为了克服这种矛盾而登场的。② 梁启超深深地感到，19 世纪前半叶，英国自由主义虽一直领先于世界，然而到了 19 世纪后半叶，与之抗衡的德国保护主义经济异军突起，在将进入 20 世纪时，日本也步德国之后尘，完成了经济腾飞。所有的这一切，就像《新民说》中显现的那样，随着他在政治上建设国民国家的目标日益明确，对梁启超而言，历史学派的国民经济学说也就成了比古典学派的自由主义经济学说更为现实的选择。③ 历史学派将以马克思为首的社会主义学说，当成扬弃阶级矛盾而产生的埋论，阶级矛盾也被其视为自由竞争导致的结果。在历史学派的影

---

　　①　〔日〕森时彦：《梁启超经济思想》，载〔日〕狭间直树编：《梁启超西洋近代思想受容と明治日本》，株式会社みすず书房 1999 年版，第 240 页。

　　②　〔日〕森时彦：《梁启超经济思想》，载〔日〕狭间直树编：《梁启超西洋近代思想受容と明治日本》，株式会社みすず书房，1999 年版，第 243 页。

　　③　〔日〕森时彦：《梁启超经济思想》，载〔日〕狭间直树编：《梁启超西洋近代思想受容と明治日本》，株式会社みすず书房，1999 年版，第 237—240 页。

响下，梁启超认为："自由竞争之趋势，乃至兼并盛行，富者益富，贫者益贫。于是，近世之所谓社会主义出而代之，社会主义者，其外型若纯主放任，其内质则实主干涉者也。"① 梁启超认为，革命党人所提倡的社会主义并不是真正的社会主义，这乃是因为"彼辈始终未识社会主义为何物"。② 在梁启超看来，社会主义大致分为两派：其一为"社会改良主义派，即承认现在之社会组织，而加以矫正者也，华克拿、须摩拉、布梭达那等所倡者，与俾士麦所赞成者属焉"；其二为"社会革命主义派，即不承认现在之社会组织，而欲破坏之以再谋建设者也，麦喀、比比儿辈所倡率者属焉"。③ 梁启超表示："社会主义学说，其属于改良主义者，吾固绝对表同情，其关于革命主义者，则吾亦未始不赞美之，而谓其必不可行，即行亦在数百年之后。"④ 依梁启超之见，社会改良主义虽是欧美无数的政豪学哲所研究的成果，但是"彼行之于狂澜既倒之后，故其效不甚章，我行之于曲突徙薪以前，故其敝末由至"。在梁启超看来，西方之所以"演出工业革命之恶果，而迫今后之社会革命使不能不发生者"，其原因有两条：其一是由于瓦特机器之发明，生产力有了突飞猛进的发展；其二是亚当·斯密的自由放任学说又"助长其竞争之焰"。⑤

依梁启超之见，中国应"于生产方法改良之始，能鉴彼放任过度之弊，而有所取裁，则可以食瓦特机器之利，而不致蒙斯密学说之害"。⑥ 显而易见，梁启超所主张的是用一种近似德国社会改良主义的国家干涉政策来克服亚当·斯密的自由放任主义，而独食

---

① 转引自〔日〕森时彦：《梁启超经济思想》，载〔日〕狭间直树编：《梁启超西洋近代思想受容と明治日本》，株式会社みすず书房1999年版，第243—244页。

② 梁启超：《杂答某报》，《新民丛报》第四年第十四号，第47页。

③ 梁启超：《杂答某报》，《新民丛报》第四年第十四号，第46页。

④ 梁启超：《杂答某报》，《新民丛报》第四年第十四号，第48页。

⑤ 梁启超：《杂答某报》，《新民丛报》第四年第十四号，第50—51页。

⑥ 梁启超：《杂答某报》，《新民丛报》第四年第十四号，第51页。

西方科学技术成果的政策。从这个意义上来说，梁启超所提倡的发展中国的资本主义必然是有条件的。他明确表示："今日欲救中国惟有昌国家主义，其他民族主义、社会主义，皆当诎于国家主义之下，闻吾此论而不瘝者，吾必谓其非真爱国也已。"[①] 梁启超的这种立场，正像有的学者业已指出的那样，"梁认为，现代西方资本主义制度有两块基石，以詹姆士·瓦特和亚当·斯密为代表。他的看法是保留瓦特的工艺学，而用德国的社会改良主义取代亚当·斯密的不干涉主义理论。这便是梁最后采取的立场，以与马克思的社会主义和纯粹的资本主义相对立。他强调指出，其理由是，他对社会主义的态度如同他的对民族主义的态度一样，最终都受国家主义支配，这也是他对民主立宪制度动摇不定和态度暧昧的原因"。[②]

这里应当特别指出的是，到了民国，梁启超旅欧洲归来以后，开始对其思想的中坚进化论和科学主义进行修正和反省，在此基础上，对其早年所驰骛的两者均丧失了信仰。因此，由生存竞争、优胜劣败所派生出来的政治上的国家主义，以及经济上的历史学派的干涉主义都失去了学理上的依据，从而使他放弃所谓的"欧日俗论"，以及"偏狭的国家主义"，[③] 重新回到儒家王道的天下主义，开始从儒家先圣先贤的教示中寻找思想资源。以上问题限于体例篇幅，我们将在另外的文章中加以讨论。

三　立宪派与革命党人在政治体制再建问题上的同异

梁启超虽与革命党人进行过激烈的辩论，但是他们之间在很

---

① 梁启超：《杂答某报》，《新民丛报》第四年第十四号，第 52 页。

② 〔美〕张灏：《梁启超与中国思想的过渡（1890—1907）——烈士精神与批判意识》，崔志海、葛夫平译，新星出版社 2006 年版，第 186 页。

③ 梁启超：《清代学术概论》，载《饮冰室合集》专集之三十四，中华书局 1989 年版，第 69 页。

多核心问题上也存在着共通之处，比如，双方都承认中国的政治体制是君主专制，并且双方都把共和制当成中国政治体制再建的终极目标（有关这一点，我们可以从梁启超的预言小说《新中国未来记》预言中国60年后将是共和制的描写中看得十分清楚）。他们只是在通过何种途径来达到目标的问题上发生了分歧，革命派主张用暴力革命来实现目标，而梁启超则主张中国应以君主立宪阶段作为过渡，因此，他认为中国需要的不是革命而是改良。①

对梁启超而言，将君主制转换为共和制，意味着将君主制转换为民主制，又将专制转换为立宪制，一举解决两重课题。革命派所提倡的暴力革命路线，在民众的知识和道德水准处于低水平时，企图实行从君主制到共和制的双重飞跃，不仅很难达到目的，甚至还可能导致民主专制。②梁启超指出，民主专制在古代见之于罗马，在近代则见之于法兰西。他说："民主专制政体之所由起，必其始焉有一非常之豪杰，先假军队之力，以揽收一国实权，然此际之新主治者，必非以此单纯之实力而能为功也，而自顾己所有之权利，以比诸他国神圣不可侵犯之君主，而觉其浅薄无根柢也。于是不得不求法律上之名义，即国民普通投票之选举是也。彼篡夺者〔（按）即所谓一非常之豪杰——原注〕既已于实际掌握国权，必尽全力以求得选。而当此全社会渴望救济之顷，万众之视线咸集于彼一身，故常以可惊之大多数，欢迎此篡夺者。而芸芸亿众，不惜举其血泪所易之自由，一旦而委诸其手，又事所必至，理所固然也。何也？彼时之国民，固已

---

① 〔日〕佐藤慎一：《近代中国の体制构想——专制の问题を中心に》，载〔日〕沟口雄三、滨下武志、平田直昭、宫嶋博史编：《アジアから考える》第五册《近代化像》，东京大学出版会1994年版，第236—237页。

② 〔日〕佐藤慎一：《近代中国の体制构想——专制の问题を中心に》，载〔日〕沟口雄三、滨下武志、平田直昭、宫嶋博史编：《アジアから考える》第五册《近代化像》，东京大学出版会1994年版，第237—238页。

厌自由如腐鼠，而畏自由如蛇蝎也。"① 梁启超进一步指出："此
篡夺者之名，无论为大统领，为帝王，而其实必出于专制。彼
时之民，亦或强自虚饰，谓我并非以本身之权利，尽让于此一
人，而所定宪法，亦尝置所谓国民代议院，谓以此相限制也。
而实则此等议院，其权能远在立宪君主国议院之下，何也，君
主国之议院，代表民意者也？君主而拂议院，是拂民也。此等
之议院，则与彼新主权者（即篡夺者——原注）同受权于民，
而一则受之于各小部分，一则受之于最大多数，故彼新主权者，
常得行长官之强权。不宁惟是，议院之所恃以对抗于彼者，赖
宪法明文之保障耳，而彼自以国民骄子之资格，可以随时提出
宪法改正案，不经议会，而直求协赞于国民，权利之伸缩，悉
听其自由，故民主专制政体之议院，实伴食之议院也，其议院
之自由，则猫口之鼠之自由也。"② 在梁启超看来，"君主专制
国，其诸臣对于国民无责任，惟对于君主有责任〔（按）君主对
于国民本无责任也，然其责任不分明，故□至于无——原注〕。
君主立宪国，君主无责任，惟议院政府诸员〔（按）如英国之
制，政府即议院之多数者也，故两者并举——原注〕对于国民
而代负责任。独民主专制国不然，惟民主〔（按）波氏所谓民主
者，兼大统领及帝王言之，拿破仑两帝，亦此类之民主也，读
者勿误〕对于国民而负责任，他皆无之。虽然，所谓责任者，
亦不过宪法上一空文耳，夫既已以永续世袭之最高权委托之于
彼，此后而欲纠问其责任，则亦惟视其力所能及，更破坏此宪
法，而移置其土权耳，质而言之，则舍再革命外，无他途也"。
总而言之，在梁启超看来，"此专制民主犹在，而欲与彼立宪君
主政体之国民，与纯粹共和政体之国民，享同等自由之幸福，

---

① 梁启超：《政治学大家伯伦知理之学说》，载《饮冰室合集》文集之十三，中华书局 1989 年版，第 84 页。

② 梁启超：《政治学大家伯伦知理之学说》，载《饮冰室合集》文集之十三，中华书局 1989 年版，第 84 页。

势固不能"。①

在梁启超看来，造成此种结果最重要的原因，乃是革命派的理论，将"易专制的君主主权，而代以专制的国民主权"②。并且，所谓"公民全体之意见"，实乃一空洞之表述，它必会造成一部分人妄称民意来窃取国家的权力，而给中国造成动乱。简言之，革命派所主张的暴力革命手段，虽表面上达到了由君主变为民主的形式，但实质上，只是将主权从君主转到大众手中，它不仅没有改变原有社会的专制性质，反而为一些人所利用，其专制之程度比原来有过之而无不及。

基于此，梁启超认为，首先要将君主专制转变为立宪君主制，然后通过加强教育来逐步提高民众的政治能力，此乃中国向共和制进行软着陆的最合适的方案。依梁启超之见，假如政治是可操作之技术，那么此方案比起革命党追求最善目标却招致最恶之结果，此方案追求次善目标现实地改善中国则是更为明智的选择。③

由此，梁启超倾向于君主立宪的方针，而后来他又将君主立宪的过渡阶段分为"劝告"与"要求"两大方针。④ 他说："所劝告者，在开明专制，而所要求者在立宪。所要求者在立宪，其理由不待解释而自明，而所劝告者，曷为在开明专制，吾既确信共和立宪之万不能行，行之则必至于亡国，而又信君主立宪之未

---

① 梁启超：《政治学大家伯伦知理之学说》，载《饮冰室合集》文集之十三，中华书局 1989 年版，第 85 页。

② 梁启超：《政治学大家伯伦知理之学说》，载《饮冰室合集》文集之十三，中华书局 1989 年版，第 87 页。

③ 〔日〕佐藤慎一：《近代中国の体制构想——专制の问题を中心に》，载〔日〕沟口雄三、滨下武志、平田直昭、宫嶋博史编：《アジアから考える》第五册《近代化像》，东京大学出版会 1994 年版，第 236—237 页。〔日〕佐藤慎一：《近代中国の体制构想——专制の问题を中心に》，载〔日〕沟口雄三、滨下武志、平田直昭、宫嶋博史编：《アジアから考える》第五册《近代化像》，东京大学出版会 1994 年版，第 238 页。

④ 高柳信夫对梁启超"劝告"与"要求"两大方针有详细论述，参阅〔日〕高柳信夫：《梁启超〈开明专制〉をめぐって》，载学习院大学《言论・文化・社会》2003 年第 1 号，第 72—75 页。

能遽行，行之则弊余于利，而徒渎宪政之神圣。"他解释道："夫以吾所忖度，则君主立宪制，非十年乃至二十年以后不能实行，即如论者之说，主张革命而行共和，共和利弊之一问题，姑置勿论，而革命事业，亦岂其旦夕可致。或迟至十年，乃至二十年，未可知也。然则当此欲立宪而未能立宪，欲革命而未能革命之时，一国之主权，尚须行动否？如须行动也，则政府之现象，无论如何，而必出于专制，此事实之不可争者也。夫固有之事实，则既若是矣，然则开明不开明之问题，安得不发生于今日？夫全部分之开明，固莫善矣；即不能，而有一部分之开明（即行开明专制政治数端——原注），而其影响于我中国前途者，固已甚大。吾之所以主张之者，盖以此也。"① 毋庸置疑，梁启超已从其戊戌时期即开始提倡的"民权"的立场上退了下来，转到了一种精英的权威主义的立场上来。对这种立场的转变，他认为最主要的原因就是人民大众文化教育水平的低下。所以，立宪要通过精英对大众实施教育，等大众水平普遍提高，有立宪要求时，立宪方有成功之希望。他说："吾之言立宪，非犹夫流俗人之言立宪也，流俗人之言立宪，则欲其动机发自君主，而国民为受动者，吾之言立宪，则欲其动机发自国民，而君主为受动者。流俗人之言立宪，则但求得一钦定宪法，而遂以自安，其宪法之内容若何，不及问也。吾之言立宪，虽不妨为钦定宪法，而发布之时，万不能如日本为单纯的钦定之形式。若其宪法之内容若何则在所必争也。……质而言之，则如流俗人所言，立宪不立宪之权操诸人，我惟祷祀以求而已，如吾所言，则立宪不立宪之权操诸我，我苟抱定此目的，终可操券而获也。"② 显而易见，梁启超所谓的立宪，不仅要求要有宪法的形式，还要考虑到宪法之内

---

① 梁启超：《答某报第四号对于新民丛报之驳论》，载《饮冰室合集》文集之十八，中华书局1989年版，第88页。

② 梁启超：《申论种族革命与政治革命之得失》，《新民丛报》第四年第四号，第59—60页。

容。他不将立宪的动机期之于君主，而是期之于国民，是一种"自下而上"的立宪。① 并且，他认为，由于中国国民思想文化水平低下，则既"以立宪为究竟目的，而此目的之达，期诸十年二十年以后"。②

以上，我们考察了梁启超对改变现行政治体制方法的构想，下面我们再对其宪政理论做一番考察，当然，限于篇幅，我们的考察只能是简单和粗疏的。

对梁启超而言，所谓立宪，就是要对权力进行限制。为此，他先将国体与政体概念作了区分。他指出："国体之区别，以最高机关所在为标准，前人大率分为君主国体、贵族国体、民主国体之三种。但今者，贵族国体殆已绝迹于世界，所存者，惟君主、民主两种而已。君主者，戴一世袭之君主以为元首，苟其无国会，则此为唯一之直接机关，自即为最高机关，可勿深论。即有国会者，亦大抵以最高之权，归诸君主，故曰君主国体也。民主国者，人民选举一大统领以为元首，复选举多数议员以组织国会。而要之，其最高机关，则为有选举权之国民，故曰民主国体也。"③

而对于政体，梁启超指出："政体之区别，以直接机关之单复为标准。其仅有一直接机关，而行使国权绝无制限者，谓之专制政体。其有两直接机关，而行使国权互相制限者，谓之立宪政体。""大抵专制政体，则君主国行之最多，如我国数千年来所行者是也。"然而，他复强调："民主国亦非无专制者，若仅有一国会，而立法、行政、司法之大权皆自出焉，则其国会虽由人民选举而成

———————

①　高柳信夫对梁启超"劝告"与"要求"两大方针有详细论述，参阅〔日〕高柳信夫：《梁启超〈开明专制〉をめぐって》，载学习院大学《言论・文化・社会》2003 年第 1 号，第 77 页。

②　梁启超：《申论种族革命与政治革命之得失》，《新民丛报》第四年第四号，第60 页。

③　梁启超：《宪政浅说》，载《饮冰室合集》文集之二十三，中华书局 1989 年版，第 37 页。

者，亦谓之专制。"①　基于上述分析，梁启超指出："故立宪与专制之异，不在乎国体之为君主民主，而在乎国权行使之有无限制。夫制限之表示于形式者，则两直接机关对峙而各行其权是也。"②

梁启超这种对权力进行制限的主张可视为他一直未变的原则。民国之后，他依然坚持这种主张。他说："夫立宪与非立宪，则政体之名词也，共和与非共和，则国体之名词也，吾侪平昔持论只问政体，不问国体。故以为政体诚能立宪，则无论国体为君主为共和，无一而不可也；政体而非立宪，则无论国体为君主为共和，无一而可也。"③

梁启超在解释其当时反对革命的原因时说："吾当时岂有所爱于君主政体，而必犯众怒，以为之拥护者？吾以为国体与政体本绝不相蒙，能行宪政，则无论（为）君主为共和，皆可也。不能行宪政，则无论为君主为共和，皆不可也。两者既无所择，则毋宁因仍现在之基础，而徐图建设理想的政体于其上，此吾十年来持论之一贯精神也。夫天下，重器也。置器而屡迁之，其伤实多，吾滋惧焉，故一面常欲促进理想的政体，一面常欲尊重现在的国体，此无他故焉，盖以政体之变迁，其现象常为进化的，而国体之变更，其现象常为革命的，谓革命可以求国利民福，吾未之前闻。是故吾自始未尝反对共和，吾自始未尝反对君主。虽然，吾无论何时皆反对革命，谓国家之大不幸，莫过于革命也。"④　就事实来看，只问政体，不问国体，追求一种对权力制限的政治，这的确是他一贯的政治主张，从这个角度来看，梁启超确实得到了宪政之精义，但是，

---

①　梁启超：《宪政浅说》，载《饮冰室合集》文集之二十三，中华书局1989年版，第38页。

②　梁启超：《宪政浅说》，载《饮冰室合集》文集之二十三，中华书局1989年版，第38页。

③　梁启超：《盾鼻集·异哉所谓国体问题者》，载《饮冰室合集》专集之三十三，中华书局1989年版，第88页。

④　梁启超：《梁任公与英报记者之谈话》，载丁文江、赵丰田编，欧阳哲生整理：《梁任公先生年谱长编（初稿）》，中华书局2010年版，第380—381页。

众所周知，西方的民主制度是建立在自由主义理论基础之上的，梁启超是通过何种途径接受自由主义思想的，他是否对其有深入的了解，其理解的程度如何等，这些都是有待厘清的问题，所以我们在这里还要对梁启超的自由观进行一下考察。

我们前面已经讨论过，梁启超是在日本通过学院派进化主义的框架接受西方思想的，所以梁启超关于西方自由概念的理解，便必然受其影响，而日本学院派学者中对梁启超影响较大的便是加藤弘之，故梁启超在对自由的理解上，便有很多地方同加藤极为相近。梁启超自由观的一大特点便是将强权与自由权视为同一物，他的"强权与自由权，其本体必非二物也。其名虽相异，要之，其所主者在排除他力之妨碍，以得己之所欲，此则无毫厘之异者也"① 这句话，便是上述观点的最好诠释。其实，他该理论的逻辑很清楚，因为按社会进化论，则所谓"自由云者，平等云者，非如理想家所谓天生人而人人界以自由、平等之权利云也，我辈人类与动植物同，必非天特与人以自由平等也"。实际上，"世界之中，只有强权，别无他力。强者常制弱者，实天演之第一大公例也"。所以对梁启超而言，欲想获得自由，便没有别的选择，"惟当先自求为强者而已。欲自由其一身，不可不先强一身；欲自由其一国，不可不先强一国"。②总而言之，在梁启超看来，无论是国家的自由还是个人的自由，都必须从自为强者始，因为自由首先是夺取来的。

自由既然为争得之物，那么具体而言，它们都表现在哪些方面呢？梁启超在其《论自由》这篇文章中，将夺取来之自由，分为四类："综观欧美自由发达史，其所争者，不出四端，一曰政治上之自由，二曰宗教上之自由，三曰民族上之自由，四曰生计

① 梁启超：《饮冰室自由书·论强权》，《清议报》第三十一册，光绪二十五年九月二十一日，第5页。

② 梁启超：《饮冰室自由书·论强权》，《清议报》第三十一册，光绪二十五年九月二十一日，第6页。

上之自由。"①他解释道："政治上之自由者，人民对于政府而保其自由也。宗教上之自由者，教徒对于教会而保其自由也。民族上之自由者，本国对于外国而保其自由也。生计上之自由者，资本家与劳力者相互而保其自由也。而政治上之自由复分为三：一曰平民对于贵族而保其自由；二曰国民全体对于政府而保其自由；三曰殖民地对于母国而保其自由也。"② 依梁启超之见，争取自由的运动导致了六种结果："（一）四民平等问题。凡一国之中，无论何人不许有特权（特别之权利与齐民异者——原注）。是平民对于贵族所争得之自由也。（二）参政权问题。凡生息于一国中者，苟及岁而即有公民之资格。可以参与一国政事，是国民全体对于政府所争得之自由也。（三）属地自治问题。凡人民自殖于他土者，得任意自建政府，与其在本国时所享之权利相等，是殖民地对于母国所争得之自由也。（四）信仰问题。人民欲信何教，悉由自择，政府不得以国教束缚干涉之，是教徒对于教会所争得之自由也。（五）民族建国问题。一国之人聚族而居，自立自治，不许他国若他族握其主权，并不许干涉其毫末之内治，侵夺其尺寸之土地，是本国人对于外国所争得之自由也。（六）工群问题（日本谓之劳动问题或社会问题——原注）。凡劳力者，自食其力，地主与资本家，不得以奴隶畜之，是贫民对于素封者所争得之自由也。"③

对梁启超而言，上述六个问题并非与中国有关。首先第一条四民平等的问题，中国即不存在。在他看来，"吾自战国以来，即废世卿之制，而阶级陋习，早已消灭也"。第三条属地自治问题也与中国无关，因为中国境外根本没有殖民地。第四条信仰问

---

① 梁启超：《新民说·论自由》，载《饮冰室合集》专集之四，中华书局 1989 年版，第 40 页。

② 梁启超：《新民说·论自由》，载《饮冰室合集》专集之四，中华书局 1989 年版，第 40 页。

③ 梁启超：《新民说·论自由》，载《饮冰室合集》专集之四，中华书局 1989 年版，第 40—41 页。

题，更与中国无涉，"以吾国非宗教国，数千年无教争也"。第六条工群问题，"他日或有之，而今则尚无有也，以其生计界尚沉滞而竞争不剧烈也"。如此看来，梁启超所列举的六个问题，便只剩下了两个。他说："今日吾中国所最急者，惟第二之参政问题，与第四之民族建国问题而已。"他认为："此二者，事本同源，苟得其乙，则甲不求而自来，苟得其甲，则乙虽弗获犹无害也。"① 易言之，假如中国已在外竞中争得了自由，成为一个正常的国民国家，则参政权自然不成问题。而国民若争得了参政权，则民族建国问题只是时间早晚的问题，也就是说，争取参政权是为了建设民族国家，而建设民族国家，则是为了争取中国的独立和富强。

梁启超的这种对自由的理解，终于导致了他对西方宪政思想的一种曲解。"在这个问题上，西方立宪政体的主流主要关注人们通常所称的保护主义，或一种法律上保护公民自由的制度，其次才关注组织政府的具体方法。在梁看来，似乎正好相反，立宪政体主要关注组织政府以确保公民政治参与问题，对保护公民的自由问题的关注只是略为触及。"② 实际上，梁启超的这种观念，乃来自他对个人独立自由的理解上的偏差。（此问题我们放在后面讨论）造成这种偏差的原因，又与他对国民国家构建的追求和日本自由民权运动对他的影响分不开。所以，为了搞清梁启超的自由观，我们在这里先对日本的自由民权运动稍作介绍。

日本的自由民权运动是在西方列强的重压下产生的，因此，它所追求的主要目标便是国家的独立与富强，职是之故，日本的自由民权运动便呈现出这样一种倾向，那就是"强调与国家权力一体性和'依靠国家的自由'的国家主义思想，优先于对权力强化的

---

① 梁启超：《新民说·论自由》，载《饮冰室合集》专集之四，中华书局 1989 年版，第 44 页。

② 〔美〕张灏：《梁启超与中国思想的过渡（1890—1907）——烈士精神与批判意识》，崔志海、葛夫平译，新星出版社 2006 年版，第 137 页。

恐惧感和'远离国家的自由'这样的自由主义的思想"。①

当然，造成这种结果的原因有很多，然而，民权理论思想家的作用是不可忽视的，中江兆民便是这众多民权理论家中较为突出的一个。他用相当流畅华美的日式汉文翻译了卢梭的《社会契约论》，又在《东洋自由新闻》《政理丛谈》《自由新闻》等刊物上发表了大量富有哲理的文章，使得卢梭的思想在日本的自由民权运动中获得了相当广泛的呼应，致使法国式的自由主义在日本风靡一时，而与此相对，英国式的自由主义影响却日渐式微。

因此，日本的自由民权论便出现了福泽谕吉所批判的"集体实在论"与"政权偏重论"的倾向。"集体实在论"将"民权"看成"全体人民的权力"，它轻视集体是由个人构成的侧面，而将集体视为超越个人而存在的自然有机体，如此一来，其必然导致忽视集体中个人表达意见的程序，而将所谓集体的全体意见视为当然的真理。

福泽谕吉认为，真正的民权应当包括参政权与私权这两部分内容，而"政权偏重论"使人们的注意力仅仅集中在参政权或打倒专制政府方面，从而忽视了个人的基本权利。

不仅如此，上述两种倾向的背后还潜伏着更大的危险，这就是因将"民权"视为"人民"的集体权力，所以为了实现该集体的权力，很容易诱导出必须首先加强国权的理论，并且也含有以对外侵略来作为国内政治受挫的心理补偿因素。十分明显，这些倾向与危险因素同中江兆民提倡卢梭的理论，不能说没有关系。

梁启超是在日本的土地上通过中江兆民的书来接受卢梭思想的，所以在梁启超的自由观中，很多地方都能看到中江兆民影响的痕迹，而细析起来，主要表现在两个方面。其一是梁启超所谓的"团体自由"方面，其二是他所谓的"个人自由"方面。梁启超这两方面的

---

① 〔日〕松本三之介：《明治思想史——近代国家の创设から个の觉醒まで》，新曜社 1998 年版，第65 页。

思想虽都与中江兆民有关，然而，要溯其渊源，都可以追到卢梭。

在卢梭的自由观中，共有三种自由概念：其一是人类处于自然状态时的"天然的自由"，其二是人类进入社会状态后的"社会的自由"，其三是人类获得"社会自由"后真正地成为自己主人时的"道德的自由"。对此，卢梭认为，"自然的自由"是"仅仅以个人力量为其界限"的自由，它所享受的权利是暂时的，没有任何保障。而"社会的自由"，虽是被"公意"所束缚着的自由，但它却是正式的、被保护的。"道德的自由"则比上述二者更进一步。在卢梭看来，唯有"道德的自由"才使人类成为自己的主人，因为只有嗜欲的冲动是奴隶状态，而唯有服从人们自己为自己所规定的法律，才是自由。

卢梭的这种自由观，全部为中江兆民所继承，中江兆民在其《民约译解》中将卢梭的"天然的自由"称为"天命之自由"，将卢梭的"社会的自由"称为"人义之自由"，将卢梭的"道德的自由"解释为"心思之自由"。

中江兆民所阐释的卢梭的自由观，与梁启超对群体问题关注的心态一拍即合，那种"自为法而自循之"的"人义之自由"，与那种不受形气驱使的做自己本心主宰的"心思之自由"，对欲改变国人一盘散沙与奴隶根性的梁启超来说，无疑具有很大的吸引力。很快，中江兆民所阐释的这种自由观，便成为梁启超的思想武器而被利用起来。梁启超在其《论自由》中有关"团体自由"部分，正是祖述着中江兆民《民约译解》里的思想。在那篇文章中，梁启超将中江兆民所说的"为血气所驱，为嗜欲是徇"的"天命之自由"称为"野蛮之自由"，而将中江兆民所谓的"自立法自循之"的"人义之自由"称为"文明之自由"或"团体之自由"。在梁启超看来，唯有"文明之自由"才能服从"我所制定""而亦箝束我自由"的法律。他认为，人们如果服从这种为"公意所制定的法律"，就会使中国达到"群的自治"。在他看来，这种群的自治若发展到极致，就会出现一种"举其群如一军队然，进则齐进，止则齐止"的局面，只有这样才能增强群体的凝聚力，使中国在所谓的物竞天择、优胜劣汰的国际环境中取胜。

于是，卢梭的自由观，经过中江兆民顺理成章地为梁启超接受。毫无疑问，在自由问题上，梁启超所谓的自由，也与日本自由民权运动一样，其最终的目标，是放在了"向上以求宪法""排外以伸国权"之上。

第二方面则与上述讨论紧密相连。由于梁启超通过中江兆民所接受的是法国式的自由主义，所以卢梭所谓的"道德之自由"与中江兆民"心思之自由"中的观点也自然地为梁启超所继承，其核心"自主"，即卢梭所说的"唯有道德之自由才使人类真正成为自己的主人"与中江兆民所谓的"精神心思绝不受他物之束缚"的积极进取精神，则变为梁启超诠释"个人自由"时的武器而被使用。梁启超在其《论自由》中将人分为"精神之我"与"肉体之我"。在他看来，"肉体之我"乃"虚假的我"，而与之相对的"精神之我"才是"真实的我"，这两者之间"虚假的我"要绝对服从"真实的我"，因为"虚假的我"乃是一种没有理性、不能自主、为自己本心所奴役的人。若满足其欲求，从根本上来说，乃是否定了"自主"，从而也就否定了自由。梁启超认为，要获得真自由，"其必自除心中之奴隶始"。如此看来，梁启超是从道德上的克己的意义上来解释个人自由的，他的理论直接来自中江兆民，而其源头，则应上溯到卢梭，上溯到法国式的思辨的、唯理主义的自由主义理论。[①]

张灏指出："（梁启超）在社会达尔文主义的构架里，从克己意义上理解的个人自由与团体自由不仅不矛盾，而且是一个必要的补充。因为，既然作为一个社会有机体的国家只不过是全体国民的总和，那么每个公民人格的合理化必然有助于国家的强盛，并最终

---

① 郑匡民：《梁启超启蒙思想的东学背景》，上海书店出版社 2009 年版，第149—169，275—277 页。

有利于国家的自由。在这种背景下，梁说'团体自由者，个人自由之积'，也就不使人感到惊讶了。"①

正是出于这种自由观，梁启超的宪政思想虽然强调了对权力的限制，但是由于其自由观的影响，他根本未能将自由本身视为终极价值，而是将它的着重点始终放在"向上以求宪法""排外以伸国权"上。在他看来，这才是"文明的自由"，对他来说，"自由云者，团体之自由，非个人之自由也，野蛮时代，个人之自由胜，而团体之自由亡，文明时代，团体之自由强，而个人之自由减"。②这种认识，使他不可能理解西方宪政中所谓的保护主义原则，反而将公民政治参与的问题放到了首位。这正像有的学者所指出的那样，梁启超的自由思想在发展中国家的许多人中是非常典型的。他们同样先关注国家独立的自由和参与的自由，但当形势需要的时候，他们往往为了前者而牺牲后者。不管这些自由思想是如何地流行，他们与近代自由主义思想的主流无关。近代自由思想的主流，以摆脱公众控制的独立之自由为核心。③

应当指出，梁启超的宪政思想，最初是以反对君主专制体制的精英权威主义的面貌出现的。戊戌时期他提倡民权，到日本后曾经根据中江兆民的《理学沿革史》与杉山藤二郎的《泰西政治学者列传》写过《卢梭学案》《民约论巨子卢梭之学说》④等文章。在文章中，梁启超曾大力宣传卢梭的所谓"公意"，以反对传统的精

①　〔美〕张灏：《梁启超与中国思想的过渡（1890—1907）——烈士精神与批判意识》，崔志海、葛夫平译，新星出版社 2006 年版，第 139 页。

②　梁启超：《新民说·论自由》，载《饮冰室合集》专集之四，中华书局 1989 年版，第 44—45 页。

③　〔美〕张灏：《梁启超与中国思想的过渡（1890—1907）——烈士精神与批判意识》，崔志海、葛夫平译，新星出版社 2006 年版，第 138 页。

④　〔日〕佐藤慎一：《近代中国的体制构想——专制の问题を中心に》，载〔日〕沟口雄三、滨下武志、平田直昭、宫嶋博史编：《アジアから考える》第五册《近代化像》，东京大学出版会 1994 年版，第 253 页。〔日〕宫村治雄：《开国经验思想史——兆民时代精神》，东京大学出版会 1996 年版，第 230—236 页。

英主义。梁启超指出："（卢梭）以为所谓公意者，必与确乎不易之道理为一体矣。虽然，又当细辨。卢梭之所贵乎公意者，指其体而言，非指其用而言……众之所欲，与公意自有别。公意者，必常以公益为目的，若夫众人之所欲，则以各人一时之私意聚合而成，或往往以私利为目的者有之矣。"[①]"法律者，以广博之意欲与广博之目的相合而成者也。苟以一人或数人所决定者，无论其人属于何等人，而决不足以成法律。又虽经国民全员之议决，苟其事仅关于一人或数人之利害而不及于众者，亦决不足以成法律。"[②]"公意体也，法律用也。公意无形也，法律有形也。公意不可见，而国人公认以为公意之所存者，夫是之谓法律。惟然，故公意虽常良善，而法律必不能常良善。"[③]

由此可见，公意并不等于私意相加，故它不等于众意。公意虽以法律的形式体现，然因"公意者，必常以公益为目的"，而众意"则以各人一时之私意聚合而成，或往往以私利为目的者有之矣"，所以"公意虽常良善，而法律必不能常良善"。对梁启超而言，公意是他所构建的民族国家的整体意志。而他正是用这种带有浓厚全民主义的公意来反对传统儒家的精英主义的。然而，在这种貌似相反的理念之中，也有其不可忽视的相同之处。依照张灏的分析，首先，从传统精英主义的观点出发，个别的人民不是政治主体，因此在政治上无足轻重。从全民主义的观点，普通个人也不是政治主体，因此在政治上也无足轻重。全民主义不是以个别的人民，而是以群众的整体代替传统的精英先进。总之，不论就传统的精英主义还是新的全民主义而言，个人在政治上都不是终极价值，都受到忽略。再者，传统的精英政治的目的是发挥少数精英的精神领导，因此，培养少数精英先进的道德素质是传统政治的着重点，而现代全

---

① 梁启超：《民约论巨子卢梭之学说》，《新民丛报》第十二号，第11—12页。
② 梁启超：《民约论巨子卢梭之学说》，《新民丛报》第十二号，第12页。
③ 梁启超：《民约论巨子卢梭之学说》，《新民丛报》第十二号，第13页。

民主义的着重点，是提高群众的精神与道德素质，以发挥他们的积极性与动力。因此，这两种政治观念都是以强调道德与精神的重要性为前提，而有忽略外在制度的趋势，而这种趋势，多少反映出传统政治文化与现代中国政治文化都有对人性过度乐观与信任的倾向，因此忽略人性中的阴暗面，在个人与群众中同样有其危险性。更重要的是，在转型时代精英主义并未被全民主义所完全取代，而往往只是暂时被它所掩盖或吸收。因此，在当时知识分子民主观念的表层之下，往往隐藏着精英主义，与全民主义形成一种吊诡的结合。这种吊诡的结合，使转型时代的民主思想带有相当的不稳定性与脆弱性，因为精英主义的逻辑上危机时代的种种客观环境，很容易使人感觉需要一个强有力的政治中心，以应付危机与变局。① 在这方面，梁启超思想变化的轨迹应是一个很好的说明，戊戌以至流亡日本的初期，他曾大力宣传民权，希望以公意作为国民国家所遵循的最高意志，故在他的自由权利论中，"含有浓厚的全民主义倾向"。然而 1903 年访美归来后，他发现人民大众只有部民资格而无国民资格，他们需要的是"有机之统一与有力之秩序"，从而提出开明专制论。进入民国之后，梁启超为了适应其所谓的"惟适乃存"的"物竞公例"，将中国建设成一个巩固、统一、和平和经济发达的"世界国家"，感到必须建立一个强有力的中央政府，实行保育政策，于是主张放弃 19 世纪自由主义时代英美国家的自由放任政策，加强国家干涉。② 虽然梁启超也提出了要用政党内阁来抑制政府的专横，并为其政党政治提出了种种的原则，然而在政党的内部，岂不还是需要由精英来领导？这种精英主义与全民主义的吊诡是否还将继续存在？依梁启超之见，既然组织政党，就必须"以公共之大目的相结集"，"同尽瘁于一党"，"私人之小目的不搀

---

① 〔美〕张灏：《中国近代转型时期的民主观念》，载〔美〕张灏：《时代的探索》，联经出版事业公司 2004 年版，第 70—72 页。

② 耿云志、崔志海：《梁启超》，广东人民出版社 1994 年版，第 210 页。

（掺）杂乎其间"。并且，组建政党最重要之一条件，在得一位政党的领袖，而其人还要具有必要之素质，"若德量也，学识也，才气也，地位也，名誉也，皆其不可缺者也"。①

显然，在政党的内部，梁启超所主张的还是精英主义。应当说，梁启超思想中虽含有浓厚的全民主义倾向，但在其政治哲学中，精英主义的倾向表现得更突出，此种观念对后来中国政治权威时代的影响既深且巨。

四　科举制的废除与同盟会的成立（上）

1905 年对清廷来说，乃多事之秋，这一年发生了两件划时代的大事。它们都关系着清廷的命运，且左右了此后的历史走向，并产生了深远的影响。这第一件事，便是科举制的废除，第二件事，便是中国同盟会的成立。

1905 年 9 月 2 日，清廷接受袁世凯等人之吁请，谕令立即停罢科举。这一断然之举措，使中国这一自汉代以来延续了两千年之久、源远流长的制度戛然而止，其对中国社会影响之深巨是可想而知的。② 至于废除科举的原因，清廷诏文曰：

> 方今时局多艰，储才为急。朝廷以近日科举每习空文，屡降明诏，饬令各省督抚，广设学堂，将俾全国之人，咸趋实学，以备任使，用意至为深厚。前因管学大臣等议奏，已准将

---

① 梁启超：《将来百论·中国政党之将来》，载《饮冰室合集》文集之二十五（上），中华书局 1989 年版，第 200—201 页。

② 余英时先生认为，如果以汉武帝在公元前 124 年创建太学，立"五经博士"和"弟子员"以及设科射策等一系列的活动当作科举考试的发端，那么科举制度在中国持续了两千年之久，几乎与统一王朝体制同始同终。见余英时：《试说科举在中国史上的功能与意义》，《二十一世纪》双月刊 2005 年 6 月号，总第八十九期，第 4 页。

乡、会试中额分三科递减。兹据该督等奏称，科举不停，民间相率观望，欲推广学堂，必先停科举等语，所陈不为无见。着即自丙午科（光绪三十二年，公元一九〇六年——原注）为始，所有乡、会试，一律停止；各省岁、科考试，亦即停止。其以前举、贡、生员，分别量予出路，及其余各条，均着照所请办理。①

十分明显，清廷废除科举这一重大举措，是在国事难危、人才乏绝的形势下，迫不得已而做出的决定。就清廷决策层而言，在此时势阽危之际，为使全国之人"咸趋实学，以备任使"，用现代学堂取代科举已成为其当时唯一的选择。而造成此结果之原因，我们将在下面进行讨论。

以前对于清末废除科举的研究，均从其推动清廷政治体制改革这一角度立论，而较少考虑其对社会结构变迁及对此后中国之影响等方面，故有的学者将清廷罢科举之举措，称为"新教育在新时代的胜利"。② 然而，近些年来，学界已逐步调整了这一研究角度，多从其对中国社会结构变迁及对此后历史进程的影响这一维度来进行研究了③，但仔细分析起来，"科举不是一个单纯的考试制度，它一直在发挥着无形的统合功能，将文化、社会、经济诸领域与政

① 《谕内阁》，光绪三十一年八月甲辰，《清德宗实录》卷五四，转引自王德昭：《清代科举制度研究》，中华书局1984年版，第245页。

② 王德昭：《清代科举制度研究》，中华书局1984年版，第245页。

③ 据笔者阅读所限，废除科举所引起社会变迁的文章有余英时：《中国知识分子的边缘化》，《二十一世纪》1993年8月号，总第六期；罗志田：《科举制废除在乡村中的社会后果》，《中国社会科学》2006年第1期；《科举制的废除与四民社会的解体——一个内地乡绅眼中的近代社会变迁》，《清华学报》（新竹）第25卷第4期（1995年12月）；《清季科举制改革的社会影响》，《中国社会科学》1998年第4期；左玉河：《科举废除与新知识阶层的兴起》，《江海学刊》2019年第1期；萧功秦：《从科举制度的废除看近代以来的文化断裂》，《战略与管理》1996年第4期；赵利栋：《1905年前后的科举废止、学堂与士绅阶层》，载《中国社会科学院近代史研究所青年学术论坛》（2004年卷），社会科学文献出版社2005年版；等等。

治权力的结构紧密地连系了起来，形成一多面互动的整体"。① 民间"朝为田舍郎，暮登天子堂"的俗语，正是从某种意义上反映了科举这一制度的统合作用。一个读书人，即所谓的"士"，如果通过了科举公开考试，即可晋升于权力体制之内，成为"大夫"。其身退之后也可以回到故乡，以乡绅身份进入地方权力机构，而成为所谓的"士、农、工、商"的四民之首，为农、工、商三民所钦慕。如此看来，"士"作为传统社会中一个特殊的阶层，确实起到了荀子所说的"儒者在本朝则美政，在下位则美俗"的政治和社会文化功能。② 当然，"士"的社会形象究竟如何，尚需进一步的探讨，或许它仅是儒家政治哲学中一个崇高的道德理想，然而历史事实是"士"在中国传统社会中，确实处于中心的位置。从这个角度来看，中国传统士阶层是一个造成社会良性运转的中坚力量，而科举制度又是"传统政治、社会、文化整体结构中的一个部分，甚至可以说是核心部分"。③

那么，位于传统政治、社会、文化整体结构核心部分的科举制度，如何在一日之内便被废除了呢？这当然不是一蹴而就之事，而是经过了一个相当长的历史过程。为了解这一历史过程的来龙去脉，我们便不能不对西潮对中国"士"阶层的刺激，以及中国近代第一代知识分子的思想演变做一个简要的说明。④

---

① 余英时：《试说科举在中国史上的功能与意义》，《二十一世纪》双月刊2005年6月号，总第八十九期。

② 余英时：《中国知识分子的边缘化》，《二十一世纪》1993年8月号，总第六期。

③ 余英时：《试说科举在中国史上的功能与意义》，《二十一世纪》双月刊2005年6月号，总第八十九期，第18页。

④ 罗志田在其《西潮与近代中国思想演变再思》一文中指出："'西潮冲击—中国反应'确实是一个重要的历史现象，是中国近代历史研究不可回避的一大主题。用这一典范去囊括一切固然是不可取的，但因为这一典范被用得太滥就转而以为它可功成身退，恐怕也未必就恰当。近代中国士人面临西潮荡击，被迫做出反应，从而引出一系列文化、社会、经济、政治以及思想的大变化，笔者以为对此的研究尚很不足。"（罗志田：《西潮与近代中国思想演变再思》，《近代史研究》1995年第3期）笔者颇同意罗先生上述意见。本书仅从思想史方面，就西潮对中国近代的第一代知识分子代表人物的影响，做一个简单的回顾。

魏源的"师夷长技以夷"和冯桂芬的《采西学议》时代，中国的士人还仅为西洋的"船坚炮利"所震慑，而主张效法西方的技艺，以追求中国的富强。而到了康有为的时代，这一诉求得到了持续和进一步深化，从而开始了从效法西方技艺到改变中国"道"的转变。

伊藤秀一曾描述过欧洲近代科学引发中国士大夫世界观转变的过程。[①] 此时，"外力的震荡已由文化的边缘渐渐波及文化的中心。这种巨变，大约而言有两个方面。首先是传统宇宙观的动摇。这里特别需要强调的是传统儒家的宇宙观，因为它是当时一般士大夫主要信仰之所在。这种儒家宇宙观的核心当然是'天人之际'的思想。值得注意的是，天人之际的思想在传统儒家是由一些形而上学概念如阴阳、气化、五行、四时、天、道、性、命等构成的。对于这些观念和天人之际的思想来说，19世纪末叶输入的西学，特别是当时的科学宇宙观和基督教创世观，当然都是一种挑战"。[②] 而康有为正是置身于文化思想巨变的士大夫中比较有代表性的一位。我们在本书的第二章曾指出过康有为接触西学的两条途径。其一，是通过西方基督教传教士的著作、刊物及江南制造总局等译印的西籍得来的。其二，是通过其从日本购置的大量日籍及日译西籍中得到的。从这些书籍中，进化论、哥白尼的日心说、伽利略学说等科学知识，以及自由、平等等西方政治学的观念都进入了康有为的视野。这些知识使康有为逐渐发现了西方的"道"。他进一步发现，西方的"道"要比中国的"道"更加合理。毫无疑问，这乃是西方的进化主义思想影响了他的宇宙观。[③] 于是，他用中西对比的方

① 〔日〕伊藤秀一：《进化论と中国の近代思想》（一），载日本《历史评论》123号，1960年11月号。

② 〔美〕张灏：《梁启超与中国思想的过渡（1890—1907）——烈士精神与批判意识》，崔志海、葛夫平译，新星出版社2006年版，第223—224页。

③ 康有为在其年轻时即已接受进化论的思想。李泽厚先生曾根据《康谱》光绪十六年中"人由猿猴变出"这句话断定康有为"显然是受了十九世纪达尔文（转下页注）

法，将中西之"道"做了一番比较。在康有为看来，古代由于生产力低下，故"制器未精"，那时没有汽船、望远镜，而仅凭肉眼观测世界，圣人"仰观苍苍者则为天，俯视抟抟者则为地"，"故谬谬然以地配天"，他们"开口即曰天地，其谬惑甚矣！""曰父天而母地也，乾父而坤母也，郊天而坛地也，虽大地诸圣，未能无蔽焉"！② 十分明显，圣人因当时生产力之低下而有所蔽，圣人之道也自然是不合理的了。而到了近代，随着社会进化、生产力的发展，西方人哥白尼等人才发明了"日心说""天体力学"，此即所谓西方的"道"。依康有为的逻辑，"器"的发展进化，才引起了"道"的变化。这种依靠望远镜等先进科学仪器所发现的"道"，自然要比肉眼观测世界的"道"更加合理和可靠。中国之"道"也自然是"半明半昧，有若童子之言，不值一哂"了。③ 康有为的这些见解，正如朱一新所担心的那样，"窃恐诋讦古人之不已，进而疑经；疑经之不已，进而疑圣；至于疑圣，则其效可睹矣"。④ 如此看来，依康有为之见，中国古代圣贤所主张的道尊于器的说法是站不住脚的，社会进化之原理证明："器亦足以

（接上页注③）进化论的影响"。这应当是对的。但是，康有为接触进化主义学说的时间似乎要比这更早。康有为十七岁时接触西学，几年以后，他已是"大讲西学"，"尽释故见"了。二十四岁时已有"纵横宙合一微尘，偶到人间阅廿春，世界开新逢进化，贤师授道愧传薪"有关近代主义的诗句。当他二十八岁时，他则根据西方地质古生物进化学说及西方的天文学说写了具有进化主义观点的《诸天讲》（参阅本书第二章第四部分）。所以当康有为看到严复《天演论》手稿时，他一方面表示钦佩，而另一方面则对梁启超等人说了"若等无诧为新理。西人治此学者，不知几何家，几何年矣"的话。显然，康有为因其早已接受了西方进化主义的思想，故未对严复的《天演论》表现得十分惊诧。

② 康有为：《诸天讲》，载《康有为全集》第十二集，中国人民大学出版社2007年版，第19页。

③ 康有为：《诸天讲》，载《康有为全集》第十二集，中国人民大学出版社2007年版，第17页。

④ 《朱侍御答康长孺第三书》，载《康有为全集》第一集，中国人民大学出版社2007年版，第321页。

变道矣。"① 在康有为那里，西方之"道"既然远比中国之"道"合理，那么在当时"三千年未有之变局"的危急形势下，只有"冬裘夏葛"，义无反顾地师法西方了。要师法西方，就要变法，于是在尊孔的旗号下，康有为将议院、民权、民主等西方的政治制度统统搬进其《孔子改制考》等书中，将中国传统中王道横向的文明扩张的模式改造成公羊三世的历史进化的纵向模式，且称其为孔子为万世所立之法。在这些改革中，科举和学校自然靠前，这是因中学不能胜任使中国富强之任，而八股取士又使中国处于"任道之儒少，才智之士无多"之境地。于是，康有为在 1895 年 5 月 2 日《上清帝第二书》（即公车上书）中说："泰西之所富强，不在炮械军兵，而在穷理劝学。"因此，他主张清廷应改武科为艺学，令各省、州、县遍开艺学书院。凡天文、地矿、医律、光重、化电、机器、武备、驾驶，分立学堂，而测量、图绘、语言、文字皆学之。② 显而易见，康有为这些主张，已开了废科举兴学校的先河。

应该指出的是，康有为曾提出过保教，且于戊戌变法时请光绪帝将孔教定为国教。又于民国时，与陈汉章成立孔教会，发起了定孔教为国教的运动，但他的《孔子改制考》等书，早已将孔子的面目弄得含混不清，启人疑窦，③ 所以尽管他极力倡导将儒教作为国教以为立国之本，然而由于他对孔教真正之生命与智慧理解不

---

① 康有为：《日本书目志·卷七目录农业门》，载《康有为全集》第三集，中国人民大学出版社 2007 年版，第 366 页。

② 康有为：《上清帝第二书》，载《康有为全集》第二集，中国人民大学出版社 2007 年版，第 41—42 页。

③ 钱穆曾指出："公羊三科，一曰张三世，二曰存三统，三曰异外内，内其国而外诸夏，内诸夏而外戎狄。……而（长素）徒侈言张三世、通三统，不思异外内之义，吾恐猖狂恣肆之言，陷溺其心者既久，且将援儒入墨，用夷变夏而不自知。呜呼！是亦不可以已乎！"见钱穆：《中国近三百年学术史》下册，中华书局 1986 年版，第 660 页。

深，且与他的宇宙观相扞格，① 所以，他所谓的保教只能是情绪上的，或出于政治目的，而不是理性的。加之当时中国形势趋新，故此运动之失败也是情理中之事。牟宗三先生曾从康有为个人之角度评价过此运动失败之原因，颇中肯綮，现抄录如下：

> 康有为的思想怪诞不经，大而无当。陈汉章于学术思想上亦无足称。他们不知孔教之所以为教之最内在的生命与智慧，只凭历史传统之悠久与化力远被之广大，以期定孔教为国教。一个国家是须要一个共所信念之纲维以为立国之本。此意识，他们是有的。此亦可说是一个识大体的意识。但其支持此意识之根据却是外在的。孔教之生命与智慧，自明亡后，即已消失。在有清三百年中，孔教实只是典章制度风俗习惯之传统。康与陈之道德宗教之体验与认识实不足，思想义理亦不够。他们的心思尚仍是在典章制度风俗习惯之制约中而不能超拔，故其根据纯是外在的。同时，时代精神是在政治社会俱在转变革命中，即是在趋新中，向西方文化看齐中。这些趋新的意识，虽然也不透彻，然却是新鲜的，活泼的，富于刺激性、易于煽动人心的。那种只是外在的保守，只凭外在的根据以定孔教为国教（因此国教亦是一个外在的观念——原注），这是抵不住趋新之时代精神的，其失败是当然的。真正的保守是不容易的。这是一种积极而健康而且又是建构而综合的意识，这是开太平、端趋向、定轨道的意识。若无刚健之生命，通透之智慧，深远之义理，是不足语于保守的。真正的保守就是切实而落于实践的创新。这两者是不对立的。若保守只是外在的习气，则趋新即是刺激反应之放纵。这才是对立的。保守不成其为保守，而趋新之胜利亦无益于国家。此即是中国三四十年来之悲剧。以吾人今日观之，康、陈固无真正之道德宗教意识，

---

① 参阅本书第三章第二、七部分。

不知孔教之所以为教之生命与智慧，即反对国教运动者，如梁启超、章太炎、蔡元培，对于道德宗教亦无体验，对于孔教之所以为孔教之生命与智慧亦无了解。一方只是外在的、制度的、政治上的保守；一方亦只是外在的、理智的、开明的，只读了一些书的一般知识分子之趋新。这本是大政治家、大思想家，伟大的圣贤人格的事，而此辈何足与道？①

与康有为一样，严复也是从接受西学开始认识到西方的"道"不同于中国的"道"的。严复早年留学英国，深受西方文化之影响。1895 年他在天津《直报》上发表题为《原强》的论文。其文一开篇，即表明了自己是进化论的忠实崇拜者。他认为自达尔文《物类宗衍》一书出，"欧美二洲几于无人不读，而泰西之学术政教，为之一斐变焉"。② 在他看来，中国所谓的"天不变，地不变，道亦不变"之言，乃"观化不审似是实非之言也"。他站在进化主义的角度，用西方自然科学的理论来与中国传统的"道"进行对比，以削弱中国传统"道"的可信性。他说：

夫始于涅菩，今成椭轨；天枢渐徙，斗分岁增；今日逊古日之热，古晷较今晷为短，天果不变乎？炎洲群岛，乃古大洲沉没之山尖；萨哈喇广漠，乃古大海浮露之新地；江河外啮，火山内嘘，百年之间，陵谷已易；眼前指点，则勃澥旧界，乃在丁沽，地果不变乎？③

---

① 牟宗三：《现时中国之宗教趋势》，载牟宗三撰、罗义俊编：《中国哲学的特质》，上海古籍出版社 2008 年版，第 133 页。

② 严复：《原强》，载王栻主编：《严复集》第一册，中华书局 1986 年版，第 5 页。

③ 严复：《救亡决论》，载王栻主编：《严复集》第一册，中华书局 1986 年版，第 50 页。

他甚至更进一步用西方自然科学和社会领域中的"公式"和"法则"和进化主义的"道"来震慑那些只懂得"侈陈礼乐，广说性理"[①] 的士大夫们。

> 天变地变，所不变者，独道而已。虽然，道固有其不变者，又非俗儒之所谓道也。请言不变之道：有实而无夫处者宇，有长而无本剽者宙；三角所区，必齐两矩；五点布位，定一割锥，此自无始来不变者也。两间内质，无有成亏；六合中力，不经增减，此自造物来不变者也。能自存者资长养于外物，能遗种者必爱护其所生。必为我自由，而后有以厚生进化；必兼爱克己，而后有所和群利安，此自有生物生人来不变者也。此所以为不变之道也。[②]

严复的这一番言论，自然使那些只懂旧学的士大夫瞠目结舌，而不得不承认中国之"道"不如西方之"道"合理而可靠，乃"似是实非之言"了。然而，当时的士大夫们，很少有人意识到，严复所说的"道"，与中国传统中的"道"根本不是一个次元的问题，就这一点来看，连严复也未能领会孔学中的生命与智慧，而将其仅当昨日"侈陈礼乐，广说性理"的陈腐无用之物了。因此，依严复之见，中国所谓的"道"虽看起来好似永恒不变，然以进化主义的观点视之，乃"去道远矣"！他说：

> 若夫君臣之相治，刑礼之为防，政俗之所成，文字之所教，吾儒所号为治道人道，尊天柱而立地维者，皆譬诸夏葛冬裘，因时为制，目为不变，去道远矣！第变者甚渐极微，固习

---

① 严复：《救亡决论》，载王栻主编：《严复集》第一册，中华书局1986年版，第44页。

② 严复：《救亡决论》，载王栻主编：《严复集》第一册，中华书局1986年版，第50—51页。

拘虚，末由得觉，遂忘其变，信为恒然；更不能与时推移，进而弥上；甚且生今反占，则古昔而称先王，有若古之治断非后世之治所可及者，而不知其非事实也。①

　　那么，为什么会出现上述情况呢？严复站在进化主义的立场上，将其归咎于周公、孔子及祖宗。他说："世变日亟，一事之来，不特为祖宗所不及知，且为圣智所不及料。"②"地球，周孔所未尝梦见；海外，周孔所未尝经营。"③严复似乎也无暇细思中国与西方的"道"乃是属于不同次元、侧重点不同之"道"，而是从挽救中国危亡的角度，将世变之亟归罪于中国之学术。他说："今日请明目张胆为诸公一言道破可乎？四千年文物，九万里中原，所以至于斯极者，其教化学术非也。不徒嬴政、李斯千秋祸首，若充类至义言之，则六经五子亦皆责有难辞。嬴、李以小人而陵轹苍生，六经五子以君子而束缚天下，后世其用意虽有公私之分，而崇尚我法，劫持天下，使天下必从己而无或敢为异同者则均也。因其劫持，遂生作伪；以其作伪，而是非淆、廉耻丧，天下之敝乃至不可复振也。此其受病至深，决非一二补偏救弊之为，如讲武、理财所能有济。盖亦反其本而图其渐而已矣！否则，智卑德漓，奸缘政兴，虽日举百废无益也。此吾《决论》三篇所以力主西学而未尝他及之旨也。"④分析到最后，图穷匕见，严复断言，"平心察理，然后知中国从来政教之少是而多非"。⑤既

①　严复：《救亡决论》，载王栻主编：《严复集》第一册，中华书局1986年版，第51页。

②　严复：《救亡决论》，载王栻主编：《严复集》第一册，中华书局1986年版，第51页。

③　转引自王汎森：《从传统到反传统——两个思想脉络的分析》，载王汎森：《中国近代思想与学术的系谱》，河北教育出版社2001年版，第95页。

④　严复：《救亡决论》，载王栻主编：《严复集》第一册，中华书局1986年版，第53—54页。

⑤　严复：《救亡决论》，载王栻主编：《严复集》第一册，中华书局1986年版，第49页。

然中国的"道"不如西方的"道"，那么，变法而讲西学自然在情理之中了。

于是，为拯救中国之危亡，免遭列强之瓜分，严复顺理成章地提出了他的变法主张："天下理之最明而势所必至者，如今日中国不变法则必亡是已。"① 然而，变法之事千头万绪，究竟要先变什么呢？依严复之意，变法"莫亟于废八股"。严复认为，八股最大的害处，"在使天下无人才"。为什么这样说呢？严复列举了三个理由：其一曰锢智慧，其二曰坏心术，其三曰滋游手。② 严复指出，八股兼此三害，"有一于此，则其国鲜不弱而亡，况夫兼之者耶！"③ 依严复之见，科举不外乎为国求才、劝人为学这两种目的，但"求才为学二者，皆必以有用为宗。而有用之效，征之富强；富强之基，本诸格致。不本格致，将无所往而不荒虚，所谓'蒸砂千载，成饭无期'者矣"。④ 总而言之，在严复看来，"八股取士，使天下消磨岁月于无用之地，堕坏志节于冥昧之中，长人虚骄，昏人神智，上不足以辅国家，下不足以资事畜。破坏人才，国随贫弱"。在此内忧外患之际，不废除八股取士之制，变法救亡，而"徒补苴罅漏，张皇幽渺，无益也，虽练军实、讲通商，亦无益也"。⑤ 在严复看来，这主要是科举制造成"无人才"的局面，所以，"虽练军实、讲通商"，"虽举亦废故也"。他断言："痛除八股而大讲西学，则庶乎其有瘳耳。东海可以回流，吾言必不可

---

① 严复：《救亡决论》，载王栻主编：《严复集》第一册，中华书局1986年版，第40页。

② 严复：《救亡决论》，载王栻主编：《严复集》第一册，中华书局1986年版，第40—42页。

③ 严复：《救亡决论》，载王栻主编：《严复集》第一册，中华书局1986年版，第42页。

④ 严复：《救亡决论》，载王栻主编：《严复集》第一册，中华书局1986年版，第43页。

⑤ 严复：《救亡决论》，载王栻主编：《严复集》第一册，中华书局1986年版，第43页。

易也。"① 随后严复将笔锋转向宋明理学，在严复看来，中国的学术政教，全属无实、无用，在他眼里，"中土学术政教，自南渡以降，所以愈无可言者，孰非此陆王之学阶之厉乎！……盖学术末流之大患，在于徇高论而远事情，尚气矜而忘实祸。……自有制科来，士之舍干进梯荣，则不知焉所事学者，不足道矣。超俗之士，厌制艺则治古文词，恶试律则为古今体；鄙折卷者，则争碑版篆隶之上游；薄讲章者，则标汉学考据之赤帜。……诸如此伦，不可殚述"。② 然而，这一切所谓的中学，在严复眼中，"一言以蔽之，曰：无用"。依严复之见，"凡此皆富强而后物阜民康，以为怡情遣日之用，而非今日救弱救贫之切用也"。③

对一些士大夫所主张的"学者所以修己治人之方，以佐国家化民成俗而已"的说法，严复也不认同："吾又得一言以蔽之，曰：无实。"他认为这种学问，"非果无实也，救死不赡，宏愿长赊。所托愈高，去实滋远。徒多伪道，何裨民生也哉"！④ 如此看来，在严复眼中，中国的学问不是无用便是无实，均不能救中国之危亡。他用中西对比的方法来评价中国与西方的学问。他说："由后而言，其高过于西学而无实；由前而言，其事繁于西学而无用。均之无救危亡而已矣。"⑤ 显而易见，严复眼中的中国学问，只是一堆华而不实的废料而已。基于这种认识，严复指出："固知处今而谈，不独破坏人才之八股宜除，与（举——原注）凡宋学汉学，

① 严复：《救亡决论》，载王栻主编：《严复集》第一册，中华书局1986年版，第43页。
② 严复：《救亡决论》，载王栻主编：《严复集》第一册，中华书局1986年版，第43—44页。
③ 严复：《救亡决论》，载王栻主编：《严复集》第一册，中华书局1986年版，第44页。
④ 严复：《救亡决论》，载王栻主编：《严复集》第一册，中华书局1986年版，第44页。
⑤ 严复：《救亡决论》，载王栻主编：《严复集》第一册，中华书局1986年版，第44页。

词章小道，皆宜且束高阁也。即富强而言，且在所后，法当先求何道可以救亡。"① 严复甚至认为，在中国学问之中，陆王之学最妨碍救亡，既使秦王坑之，也未为过。在他看来，陆王二氏所主张的"格致无益事功，抑事功不俟格致"，最为误人。严复认为："陆王之学，质而言之，则直师心自用而已。自以为不出户可以知天下，而天下事与其所谓知者，果相合否，不径庭否？不复问也。自以为闭门造车，出而合辙，而门外之辙与其所造之车，果相合否？不龃龉否？又不察也。向壁虚造，顺非而泽，持之似有故，言之若成理。其甚也，如骊山博士说瓜，不问瓜之有无，议论先行蜂起，秦皇坑之，未为过也。盖陆氏于孟子，独取良知不学、万物皆备之言，而忘言性求故、既竭目力之事，惟其自视太高，所以强物就我。后世学者，乐其径易，便于惰窳敖慢之情，遂群然趋之，莫之自返。其为祸也，始于学术，终于国家。故其于己也，则认地大民众为富强，而果富强否，未尝验也；其于人也，则神州而外皆夷狄，其果夷狄否，未尝考也。抵死虚怃，未或稍屈。然而天下事所不可逃者，实而已矣，非虚词饰说所得自欺，又非盛气高言所可持劫也。迨及之而知，履之而艰，而天下之祸，固无救矣。胜代之所以亡，与今之所以弱者，不皆坐此也耶！前车已覆，后轸方遒，真可叹也！"② 显而易见，在严复眼中，既然中学无论汉学、宋学，还是陆王之学，均属无实无用，根本不能拯救中国危亡，皆宜束之高阁。那么为挽世变之亟，救中国于水火，只有向西方寻找救亡之良药了。

在严复眼中，西方之学，其精神与中学迥然不同。西方格致之学，其道恰恰与中国的学问之道相反。

---

① 严复：《救亡决论》，载王栻主编：《严复集》第一册，中华书局 1986 年版，第 44 页。

② 严复：《救亡决论》，载王栻主编：《严复集》第一册，中华书局 1986 年版，第 44—45 页。

然而西学格致，则其道与是适相反。一理之明，一法之立，必验之物物事事而皆然，而后定之为不易。其所验也贵多，故博大；其收效也必恒，故悠久；其究极也，必道通为一，左右逢原，故高明。方其治之也，成见必不可居，饰词必不可用，不敢丝毫主张，不得稍行武断，必勤必耐，必公必虚，而后有以造其至精之域，践其至实之途。迨夫施之民生日用之间，则据理行术，操必然之券，责未然之效，先天不违，如上委地而已矣。……其绝大妙用，在于有以炼智虑而操心思，使习于沉者不至为浮，习于诚者不能为妄。是故一理来前，当机立剖，昭昭白黑，莫使听荧。凡夫洞（恫——原注）疑虚㤼，荒渺浮夸，举无所施其伎焉者。①

严复在一番中西对比之后强调指出，了解了上述事实之后，"则知中国由今之道，无变今之俗，欲求不亡必无幸矣。盖欲救中国之亡，则虽尧、舜、周、孔生今，舍班孟坚所谓通知外国事者，其道莫由。而欲通知外国事，则舍西学洋文不可，舍格致亦不可。盖非西学洋文，则无以为耳目，而舍格致之事，将仅得其皮毛，瞽井瞀人，其无救于亡也审矣"。② 显然，依严复之见，欲救中国危亡，只有学洋文和科学一途了。

在严复眼里，中国无论是"道"还是学，都远不如西方，那么以此道和学问为生命的中国读书人又如何呢？于是严复复抨击中国士大夫不但无知反而自大的习性："天下唯能者可以傲人之不能，唯知者可以傲人之不知；而中土士大夫，怗私恃气，乃转以不能不知傲人之能与知。彼乘骐骥，我独骑驴；彼驾飞舟，我偏结筏。意若谓彼以富强，吾有仁义。而回顾一国之内，则人怀穿窬之

① 严复：《救亡决论》，载王栻主编：《严复集》第一册，中华书局 1986 年版，第 45 页。

② 严复：《救亡决论》，载王栻主编：《严复集》第一册，中华书局 1986 年版，第 46 页。

行，而不自知羞；民转沟壑之中，而不自知救。指其行事，诚皆不仁不义之尤。以此傲人，羞恶安在！至一旦外患相乘，又茫然无以应付，狂悖违反，召败蕲亡。孟子曰："不仁而可与言，则何亡国败家之有？"夫非今日之谓耶！"①

严复于此番议论之外，复于《国闻报》上发表文章，对当时所谓士大夫极尽嘲讽，"自明以八股文取士，而义必限以朱注，迄于今日，六百余年"，故无论走到哪里，"必有面带（戴）大圆眼镜，手持长杆烟筒，头蓄半寸之发，颈积不沐之泥，徐行偻背，阔颔扁鼻，欲言不言，时复冷笑，而号为先生长者其人者"，"试入其室，笔砚之外，有《四书味根录》《诗韵合璧》《四书典林》，无他等书。其尤博雅者，乃有《五经汇解》之经学，《纲鉴易知录》之史学"等书。问其是否阅报，则答曰："亦偶阅之。然今日之报，即今日天下之乱民也。""况民主者，部落简陋之习也。"如果问其"若支那真瓜分"将如何？则答曰："吾辈衣食自若也，汝胡以此哓哓为。"② 严复指出："学术之归，视乎科举；科举之制，董以八股；八股之义，出于《集注》；《集注》之作，实惟宋儒；宋儒之名，美以道学。"③ 然而，"支那积二千年之政教风俗，以陶铸此辈人材，为术密矣，为时久矣，若辈之多，自然之理。……生为能语之马牛，死作后人之殭石……若辈既心地不明，则若当时虽无为恶之心，而将来必有致祸之实"。④

总而言之，在严复看来，中国之"道"之所以不如西方之"道"，乃是由于中国之学术不如西方的学术，而中国之学术陶铸

---

① 严复：《救亡决论》，载王栻主编：《严复集》第一册，中华书局 1986 年版，第 46 页。

② 严复：《道学外传》，载王栻主编：《严复集》第二册，中华书局 1986 年版，第 484—485 页。

③ 严复：《道学外传》，载王栻主编：《严复集》第二册，中华书局 1986 年版，第 484 页。

④ 严复：《道学外传》，载王栻主编：《严复集》第二册，中华书局 1986 年版，第 485 页。

出众多无用之庸材。此种庸材，充塞国中，通过科举之制，则"上膺执政之权，下拥名山之席"①。此种局面，遂使中国积贫积弱，几遭瓜分，倘若想挽黎民于水火，救中国于危亡，则只有"痛除八股而大讲西学"之一途耳。

除康有为和严复之外，谭嗣同的批判意识也很大程度上受西潮冲击的影响。谭嗣同生于19世纪60年代，此时正是中国文化思想发生巨变的时代，西方的科学宇宙观和基督教创世观都对传统儒家思想产生了巨大影响，引起了传统宇宙观与价值观的解纽。② 这正如严复所说："观今日之世变，盖自秦以来未有若斯之亟也。夫世之变也，莫知其所由然，强而名之曰运会。"③ 谭嗣同当然也感到这种传统宇宙观与价值观解纽时所带来的震撼与惊骇。他在给其师欧阳中鹄的信中也用"运会"一词表达了他的惊骇与悲愤："近来所见，无一不可骇可愕，直不胜言，久之，转觉平常无奇，偶有不如此者，反以为异，斯诚运会矣。不幸躬丁此厄，别无好处，惟古人所意料不及之事，吾得耳而目之，或足夸殚见而已。悲愤至于无可如何，不得不以达观处之。"④ 面对这可骇可愕的局面，一个本来处于睿智世界中的知识人，开始感到一种莫可名状的困惑与迷茫，他们亟须寻找一个新的安身立命之所，以使迷茫困惑的心灵平静下来。在急迫的找寻中，悲愤之情，自然高涨，无处宣泄之余，谭嗣同的思想日益激进。他一改以往的士大夫风格，开始在他的著作中大量使用光、电、原质、吸力、热力等西方自然科学的词语。我们从其《石菊影庐笔识》所作的有关宇宙观的记载中，便可以

①　严复：《道学外传》，载王栻主编：《严复集》第二册，中华书局1986年版，第485页。

②　〔美〕张灏：《梁启超与中国思想的过渡（1890—1907）——烈士精神与批判意识》，崔志海、葛夫平译，新星出版社2006年版，第224页。

③　严复：《论世变之亟》，载王栻主编：《严复集》第一册，中华书局1986年版，第1页。

④　谭嗣同：《兴算学议·上欧阳中鹄书》，载蔡尚思、方行编：《谭嗣同全集》（增订本）上册，中华书局1981年版，第153页。

发现西方科学对其宇宙观影响的痕迹。宇宙观的转变自然会导致其价值观的转变。在进行了一系列的中西对比之后，他不得不沉痛地宣布："今中国之人心风俗政治法度，无一可比数于夷狄，何尝有一毫所谓夏者！即求并列于夷狄犹不可得，遑言变夏耶？"①　由此可见，在谭嗣同的心中，所谓的文明，已成为他判别华夷的标准，在这标准下，华夷的地位已发生了根本的改变，既然中国之人心风俗法度全不如西方，"事已糜烂至此，岂补苴所能了"？那么唯一可以做的就是"不敢专己而非人，不敢讳短而疾长，不敢徇一孔之见而封于旧说，不敢不舍己从人取于人以为善"。于是，为了追求文明，学习西方，"尽变西法"便成了最优的选择。他指出："因有见于大化之所趋，风气之所溺，非守文因旧所能挽回者。不恤首发大难，画此尽变西法之策。"②　于是，他决定将他的想法付诸行动，"先小试于一县"，在他的家乡湖南浏阳设一算学格致馆，然后再逐步向全国推广。他认为如此，"他日未必不收人材蔚起之效"。③　他乐观地预测，"尽变西法"之后，"凡利必兴，凡害必除。西人之所有，吾无不能造，又无不精，如此十年，少可以自立矣"。④

　　如果说，谭嗣同当时还是仅从功效性的中西对比来论证"尽变西法"的必要性，而作为深受康有为、严复影响的梁启超，则干脆直接用西方的进化主义理论来论证变法的必要性了。1896年《时务报》创刊后，梁启超在其《变法通议》的开篇，即用西方地质演变、古生物进化学说及科学的理论来论证其变法的合理性。他写道：

---

　　①　谭嗣同：《报见元征》，载蔡尚思、方行编：《谭嗣同全集》（增订本）上册，中华书局1981年版，第225页。

　　②　谭嗣同：《兴算学议·上欧阳中鹄书》，载蔡尚思、方行编：《谭嗣同全集》（增订本）上册，中华书局1981年版，第167—168页。

　　③　谭嗣同：《兴算学议·上欧阳中鹄书》，载蔡尚思、方行编：《谭嗣同全集》（增订本）上册，中华书局1981年版，第165页。

　　④　谭嗣同：《兴算学议·上欧阳中鹄书》，载蔡尚思、方行编：《谭嗣同全集》（增订本）上册，中华书局1981年版，第162页。

法何以必变，凡在天地之间者，莫不变，昼夜变而成日，寒暑变而成岁，大地肇起，流质炎炎，热镕冰迁，累变而成地球。海草螺蛤，大木大鸟，飞鱼飞鼍，袋兽脊兽，彼生此灭，更代迭变，而成世界，紫血红血，流注体内，呼炭吸氧，刻刻相续，一日千变，而成生人。借曰不变，则天地人类，并时而息矣。故夫变者，古今之公理也。①

变既然成为"公理"，那么，面对三千年未有之变局，"变"就是必然而必要的。于是，变法自然地具备了合法性。接着，梁启超又顺势巧妙地将变法的紧迫性问题纳入"物竞天择，适者生存"的社会达尔文主义的逻辑之中，他说：

今有巨厦，更历千载，瓦墁毁坏，榱栋崩折，非不桓然大也。风雨猝集，则倾圮必矣。而室中之人，犹然酣嬉鼾卧，漠然无所闻见。或则睹其危险，惟知痛哭，束手待毙，不思拯救。又其上者，补苴罅漏，弥缝蚁穴，苟安时日，以觊有功。此三人者，用心不同，漂摇一至，同归死亡。善居室者，去其废坏，廓清而更张之，鸠工庀材，以新厥构，图始虽艰，及其成也，轮焉奂焉，高枕无忧也。惟国亦然，由前之说罔不亡，由后之说罔不强。

印度大地最古之国也。守旧不变，夷为英藩矣。突厥地跨三洲，立国历千年，而守旧不变，为六大国执其权分其地矣。非洲广袤，三倍欧土，内地除沙漠一带外，皆植物饶衍，畜牧繁盛。土人不能开化，拱手以让强敌矣。波兰为西名国，政事不修，内讧日起，俄、普、奥相约，择其肉而食矣。中亚洲回部，素号骁悍，善战斗而守旧不变，俄人鲸吞蚕食，殆将尽之矣。越南、缅甸、高丽服属中土，渐染习气，因仍弊政，蘼靡

① 梁启超：《变法通议·自序》，载《饮冰室合集》文集之一，中华书局1989年版，第1页。

不变，汉宫威仪，今无存矣。今夫俄宅苦寒之地，受蒙古钤辖，前皇残暴，民气凋丧，岌岌不可终日，自大彼得游历诸国，学习工艺，归而变政，后王受其方略，国势日盛，辟地数万里也。今夫德列国分治，无所统纪，为法所役，有若奴隶，普人发愤兴学练兵，遂蹶强法，霸中原也。今夫日本幕府专政，诸藩力征，受俄、德、美大创，国几不国。自明治维新，改弦更张，不三十年而夺我琉球，割我台湾也。又如西班牙、荷兰，三百年前，属地遍天下，而内治稍弛，遂即陵弱，国度夷为四等。暹罗处缅、越之间，同一绵薄，而稍自振厉，则肖然尚存。《记》曰，不知来，视诸往。又曰，前车覆，后车戒。大地万国，上下百年间，强盛弱亡之故，不爽累黍，盖其几之可畏如此也。①

梁启超在这里，仅用区区数百字，就将世界描绘成一个弱肉强食、血腥淋漓的大修罗场，在社会达尔文主义的世界里，人与动物毫无区别，在那里没有伦理，更无道德，唯有竞争图存，只剩优胜劣败。变法，则如俄国、日本，国势日盛，开疆辟土；不变，则如印度等，为列国执其权分其地，择其肉而食矣。按梁启超的逻辑，处此运会之中，我堂堂华胄，只有冬裘夏葛，而放弃圣人温良恭俭让的教诲，勇敢面对这"三千年未有之变局"了。在此基础上，梁启超进一步强调了变法的公理性与不可抗拒性。他说：

法者天下之公器也；变者天下之公理也。大地既通，万国蒸蒸，日趋于上。大势相迫，非可阏制。变亦变，不变亦变。变而变者，变之权操诸己，可以保国，可以保种，可以保教；不变而变者，变之权让诸人，束缚之，驰骤之。呜呼！

① 梁启超：《变法通议·论不变法之害》，载《饮冰室合集·文集之一》，中华书局 1989 年版，第 2—3 页。

则非吾之所敢言矣……《诗》曰：嗟我兄弟，邦人诸友，莫肯念乱，谁无父母？《传》曰：嫠妇不恤其纬，而忧宗周之陨，为将及焉。此固四万万人之所同也。彼犹太之种，迫逐于欧东；非洲之奴，充斥于大地。呜呼！夫非犹是人类也欤！①

梁启超在用进化主义论证变法乃古今之公理的同时，虽未明言反对儒教，但于文中已对儒教流露出不满之意。他说：

忾我儒教，爰自东京，即已不竞，晋宋之间，陷于老；隋唐以来，沦于佛；外教一入，立见侵夺。况于彼教之徒，强聒不舍，挟以国力，奇悍无伦，今吾盖见通商各岸之商贾，西文学堂之人士，攘臂弄舌，动曰四书六经为无用之物，而教士之著书发论，亦侃侃言曰：中国之衰弱，由于教之未善，夫以今日帖括家之所谓经与考据家之所谓经，虽圣人复起，不能谓其非无用也。则恶能禁人之不轻薄之而遗弃之也？故准此不变，吾恐二十年以后，孔子之教，将绝于天壤，此则可为痛哭者也。②

按梁启超的逻辑，儒教既不能有效地抵挡西潮的挑战，就不能不禁人轻薄而遭人遗弃。那么，照他看来，以儒学为性命的士大夫又是什么样呢？于是，梁启超复对当时中国的教育状况做了一番描述，依他之见，中国的士大夫全是一群"五洲之勿知，八星之勿辨"的腐儒，他写道：

---

① 梁启超：《变法通议·论不变法之害》，载《饮冰室合集》文集之一，中华书局 1989 年版，第 8 页。

② 梁启超：《变法通议·学校总论》，载《饮冰室合集》文集之一，中华书局 1989 年版，第 18—19 页。

今之府州县学官，号称冷官，不复事事，固无论矣，此外握风气之权者，为书院山长，为蒙馆学究。车载斗量，趾踵相接。其六艺未卒业，四史未上口，五洲之勿知，八星之勿辨者，殆十而八九也。然而此百数十万之学子，方将帝之天之主之臬之。以是为学问之极则，相率而踵袭之。今夫山木有择，必待大匠；美锦在御，不使学制，惧其有弃才也。中人之家，聘师诲子，周详审慎，必择其良，惧子弟之失学也。……今乃一举而付之不通六艺，不读四史，不知五洲，不识八星之人，使之圭之臬之，刓琢之，欲于此间焉求人才，乌可得也。①

在梁启超看来，这样一批所谓的士大夫所立之标准，便"不得不在雕虫之技，兔园之业，狗曲之学，蛙鸣之文"了。他们"上以鼓下，下以应上，父诏兄勉，友习师传"，使人"虽有道艺，非由此道不为荣；虽有豪杰，非由此道不能进；尽数十寒暑，疲精敝神以从事于此间，而得与不得尚在不可知之数"。②在梁启超看来，此种现象便是科举制带来的恶果。此种旧学，根本不能适用于"大地既通，万国蒸蒸，日趋于上"的国际形势。他指出：

聚千百帖括、卷折、考据、词章之辈，于历代掌故，瞠然未有所见，于万国形势，瞢然未有所闻者，而欲与之共天下，任庶官，行新政，御外侮，其可得乎？③

---

① 梁启超：《变法通议·论师范》，载《饮冰室合集》文集之一，中华书局1989年版，第35页。

② 梁启超：《变法通议·论科举》，载《饮冰室合集》文集之一，中华书局1989年版，第22页。

③ 梁启超：《变法通议·学校总论》，载《饮冰室合集》文集之一，中华书局1989年版，第16页。

基于此，梁启超认为，科举弊端如此明显，然清廷仍冥顽不化，"不惜糜重帑以治海军，而不肯舍薄费以营学校"。"重其所轻，而轻其所重。譬之孺子，怀果与金示之，则弃金而取果；譬之野人，持寸珠与百钱示之，则遗珠而攫钱。徒知敌人胜我之具，而不知所以胜之具。旷日穷力，以从事于目前之所见，而蔽于其所未见，究其归宿，一无所成。"① 在梁启超眼中，清廷的这种施政水平，真是连孺子和野人都不如。

在"道"和学问都不如人，而决策者又如此冥顽不化状态之下，为了国家之富强，除改变现状以实行变法之外，别无选择。而要变法，当知变法之本原。梁启超指出："吾今为一言以蔽之曰：'变法之本，在育人才；人才之兴，在开学校；学校之立，在变科举。而一切要其大成，在变官制。'"② 质而言之，依梁氏之见，要想挽救危亡，培育人才，就必须进行政治体制的改革，而其下手之处，也像康有为、严复和谭嗣同一样，必须从变科举兴学校开始。不过他所提出的主张，较之康有为、严复和谭嗣同要更加详尽。梁启超在其《变法通议》一文中，对变科举兴学校这一重大的改革提出了较为具体的意见。他指出："欲兴学校，养人才，以强中国，惟变科举为弟（第）一义。"他与其师康有为一样，均倾向于急激的变革，"大变则大效，小变则小效"。为此，梁启超提出了上中下三策。上策乃"远法三代，近采泰西，合科举于学校"。他要求自首都以讫边远州县依次立大学和小学，"聚天下之才，教而后用之"。"入小学者，比诸生，入大学者，比举人"，大学毕业者"比进士"，选其中成绩优异者，送出洋留学，"比庶吉士。其余归内外户刑工商各部任用，比部曹。庶吉士出洋三年学成而归者，授职比编检"。大学、小学皆"学生业有定课，考有定格"，"在学四

① 梁启超：《变法通议·学校总论》，载《饮冰室合集》文集之一，中华书局1989年版，第20页。

② 梁启超：《变法通议·变法不知本原之害》，载《饮冰室合集》文集之一，中华书局1989年版，第10页。

年而大试之"。教师则担任试官，"不限额，不糊名"。梁启超乐观地认为，清廷如用其上策对科举制进行改革，则"凡自明以来取士之具，取士之法，千年积弊，一旦廓清而辞辟之"，就会使"天下之士，靡然向风"，而"八年之后，人才盈廷矣"。①

考虑到中国积习已久，改革不易，科举学校未能遂合，梁启超主张，在这种情况下，莫若用其中策。所谓中策，其实就是汉唐之旧法，即"多设诸科，与今日帖括一科并行"，或效法康乾两朝，设博学鸿词科，以"网罗俊良，激励后进"。其具体办法，即立明经、明算、明字、明法、使绝域、通礼、技艺、学究、明医、兵法等诸科，以使"多途胜于一途"也。至于其取之法，梁启超则主张："或如康乾鸿博故事，特诏举试，或如近世算学举人，按省附考。"总而言之，在梁启超看来，"必予以出身，示以荣途，给以翰林、进士、举人之名，准以一体乡、会、朝、殿之实"，并且这些人"著书可以入翰林，上策可以蒙召见"。这样做的目的，是要"告之以用意之所重，导之以利禄之所存"，易言之，即用名利来诱导读书人，使之逐渐完成从重视旧学到重视实学的转变，从而"以为天下用"。在梁启超看来，用这样的办法来改革科举，则"其事甚顺，而其效甚捷"了。②

应当指出，梁氏之中策设明算、明字、明法、明医、兵法诸科等改革科举的措施，其有益于实学，固无可非议，然从另一角度来看，其已夷儒家之经典于诸专门学科之列了。此种做法，势必冲淡了"士"的"以觉天下为己任"的社会责任感，而用名利来诱导士人的做法，又将其成贤成圣的个人理想扭曲，培养了一批不顾廉耻、只会钻营的小人，使社会风气变得更坏。梁启超所谓的中策，只会使选出之人，明显有异于传统的科举之士，逐渐朝现代知识人

---

① 梁启超：《变法通议·论科举》，载《饮冰室合集》文集之一，中华书局1989年版，第27—28页。

② 梁启超：《变法通议·论科举》，载《饮冰室合集》文集之一，中华书局1989年版，第28—29页。

的方向转化。

梁启超所谓的下策，即"仍今日取士之法"，但"略变其取士之具"，也就是说，不改变原有科举制之形式，而仅改变科举题目之内容，从而起到釜底抽薪的效果。他要求"童子试非取录经古者，不得入学"，但是，经古考试时，"必试以中外政治得失、时务要事、算法格致等艺学"。他要求"乡、会试必三场并重"。第一场"试四书文，五经文，试帖各一首"。第二场"试中外史学三首，专问历代五洲治乱存亡之故"。第三场则要"试天算、地舆、声、光、化、电、农、矿、商、兵等专门"，"听人自择一门，分题试之，各三首"。殿试则"专问当世之务"，而"对策者不拘格式，不论楷法。考试学差试差，亦试以时务艺学各一篇，破除成格，一如殿试"。在梁启超看来，如此一改，"则向之攻八股，哦八韵者，必将稍稍捐（损）其故业，而从事于实学"了。①

梁启超的《变法通议》刊登于《时务报》上。当时《时务报》"风靡海内，数月之间销行至万余分，为中国有报以来所未有，举国趋之，如饮狂泉"。② 时梁氏年仅二十五岁，却"名重一时，士大夫爱其语言笔札之妙，争礼下之"。连湖广总督张之洞也对其百般结纳，曾捐助银五百元，并代为官销《时务报》，且屈尊纡贵，尊称梁氏为"卓老"。显而易见，《时务报》使梁氏之文章风靡一时，士大夫无不对其仰慕推崇，称其为"旷世奇才"，以致"自通都大邑，下至僻壤穷陬，无不知有新会梁氏者"。③ 如此一来，梁启超的变法主张，以及他的社会达尔文主义思想也在中国的思想界中广泛地传播开来。

---

① 梁启超：《变法通议·论科举》，载《饮冰室合集》文集之一，中华书局 1989 年版，第 29 页。

② 梁启超：《清议报一百册祝辞并论报馆之责任及本馆之经历》，载《饮冰室合集》文集之六，中华书局 1989 年版，第 52 页。

③ 耿云志、崔志海：《梁启超》，广东人民出版社 1994 年版，第 45 页。

　　俄索旅大事件发生后，梁启超复联在京公车百余人，效己未年故事，联名上书，请废八股。当时，在中国第一代知识人的宣传和鼓动下，兴学堂变科举在士大夫中似乎形成了一种共识。他们众口一词，无不以此事为致中国于富强的急务。光绪"二十二年五月刑部侍郎李端棻的奏请'推广学校，以励人才'，于京师设大学堂，各省、府、州县皆设学堂；二十四年正月贵州学政严修的奏请开设经济专科，于科举之外别立一途，比于正途出身，以登进人才；四月御使杨深秀的奏请厘定文体，不用'八股庸滥之格、讲章陈腐之言'等折"，①都反映了当时士大夫一致要求兴学校废科举的政治诉求。从当时历史状况来看，此诉求应当说是相当普遍而急进的，不仅一般士大夫有以上的要求，甚至连清廷大吏张之洞也在其《劝学篇》中，将"设学""学制""变科举"等事列为专章，以供清廷参酌采纳。

　　百日维新中，徐致靖、康有为络续皆有请废八股、改试策论和设立学校的陈奏。光绪帝看到后，立即于五月初五日（6月23日）诏命自下科为始，乡会试及生童岁科各试向用四书文者，改试策论（废八股）。②光绪帝下此诏后，复于五月十二日（6月30日）从御使宋伯鲁奏，将经济岁科与正科合并为一，各省生童岁科于奉到谕旨后即一并改为策论，毋庸候至下届。③五月十五日（7月3日），总署奏上京师大学堂章程。光绪帝即诏命派孙家鼐管理京师大学堂事务，并节制各省所设学堂，所有原设官书局及新设译书局均并入大学堂，由管学大臣督率办理。④五月二十二日（7月10日），光绪帝又下诏改各省大小书院为兼习中学西学之学校，以省

---

　　①　王德昭：《清代科举制度研究》，中华书局1984年版，第185页

　　②　郭廷以编著：《近代中国史事日志》下册，中华书局1987年版，第1006页。

　　③　郭廷以编著：《近代中国史事日志》下册，中华书局1987年版，第1007—1008页。

　　④　郭廷以编著：《近代中国史事日志》下册，中华书局1987年版，第1008页。

会之书院为高等学，郡城为中等学，州县为小学。① 七月初二日（8 月 18 日），清廷复有各省督抚挑选学生，派往日本，以期造就之谕。② 七月初三日（8 月 19 日），清廷除诏催办各省学堂外，复诏嗣后一经殿试，即行授职，停止朝考，并罢试诗赋，亦不凭楷法取士，俾讲求实学。③ 十分明显，在众多士大夫的一致吁请之下，清廷废科举的步伐已凌乱，变得愈加匆忙，为了维持其统治，已将兴学堂与废科举一并纳入其施政日程。此工作虽因戊戌政变而中辍，随后又逢义和团事件及八国联军入京，然此项工作依然或断或续地进行。1904 年 2 月至 1905 年 5 月，日俄战争爆发。交战双方虽为日俄两国，然陆地战场却主要在中国境内，清廷却号称中立，使东北民众饱受兵燹荼毒，惨遭离乱之苦。几乎与此同时，中国革命同盟会又在日本东京成立，以"驱除鞑虏，恢复中华，创立民国，平均地权"为宗旨，矢志推翻清朝政府。此时的清政府已是内忧外患，千疮百孔。其统治已是风雨飘摇，岌岌可危。官僚士大夫们已感觉到废科举乃刻不容缓的急务了。于是，直隶总督袁世凯，会同盛京将军赵尔巽、湖广总督张之洞、两江总督周馥、两广总督岑春煊与湖南巡抚端方，于光绪三十一年八月，以科举"阻碍学堂、妨碍人才"，奏请立停科举，以广学堂。其折略谓：

前奉谕旨，递减科举中额，期以三科减尽，十年之后，取士概为学堂，固已明示天下以作新之基。……（惟——原注）臣等默观大局，熟察时趋，觉现在危迫情形，更甚曩日，竭力振作，实同一刻千金。而科举一日不停，士人皆有侥幸得第之心，以分其砥砺实修之志。民间更相率观

---

① 郭廷以编著：《近代中国史事日志》下册，中华书局 1987 年版，第 1009 页。
② 郭廷以编著：《近代中国史事日志》下册，中华书局 1987 年版，第 1015 页。
③ 郭廷以编著：《近代中国史事日志》下册，中华书局 1987 年版，第 1015 页。

望，私立学堂者绝少，非公家财力所能普及，学堂决无大
兴之望。就目前而论，纵使科举立停，学堂遍设，亦必须
十数年后，人才始盛；如再迟至十年甫停科举，学堂有迁
延之势，人才非急切可求，又必须二十余年后，始得多士
之用。

因此吁请"宸衷独断，雷厉风行，立沛纶音，停罢科举"。①
清廷本拟用"递减科举中额，期以三年减尽，十年之后，取
士概为学堂"的办法，用学堂取代科举，从而使科举不废而自废。
然阽危之时势，已使清廷无暇迁延瞻望，遂不得不接受袁世凯、张
之洞等人之吁请，于光绪三十一年八月初四（1905 年 9 月 2 日）
诏命立即停罢科举。这一在中国延续了二千余年的取士传统终于结
束了。

五　科举制的废除与同盟会的成立（下）

上文已讨论过，科举制的废除是在清朝士大夫阶层的一致要求
下实现的。在追求国家富强的共同诉求下，用新学取代旧学、废科
举兴学堂已成为士大夫阶层的共识。而废科举最主要的原因就是科
举"阻碍学堂、妨碍人才"。此种见解在朝臣与在野知识人那里均
无二辞。然而细绎起来，这里依然有重大的区别。中国近代第一代
知识人如康有为、严复等人是从发现西方的"道"要高于中国的
"道"开始要求废科举的。严复一生受进化主义的影响，在他看
来，"中国从来政教之少是而多非"，所以主张用进化主义来代替
中国的"道"。当梁启超随其师提倡保教时，严复曾写信给梁启超

---

① 王德昭：《清代科举制度研究》，中华书局 1984 年版，第 243—244 页。

说"教不可保，而亦不必保"①，而要求梁氏放弃保教。其实，严复一眼便看穿康有为尽管提倡尊崇孔子，并极力主张保教，但其所保的教已是一种被曲解了的孔教，从而作为其政治变革中文化认同的资源。所以严复强调说"保教而进，又非所保之本教矣"。② 梁启超听到严复这番话后，深以为然，说："读至此，则据案狂叫，语人曰：'不意数千年闷胡芦，被此老一言揭破！'不服先生之能言之，而服先生之敢言之也。"③ 毫无疑问，梁启超当时虽追随其师康有为倡言"保教"，然在其内心深处，已逐渐疏离了中国儒教之教义，而驰骛于新的思想了。这一点，随后很快就得到了历史的证实。

戊戌政变发生后，梁启超逃进了日本公使馆，在伊藤博文和林权助的帮助下，剪断辫子，"掉头不顾吾其东"④，乘坐日本大岛兵舰，逃到了日本。在那里，他深受福泽谕吉文明论、加藤弘之进化主义等思想的影响，"思想为之一变"。他在所创刊的《清议报》《新民丛报》等刊物上，用他那支生花妙笔使中国思想界完成了列文森所谓的从儒家天下观念向现代民族国家观念的思想转变。梁启超曾倡言："有世界主义，有国家主义。无义战非攻者，世界主义

---

① 梁启超：《与严幼陵书》，载《饮冰室合集》文集之一，中华书局1989年版，第109页。

② 梁启超：《与严幼陵书》，载《饮冰室合集》文集之一，中华书局1989年版，第109页。史华兹先生曾敏锐地看出康有为所保之教并非真正的孔教。他指出："康有为的弟子梁启超，在这一时期深受严复论文和译作的影响。虽然他和他的老师康有为一样继续坚持'保教'，但是他所保的教的性质究竟是什么，已大有疑问了。康有为的把孔子为我所用地尊为救世主的儒家今文经学，即掺和着《公羊传》含义模糊的学说与西方的发展思想的混合物，对占压倒多数的受尊敬的儒者来说，完全是一种异国情调的'教'。这是一种缺乏特定教义的儒教。因此，事实上，这种儒教能够并且容纳了整个近代民族主义和经严复仔细考虑过的新价值观念。"见本杰明·史华兹：《寻求富强：严复与西方》，江苏人民出版社1996年版，第42页。

③ 梁启超：《与严幼陵书》，载《饮冰室合集》文集之一，中华书局1989年版，第109页。

④ 梁启超：《去国行》，载《饮冰室合集》文集之四十五（下），中华书局1989年版，第2页。

也；尚武敌忾者，国家主义也。世界主义，属于理想；国家主义，属于事实。世界主义，属于将来；国家主义，属于现在。今中国岌岌不可终日，非我辈谈将来道理想之时矣！"① 显而易见，梁启超已经认为中国的"道"迂远而不切合实际，不能应付弱肉强食的国际形势，从而义无反顾地接受国家主义的学说。他曾决然地表示："吾爱孔子，吾尤爱真理。"② 毫无疑问，此时，在梁启超的心目中，无论是孔子的神圣地位，还是儒家成贤成圣的人格理想，以及《大学》中修、齐、治、平的社会理想的实质定义，都已经发生动摇而失去吸引力了。

康有为和谭嗣同与严、梁二人稍有不同，虽然他们都属于第一代知识人，都认为中国的"道"没有西方的"道"合理，而主张师法西方，但严复和梁启超是直接用进化主义来批判中国的"道"，而康有为和谭嗣同则属于儒教中的马丁·路德，他们是在儒教的框架之内，对儒教进行改造和批判。有关这些情况，我们在第二章和第三章中进行过讨论，这里就不一一赘述了。

上面已经谈到官僚士绅阶层与现代知识人虽都主张废科举兴学堂，但其出发点却存在着本质的差异，现代知识人是在承认中国的"道"不如西方的"道"合理的前提下提出废科举兴学堂的，他们对现有政治体制持批判的态度，他们对清廷的态度视政治形势而定，其与政府的关系常常是紧张而对立的。官僚士绅阶层则是在承认现有政治体制合理性的前提下提出废科举兴学堂的。尽管他们与清廷有时也会有矛盾和冲突，但是在对"道"的认识上却是相当一致的，且共同的利益又使二者能够结成巩固的联盟。以当时官僚士绅阶层的代表张之洞为例，他所倡导的"中学为体，西学为用"的主张，即得到了光绪帝的认可，被称为"平正通达"之论。

---

① 梁启超：《自由书·答客难》，载《饮冰室合集》专集之二，中华书局 1989 年版，第 39 页。

② 梁启超：《保教非所以尊孔论》，载《饮冰室合集》文集之九，中华书局 1989 年版，第 59 页。

严复则根本不接受传统政治秩序的正当性，他发表在天津《直报》上的《辟韩》一文，则公开攻击传统政治秩序中的王权。他指出："秦以来之为君，正所谓大盗窃国者耳。国谁窃？转相窃之于民而已。"① 基于这种看法，严复根本不承认张之洞的什么"中体西用"论。他于《外交报》上发表文章，对张氏之"中体西用"论竭尽讽刺之能事："体用者，即一物而言之也。有牛之体，则有负重之用；有马之体，则有致远之用。未闻以牛为体，以马为用者也。中西学之为异也，如其种人之面目然，不可强谓似也。故中学有中学之体用，西学有西学之体用，分之则并立，合之则两亡。议者必欲合之而以为一物。且一体而一用之，斯其文义违舛，固已名之不可言矣，乌望言之而可行乎？"②

在此基础之上，严复又批驳了张之洞《劝学篇》中的"西艺非要，西政为要"的提法，他说：

其曰政本而艺末也，愈所谓颠倒错乱者矣。且其所谓艺者，非指科学乎？名、数、质、力，四者皆科学也。其通理公例，经纬万端，而西政之善者，即本斯而立。……中国之政，所以日形其绌，不足争存者，亦坐不本科学，而与通理公例违行故耳。是故以科学为艺，则西艺实西政之本。设谓艺非科学，则政艺二者，乃并出于科学，若左右手然，未闻左右之相为本末也。③

总而言之，在严复看来，一国之政教学术，如具官之物体，"有其元首背腹，而后有其六府四支；有其质干根荄，而后有其支叶华实。使所取以辅者与所主者绝不同物，将无异取骥之四蹄，以

_____

① 严复：《辟韩》，载王栻主编：《严复集》第一册，中华书局1986年版，第35页。

② 严复：《与〈外交报〉主人书》，载王栻主编：《严复集》第三册，中华书局1986年版，第558—559页。

③ 严复：《与〈外交报〉主人书》，载王栻主编：《严复集》第三册，中华书局1986年版，第559页。

附牛之项领，从而责千里焉，固不可得，而田陇之功，又以废也"。① 显然，依严复之见，中西之学，各自有各自的体用，"分之则并立，合之则两亡"。张之洞之中体西用论则"必欲合之而以为一物"，是一种不可能实现的理论，在严复看来，张之洞"不揣其本，而欲支节为之"，"不知方其造谋，其无成之理，固已具矣"。②

与严复的批判角度不同，梁启超则换了另一个批判角度，他自亡命日本后，"与彼都人士相接，诵其诗，读其书，时有所感触"，③ "思想为之一变"。④ 此时，他信心大增，更看不上张之洞的中体西用论，他用从日本学来的西方思想来批判张氏之理论，直接指斥张氏根本不懂何谓西法。他说：

> 孔子曰：恶紫之夺朱也，恶郑声之乱雅乐也。其南皮张公之谓乎？彼张公者，岂曾知中国为何状？岂曾知西国为何物？岂曾知西人为何学？而贸贸然号于众曰，吾知西法者。世人亦贸贸然推之曰，是知西法者。夫天下无一人知西法者，吾犹有望焉。何也？彼其一旦知之而进步之骤，将不可限量也。今天下知西法之人如张公者，不下千万，而中国之亡真不可救矣！张公著《劝学篇》以去岁公于世，挟朝廷之力以行之，不胫而遍于海内，其声价视孟的斯鸠之《万法精理》、卢梭之《民约论》、弥勒约翰之《自由公理》初出世时，殆将过之。噫嘻！是嗫嗫嚅嚅者何足道，不三十年将化为灰烬，为尘埃野马、其灰其尘，偶因风扬起。闻者犹将掩鼻而过之。虽然，其

---

① 严复：《与〈外交报〉主人书》，载王栻主编：《严复集》第三册，中华书局1986年版，第559—560页。

② 严复：《与〈外交报〉主人书》，载王栻主编：《严复集》第三册，中华书局1986年版，第559—560页。

③ 梁启超：《自由书·叙言》，载《饮冰室合集》专集之二，中华书局1989年版，第1页。

④ 梁启超：《三十自述》，载《饮冰室合集》文集之十一，中华书局1989年版，第18页。

于今者二三年中，则俨然金科玉律，与四书六经争运矣。天下事凡造因者必有结果，今张公复造此一层恶因，其谬见浸染于蚩蚩者之脑中，他日抵制其结果，固不得不费许多力也。①

显然，在梁启超看来，张氏如果连何谓西法都不知，其"中体西用"论自然不攻自破了。如果说梁启超还是仅从张之洞不懂西学的角度对其"中体西用"论加以抨击，而何启、胡礼垣却从其不懂中学的方面对其"中体西用"论加以批判。他们直接指斥张之洞将中体解释成三纲之说乃"不通之论"。何启、胡礼垣质问张之洞说："中国六籍明文初何尝有三纲二字。"而你张之洞却将中国的儒学解释成三纲？在何启、胡礼垣看来，张之洞根本未深入理解儒学，甚至可以说根本不知儒学之精义。其"如此解经，是欲明义理而不知所以明，欲尊孔子而不知所以尊矣"。他们指出，张之洞根本未得"圣贤之心传"，"劝学内篇言学言政，皆舍情理而他务是遑，故愈言孔教，而愈与孔教相背"。② 对何启、胡礼垣的见解，梁启超十分赞赏。他说："伟哉南海何沃生、三水胡翼南之二君者，廓清而辞辟之，如铸禹鼎，图罔两之形状，如然温犀，照百怪之症结。《劝学篇书后》一卷，排中国文明之阻力，其功不在禹下，张公见之，如以为莠言乱政乎，吾愿其集幕府中理学、经学、气节、文章之士，更为书《劝学篇书后后》一书，则距邪说扶正学之功，不益多乎？虽然，吾有知张公之能怒而不能言也。"③如此看来，张之洞之《劝学篇》无论就其形式还是其内容，在当时都遭到了第一代知识人的严厉批判，其已毫无反击的能力了。

---

① 梁启超：《自由书·地球第一守旧党》，载《饮冰室合集》专集之二，中华书局 1989 年版，第 7 页。

② 何启、胡礼垣：《劝学篇书后》，载《新政真诠》，郑大华点校，辽宁人民出版社 1994 年版，第 350、353、355、370—371 页。

③ 梁启超：《自由书·地球第一守旧党》，载《饮冰室合集》专集之二，中华书局 1989 年版，第 7—8 页。

张之洞乃当时清廷一流学者，其幕府里文人学士甚多，他们当时写《劝学篇》的目的本要扶危定倾，抨击九州之内的乱名改作之论，然而，梁启超却敢断言，聚此辈在一起也讨论不出中学之体为何物。可见当时中国官僚士大夫层在"三千年未有之变局"面前已没有人能了解儒学真正生命与智慧之所在，在他们的阐释下，儒学已丧失自我更新的能力了。当时中国思想界的这种状况正如钱穆先生所指出的那样：

> 当时的普遍意见，都主张中学为体，西学为用（此二语由梁启超、张之洞提出——原注）。可惜当时，实在也并不知中学之体是什么的一个体。自己认识不足，在空洞无把柄的心理状态中，如何运用得别人家的文化成绩？到底逐步陷入，由造船造炮转入变法维新，又转入一连串的破坏与革命。最先是政治革命，继之是文化革命，又继之是社会革命。模仿别人不见效，总认是自己本身作梗，不断把自己斫丧，斫丧愈深，模仿更低能。[1]

既然中国的士大夫层不能对本国的传统儒学有清醒的认识与体验，那么，在西潮的荡击和趋新的形势下，自然不能希望中国像日本明治维新那样，"在各派儒学者的'尊王攘夷'（即内求统一，外求独立的运动——原注）、'王政复古'等口号要求之下，一面使日本面对西方的压迫，在精神上挺立起来；一面经过'大政奉还'、'版籍奉还'而很轻松地完成了以一个中央政府为中心的近代国家的形态"，[2] 反而因《劝学篇》作者将儒学仅等同于三纲，使之成为清廷统治正当性的护符，这种被曲解了的儒学，自然遭到

---

[1]　钱穆：《中国思想史》，台湾学生书局 1979 年版，第 282—283 页。

[2]　徐复观：《日本德川时代之儒学与明治维新》，载徐复观著，陈克艰编：《中国学术精神》，华东师范大学出版社 2004 年版，第 254 页。

了来自各方面的厌恶和非难。

国学大师章太炎便是一个很好的例子，章氏自 1900 年便已决心批孔，他在日本东京为鲁迅、周作人、钱玄同、许寿裳等讲《说文解字》，于解说之间，谈到孔子，时杂以轻薄之语。"章太炎除了破坏孔子在读书人心目中的形象与地位以外，更以经学大师的身份，推翻经学之所以成为经学的理由。……数千年来，传统儒者认为六经蕴藏着永恒不变的真理（这样的真理不但包括意义的原理，而且包括实践的原理——原注），所以，'明经见道'、'通经致用'乃是传统儒者一致公认的基设。但章氏则认为六经只是历史的材料而已，内涵并无所谓真理可言。六经的真理性与神圣性当然在这一论断之下，自我取消了。章氏更进一步具体说明，作为历史文献的六经所记载的古代真相，远非经学传统所标示的那样完美，易经与诗经中满载'淫欲博杀'之事，尧舜不可能行禅让，汤、武两位'圣王'乃是'杀人父兄、虏人妻子'的强梁。于是，所谓尧、舜、禹'三代'的黄金时代，只是无稽之谈罢了。"①

如此一来，儒学于内部缺乏自我更新的力量，于外部又遭受西学的挑战以及第一代知识人的轻薄与掊击，在这内外合力的作用下，其传统架构的崩塌是可以想见的了。

由于对"道"的体认与对皇权体制的态度等方面存在着重大的分歧，随着戊戌变法运动的失败，一部分知识人从士绅知识阶层中分化蜕变出来。他们大多数离开了自己的家乡，或居住大城市，或流亡海外，而与其出生的地方少有瓜葛了。他们逐渐形成了一个新的社会团体，这便是中国的知识阶层。

以第一代知识人为例，康有为和梁启超都是广东人，戊戌变法时虽一度参与新政，接近了权力中心，但随着变法运动的失败，他们为清廷所追捕而流亡海外，与其家乡已无甚关联了。

① 林毓生：《二十世纪中国的反传统思潮与中式乌托邦主义》，载《市场社会与公共秩序》，生活·读书·新知三联书店 1996 年版，第 240—242 页。

　　章太炎有与康、梁相同的遭遇。其乃浙江余杭人，戊戌维新期间①赞成康、梁之变法主张，曾参与《时务报》的编撰工作。戊戌政变后清廷追捕新党甚急，称朝野论议政事者为新党，传言将下钩党令，群情惶懅，时日本人有与章氏相善者，招其避祸台湾，九月，章太炎乃携家赴台湾。② 随后，章氏又东渡日本，"与尊清者游"。③ 1902 年初，章太炎于日本与孙中山定交，主张排满革命，基本与其家乡脱节断根。

　　严复也与康、梁等人境遇略同。1895 年 3 月 13 日至 14 日他曾在天津《直报》上发表《辟韩》一文，攻击君主制度。后此文转载于 1897 年 4 月 12 日出版的《时务报》上。④ 张之洞见之大怒，"谓为洪水猛兽，命屠梅君侍御（仁守——原注）作《辟韩》驳议"，严复"几罹不测，嗣郑孝胥辈为解围，事始寝"。⑤

　　戊戌政变发生后，新党或惨遭杀戮，或流亡海外，严复悲愤异常，以沉痛的笔调，写下了如下的诗句："求治翻为罪，明时误爱才。伏尸名士贱，称疾诏书哀。燕市天如晦，宣南雨又来。临河鸣犊叹，莫遣寸心灰。"⑥ 义和团事件后，严复离开水师学堂，避地上海。陈宝琛为其所撰墓志铭称：

---

　　① 此处戊戌维新乃是依张灏先生之划分，指的是自 1895 至 1898 年间的改革运动，这个运动始于甲午战败之后康有为发动公车上书呼吁改革，而以戊戌年百日维新后发生的宫廷政变结束。见氏之《张灏自选集》，上海教育出版社 2002 年版，第 198 页。

　　② 章炳麟撰、王云五主编：《民国章太炎先生炳麟自订年谱》，（台湾）商务印书馆 1980 年版，第 7 页。

　　③ 章炳麟：《訄书·客帝匡谬》（重订本），载《章太炎全集》（三），上海人民出版社 1984 年版，第 119 页。

　　④ 王栻主编：《严复集》第一册，中华书局 1986 年版，第 32 页。

　　⑤ 王蘧常：《严复年谱》，载中国史学会主编：《戊戌变法》（四），上海人民出版社 1957 年版，第 183 页。不过王谱将此事定于 1896 年，这与王栻主编的《严复集》有出入。经查《时务报》知王栻是正确的。见林毓生：《二十世纪中国的反传统思潮与中式乌托邦主义》，载《市场社会与公共秩序》，生活·读书·新知三联书店 1996 年版，第 249 页。

　　⑥ 严复：《〈瘉壄堂诗集〉补遗·戊戌八月感事》，载王栻主编：《严复集》第二册，中华书局 1986 年版，第 414 页。

　　景庙怵于甲午之衄，特诏急人材，君被荐，召对称旨。谕
缮所拟万言书以进，未及用而政局猝变。后二年，拳匪祸作，
君自是避地居沪上者七年。①

　　严复此段生活颇不如意，他几乎成了被边缘化的人物，过着四
处奔走而噉饭的生活。他说："国论变更以还，士之有心救时者，
大都蔽以党字束置高阁。上之用人既已如是，则下之求友亦将以是
为决择。故其甚者至欲寻一噉饭之馆而犹难之。岁月悠悠，真不知
何以自了也。"② 显然，严复也与自己的家乡少有瓜葛，过着"欲
寻一噉饭之馆而犹难之"的流浪生活了。

　　这里需要说明的是，第一代知识人人数虽然不多，然而能量却
异常之大，以严复为例，他虽沦为边际人，然其救时之责任心未
减，在他的身上依然保持着传统士大夫的那种以天下为己任的胸
怀。他在给梁启超的信中表示："不佞生于震旦，当十九、二十世
纪之交会，目击同种阽危，剥新换故，若巨蛇之蜕蚹（生物学家
言蛇蜕最苦——原注），而未由一借手。其所以报答四恩，对敡三
世，以自了国民之天责者，区区在此。密勿勤劬，死而后已，惟爱
我者静以俟之可耳。"③

　　严复自此以后，正像他自己所说的那样，虽然沦为"欲寻一
噉饭之馆而犹难之"的社会边际人，但他为了"自了国民之天
责"，还是抱着"密勿勤劬，死而后已"的决心，潜心翻译西方的
政治学书籍，以完成他所谓提高民力、民智、民德的启蒙工作，他
在写给张元济的信中称：

---

　　①　陈宝琛：《清故资政大夫海军协都统严君墓志铭》，载王栻主编：《严复集》第
五册，中华书局 1986 年版，第 1541—1542 页。

　　②　严复：《与张元济书》，载王栻主编：《严复集》第三册，中华书局 1986 年版，
第 524—525 页。

　　③　严复：《与梁启超书》，载王栻主编：《严复集》第三册，中华书局 1986 年版，
第 517 页。

复自客秋以来，仰观天时，俯察人事，但觉一无可为。然终谓民智不开，则守旧维新两无一可。即使朝廷今日不行一事，抑所为皆非，但令在野之人与夫后生英俊洞识中西实情者日多一日，则炎黄种类未必遂至沦胥；即不幸暂被羁縻，亦将有复苏之一日也。所以屏弃万缘。惟以译书自课。①

可见，严复虽然被排斥于官僚体制之外，但凭借着对社会变迁敏锐的洞察力，以及对中西文字超凡的掌握水平，依然对中国思想界有着巨大的影响力。这正如陈宝琛所说的那样：

君初以学不见用，殚心著述。所译书以瑰辞达奥旨，风行海内。学者称为侯官严先生。至是人士渐渐倾向西人学说。君以为自由、平等、权利诸说，由之未尝无利，脱靡所折衷，则流荡放佚，害且不可胜言，常于广众中陈之。②

由此可见，尽管像严复这样的新一代知识人不为当道所用，但其著述反而以更大的影响力风行海内，对中国的知识界产生深远的影响。

总而言之，严复等第一代从士绅阶层蜕变的知识人，虽其人不为当局所用而被逐渐边缘化，然其学却通过报纸、杂志和讲学等新的制度媒介（张灏语），对中国的思想界产生了极其深远的影响。

梁启超的情况则要胜于严复，戊戌政变后，他乘坐日本海军的大岛舰逃到日本。对于梁氏而言，日本是一个极为理想的舆论阵地，在那里，梁启超已远离清廷魔掌，即使"清廷遣刘学询、庆

---

① 严复：《与张元济书》，载王栻主编：《严复集》第三册，中华书局1986年版，第525页。

② 陈宝琛：《清故资政大夫海军协都统严君墓志铭》，载王栻主编：《严复集》第五册，中华书局1986年版，第1542页。

宽等摄录康梁",也只能"为东人笑",① 而于康、梁无可奈何了。

梁启超在日本的生活也还不错,他在给其妻李蕙仙的信中称:"吾在此乃受彼中朝廷之供养,一切丰盛,方便非常,以起居饮食而论,尤胜似家居也。"② 又称:"在此一切起居饮食,皆日本国家所供给,未尝自用一钱,间有用者,惟做衣服数件,买书数种耳。行囊存银尚多,因家中目前敷用,故未寄来,今既大人愁穷,故日间即当先汇四百元归也。"③ 在日本,梁启超不但逃脱了清廷的魔掌,在饮食起居上一切方便,而且他更具备了约翰·弥勒所说的"思想自由,言论自由,出版自由"这人群进化的三大条件。④ 于是,在这片土地上,戊戌十月梁启超即在横滨创刊《清议报》,"明目张胆,以攻击政府"。⑤《清议报》停刊之后,梁启超复创刊《新民丛报》及《新小说》。彼时,梁启超虽被迫流亡海外,政治上被边缘化,但他对中国思想界的影响却如日中天,十多年后,他写《清代学术概论》时,曾以自豪的笔调,对那段生活加以描述。

> 自是启超复专以宣传为业,为《新民丛报》《新小说》等诸杂志,畅其旨义,国人竞喜读之,清廷虽严禁,不能遏。每一册出,内地翻刻本辄十数。二十年来学子之思想,颇蒙其影响。启超夙不喜桐城派古文,幼年为文,学晚汉、魏、晋,颇

---

① 章炳麟撰,王云五主编:《民国章太炎先生炳麟自订年谱》,(台湾)商务印书馆 1980 年版,第 7 页。

② 梁启超:光绪二十四年十月十三日《与蕙仙书》,转引自丁文江、赵丰田编:《梁启超年谱长编》,上海人民出版社 1983 年版,第 168 页。

③ 梁启超:光绪二十四年十月二十七日《与蕙仙书》,转引自丁文江、赵丰田编:《梁启超年谱长编》,上海人民出版社 1983 年版,第 169 页。梁启超初到日本之详细情景亦可参考郑匡民:《梁启超启蒙思想的东学背景》,上海书店出版社 2003 年版,第 19—43 页。

④ 梁启超:《自由书·叙言》,载《饮冰室合集》专集之二,中华书局 1989 年版,第 1 页。

⑤ 梁启超:《初归国演说辞》,载《饮冰室合集》文集之二十九,中华书局 1989 年版,第 2 页。

尚矜炼，至是自解放，务为平易畅达，时杂以俚语、韵语及外
国语法，纵笔所至，不检束，学者竞效之，号新文体。老辈则
痛恨，诋为野狐。然其文条理明晰，笔锋常带情感，对于读
者，别有一种魔力焉。①

梁氏对自己影响力的评价，大体不错，当时就有很多人对其颇
为赞赏，黄遵宪便是著名的一位，他曾致函梁启超说：

《清议报》胜《时务报》远矣，今之《新民丛报》又胜
《清议报》百倍矣。（《清议报》所载，如《国家论》等篇，
理精意博，然言之无文，行之不远，计此报三年，公在馆日
少，此不能无憾也。——原注）惊心动魂，一字千金，人人
笔下所无，却为人人意中所有，虽铁石人亦应感动，从古至今
文字之力之大，无过于此者矣。罗浮山洞中一猴，一出而逞妖
作怪，东游而后，又变为《西游记》之孙行者，七十二变，
愈出愈奇。吾辈猪八戒，安所容置喙乎，惟有合掌膜拜
而已。②

黄遵宪在政治上的观点有很多与梁启超相同或接近，自然对梁
氏多有褒扬。同为第一代知识人领袖的严复，与梁启超在政治上的
观点不单不尽相同，甚至还将梁氏视为祸魁，但对于梁启超在思想
界的影响力却不得不加以承认。严复此方面之言论甚多，今抄录一
段如下：

嗟嗟！吾国自甲午、戊戌以来，变故为不少矣。而海内所

① 梁启超：《清代学术概论》，载《饮冰室合集》专集之三十四，中华书局1989
年版，第62页。
② 黄公度：《致饮冰主人书》，光绪二十八年四月，转引自丁文江、赵丰田编：
《梁启超年谱长编》，上海人民出版社1983年版，第274页。

奉为导师，以为趋向标准者，首屈康、梁师弟。顾众人视之，则以为福首，而自仆视之，则为祸魁。何则？政治变革之事，蕃变至多，往往见其是矣，而其效或非；群谓善矣，而收果转恶，是故深识远览之士，愀然恒以为难，不敢轻心掉之，而无予智之习，而彼康、梁则何如，于道徒见其一偏，而由言甚易。南海高年，已成固性。至于任公，妙才下笔，不能自休。自《时务报》发生以来，前后所主任杂志，几十余种，而所持宗旨，则前后易观者甚众，然此犹有良知进行之说，为之护符。顾而至于主暗杀、主破坏，其笔端又有魔力，足以动人。主暗杀，则人因之而僴然暗杀矣；主破坏，则人又群然争为破坏矣。敢为非常可喜之论，而不知其种祸无穷，往者唐伯虎诗云："闲来写得青山卖，不使人间造业钱。"以仆观之，梁任公所得于杂志者，大抵皆造业钱耳。今夫亡有清二百六十年社稷者，非他，康、梁也。何以言之？德宗固有意向之人君，向使无康、梁，其母子固未必生衅，西太后天年易尽，俟其百年，政权独揽，徐起更张，此不独其祖宗之所式凭，而亦四百兆人民之洪福。而康乃踵商君故智，卒然得君，不察其所处之地位为何如，所当之沮力为何等，卤莽灭裂，轻易猖狂，驯至于幽其君而杀其友，己则逍遥海外，立名目以敛人财，恬然不以为耻。夫曰"保皇"，试问其所保者安在耶！必谓其有意误君，固为太过，而狂谬妄发，自许太过，祸人家国而不自知非，则虽百仪、秦不能为南海作辩护也。

至于任公，则自窜身海外以来，常以摧剥征伐政府，为唯一之能事。《清议》、《新民》、《国风》，进而弥厉，至于其极，诋之为穷凶极恶，意若不共戴天，以一己之于新学，略有所知，遂若旧制，一无可恕，其辞具在，吾岂诬哉！一夫作难，九庙遂堕，而天下汹汹，莫谁适主。盖自辛亥、壬子之交，天良未昧，任公悔心稍萌见矣。由是薰穴求君，恩及朱明之恔孙，及曲阜之圣裔，乃语人曰："吾往日论议，止攻政府，不诋皇室。"夫任公不识中国之制与西洋殊，皇室政府，必不可分而二者，亦可谓枉读一世之中西书矣。其友徐佛苏曰："革命则必共和，共和则必亡国。"此其妖言，殆不可忏。而追原祸始，谁实为之。①

　　严复与康有为、梁启超政见不同，言语之间不免意气用事，然其所说的康、梁亡有清二百六十年社稷的话，应大体公允。康、梁虽被迫流亡海外，在政治上被边缘化，但他们士大夫的以天下为己任的气概却一点也没减。梁启超曾说："今日谈救国者，宜莫如养成国民能力之为急矣。虽然，国民者，其所养之客体也，而必更有其能养之主体。苟不尔者，漫言曰养之。养之，其道无由。主体何在，不在强有力之当道，不在大多数之小民，而在既有思想之中等社会。"② 在梁启超看来，国民乃客体，而自己所代表的新知识阶层，即所谓的有思想之中等社会乃是能培养客体能力之主体。显而易见，他身上依然保存着士大夫那种"余天民之先觉者也，余将以斯道觉斯民也，非余觉之而谁也"③ 的气概。梁氏这种中等社会乃社会主体的思想对当时思想界的影响甚大，有关这方面，在此暂不深论，后面详论之。在梁启超看来，除了有这种"如欲治天下，当今之世，舍我其谁也"的气概之外，还要有治平天下的手段。对他而言，当时的手段就是报纸，他说：

　　　　日本松本君平氏著《新闻学》一书，其颂报馆之功德也。曰："彼如豫言者，讴国民之运命；彼如裁判官，断国民之疑

---

　　① 严复：《与熊纯如书》第三十，载王栻主编：《严复集》第三册，中华书局1986 年版，第 631—632 页。
　　② 梁启超：《新民说·论政治能力》，载《饮冰室合集》专集之四，中华书局1989 年版，第 156 页。
　　③ 梁启超：《十种德性相反相成义》，载《饮冰室合集》文集之五，中华书局1989 年版，第 47 页。

狱；彼如大立法家，制定律令；彼如大哲学家，教育国民；彼如大圣贤，弹劾国民之罪恶；彼如救世主，察国民之无告苦痛而与以救济之途。"谅哉言乎！近世泰西各国之文明，日进月迈，观以往数千年，殆如别辟一新天地，究其所以致此者何自乎？或曰是法国大革命之产儿也；而产此大革命者谁乎？或曰中世神权专制政体之反动力也；而唤起此反动力者谁乎？或曰新学新艺勃兴之结果也；而勃兴此新学新艺者谁乎？无他，思想自由，言论自由，出版自由，此三大自由者，实惟一切文明之母。而近世世界种种现象，皆其子孙也。而报馆者，实荟萃全国人之思想言论，或大或小，或精或粗，或庄或谐，或激或随，而一一介绍之于国民，故报馆者，能纳一切，能吐一切，能生一切，能灭一切。西谚云："报馆者，国家之耳目也，喉舌也，人群之镜也，文坛之王也，将来之灯也，现在之粮也。"伟哉，报馆之势力！重哉，报馆之责任！①

梁启超所言不差，他正是在清廷势力所不能控制的日本，拥有了思想、言论、出版这三大自由，遂明目张胆、不遗余力地攻击清廷，此舆论之力量与革命派的武装力量，一文一武形成一股合力，对颠覆清廷政权起了决定性的作用。从这个角度来看，上面所引严复说的康、梁乃亡有清二百六十年社稷之人的话，大体上应是有道理的。

自戊戌政变，六君子被戮，康有为、梁启超、章太炎等逃亡海外，到1905年这数年，对清廷而言，真是国步斯频之年。西太后自英、日两国庇护康有为、梁启超出逃，列国干预其己亥建储、垂帘听政等事之后，开始衔怨洋人，日夜谋所以报。时值庚子义和团自山东浸淫入京之际，遂利用义和团围攻使馆，而于1900年6月

---

① 梁启超：《清议报一百册祝辞并论报馆之责任及本馆之经历》，载《饮冰室合集》文集之六，中华书局1989年版，第49页。

21日（庚子年五月二十五日）下诏与列强十一国宣战。[①] 对此荒谬的主张，当时很多大臣并不赞成，就连李鸿章和刘坤一也表示不奉宣战之诏。张之洞更是直接照会汉口英领事，表示不承认6月21日以后之谕旨。[②] 且刘坤一、张之洞更允准上海道余联沅与列强驻上海领事订立《东南互保章程》。[③] 在这种情况下，北京的战事也未能如西太后之愿，义和团久攻使馆不下。[④] 八国联军却于五月陷大沽；六月陷天津，解天津租界之围。七月，联军陷京师。西太后走投无路，万不得已，只能携光绪帝出逃西安。这一年，不仅中国北方战火连天，南方也有康有为、梁启超、唐才常所组织的自立军和孙中山所组织的惠州起义。对当时的情景，孙中山先生曾有过简单的回忆。他说："旋遇清廷有排外之举，假拳党以自卫，有杀洋人、围使馆之事发生，因而八国联军之祸起矣。予以为时机不可失，乃命郑士良入惠州，招集同志以谋发动；而命史坚如入羊城，招集同志以谋响应。筹备将竣，予乃与外国军官数人绕道至香港，希图从此潜入内地，亲率健儿，组织一有秩序之革命军以救危亡也。不期中途为奸人告密，船一抵港即被香港政府监视，不得登岸。……庚子之役，为予第二次革命之失败也。"[⑤] 南方的起义虽为清廷所镇压，却使其犹如惊弓之鸟，至光绪二十七年底始敢返回北京。光绪二十七年清廷与各国所订的《辛丑条约》为中国近代以来最丧权辱国之条约。巨大金额的战争赔偿，全部转嫁到大众身上，使民众的生活更加苦不堪言。清廷在义和团事变前后的一切荒

---

① 恽毓鼎：《崇陵传信录》，载中国史学会主编：《中国近代史资料丛刊·义和团》第一册，神州国光社1951年版，第47—55页。

② 郭廷以编著：《近代中国史事日志》，中华书局1987年版，第1081页。

③ 陈锡祺主编：《孙中山年谱长编》上册，中华书局1991年版，第216页。

④ 具体战役可参考邱涛、郑匡民：《庚子肃王府之战》，《近代史研究》2014年第3期。

⑤ 孙中山：《建国方略》，载中山大学历史系孙中山研究室、广东省社会科学院历史研究所、中国社会科学院近代史研究所中华民国史研究室合编：《孙中山全集》第六卷，中华书局1985年版，第234—235页。

谬举措，使士大夫阶层进一步看清了清廷不足以图治的本质。当义和团之变、清廷与十一国宣战之时，不仅孙中山、康有为、梁启超等人乘乱在惠州和长江分别起事，就连平时忠于清廷的李鸿章、刘坤一、张之洞等人，也站在了清廷对立面，表示不奉北京政府之诏，而纷纷与各国领事联络，要保护外国人的生命财产。一个政府当中央与别国宣战时，本国大臣不但不与政府团结一致，力保疆土，反而对其漫然不顾，而作壁上观，与敌国订立互保之条约，事实上对清廷宣告独立。这样的政府，其灭亡自然是迟早的事了。在这种形势下，很多以前倾向于改革的人物也纷纷走上革命的道路，章太炎便是其中著名的一位。戊戌期间，他曾参与梁启超所主持的《时务报》。1900 年 7 月，虽在上海参加唐才常主持召开的中国议会，"宣言脱社，割辫与绝"，但还是如他自己所说的那样，曾"与尊清者游"，[①] 然而到庚子事变后，章太炎的思想起了重大的变化。1901 年 8 月，他在留日学生所办的《国民报》上发表《正仇满论》一文，表达了反对改良主张革命的立场。章氏云：

> 今者北京之破，民则愿为外国之顺民，官则愿为外国之总办，食其俸禄资其保护，尽顺天一城之中，无不牵羊把茅甘为贰臣者；若其不事异姓，躬自引决，缙绅之士殆无一人焉。无他，亦曰异种贱族，非吾中夏神明之胄，所为立于其朝者，特曰冠貂蝉袭青紫而已，其为满洲之主则听之，其为欧美之主则听之，本陈名夏、钱谦益之心以为心者，亦二百年而不变也。然则满洲弗逐，而欲士之争自濯磨，民之敌忾效死，以期至乎独立不羁之域，此必不可得之数也。浸微浸衰，亦终为欧美之奴隶而已矣。[②]

---

① 汤志钧编：《章太炎年谱长编》（增订本）上册，中华书局 2013 年版，第 63、64 页。

② 章炳麟：《正仇满论》，《国民报》第一卷第四期，1901 年 8 月 10 日，第 4 页。

　　十分明显，在章太炎看来，若想中国富强，自立于世界，必先不当自国人之奴隶，对他而言，就是排满革命，颠覆清廷。他说："非种不去，良种不滋，败群不除，善群不殖。自非躬执大篲以扫除其故家污俗，而望禹域之自完也，岂可得乎！"[①]

　　当然，这种情况并不仅限于章太炎，《国民报》的编辑沈翔云、秦力山等人也本都是康、梁自立军的参加者，而自立军起义失败之后，他们激于对清廷的仇恨，也开始鼓吹革命了。

　　孙中山先生的一段话，颇能道出当时中国社会各界人士与清廷离心离德的情况。

　　　　经此（指惠州起义——引者注）失败而后，回顾中国之人心，已觉与前有别矣。当初次之失败也，举国舆论莫不目予辈为乱臣贼子、大逆不道，咒诅谩骂之声，不绝于耳；吾人足迹所到，凡认识者，几视为毒蛇猛兽，而莫敢与吾人交游也。惟庚子失败之后，则鲜闻一般人之恶声相加，而有识之人士且多为吾人扼腕叹惜，恨其事之不成矣。前后相较，差若天渊。吾人睹此情形，中心快慰，不可言状，知国人之迷梦已有渐醒之兆。加以八国联军之破北京，清后、帝之出走，议和之赔款九万万两而后，则清廷之威信已扫地无余，而人民之生计从此日蹙。国势危急，岌岌不可终日。有志之士，多起救国之思，而革命风潮自此萌芽矣。[②]

　　在清廷统治的政治合法性大量丧失的同时，留日学生作为一个新兴的社会阶层，也加入排满革命的行列中来。清廷派遣学生留学日本，原希望作为新式学堂的一种补充，造就一批人才，以为朝廷

---

　　①　章炳麟：《正仇满论》，《国民报》第一卷第四期，1901年8月10日，第4页。
　　②　孙中山：《建国方略》，载中山大学历史系孙中山研究室、广东省社会科学院历史研究所、中国社会科学院近代史研究所中华民国史研究室合编：《孙中山全集》第六卷，中华书局1985年版，第235页。

所用，岂料事与愿违，历史与清廷开了一个大大的玩笑，这批人到日本后，受孙、康两派及日本思潮的影响，反而成为排满革命的一支重要力量，这支力量鼓吹革命且影响内地各省，共同汇集成颠覆清廷统治的巨大潮流。孙中山先生说：

> 时适各省派留学生至日本之初，而赴东求学之士，类多头脑新洁，志气不凡，对于革命理想感受极速，转瞬成为风气。故其时东京留学界之思想言论，皆集中于革命问题。刘成禺在学生新年会大演说革命排满，被清公使逐出学校。而戢元成（丞——原注）、沈虬斋、张溥泉等则发起《国民报》，以鼓吹革命。留东学生提倡于先，内地学生附和于后，各省风潮从此渐作。在上海则有章太炎、吴稚晖、邹容等借《苏报》以鼓吹革命，为清廷所控，太炎、邹容被拘囚租界监狱，吴亡命欧洲。此案涉及清帝个人，为清廷与人民聚讼之始，清朝以来所未有也。清廷虽讼胜，而章、邹不过仅得囚禁两年而已。于是民气为之大壮。邹容著有《革命军》一书，为排满最激烈之言论，华侨极为欢迎；其开导华侨风气，为力甚大。此则革命风潮初盛时代也。①

在这种革命浪潮日渐汹涌的形势下，还发生了另一件大事，此事使清廷威信扫地，政治合法性几乎完全丧失，更加促进了革命风潮的高涨。此事便是著名的拒俄事件。义和团事件发生后，俄国乘中国北方战乱之机，以保护铁路为由，派兵占据了我国的东北三省。但事件平息之后，俄国却不履行撤兵条约，继续赖在东北不走，究其心理，实欲使我国东北为其禁脔。此事传至东京后，留日

---

① 孙中山：《建国方略》，载中山大学历史系孙中山研究室、广东省社会科学院历史研究所、中国社会科学院近代史研究所中华民国史研究室合编：《孙中山全集》第六卷，中华书局1985年版，第235—236页。

学生气愤万分，于 1903 年 4 月 29 日在神田锦辉馆召开学生大会，决定组织拒俄义勇队，且致电北洋大臣袁世凯及上海各团体，并于会后更致北洋大臣函，请将义勇队编其麾下，归国赴敌。然而万万想不到，学生们的爱国热情，得到的却是清廷的冷遇和敌视。当时的驻日公使蔡钧，得知学生组织义勇队之事后，万分惊惧，深恐学生以拒俄为名而有革命之举，于是，便按清廷一贯做法，吁请日本政府将学生军解散。① 学生们报国无门，无限愤懑，万般无奈之下，一边派特派员去北洋打探消息，一边将学生军改名为军国民教育会。② 按清廷惯例，向来禁止人民集会、结社，更何况是组织军队，故驻日公使蔡钧飞电驰告湖广总督端方，望其严加防范，其电略谓：

> 东京留学生结义勇队，计有二百余人，名为拒俄，实则革命，现已奔赴内地，务饬各州县严密查拿。③

端方得电后，惊慌失措，乃遍电沿海诸省督抚，"请沿海戒严，严拿逆党"。④ 据称苏抚得电后，拍案大叫，"此等举动，明明又是一班富有会匪！拿获后，务必正法，绝不宽贷！"⑤

清廷得到蔡钧奏报后也同意其意见，认为学生"托拒俄以谋革命，其用意与唐才常相似"。在清廷统治者看来，"国家养士数百载，自祖宗以来，深仁厚泽，姑置勿论，即如近年各直省地方，遇有水旱偏灾，无不立沛恩施，普行赈济，顷者乱离虽构，而乡会试亦不忍遽停，况本年于复试以后，又创行经济特科，国

---

① 〔日〕永井算巳：《拒俄学生军をめぐって》，《信州大学纪要》第 4 号，第 59 页。
② 《留学界记事·拒俄事件》，《浙江潮》1903 年第 4 期，第 139 页。
③ 冯自由：《革命逸史》初集，中华书局 1987 年版，第 106 页；又《杂评·几兴大狱》，《新民丛报》第三十三号，第 64 页。
④ 《杂评·几兴大狱》，载《新民丛报》第 33 号，第 64 页。
⑤ 《苏报》，1903 年 6 月 5 日。

家待士既优，予以进身，又欲广其登庸之路，凡在食毛践土，具有天良，而乃不思报称，以言革命，似此则国家果何所负于该革命党？"

基于此种认识，清廷最高统治者宣称："该学生等既反叛朝廷，朝廷亦不得妄为姑息。"随即密谕蔡钧、汪大燮及各省督抚，"与在日本东京留学生，即可时侦动静。地方督抚于各学生回国者，遇有行踪诡秘、访闻有革命本心者，即可随时获到，就地正法"。① 端方接到清廷密谕后，不敢稍有懈怠，督促手下文武员弁，日夜盘查，拿捕归国留日学生，"遇有形迹可疑之人即行盘诘。至若烟馆、茶寮，均限晚间十点后收闭，盖防有潜迹也"。②

与此同时，清廷外部也因留日学生纷纷归国，恐学生托拒俄以革命，步唐才常故辙，于是致电留日学生总监督汪大燮，严禁留学生未毕业归国，且声称未毕业"暗自回华者，一经查出，立即饬革云云"。③

对于清廷这种倒行逆施的举措，一部分留日学生惧清廷之威势，不敢复参加政治活动，而大部分留日学生则毅然果决地走上了排满革命的道路。留日学生张继在清廷下达《严拿留学生密谕》后即在《苏报》上发表文章，表示了排满革命的决心。

文章从政治的正当性的角度剥去了清廷存在合法性的外衣。

中国者，中国人之中国。……以群中国之人，居中国之土，始有国家之名词，始有言国家之资格。汝满人何为，竟敢

---

① 冯自由：《革命逸史》初集，中华书局 1987 年版，第 106—107 页；又见《日本外务省记录》，《在本邦清国留学生关系杂纂》第一卷，公信第 229 号《在东京清国留学生二関スル件》。二者文字稍有出入。引文译自《外务省文书》。

② 《严查学生》，《苏报》1903 年 6 月 26 日，载杨天石、王学庄编：《拒俄运动（1901—1905）》，中国社会科学出版社 1979 年版，第 278—279 页。

③ 《外务报电汪大燮》，《大公报》1903 年 6 月 27 日，载杨天石、王学庄编：《拒俄运动（1901—1905）》，中国社会科学出版社 1979 年版，第 275—276 页。

以我国家好名词，置于极诬谬狂戾之上谕？若曰"国家养士二百年"，若曰"国家深恩厚泽"，呜呼！曷汝不自量之甚也！我汉人建国于此大陆已三千年矣，举我同胞，皆与我国家有密接之关系，故国之爱我，国之养我，国之恩我泽我，乃我国家应有之责任，无待我之要求，无待我之报效，而国家莫不置我于幸福之地。汝满人何为？既窃用我国家二字以为口头禅，又妄称"二百年国家"以缩我寿命，且又敢曰"深恩厚泽"以责我不报！……要之汝满人之本性，以游牧为生活，既无造国家之才，已无言国家之资格，今屡借我国家之名，以欺我同胞而不自羞者，是我大怪者一也。

悲夫！吾之祖宗，吾自知之；吾祖国之历史，吾自明之；吾祖宗之耻辱，吾自记之，且印于脑筋而不忘之。……迨汝满人之窃夺中原也，逞汝禽兽之性，北自幽燕，南自滇粤，屠劫焚掠，较胡元尤甚。扬州十日，嘉定万家，此他州县之比例也。钳束之酷，聚敛之惨，而尤为世界所稀有。山西之食人肉，河南之贩人头，此二年前回銮时之真象也。何一非贼满人所致？我同胞之祖宗兄弟，果有何辜？满人不言及我祖宗则已，吾每一思及，未有不血飞发冲，欲灭此贱类而朝食也。今汝犹曰"自其祖宗以来，深仁厚泽，各直省地方遇有水旱，无不立沛恩施"者，自欺欤？欺人欤？是我大怪者二也。

试问汝满人入我中国以来，我果何负于汝？汝竟以我大地江山，为汝之囊中物，送人赠友，毫不顾惜？试披我地图，则我之台湾，我之威海卫，我之胶州，我之香港，我之澳门皆落于谁氏之手矣！观我权利，则所谓保护国家权力之兵权，所谓保护安宁生命之法权，所谓保护国民膏血之财产权，而今皆安在哉？岂非汝满人用贩卖奉敬之手段，以种种不可思议之约章，及种种不得其头脑之密约，默许而赠送于大英、大法、大德、大俄、大日本者欤？今尚敢曰"邦交"，邦交之道固如是乎？是我大怪者三也。①

清政府既不等同于国家，那么颠覆这些野蛮政府就是当然之事，他复写道：

> 吾愿吾汉人自今之后，莫言排外矣。非因不去，良果不结；小丑不除，大敌难御。……欲兴其新，必先去其旧，故吾不惧亡国，旧国亡，而新国可兴。如以主权归异族为亡国，则中国之亡已二百六十年矣。满洲游牧，有何高出于白人者？不愿白人之来分割我，支配我，而甘受满族之奴隶，其汉人恃以不亡之道乎？吾愿吾国人起复仇心，旧仇可去，则新仇自消。对今之满洲，既能张复仇之义，以光复我有，则他日之大英、大法、大俄、大德之来主我者，亦可张复仇之气以驱逐之也何难！挟复仇之义，立此生存竞争最酷最烈之世界，吾必知其能操优胜之权，而无劣败之患。不然，居今之日，假使能拒俄于黑龙江之外，排法于南海之南，吾知吾汉人犹将茫茫然号称中国不亡，依满洲人为泰山，而不知其丑；招人种灭亡之祸，而不觉其形。噫！势至此，尚可言哉！故吾敢以一大语奉于我同胞曰：不顾事之成败，当以复仇为心；不顾外患之如何，当以排满为业。吾国民其听诸！吾海外之学生其听诸！②

当时，除了张继上述文章外，还有《革命其可免乎》《露西亚虚无党》《革命制造厂》等大量的文章，这些文章无不揭露清廷对

---

① 自然生（张继）：《读严拿留学生密谕有愤》，《苏报》1903 年 6 月 10 日、11 日，载杨天石、王学庄编：《拒俄运动（1901—1905）》，中国社会科学出版社 1979 年版，第 287—289 页。

② 自然生（张继）：《读严拿留学生密谕有愤》，《苏报》1903 年 6 月 10 日、11 日，载杨天石、王学庄编：《拒俄运动（1901—1905）》，中国社会科学出版社 1979 年版，第 289—230 页。

内压榨奴役其民，对外卖国求荣、认贼作父的丑态。文章的作者大声疾呼："当此之时，我黄帝之子孙，以有至极患惧之祸，而又蒙莫须有事之名，就情势论之，盖几乎革命亦革命，非革命亦革命矣，而况乎来日之方长也。迫乎哉，革命其可免乎。"①

在这些为革命呼喊的革命者看来，革命好似奔腾而来的滚滚海潮，其冲决堤坝者，既不可免，亦不可挡，那么，谁是革命的领导者，谁又是革命的依靠力量这一问题，自然被提到议事日程上来。当时主张革命的留学生，大都依照梁启超的说法，将中等社会作为革命的领导力量。中等社会属于哪部分人呢？原时务学堂的教习杨笃生认为："湖南并无兼并之豪农，无走集海陆之巨商，无鸠合巨厂之大工业，诸君占中等社会之位置，惟自居于士类者成一大部分，而出入于商与士之间者附属焉；出入于方术技击与士类之间者附属焉。而主持全省之议论思想者，惟士林而已。"② 显而易见，杨笃生所说的中等社会即所谓的士林，具体而言，即那些留学海外的留学生，也是与其家乡少有瓜葛的新的社会团体，即中国新一代的知识人。对于革命领导者——中等社会的责任，杨笃生认为：

> 诸君在于湖南之位置，实下等社会所托命而上等社会之替人也。提挈下等社会以矫正上等社会者，惟诸君之责；破坏上等社会以卵翼下等社会者，亦为诸君之责。下等社会吾亟亟与之言，故必亟亟与诸君言；上等社会吾不屑与之言，尤不得不亟亟与诸君言。诸君诸君，湖南之青年军演新舞台之霹雳手，非异人任也。③

---

① 季子：《革命其可免乎》，《江苏》1903 年第 4 期，第 12 页。
② 湖南之湖南人（杨笃生）：《新湖南》，载张枬、王忍之编：《辛亥革命前十年间时论选集》第一卷下册，生活·读书·新知三联书店 1977 年版，第 628—629 页。
③ 湖南之湖南人（杨笃生）：《新湖南》，载张枬、王忍之编：《辛亥革命前十年间时论选集》第一卷下册，生活·读书·新知三联书店 1977 年版，第 615 页。

不难看出，杨笃生是将新一代的知识人当成了革命的领导力量，这部分人和他们的前身士绅阶层不同，他们大部分远离家乡，或留学海外，或散布大城市，他们在那里的活动主要以学校或自愿结成的社团为主。他们的武器如梁启超所说的那样，主要是依靠报纸和杂志，用文章来唤醒和教育民众。这部分人虽与士绅阶层有所不同，但他们那种“当今之世，舍我其谁”的气概，却在内忧外患的形势下变得更加强烈，他们呼唤革命，决心站在革命大军的前列领导革命，他们说：

革命事业之起也，必有中坚。法国大革命之隳突无前也，以平民党为之中坚也。英国革命之隳突无前也，以圆颅党为之中坚也。支那民族经营革命之事业者，必以下等社会为根据地，而以中等社会为运动场。是故下等社会者，革命事业之中坚也。中等社会者，革命事业之前列也。①

既要站在革命的前列，做革命的领导者，又要教育和依靠所谓的下等社会，在他们看来，下等社会包括三部分人，那么他们就要教育这三部分人，并与之为伍。

一曰与秘密社会为伍，转移其旧思想而注入之以新思想，转移其旧手段而注入之以新手段；一曰与劳动社会为伍，改革其旧知识而注入之以新知识，变易其旧习惯而注入之以新习惯；三曰与军人社会为伍，破坏其旧势力而耸动之以新势力，排斥其旧事功而歆羡之以新事功。②

他们除了要走到这三种人中间，并与之为伍外，还要通过两种

① 《民族主义之教育》，《游学译编》1903年9月第10期，第7页。
② 《民族主义之教育》，《游学译编》1903年9月第10期，第8页。

手段。他们说："三者之妙用，存于二方面：一曰结集通俗讲演之
会场；一曰流通通俗讲演之文字。"他们认为，俄国之虚无党之所
以横绝国境，"自游说煽动时期而后入于恐怖暗杀时期，又自空天
鼓吹时期而后入于游说煽动时期"。其游说煽动，全"自学生与囚
夫隶卒为伍始，自学生与囚徒隶卒为伍而继之以农民为伍，自学生
与农民为伍而继之以学生与军人为伍"。作者认为，只有如此才能
做到"主义揆扬，徒党充实"，才能挫折政府之锋铓而无所于衄。
在作者看来，"支那之劳动社会、军人社会，大半出入于秘密社会
之间，而以军人社会、劳动社会与秘密社会相为援引，则自成不可
拔之根据"。所以，作者认为，担任下等社会革命教育的人，"不
可不联络三种社会构成其统一之机括，而增进其活动之形势"。①

　　自庚子事变之后，革命派不仅提出了要推翻清廷、建立共和的
理想，同时还指出了革命的对象、革命的领导者和革命所依靠的力
量。在他们的鼓吹和带动下，革命成了唯一的真理，人们普遍地认
为，只有推翻清廷，建立共和国，中国才能走向富强之路，才能屹
立于世界民族之林。所以，中国应不计代价地去摧毁现存的政治秩
序与文化传统。章太炎曾在其《驳康有为书》中证明革命优于立
宪。他说："拨乱反正，不在天命之有无，而在人力之难易。今以
革命比之立宪，革命犹易，立宪犹难。何者？立宪之举，自上言
之，则不独专恃一人之才略，而兼恃万姓之合意。自下言之，则不
独专恃万姓合意，而兼恃一人之才略。人我相待，所倚赖者为多。
而革命则既有其合意矣，所不敢证明者其才略耳。然则立宪有二
难，而革命独有一难。均之难也，难易相较，则无宁取其少难而
差易者矣。"章氏在阐述了难易相较理由后，复对康有为关于中
国民众思想水平太低的言论加以驳斥。他说："人心之智慧，自
竞争而后发生。非日之民智，不必恃他事以开之，而但恃革命以
开之。……公理之未明，即以革命明之，旧俗之俱在，即以革命

---

①　《民族主义之教育》，《游学译编》1903 年 9 月第 10 期，第 8 页。

去之。"总而言之，在章炳麟那里，革命已成为能使中国起死回生、无病不治、"补泻兼备之良药"。①

在革命的知识阶层的大力鼓吹下，很多以前属于康、梁系的人物也纷纷转向主张革命，革命形势已如燎原之火，势不可挡了。我们从端方上给清廷统治者的一道奏折中，大概可以看到当时革命形势蓬勃发展的情景，其折略谓：

> 一二不逞之徒……恣其鼓簧，思以渎皇室之尊严，偿叛逆之异志。加以多数少年，识短气盛，既刺激于时局，忧愤失度，复偶涉西史，见百年来欧洲二三四之革命事业，误认今世文明，谓皆由革命而来，不审利害，唯尚感情。故一闻逆党煽动之言，忽中其毒而不觉，一唱百和，如饮狂泉。……逆贼孙文之演说，环听辄以数千，革命党报发行购阅，数愈数万。……近访闻逆党方结一秘密会，遍布支部于各省，到处游说运动，且刊印鼓吹革命之小册子，或用歌谣，或用白话，沿门赠送，不计其数。入会之人，日以百计，踪迹诡秘，防不胜防。其设计最毒者，则专煽动军营中人，且以其党人投入军队。……奴才闻此，痛愤之余，继以忧虑，窃以为今日中国，大患直在腹心，纵任之则溃决难收，芟夷之则全局糜烂。②

然而，当革命大潮奔腾澎湃、滚滚而来之时，那些曾主张"革命非天雄大黄之猛剂，实补泻兼备之良药"③ 的知识阶层，却未能处于政治的中心，他们未能如他们所希望的那样，作为革命前

---

① 章太炎：《驳康有为书》，载张岱年、敏泽主编：《回读百年：20 世纪中国社会人文论争》第一卷，大象出版社 1999 年版，第 39—41 页。

② 端方奏稿，转引自张枬、王忍之编：《辛亥革命前十年间时论选集·第二卷序言》第二卷上册，生活·读书·新知三联书店 1977 年版，第 2 页。

③ 章太炎：《驳康有为书》，载张岱年、敏泽主编：《回读百年：20 世纪中国社会人文论争》第一卷，大象出版社 1999 年版，第 41 页。

列的核心和领导者，而是于外围，甚至被逐渐排斥而边缘化了。余英时先生曾说："知识分子的边缘化表现得最清楚的是在政治方面。戊戌变法时代的康有为、梁启超无疑是处于政治的中心地位。但是在孙中山所领导的革命运动中，章炳麟的位置已在外围而不在核心。据章氏的《自编年谱》，孙中山最喜欢接近的是会党人物。对于知识分子像宋教仁和章氏本人，孙中山并不特别重视。"①

当然，此话虽然不错，但我们也不能完全认为孙中山不重视知识分子，同盟会的一大部分成员，都是留日学生。1902 年末，孙中山先生曾与留日学生刘成禺、程家柽等集议发动留学界。《先总理旧德录》载："孙中山先生谓'中和、兴中，皆为海隅下层之雄，中国士大夫，尚无组织'，予倡议由留学界入手，来学者多中国知名之士，有志国家者也。由予与冯自由、程家柽连合鄂学生李书城、程明超、吴炳枞、石志泉、刘藩先，开秘会于东京竹枝园饭店，分途游说各省学生及游历有志人员。先生曰：'此会可谓中国开天大会。历朝成功，谋士功业在战士之上，读书人不赞成，虽太平天国奄有中国大半，终亡于曾国藩等儒生之领兵。士大夫通上级而令下级者也，马上得之，不能以马上治之，况得之者，尚在萧、曹、陈诸人之定策乎？士大夫以为然，中国革命成矣。'"②

不难看出，孙中山虽重视读书人的作用，然仅仅是把他们当作幕僚，聊备顾问而已。对那些与自己意见相左的读书人，无论其当时于留学界有何等的影响力，孙中山最终还是坚持自己的意见。《孙中山年谱长编》载：

　　　　先生居横滨数日，留日学生派代表百余人，迎往东京。（过庭：《纪东京留学生欢迎孙君逸仙事》，《民报》第一号）

---

① 余英时：《中国知识分子的边缘化》（1991 年 2 月于夏威夷《文化反思讨论会》会议讲词，1991 年 6 月 26 日改定于香港），《二十一世纪》1993 年 8 月号，总第六期，第 3 页。

② 刘成禺：《先总理旧德录》，《国史馆馆刊》1947 年创刊号，第 55 页。

得程家柽、马君武、胡毅生及宫崎寅藏等协助，发动留日学生。以杨度为才气纵横之士，与程家柽等访杨于其畈田町寓所，二人聚议三昼夜不歇，满汉中外，靡不备论，革保利弊，畅言无隐。先生认为："当今之世，中国非改革不足以图存，但与清政府谈改革，无异于与虎谋皮。因此，必须发动民主革命，推翻这个昏庸腐朽的政府，为改革政治创造条件。"杨度则认为："民主革命破坏性太大。中国外有列强环伺，内有种族杂处，不堪服猛剂以促危亡。"他引英日两国皆以君主立宪而强为例。"清政府虽不足以有为，倘待有为者出而问世，施行君主立宪，则事半功倍。"卒乃杨曰："度服先生高论，然投身宪政久，难骤改，橐鞬随公，窃愧未能。""我们政见不同，不妨各行其是，将来无论打通哪一条路线，总比维持现状的好。将来我如失败，一定放弃成见，随公奔走。"①

毫无疑问，当革命风潮已一日千里之时，知识人的任何反对意见都是苍白无力的。作为第一代知识人领袖严复的意见，在革命实行家那里，也只是思想家的书本里的理想而已。

1905年春，严复为开平矿务局事赴伦敦交涉。孙中山特前往访问，谈次严复谓："以中国民品之劣，民智之卑，即有改革，害之除于甲者将见于乙，泯于丙者将发之于丁。为今之计，惟急从教育上着手，庶几逐渐更新乎！"而孙中山则表示："俟河之清，人寿几何！君为思想家，鄙人乃实行家也。"②

思想家所表达的只是理论，而革命实行家要的是行动，并且，革命实行家一旦决定了的事，也绝不会将思想家的意见当回事的。

---

① 陶菊隐：《筹安会"六君子"传》，中华书局1981年版，第17—18页。章士钊：《与黄克强相交始末》，《湖南文史资料》第一辑，转引自陈锡祺主编：《孙中山年谱长编》上册，中华书局1991年版，第339页。

② 严璩：《侯官严先生年谱》，载王栻主编：《严复集》第五册，中华书局1986年版，第1550页。

1905 年 7 月 30 日（六月二十八日）孙中山于日本东京赤坂区桧町三番地黑龙会本部召开同盟会筹备会议，决定将会名定为"中国同盟会"，表示"将种族、政治、社会三大革命，毕其功于一役"。①

8 月 20 日（七月二十日）中国（革命）同盟会正式在东京赤坂区雷南（坂）坂本金弥别邸成立，到者百人，推孙文（中山）为总理，以"驱除鞑虏，恢复中华，创立民国，平均地权"为宗旨，并决定以《二十世纪之支那》为机关报。②

孙中山先生高兴地说：

> 自革命同盟会成立之后，予之希望则为之开一新纪元。盖前此虽身当百难之冲，为举世所非笑唾骂，一败再败，而犹冒险猛进者，仍未敢望革命排满事业能及吾身而成者也；其所以百折不回者，不过欲有以振起既死之人心，昭苏将尽之国魂，期有继我而起者成之耳。及乙巳之秋，集合全国之英俊而成立革命同盟会于东京之日，吾始信革命大业可及身而成矣。于是乃敢定立"中华民国"之名称而公布于党员，使之各回本省，鼓吹革命主义，而传布中华民国之思想焉。不期年而加盟者已逾万人，支部则亦先后成立于各省。从此革命风潮一日千丈，其进步之速，有出人意表者矣！③

一切正如孙中山先生所说的那样，自此之后，革命浪潮风起云涌，自东京而遍及全国，其势如滚滚洪流，奔腾澎湃，势不可挡，风雨飘摇之清廷最终覆没。

---

① 陈锡祺主编：《孙中山年谱长编》上册，中华书局 1991 年版，第 343—344 页。
② 郭廷以编著：《近代中国史事日志》下册，中华书局 1987 年版，第 1235 页。
③ 孙中山：《建国方略》，载中山大学历史系孙中山研究室、广东省社会科学院历史研究所、中国社会科学院近代史研究所中华民国史研究室合编：《孙中山全集》第六卷，中华书局 1985 年版，第 237 页。

主要参考文献

中文参考文献

1. （战国）荀况撰，（唐）杨倞注：《荀子》，《钦定四库全书荟要》本。

2. （汉）班固著，（唐）颜师古注：《汉书》，中华书局1962年版。

3. （汉）班固撰：《白虎通义》，《钦定四库全书荟要》本。

4. （汉）董仲舒：《春秋繁露》，摘藻堂《四库全书荟要》本。

5. （汉）董仲舒：《董仲舒集》，学苑出版社2003年版。

6. （汉）何休注，（唐）陆德明音义，（唐）徐彦疏：《春秋公羊传注疏》，《钦定四库全书荟要》本。

7. （汉）何休：《春秋公羊解诂》，《四部丛刊》本。

8. （汉）孔安国传，（唐）陆德明音义，（唐）孔颖达正义：《尚书注疏》，《钦定四库全书荟要》本。

9. （汉）赵岐注，（宋）孙奭音义并正义：《孟子注疏》，《钦定四库全书荟要》本。

10. （魏）何晏注，（唐）陆德明音义，（宋）邢昺正义：《论语注疏》《钦定四库全书荟要》本。

11. （宋）黎靖德编，王星贤点校：《朱子语类》，中华书局1986年版。

12. （宋）朱熹：《四书集注章句》，《钦定四库全书荟要》本。

13.（明）王夫之：《张子正蒙注》，中华书局 1975 年版。

14.（清）刘逢禄撰，曾亦点校：《春秋公羊经何氏释例》，上海古籍出版社 2013 年版。

15.（清）阮元校刻：《十三经注疏》，中华书局影印本 1980 年版。

16（清）曾国藩：《曾国藩全集》，岳麓书社 1987 年版。

17.（清）张之洞撰，赵德馨、吴剑杰、冯天瑜编：《张之洞全集》，武汉出版社 2007 年版。

18.（清）朱一新撰，吕鸿儒、张长法点校：《无邪堂答问》，中华书局 2000 年版。

19.《强学报》

20.《事务报》

21.《知新报》

22.《清议报》

23.《湘报》

24.《湘学报》

25.《国闻报》

26.《新民丛报》

27.《申报》

28.《译书汇编》

29.《浙江潮》

30.《湖北学生界》

31.《江苏》

32.《俄事警闻》

33.《黄帝魂》

34.《云南》

35.《苏报》

36.《大陆》

37.《民报》

38.《二十世纪支那》

39. 《杰士上书汇录》手抄本，故宫博物院藏。

40. 《清光绪朝中日交涉史料》，文海出版社 1970 年版。

41. 《清黄公度先生遵宪年谱》，（台湾）商务印书馆 1985 年版。

42. 《清实录》，中华书局 1987 年版。

43. 《清史稿》，中华书局 1977 年版。

44. 《张文襄公全集》，中国书店 1990 年版。

45. 蔡乐苏、张勇、王宪明：《戊戌变法史述论稿》，清华大学出版社 2001 年版。

46. 蔡仁厚：《孔子的生命境界——儒学的反思与开展》，台湾学生书局 1998 年版。

47. 蔡仁厚：《宋明理学（北宋篇）》，台湾学生书局 1977 年版。

48. 蔡仁厚：《王阳明哲学》，台湾学生书局 1974 年版。

49. 陈锡祺主编：《孙中山年谱长编》，中华书局 1991 年版

50. 陈寅恪：《陈寅恪集》，生活·读书·新知三联书店 2001 年版。

51. 陈铮编：《黄遵宪全集》（上下），中华书局 2005 年版。

52. 丁文江、赵丰田编，欧阳哲生整理：《梁任公年谱长编（初稿）》，中华书局 2010 年版。

53. 丁文江、赵丰田编：《梁启超年谱长编》，上海人民出版社 1983 年版。

54. 冯友兰：《三松堂全集》，河南人民出版社 2000 年版。

55. 冯自由：《革命逸史》，中华书局 1981 年版。

56. 冯自由：《中华民国开国前革命史》，世界书局 1984 年版。

57. 傅乐诗等：《近代中国思想人物论——保守主义》，时报文化出版事业有限公司 1982 年版。

58. 干春松：《重回王道——儒家与世界秩序》，华东师范大学出版社 2012 年版。

59. 耿云志、崔志海：《梁启超》，广东人民出版社 1994 年版。

60. 耿云志等：《西方民主在近代中国》，中国青年出版社 2003 年版。

61. 顾廷龙、戴逸主编：《李鸿章全集》，安徽教育出版社 2008 年版。

62. 顾昕：《德先生是谁——五四民主思潮与中国知识分子的激进化》，《儒家与自由主义》，生活·读书·新知三联书店 2001 年版。

63. 郭沫若：《郭沫若全集》，人民文学出版社 1992 年版。

64. 郭廷以：《近代中国史事日志》，中华书局 1987 年版。

65. 国家档案局明清档案馆编《戊戌变法档案史料》，中华书局 1958 年版。

66. 胡珠生编：《宋恕集》（上下），中华书局 1993 年版。

67. 黄福庆：《清末留日学生》，中研院近代史所专刊（24）1983 年版。

68. 黄克武：《自由的所以然——严复对约翰·弥尔自由思想的认识与批判》，上海书店出版社 2000 年版。

69. 黄彰健：《戊戌变法史研究》，上海书店出版社 1970 年版。

70. 黄尊三：《三十年日记》，湖南印书馆 1933 年版。

71. 蒋廷黻编：《近代中国外交史料辑要》，商务印书馆 1934 年版。

72. 近代日本研究会：《近代日本思想史》，商务印书馆 1983 年版。

73. 径松荣：《维新派与近代报刊》，山西古籍出版社 1998 年版。

74. 康有为著，姜义华、张荣华编校：《日本变政考（外二种）》，中国人民大学出版社 2010 年版。

75. 康有为撰，姜义华、张荣华编校：《康有为全集》，中国人民大学出版社 2007 年版。

76. 孔祥吉、村田雄二郎：《罕为人知的中日结盟及其他——晚清中日关系新探》，巴蜀书社 2004 年版。

77. 孔祥吉：《康有为变法奏章辑考》，北京图书馆出版社 2008 年版。

78. 孔祥吉：《清人日记研究》，广东人民出版社 2008 年版。

79. 孔祥吉：《戊戌维新运动新探》，湖南人民出版社 1988 年版。

80. 雷颐编著：《面对现代性挑战——清王朝的应对》，社会科学文献出版社 2012 年版。

81. 李国俊编：《梁启超著述系年》，复旦大学出版社 1986 年版。

82. 李细珠：《张之洞与清末新政》，上海人民出版社 2003 年版。

83. 李泽厚：《康有为谭嗣同思想研究》，上海人民出版社 1958 年版。

84. 李泽厚：《中国近代思想史论》，生活·读书·新知三联书店 2008 年版。

85. 梁启超：《饮冰室合集》，中华书局 1989 年版。

86. 陆宝千：《清代思想史》，华东师范大学出版社 2009 年版。

87. 马洪林：《康有为大传》，辽宁人民出版社 1988 年版。

88. 茅海建：《从甲午到戊戌：康有为〈我史〉鉴注》，生活·读书·新知三联书店 2009 年版。

89. 茅海建：《戊戌变法的另面："张之洞档案"阅读笔记》，上海古籍出版社 2014 年版。

90. 茅海建：《戊戌变法史事考》，生活·读书·新知三联书店 2005 年版。

91. 牟宗三：《牟宗三文集》，吉林出版社集团有限责任公司 2010 年版。

92. 牟宗三：《政道与治道》，广文书局 1973 年版。

93. 牟宗三：《中国哲学的特质》，上海古籍出版社 1997 年版。

94. 皮锡瑞：《经学通论》，中华书局 1954 年版。

95. 钱穆：《两汉经学今古文平议》，联经出版事业公司 1998 年版。

96. 钱穆：《中国近三百年学术史》，中华书局 1984 年版。

97. 钱穆：《中国思想史》，台湾学生书局 1967 年版。

98. 清华大学历史系主编：《戊戌变法文献资料系日》，上海书店出版社 1998 年版。

99. 仁青、马忠文整理：《张荫桓日记》，上海书店出版社 2004 年版。

100. 桑兵：《清末新知识界的社团与活动》，生活·读书·新知三联书店 1995 年版。

101. 上海图书馆编：《汪康年师友书札》（1—4），上海古籍出版社 1986 年版。

102. 十丈愁城主人：《述德笔记》，私人出版。

103. 孙宝瑄：《忘山庐日记》，上海古籍出版社 1983 年版。

104. 孙中山：《孙中山全集》，中华书局 2006 年版。

105. 谭嗣同著，蔡尚思、方行编：《谭嗣同全集》，中华书局 1981 年版。

106. 谭训聪：《清谭复生先生嗣同年谱》，（台湾）商务印书馆 1980 年版。

107. 汤志钧：《乘桴新获——从戊戌到辛亥》，江苏古籍出版社 1990 年版。

108. 汤志钧：《康有为与戊戌变法》，中华书局 1984 年版。

109. 汤志钧：《戊戌变法人物传稿》（增订本），中华书局 1982 年版。

110. 汤志钧：《戊戌变法人物传稿》，中华书局 1961 年版。

111. 汤志钧：《戊戌变法史》，人民出版社 1984 年版。

112. 汤志钧编：《康有为政论集》，中华书局 1981 年版。

113. 汤志钧编：《章太炎年谱长编》，中华书局 1979 年版。

114. 汤志钧编：《章太炎政论选集》，中华书局 1977 年版。

115. 唐才常撰，王佩良校点：《唐才常集》，岳麓书社 2011 年版。

116. 王德昭：《清代科举制度研究》，（香港）中文大学出版社 1982 年版。

117. 王汎森：《中国近代思想史的转型时代》，联经出版事业公司 2007 年版。

118. 王汎森：《中国近代思想与学术的系谱》，吉林出版集团有限责任公司 2011 年版。

119. 王彦威：《清季外交史料》，书目文献出版社 1987 年版。

120. 王彦威纂辑，王亮编，王敬立校：《清季外交史料》，书目文献出版社 1987 年版。

121. 王芸生编著：《六十年来中国与日本》，生活·读书·新知三联书店 2005 年版。

122. 王中江：《进化主义在中国》，首都师范大学出版社 2002 年版。

123. 王中江：《严复与福泽谕吉——中日启蒙思想的比较》，河南大学出版社 1991 年版。

124. 翁万戈编，翁以钧校订：《翁同龢日记》，中华书局 2012 年版。

125. 吴天任：《康有为先生年谱》，艺文印书馆 1994 年版。

126. 吴天任编：《民国任公启超年谱》，（台湾）商务印书馆 1988 年版。

127. 萧公权著，汪荣祖译：《康有为思想研究》，新星出版社 2005 年版。

128. 熊月之：《西学东渐与晚清社会》，上海人民出版社 1994 年版。

129. 徐复观：《中国学术精神》，华东师范大学出版社 2004 年版。

130. 严复撰，王栻主编：《严复集》，中华书局 1986 年版。

131. 杨曾勖编：《清杨仁山先生道霖年谱》，（台湾）商务印书馆 1981 年版。

132. 杨家骆主编：《中日战争文献汇编》，鼎文书局 1902 年版。

133. 杨廷福：《谭嗣同年谱》，人民出版社 1957 年版。

134. 姚奠中、董国炎：《章太炎学术年谱》，山西古籍出版社 1996 年版。

135. 姚锡光：《东方兵事纪略》，中华书局 2010 年版。

136. 叶德辉辑著：《觉迷要录》，台联国风出版社 1970 年版。

137. 余英时：《中国思想传统的现代诠释》，联经出版事业公司 1992 年版。

138. 俞辛焞：《孙中山与日本关系研究》，人民出版社 1996 年版。

139. 虞和平编：《经元善集》，华中师范大学出版社 1988 年版。

140. 张海麟：《黄遵宪传》，中华书局 2006 年版。

141. 张朋园：《梁启超与清季革命》，中研院近代史所专刊（11）1999 年版。

142. 张荣华编校：《康有为往来书信集》，中国人民大学出版社 2012 年版。

143. 张枬、王忍之编：《辛亥革命前十年间时论选集》，生活·读书·新知三联书店 1977 年版。

144. 郑匡民、茅海建选译：《日本政府关于戊戌变法的外交档案选译》，载《近代史资料》总 101、111 号，中国社会科学出版社 2005 年版。

145. 郑匡民：《梁启超启蒙思想的东学背景》，上海书店出版社 2003 年版。

146. 郑匡民：《西学的中介——清末民初的中日文化交流》，四川人民出版社 2008 年版。

147. 中国史学会主编：《戊戌变法》，上海人民出版社 1957 年版。

148. 中国史学会主编：《辛亥革命》，上海人民出版社 1957 年版。

149. 中国史学会主编：《义和团》，神州国光出版社 1951 年版。

150. 中国史学会主编：《中国近代史料丛刊·戊戌变法》（1－4），上海人民出版社 1957 年版。

151. 中华书局编：《章太炎全集》，中华书局 1982 年版。

152. 中华文化复兴运动推行委员会主编：《中国近代现代史论集》第十一编《中日甲午战争》/第十八编《近代思潮》，（台湾）商务印书馆 1986 年版。

153. 中研院近代史研究所编：《近代中国历史人物论文集》，中研院近代史研究所 1993 年版。

154. 朱寿朋编：《光绪朝东华录》，中华书局 1958 年版。

155. 〔美〕本杰明·史华兹著，叶凤美译：《寻求富强：严复与西方》，江苏人民出版社 1995 年版。

156. 〔美〕费正清、刘广京编：《剑桥中国晚清史》，中国社会科学出版社 1996 年版。

157. 〔美〕任达著，李仲贤译：《新政革命与日本——中国，1898—1912》，江苏人民出版社 1998 年版。

158. 〔美〕张灏：《宋明以来儒家经世思想试析》，中研院近代史研究所 1984 年版。

159. 〔美〕张灏著，崔志海、葛夫平译：《梁启超与中国思想的过渡（1890—1907）》，江苏人民出版社 1992 年版。

160. 〔美〕张灏著，许纪霖编：《思想与时代》，上海文艺出版社 2002 年版。

161. 〔美〕张灏：《时代的探索》，联经出版事业公司 2004 年版。

162. 〔美〕张灏著，高力克、王跃译：《危机中的知识分子：寻求秩序与意义》，新星出版社 2006 年版。

163. 〔日〕稻叶君山：《清朝全史》，（台湾）中华书局 1950 年版。

164. 〔德〕伊耶陵著，张肇桐译：《权利竞争论》，上海文明书局光绪二十八年版。

日文参考文献

1. 《外务省纪录》，《各国内政关系杂纂》1－4 卷。

2. さねとう・けいしゅう：《中国人日本留学史》，くろしお出版 1970 年版。

3. ビーデルマン著，加藤弘之译：《各国立宪政体起立史》，谷山楼，明治八年版。

4. 八杉竜一：《进化论の历史》，岩波书店 1985 年第 19 版。

5. 坂出祥伸：《梁启超政治思想》《关西大学文学论集》第 24 卷，1973 年版。

6. 坂出祥伸：《梁启超著述编年初稿》，《关西大学文学论集》第二十八卷，1979 年版。

7. 坂元ひろ子：《中国民族主義の神話——人種・身体・ジェンダー》，岩波书店 2004 年版。

8. 北一辉：《支那革命外史》，《北一辉著作集》第二卷，みすず书房 1999 年版。

9. 滨久雄：《公羊学の成立とその展开》，国书刊行会，平成四年版。

10. 柴谷笃弘、长野敬、养老孟司等：《进化思想と社会》，东京大学出版会 1991 年版。

11. 稲田正次：《明治宪法成立史》，有斐阁，昭和四十年版。

12. 德富苏峰：《昭和国民读本》东京日日新闻社，昭和十四年版。

13. 东亚同文会编：《对支回顾录》，原书房 1981 年版。

14. 福泽谕吉：《福泽谕吉全集》第十卷，岩波书店昭和三十三年版。

15. 冈义武：《冈义武著作集》，岩波书店 1993 年版。

16. 冈义武：《国民的独立与国家理性》，岩波书店 1993 年版。

17. 高田昭二：《中国近代文学论争史》，风间书房平成二年版。

18. 宫村治雄：《开国经验の思想史——兆民とその时代精神》，东京大学出版会 1995 年版。

19. 宫村治雄：《理学者兆民——ある开国经验の思想史》，みすず书房 1989 年版。

20. 沟口雄三、滨下武志、平田真昭、宫嶋博史编：《アジアから考える》第五册《近代化像》，东京大学出版会 1994 年版。

21. 沟口雄三、伊东贵之、村田雄二郎：《中国という视座——これからの世界史》平凡社 1995 年版。

22. 黑龙会编：《东亚先觉志士记传》，原书房，昭和四十一年版。

23. 加藤弘之：《学说乞丐袋》，弘道馆，明治四十年版。

24. 家永三郎编：《植木枝盛选集》，岩波书店 1997 年版。

25. 铃木正节：《博文馆〈太阳〉の研究》，アジア经济研究所 1979 年版。

26. 陆奥宗光：《謇謇录》，岩波书店，昭和十六年版。

27. 鹿野政道：《日本の近代思想》，岩波书店 2002 年版。

28. 明治文化研究会编：《明治文化全集》，日本评论社昭和四十二年第四版。

29. 桥川文三、松本三之介编：《近代日本政治思想史》第一册，宫村俊义、大河内一男监修：《近代日本思想史大系》，有斐阁，昭和五十二年版。

30. 萩原延寿：《陆奥宗光》，中公バックス《日本の名著》第三十五册，中央公论社，昭和五十九年版。

31. 日本政治学会编：《日本における西欧政治思想》，岩波书店 1975 年版。

32. 石田雄：《日本の政治と言叶》，东京大学出版会 1989 年版。

33. 石田雄：《日本近代思想史における法と政治》，岩波书店 1976 年版。

34. 松本三之介：《明治精神の构造》，岩波书店 1995 年版。

35. 松本三之介：《明治思想史——近代国家の创设から个の觉醒まで》，新曜社 1998 年版。

36. 土屋英雄：《现代中国人权——研究资料》，信山社 1996 年版。

37. 外务省编纂：《日本外交文书》，社团法人日本国际连合协会，昭和二十九年版。

38. 日本外务省编：《日本外交文书》第三十一卷、第三十三卷，社团法人日本国际联合协会，昭和三十一年版。

39. 丸山真男：《丸山真男集》，岩波书店 1997 年版。

40. 狭间直树：《梁启超西洋近代思想受容と明治日本》，みすず书房 1999 年版。

41. 小岛祐马：《中国社会思想》，筑摩书房，昭和四十二年版。

42. 信州大学：《人文科学论集》，信州大学人文学部文学科 1966

年版。

43. 野村浩一：《近代日本の中国认识——アジアへの航迹》，研文出版社 1981 年版。

44. 永井道雄：《福泽谕吉》，中央公论社 1981 年版。

45. 隅谷三喜南：《大日本帝国试炼》，中央文库 1991 年版。

46. 宇野哲人：《中国哲学史——近世儒学》，宝文馆，昭和二十九年版。

47. 原敬文书研究会编：《原敬关系文书》日本放送出版协会 1984 年版。

48. 中村正直：《敬宇文集》，吉川弘文馆，明治三十六年版。

49. 中江兆民：《中江兆民全集》第一卷，岩波书店 1983 年版。

50. 中下正治：《新闻にみる日中关系史_ 中国の日本人经营纸》，研文出版（山本书店出版部）2000 年版。

51. 佐藤慎一：《梁启超と进化论》，东北大学《法学》第 59 卷第 6 号。

52. 〔德〕伯伦知理著，〔日〕吾妻兵治译：《国家学》，善邻译书馆，国光社明治三十二年版。

人名索引

图书在版编目（CIP）数据

中国近代思想通史. 第三卷 / 郑匡民著. -- 北京：
社会科学文献出版社，2022.7
ISBN 978 - 7 - 5201 - 8489 - 2

Ⅰ.①中… Ⅱ.①郑… Ⅲ.①思想史 - 中国 - 近代
Ⅳ.①B25

中国版本图书馆 CIP 数据核字（2021）第 105575 号

中国近代思想通史（第三卷）

主　　编 / 耿云志
著　　者 / 郑匡民

出 版 人 / 王利民
组稿编辑 / 宋月华
责任编辑 / 李建廷
责任印制 / 王京美

出　　版 / 社会科学文献出版社·人文分社（010）59367215
　　　　　　地址：北京市北三环中路甲 29 号院华龙大厦　邮编：100029
　　　　　　网址：www.ssap.com.cn
发　　行 / 社会科学文献出版社（010）59367028
印　　装 / 三河市东方印刷有限公司

规　　格 / 开 本：787mm × 1092mm　1/16
　　　　　　印 张：46.5　字 数：646 千字
版　　次 / 2022 年 7 月第 1 版　2022 年 7 月第 1 次印刷
书　　号 / ISBN 978 - 7 - 5201 - 8489 - 2
定　　价 / 1480.00 元（全八卷）

读者服务电话：4008918866